CIP-Titelaufnahme der Deutschen Bibliothek

Regionalprognosen: Methoden u. ihre Anwendung /
Akad. für Raumforschung u. Landesplanung.-
Hannover: ARL, 1988
  (Forschungs- und Sitzungsberichte / Akademie
  für Raumforschung und Landesplanung; Bd. 175)
  ISBN 3-88838-001-4
NE: Akademie für Raumforschung und Landesplanung
(Hannover): Forschungs- und Sitzungsberichte

Best.-Nr. 001
ISBN-3-88838-001-4
ISSN 0935-0780

Alle Rechte vorbehalten - Verlag der ARL - Hannover 1988
©Akademie für Raumforschung und Landesplanung Hannover
Druck: poppdruck, 3012 Langenhagen
Auslieferung
VSB-Verlagsservice Braunschweig

FORSCHUNGS- UND
SITZUNGSBERICHTE 175

Regionalprognosen

Methoden und ihre Anwendung

AKADEMIE FÜR RAUMFORSCHUNG UND LANDESPLANUNG

Zu den Autoren dieses Bandes

Bruno Dietrichs, Dr., Prof., Ministerialrat a.D., Lehrstuhl für Raumforschung, Raumordnung und Landesplanung an der Technischen Universität München, Ordentliches Mitglied der Akademie für Raumforschung und Landesplanung

Ludwig Baudrexl, Dipl.-Vw., Ministerialrat, Leiter des Referates "Raumbeobachtung" im Bayerischen Staatsministerium für Landesentwicklung und Umweltfragen, München, Korrespondierendes Mitglied der Akademie für Raumforschung und Landesplanung

Peter Knauer, Geogr., Wiss. Direktor beim Umweltbundesamt Berlin, Korrespondierendes Mitglied der Akademie für Raumforschung und Landesplanung

Manfred Sinz, Dipl.-Ing., Leiter der Abteilung "Informations" der Bundesforschungsanstalt für Landeskunde und Raumordnung, Bonn

Reinhold Koch, Dr., Oberregierungsrat im Bayerischen Staatsministerium für Landesentwicklung und Umweltfragen, München

Hansjörg Bucher, Dr., Wiss. Oberrat bei der Bundesforschungsanstalt für Landeskunde und Raumordnung, Bonn

Hans-Peter Gatzweiler, Dr., Ltd. Wiss. Direktor, Leiter der Abteilung "Forschung" der Bundesforschungsanstalt für Landeskunde und Raumordnung, Bonn, Korrespondierendes Mitglied der Akademie für Raumforschung und Landesplanung

Franz-Josef Bade, Dr., Prof., Fachgebiet "Volkswirtschaftslehre, Raumwirtschaftspolitik", Fachbereich "Raumplanung" an der Universität Dortmund

Hans-Friedrich Eckey, Dr., Prof. für Empirische Wirtschaftsforschung an der Gesamthochschule Kassel, Korrespondierendes Mitglied der Akademie für Raumforschung und Landesplanung

Hans Libowitzky, Dipl.-Vw., Oberregierungsrat, Referent für abteilungsübergreifende Fachfragen, Analysen und Prognosen, Volkswirtschaftliche Gesamtrechnungen beim Statistischen Landesamt Rheinland-Pfalz, Bad Ems

Siegfried Losch, Dipl.-Ing., Leiter des Referates "Bodennutzung und Bodenpolitik" bei der Bundesforschungsanstalt für Landeskunde und Raumordnung, Bonn

Detlev Sträter, Dr., Wiss. Angestellter am Lehrstuhl für Raumforschung, Raumordnung und Landesplanung der Universität München

Gerhard Stiens, Dr., Wiss. Direktor, Leiter des Referates "Bevölkerung und Sozialstruktur" der Bundesforschungsanstalt für Landeskunde und Raumordnung, Bonn

INHALTSVERZEICHNIS

Bruno Dietrichs München	Stand und Entwicklungsmöglichkeiten der Prognosen für Raumordnung und Landesplanung - Einführung	1
Ludwig Baudrexl München	Prognosen für die Raumordnung, Landes- und Regionalplanung	17
Bruno Dietrichs München	Entwicklung und Perspektiven der Raumordnungsprognosen auf Bundesebene	37
Peter Knauer Berlin	Die Stellung von Prognosen in Umweltpolitik und Umweltplanung - Überlegungen zu Programmatik und methodisch-inhaltlicher Fortentwicklung	49
Manfred Sinz Bonn	Die Raumordnungsprognose 1995 - Anmerkungen zu Konzept, Methode und Annahmen	79
Reinhold Koch München	Bayern regional 2000 - Eine Status-quo-Prognose zu MIDAS II	105
Hansjörg Bucher/ Hans-Peter Gatzweiler Bonn	Das regionale Bevölkerungsprognosemodell der BfLR - Ausbaustand und Ausbauabsichten	131
Franz-Josef Bade Dortmund	Möglichkeiten und Probleme einer strukturellen Fundierung regionaler Beschäftigungsprognosen	173
Hans-Friedrich Eckey Kassel	Methoden zu Prognosen von Arbeitsplätzen in Regionen	205
Reinhold Koch München	Arbeitsmarktreaktionen im Regionalprognosemodell MIDAS II	235
Ludwig Baudrexl/ Reinhold Koch München	KURS - Ein Modell zu Erstellung kleinräumiger Bevölkerungsprognosen, dargestellt am Beispiel der Region Regensburg	251
Hansjörg Bucher Bonn	Regionale Prognosen der privaten Haushalte	295

Hans Libowitzky Bad Ems	Regionale Schülerprognose - Eine Prognosemodell für Rheinland-Pfalz	319
Siegfried Losch Bonn	Regionale Vorausschätzung der künftigen Wohnflächen und Wohnbaulandnachfrage	355
Peter Knauer Berlin	Umweltprognosen - Anwendungsbeispiele aus der ökologischen Planung	385 X
Detlev Sträter München	Szenarien als Instrument der Vorausschau in der räumlichen Planung	417 X
Gerhard Stiens Bonn	Methodologische Aspekte raumbezogener Prognostik angesichts veränderter Wissenschaftsbebegriffe - Die Szenariotechnik in der raumbezogenen Zukunftsforschung als Beispiel	441 X

**Mitglieder und Gäste des Arbeitskreises
"Methoden regionalisierter Vorausschätzungen"**

Prof. Dr. B. Dietrichs (Leiter)
Dipl.-Vw. L. Baudrexl (Stellv. Leiter)
Dr. D. Sträter (Geschäftsführer)
Prof. Dr. F.-J. Bade
Dr. H. Bucher
Prof. Dr. H.-F. Eckey
Dr. H.P. Gatzweiler
Dipl.-Soz. D.-R. Hesse
Wiss. Dir. P. Knauer
Dr. R. Koch
Dipl.-Ing. S. Losch
Dr. H. Pohle
Dr. W. Selke
Dipl.-Ing. M. Sinz
Dr. G. Stiens
Dr. J. Vesper

Der Arbeitskreis stellt sich seine Aufgaben und Themen und diskutiert die einzelnen Beiträge mit den Autoren. Für den Inhalt der Beiträge sind die Verfasser verantwortlich.

STAND UND ENTWICKLUNGSMÖGLICHKEITEN DER PROGNOSEN FÜR RAUMORDNUNG UND LANDESPLANUNG

Einführung

von

Bruno Dietrichs, München

Gliederung

1. Die Bedeutung von Prognosen im Raumplanungsprozeß
2. Der Untersuchungsauftrag des Arbeitskreises
3. Gliederung und Inhalte der Untersuchungsergebnisse im Überblick
4. Zur Zukunft der Regionalprognosen

1. Die Bedeutung von Prognosen im Raumplanungsprozeß

Prognosen bilden seit etwa Ende der sechziger Jahre einen wesentlichen Bestandteil im planerischen Instrumentarium der Raumordnung und Landesplanung. Sie nehmen damit teil an der Analyse künftiger raumstruktureller Entwicklungen und deren normativer Gestaltung. Die Begründung für die Durchführung von Prognosen jeglicher Art im Rahmen des Raumplanungsprozesses ist darin zu suchen, daß eine auf die mittel- und langfristig angelegte, sowohl ordnende, gestaltende als auch entwickelnde räumliche Politik allein schon auf das Erkennen der entsprechenden Entwicklungstrends der Raumstruktur nicht verzichten kann. Prognosen sind also vor allem notwendig, um die Diskrepanzen zwischen vermutlicher und wünschbarer räumlich-struktureller Entwicklung aufzuzeigen. Diese Aufgabe erfüllen Status-quo-Prognosen, die unter der Annahme gleichbleibender demographischer und wirtschaftlicher Rahmenbedingungen sowie unveränderter Bedingungen der Raumordnungspolitik und regionalen Förderpolitik die im Prognosezeitraum von zehn bis fünfzehn Jahren zu erwartende regionale Verteilung von Bevölkerung und Arbeitsplätzen vorausschätzen. Diese durch die Status-quo-Bedingungen charakterisierte Prognoseart ist in ihrer methodischen Anlage einer der Hauptgegenstände der vorliegenden Untersuchungen in diesem Band.

Ein wichtiges Pendant zur Status-quo-Prognose der Raumordnung und Landesplanung bildet die Zielprojektion mit gleichem Zeithorizont, in der die gewünschte regionale Verteilung von Bevölkerung und Arbeitsplätzen mit Zielcharakter artikuliert wird. Dieser Typus von Prognosen ist im Gegensatz zu den Status-quo-Prognosen methodisch noch wenig entwickelt. Die Ergebnisse von Zielprojektionen sind daher kaum nachvollziehbar. Versuche einer methodischen Formalisierung scheiterten (vgl. hierzu den Beitrag von L. Baudrexl in diesem Band). Ihre Aufgabe ist es, die normative Korrektur unerwünschter Ergebnisse von Status-quo-Prognosen - etwa überstarker negativer Wanderungstendenzen in strukturschwachen Regionen und besonders hoher Wanderungsgewinne hochverdichteter Regionen - durch räumlich dezentralisierende Maßnahmen (Infrastrukturausbau und Förderung der Industrieansiedlung und des Fremdenverkehrs in den abwanderungsgefährdeten ländlichen Regionen) weitgehend abzuschwächen. Da es sich hierbei in der Regel um landesplanerische Einschätzungen gesamträumlicher Ausgleichsmöglichkeiten handelt, die stets einen Kompromiß zwischen vermutlich realistischer und dagegengehaltener wünschbarer Entwicklung darstellen, wobei diesem Abwägungsprozeß keine Methode im engeren Sinne zugrundeliegt, sind Zielprojektionen auch nicht Gegenstand der vorgelegten Untersuchungen. Gleichwohl werden sie bei einzelnen Beiträgen in die Betrachtung mit einbezogen, weil sie als Komplementärprognosen zu Status-quo-Prognosen, vor deren Hintergrund sie bestimmt werden, ihre besondere Bedeutung im Raumplanungsprozeß haben.

Schließlich ist noch auf den neueren Prognosetypus der Szenarien einzugehen. Ein Szenario in der Form des Trendszenarios ist einmal z.T. eine längerfristige Variante (30 Jahre) einer Status-quo-Prognose, bei der zum anderen der Status quo bestimmter Rahmenbedingungen aufgehoben wird, indem diese ebenfalls Gegenstand der prognostischen Überlegungen werden. Dabei kann es nicht ausbleiben, daß ein Szenario in wesentlichen Teilen auf quantitative Aussagen verzichten muß und nur noch qualitative Bewertungen enthalten kann. Der Begriff der Systemprognose im engeren Sinne - mit rationalen, in allen Ableitungen methodisch nachvollziehbaren Ergebnissen - trifft daher kaum noch zu, weil Szenarien in Teilen stets auch auf die Phantasie ihrer Verfasser angewiesen sind. Eine weitere wichtige Kategorie ist das Kontrastszenario (zur Typologie der Szenarien siehe den Beitrag von D. Sträter).

Die Anlässe zur Einführung dieses neuen Prognosetyps sind vielfältig; so ergaben sich z.B. auf Bundesebene externe Anstöße aus der Kooperation in einer Prognose-Arbeitsgruppe der europäischen Raumordnungsministerkonferenz Anfang der siebziger Jahre von seiten der französischen Raumordnung, die mit ihren Szenarien (Frankreich im Jahr 2000) eine neue Qualität prognostischen Denkens etablieren und in diesem Sinne gemeinsame europäische Prognosen anregen wollte. Die internen Anstöße zu szenarioorientierten Weiterentwicklungen rührten wohl aus einem Unbehagen, bei einem sich beschleunigenden Strukturwandel die Status-quo-Bedingungen dennoch beizubehalten und überdies aufgrund der allgemeinen Trendwende - Bevölkerungsabnahme, reduziertes Wirtschaftswachstum und kumulative Umweltprobleme - die Prognoseergebnisse (insbesondere Arbeitsplatzdefizite und negative Wanderungssalden der Bevölkerung in strukturschwachen Regionen) ständig in negativer Richtung korrigieren zu müssen. Die prognostische Alternative der Szenarien ist in ihren Aussagen offener. So läßt sie es zu, neben der Verfolgung überbetonter Trends in die Zukunft (Trendszenario) auch harmonisierte Zukunftsbilder (Kontrastszenario) zu entwerfen, um von hier aus Entwicklungsverläufe und notwendige Korrekturen bis in die Gegenwart zurückzuverfolgen. Es ist festzuhalten, daß Szenarien bisher kein Bestandteil der Planungspraxis von Raumordnung und Landesplanungen geworden sind. Gleichwohl werden in diesem Band auch Probleme der Szenarien behandelt.

Prognosen sind also nicht nur allgemeine Instrumente der Politikberatung, sondern sind stets auch Bestandteile des planerischen Instrumentariums der Raumordnung und Landesplanung. Einordnung und Bezüge der Prognosen innerhalb der raumordnerischen Konzeptionen können in dieser Einführung nur kurz umrissen werden:

1) Für die Ausgleichspolitik zwischen Verdichtungsräumen und ländlichen, insbesondere peripheren und dünnbesiedelten Gebieten, quantifizieren die analytischen und normativen Prognosen Potentiale und diesbezügliche Umverteilungsmöglichkeiten an Bevölkerung und Arbeitsplätzen, woraus sich z.B. verstärkte Bemühungen um den Ausbau der Infrastruktur und die Industrieansiedlung in der letztgenannten Gebietskategorie ableiten lassen.

2) Im punkt-axialen System hängt der planerisch vorgegebene Ausbau bestimmter zentraler Orte vom Erreichen einer Mindesteinwohnerzahl ab, die die wirtschaftliche Tragfähigkeit der infrastrukturellen Mindestausstattung im Zentrum und im Verflechtungsbereich garantieren soll, wozu quantifizierende Prognosen (Status-quo-Prognose und Zielprojektion für die Regionen und die zentralörtlichen Verflechtungsbereiche) unerläßlich sind. Ähnliches gilt für den angestrebten Ausbau von Entwicklungsachsen über- und innerregionaler Art.

3) Eine zentrale Position nehmen Prognosen in der Regionenkonzeption, denn das dominierende Ziel der Herstellung gleichwertiger Lebensbedingungen in allen Regionen ist auf eine Disparitätenmessung durch Indikatoren der Lebensbedingungen angewiesen. Eine entsprechende planerische Korrektur durch den Ausgleich von Defiziten ist dann bis zur Höhe von einheitlichen regionalen Mindeststandards vorzunehmen. Für die Indikatoren und normativen Standards bilden in der Regel die regionalen Bevölkerungs- bzw. Arbeitsplatzzahlen die statistisch vorgefundenen und prognostizierten Bezugsgrößen.

4) Schließlich ist auch auf die Bedeutung der Prognosen im Rahmen der Konzeption für großräumige Vorranggebiete, d.h. einer großräumig-funktionalen Arbeitsteilung zwischen Verdichtungsräumen und ländlichen Gebieten, hinzu-

weisen, obwohl hier infolge einer allgemein unzureichenden konzeptionellen Ausformulierung auch die Rolle von Prognosen noch einer genaueren Definition bedarf. Immerhin geht es bei dieser neueren Konzeption um Fragen wie die Veränderung der großräumigen Bevölkerungs- und Arbeitsplatzverteilung infolge der Zuweisung von freiraumgebundenen Vorrangfunktionen (Wassergewinnung, Erholung und Freizeit, Rohstofflagerstättenabbau, Landwirtschaft usw.) an ländliche Gebiete, in denen infolgedessen die Bevölkerungsdichte absinken müßte (großräumige passive Sanierung durch Abwanderung in die Verdichtungsräume).

An der raumordnerischen Koordinierungsaufgabe sind Prognosen maßgeblich beteiligt. Sie sollen die zentralen Vorgaben bezüglich der künftigen räumlichen Verteilung von Bevölkerung und Arbeitsplätzen als originäre Prognosen für die raumbezogenen Fachplanungen liefern. Sie werden also von der Raumordnungspolitik über die eigene instrumentelle Zweckbestimmung hinaus sozusagen federführend den Fachplanungen bereitgestellt. Diese könnten dann daraus für ihre eigenen fachplanerischen Zwecke abgeleitete Prognosen (sog. Folgeprognosen), wie künftiger Wonflächenbedarf, Erholungsflächenbedarf, Umweltbelastungen sowie verschiedene Infrastrukturbedarfe, aufstellen. Es konnte nicht ausbleiben, daß mit der Einbeziehung der Prognosen in die raumordnerische Koordinierungsaufgabe auch die hiermit generell verbundenen Schwierigkeiten auf die vorgesehene Rolle der Prognosen zurückwirken, etwa in Form von sachlich konkurrierenden Prognosen, die hinsichtlich Raumbezug, Methoden und Aussagerichtungen mit den Raumordnungsprognosen nicht kompatibel sind. Dieser Aspekt wird in einigen Beiträgen angesprochen; näher erläutert werden aber vor allem positive Beispiele solcher aus den Raumordnungsprognosen abgeleiteten Fachprognosen.

Zusammenfassend ist festzuhalten, daß keine der drei Prognosearten darauf angelegt ist, die in der Zukunft tatsächlich eintretende Entwicklung vorauszusagen. Es geht immer nur um hypothetisch mögliche oder um wünschbare Zukünfte. Die Prognosen stellen im übrigen durch ihre Einbindung in den Raumplanungsprozeß selbst einen Teil der Zukunftsgestaltung dar. Da die Prognosen nur insoweit Geltung beanspruchen können, wie die Annahmen und Methoden, anhand derer sie erstellt wurden, akzeptabel erscheinen, haben vor allem die Methodenfragen zentrale Bedeutung. Die vorliegenden Untersuchungen befassen sich zum größten Teil mit Methoden der Status-quo-Prognosen, daneben werden aber auch an einigen Beispielen die Methoden abgeleiteter Fachprognosen sowie methodische Probleme der Szenarien behandelt.

2. Der Untersuchungsauftrag des Arbeitskreises

In der zwanzig Jahre währenden Geschichte der Regionalprognosen spielten von Anfang an Probleme der Datenbeschaffung und der Umsetzung der Ergebnisse in die Planung sowie nicht zuletzt Bemühungen um methodische Verbesserungen eine große Rolle. Gerade die methodischen Bemühungen standen von Anfang an im Spannungsfeld zwischen einer hinreichend gesicherten Modellabbildung komplexer Entwicklungsvorgänge und der rechtzeitigen Zulieferung von Planungsdaten für die aufzustellenden oder fortzuschreibenden Programme und Pläne der Raumordnung und Landesplanung. Durch die Einbindung der Prognosen (Status-quo-Prognosen und korrigierende Zielprojektionen) in die Programme und Pläne ergaben sich dementsprechend auch differierende Prognosemodelle. Ihre Abstimmung, insbesondere im Rahmen des Datenausschusses der Ministerkonferenz für Raumordnung (MKRO), erbrachte nicht die anfänglich noch gewünschte Vereinheitlichung zu einer Standardmethode der Status-quo-Prognose.

Die Bemühungen um ein abgestimmtes Prognosemodell für die Bundesraumordnung und die Landesplanungen, in das die jeweils am weitesten entwickelten Teilmodelle in ein Gesamtmodell integriert werden sollten, wurden zunächst in der Weise fortgesetzt, daß aus dem Kreis der Raumordnung und Landesplanung ein Synopse-Gutachten an drei Prognoseforschungsinstitute vergeben wurde. Es wurde 1979 unter dem Titel "Synopse von Verfahren zur regionalen Bevölkerungs- und Arbeitsplatzprognose im Bereich des Bundes und der Bundesländer und deren Auswertung in Richtung auf ein einheitliches Prognosemodell" vorgelegt (Autoren: H. Birg, DIW; K. Maneval, Dorsch-Consult; K. Masuhr, Prognos). In diesen synoptischen Methodenvergleich für die Raumordnungsprognosen auf Bundes- und Länderebene waren auch die auf Bundesebene in Konkurrenz bzw. zur Abschottung gegen raumordnerisch-prognostische Koordinierungsansprüche eigenständig entwickelten Fachprognosen für die Bundesverkehrswegeplanung und für die Gemeinschaftsaufgabe "Verbesserung der regionalen Wirtschaftsstruktur" einbezogen worden. Für die Raumordnungsprognosen wurden die unterschiedlichen methodischen Ansätze verglichen und bewertet sowie Vorschläge zu Teilaspekten für ein insgesamt verbessertes integriertes Modell erarbeitet. Es bestand offenbar die Absicht, die drei Prognoseinstitute mit der gemeinsamen Erarbeitung eines integrierten Prognosemodells zu beauftragen und dieses Projekt von Bund und Ländern gemeinsam zu finanzieren. Das Projekt scheiterte schließlich an Finanzierungsproblemen. Immerhin konnte die im Bundesministerium für Raumordnung, Bauwesen und Städtebau (BMBau) im Rahmen der damals noch beabsichtigten Fortschreibung des Bundesraumordnungsprogramms (BROP) in Auftrag gegebene Fortschreibungsprognose "Raumordnungsprognose 1995" einige der im Synopse-Gutachten enthaltenen methodischen Verbesserungsvorschläge berücksichtigen.

Eine im Datenausschuß der MKRO eingerichtete Arbeitsgruppe "Prognose" sollte das vorgesehene Forschungsprojekt für ein einheitliches Prognosemodell, in das die methodisch verbesserten Modellteile integriert sind, beratend und steuernd begleiten. Sie wurde wieder aufgelöst, als eine weitere Fortschreibung der Raumordnungsprognose auf Bundesebene nicht mehr in Aussicht genommen wurde, zumal auch eine baldige Verfügbarkeit von entsprechenden Basisdaten aus einer neuen Volkszählung, mit denen das integrierte Gesamtmodell hätte gefüllt werden können, nicht in Sicht war.

In dieser Situation erging vom Datenausschuß die Anregung an die Akademie für Raumforschung und Landesplanung, einen Arbeitskreis zu gründen, der inzwischen - bis zur nächsten Volkszählung - die im 'Synopse-Gutachten' enthaltenen Anregungen zur Methodenverbesserung aufgreifen und weiter vertiefen sollte. Die Akademie folgte dieser Anregung und gründete im April 1983 den Arbeitskreis "Methoden regionalisierter Vorausschätzungen", der hiermit seine Arbeitsergebnisse vorlegt.

Es stand von Anfang an fest, daß dieser Arbeitskreis ein so hoch gestecktes Ziel wie der Erarbeitung eines integrierten Prognosegesamtmodells für die Raumordnung und Landesplanung nicht erfüllen konnte. Der Arbeitskreis setzte sich zum Ziel, die vom Synopse-Gutachten aufgeworfenen Fragen zur Methodik der Raumordnungsprognosen aufzugreifen und vertiefend weiterzuführen, wozu insbesondere die inzwischen vorgenommenen und beabsichtigten methodischen Verbesserungen aufgearbeitet werden sollten. Darüber hinaus betrachtete es der Arbeitskreis als seine Aufgaben, die Koordinationsfunktion der Raumordnungsprognosen für die vielfältigen 'Fachprognosen' herauszuarbeiten und sich mit der Szenario-Methodik einschließlich der Probleme einer planungspraktischen Verwendbarkeit von Szenarien zu befassen.

Im Bereich der Status-quo-Prognose verstand der Arbeitskreis seine Hauptaufgabe in der methodischen Verbesserung der einzelnen Teilmodelle Bevölkerung, Erwerbspersonen, Wanderungen und Arbeitsplätze sowie der Erfassung von Rückkoppelungsmechanismen zwischen einzelnen Modellelementen, wie Erwerbsverhalten, Pendlerverhalten, Wanderungsverhalten, Freisetzung aus der Land- und Forstwirtschaft, Arbeitsplatzangebot im gewerblichen Bereich und Arbeitslosigkeit einschließlich der stillen Reserve. Solche Mechanismen waren zwar in den Prognosemodellen der Landesplanung in Bayern und in Rheinland-Pfalz bereits berücksichtigt, allerdings mit einer z.T. noch ungenügenden Absicherung durch empirische Daten. Es galt vor allem, die methodischen Verknüpfungen zwischen den Teilmodellen für die Arbeitsmarkt- und für die Bevölkerungsentwicklungsseite herzustellen, da sich alsbald herausgestellt hatte, daß nicht mehr allein die arbeitsmarktorientierten Wanderungen ausschlaggebend sind, sondern zunehmend auch autonome Wanderungsmotive wie die Bildungswanderung und die Alterssitzwanderung. Eines der auszugleichenden Defizite früher angewendeter Prognoseteilmodelle für die arbeitsmarktorientierte Wanderung bestand darin, daß die in andere Regionen abwandernden Erwerbspersonen mit ihren Angehörigen dort erst rechnerisch am Ende der Prognoseperiode die Bevölkerungsstruktur (nach Alter, Geschlecht und Nachkommenschaft) verändern.

Es liegt außerdem auf der Hand, daß es mit der klassischen Methode einer regionalisierten Arbeitsplatzprognose angesichts eines beschleunigten wirtschaftlichen Strukturwandels und bei hoher Abhängigkeit einzelner Branchen vom Export und von den internationalen Wechselkursen immer schwieriger wird, die Arbeitsplätze in jeder Region vorauszuschätzen. Das generelle Problem jeder Prognose im Bereich des regionalisierten Arbeitsmarktmodells besteht darin, daß die Prognosemethode der Genesis einer Industriegesellschaft adäquat ist, d.h. auf dem regionalen Entwicklungskonzept durch Unterscheidung in Grund- und Folgebereiche (basic/non basic industries) beruht. In einer sog. postindustriellen Gesellschaft im Übergang zur Dienstleistungsgesellschaft, in der also der überwiegende Teil der Beschäftigung in diesem Sektor konzentriert sein wird, ist der vorerwähnte Grundsatz (sog. Exportbasiskonzept), wonach sich Arbeitsplätze und Einkommen des Dienstleistungssektors in ihrer räumlichen Verteilung nach denen in der Landwirtschaft und Industrie ausrichten, trotz mancher methodischer Ausnahmen und Korrekturen schlicht überholt. Der Arbeitskreis hat aber kein Prognosemodell entwickelt, das vom heute schon und künftig noch stärker dominierenden Dienstleistungssektor ausgeht, jedoch Ansatzpunkte hierfür diskutiert.

Die Fülle der aufzuarbeitenden methodischen Aspekte gebot ein selektives Vorgehen bei der Auswahl. So wurden einige Methodendarstellungen, die zum Teil auch mit den Autoren als Gastteilnehmern in den Arbeitskreissitzungen erörtert wurden, nicht unter den Beiträgen aufgenommen (z.B. Szenarien, Fachplanungsprognosen), weil sie in jüngster Zeit schon mehrfach ausführlich in anderen Publikationen dargestellt worden sind. Sie werden aber in den Beiträgen indirekt angesprochen und mitbehandelt.

Eine Grundsatzentscheidung mußte der Arbeitskreis schon sehr früh treffen, nämlich die Beschränkung auf die Behandlung von methodischen Fragen. Die Darstellung und Interpretation von Prognoseergebnissen sollte hingegen ausgeschlossen sein, weil mit dieser zweiten, sicherlich für den Leser interessanten (und die Methoden anschaulicher vermittelnden) Thematik der schon sehr weit ausgedehnte Rahmen dieses Bandes gesprengt worden wäre. Die ursprünglich im Arbeitskreis gehegte Vorstellung, am Ende der Arbeiten den weiterführenden Methodenstand in einer von den Mitgliedern des Arbeitskreises gemeinsam formulierten Zusammenfassung der Ergebnisse darzustellen, konnte am Ende des vierjährigen Bestehens des Arbeitskreises aus sachlichen und zeitlichen Gründen nicht mehr realisiert werden.

Der Arbeitskreis hat sich wiederholt mit der Datenproblematik befassen müssen, denn die Verfügbarkeit von geeigneten Daten aus der amtlichen Statistik ist eine grundlegende Voraussetzung für jegliche Anwendung von Prognosemethoden. Dies gilt um so mehr, wenn methodische Verbesserungen entwickelt und getestet werden sollen. Ein besonderer Fall für die behandelte Datenproblematik ergab sich daraus, daß der Arbeitskreis einem Beschluß des Präsidiums der Akademie folgend eine ad-hoc-Arbeitsgruppe "Volkszählung" mit der Aufgabe bildete, eine diesbezügliche Stellungnahme der Akademie zu erarbeiten. In dieser Stellungnahme wurde die Notwendigkeit der Weitergabe von Einzelangaben in Volkszählungsergebnissen an Institutionen der räumlichen Planung und Forschung besonders hervorgehoben. Eine solche Forderung seitens der Akademie war dringend geboten, weil nach dem revidierten Gesetzesentwurf zur Volkszählung die spezifischen Datenbedürfnisse der in der Akademie zusammenarbeitenden Nutzerkreise weitgehend unberücksichtigt bleiben sollten und Erhebungsergebnisse nur noch in Form der von den statistischen Ämtern veröffentlichten oder auf besondere Anforderung zusammengestellten Tabellen zugänglich sein sollten, jedoch nicht mehr als vollständige Datensätze für eigene statistische Aufbereitungen der Planung und Forschung. Es liegt auf der Hand, daß gerade für die Weiterentwicklung und Verfeinerung der Prognosemethoden ein dringender Bedarf an originären Datensätzen mit anonymisierten Einzelangaben besteht. Diese Änderung der Datenzugänglichkeit für wissenschaftliche und planerische Aufgaben gegenüber früheren Volkszählungen konnte jedoch trotz der Stellung- bzw. Einflußnahmen der MKRO, einiger Landesplanungen und der Akademie für Raumforschung und Landesplanung für die 1987 durchgeführte Volkszählung nicht mehr rückgängig gemacht werden.

3. Gliederung und Inhalte der Untersuchungsergebnisse im Überblick

Der nachfolgende kursorische Überblick soll dem Leser als Leitfaden für die jeweils behandelte Thematik in ihrer Abfolge und in ihren Zusammenhängen mit anderen Themenkreisen dienen. Die Beiträge sind in der Regel so aufgebaut, daß die Darstellung zum Stand der Methoden mit einer Schwachstellenanalyse abgeschlossen wird, aus der Vorstellungen und auch schon konkrete Vorschläge zu den künftig anzustrebenden methodischen Verbesserungen abgeleitet werden. Dies erleichtert dem Leser sicherlich den Einblick in die bisher erreichte Leistungsfähigkeit der jeweils behandelten Prognosemethoden.

Eingeleitet werden die Beiträge mit einem Gesamtüberblick über die Entwicklung der Status-quo-Prognose für Raumordnung, Landes- und Regionalplanung (Baudrexl). Dabei werden die Etappen der methodischen Fortschritte deutlich, die sich nicht zuletzt aus einer zunehmenden Kooperation bei der Erstellung von regionalisierten Bundesprognosen und entsprechenden Prognosen auf Landesebene sowie ihrer Fortschreibung (über den Datenausschuß der MKRO) ergeben haben. Diese Entwicklung war maßgeblich von methodischen Anpassungen an die sich deutlich verändernden Rahmenbedingungen (Trendwende zu Bevölkerungsstagnation und -abnahme sowie gesamtwirtschaftliche Veränderungen mit hoher struktureller Arbeitslosigkeit) bestimmt. Sie wurde dennoch bei dem gerade landesplanerisch so bedeutsamen instrumentellen Einsatz der Status-quo-Prognosen und entsprechenden Zielprojektionen von wachsenden politischen Schwierigkeiten infolge der Trendwende eingeholt. Die Richtwerte für die regionale Bevölkerungs- und Arbeitsplatzverteilung, die auf der Grundlage von Status-quo-Prognosen aus den korrigierenden Zielprojektionen abgeleitet wurden, verloren in allen Landesplanungen ihren Zielcharakter und wurden stattdessen zu bloßen Orientierungsdaten mit Bandbreiten zurückgestuft. Gleichwohl läßt die inzwischen weiter ausgearbeitete Modellkonstruktion der Status-quo-Prognosen auch unter den veränderten Rahmenbedingungen eine erneute Bewährungsprobe erwarten.

Die folgenden zwei Beiträge behandeln die Raumordnungsprognose auf Bundesebene, die seit 1968 einige Male (bis 1980) fortgeschrieben worden ist und dementsprechend den Prognosehorizont zunächst bis 1985 und schließlich bis 1995 ausdehnte. Diese Raumordnungsprognose hatte zunächst die Funktion einer initiierenden Leitprognose für die Bundesfachplanungen und für die Landesplanungsprognosen. Eingeführt wurde die Raumordnungsprognose als Bericht über künftige räumliche Entwicklungstendenzen (in den Raumordnungsberichten der Bundesregierung), erlangte aber im Rahmen des von Bund und Ländern 1969 bis 1975 gemeinsam aufgestellten Bundesraumordnungsprogramms - ähnlich den Landesplanungsprognosen - instrumentelle Bedeutung, zumal die Status-quo-Prognose hierfür durch eine Zielprojektion der regionalisierten Bevölkerungs- und Arbeitsplatzverteilung im Bundesgebiet ergänzt wurde. Die nach dem BROP 1975 noch zweimal fortgeschriebene Raumordnungsprognose stellte - neben dem fortgeschriebenen Indikatorenkatalog für die Regionenkonzeption im BROP - eines der wenigen fortgeführten Teilelemente des insgesamt nicht mehr fortgeschriebenen BROP dar. Schon die Prognose im BROP litt unter den schon beschriebenen Konsequenzen der Trendwende; dies galt um so mehr für die zwei noch folgenden Fortschreibungen. Auch wurde ihren Ergebnissen zuletzt nicht einmal mehr der Rang eines wesentlichen Teils der Raumordnungsberichte zugewiesen - wie übrigens auch nicht den Ergebnissen aus den weiterführenden drei Szenario-Forschungsaufträgen der Bundesraumordnung. Der erste Beitrag (Dietrichs) behandelt die Einführung dieses neuartigen Planungsinstruments in die Raumordnungspolitik und die damit u.a. verbundenen Schwierigkeiten einer Abstimmung mit verschiedenen amtlichen Gesamt- und Sektoralprognosen anderer Bundesministerien und mit der amtlichen Bevölkerungsprognose des Statistischen Bundesamtes sowie die Rolle der Prognosen im BROP, bei denen es im Kern um die methodische Absicherung ging. Der zweite Beitrag (Sinz) stellt die vorerst offenbar letzte Fortschreibung als Raumordnungsprognose 1995 und die gegenüber den vorangegangenen Raumordnungsprognosen eingeführten methodischen Verbesserungen bei der Vorausschätzung der Wanderungsbewegungen und bei der Berücksichtigung von Reaktionen der Erwerbspersonen auf die Arbeitsmarktungleichgewichte dar.

Ein weit aufgefächerter Beitrag behandelt den methodischen Stand bisher durchgeführter Umweltprognosen (Knauer). Die für die langfristige Abschätzung von Umweltauswirkungen unverzichtbaren Prognosen sind in den medial gegliederten Umweltteilsektoren bisher sehr unterschiedlich entwickelt und angewendet worden. Es dominiert noch der Typ der an sozio-ökonomischen Leitgrößen (Bevölkerung, Arbeitsplätze, Sozialprodukt, Branchenwachstum) orientierten Folgeprognosen, insbesondere für die Umweltmedien Luft, Wasser und Abfall, während für Boden, Lärm, Ökosysteme, Artenschutz und Landschaft bisher kaum Prognosen erstellt worden sind. In der gegenwärtigen Situation, die sich als verstärkter Übergang vom technischen Umweltschutz zu einer räumlich vorsorgenden Umweltplanung in der Nähe und großenteils in der Überschneidung mit räumlicher Planung umreißen läßt, eröffnen sich vielfältige Ansätze zu Konvergenzen von Raumordnungs- und Umweltprognosen. Darüber hinaus werden aber in zunehmendem Maße ökologisch orientierte Wirkungsprognosen, nicht zuletzt zur Abschätzung weiterer Umweltgefährdungen und Ökosystemzusammenbrüche erforderlich. Auf dieser methodischen Linie liegen komplexe ökologische Wirkungsanalysen und -prognosen für Großprojekte mit regionalen und überregionalen Auswirkungen sowie Umweltverträglichkeitsprüfungen (gemäß EG-Richtlinie 1985) für Einzelprojekte von überörtlicher Bedeutung. Nur für den zweiten Anwendungsbereich wird bisher eine Verknüpfung mit dem landesplanerischen Raumordnungsverfahren diskutiert, das somit auch prognostisch ausgerichtet werden müßte.

Es folgen zwei Beiträge über Prognosen der Landesplanung, dargestellt am Beispiel der Prognosen der bayerischen Landesplanung mit einer am weitesten ausgereiften Modellentwicklung. Im ersten Beitrag (Koch) wird dieses aus drei Teilmodellen bestehende Gesamtmodell für die 18 Regionen Bayerns ausführlich erläutert, wobei sich die konzeptionellen Neuerungen nicht bei den Teilmodellen für die regionalisierte Prognose der Bevölkerungszahl und Arbeitsplätzezahl, sondern im dritten, diese Teilmodelle verknüpfenden Ausgleichmodell für Arbeitsmarktungleichgewichte finden. Bei den in Abschnitten von fünf Jahren ermittelten regionalen Ungleichgewichten zwischen Erwerbspersonenpotential und Arbeitsplatzangebot werden die Rückwirkungen auf die Bevölkerungs- und Arbeitsplatzentwicklung, z.B. in Form von Veränderungen der Wanderungsströme oder des Erwerbsverhaltens (stille Reserve) vorausgeschätzt. Dieses komplexe Gesamtmodell mit Berücksichtigung zahlreicher Rückkoppelungen während des Prognosezeitraums hat für die Landesplanung methodisch die Rolle einer Leitprognose auf der Linie der traditionellen Status-quo-Prognosen übernommen.

Ein Methodenbericht (Bucher/Gatzweiler) stellt das regionalisierte Bevölkerungsprognosemodell der Bundesforschungsanstalt für Landeskunde und Raumordnung (BfLR) dar. Dieses Modell besteht aus zwei Teilmodellen für die natürliche Bevölkerungsentwicklung in den Regionen und für die Wanderungsbewegungen zwischen den Regionen (und gegenüber dem Ausland). Die voraussichtlichen interregionalen Wanderungen werden in einem Verursachungs- und einem Verteilungsmodell abgebildet. Für die Wanderungsentscheidungen werden für vier Altersgruppen relativ homogene Motive unterstellt: Bildungswanderer, Arbeitsplatzwanderer, Wohnungs- und Wohnumfeldwanderer und Altersruhesitzwanderer. Die Wanderungswahrscheinlichkeiten und Fortzugsraten sind auf der Grundlage von Trendanalysen modellexogen prognostizierte Verhaltensparameter. Künftig verbessert werden sollen vor allem die ökonomischen Einflußfaktoren auf die Wanderungen, so u.a. durch ein neu zu entwickelndes regionalisiertes Arbeitsmarktmodell. Die Bevölkerungsprognose der BfLR hat nämlich die Raumordnungsprognosen (s. oben) auf der Ebene der Bundesraumordnung abgelöst und dabei auf deren zentralen Bestandteil einer regionalisierten Arbeitsmarktprognose (sog. Prognos-Prognose) verzichtet. Damit verliert das auf die Bevölkerungsbewegungen beschränkte Prognosemodell an Erklärungsgehalt hinsichtlich ökonomisch induzierter Wanderungen, gewinnt aber an Aktualisierbarkeit und Differenzierungsgrad, z.B. hinsichtlich der Verknüpfung mit dem fortgeschriebenen Indikatorenkatalog des BROP, der Erfassung auch der intraregionalen Wanderungen (Stadt-Umland-Wanderung) und verbesserter Anknüpfungspunkte für Folgeprognosen der Fachplanungen. Die Ergebnisse der Prognose sind in jüngster Zeit in eine ganze Reihe von Regierungsberichten sowie in Fachplanungen übernommen worden, so daß sie als koordinierende Leitprognose die Funktion der früheren Raumordnungsprognosen übernommen hat. Dem Beitrag ist als Anhang das Ergebnis einer speziellen Untersuchung (Kunz) angefügt, die anhand detaillierterer Daten aus der Wanderungsstatistik die angenommene Motivstruktur nach Altersgruppen (Bildungswanderung usw.) nicht bestätigen konnte.

Drei weitere Beiträge haben die methodische Behandlung der Arbeitsmarktseite in Prognosen zum Gegenstand. So enthält der erste Beitrag (Bade) eine kritische Auseinandersetzung mit den bisher angewandten Methoden zur Prognose des regionalen Arbeitsplatzangebotes. Die in den Prognosemodellen vorherrschende Übertragung der gesamträumlichen auf die regionale Beschäftigungsentwicklung nach Branchen läßt keine befriedigende Erklärung der regionalen Beschäftigungsentwicklung aufgrund regionaler Strukturunterschiede zu. Dies liegt einmal daran, daß Informationen über regionsspezifische Besonderheiten nicht genügend genutzt werden, zum anderen aber an der herkömmlichen Sektoralgliederung, insbesondere zwischen Produktions- und Dienstleistungsbereichen. Eine funktionale Wirtschaftsgliederung, die der Tendenz zum Abbau der Fertigungstätigkeiten und zur Zunahme bestimmter Dienstleistungen in allen Sektoren Rechnung trägt, könnte als Grundlage für regionale Beschäftigungsprognosen unter stärkerer Berücksichtigung regionaler Standortpräferenzen die regionale Beschäftigungsentwicklung besser erklären bzw. in Prognosen begründen. Der zweite Beitrag (Eckey) stellt in einem systematisch-kritischen Vergleich die verfügbaren Prognosemethoden zur Vorausschätzung des regionalen Arbeitsplatzangebotes in sektoraler Differenzierung dar. Die Auswahl der geeigneten Prognosemethode unterliegt dem Zielkonflikt, daß einfache Prognosen ohne größere Methodenprobleme und Behinderungen durch Datenrestriktionen nur unter erheblichen Einbußen an Aussagewert durchgeführt werden können, Methodenvergleiche aber nicht die Annahme zulassen, daß mit steigender Komplexität der Prognosemethoden - und damit zunehmenden Methoden- und Datenproblemen - die Prognoseergebnisse besser werden müßten. Ein weiterer Beitrag (Koch) vertieft den in der bayerischen Landesplanungsprognose (s. oben) enthaltenen Modellteil der Reaktionen auf unterschiedlich hohe Arbeitsmarktungleichgewichte.

Schließlich wird in einem Beitrag (Baudrexl/Koch) ein Prognosemodell für kleinräumige, d.h. auf den Ausschnitt einer Region bezogene Raumeinheiten (z.B. Mittelbereich, Landkreis) vorgestellt, das für die Anwendung in der Regionalplanung und in kleinräumigen Fachplanungen (auch für einzelne Gemeinden) geeignet ist. Prognoseergebnisse auf dieser Ebene sind vielseitig einsetzbar, z.B. für Kindergarten-, Gymnasiums- und Altenheimplanungen.

Die folgenden vier Beiträge behandeln ausgewählte Beispiele für fachplanungsbezogene Folgeprognosen. Prognosen der privaten Haushalte (Bucher) stehen methodisch noch in den Anfängen und unterliegen erheblichen Datenrestriktionen seitens der amtlichen Statistik, obwohl sich zahlreiche Politikbereiche und wissenschaftliche Forschungsfelder auf diese Gruppierung der Bevölkerung und nicht auf Individuen beziehen. Eine Regionalisierung, d.h. Prognose unter Berücksichtigung regionaler Unterschiede in den Haushaltsbildungsprozessen, erweist sich als noch schwieriger; hierfür werden geeignet erscheinende methodische Ansätze zur Diskussion gestellt. Hingegen sind regionalisierte Schülerprognosen, dargestellt am Beispiel Rheinland-Pfalz (Libowitzky), ein bewährtes Beispiel für eine Folgeprognose, die der Schulverwaltung als Grundlage für ihre Planungen dient. Die regionale Vorausschätzung der künftigen Wohnflächen- und Baulandnachfrage (Losch) liefert als typische Folgeprognose einen wichtigen Beitrag zur Politikberatung, d.h. hier zum Zielkonflikt zwischen einem weiter steigenden Flächenverbrauch für Wohnzwecke und dem ökologischen Zwang zum Flächensparen. Die Ergebnisse der Modellrechnungen fanden in die Baulandberichte 1983 und 1986 Eingang, dargestellt werden vor allem die Annahmen und Methoden. Der 2. Teil des Beitrags über Umweltprognosen (Knauer) stellt die methodischen Anforderungen an ökologische Wirkungsanalysen und -prognosen im Rahmen einer vernetzten Umweltverträglichkeitsprüfung an zwei Beispielen von Großprojekten (Olympia-Szenario Berchtesgaden und Umweltuntersuchung Ems-Dollart) dar.

Den Abschluß bilden zwei Beiträge zur Thematik 'Szenarien'. Der erste Beitrag (Sträter) gibt einen Überblick über die methodisch unterscheidbaren Typen von Szenarien und ihre Einführung in Politik und planende Verwaltung und behandelt sodann ihre Anwendungsbedingungen, die in der räumlich planenden Verwaltung immer noch ungünstig sind, obwohl sich hier inzwischen genügend szenariogeeignete Fragen stellen. Der zweite Beitrag (Stiens) behandelt zunächst kritisch wesentliche Unterschiede zwischen den herkömmlichen Status-quo-Prognosen und der neuen Szenariotechnik, die aus neuerer wissenschaftstheoretischer Sicht auf die Exploration möglicher Zukünfte gerichtet sein sollte und nicht wie in bisherigen Prognosen auf die Begründung und Rechtfertigung von quantifizierten Umverteilungen im Raum. Die Anforderungen an die raumbezogene Zukunftsforschung münden in eine Simulation komplexer Prozesse und Strukturen, wofür die Szenariotechnik eine notwendige Zwischenstufe bildet.

4. Zur Zukunft der Regionalprognosen

Die Beratungen des Arbeitskreises in seinem rund vierjährigen Bestehen, das zwölf Vollsitzungen und eine ganze Reihe von Teilbesprechungen (einschließlich der ad-hoc-Arbeitsgruppe "Volkszählung") umfaßte, lassen sich unter zwei Schwerpunkten zusammenfassen. Der erste betraf die Methodendiskussion im engeren Sinne, deren Ergebnisse in die Endfassungen der einzelnen Beiträge eingeflossen sind. Der zweite Schwerpunkt bestand in den immer wieder aufbrechenden Grundsatzdiskussionen über die künftige Rolle der Prognosen im Raumplanungsprozeß. Ein allgemeiner Konsens konnte dahingehend erzielt werden, daß Prognosen künftig noch wichtiger sein werden, als sie es in den vergangenen zwanzig Jahren werden konnten. Die Trendumbrüche in den siebziger Jahren machten die Prognoseergebnisse immer unbeliebter - aber letztlich doch immer notwendiger. Dies wird unmittelbar deutlich, wenn die Status-quo-Prognose in ihrer traditionellen Frühwarnfunktion nicht mehr zu einer Politikänderung i.S. einer verstärkten Umverteilung hoher Zuwächse (an Bevölkerung und Arbeitsplätzen) drängen kann, sondern stattdessen die Verwaltung des Mangels (z.B. hinsichtlich des Infrastrukturausbaus und der Bereitstellung fehlender Arbeitsplätze) und darüber hinaus sogar den Rückbau in der Siedlungsstruktur und die Aufrechterhaltung von stark reduzierten Minimalstrukturen (z.B. bei zentralen Orten im ländlichen Raum) propagieren muß.

Die Grundsatzdiskussionen über die künftige Rolle der Prognosen unter veränderten Rahmenbedingungen für die achtziger und neunziger Jahre finden keinen direkten Niederschlag in den einzelnen Beiträgen und können hier nur als einzelne Ausblicke angesprochen werden.

Der allgemeine Konsens im Arbeitskreis, den Prognosen käme heute und künftig noch größere Bedeutung zu als in der Vergangenheit, endete jedoch schon bei der Frage, welche Art der Prognose künftig stärker oder vorrangig gefordert sein würde. Es ist ganz konkret die Frage, ob Szenarien künftig eine führende Rolle überhaupt übernehmen sollen und ob sie dabei die etablierten Status-quo-Prognosen nur ergänzen oder ersetzen sollen. Diese zugespitzte Frage wird nur teilweise dadurch entschärft, daß Szenarien stets auch quantifizierende Status-quo-Prognosen als Teilelemente in sich aufnehmen und andererseits die Status-quo-Prognosen seit jeher auf Szenarioelemente (insbesondere bei der

Status-quo-Einschätzung von bestimmten Rahmenbedingungen) nicht verzichten konnten. Der Arbeitskreis war sich einig, daß die etablierten Status-quo-Prognosen auch künftig unerläßlich bleiben werden. Es bleibt aber die Aufgabe eines Generationswechsels in der Prognostik bestehen. Unter dem Druck der anstehenden Zukunftprobleme, an denen die etablierten Status-quo-Prognosen und Zielprojektionen mit ihren Aussagen zu einem wesentlichen Teil schon heute vorbeigehen, werden auch die raumplanenden Verwaltungen (sowie Forschungsinstitute und Wissenschaftler an den Universitäten) die Szenarien als ihr Instrument internalisieren müssen. Dabei dürften die Anpassungs- und Eingewöhnungsprobleme in eine beamtenmäßig abgesicherte Phantasie des Szenarioschreibens groß, aber relativ noch die geringsten sein, wenn sich die Raumordnungspolitik auf prognostizierbare Katastrophen (z.B. rasches Leerlaufen dünn besiedelter Gebiete, lebensgefährliche Umweltbelastungen in bestimmten Gebieten) und demzufolge auf ihre Verhinderung sowie Alternativkonzepte ausrichten muß.

Es wäre auch an der Zeit, daß sich die Raumordnung und Landesplanung mit ihrer hochentwickelten prognostischen Infrastruktur der Umweltplanung, die hinsichtlich der erforderlichen Prognosetechniken noch am Anfang steht, helfend zur Seite stellen würde. Immerhin ist die planerische und damit prognostische Lösung von Umweltproblemen seit jeher ureigenstes Anliegen der Raumplanung, die in ihrem Zielsystem Umweltziele vertritt. Es bedarf allerdings noch einer stärkeren Gewichtung dieser Umweltziele und einer intensivierten ökologischen Orientierung, die nicht beim planerischen Schutz von wertvollen Landschaftsteilen halt macht. Es dürfte unmittelbar einleuchten, daß die Umweltbelastungen nicht mehr allein in direkter Abhängigkeit von der Entwicklung der Bevölkerung und der Arbeitsplätze in den Regionen vorausgeschätzt werden können - zu berücksichtigen sind die vorhandenen Altlasten und die kumulativ, meist überproportional steigenden weiteren Umweltbelastungen sowie ihre absolut zulässigen Grenzen, die einen erweiterten prognosemethodischen Zugang erfordern.

Zu unterscheiden sind die bereits bestehenden Defizite an prognostischer Aufarbeitung von umweltrelevanten Problemen im Rahmen des herkömmlichen Raumordnungssystems von den künftigen ökologisch orientierten Prognoseaufgaben. Zum ersten Bereich gehört z.B., daß die in einigen Bundesländern (Nordrhein-Westfalen, Niedersachsen und Saarland) eingeführte Vorranggebiete-Konzeption auch langfristig-verbindliche Vorranggebiete für die Erhaltung von Natur und Landschaft, ökologischen Ausgleich oder Erholung ausweisen, wobei den dafür maßgeblichen Kriterien 'Eignung' und 'Bedarf' keine ebenso langfristig prognostizierten Bedarfsschätzungen zugrunde gelegen haben. Für den zweiten Bereich sei hier nur darauf hingewiesen, daß die gemäß EG-Richtlinie von 1985 spätestens 1988 in das bundesdeutsche Planungssystem einzuführende Umweltverträglichkeitsprüfung für Einzelprojekte, die in ihrer ersten planerischen Stufe in das Raumordnungsverfahren integriert werden soll, auch eine Vorausschätzung der langfristigen Umweltauswirkungen (im regionalen Kontext) erforderlich machen wird. Darüber hinaus müssen sich Raumprognosen methodisch noch stärker auf Vernetzungen in der bebauten und unbebauten Umwelt einstellen, um auch künftig ihre bisher bewährte Hilfestellung für politische Entscheidungen offerieren zu können. So wird die Landschaftsplanung in den Programmen der Landes- und Regionalplanung immer noch als ein fachplanerischer Abschnitt behandelt, der mit seinen Zielsetzungen nur spärlich in das überfachliche, ganz überwiegend auf die Siedlungsstruktur ausgerichtete raumordnerische Zielsystem hineinragt. Eine landschaftsorientierte Freiraumplanung mit ihren ökologischen Implikationen müßte aber eine gleichrangige Bedeutung im überfachlichen Zielsystem der Landes- und Regionalplanung erhalten, wozu dann auch ein entsprechender Prognosetypus von Szenarien entwickelt werden müßte.

An die Raumordnungspolitik sind in jüngster Zeit Anforderungen gestellt worden, die ihre sinkende Problemlösungskapazität durch Neuorientierung aktivieren und aktualisieren sollen. Dazu gehören Anforderungen wie eine Dezentralisierung politischer Entscheidungsstrukturen zugunsten der Regionalebene und die Mobilisierung des endogenen regionalen Entwicklungspotentials. Solche und weitere Anforderungen in ähnlicher Richtung finden bisher keinen Platz in den herkömmlichen Programmen und Plänen der Landes- und Regionalplanung; infolgedessen finden sie auch keine Aufnahme in etablierten Raumprognosen. Der Name des Arbeitskreises verweist ausdrücklich auf den zentralistischen Ansatz der Regionalprognosen, deren Ergebnisse stets als mehr oder weniger mechanistische Aufteilungen aus gesamträumlichen Prognosen zustande kommen. Zwar läßt sich aufgrund vielfältiger Schwierigkeiten aus individuellen Regionalprognosen keine in sich stimmige Prognose für den Gesamtraum aufbauen. Das schließt aber nicht aus, daß eine Region für sich selbst ihren regionsspezifischen Entwicklungspfad formuliert. Dabei stellen Prognosen, vor allem in Form von Szenarien, einen wichtigen Erarbeitungsschritt dar. In einem solchen Szenario könnte, wie auch in den Grundsatzdiskussionen des Arbeitskreises eingeräumt, neben Fragen einer künftig tragfähigen Wirtschaftsstruktur auch eine ökologisch orientierte Landschaftsentwicklung eine ebenso zentrale Rolle übernehmen. Ein solches Szenario könnte im übrigen durch integrierte Teilmodelle für ein regionales Energieversorgungskonzept, Wasserversorgungskonzept, Abwasserbeseitigungs- und Abfallbeseitigungskonzept usw. ergänzt werden. Das Beschreiten eines solchen Weges würde allerdings erfordern, daß die Landesplanung auf die in ihren Programmen und Plänen durchstrukturierten Vorgaben bis zu den Unterzentren und Achsen unterer Stufen verzichtet und stattdessen eine mehr prozessuale Politik übernimmt, die sich darauf beschränkt, die Rahmenregelungen für eigenständige Regionalentwicklungen festzulegen und ihre Einhaltung zu überwachen. Von einem derart neuorientierten Selbstverständnis der Raumordnung, Landes- und Regionalplanung sind auch die in diesem Band unter Methodenaspekten dargestellten Prognosen größtenteils noch weit entfernt, ein

Durchbruch könnte vermutlich nur über die zusätzliche Einführung von Szenarien als amtliche räumliche Prognosen erfolgen.

PROGNOSEN FÜR DIE RAUMORDNUNG, LANDES- UND REGIONALPLANUNG

von
Ludwig Baudrexl, München

Gliederung

1. Prognoseinstrumentarium im Überblick

    1.1 Unterscheidung nach dem Inhalt der Prognose
    1.2 Unterscheidung nach dem Zweck der Prognose
    1.3 Unterscheidung nach dem Prognosebedarf auf verschiedenen Planungsebenen

2. Die Status-quo-Prognose als traditionelle Raumordnungsprognose mit ausgereifter Modellentwicklung

    2.1 Entwicklung vom Ende der 60er Jahre bis Mitte der 70er Jahre
    2.2 Fortentwicklung des methodischen Ansatzes seit Mitte der 70er Jahre

Anmerkungen

1. Das Prognoseinstrumentarium im Überblick

Wissenschaft und planende Verwaltung haben in den letzten 20 Jahren ein differenziertes Prognoseinstrumentarium für die unterschiedlichen Aufgaben und Zwecke von Prognosen in der Raumplanung entwickelt. Die methodisch-inhaltlichen Fragen des Instrumentariums werden in den einzelnen Beiträgen der Veröffentlichung behandelt. In diesem Beitrag geht es darum, einen Überblick über die verschiedenen Arten von Prognosen zu geben, die bei Raumordnung, Landes- und Regionalplanung gebräuchlich sind. Daneben soll aufgezeigt werden, inwieweit es gelungen ist, diese Prognosen in den Planungsprozeß einzubinden und damit planungspolitische Entscheidungen rationaler zu gestalten.

Für eine Darstellung der verschiedenen Arten von Prognosen ist es zweckmäßig, nach Inhalt und Zweck der Prognose, aber auch nach dem Prognosebedarf unterschiedlicher Planungsebenen zu unterscheiden.

1.1 Unterscheidung nach dem Inhalt der Prognose

Nach dem Inhalt der Prognose läßt sich eine Unterscheidung zwischen Originär- oder Basisprognosen einerseits und Fachprognosen einschließlich Flächenbedarfsprognosen andererseits treffen. Bei den Originär- oder Basisprognosen handelt es sich um die "klassische" Raumordnungsprognose, nämlich um eine Vorausschätzung der Bevölkerungs- und Arbeitsplatzentwicklung in regionaler Gliederung. In Form der sogenannten Status-quo-Prognose gehören solche Vorausschätzungen zu den traditionellen Arbeitsgrundlagen der Raumordnung und Landesplanung. Sie können deshalb als Originär- oder Basisprognosen bezeichnet werden, weil die vorausgeschätzten Größen "Bevölkerung" und "Arbeitsplätze" als "Leitvariable" in Prognosen der Fachplanung oder auch der Flächenbedarfsplanung eingehen. Für die zuletzt genannten Prognosen liefern die Basisprognosen Eckwerte, an denen sich die Fachprognosen und die Prognosen zum Flächenbedarf orientieren. In diesem Sinne kann man die Prognosen der Fachplanung und die Flächenbedarfsprognosen auch als Derivativprognosen bezeichnen, deren Spielraum durch die Leitvariablen der Originärprognosen bis zu einem gewissen Grad abgesteckt ist. Als typische Beispiele solcher Derivativ- oder Anschlußprognosen sind zu nennen Prognosen

- zum Wohnungsbedarf,
- zur sozialen und technischen Infrastruktur,
- zu Freizeit und Erholung,
- zu Ver- und Entsorgung und
- zum Verkehrsbereich.

1.2 Unterscheidung nach dem Zweck der Prognose

Bei der Raumordnungsprognose im engeren Sinne, also bei der Originär- oder Basisprognose, ist die Unterscheidung zwischen Status-quo-Prognose und Zielprognose oder -projektion gebräuchlich. Um eine andere Prognosekategorie handelt es sich bei den sogenannten Langfristszenarien, die mehr der Entscheidungsfindung in raumordnungspolitischen Grundsatzfragen dienen. Einen wiederum anderen Zweck haben die Modellrechnungen zur langfristigen Bevölkerungsentwicklung, die Grundlage für die Abschätzung der regionalen Auswirkungen des Geburtenrückgangs sind.

Unter einer Status-quo-Prognose versteht man in der Raumordnung und Landesplanung eine Vorausschätzung der Bevölkerungs- und Arbeitsplatzentwicklung unter der Annahme, daß sich Bevölkerung, Wirtschaft und Staat im Prognosezeitraum nicht anders verhalten als in der Vergangenheit (Referenzzeitraum). Unter diesen sogenannten Status-quo-Bedingungen werden die für die Vergangenheit analysierten Entwicklungsfaktoren in die Zukunft projiziert. Es handelt sich dabei allerdings nicht um eine simple Extrapolation der bisherigen Entwicklung. Vielmehr werden die wichtigsten Einflußgrößen der künftigen Entwicklung in ihrer gegenseitigen Abhängigkeit in einem Prognosesystem vorausgeschätzt, wobei sich einzelne Elemente des Systems in ihrer Wirkung im Vergleich zur vorherigen Periode durchaus abschwächen oder verstärken können.

Status-quo-Prognosen haben in der Raumordnung und Landesplanung den Zweck, Entscheidungshilfen für raumordnungspolitisches Handeln zu liefern. Sie haben Warnfunktion, soweit sie im Hinblick auf die raumordnerischen Zielvorstellungen unerwünschte Entwicklungen aufzeigen. Für die Status-quo-Prognose ist es somit charakteristisch, daß ihre Ergebnisse mit der später tatsächlich eintretenden Entwicklung nicht übereinzustimmen brauchen, ja unter Umständen gar nicht sollen. Sie haben gewissermaßen analytischen Charakter.

Im Gegensatz dazu besitzen Zielprognosen oder -projektionen in der Raumplanung normativen Charakter. Hierbei werden unter politischen Vorgaben sogenannte Richtwerte für die regionale Bevölkerungs- und Arbeitsplatzentwicklung bestimmt. Vor dem Hintergrund der Status-quo-Prognose kann dann aufgezeigt werden, welche Entwicklungsbedingungen gegeben sein müssen, wenn bestimmte Ziele erreicht werden sollen; beispielsweise welche Wanderungen eintreten müssen, wenn gewisse Bevölkerungszahlen in einzelnen Regionen erreicht oder gehalten werden sollen. Die Zielprognose unterscheidet sich somit in ihrer planerischen Aussage und auch in ihrem methodischen Ansatz deutlich von der Status-quo-Prognose. Es handelt sich gewissermaßen um zwei komplementäre Prognosetypen, die in einem Spannungsverhältnis zueinander stehen. Dieses Spannungsverhältnis hat in der politischen Bewertung von Ergebnissen der Status-quo-Prognose immer wieder Anlaß zu Mißdeutungen gegeben, weil Sinn und Zweck einer solchen Prognose oft falsch verstanden wird. Daher wird auch die Warnfunktion einer Status-quo-Prognose mit der Konsequenz zur Selbstkorrektur von Seiten der Regierungspartei in der Regel nicht akzeptiert, weil erfahrungsgemäß die Oppositionspartei Schuldzuweisungen daraus ableitet. Um eine öffentliche Auseinandersetzung mit den zum Teil absichtlichen Mißdeutungen von Ergebnissen einer Status-quo-Prognose zu vermeiden, ist der attackierte Politiker geneigt, die Prognoseergebnisse als überholt und falsch darzustellen, um so die auf ihn gemünzte Kritik auf den Prognostiker umzulenken[1].

Regionalisierte Zielprognosen (-projektionen) oder Richtzahlen (-werte) für Bevölkerung und Arbeitsplätze waren in der Phase der Planungseuphorie Ende der 60er/Anfang der 70er Jahre in allen Bundesländern fester Bestandteil der Programme und Pläne der Landesentwicklung. Ihre Ausweisung als förmliche Ziele der Raumordnung und Landesplanung mit der ihnen in § 5 Abs. 4 und § 6 ROG zugewiesenen Bindungswirkung für raumbedeutsame Planungen und Maßnahmen öffentlicher Planungsträger war überwiegend sogar gesetzlich vorgeschrieben. So enthielt beispielsweise Art. 13 Abs. 4 des Bayerischen Landesplanungsgesetzes vom 6. Febr. 1970 die Vorschrift, daß

> "Richtzahlen für die durch raumbedeutsame Planungen und Maßnahmen anzustrebende Entwicklung der Bevölkerung und Arbeitsplätze in den Regionen zu bestimmen sind."

An die Bestimmung solcher "Zielzahlen" hatten einige Landesplanungsbehörden zunächst hohe methodische Anforderungen gestellt. Es wurde geprüft, inwieweit anspruchsvolle Planungs- und Zielfindungstechniken, wie z.B. das in den USA entwickelte PPBS (Program Planning Budgeting System) oder die Nutzwertanalyse dafür geeignet sind. Solche Versuche sind letztlich alle gescheitert.

Die Verwendung der Nutzwertanalyse zur Bestimmung von Richtzahlen für Bevölkerung und Arbeitsplätze setzt voraus, daß "Planungsalternativen" vorhanden sind, die mit einem nutzwertanalytischen Ansatz bewertet werden können. Richtzahlen werden nach diesem Konzept gleichzeitig mit der Entscheidung für diejenige Alternative bestimmt, die den Zielen der Landesentwicklung am besten entspricht. Sie sind dann identisch mit dem dieser Alternative entsprechenden Bevölkerungs- und Arbeitsplatzverteilungsmuster. Der Versuch, Planungsalternativen im Sinne von Leitbildern der Landesentwicklung bei der Erarbeitung des Landesentwicklungsprogramms als Entscheidungsgrundlage heranzuziehen, ist beispielsweise in Bayern unternommen worden. Er mußte aber ergebnislos abgebrochen werden. Stattdessen wurde ein "handgestricktes" Verfahren entwickelt, das die Transformation der Status-quo-Prognose in eine Zielprognose mit Hilfe relativ einfacher Entscheidungs- und Rechenschritte nachvollziehbar macht[2].

Ein zweiter Versuch, die Zielprognosen mit einem methodisch wie inhaltlich anspruchsvollen Verfahren zu erstellen, ist in Bayern bei der Fortschreibung des Landesentwicklungsprogramms ebenfalls gescheitert. Bei diesem Versuch sollten die Erkenntnisse der "Systemanalyse zur Landesentwicklung Baden-Württemberg", ein Gutachten, das im Auftrag der dortigen Landesregierung in den Jahren 1974/75 von drei Gutachtern erstellt wurde, verwertet werden[3]. Bei diesem Gutachten wurde erstmals der Versuch unternommen, das Wirkungsgefüge und die wechselseitigen Abhängigkeiten zwischen Bevölkerung, Wirtschaft, Infrastruktur und Umwelt zu erfassen und zu quantifizieren. Der systemanalytische Ansatz ist in der Folgezeit weder in Baden-Württemberg noch in einem anderen Bundesland für landesplanerische Programme und Pläne wieder aufgegriffen worden. Er hat jedoch im Umweltbereich, etwa bei der ökologischen Risikoanalyse (Saarland, Unterelbe) oder bei der Ökosystemforschung Berchtesgaden (Projekt 6 im Rahmen des Umweltprogramms der UNESCO "Der Mensch und die Biosphäre") weiterhin Anwendung gefunden.

Die Hauptfunktion von Richtzahlen(-werten) oder Zielprognosen zur Bevölkerungs- und Arbeitsplatzentwicklung in den Landesentwicklungsprogrammen und -plänen der Länder sollte in einer ressortübergreifenden Koordinierung aller raumbedeutsamen Planungen und Maßnahmen bestehen. Diese Funktion haben sie allerdings nie so recht erfüllt. Den Richtzahlen ist im Gegenteil seitens der Ressorts und von politischer Seite großes Mißtrauen entgegengebracht worden, insbesondere von Kommunalpolitikern. Diese haben die "Richtzahlendeklination" bis hinunter auf die Gemeindeebene als eine unzulässige Einmischung in die kommunale Planungshoheit angesehen. Die Kommunen haben sich daher energisch und auch mit Erfolg zur Wehr gesetzt, als die Regionalplanung verschiedentlich daran ging, mit Hilfe von Einwohnerrichtzahlen eine gemeindescharfe Steuerung der Siedlungsentwicklung zu betreiben. Der zwischen Regionalplanung und Kommunen Mitte der 70er Jahre entbrannte Richtzahlenstreit wurde durch Zweifel und Mißverständnisse über die richtige Handhabung dieses neuen Planungsinstruments zusätzlich aufgeheizt. Obgleich in einigen Ländern die obersten Landesplanungsbehörden durch entsprechende Bekanntmachungen und Erlasse zur Anwendung des Richtzahleninstrumentariums klargestellt haben, daß die Einwohnerrichtzahlen keinesfalls als alleiniges Kriterium für die Ermittlung des Bauflächenbedarfs im Rahmen der Bauleitplanung heranzuziehen sind und auch für die sogenannte organische oder Eigenentwicklung der Gemeinden keine Bedeutung haben[4], ist ein gewisser Argwohn der Kommunen gegen dieses Instrument der Flächensteuerung erhalten geblieben. Während sich aber die Kommunen in den 70er Jahren für die heute in allen Bundesländern geltende Regelung stark gemacht haben, daß die Baulandausweisung im Rahmen der Eigenentwicklung (organische Entwicklung) den Gemeinden überlassen bleibt[5], werden heute im Zeichen der Bodenschutzdiskussion auch von kommunaler Seite bereits Stimmen laut, die einer regionalplanerischen Vorgabe für die Flächensteuerung das Wort reden.

Bei der Mitte der 70er Jahre geführten Richtzahlenkontroverse haben jedoch auch die sogenannten veränderten Rahmenbedingungen eine wesentliche Rolle gespielt. Die Ordnungs- und Entwicklungsfunktion der Richtzahlen als Koordinierungsinstrument der Raumordnung und Landesplanung schien aufgrund der veränderten Rahmenbedingungen nicht mehr erfüllbar zu sein. Dieser Tatbestand wird beispielsweise in der Begründung zur Herausnahme der Richtzahlen aus dem Zielteil des bayerischen Landesentwicklungsprogramms ausdrücklich mit aufgeführt. In der Gesetzesvorlage zur Änderung des Bayerischen Landesplanungsgesetzes (vgl. Landtagsdrucksache 9/7160 vom 22.01.1981) heißt es u.a.:

"Die Entwicklungsfunktion der Richtzahlen, die von einer überregionalen Umverteilung von Bevölkerung und Arbeitsplätzen zugunsten strukturschwacher Regionen ausging, kann bei stagnierendem oder rückläufigem Entwicklungspotential nicht mehr erfüllt werden. Die Ordnungsfunktion der Richtzahlen verliert bei zurückgehendem Entwicklungspotential ebenfalls an Bedeutung."

In der harten Auseinandersetzung um die Richtzahlen wurde von den Gegnern dieses Instruments der Sachverhalt freilich häufig umgedreht. So wurde behauptet, die Richtzahlen seien daran schuld, daß vor allem die Verdichtungsräume ihre frühere Entwicklungsdynamik verloren hätten.

Ein "Richtzahlenstreit", wie er in Bayern ausgetragen wurde, hat sich nicht in allen Bundesländern im selben Ausmaß entwickelt. Allerdings kam den regionalisierten Zielprognosen in einigen Bundesländern von vornherein nicht die strenge Bindungswirkung für alle öffentichen Planungsträger gemäß ROG zu wie in Bayern[6].

Soweit regionalisierte Prognosewerte für die Bevölkerungs- und Arbeitsplatzentwicklung in den Landesentwicklungsprogrammen und -plänen der Länder oder in den Regionalplänen auch heute noch ausgewiesen sind, haben sie meist den Charakter von Orientierungswerten für raumbedeutsame Planungen und Maßnahmen der öffentlichen Planungsträger; teilweise gelten sie - so in Baden-Württemberg - nur in Verdichtungsräumen und ihren Randzonen als regionalplanerische Richtwerte für die kommunale Bauleitplanung. Außerdem stellen sie wichtige Orientierungshilfen für die Infrastrukturpolitik der Kommunen, für die Wirtschaft und andere interessierte Stellen dar. Nur in Niedersachsen wird auf regionalplanerische Richtwerte ganz verzichtet.

Während die Regionalen Planungsverbände in Bayern von der "Kannvorschrift" des neuen Landesplanungsgesetzes, wonach als Bestandteil der Begründung zum Regionalplan Richtwerte für die durch raumbedeutsame Planungen und Maßnahmen anzustrebende Entwicklung der Bevölkerung und der Arbeitsplätze in Teilbereichen der Region aufgenommen werden können, bisher noch keinen Gebrauch gemacht haben, enthalten die Regionalpläne in einigen anderen Bundesländern solche Orientierungswerte für die Bevölkerungsentwicklung - nicht für die Arbeitsplatzentwicklung - zumeist in einer Bandbreite bis hinunter zu den Nahbereichen. In Schleswig-Holstein haben diese Orientierungswerte in den neuen Regionalplänen allerdings nur mehr den Charakter einer Tendenzaussage - Zunahme, Konstanz, Abnahme - (vgl. Regionalplan für die Kreise Dithmarschen und Steinburg, Neufassung 1983).

Nur mehr im saarländischen Landesentwicklungsplan "Siedlung (Wohnen)" aus dem Jahre 1979 sind die "Zielbevölkerung 1990" und der "Wohneinheitenbedarf 1974/90" für alle Gemeinden des Landes (insgesamt 50) noch verbindlich im Sinne von förmlichen Zielen der Raumordnung und Landesplanung ausgewiesen. Gemäß dem Vorwort zu diesem Plan will die Landesregierung die im Siedlungsgefüge des Saarlandes vorhandenen Schwächen auf lange Sicht dadurch beheben, daß sie die Siedlungstätigkeit in den Orten mit günstiger Voraussetzung und insgesamt geringem Entfernungsaufwand forciert und in Orten mit ungünstigen Verhältnissen bremst. Trotz anfänglicher Widerstände seitens der Kommunen gegen diese verbindliche planerische Vorgabe scheint der Plan seine Bewährungsprobe bestanden zu haben.

Trotz des saarländischen Beispiels kann insgesamt wohl gesagt werden, daß sich die ursprünglich hohen Erwartungen hinsichtlich der Bedeutung von Zielprognosen für die Raumordnungspolitik als ressortübergreifendes Koordinierungsinstrument für alle raumbedeutsamen Planungen und Maßnahmen nicht erfüllt haben. Raumordnung und Landesplanung mußten schließlich erkennen, daß ihr Koordinierungsauftrag nicht dadurch leichter zu erfüllen ist, daß sie versuchen, die zwangsläufig vorhandenen Zielkonflikte mit und zwischen den Fachressorts anhand eines quantifizierten landesplanerischen Zielsystems zu minimieren oder gar zu beseitigen. Hinzu kommt das Fehlen entsprechender Kenntnisse über die Wirkung von Maßnahmen, die zur Erreichung der vorgegebenen Ziele geeignet erscheinen. (Daher auch das Defizit bei der sogenannten Instrumentalprognose als Unterfall der Zielprognose.)

Der Gedanke, Zielprognosen als ein effizientes Instrument der Raumordnungspolitik einsetzen zu können, wurde in der "Euphorischen Phase" der Raumordnung und Landesplanung geboren. Seit diese Phase Mitte der 70er Jahre verlassen wurde, ist im Bereich von Politik und Verwaltung eher eine Prognoseverdrossenheit festzustellen.

Der Bedeutungsschwund von Status-quo- und Zielprognosen hat in der Raumordnung und Landesplanung allerdings nicht zu einem völligen Prognosevakuum geführt. Während die Länder zur Fortschreibung ihrer Landesentwicklungsprogramme und -pläne, teilweise auch der Regionalpläne, nach wie vor regionalisierte Status-quo-Prognosen der Bevölkerungs- und Arbeitsplatzentwicklung heranziehen, ist in der Bundesraumordnung eine Hinwendung zur Szenario-Methode als einer alternativen Form der raumbezogenen Zukunftsforschung erfolgt. Damit sollten Erkenntnisse gewonnen werden, ob und inwieweit bei der Fortschreibung des Bundesraumordnungsprogramms eine Umorientierung auf neue raumordnungspolitische Grundsatzziele erfolgen sollte.

Der Bundesminister für Raumordnung, Bauwesen und Städtebau hat daher über die Bundesforschungsanstalt für Landeskunde und Raumordnung im Rahmen des "Mittelfristigen Forschungsprogramms Raumentwicklung und Siedlungsentwicklung (MFPRS)" in den Jahren 1977/78 bei drei verschiedenen Gutachtern Langfristszenarien zur Raumentwicklung in Auftrag gegeben[7], wobei die Gutachter (Prognos AG, Arbeitsgruppe LET (ein loser Zusammenschluß Schweizer Sozialforscher mit Sitz in Zürich) und Battelle-Institut) in einer Art Arbeitsteilung ein "Trendszenario", ein "Kontrastszenario" und ein "Technologieszenario" zu entwickeln hatten.

Ziel der Langfristszenarien war es, darzustellen,

- welchen Rahmenbedingungen und Restriktionen die Raumentwicklung und die Raumordnungspolitik in Zukunft unterliegen könnte,
- welchen Veränderungen der Handlungsspielraum raumbezogener Politik unterworfen sein könnte,
- welche konkreten Konsequenzen sich daraus für das vorhandene Zielsystem und das Instrumentarium der Raumordnungs- und Regionalpolitik ergeben könnten und
- welche Instrumente sich für eine aktive Raumordnungspolitik in Zukunft eignen könnten.

Die Ergebnisse dieser Szenarien wurden in einem von der Bundesforschungsanstalt für Landeskunde und Raumordnung im März 1983 veranstalteten Seminar vorgestellt und diskutiert.

Die auf der Grundlage der drei Szenarien von den Gutachtern gegebenen Antworten auf die vorgenannten Fragen waren im ganzen nicht sehr befriedigend[8]. Dies gilt insbesondere für die von der Prognos AG aus dem Trendszenario abgeleiteten Schlußfolgerungen für die Raumordnungspolitik, zumal dieses Szenario empirisch nur unzureichend abgesichert war.

Nach dem Trendszenario der Prognos AG zeichnen sich in der Bundesrepublik Deutschland folgende räumlichen Entwicklungsprozesse ab:

- Die in der Vergangenheit beobachtete Tendenz zur Agglomeration ist im Laufe der 70er Jahre zum Stillstand gekommen und hat sich teilweise bereits umgekehrt.

- Die Disparitäten zwischen den Raumkategorien verringern sich.

- Der Prozeß der Urbanisierung kehrt sich über die Zwischenphase der Suburbanisierung zunehmend zur Disurbanisierung um. Ab Ende der 80er Jahre werden Abwanderungen von den Verdichtungsräumen in die ländlichen Räume erfolgen.

- Diesen Abwanderungen folgen Verlagerungen von Arbeitsplätzen zugunsten zunächst zentral gelegener, später auch peripher gelegener ländlicher Räume.

- Langfristig werden die heutigen Verdichtungsgebiete die Problemräume der Raumwirtschaftspolitik des Jahres 2000 und danach sein, weniger dagegen die bisherigen ländlichen und peripheren Räume.

Die Prognos AG leitet aus ihrem Trendszenario Empfehlungen für die künftige Raumordnungspolitik ab, die bei dem genannten BfLR-Seminar auf heftige Kritik gestoßen sind. Dies betrifft insbesondere die Empfehlung zu einer Abkehr von dem bisherigen Ziel eines Disparitätenausgleichs und zu einem Verzicht auf zentrale, überfachliche und überregionale Koordinierungsinstrumente. Stattdessen sollte sich die Raumordnungspolitik auf die Rolle des "ehrlichen Maklers" bei der Regelung von Raumnutzungskonflikten zurückziehen.

Es bedarf wohl keiner besonderen Erklärung, daß das Trendszenario der Prognos AG, das eigentlich eher ein Kontrastszenario darstellt, keine hinreichende Grundlage für so weitreichende raumordnungspolitische Empfehlungen sein konnte. Eine Umsetzung der genannten Langfristszenarien zur Raumentwicklung in die praktische Raumordnungspolitik ist bisher nicht erfolgt.

Während sich die Landesplanungsbehörden mit der Szenario-Methode bisher noch wenig anfreunden konnten, haben sie sich seit Mitte der 70er Jahre ergänzend zu den mehr mittelfristigen Status-quo-Prognosen stärker mit Modellrechnungen zur langfristigen Bevölkerungsentwicklung befaßt. Mit diesen als Reaktion auf den Geburtenrückgang durchgeführten Modellrechnungen sollte aufgezeigt werden, welche gravierenden Probleme für Gesellschaft und Staat sich langfristig aus der Bevölkerungsentwicklung ergeben, wenn die seit Anfang der 70er Jahre sehr niedrige Geburtenhäufigkeit in der Bundesrepublik weiterhin anhält. Und sie hat in der Tat bisher angehalten; 1984 erreichte die durchschnittliche Geburtenzahl je Frau sogar den Tiefstand von 1,3. Schon seit 1970 verzeichnet die Bundesrepublik Deutschland die niedrigste Geburtenziffer der Welt.

Bayern hat als erstes Bundesland 1974 auf die Auswirkungen des Geburtenrückgangs anhand entsprechender Modellrechnungen des Staatsministeriums für Landesentwicklung und Umweltfragen zur natürlichen Bevölkerungsentwicklung hingewiesen[9]. Der bayerische Ministerrat zog im Oktober 1975 Konsequenzen aus den vorgelegten Modellrechnungen und beauftragte eine interministerielle Arbeitsgruppe mit der Ausarbeitung eines Berichts mit Vorschlägen zu familienpolitischen Maßnahmen. Auf der Grundlage der bayerischen Initiative wurde sodann gemäß Beschluß der Ministerpräsidentenkonferenz vom Oktober 1976 unter dem Vorsitz von Bayern ein Länderarbeitskreis "Langfristige Bevölkerungsentwicklung" gegründet. Dieser Arbeitskreis legte im Dezember 1978 den Ministerpräsidenten Modellrechnungen zur langfristigen natürlichen Bevölkerungsentwicklung in Bund und Ländern bis zum Jahr 2050 vor[10]. Die Regierungschefs der Länder beauftragten daraufhin die Fachministerkonferenzen, zu den Auswirkungen der errechneten Trends in den jeweiligen Fachbereichen Stellung zu nehmen.

Je nach Betroffenheit haben die Fachministerkonferenzen mehr oder weniger ausführlich berichtet. Die Ministerkonferenz für Raumordnung (MKRO) hat insgesamt zwei Stellungnahmen abgegeben; eine erste, vorläufige im November 1979.

Die zweite, ausführliche Stellungsnahme vom 12. November 1981 basiert auf ergänzenden Modellrechnungen unter Berücksichtigung von Wanderungen für fünf (ohne Berlin (West)) verschiedene Gebietskategorien (Regionstypen). Sie enthält Aussagen über mögliche Auswirkungen in den Bereichen Beschäftigung, Infrastruktur, Ausländer, Umweltqualität und Flächennutzung sowie Raumstruktur.

Auch werden raumordnungspolitische Schlußfolgerungen gezogen und Anforderungen an eine Bevölkerungspolitik formuliert.

Nachdem die zum Teil sehr umfangreichen Stellungnahmen der Fachministerkonferenzen vorlagen, hat der Länderarbeitskreis "Langfristige Bevölkerungsentwicklung" eine zusammenfassende Darstellung und Wertung dieser Stellungnahmen für die Ministerpräsidentenkonferenz erarbeitet[11].

Parallel zu den Arbeiten der Länder auf dem Gebiet der langfristigen Bevölkerungsentwicklung und der zu ergreifenden Maßnahmen hat auch die Bundesregierung, wenngleich etwas später, sich der Probleme der Bevölkerungsentwicklung angenommen und unter Federführung des Bundesministers des Innern 1978 eine "Arbeitsgruppe Bevölkerungsfragen" ins Leben gerufen. Diese Arbeitsgruppe, der auch zwei Ländervertreter angehören (Bayern und Nordrhein-Westfalen), hat im Auftrag der Bundesregierung inzwischen einen Bevölkerungsbericht in zwei Teilen vorgelegt[12]. Der erste Teil enthält eine Analyse der bisherigen Bevölkerungsentwicklung und Modellrechnungen zur künftigen Bevölkerungsentwicklung bis zum Jahr 2030. Der zweite Teil behandelt die Auswirkungen der Bevölkerungsentwicklung auf die verschiedenen Bereiche von Staat und Gesellschaft.

Mit Verabschiedung des zweiten Teils des Bevölkerungsberichts am 14. Dezember 1983 hat die Bundesregierung die "Arbeitsgruppe Bevölkerungsfragen" beauftragt, die demographische Entwicklung weiterhin sorgfältig zu beobachten und über Möglichkeiten nachzudenken, absehbaren Schwierigkeiten und Problemen der Bevölkerungsentwicklung zu begegnen sowie unter Hinzuziehung der Wissenschaft entsprechende Untersuchungen durchzuführen. Von Seiten der Wissenschaft sind inzwischen je eine Untersuchung zum generativen Verhalten und seiner Beeinflußbarkeit durch die staatliche Politik sowie über bevölkerungspolitische Maßnahmen und deren Wirksamkeit in ausgewählten europäischen Ländern in die Arbeit der Arbeitsgruppe eingebracht worden. Die beiden Untersuchungen werden für einen noch vorzulegenden abschließenden dritten Teil des Bevölkerungsberichts der Bundesregierung eine wesentliche Grundlage sein.

1.3 Unterscheidung nach dem Prognosebedarf auf verschiedenen Planungsebenen

Zwar unterscheidet sich der Prognosebedarf der Raumordnung und Landesplanung auf der Ebene des Bundes methodisch und inhaltlich kaum von dem auf der Ebene der Länder. Auf beiden Planungsebenen werden die Prognosen zudem in der Regel nach dem gleichen räumlichen Muster (Regionen) regionalisiert. Gleichwohl gehen Bund und Länder aus anderen Gründen bei ihren raumordnungspolitischen Überlegungen und Entscheidungen von verschiedenen Prognosen aus.

Einerseits gibt es in der Aufstellung und Fortschreibung der Landesentwicklungsprogramme und -pläne unter den Ländern keinen zeitlichen Gleichtakt. Deshalb kann eine zwischen den Ländern abgestimmte regionalisierte Bundesprognose, die für diesen Zweck heranzuziehen wäre, im einen Fall gerade noch aktuell, im anderen Fall bereits überholt sein. Zum anderen hat die Erfahrung gezeigt, daß der Bund und die Länder sich schwer auf einheitliche Prognoseannahmen einigen können. Das gilt schon für die Status-quo-Prognose und erst recht für die Zielprognose. Kein Land toleriert es, daß im Interesse einer bundesweit abgestimmten Zielprognose die eigenen Zielvorgaben zugunsten eines anderen Landes oder anderer Länder korrigiert werden. Ein derartiger, schon vor längerer Zeit im Datenausschuß der Ministerkonferenz für Raumordnung unternommener Versuch ist gescheitert. Es war nicht einmal möglich, dem Bundesraumordnungsprogramm von 1975 eine regionalisierte Status-quo-Prognose zugrundezulegen, die von allen Ländern akzeptiert wurde. Vielmehr mußten für die Abstimmung der Prognosewerte im Datenausschuß der MKRO insgesamt sechs Prognosevarianten durchgerechnet werden, wobei schließlich den Ländern zugestanden wurde, sich für das eigene Land für eine jeweils unterschiedliche Kombination aus den sechs Prognosevarianten zu entscheiden. Dies hatte natürlich die Aufgabe eines einheitlichen Bundeswertes zur Folge. Er konnte je nach Mixtur beispielsweise bei der Bevölkerung für das Prognosejahr 1985 zwischen 59 Mio. und 62 Mio. Einwohnern schwanken. Daß ein solches Vorgehen aus methodischen Gründen höchst fragwürdig ist, war den Mitgliedern des Datenausschusses zwar bewußt, die gravierenden verfahrensmäßigen Schwächen mußten jedoch in Kauf genommen werden, um überhaupt zu einem Konsens zwischen den Ländern zu kommen.

In der ursprünglichen Absicht, das Bundesraumordnungsprogramm fortzuschreiben, hat der Bund in der Folgezeit noch zweimal versucht, eine in seinem Auftrag erstellte regionalisierte Raumordnungsprognose mit den Ländern abzustimmen. Es handelt sich um die beiden Raumordnungsprognosen 1990[13] und 1995[14]. Dabei wurden nicht nur methodisch-inhaltliche Verbesserungen, sondern auch verfahrensmäßige Fortschritte in der Abstimmung mit den Ländern erzielt. Anstöße zur methodischen Weiterentwicklung der Status-quo-Prognose sind außer von der Bundesforschungsanstalt für Landeskunde und Raumordnung auch von einigen Ländern, insbesondere von Bayern ausgegangen. Die Länder hatten nämlich parallel zu den Arbeiten an der Fortschreibung des Bundesraumordnungsprogramms ihre eigenen Prognosen aktualisiert und dabei die Prognosemethoden verbessert. Nähere Ausführungen hierzu enthält das nachfolgende Kapitel.

Nicht so sehr nach formalen wie nach inhaltlichen Gesichtspunkten läßt sich der Prognosebedarf der Regionalplanung von dem auf Landes- und Bundesebene unterscheiden. Die Regionalplanung ist vor allem an kleinräumigen Bevölkerungsprognosen interessiert, die sie beispielsweise für die landesplanerische Begutachtung von Bauleitplänen, die raumordnerische Beurteilung von regionalen Versorgungseinrichtungen oder für die Bemessung von Einwohnergleichwerten zur Wasserversorgung und Abwasserbeseitigung benötigt. Um zu solchen Zahlen zu gelangen, können zwar die regionalisierten Bundes- und Landesprognosen als Rahmenprognosen dienen, für die innerregionale Verteilung der Bevölkerung können jedoch die vorhandenen Regionalprognosemodelle nicht herangezogen werden, da sie die innerregionale Wanderung nicht abbilden. Diese ist aber für die kleinräumige Bevölkerungsentwicklung von maßgeblichem Einfluß. Ihr liegen auch andere Verursachungsfaktoren zugrunde als der interregionalen Wanderung. Innerregionale Wanderungen werden vor allem durch Angebot und Nachfrage auf dem Wohnungsmarkt bestimmt, während interregionale Wanderungen hauptsächlich berufliche und arbeitsplatzbezogene Motive als Ursache haben.

Für die Regionalplanung mußten daher eigene Prognosemodelle entwickelt werden. Zunächst behalf sie sich allerdings mit sehr einfachen Verfahren. Sie verteilte z.B. die aus einer Prognose für Regionen oder vergleichbare Gebietseinheiten vorliegenden Prognosewerte auf kleinere räumliche Einheiten, beispielsweise Nahbereiche, nach einem sich aus der Referenzperiode ergebenden Verteilungsmodus. Es ist klar, daß so einfache "Verteilungsprognosen" auf Dauer nicht befriedigen konnten; sie ließen eben wesentliche, für die kleinräumige Bevölkerungsentwicklung maßgebliche Einflußfaktoren unberücksichtigt. Um den Prognosebedarf der Regionalplanung sachgerecht abdecken zu können, sind daher in den letzten 10 Jahren erhebliche Anstrengungen für methodische und inhaltliche Verbesserungen unternommen worden. Die entwickelten Modelle reichen von den noch verhältnismäßig einfach strukturierten demographisch orientierten über die wohnungsangebotsorientierten bis hin zu den hochkomplexen wohnungsnachfrage- und wohnungsmarktorientierten Modellen[15].

Die hochkomplexen Modelle, wie z.B. das von der Prognos AG für die Region München entwickelte Wohnungsmarkt-Prognosemodell "MINIWOPRO"[16], haben ihre Bewährungsprobe jedoch nicht bestanden. Neben planungspolitischen Überlegungen waren vor allem die empirisch ungenügend abgesicherte, hochkomplexe Modellstruktur sowie der enorme, kaum zu befriedigende "Datenhunger" und der "black-box-Charakter" dafür maßgebend, daß solche Modelle eine eher abschreckende Wirkung auf Planer und noch mehr auf Politiker hatten.

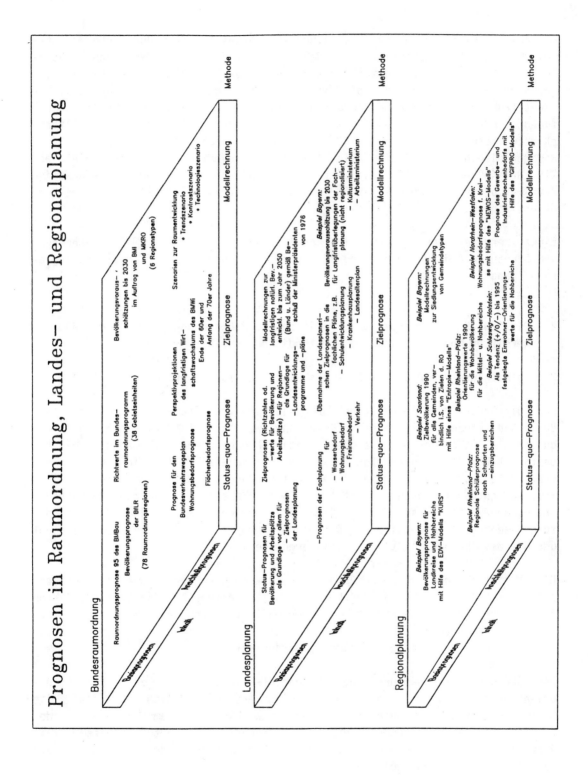

Hingegen scheinen die etwas einfacheren, im wesentlichen nur den "demographischen Ast" berücksichtigenden Modelle, wie z.B. das in Bayern und in Nordrhein-Westfalen zum Einsatz gelangte "KURS-Modell" (Modell zur kleinräumlich gegliederten Umlegung und Projektion einer gegliederten regionalen Bevölkerungsstruktur), in die Planungspraxis Eingang zu finden. Durch die Einbeziehung der intraregionalen Wanderung und die Berücksichtigung der Altersstruktur der Bevölkerung deckt das KURS-Modell den Informationsbedarf der Regionalplanung in bezug auf die kleinräumige Bevölkerungsentwicklung gut ab. Mit dem KURS-Modell als Beispiel für demographisch orientierte kleinräumige Bevölkerungsprognosemodelle befaßt sich der Beitrag Baudrexl/Koch dieser Veröffentlichung.

Einen Überblick über die verschiedenen Arten von Prognosen, Modellrechnungen und Szenarien gibt die Abbildung "Prognosen in Raumordnung, Landes- und Regionalplanung".

2. Die Status-quo-Prognose als traditionelle Raumordnungsprognose mit ausgereifter Modellentwicklung - Methodischer Abriß

2.1 Entwicklung vom Ende der 60er bis Mitte der 70er Jahre

Für die erste Modellgeneration zur Erstellung von Status-quo-Prognosen bei Bund und Ländern seit Ende der 60er Jahre war es charakteristisch, daß sie quasi als Scharnier für die gleichzeitige Prognose von Bevölkerung und Arbeitsplätzen den sogenannten Arbeitsmarktbilanzansatz in einfachster Form verwendeten. Hierbei werden das Angebot von und die Nachfrage nach Arbeitskräften getrennt vorausgeschätzt und anschließend bilanziert. Auftretende Ungleichgewichte zwischen den Bilanzgrößen werden ausschließlich durch Wanderungsbewegungen ausgeglichen. Die Wanderungen werden als ökonomisch bedingt und die Bevölkerung als völlig mobil angesehen.

Dieser einfach zu handhabende Ansatz war solange brauchbar, wie die Angebotsseite der Bilanz, d.h. das Angebot an Arbeitskräften, der limitierende Faktor für das wirtschaftliche Wachstum war. Er mußte versagen, als im Laufe der 70er Jahre die Nachfrage nach Arbeitskräften mehr und mehr zum limitierenden Faktor für die wirtschaftliche Entwicklung geworden ist.

Der Übergang von einem ursprünglich angebotsorientierten zu einem nachfrageorientierten Ansatz vollzog sich allerdings erst allmählich. Beispielsweise waren die Status-quo-Prognosen des Landesentwicklungsprogramms Bayern und des Bundesraumordnungsprogramms noch mit dem angebotsorientierten Arbeitsmarktbilanzansatz gerechnet worden, der aber bei Verabschiedung der Programme (1974 bzw. 1975) bereits überholt war.

Zwar konnten die Modelle der ersten Generation in bezug auf die natürliche Bevölkerungsentwicklung einen relativ guten Entwicklungsstand aufweisen, sie hatten aber im Bereich der Wanderungen, von dem einfachen Arbeitsmarktbilanzansatz abgesehen, gravierende Schwächen:

- Der Einfluß der Wanderungen auf die natürliche Bevölkerungsentwicklung konnte nicht berücksichtigt werden, da nur Wanderungssalden, nicht aber Zu- und Fortzüge in die Rechnung eingingen.

- Auch war es nicht möglich, den Altersaufbau der Bevölkerung zu prognostizieren, da das Modell eine Aufgliederung der Wanderungen nach Altersgruppen nicht zuließ.

- Schließlich fehlte im Modell die Möglichkeit zur Differenzierung der Wanderungen nach Motivgruppen (Bildungswanderer, Arbeitsplatzwanderer, Ruhestandswanderer).

Anlaß zur Kritik waren aber nicht so sehr die genannten Verfeinerungen, die im Modell vermißt wurden, als vielmehr die Prognoseergebnisse, die angesichts der veränderten Rahmenbedingungen als unrealistisch erscheinen mußten. Manche Schärfe in der seinerzeitigen Prognosediskussion zwischen Bund und Ländern hätte vermieden werden können, wenn sie nicht so betont ergebnisorientiert geführt worden wäre und man stärker auf die Unterschiede in den verwendeten Basisdaten und Prognosemethoden geachtet hätte.

2.2 Fortentwicklung des methodischen Ansatzes seit Mitte der 70er Jahre

Mit dem Ausklingen der euphorischen Phase der Raumordnung und Landesplanung Mitte der 70er Jahre war in Politik und Verwaltung, wie schon erwähnt, eine merkliche Prognoseverdrossenheit eingetreten. Man war enttäuscht, daß die Raumordnungsprognosen schon zum Zeitpunkt der Veröffentlichung überholt waren. Die aus einem Fehlverständnis über Sinn und Zweck einer Status-quo-Prognose entstandenen heftigen Kontroversen taten ein übriges, um es leidig zu sein, sich mit Prognosen von Amts wegen weiterhin zu befassen.

Die "verordnete" Funkstille in Sachen Prognosen schaffte andererseits günstige Voraussetzungen, um ohne großes Aufsehen die Modelle den veränderten demographischen und wirtschaftlichen Rahmenbedingungen anzupassen.

Am entschiedensten ist dieser Schritt zur Fortentwicklung des methodischen Ansatzes wohl in Bayern gegangen worden. Die oberste Landesplanungsbehörde im Staatsministerium für Landesentwicklung und Umweltfragen hat in den Jahren 1976/77 in Zusammenarbeit mit zwei Gutachtern das EDV-gestützte Simulationsmodell MIDAS (**M**odell zur **I**nterregionalen **D**emographischen und **A**rbeitsplatzorientierten **S**imulation) entwickelt, das gegenüber den bisherigen Modellen vor allem in der Abbildung des Arbeitsmarktgeschehens bei unterbeschäftigter Volkswirtschaft grundlegende Verbesserungen gebracht hat. Kernstück dieses am Arbeitsmarktverhalten der Erwerbspersonen orientierten Prognoseansatzes sind die sogenannten Arbeitsmarktreaktionen. Durch sie werden regionale Arbeitsmarktungleichgewichte zum Ausgleich gebracht. Ungleichgewichte, die sich aus der Gegenüberstellung von Angebot und Nachfrage nach Arbeitskräften ergeben, werden also nicht wie beim einfachen Arbeitsmarktbilanzansatz nur durch Wanderungen ausgeglichen, sondern lösen eine Reihe von Anpassungsvorgängen aus. Mit den Arbeitsmarktreaktionen im Prognosemodell MIDAS befaßt sich ein gesonderter Beitrag dieser Veröffentlichung.

"MIDAS" hat den bundesweiten Anstrengungen zur Verbesserung der Prognosemethode einen starken Impuls gegeben. Die bei "MIDAS" erzielten methodischen Fortschritte sollten für ein neu zu erarbeitendes integriertes regionales Prognosemodell genutzt werden, das der Bund als Grundlage zur Prognosefortschreibung für das Bundesraumordnungsprogramm und zum Zwecke der Harmonisierung der bei Bund und Ländern praktizierten unterschiedlichen Prognosemodelle in Auftrag geben wollte. Dazu ist es allerdings nicht mehr gekommen. Im Hinblick auf dieses Vorhaben hatte der Bund zusammen mit einigen Bundesländern (Bayern, Niedersachsen, Rheinland-Pfalz und Nordrhein-Westfalen) zunächst einen Forschungsauftrag zur Erstellung einer Synopse von Verfahren zur regionalen Bevölkerungs- und Arbeitsplatzprognose im Bereich des Bundes und der Länder und deren Auswertung in Richtung auf ein einheitliches Prognosemodell in Auftrag gegeben. Dieses gemeinsam vom Deutschen Institut für Wirtschaftsforschung, der Dorsch Consult und der Prognos AG 1979 erstellte Synopsegutachten[17] teilt die seinerzeit bei Bund und Ländern praktizierten Modelle zur Bevölkerungs- und Arbeitsplatzprognose entsprechend ihrem Entwicklungsstand in drei Modelltypen (A, B, C) ein, wobei die drei Entwicklungsstandards danach bemessen sind, inwieweit beim Arbeitsmarktbilanzansatz ein sogenannter Rückkoppelungsmechanismus (Reaktionen auf ein Arbeitsmarktungleichgewicht) eingebaut ist.

Dem am weitesten entwickelten Modelltyp C (Arbeitsmarktbilanz mit mehreren Rückkoppelungen), konnte seinerzeit nur das bayerische MIDAS-Modell und mit Einschränkung das Modell von Rheinland-Pfalz zugeordnet werden. Nordrhein-Westfalen erklärte, daß es die Realisierung eines Modells vom Typ C anstrebe.

Dem Modelltyp B (Arbeitsmarktbilanz nur mit der Rückkoppelung auf Wanderungen) gehörten die Modelle der Länder Berlin, Hessen, Saarland, Schleswig-Holstein und das der Raumordnungsprognose 1990 zugrundeliegende Modell an.

Der am wenigsten entwickelte Modelltyp A (Arbeitsmarktbilanz ohne Rückkoppelungen) wurde noch von den Ländern Baden-Württemberg, Bremen, Hamburg, Niedersachsen praktiziert und auch im Bereich des Bundes noch zu Prognosen für Zwecke der Gemeinschaftsaufgabe Verbesserung der regionalen Wirtschaftsstruktur und für die Bundesfernstraßenplanung herangezogen.

Die mit dem MIDAS-Modell beginnende zweite Modellgeneration hat sich heute bei Bund und Ländern weitgehend durchgesetzt. Einzelne Komponenten dieser Modellkonzeption sind inzwischen verbessert worden. Dies betrifft vor allem die sogenannten Arbeitsmarktreaktionen und die Prognose der Beschäftigtenentwicklung in der Land- und Forstwirtschaft (sogenanntes Göttinger Modell). Nicht alle im Synopsegutachten aufgezeigten Schwachstellen in den Prognosemethoden konnten bisher beseitigt werden. Ein wesentlicher Hinderungsgrund hierfür ist die teilweise recht unzulängliche Datenlage. Gleichwohl kann der auf der Grundlage des Synopsegutachtens von Bund und Ländern gemeinsam erzielte Fortschritt in der Prognosemethode als sehr beachtlich bezeichnet werden. Er hat in der Raumordnungsprognose 1995 seinen Niederschlag gefunden. Diese Prognose war gleichzeitig der Prüfstein für die gelungene bessere Zusammenarbeit zwischen Bund und Ländern auf dem Gebiet der Entwicklung und Abstimmung von Prognosevorhaben. Wegen der erzielten Fortschritte in der Prognosemethode wird im Bericht des Datenausschusses der Ministerkonferenz für Raumordnung zur Raumordnungsprognose 1995 der Wunsch geäußert, daß der methodische Ansatz der Raumordnungsprognose 1995 auch von anderen Fachplanungen für ihre Prognosen herangezogen werden möge. Was aber die Prognoseergebnisse betrifft, stellt der Datenausschuß fest, daß diese aufgrund der relativ langen Bearbeitungszeit der Raumordnungsprognose 1995 teilweise fortschreibungsbedürftig sind.

Inzwischen haben die meisten Länder ihre Prognosen aktualisiert und auf das Jahr 2000 bzw. 2010 fortgeschrieben[18]. Beim Bund scheint allerdings weder an eine Fortschreibung der Raumordnungsprognose 1995 noch an eine Fortschreibung des Bundesraumordnungsprogramms gedacht zu sein. Vielmehr zeigt sich hier eine deutliche Tendenz zu einer geringeren Relevanz der traditionellen Raumordnungsprognose. Größeres Gewicht dürften dagegen beim Bund rein demographische Modellrechnungen und Prognosen erlangen, die auch noch unterhalb der Regionsebene Aussagen zur Bevölkerungsentwicklung erlauben, etwa für den Kernstadt/Umland-Bereich. Die neuerdings von der Bundesforschungsanstalt für Landeskunde und Raumordnung vorgelegte Prognose der regionalen Bevölkerungsentwicklung im Bundesgebiet bis zum Jahr 2000 ist hierfür ein Beispiel[19].

Anmerkungen

1) Vgl. dazu ausführlich: Dietrichs, Bruno: Status-quo-Prognosen und Zielprojektionen im Raumordnungsprozeß - Funktionen und Konflikte, in: Informationen zur Raumentwicklung, Bundesforschungsanstalt für Landeskunde und Raumordnung, Heft 4/5, 1975, Regionalisierte Zielprojektionen für Bevölkerung und Arbeitsplätze.

2) Vgl. dazu ausführlich: Baudrexl, Ludwig: Richtzahlen der Bevölkerung und der Arbeitsplätze im Landesentwicklungsprogramm und in den Regionalplänen in Bayern, in: Informationen zur Raumentwicklung, Bundesforschungsanstalt für Landeskunde und Raumordnung, Heft 4/5, 1975, Regionalisierte Zielprognosen für Bevölkerung und Arbeitsplätze.

3) Vgl. Systemanalyse zur Landesentwicklung Baden-Württemberg: Systemanalytische Untersuchung über Ausgewogenheit, Belastbarkeit und Entwicklungspotential des Landes Baden-Württemberg und seiner Regionen unter besonderer Berücksichtigung der Region Mittlerer Neckar, im Auftrag des Landes Baden-Württemberg, durchgeführt von der Arbeitsgemeinschaft Systemanalyse Baden-Württemberg - Dornier System Friedrichshafen, Prognos AG Basel, Arbeitsgruppe Landespflege der Forstwirtschaftlichen Fakultät der Universität Freiburg - September 1975.

4) Vgl. hierzu z.B.: Vollzug des Bayer. Landesplanungsgesetzes und des Bundesbaugesetzes - Richtzahlen in den Regionalplänen, organische Entwicklung der Gemeinden -; Gemeinsame Bekanntmachung der Bayer. Staatsministerien für Landesentwicklung und Umweltfragen und des Innern vom 12. März 1975, in: Amtsblatt des Bayerischen Staatsministeriums für Landesentwicklung und Umweltfragen, Nr. 4 vom 25. März 1975.

5) Vgl. hierzu näher: Losch, Siegfried: Restriktionen der Landes- und Regionalplanung für die Bauleitplanung der Gemeinden im Bereich der Ausweisung von Wohnbauland, unveröffentlichtes Material der Bundesforschungsanstalt für Landeskunde und Raumordnung, 1983.

6) Vgl. hierzu: J. Heinz Müller und W. D. Siebert: Das Problem der Richtwerte in Programmen und Plänen der Raumordnung und Landesplanung, Arbeitsmaterial 1976-1, Akademie für Raumforschung und Landesplanung, Hannover 1976.

7) Näheres hierzu, vgl. "Langfristszenarien zur Raumentwicklung" in: Informationen zur Raumentwicklung, Heft 8.1982, Bundesforschungsanstalt für Landeskunde und Raumordnung.

8) Vgl. hierzu näher: Neusüß, Wolfgang: Drei Szenarien der Raumentwicklung, Randnotizen zur praktischen Verwertung, in: Informationen zur Raumentwicklung, Heft 8.1982, Bundesforschungsanstalt für Landeskunde und Raumordnung.

9) Langfristige Auswirkungen des Geburtenrückgangs, in: Perspektiven, Veröffentlichungsreihe des Bayer. Staatsministeriums für Landesentwicklung und Umweltfragen, Febr. 1980.

10) Modellrechnungen zur langfristigen natürlichen Bevölkerungsentwicklung in Bund und Ländern, Band 1: Kurzfassung und Ergebnisse für das Bundesgebiet, Band 2: Demographische Entwicklungen in den einzelnen Bundesländern, 1978, Herausgeber: Bayer. Staatsministerium für Landesentwicklung und Umweltfragen.

11) Auswirkungen der langfristigen Bevölkerungsentwicklung, zusammenfassende Darstellung und Wertung der Stellungnahmen der Fachministerkonferenzen der Länder zu den Auswirkungen der langfristigen Bevölkerungsentwicklung, Der Länder-Arbeitskreis "Langfristige Bevölkerungsentwicklung", Juni 1982, Herausgeber: Bayer. Staatsministerium für Landesentwicklung und Umweltfragen.

12) Bericht über die Bevölkerungsentwicklung in der Bundesrepublik Deutschland, 1. Teil: Analyse der bisherigen Bevölkerungsentwicklung und Modellrechnungen zur künftigen Bevölkerungsentwicklung, BT-Drs. 8/4437 vom 8.8.1980, 2. Teil: Auswirkungen auf die verschiedenen Bereiche von Staat und Gesellschaft, BT-Drs. 10/863 vom 5.1.1984.

13) Raumordnungsprognose 1990 (Aktualisierte Prognose der Bevölkerungs- und Arbeitsplatzzahl in den 38 Gebietseinheiten der Raumordnung für die Jahre 1980, 1985 und 1990), in: Schriftenreihe "Raumordnung" des Bundesministers für Raumordnung, Bauwesen und Städtebau, 06.012, 1977; vgl. dazu auch die ausführliche Kommentierung in Heft 1/2, 1977, der Informationen zur Raumentwicklung, Bundesforschungsanstalt für Landeskunde und Raumordnung, "Neue Prognosen für die Raumordnung".

14) Bevölkerungs- und Arbeitsplatzentwicklung in den Raumordnungsregionen 1978-1995 (Raumordnungsprognose 1995), Kurzfassung und Bericht des Ausschusses "Daten der Raumordnung" der Ministerkonferenz für Raumordnung, in: Schriftenreihe 06 "Raumordnung" des Bundesministers für Raumordnung, Bauwesen und Städtebau, Heft 06,055, 1985.

15) Vgl. Institut Wohnen und Umwelt GmbH: Analyse und Bewertung ausgewählter Modelle zur Prognose intraregionaler Wanderungen in der Bundesrepublik Deutschland, Darmstadt, 1980.

16) Vgl. Prognos AG: Regionale Wohnungsmarktuntersuchung - Raum München - Kurzfassung, Untersuchung im Auftrag des Bundesministeriums für Raumordnung, Bauwesen und Städtebau, des Freistaates Bayern, der Landeshauptstadt München sowie der Münchener Wohnungs- und Kreditwirtschaft, Basel 1978.

17) Vgl. Herwig Birg, Deutsches Institut für Wirtschaftsforschung, Klaus Maneval, Dorsch-Consult,Ingenieur-Ges.mbH, Klaus Masuhr, Prognos AG, Basel/ Berlin/München, 1979: Synopse von Verfahren zur regionalen Bevölkerungs- und Arbeitsplatzprognose im Bereich des Bundes und der Bundesländer und deren Auswertung in Richtung auf ein einheitliches Prognosemodell, zu beziehen bei: Bundesminister für Raumordnung, Bauwesen und Städtebau oder: Bayer. Staatsministerium für Landesentwicklung und Umweltfragen.

18) Vgl. hierzu z.B.: Rheinland-Pfalz: Regionale Prognosen, Methoden, Ergebnisse und Konsequenzen für die staatlichen Planungen, Statistisches Landesamt, Bad Ems, Sept. 1985; Schleswig-Holstein: Tendenzen der mittel- bis längerfristigen Bevölkerungs- und Erwerbspersonenentwicklung 1985 - 2000 - Prognose des Statistischen Landesamts aus dem Jahr 1984, in: Raumordnungsbericht 1985 der Landesregierung Schleswig-Holstein, Kiel 1985; Nordrhein-Westfalen: Bevölkerungsprognose 1984 bis 2000/2010, in: Bevölkerungsentwicklung in Nordrhein-Westfalen - Analysen-Prognosen-Perspektiven - Bericht der Landesregierung Nordrhein-Westfalen in Zusammenarbeit mit dem Landesamt für Datenverarbeitung und Statistik Nordrhein-Westfalen, Düsseldorf, Jan. 1986; Bayern: Bayern regional 2000, Status-quo-Prognose der Bevölkerungs- und Arbeitsplatzentwicklung in den Regionen bis zum Jahr 2000 auf der Basis 1981, in: Veröf-

fentlichungsreihe "Perspektiven" des Bayer. Staatsministeriums für Landesentwicklung und Umweltfragen, München, März 1986.

19) Das regionale Bevölkerungsprognosemodell der BfLR, Prognose der regionalen Bevölkerungsentwicklung im Bundesgebiet bis zum Jahr 2000, in: Informationen zur Raumentwicklung, Heft 12.1984, Aktuelle Daten und Prognosen zur räumlichen Entwicklung, Bundesforschungsanstalt für Landeskunde und Raumordnung.

Entwicklung und Perspektiven der Raumordnungsprognosen auf Bundesebene

von
Bruno Dietrichs, München

Gliederung

1. Funktionswandel und Konfliktpotentiale der Status-quo-Prognose im Überblick

2. Probleme des Status quo der Raumordnungsprognose

3. Koordinierungszwänge auf Bundesebene

4. Abstimmungsprobleme einer gemeinsamen Bund/Länder-Prognose und Zielprojektion im BROP

5. Perspektiven

Anmerkungen

1. Funktionswandel und Konfliktpotentiale der Status-quo-Prognose im Überblick

Im Mittelpunkt dieses Beitrags stehen nicht die methodischen Verbesserungen der Status-quo-Prognose der Bundesraumordnung im Zeitablauf, sondern Fragen ihrer planungspraktischen Anwendbarkeit. Bei allen methodischen Verbesserungen, die in diesem Band in anderen Beiträgen ausführlich dargestellt werden, bleibt letztlich die Frage offen, inwieweit die Rolle der Prognose im Raumplanungsprozeß gestärkt werden kann. Die Antwort hängt nicht nur von der Lösung methodischer Probleme ab, sondern auch von den Anwendungsbedingungen und Umsetzungsmöglichkeiten. Diese verändern sich im Zeitablauf und bleiben nicht ohne Konsequenzen für methodische Fragen im weiteren Sinne, also auch für Fragen des Verfahrens und der Organisation.

Im folgenden wird die Raumordnungsprognose auf Bundesebene in ihrer Einführungs- und Bevölkerungsphase unter dem Aspekt des Funktionenwandels und der dabei auftretenden Konfliktpotentiale dargestellt. Den Hintergrund bilden drei Phasen dieses Prognosetyps: in einer ersten Phase steht die Informationsfunktion im Vordergrund, Aspekte einer Koordinierungsfunktion (für verschiedene fachliche Prognosen) haben geringe Bedeutung. In der zweiten Phase wird die Prognose zum Planungsinstrument, und zwar durch Zuordnung einer korrigierenden Zielprojektion und programmatische Einbindung in ein Programm - Bundesraumordnungsprogramm (BROP)[1]. In einer dritten Phase wird die Prognose methodisch verbessert fortgeschrieben, ist aber ihres planerisch angereicherten Gehalts infolge fehlender Programmfortschreibung entkleidet, fällt also wieder zurück in die Rolle eines nur mehr informativen Instruments. Inzwischen hatten sich auch die Zweifel vermehrt, ob die Rahmenbedingungen selbst auf mittlere Sicht (15 Jahre) noch als konstant (Status quo) angenommen werden können. Werden aber die Rahmenbedingungen selbst Gegenstand der Prognose, dann verändern sich die Status-quo-Prognosen methodisch in Szenarien, die sich bisher noch keinen Anwendungsbereich sichern konnten. Die Status-quo-Prognose geht in ihrem methodischen Ansatz auf eine erstmals im Raumordnungsbericht 1968 der Bundesregierung veröffentlichte Prognose[2] dieser Art zurück, die dann in den folgenden Berichten von 1970 und 1972 fortgeschrieben wurde. In den Raumordnungsberichten sind gemäß § 11 Ziffer 1 Raumordnungsgesetz (ROG) vom 8. April 1965 (BGBl. I, 306) neben einer Bestandsaufnahme auch die für die räumliche Entwicklung des Bundesgebietes zugrunde zu legenden Entwicklungstendenzen darzustellen. Anläßlich der Beratung des Raumordnungsberichtes 1966 hatte der Deutsche Bundestag am 28. Juni 1967 einen Antrag angenommen, in dem die Bundesregierung aufgefordert wurde, in künftige Berichte abgesicherte Prognosen über zukünftige Entwicklungstendenzen in einem überschaubaren Zeitraum aufzunehmen. Dabei sollten vorliegende wissenschaftliche Gutachten über zukünftige Entwicklungen ausgewertet und im Rahmen des Raumordnungsberichtes dem Parlament zugänglich gemacht werden. Die erste Status-quo-Prognose war somit vom gesetzlichen Auftrag bzw. Auftraggeber her gesehen ein rein analytisches Instrument in dem Sinne, daß es Entwicklungstendenzen aufzeigen, diese jedoch nicht unbedingt zu konkreten raumplanerischen Handlungsanleitungen verarbeiten sollte.

Der analytische Charakter der Prognose von 1968 bestätigt sich vor allem in den umfangreichen methodischen Erläuterungen und in den Folgerungen aus den Prognoseergebnissen. So wurde festgestellt, daß die Bedeutung solcher Prognosen nicht so sehr in ihren quantitativen Ergebnissen liege, sondern vor allem im Aufzeigen von regional unterschiedlichen Entwicklungstendenzen. Die Folgerungen aus der Prognose beschränkten sich auf die Frage, inwieweit die zu erwartende großräumige Entwicklung aus der Sicht der Raumordnung positiv oder negativ zu beurteilen sei.

Die Status-quo-Prognose stellte ein relativ gut erprobtes und abgesichertes Planungsinstrument dar, als es in das von 1969 bis 1975 aufgestellte BROP übernommen wurde. So erschien eine Ergänzung durch eine korrigierende regionalisierte Zielprojektion (für Bevölkerungs- und Arbeitsplatzzahlen) unproblematisch. Tatsächlich stieg aber der Koordinierungszwang beträchtlich, und zwar sowohl seitens der fachlichen Prognosen und Zielprojektionen der Bundesressorts als auch der Landesplanungsprognosen der Länder.

2. Probleme des Status quo der Raumordnungsprognose

Von Anfang an bestand ein besonderes Problem darin, daß die Status-quo-Bedingungen nicht hinreichend gewürdigt und die Prognose in ihren Ergebnissen als (regierungsamtliche) Zielprojektion mißdeutet wurde.

Die Bezeichnung Status quo besagt, daß für den Prognosezeitraum Konstanz der Raumordnungs- und regionalen Strukturpolitik unterstellt wird, um den analytischen Charakter der Prognose zu wahren. Konkret bedeutet dies, daß keine Verstärkung der Förderungsanstrengungen für strukturschwache Regionen aufgrund ihrer prognostizierten Wanderungsverluste berücksichtigt wird, denn die Prognose soll ja für solche Politikänderungen Anstöße und Entscheidungshilfen liefern, die deshalb nicht schon in der Prognose antizipiert werden können. Es gehört somit zur Eigenart dieses Prognosetyps, daß seine instrumentelle Eignung gerade nicht am Eintreffen der prognostizierten Entwicklung bemessen werden kann, denn die Prognose erweist sich dann als besonders nützlich, wenn eine andere, positivere Entwicklung als die prognostizierte eintritt, weil durch die Prognose rechtzeitige Politikveränderungen veranlaßt wurden.

Demzufolge erweisen sich Status-quo-Prognosen paradoxerweise gerade dann als besonders effizient, wenn sie dazu beigetragen haben, daß die von ihnen aufgezeigten negativen Entwicklungstendenzen verhindert oder zumindest erheblich abgeschwächt wurden. Status-quo-Prognosen können daher nicht falsifiziert werden.

Diese Eigenart der Status-quo-Prognose erklärte aus kritischer Sicht nicht zuletzt ihre beliebte Anwendung als Planungsinstrument durch die Technokraten in sog. Leistungsverwaltungen, denn indem die Prognose Begründungen für notwendige Politikveränderungen liefert, verschafft sie zugleich Einflußmöglichkeiten auf die Politik, während sich die aus prognostischem Expertenwissen ergebenden Begründungen einer Überprüfung weitgehend entziehen. Aus anderer Sicht konnte aber in einer damals noch planungseuphorischen Phase eingewendet werden, daß jegliche Langfristplanung auf Prognosen angewiesen sei und gerade die Status-quo-Prognose einen wichtigen Beitrag zu einer 'rationaleren', d.h. besser nachvollziehbaren Politik liefere.

Die Prognose läßt sich aber nicht als wissenschaftliche Systemprognose in Reinform vertreten, weil ihre Eckwerte in der Regel nicht von politischen

Grundannahmen und Zielprojektionen freigehalten werden können. Die Status-quo-Bedingungen gelten also nicht uneingeschränkt.

3. Koordinierungszwänge auf Bundesebene

Die erste Raumordnungsprognose von 1968 wurde in einer besonders planungsorientierten Phase erarbeitet und veröffentlicht, in der auch in Fachplanungsbereichen auf Bundesebene Prognosen und Zielprojektionen erstellt wurden. Ein Koordinierungsanspruch der Raumordnung im Bereich der Prognosen stieß auf erhebliche Widerstände, zumal wichtige Prognosegrößen wie Entwicklung der gesamtwirtschaftlichen Wachstumsraten, der Produktivität nach Branchen, des Arbeitskräftepotentials oder der Bevölkerung mit einem Ausschließlichkeitsanspruch für diesbezügliche prognostische Aussagen aufgrund fachlicher Kompetenz der zuständigen Ressorts belegt wurden. An die Stelle der Koordination trat von Anfang an Konkurrenz, wenn nicht ein Infragestellen raumordnerischer Prognosen überhaupt. Es erwies sich daher als besonders wichtig, daß die Raumordnungsprognose im ROG abgesichert war und im Rahmen des BROP durch Beschlüsse des Parlaments, der Bundesregierung und der Ministerkonferenz für Raumordnung (MKRO) als unerläßliches Planungsinstrument gefordert war[3].

Es erwies sich andererseits als wenig aussichtsreich, das zugängliche Sammelsurium von (meist veralteten) offiziellen Prognoseaussagen mit offiziösen, aber noch nicht verwendbaren Prognosevermutungen zu einem Prognoserahmen zusammenzufügen, der eine Regionalisierung erlaubt. Die 'Trendwende' in der demographischen und wirtschaftlichen Entwicklung - seit Anfang der siebziger Jahre erkennbar - verleitete Fachplanungen dazu, ihre Prognosedaten inoffiziell zu widerrufen, offiziell aber aufrecht zu erhalten, um nicht die kontinuierliche Zuweisung von Haushaltsmitteln zu gefährden. Als sich die Trendwende mit z.T. erheblichen Verzögerungen auch in den fachlichen Prognosen auszuwirken begann, wurden die Fortschreibungen eingestellt oder doch vorläufig vertagt. Die fachprognostische Ratlosigkeit der Experten mündete nicht selten in die kompetenzmäßig abgesicherte Forderung, auch in einer Raumordnungsprognose könne sich die Bundesregierung nicht mehr zu so wichtigen Prognosewerten wie Wachstumsraten, Arbeitslosenquoten oder Bevölkerungsentwicklung äußern - kurz: auch diese Prognose habe zu unterbleiben.

Bevor auf einige Beispiele für die Konflikte der Bundesraumordnungsprognose mit Fachprognosen auf Bundesebene näher eingegangen wird, soll noch kurz auf ihre methodische Anfälligkeit sowie die Abhängigkeiten zwischen Wissenschaft und planender Verwaltung eingegangen werden. Die Status-quo-Prognose enthält im Kern ein regionalisiertes Arbeitsmarktmodell. Solche Modelle werden in der Regel von wirtschaftswissenschaftlichen Instituten sehr zeit- und kostenaufwendig durchgerechnet - im Falle der Bundesraumordnungsprognosen von der Prognos AG Basel. Basisdaten und zu berücksichtigende Prognosewerte aus anderen Fachbereichen können im Verlauf eines so komplexen Planungsprozesses wie der Erarbeitung des BROP mit vielfältigen Fristen für notwendige Abstimmungen - zeitweilig waren in die Abstimmungsprozesse für die BROP-Entwürfe mehr als hundert Bundes- und Länderfachressorts einbezogen - nicht immer wieder geändert oder sogar generell in Frage gestellt werden. Zu den Basisdaten sei hier nur auf die Agrarberichte der Bundesregierung verwiesen, die je nach Definitionen und Berechnungsart mehrere Zahlen für die in der Landwirtschaft Beschäftigten nennen.

Noch bis Anfang der 70er Jahre galten globale und regionalisierte Prognosen der natürlichen Bevölkerungsentwicklung als diejenigen Prognosen, die methodisch die geringsten Probleme enthalten und am zuverlässigsten sind. Als problematisch wurden nur die richtige Erfassung und Gewichtung der Faktoren angesehen, die die interregionalen Wanderungen bestimmen, also die Tendenzen der Standortwahl der Industrien sowie die Verhaltensweisen und die Mobilitätsbereitschaft von Arbeitskräften und Bevölkerung aufgrund regionaler Unterschiede im Arbeitsangebot, Lohnniveau, Infrastrukturangebot und in den Wohn-, Umwelt- und Freizeitbedingungen. Dieser Aufgabe nahmen sich Systemprognosen wie die Status-quo-Prognose an.

Der Rückgang der Geburtenziffern erzwang eine Revision der Vorstellung, die Bevölkerung könnte langfristig nur mit positivem Vorzeichen wachsen. Die Prognose der natürlichen Bevölkerungsentwicklung wurde infolgedessen mit der erheblichen Unsicherheit belastet, ob der negative Trend der Geburtenziffern bis 1985 anhalten würde. Der Umbruch zeichnete sich schon in der vom Statistischen Bundesamt 1971 veröffentlichten 3. koordinierten Bevölkerungsvorausschätzung bis 1985 ab. Danach hätte sich die Basisbevölkerung von Anfang 1971 bis 1985 aufgrund der Geburtenüberschüsse nur um rd. 0,75 Mio. auf knapp 62 Mio. erhöht. Hinzu kam ein geschätzter Außenwanderungsüberschuß von 2,9 Mio. und ein Geburtenüberschuß dieser Wanderungsbevölkerung in Höhe von 0,6 Mio. Personen, so daß die prognostizierte Bevölkerungsentwicklung einschließlich Wanderungen 1985 65,4 Mio. Einwohner ergab. Bemerkenswert war hieran, daß die per Saldo noch zuwandernde Bevölkerung einen annähernd gleich hohen Geburtenüberschuß aufgewiesen hätte wie die Basisbevölkerung, deren Geburtenüberschuß auch noch maßgeblich von dem 1970 bereits vorhandenen Ausländeranteil mitbestimmt war.

Die vom Statistischen Bundesamt veröffentlichte 4. koordinierte Bevölkerungsvorausschätzung von 1972 bis 1985 wurde aufgrund unterschiedlicher Annahmen über die Entwicklung der Geburtenhäufigkeit in zwei Varianten berechnet. In der ersten Variante verringerte sich die Bevölkerungszahl (ohne Berücksichtigung von Außenwanderungen) unter der Annahme konstanter Fruchtbarkeitsziffern von 1972 von 61,5 Mio. im Jahre 1972 auf 60,4 Mio., in der zweiten Variante unter der Annahme bis 1975 weiter rückläufiger und dann konstanter Fruchtbarkeitsziffern auf 59,7 Mio. im Jahre 1985. Im Rahmen dieser Prognose wurde auch die regionale Bevölkerungsentwicklung in den 38 Gebietseinheiten des BROP für 1970 - 1985 berechnet und mitveröffentlicht. Hierbei wurde von den Daten der Volkszählung 1970 ausgegangen, weil neuere Zahlen zur Altersstruktur in den Gebietseinheiten fehlten. Die altersspezifischen Geburtenziffern von 1972 wurden daher unter Berücksichtigung der starken regionalen Unterschiede auf die Bevölkerung von 1970 bezogen. In der Summe ergab sich - ohne Wanderungen - eine Bevölkerung von 59,3 Mio. Dieses Ergebnis berücksichtigte noch nicht den zwischen 1970 und Anfang 1973 eingetretenen Außenwanderungsüberschuß und den Geburtenüberschuß dieser Wanderungsbevölkerung von 1,1 - 1,5 Mio., so daß insgesamt mit einer Bevölkerungsabnahme auf 60,4 - 60,8 Mio. zu rechnen war.

Die 5. koordinierte Vorausschätzung konnte für die BROP-Prognose nicht mehr abgewartet werden, sie lag auch nach Verabschiedung des BROP (1975) nur unvollständig vor.

Ein Spannungsverhältnis bestand von Anfang an zwischen der raumordnerischen Status-quo-Prognose und den prognostizierten gesamtwirtschaftlichen Eckwerten des Bundeswirtschaftsministeriums. Es wird in der Prognose im Raumordnungsbericht 1968 in den Vorbemerkungen offen angesprochen: Bei der Prognose der regionalen Entwicklungstendenzen bis 1980 mußte ein gesamtwirtschaftliches Wachstum zugrunde gelegt werden, das jedoch noch nicht die Werte berücksichtigte, von denen die Bundesregierung zu dieser Zeit ausging, und auch nicht den dahinter stehenden wirtschaftspolitischen Vorstellungen entsprach. Eine Verknüpfung wurde für die nächste Überarbeitung der Regionalprognose vorgesehen. Die Bundesregierung distanziert sich also in ihrem eigenen Regierungsbericht zur Raumordnung von darin für die Prognose verwendeten gesamtwirtschaftlichen Eckwerten.

Eine erste amtliche Prognose der gesamtwirtschaftlichen Entwicklung war vom Bundeswirtschaftsministerium (BMWi) 1968 veröffentlicht worden, eine zweite 1970. Diese sog. Perspektivprojektionen des langfristigen Wirtschaftswachstums umfaßten u.a. Aussagen zur Entwicklung der Bevölkerungs- und Erwerbstätigenzahlen, letztere auch nach vier großen Wirtschaftsbereichen und der Arbeitsproduktivität, ferner der Arbeitslosenquote und des Anteils der Gastarbeiter sowie der realen Wachstumsrate des Bruttosozialprodukts bis 1980 bzw. 1985 differenziert. Der Wachstumsspielraum wurde unter alternativen Annahmen für den Auslastungsgrad der Ressourcen durch eine obere und eine untere Variante der Entwicklung aufgezeigt, während die mittlere Variante einen Entwicklungspfad markierte, der unter Berücksichtigung der Zielvorstellungen des Stabilitäts- und Wachstumsgesetzes abgeleitet war. Diese mittlere Variante stellte also die wünschenswerte und zugleich wahrscheinlichste Entwicklung dar. Die entsprechenden Eckwerte für 1985 wurden bei der Aufstellung der Status-quo-

Prognose im BROP zugrunde gelegt. Damit erstreckten sich die Status-quo-Bedingungen nur noch auf den regionalisierten Teil der Prognose und nicht mehr auf diese Eckwerte.

In der Perspektivprojektion wurde deutlich, daß einzelne quantifizierte Prognoseannahmen zur Vorausschätzung des einheimischen Erwerbstätigenpotentials einen hohen politischen Stellenwert hatten. Dazu gehörten insbesondere die restriktiven Auswirkungen (a) der Bildungsplanung auf die Erwerbsquoten bei den jüngeren Jahrgängen (infolge höherer Übertritte in weiterführende Schulen) sowie (b) der geplanten flexiblen Altersgrenze auf die Erwerbsquoten der älteren Jahrgänge. In der Projektion von 1970 wurde bereits davon ausgegangen, daß die negativen Effekte überwiegen würden und nicht durch gegenläufige Tendenzen, wie z.B. die künftig zunehmende Frauenerwerbstätigkeit, kompensiert werden können. Als Folge wurde angenommen, daß auch die Zahl der ausländischen Arbeitnehmer zunehmen muß, um das technische Produktionspotential möglichst optimal zu nutzen. Der in der mittleren Variante angesetzte Anstieg auf rd. 2,5 Mio. ausländische Arbeitnehmer war aber 1972 schon erreicht und drohte fortzuschreiten. Die Zahl wurde infolgedessen nicht mehr als eine gesamtwirtschaftliche Rest- bzw. Füllgröße zur Aufrechterhaltung einer gewünschten gesamtwirtschaftlichen Wachstumsrate angesehen, sondern nicht zuletzt im Hinblick auf gesellschaftliche Integrationsprobleme und die Spitzenbelastung einiger Verdichtungsräume mit Ausländeranteilen annähernd 20 % als eine Zielgröße. Gemäß den ausländerpolitischen Beschlüssen der Bundesregierung sollte eine Konsolidierung der Ausländerbeschäftigung eintreten. Das bedeutete, daß der 1973 erreichte Stand von rd. 2,5 Mio. ausländischen Arbeitnehmern und insgesamt rd. 4 Mio. Ausländern nicht weiter überschritten werden sollte.

Nach der 1970 veröffentlichten Perspektivprojektion für 1985 wurde zwar keine revidierte Projektion veröffentlicht, aus den vorgenannten Gründen war aber schließlich davon auszugehen, daß die Eckwerte der mittleren Variante nicht mehr erreichbar erschienen und wahrscheinlich deutlich unterschritten würden. Dies galt sowohl für die durchschnittliche jährliche reale Wachstumsrate des Sozialprodukts von 4,8 % im Zeitraum 1970/85 und eine Erwerbstätigenzahl von 28,7 Mio. 1985, insbesondere aber für die mitgenannte Bevölkerungszahl von 65,9 Mio. 1985. Der BROP-Prognose wurden somit zwar keine weiteren 'realistischen' wirtschaftspolitischen Eckwerte mehr vorgegeben, auf solche Eckwerte konnte aber auch nicht verzichtet werden (wie gefordert), weil die Prognose einen wichtigen Programmbestandteil darstellte.

Beispielhaft sei hier noch auf die ebenfalls im Raumordnungsbericht 1968 veröffentlichten regionalen Zielprojektionen der Bevölkerung und Arbeitsplätze als Grundlage für den zweiten Ausbauplan der Bundesfernstraßen 1971 - 1985 hingewiesen. Anders als in der Status-quo-Prognose von 1968 handelte es sich bei dieser Fachprognose des Verkehrsministers (BMV) um eine Trendextrapolation ohne methodischen Aufwand, die von einer amtlichen Vorausschätzung der natürlichen Bevölkerungsentwicklung ausgehend die regionalen Wanderungssalden der Vergangenheit in die Zukunft übertrug und die Ergebnisse nach quantifizierten Zielvorstellungen der Landesplanung modifizierte. Die Erwerbstätigenzahlen wurden als ergänzende Bedarfsdaten mittels geschätzter Erwerbsquoten aus den regionalen Bevölkerungszielzahlen abgeleitet. Ausgewiesen wurden nur die Zielwerte. Die Prognosewerte konnten wohl auch deshalb nicht ausgewiesen werden, weil reine Trendextrapolationen einer nicht methodengebundenen Korrektur aufgrund von Plausibilitätskontrollen bedürfen - worauf auch hingewiesen wurde.

Als weitere Fachprognose ist hier die vom BMWi erstellte Prognose der regionalen Arbeitsplatzdefizite (bzw. Arbeitskraftreserven) zu nennen, die einen der Indikatoren zur Gemeinschaftsaufgabe 'Verbesserung der regionalen Wirtschaftsstruktur' beisteuerte und im Ansatz der BROP-Prognose nicht unähnlich war. Eine Koordinierung der drei Prognosen (BROP, BMV und BMWi) war jedoch nicht zu erreichen, ihr standen schon von vornherein die unterschiedlichen, nicht kompatiblen Regionengliederungen entgegen. Aber auch zwischen den jeweils verwendeten Prognosemethoden konnten zunächst keine Annäherungen erreicht werden. In den kollegialen 'Methodenstreit' wurden auch die jeweils zuliefernden wissenschaftlichen Prognoseinstitute mit einbezogen.

4. Abstimmungsprobleme einer gemeinsamen Bund/Länder-Prognose und Zielprojektionen im BROP

Bei der Aufstellung des BROP konnte man anfangs noch davon ausgehen, daß es sich bei der Zielprojektion - wie auch bei der Prognose - um die regionale Verteilung eines insgesamt beträchtlichen zahlenmäßigen Zuwachses an Bevölkerung und Arbeitsplätzen handeln würde. So war bei den Programmarbeiten bis zum Stande 1972 vorgesehen, die Zielprojektion der Gesamtentwicklung von Bevölkerungs- und Arbeitsplatzzahl bis zum Jahre 1985 mit einer Summierung der diesbezüglichen Ländervorstellungen in Übereinstimmung zu halten. Da aber die Trendeinschätzung für die Gesamtentwicklung zwischen Bund und Ländern unterschiedlich war, konnte schon 1974 nur mehr eine Einigung auf eine Bandbreite zwischen zwei unterschiedlich eingeschätzten Entwicklungskorridoren erreicht werden, nämlich zwischen niedrigstem Erwartungswert der Länder (Stagnation) und höchstem Erwartungswert in Bundessicht (geringste Abnahme). Demzufolge ging das BROP von 1975 für die Bevölkerungszahl 1985 von einer relativ großen Bandbreite von 59 - 62 Mio. (Stand 1975: 62 Mio.) aus, und auch für die Erwerbstätigenzahl 1985 wurde eine entsprechend große Bandbreite von 26 - 28 Mio. ausgewiesen. Dabei wollte sich der Bund in Anbetracht der jüngsten Entwicklung jeweils an den unteren Eckwerten orientieren, während die Länder noch an den oberen Eckwerten (Stagnation) festhielten. Zu dieser Zeit reichte aber die Summe der Ländervorstellungen zur Bevölkerungsentwicklung noch weit über den oberen Eckwert dieser Bandbreite hinaus. Wie eine Zwischenbilanz zu diesem Zeitpunkt ergab, summierten sich die Zielvorstellungen der Länder von 62 Mio. im Jahre 1975 auf 63,4 - 64,8 Mio. Einwohner im Jahre 1985[4]).

Die Bundesländer hielten somit angesichts der negativen Entwicklungstendenzen überwiegend an der Position fest, daß der Bevölkerungsstand Mitte der siebziger Jahre wenigstens konstant bleibt, wenn nicht sogar (durch weitere Wanderungsgewinne gegenüber dem Ausland) leicht ansteigt. Dem stand aus Bundessicht entgegen, daß mit dem schon 1973 von der Bundesregierung verfügten Anwerbestopp für ausländische Arbeitskräfte (aus Nicht-EG-Staaten) eine weitere Zunahme des ausländischen Bevölkerungsanteils deutlich eingeschränkt, wenn nicht verhindert werden sollte.

Für die Gesamtentwicklung der Bevölkerung eines Bundeslandes spielte neben dem Ausländersaldo außerdem noch der Inländersaldo gegenüber anderen Bundesländern eine wichtige Rolle, der in jedem Bundesland für die Zukunft eher etwas überhöht angesetzt wurde. Zur Begründung wurde von Bundesländern auf der einen Seite angeführt, unter Status-quo-Bedingungen prognostizierte Wanderungsverluste (etwa aufgrund der Nord-Süd-Wanderung) könnten nicht akzeptiert werden, weil durch Ausbau der Infrastruktur und durch Industrieansiedlung solche Verluste weitgehend vermieden werden sollen, während sich andererseits Bundesländer darauf beriefen, strukturelle Vorkehrungen für die Aufnahme der prognostizierten Wanderungsgewinne treffen zu müssen.

Die Transformation von regionalisierten Prognosewerten in normativ-korrigierende Richtzahlen für Regionen beruhte auch auf Landesebene nicht auf methodischen Grundlagen, sondern auf der landesplanerischen Einschätzung der für wünschenswert und erreichbar gehaltenen Korrekturmöglichkeiten. Die Richtzahlen sollten die Landesplanungsziele bezüglich der regionalen Bevölkerungs- und Arbeitsplätzeverteilung quantifizieren und dadurch operationalisieren, und zwar (1) generell als angestrebten Grad der siedlungsstrukturellen Dezentralisierung und (2) als spezielle Steuerung des künftigen Flächen- und Infrastrukturbedarfs sowie Arbeitsplätzebedarfs in Regionen (und in zentralen Orten).

Für die Landesplanungen der Bundesländer bedeutete ein Wegfall der in verbindlichen regionalisierten Zielprojektionen festgeschriebenen Bevölkerungzuwächse nicht weniger als ein Infragestellen landesplanerischer Entwicklungszusagen, zumal neben schwindender Bedarfsträgerzahl (Einwohner) auch die Finanzierungsspielräume von Bund und Ländern erheblich schrumpften. Für strukturschwache Regionen wirkte sich die Trendwende auf infrastrukturelle Großprojekte (z.B. Hochschulneubau, Krankenhausbau, Fernstraßenbau) aus, für die noch ausbaubedürftigen zentralen Orte in solchen Regionen wirkte die Trendwende restriktiv auf den geplanten weiteren Ausbau der Infrastruktur, insbesondere wenn diese auf eine erhöhte wirtschaftliche Tragfähigkeit durch Zunahme der Bevölkerungszahlen angewiesen war.

Bekanntlich haben sich die Landesplanungen erst in der zweiten Hälfte der 70er Jahre zunächst auf die Position zurückgezogen, die Bevölkerungs- und Arbeitsplatzzahlen würden bundesweit und in der regionalen Verteilung konstant bleiben, um sich sodann - vereinzelt - auch Abnahmen einzugestehen. Im Rahmen der BROP-Erarbeitung waren die Landesplanungen jedoch noch nicht bereit - obwohl von Status-quo-Prognosen nahegelegt -, über höchstzulässige regionale Abnahmen i.S. von Zielprojektionen zu beraten.

Da nach der Programmprognose die Gesamtbevölkerungszahl bis 1985 allenfalls stagnieren, wahrscheinlich aber abnehmen würde, konnte sich die regionalisierte Zielprojektion günstigenfalls nur noch im Rahmen eines Null-Summen-Spiels bewegen. Jeder Wanderungsgewinn einer Region würde in anderen Regionen Wanderungsverluste bedeuten und umgekehrt, somit mußten beide Möglichkeiten ausgeschlossen werden. Es genügte daher auch, für die Gebietseinheiten des BROP im Sinne einer verbalen Zielprojektion zu fordern, daß in keiner Gebietseinheit Bevölkerungsabnahmen durch Abwanderungen eintreten sollen, und zwar aufgrund der Zielvorstellungen, daß die in den Regionen Düsseldorf/Köln, Frankfurt, Stuttgart und München konzentrierte Nachfrage nach ca. 1 Mio. zusätzlichen Arbeitskräften in abwanderungsgefährdete strukturschwache Regionen umgelenkt werden kann. Somit war im wesentlichen die bestehende regionale Bevölkerungsverteilung und auch die Arbeitsplätzeverteilung festgeschrieben worden. Eine geringfügige Modifikation sollte sich aufgrund der zunächst noch regional unterschiedlich verlaufenden natürlichen Bevölkerungsentwicklung ergeben können. In einigen (peripheren ländlichen) Gebietseinheiten sollten die noch zu erwartenden Geburtenüberschüsse weitgehend gehalten werden - ein rudimentärer Ansatz für eine Dekonzentration, während für regionale Bevölkerungsabnahmen aufgrund des allgemeinen Geburtenrückgangs ein Ausgleich durch Zuwanderung nicht - oder in der verschleiernden Kompromißformel des BROP: nur begrenzt - möglich sein sollte.

Gegenüber der eingangs beschriebenen Rolle der Status-quo-Prognose, wie sie noch im Raumordnungsbericht von 1968 abgegrenzt wurde, hatte sie als integrierter Programmbestandteil des BROP größeres Gewicht und einen höheren Stellenwert erlangt. Ihre Aufgabe, Entwicklungstendenzen aufzuzeigen, wurde bis zur konkreten Ausweisung von Problemräumen der großräumigen Bevölkerungsverteilung weiterentwickelt. Sie konnte illustrieren, um welche Problemräume der großräumigen Bevölkerungsverteilung es sich vor allem handelt: einer Reihe abwanderungsgefährdeter Räume standen solche mit Zuwanderungsdruck gegenüber. Die Status-quo-Prognose erfüllte hiermit ihre Funktion, extreme Entwicklungstendenzen aufzuzeigen. An diese Aussagen knüpften die Vorstellungen über Prioritäten bei den künftig zu verstärkenden Mittelzuweisungen an strukturschwache Regionen an. Darüber hinaus konnten die Prognoseergebnisse einen wichtigen Beitrag zur indikatorengestützten Bestimmung dieser Regionen leisten, indem sie die regionalen Arbeitsplatzdefizite im Jahre 1985 als einzigen prognostischen Indikator beisteuerten.

Nach der Programmkonzeption sollten die Zielprojektionen für die Bevölkerungs- und Arbeitsplatzzahlen 1985 in den 38 Gebietseinheiten die Funktion von Richtwerten für eine ausreichende Infrastrukturausstattung haben. Für die Indikatoren sollten entsprechende regionale Mindeststandards einer im Jahre 1985 als "ausreichend" und interregional "ausgewogen" anzusehenden Ausstattung auf die regionale Zielbevölkerung bezogen werden. In die grundlegenden methodischen Arbeiten und ersten Berechnungen zur Aufstellung des BROP war ein solcher Ansatz eingeführt worden, u.a. unerläßlich für die Durchrechnung eines ökonometrischen Allokationsmodells[5]. Da sich aber weder ein konsensfähiger Katalog von normativen Soll-Werten der Indikatoren für 1985 noch eine eckwertadäquate regionalisierte Zielprojektion erreichen ließen, ist im BROP der Weg beschritten worden, bei der Ableitung der Förderregionen nicht auf die Ausstattungsdefizite 1985 abzustellen, sondern auf diejenigen in der Ausgangslage 1970/72, die am weitesten hinter dem Bundesdurchschnitt zurückblieben.

Da das BROP 1975 nicht fortgeschrieben wurde, blieben auch die nachfolgenden Raumordnungsprognosen 1990 und 1995[6] ohne Programmbezug.

5. Perspektiven

Status-quo-Prognose und Zielprojektion bleiben auch unter den negativen Vorzeichen der Trendwende unerläßliche Instrumente des Raumplanungsprozesses. Ihre Anwendung wird zwar schwieriger, sie sind aber ohne Zweifel noch wichtiger geworden. Allerdings wird es nicht zu umgehen sein, regionalisierte Zielprojektionen mit negativen Richtwerten i.S. von 'höchstzulässigen Abnahmen' gegen alle zu erwartenden Widerstände einzuführen. Die Prognose behält dabei ihre wichtige Funktion, extreme negative Regionalentwicklungen frühzeitig aufzuzeigen. Wenn die mittel- und langfristigen Trends auf einen künftigen Abbau von Siedlungsstrukturen hinweisen, so hilft es wenig, vor dieser ungewohnten raumordnungspolitischen Aufgabe einer geordneten siedlungsstrukturellen Rückentwicklung die Augen verschließen zu wollen. Die Prognose hat hier wiederum die Funktion, notwendige Politikänderungen kenntlich zu machen und in Gang zu setzen.

Sowohl die Status-quo-Prognose als auch die Zielprojektionen bedürfen der methodischen Weiterentwicklung, insbesondere im Rahmen einer Gesamtkonzeption. Hier zeichnet sich ein Wandel in dem - nicht unbestrittenen - Übergang der Raumordnung und Landesplanung zur Konzeption der großräumigen Vorranggebiete ab. Damit wird der Prognosebedarf um ökologische Fragen erweitert und erheblich gesteigert.

Bei der weiteren Entwicklung von Status-quo-Prognosen sollte versucht werden, ihren Status-quo-Charakter - der nach bisherigen praktischen Erfahrungen in der Konfrontation mit Zielprojektionen z.T. verlorengeht - wieder stärker herauszustellen. Dies kann in der ergänzenden und erweiternden Form von Szenarien geschehen[7]. Für die Bundesraumordnung sind bereits Szenarien erarbeitet, von ihr aber noch nicht zu raumordnungspolitischen Konsequenzen aufgearbeitet worden. Es wäre auch wichtig, daß sich die Landesplanungen dieses erweiterten Prognoseinstruments annehmen würden, etwa zur Unterstützung der Regionen bei ihrer Suche nach regionsspezifischen Entwicklungsalternativen.

Anmerkungen

1) Raumordnungsprogramm für die großräumige Entwicklung des Bundesgebietes (Bundesraumordnungsprogramm), Bundestagsdrucksache 7/3584 (1975).

2) Raumordnungsbericht 1968 der Bundesregierung, Bundestagsdrucksache V/3958 (1969), S. 26 ff.

3) Zur Rolle der Raumordnungsprognose im BROP vgl. vom Verfasser: Status-quo-Prognosen im Raumplanungsprozeß - Funktion und Konflikte, in: Informationen zur Raumentwicklung 4/5, 1975, S.137 ff., und die dort zit. Literatur; ders: Konzeptionen und Instrumente der Raumplanung. Eine Systematisierung, ARL-Abhandlungen Bd. 89, Hannover 1986, S. 98 ff.

4) Siehe W. Selke: Diskrepanzen zwischen globalen und regionalen Zielprojektionen für Bevölkerung und Arbeitsplätze, in: Informationen zur Raumentwicklung 4/5 1975, S. 154.

5) Siehe R. Thoss: Resolving Goal Conflicts in Regional Policy by Recursive Linear Programming, in: Papers of the Regional Science Association, Vol. 33, 1974, S. 59 ff.

6) Sie werden in dem Beitrag von M. Sinz in diesem Band behandelt.

7) Siehe hierzu den Beitrag von D. Sträter in diesem Band.

DIE STELLUNG VON PROGNOSEN IN UMWELTPOLITIK UND UMWELTPLANUNG

Überlegungen zu Programmatik und methodisch-inhaltlicher Fortentwicklung

von
Peter Knauer, Berlin

Gliederung

1. Einführung

2. Prognosen in der Umweltpolitik: Programmatik, Entwicklung, Stand, Tendenzen

   2.1 Umweltprogramme
   2.2 Umweltgesetze
   2.3 Die rechtliche Dimension planerischer Prognosen
   2.4 Die internationale Umweltdebatte
   2.5 Umweltprognosen: Entkoppelung zwischen ehemaligen Leitgrößen und Umweltentwicklung?

3. Prognosen in der Umweltplanung

4. Integrative Ansätze und Umweltbeobachtung

   4.1 Umweltprognosemodelle
   4.2 Technologiefolgenabschätzung
   4.3 Umweltverträglichkeitsprüfung
   4.4 Umweltbeobachtung und Umweltberichterstattung
   4.5 Früherkennung

5. Zusammenfassende Bewertung

Anmerkungen

1. Einführung

Prognosen[1] haben im Bereich der Umweltpolitik in der Vergangenheit keinen zentralen Platz als Planungsmethode eingenommen. Im Gegensatz etwa zur Wirtschaftspolitik sind viel weniger Prognosen erstellt worden, wurde die Entwicklung entsprechender Instrumente deutlich weniger intensiv vorangetrieben und haben dementsprechend prognostische Aussagen als Richtschnur bzw. Ausgangspunkt politisch-gesellschaftlicher Auseinandersetzungen einen viel geringeren Stellenwert. Während im Wirtschaftssektor die Prognosen des Sachverständigenrates für die Begutachtung der gesamtwirtschaftlichen Entwicklung und der wirtschaftswissenschaftlichen Institute bzw., als Gegenstück, der Jahreswirtschaftsbericht der Bundesregierung[2], eine sehr große Bedeutung haben, während viele Energiebedarfsprognosen der letzten Jahre sehr stark im Mittelpunkt der Auseinandersetzungen etwa um (Kern-)Kraftwerkplanungen standen (und durch später eingetretene, abweichende Entwicklungen das Instrument der Prognose negativ belasteten), ist Vergleichbares in der Umweltpolitik nicht gegeben. Der Rat der Sachverständigen für Umweltfragen etwa hat, was aus der Sicht der Umweltpolitik zu beklagen ist, den Schwerpunkt aller seiner Gesamt- und Spezialgutachten eindeutig auf die Zustandsberichterstattung gelegt, die Voraussage von Umweltbelastungen bzw. -gefährdungen stand nicht im Mittelpunkt. Dabei war teilweise der Erwartungshorizont in Politik und Gesellschaft ein anderer: Drastische Hinweise auf drohende Systemzusammenbrüche waren in einzelnen Fällen (z.B. beim Nordsee-Gutachten) erwartet, vielleicht sogar von einigen gewünscht worden.

Eines der herausragenden Beispiele für die fehlende Vorhersage eines Umweltproblems sind die Waldschäden. Der Teilzusammenbruch dieses Ökosystems ist weder von der Politik noch von der Verwaltung und nur von Teilen der Wissenschaft in seinem Ausmaß vorausgesagt worden. Auch dies dokumentiert das relativ geringe Interesse des Umweltschutzes, aber auch der Öffentlichkeit an umweltbezogenen Vorhersageinstrumenten.

In bezug auf den Stellenwert von Prognosen entwickelte sich die Umweltpolitik deutlich anders als die Raumordnung und Landesplanung. In diesen Bereichen haben (regionalisierte) wissenschaftliche Voraussagen für die Entwicklung der dort wesentlichen Leitsektoren Bevölkerung, Arbeitsplätze, Verkehr etc. sowie deren Konsequenzen für die räumlichen Strukturen eine große Bedeutung[3], wobei in letzter Zeit die Folgen dieser Entwicklung für die Situation der Umwelt in den Teilräumen bzw. in einzelnen Raumkategorien mit untersucht werden[4], was in früheren Jahren nicht der Fall war. Die räumliche Planung hat insgesamt auf die Entwicklung von (regionalisierten) Methoden und Modellen für prognostische Aussagen sehr viel Mühe verwandt. Dies beginnt sich allerdings in neuester Zeit zu ändern. So sind Bemühungen auch von seiten der Umweltforschung zu verzeichnen, wieder verstärkt Prognosemethoden zu entwickeln und Prognosen durchzuführen. Diese sind sich der relativ schlechten Ausgangsposition wohl bewußt ("Der Weg unserer wirtschaftlichen Entwicklung ist mit Fehlprognosen gepflastert"[5], sehen aber andererseits "guten Grund, der Prognostik mehr zuzutrauen, als sie bisher zu leisten vermochte"[6]: "Die Dinge sind gewaltig in Fluß geraten, und viele Positionen müssen neu bestimmt werden"[7].

Es wird diagnostiziert, daß es an Zukunftsforschung fehlt, "die den Gesamtzusammenhang von Wirtschaft, Gesellschaft und Umwelt im globalen Maßstab erfaßt"[8]... "Wir brauchen endlich umfassende Analysen der langfristigen Entwicklungstrends, die nicht von interessierter Seite erstellt werden"[9].

Dabei wird allerdings, vor allem im Rückblick auf bisherige Langfristprognosen, beklagt, daß diese vor allem an "Bedingungen und Formen künftigen Wirtschaftswachstums interessiert" sind, weniger an "dessen außerökonomischen Negativeffekten"[10], also vor allem den ökologischen Konsequenzen.

Der entscheidende Grund für die geringe Ausprägung der Vorhersage in Umweltpolitik und Umweltplanung dürfte letztlich in dem bisherigen politisch-gesellschaftlichen Stellenwert dieses Bereichs zu suchen sein. Es gibt ja keinen sachlichen Grund, warum es neben den Finanzhaushalteplänen und den Jahreswirtschaftsberichten bzw. Konjunkturberichten der Bundesregierung als politisch-programmatischen Projektionen der Regierungspolitik nicht gleichberechtigt einen "Naturhaushaltsplan" oder einen "Jahresumweltbericht" (mit Projektionscharakter) geben sollte. Daß sich eine Planung der natürlichen Ressourcen noch nicht in dieser Weise als selbstverständlich durchgesetzt hat, ist aber sicher auch darin begründet, daß der Umweltschutz als politischer Handlungsbereich relativ jung ist.

In diesem Beitrag soll untersucht werden, welchen Stellenwert das planerische Instrument der Prognose im Handlungsfeld der Umweltpolitik hat, welche Defizite dadurch für die Planung und den Vollzug der Umweltpolitik durch evtl. fehlende Prognosen bzw. ihre Ergebnisse auftreten bzw. auftreten können und welche Forderungen in bezug auf die Entwicklung und Durchführung von Prognosen für den Umweltbereich aufzustellen sind.

2. Prognosen in der Umweltpolitik, Programmatik-Entwicklung-Stand-Tendenzen

2.1 Umweltprogramme

Das erste Umweltprogramm der Bundesregierung (1971) macht zur Frage von Umweltprognosen keine Aussagen. Das Wort Prognose komm im gesamten Programm nicht vor[11]. Selbst im Kapitel Wasserwirtschaft des Programms (in diesem Bereich waren bereits die damals vor Aufstellung des Programms gefertigten Wasserbedarfsprognosen übliches Planungshilfsmittel), wird nur von "Schätzungen" von Sachverständigen[12] gesprochen; eine Erstellung von neuen wissenschaftlichen Wasserbedarfsprognosen wird nicht gefordert.

Daß Vorhersagen erforderlich sein könnten, ist lediglich daraus indirekt zu schließen, daß das Programm als eines seiner Hauptziele eine "Umweltplanung auf lange Sicht" angibt, die "staatliche Daseinsvorsorge (Vorsorgeprinzip)" als wesentliches Grundprinzip bezeichnet und feststellt, daß bisher keine "Einrichtung zur systematischen Auswertung der ... für die Umweltplanung wichtigen Meßergebnisse, statistischen Daten, Forschungsberichte und anderen Materialien" existiert, ein "solches Instrument" aber für erforderlich hält, damit "schädliche Entwicklungen frühzeitig erkannt werden ... und ihnen rechtzeitig entgegengetreten werden kann"[13]. Damit war in erster Linie der Aufbau eines Umweltplanungs- und informationssystems im und durch das Umweltbundesamt gemeint, wie es dann ja als eine der wesentlichen Aufgaben im Errichtungsgesetz des Amtes niedergelegt ist. Schließlich wird noch mitgeteilt, daß "zur allgemeinen Frage der wissenschaftlichen Beratung der Bundesregierung in Umweltfragen ... Modelle ausgearbeitet werden"[14].

In der Fortschreibung des Umweltprogramms 1986 hat sich hier nur wenig verändert. Es wird wieder betont, daß der "Gedanke der Vorbeugung unbedingten Vorrang im Umweltschutz hat"[15] und daß "vorausschauende und gestalterische planerische Maßnahmen"[16] ergriffen werden müssen, bei den "wissenschaftlichen Grundlagen der Umweltpolitik"[17] werden Prognosen jedoch nicht genannt.

In den Fachkapiteln zur Abfall- und zur Wasserwirtschaft wird dann jedoch auf vorhandene "Produktions- und Verbrauchsprognosen[18] für Abfälle" sowie darauf verwiesen, daß die Bundesregierung versuchen wird, "durch Prognose-Studien genauere Vorstellungen über langfristige Entwicklungen der Wasserwirtschaft zu erhalten"[19].

Im Abfallwirtschaftsprogramm von 1975 als einem Umweltteilprogramm wird auf (die Notwendigkeit der Erstellung von) Prognosen der Abfallentwicklung jedoch kein Bezug genommen, obwohl in der Abfallbeseitigungsplanung schon seit langem Mengenprognosen erstellt worden sind.

2.2 Umweltgesetze

In den seit 1972 z.T. neugeschaffenen Umweltgesetzen sowie deren Folgebestimmungen ist lediglich im Bundesimmissionsschutzgesetz ein gesetzlicher Auftrag zur Erstellung von Prognosen enthalten. § 47 des BImSchG, der die Aufstellung von Luftreinhalteplänen für Belastungsgebiete vorschreibt, fordert: "Art und Umfang der festgestellten und zu erwartenden (!) Luftverunreinigungen sowie der durch diese hervorgerufenen schädlichen Umwelteinwirkungen" (§ 47, Nr. 1) müssen im Plan enthalten sein.

Eine Fülle weiterer gesetzlicher Bestimmungen enthält implizit die Forderung nach Prognosen. Insbesondere seien hier die gesetzlichen Festlegungen zur Aufstellung von Umweltplänen der unterschiedlichsten Kategorien (Luftreinhaltepläne, Abfallbeseitigungspläne, Altwasserbeseitigungspläne, Wasserwirtschaftliche Rahmenpläne u.a.) genannt. Es ist selbstverständlich, daß jede Aufstellung von Plänen die Erstellung von Voraussagen voraussetzt. So steckt in jeder Festlegung von Standort, Entsorgungsmethode und Dimensionierung einer Anlage in einem Abfallbeseitigungsplan notwendig eine Vorstellung über Menge und Richtung des Abfallanfalls, auch wenn explizit keine Prognose erstellt worden bzw. vorgeschrieben ist.

Einige gesetzliche Vorschriften haben, so kann man formulieren, eine prognostische Dimension. Der § 14 des Abfallbeseitigungsgesetzes etwa ermächtigt die Bundesregierung, durch Rechtsverordnung zu bestimmen, daß "solche Verpackungen und Behältnisse", deren "Beseitigung als Abfall wegen ihrer Art, Zusammensetzung, ihres Volumens oder ihrer Menge" ... einen zu hohen Aufwand erfordert, nur noch eingeschränkt oder gar nicht mehr in Verkehr gebracht werden dürfen". Der Vollzug dieser Vorschrift erfordert zum einen die ständige Beobachtung und die Prognose von Abfallströmen und ihrer Entwicklung, zum anderen ersetzt sie als Generalermächtigung praktisch die Prognose: Sie ermöglicht umweltpolitisches Handeln bei Problemlagen, die nicht prognostiziert wurden oder die nicht prognostizierbar waren. Es hätte nahegelegen, eine derartige Generalermächtigunsklausel auch in andere Umweltgesetze aufzunehmen. So sind ja aus heutiger Sicht durchaus leicht Bereiche erkennbar, in denen ein sofortiges Handeln im Sinne der Einschränkung bzw. des Unterbindens von weiteren Schadstoffeinträgen wegen z.T. katastrophaler Ökosystemschädigungen deutlich dringender erforderlich wäre als im Abfallsektor, in dem die Politik - jedenfalls bisher - keinen Anlaß sah, vom § 14 Gebrauch zu machen. Es sei hier vor allem auf die Bereiche Artenschwund, Nitrat im Grundwasser, Landwirtschaft, Waldschäden und Umweltchemikalien verwiesen.

2.3 Die rechtliche Dimension planerischer Prognosen

In der Raumplanung ist die Prognose ein seit langem übliches Planungsinstrument, auf dessen methodische Entwicklung und planungsinstrumentelle Verankerung bereits viel Mühe verwendet worden ist. Dabei läßt sich durchaus die Meinung vertreten, daß die methodische Mühewaltung für die Prognose bisher noch zu gering war, daß die Prognose nicht den (zentralen) Platz im Planungsprozeß einnimmt, der ihr eigentlich gebührt, da doch jede Planung letztlich Ausfluß von in die Zukunft projizierten Erwartungen ist. Für die Landes- und Regionalplanung ist zu Recht festgestellt worden, daß "die Prognosezuverlässigkeit ein besonderes Kriterium" ist[20].

Dies haben in letzter Zeit auch die Rechtswissenschaft und die Rechtsprechung zunehmend so gesehen: Seit Mitte der 70er Jahre wird dort in der Literatur die Frage diskutiert, ob und inwieweit Prognosen und Prognoseentscheidungen der Verwaltung von den Gerichten grundsätzlich zu überprüfen sind[21]. Mehr und mehr wurden auch Planungsentscheidungen den Gerichten zur Überprüfung vorgelegt, die auf Prognosen beruhen. Insgesamt läßt sich die derzeitige Spruchpraxis bzw. der Stand der rechtswissenschaftlichen Diskussion so zusammenfassen, daß die Gerichte den Verwaltungen eine planerische Gestaltungsfreiheit zugestehen, dieser aber Grenzen setzen[22]; diese sehen zusammengefaßt so aus, daß prognostische Entscheidungen der Verwaltung nur in eingeschränktem Maße überprüft werden (u.a. muß den Anforderungen des planerischen Abwägungsgebots Genüge getan sein)[23].

Als Hintergrund dieser Bedeutungszunahme der Prognose im Planungsgeschehen ist zu sehen, daß sich seit einigen Jahren, im Vergleich zu früheren Dekaden, diskontinuierliche Entwicklungen vollziehen, die verstärkt Unsicherheitsmomente in planerische und prognostische Basisdaten bringen, nämlich

- die Änderung ökonomischer Rahmenbedingungen
- technologische Innovationen und
- neue ökologische Rahmenbedingungen (u.a. auch konzeptioneller Wandel der umweltbezogenen Planung: Stärkeres Ausgehen von der natürlichen Eignung als vom Bedarf, Wertewandel)[24].

Die erheblich verstärkte Bedeutung der Prognose im Planungsprozeß als auch besonders die deutlich gewachsenen Probleme der methodisierten Vorausschau durch neue Rahmenbedingungen werden auch in der juristischen Literatur so gesehen, ja sogar noch schärfer akzentuiert: "Der beschleunigte Wandel, der zunehmende Einbau von artifiziellen, vom Menschen organisierten, zielbestimmten und anpassungsfähigen Elementen in immer weniger natürliche Realität hat eine qualitative neue Unbestimmtheit produziert, die mit den an linearen Gleichgewichtsmodellen orientierten Methoden der Ableitung oder des Versuch-

Irrtum-Verfahrens nicht mehr erfaßt werden kann". - "Beschleunigter Wandel", so wird gesagt, "steigert die Ungewißheit der Zukunft und entwertet damit zugleich das gegenwärtige, aus der vergangenen Erfahrung gewonnene Wissen"[25].

K.-H. Ladeur hat eine Reihe von umweltrelevanten Gerichtsentscheidungen überprüft[26], in denen es in erster Linie um die Frage der Plausibilität der Grundannahmen für die Prognose ging, auf denen wiederum die geplante Maßnahme in Zweckbestimmung und Umfang beruhte (Fernstraßenbau, Rhein-Main-Donau-Kanal, Talsperrenbau u.a.). Dabei kam er, vor allem bei der Analyse der Prognosen zum Bau des Münchener Großflughafens, zu dem Ergebnis, daß, unter der Prämisse, die Grundannahmen seien entscheidend für das Ergebnis einer Prognose, eine "positive Rückkoppelung zwischen prognosestellender Verwaltung und gesellschaftlichen (auch privatwirtschaftlichen) Interessen" besteht[27].

Er skizziert demgegenüber ein alternatives Konzept der Kontrolle planerischer Prognosen. Dieses müßte "das Schwergewicht auf die Rekonstruktion der verborgenen und vernachlässigten politischen, administrativen und organisatorischen Optionen legen" und als "neues Handlungs- und Wahlkriterium den Grad der Irreversibilität einer Entscheidung" einführen, d.h. Umweltverbrauch, Verminderung der Handlungsalternativen durch die Festlegung von erheblichen Finanzmitteln, die Schaffung von Sachzwängen für Anschlußhandlungen[28]: "Bei einem hohen Maß an Irreversibilität muß die Argumentationslast der Behörde, d.h. vor allem die Anforderungen an den Nachweis, daß Alternativen mit einem geringeren Grad an Irreversibilität nicht zur Verfügung stehen, gesteigert werden"[29]. Er schlägt vor, das nähere Vorgehen in einem neuen Fachplanungsverfahrensgesetz zu regeln.

Aus all dem wird deutlich, welchen gesteigerten Stellenwert Prognosen im Planungsprozeß haben und wie wichtig sie als Planungsinstrument von Raumordnung und Umweltschutz genommen werden, wie groß damit auch die wissenschaftlichmethodischen Bemühungen um die Prognosen sein müssen.

2.4 Die internationale Umweltdebatte

Der Beginn und die erste, vor allem durch die legislative Neuordnung (Erlaß von Umweltgesetzen) und die Grundsanierung zu charakterisierende Phase der Umweltpolitik in der ersten Hälfte der siebziger Jahre zeigten nicht nur national die ersten Höhepunkte der Umweltdiskussion, sondern waren eingebettet in eine international geführte Debatte über die "Grenzen des Wachstums". Mit diesem Titel war die Veröffentlichung des 1. Berichts an den Club of Rome überschrieben, den Dennis Meadows u.a. erstattete[30]. Es folgten der 2. Bericht an den Club of Rome ("Menschheit am Wendepunkt") 1974 sowie etliche Folgeveröffentlichungen.

Die meisten dieser Berichte beruhten auf (Welt-)Modellen, mit deren Hilfe
zukünftige Umweltsituationen prognostiziert wurden. Es war damals die große
Zeit von Systemtechnikern und Modellbauern, deren Versprechungen über die
Leistungsfähigkeit von Umweltmodellen, insbesondere auch im politischen Beratungswesen, sehr hoch griffen.

Dementsprechend plante auch der Rat der Sachverständigen für Umweltfragen 1974
die ihm übertragene Bewertung des Gesamtzustandes der Umwelt "mit Hilfe eines
integrierten ökonomisch-ökologischen Gesamtmodells"[31]. Er ist dann jedoch
beim zweiten Umweltgutachten 1978 bereits wieder davon abgekommen und empfahl
nur noch, ein derartiges Modell "als methodisches Ziel"[32] weiterzuverfolgen.
Hier sind für die damalige Zeit offensichtlich zu hoch gegriffene Ansätze
aufgegeben worden, die später von Umweltteilbereichen (z.B. Erstellung von
ökologischen Belastungsmodellen, etwa Planungsmodelle des Vorhabens "Der Einfluß des Menschen auf Hochgebirgsökosysteme - MAB 6 -") wieder aufgenommen und
erfolgreich weitergeführt wurden. Die bei Gelingen der Modellbildungsabsichten
gegebene Möglichkeit der Prognose von Umweltzuständen hätten den Stellenwert
von Voraussagen in der Umweltplanung wesentlich erhöht.

2.5 Umweltprognosen: Entkoppelung zwischen ehemaligen Leitgrößen und Umweltentwicklung?

Soweit erkennbar, wurden bisher nur ganz wenige Versuche unternommen, die
Entwicklung von Umweltprognoseverfahren bzw. die Prognose von Umweltzuständen
vorzunehmen. Ein Versuch wurde im Jahre 1978 mit der Erstellung einer Vorstudie über die "Machbarkeit von Umweltprognosen" unternommen[33]. Diese Arbeit
sollte klären, welche "theoretischen, informationsmäßigen, methodischen und
planerischen bzw. politischen Probleme mit dem Aufstellen von langfristigen
Prognosen der zukünftigen ökologischen Risiken[34] verbunden sind. Die Studie
nähert sich der Aufgabenstellung wegen des Erstlingscharakters einer Umweltprognose verständlicherweise sehr behutsam. Sie empfiehlt eine Status-quo-
Prognose auf der Basis eines Check-Listen-Ansatzes und stellt fest, daß der
"Entwicklungsstand der Theorien über die Eigenschaft einzelner Systemelemente
und das Zusammenwirken der Systemelemente", der die Möglichkeit und die Qualität über einen Bereich wesentlich bestimmt, im Umweltsektor noch relativ
schlecht ist[35]. Es wird schließlich ein "finales Grundsystem" ausgewählt, das
von der linearen Abfolge ökonomisch-technologische Umweltdeterminaten $\rightarrow$
Emissionen $\rightarrow$ ökologische Leistungsfähigkeit $\rightarrow$ Immissionen $\rightarrow$ sozioökonomische Folgewirkungen ausgeht, d.h. Produktion und Konsum werden über
ihre umweltrelevanten Outputs (Abfall, Luftschadstoffe, Lärm etc.) als Leitsektoren und entscheidende Steuergrößen für die Entwicklung der Umweltsitua-

tion festgelegt. Seit einigen Jahren deutet sich an, daß hier erhebliche Veränderungen vorgegangen sind.

Bisher war es gängiges und akzeptiertes Vorgehen, daß Abschätzungen und Voraussagen zu zukünftigen Umweltbelastungen von den zu erwartenden Entwicklungen in den sogenannten primären Bereichen, hier gebraucht im Sinne von Leitbereichen, ausgingen (Bevölkerungsentwicklung, Arbeitsplatzentwicklung, Wirtschaftswachstum und entsprechende "abgeleitete" Faktoren wie Energieverbrauch, Entwicklung in einzelnen Branchen, technologische Entwicklung etc.). Ein derartiges Vorgehen setzt voraus, daß Umweltbelastungen in Qualität und Quantität eine Funktion der Entwicklung in diesen Bereichen sind.

Dabei wurde bisher zu Recht davon ausgegangen, daß die Funktionsbeziehung zwischen Leitbereichen und Umweltfolgen stets gleichgerichtet und im Sinne der Umweltpolitik negativ ist. Mit anderen Worten: Ein steigender Energieverbrauch verursacht steigende Luftemissionen, wodurch die Immissionen zunehmen und sich dementsprechend die ökologischen Folgeschäden verstärken. Seit einiger Zeit mehren sich die Anzeichen, daß die hier angedeutete "Gleichrichtung" der Entwicklung der Leitbereiche sowie der Umweltfolgen, mindestens teilweise, so nicht mehr richtig ist. Dazu die folgenden Belege.

In den letzten Jahren war in der Bundesrepublik Deutschland ein geringerer Primärenergie- und Stromverbrauch zu verzeichnen als in allen Prognosen vorausgesagt worden war. Zwar spiegeln sich hier Entwicklungstendenzen wie rückläufiges Bevölkerungswachstum, verringertes Wirtschaftswachstum und Konsequenzen starker Preiserhöhungen wieder, aber ebenso deutlich auch technologische Entwicklungssprünge und eine stark veränderte Wertehaltung.

Ähnliches ist im Bereich abwasserintensiver Industriezweige (z.B. Zellstoffindustrie) zu verzeichnen. Hier ist es, nicht zuletzt durch staatliche Unterstützung erheblicher Forschungs- und Entwicklungsbemühungen, in letzter Zeit in verschiedenen Fällen gelungen, bei gleichbleibender oder gar steigender Produktion deutliche Rückgänge von Abwasserlasten durch technische Verfahrensumstellungen zu erreichen. An diesem Beispiel erweist sich besonders deutlich auch die Bedeutung von Faktoren wie der Überwindung von Informationsdefiziten (über bereits an anderer Stelle, z.B. im Ausland oder in anderen Branchen, entwickelte Technologien) und dem Wandel der Mentalität von Ingenieuren; letzteres ein Element, das besonders zukunftsrelevant sein dürfte und von großer Bedeutung für ein hochtechnisiertes Land wie die Bundesrepublik Deutschland ist.

Als weiteres Beispiel für das veränderte Verhältnis von sozio-ökonomischen Leitgrößen und Umweltbelastung ist auf die "Zusammenfassende Umweltuntersuchung des Dollarthafenprojektes Emden" hinzuweisen. Für die Abschätzung der im Jahre 2030 für die Region Emden zu erwartenden Emissionen aus dem Bereich der Energieerzeugung und von Industrie und Gewerbe kommt diese Arbeit zu dem Ergebnis, daß diese erheblich, teilweise um den Faktor zehn, unter den heutigen Emissionen liegen dürften, selbst wenn, wie in der Studie angenommen, 3000 zusätzliche Arbeitskräfte in Emden beschäftigt sein werden. Als durchaus realistische Gründe dafür werden vor allem die Anwendung heute schon erlassener gesetzlicher Bestimmungen und die Weiterentwicklung des Standes der Technik angeführt.

An diesen Beispielen zeigt sich, daß die Bundesrepublik in bezug auf die Entwicklung von Emissionen am Beginn einer technologischen Umsetzungsphase steht, die erhebliche Entlastungen bringen wird.

Es ließen sich leicht weitere Beispiele für die neue Entwicklungstendenz anführen, die allerdings auch in umgekehrter Richtung gilt. Nimmt man etwa an, daß sofort alle Schwermetallimmissionen in den Rhein oder alle Stickstoffgaben auf landwirtschaftliche Nutzflächen gestoppt würden, so bedeutet dies gleichwohl keine unmittelbare Umweltsanierung. Die im Flußsediment gespeicherten Schadstoffe würden noch über Jahre bzw. Jahrzehnte an die fließende Welle zurückgegeben. Vergleichbares gilt für die Boden- und Grundwasserbelastung durch Stickstoff und Stickstoffverbindungen: Auch hier würde eine Sanierung, d.h. ein spürbarer Rückgang der Depositionswerte, nur langfristig möglich sein.

Insofern ist, so drastisch muß man es wohl formulieren, zumindest für lange Zeit die Phase vorbei, in der mit gutem Recht von der Entwicklung der Wirtschaft und der des Energieverbrauchs direkt auf den Zustand der Umwelt geschlossen werden konnte. Dazu ein letzter Beleg. Mit der Großfeuerungsanlagenverordnung und der Novellierung der Technischen Anleitung zur Reinhaltung der Luft (TA Luft) sind gesetzliche Bestimmungen geschaffen worden, die eine Reduzierung der SO_2-Emissionen von jetzt über 3 Mio. t auf deutlich unter 1 Mio t Mitte der neunziger Jahre bewirken werden, d.h. ein für die Umweltsituation in der Bundesregierung ganz entscheidender, auch mengenmäßig vorrangiger Emissionsbereich wird um mehr als zwei Drittel reduziert. Dies wird fast ganz unabhängig von der Frage sein, wie sich in diesem Zeitraum die konjunkturelle Entwicklung darstellt. Auch zweistellige BSP-Zuwachsraten würden hier allenfalls leichtere, graduelle Veränderungen bewirken. Ähnliches gilt für den Verkehrsbereich, in dem durch die Katalysatorbeschlüsse für einen späteren Zeitpunkt ähnlich drastische Emissionsminderungen mit Sicherheit zu erwarten sein werden.

Ergibt sich somit im Sinne einer phasenweisen Entkopplung ein neues Verhältnis zwischen Wirtschafts- und Infrastrukturentwicklung sowie Umweltbelastung, so muß auch in bezug auf den Zusammenhang von Bevölkerungsentwicklung und Situation der Umwelt von Veränderungen der kausalen "Scharniere" zwischen diesen Faktoren ausgegangen werden. Eine Prognose, die davon ausgeht, daß "die Aufgaben der Umweltschutzpolitik ... durch den (zu erwartenden) Bevölkerungsrückgang nur in manchen Bereichen, nicht aber schlechthin"[36] leichter werden, ist gut beraten. Wenn man auf dem Hintergrund der eben dargelegten Emissionsminderung im Kraftwerk- und Verkehrsbereich, die unabhängig vom Rückgang der Bevölkerungszahl zu sehen sind, davon ausgeht, daß die wesentlichen Umweltbelastungen in Zukunft (teilweise schon heute) aus den Bereichen Verkehr (Lärm, Schadstoffe, Auftausalze, Bodenversiegelung, Zerschneidungseffekte), industrielle Produktion (Schadstoffeintrag, Chemikalien), Abfälle und Landwirtschaft (Schadstoffe, Grundwasserbelastung, Chemikalien in Nahrungsketten) kommen und etwa annimmt, daß diese Belastungen durch günstige konjunkturelle Entwicklung und erhebliche Ausweitung von Freizeitaktivitäten (Nah- und Fernerholung) sowie Kompensationseffekte (in den neunziger Jahren hat die deutsche Durchschnittsfamilie so viele Pkw wie Köpfe) deutlich ansteigen werden, so ist nicht erkennbar, wo hier Entlastungen durch die schrumpfende Gesamtbevölkerung herkommen sollen.

Insgesamt sind alle Ansätze von bisherigen Umweltprognosen als Konzepte der Voraussage von Bevölkerungsentwicklung oder Wirtschafts- bzw. Infrastrukturentwicklungen sowie den davon ausgehenden Emissionen zu charakterisieren, im Grunde also als traditionelle "Primärprognosen" in den üblichen Leitbereichen. Entsprechend der in den ersten Jahren starken technischen Ausrichtung des Umweltschutzes konzentrierten sich die Voraussagen und entsprechend auch die theoretisch-konzeptionellen Bemühungen auf Anlagen und damit Emissionsschwerpunkte im Luft-, Wasser- und Abfallbereich.

Man wird sich fragen, ob dieses Vorgehen aus heutiger Sicht überhaupt zu Recht mit dem Begriff "Umweltprognosen" belegt werden darf, denn es waren mit Sicherheit keine Voraussagen des "Zustandes der Umwelt". Ebenso wie auch instrumentell gerieten dem Umweltschutz die Bereiche Boden, Ökosysteme, Artenschutz, Landschaft evtl. so gut wie nicht ins Blickfeld. Unter einer Umweltprognose sollte entsprechend dem heute erweiterten Verständnis von Umweltpolitik (eher flächen- und ökosystembezogene Zugänge und Ausrichtungen wie Bodenschutzkonzeption, Ökosystemforschungsprogramm u.a.) sowie im Sinne eines ökologisch verstandenen Schutzes von Lebensräumen und Ressourcen die Prognose des Zustandes von ökologischen Kompartimenten, Ressourcen und Potentialen verstanden werden. Bezogen auf einzelne Ökosysteme bzw. ökologische Raumkategorien (z.B. Wattenmeer, Mittelgebirge, Waldökosysteme wie z.B. Eichen-Buchenwälder, Grundwasser) sind die zukünftigen Zustände dieser "Umwelt" vorauszusagen. Nur so ist eine ökologisch verstandene vorsorgende Umweltpolitik durchzuführen; nur auf diese Weise werden potentielle Ökosystem- und Ressourcengefährdungen erkennbar und erhält die Prognose ihren eigentlichen Wirkungsradius als Planungshilfsmittel.

3. Prognosen in der Umweltplanung

Die Umweltplanung, nur verstanden als die Gesamtheit aller Pläne für den Bereich Umwelt bzw. Teilbereiche (Wasserwirtschaft, Luftreinhaltung, Abfallwirtschaft u.a.), müßte eigentlich der klassische Bereich für die Entwicklung und Anwendung (umwelt-)prognostischer Instrumente sein. Wenn man Planung als systematischen Versuch versteht, einen Bereich zukunftsorientiert zu gestalten, so ist die Prognose hier unentbehrlich bzw. jeder planerische Ansatz ist in sich ein Vorgehen mit prognostischer Dimension.

Die Bundesregierung hat in der Fortschreibung ihres ersten Umweltprogramms, im Umweltbericht 1976, hervorgehoben, daß sie die Umweltpläne für ein "praktisch für die Zukunft besonders bedeutsames Instrument rechtlicher Fixierung und Operationalisierung umweltpolitischer Teilziele in Anpassung an die jeweiligen Nutzungserfordernisse und räumlichen Verhältnisse"[37] hält. Sie will dieses Instrument ausbauen; erwähnt sind

- Bewirtschaftungspläne für oberirdische Gewässer
- Luftreinhaltepläne
- Abfallbeseitigungspläne
- Tierkörperbeseitigungspläne
- Landschaftsprogramme, Landschaftsrahmenpläne, Landschaftspläne
- Forstliche Rahmenpläne.

Die Entwicklung seitdem ist hier anders gelaufen. Einige Umweltpläne sind zu einem eher nebensächlichen Planungshilfsmittel degeneriert. Einzelne Planarten wurden praktisch trotz des vorhandenen gesetzlichen Auftrags nicht erstellt. So gibt es nach wie vor nur einen Bewirtschaftungsplan für oberirdische Gewässer und auch diesen nur, weil er (für die Leine) als exemplarisches Pilot-Vorhaben von der Bundesregierung wesentlich mitfinanziert wurde. In anderen Bereichen gab es gar Absichten seitens einiger Bundesländer, den entsprechenden, umweltplanbezogenen Gesetzesparagraphen (§ 6 des Abfallbeseitigungsgesetzes) wegen erwiesener Erfolg- und Nutzlosigkeit ersatzlos zu streichen. Schließlich ist das ehrgeizige Programm der flächendeckenden Erstellung von wasserwirtschaftlichen Rahmenplänen, deren erste vom Ende der fünfziger Jahre stammen und z.T. bis heute nicht überarbeitet worden sind, gescheitert bzw. aufgegeben worden. Möglicherweise ist das Scheitern des Instrumentes der Umweltplanung eine nicht unwesentliche Ursache für die geringe Bedeutung und den schlechten Entwicklungsstand, den Prognosen im Bereich des Umweltschutzes einnehmen.

Nachfolgend soll für drei Bereiche beispielhaft die Funktion und Bedeutung der Prognose in den sektoralen Umweltplänen dargelegt werden.

Luftreinhaltepläne

Das Bundesimmissionsschutzgesetz schreibt in § 44 vor, daß für die nach § 44 festzulegenden Belastungsgebiete Luftreinhaltepläne aufzustellen sind. Sie sollen enthalten:

1. Art und Umfang der festgestellten und zu erwartenden Luftverunreinigungen sowie der durch diese hervorgerufenen schädlichen Umwelteinwirkungen

2. Feststellungen über die Ursachen der Luftverunreinigungen und zur Vorsorge.

Das bedeutet:

1. Die Aufstellung von Emissions-, Immissions- und Wirkungskatastern,

2. die Verknüpfung dieser Kataster mit dem Ziel der Erkennung von emissionsseitigen Ursachen für Immissionen und Wirkungen, wodurch

3. die Voraussetzungen für die Aufstellung eines Maßnahmeplanes geschaffen werden.

Die Forderungen nach Aussagen über die zu erwartenden Luftverunreinigungen führen zur Notwendigkeit von Emissions-, Immissions- und Wirkungsprognosen[38].

Wie ist dies nun in den Luftreinhalteplänen umgesetzt worden? Als Beispiel sei der Luftreinhalteplan Rheinschiene Mitte 1982 - 1986 angeführt[39].

In diesem Plan wird eine Emissionsprognose für Feuerungsanlagen in den Sektoren Haushalte und Kleinverbraucher sowie für den Verkehr für die Jahre 1984 und 1989 durchgeführt[40], und zwar für mehr als zehn Schadstoffgruppen. Ausgehend vom Bezugsjahr 1979 wurde eine Energiebedarfsprognose aufgestellt, die sich an der Entwicklung des spezifischen Energiebedarfs im Bundesgebiet orientiert. Die Verknüpfung des zukünftigen Bedarfs mit Emissionsfaktoren ergab die zu erwartenden Jahresemissionen[41].

Ausgangspunkt für die Verkehrsemissionsprognose waren eine Prognose des Kfz-Bestandes sowie eine Verkehrsmengenprognose[42].

Über die Ausbreitungsrechnungen bzw. -annahmen wurden die Immissionen prognostiziert.

Alle prognostischen Annahmen beruhten auf einer Bevölkerungsprognose für das untersuchte Belastungsgebiet[43].

Die den zukünftigen Energieverbrauch steuernden Parameter waren die Entwicklung von

- Wohnbevölkerung
- Wohnungsbestand
- Belegungsdichte (Einw)
- Energieverbrauch je Wohnung (GJIW)
- Energieverbrauch (TJ/a)
- Energiedichte (TJ/a, km^2)[44].

Zusätzlich wurden Informationen der Energieunternehmen im Untersuchungsgebiet herangezogen, die auch die Abschätzung der zukünftigen Verbrauchsstruktur nach Energieträgern vornahmen[45].

Insgesamt wird deutlich, daß die Luftreinhaltepläne, wenigstens die in Nordrhein-Westfalen[46], relativ aufwendige Emissionsprognosen und Immissionsabschätzungen vornehmen, die man wohl als klassische Trendprognosen (mit leichter Korrektur durch Zusatzinformationen) bezeichnen kann.

Wasserwirtschaft

Die ersten Pläne im Bereich des Umweltschutzes waren die wasserwirtschaftlichen Rahmenpläne. Sie sollten, aus anderen Quellen als denen des modernen Umweltschutzes gespeist (die meisten heute vorliegenden Pläne wurden zwischen 1959 und Anfang der siebziger Jahre erstellt), die Wasserversorgung und -bewirtschaftung in den "beplanten" Wassereinzugsgebieten steuern und sicherstellen. Ihre grundsätzliche Ausgangsposition war daher eine wasserwirtschaftliche und wasserbauliche. Es ging um die völlige Funktionalisierung der Ressource Wasser im Sinne regionaler Entwicklungsaussichten und Entwicklungsziele; es sind, überspitzt formuliert, Mengenbereitstellungspläne. Folgerichtig gehen denn die Pläne auch in erster Linie von einer Prognose der Bevölkerung für den jeweiligen Planungszeitraum (i.d.R. Wassereinzugsgebiete für oberirdische Gewässer, also naturräumliche Einheiten) aus und planen die Sicherung der Wasserversorgung auf dieser Basis. Selbstverständlich ist bei dieser Grundorientierung das Fehlen fast jeder ökologischen Ausrichtung bzw. Zielsetzung. Die Entwicklungsziele sind oberstes Gebot, denen gegenüber die jeweils regional verfügbaren Ressourcen lediglich ein Baustein zu ihrem Erreichen sind. Jede wasserwirtschaftliche, technische und wasserbauliche Maßnahme ist denkbar und wird gegebenenfalls vorgesehen, um die regionalpolitische Zielsetzung zu erreichen. Eine Orientierung auf die je unterschiedliche Leistungs- bzw. Funktionsfähigkeit der natürlichen Ressource "regionaler Wasserhaushalt" fehlt fast ganz.

Abfallbeseitigung

Die Abfallbeseitigung bzw. Abfallwirtschaft hat innerhalb der Umweltteilbereiche eine besondere Stellung, da ihr Gegenstand nicht eine Ressource (wie z.B. Luft, Wasser, Boden) ist, sondern die Verhinderung von Ressourcengefährdungen oder -beeinträchtigungen durch Reststoffe aus Konsum und Produktion. Insofern ist ihm eventuell am ehesten das in den Abfallbeseitigungsplänen dann auch gewählte Instrument der reinen (Abfall-)Mengenprognose gemäß.

Insgesamt gesehen spielen in den Abfallbeseitigungsplänen Prognosen eine untergeordnete Rolle. Die meisten Pläne stellen im Grunde reine Verzeichnisse von anderer Stelle (in den Landkreisen) ohnehin geplanten Abfallanlagen dar, sie sind keine Pläne im Sinne des Vorgehens mit einer einheitlichen Methodik seitens der Länder. Obwohl sie als Pläne per se Instrumente der Zukunftsgestaltung sind bzw. sein sollten, wird in der Regel nicht erkennbar, mit welchem "Zukunftsbild" und auf der Basis welcher Annahmen vorgegangen wurde. Es gibt jedoch Ausnahmen: Die Bayerischen Pläne enthalten Angaben zu den zugrundeliegenden Prognosen. Es sind dies dann reine Mengenprognosen, die auf der bisherigen Abfallaufkommens- und der erwarteten Bevölkerungsentwicklung aufsetzen. Ansätze zu einer ökologisch orientierten, ressourcenbezogenen Planung des Faktors Umwelt sind nicht einmal rudimentär erkennbar.

Somit ist der Schluß zu ziehen, daß auch in der Umweltplanung, in den teilsektoralen (Umwelt-)Plänen also, Prognosen entweder gar nicht als Instrument für erforderlich gehalten werden oder reine Derivatprognosen, überwiegend im Sinne von (z.T. recht hilflosen) Trendprognosen, sind. Es ist (auch) der Umweltplanung nicht gelungen, der Prognose von Umweltzuständen einen adäquaten Platz einzuräumen.

Deutlich wird daran zum einen die große Unsicherheit, die die Umweltplanung in den ersten Jahren bestimmte (wie kann man einen räumlich bezogenen Plan ohne prognostische Abschätzungen erstellen?), erkennbar wird aber auch, daß der Faktor Umwelt nicht als räumliche Ressource mit begrenzter Kapazität und regional unterschiedlicher Leistungsfähigkeit, sondern lediglich als ein weiterer Planungsfaktor angesehen wurde, der im Grunde ubiquitär ist und jederzeit durch technische Maßnahmen steuerbar bzw. schaffbar ist.

4. Integrative Ansätze und Umweltbeobachtung

4.1 Integrative Ansätze

Schon in der ersten Phase der 1971 als eigenständiger Politikbereich einzusetzenden Umweltpolitik gab es neben den in den Kapiteln 2 und 3 dargestellten sektoralen Derivatprognosen (auf den Gebieten Luft, Wasser, Abfall u.a.) integrative Umweltprognosenansätze. Diese begannen in den siebziger Jahren als Konzipierung von integrierten Umweltmodellen, deren Ziel auch immer die Vorhersage von Entwicklungen im Umweltbereich war, und führten über verschiedene Zwischenstufen, die hier nicht detailliert geschildert werden können, zur Technologiefolgenabschätzung und zur Umweltverträglichkeitsprüfung.

Dabei sei zur Verdeutlichung noch einmal folgendes hervorgehoben:

Es sind zwei Ansätze bzw. Typen von Umweltprognosen denkbar, die in der Entwicklungsgeschichte der Umweltpolitik vor allem nacheinander, teilweise auch nebeneinander auftraten.

Zum einen wurde nach dem Einsetzen einer eigenständigen Umweltpolitik versucht, durch speziell auf die Abschätzung von Emissionen gerichtete Vorhersagen, die die Umweltteilbereiche beeinflussenden Eingriffe und Schadstoffe nach Menge, zunehmend auch nach Qualität und regionaler Verteilung, abzuschätzen. Bevölkerungsprognosen, Wohnungsprognosen, Wasserbedarfsprognosen, Energiebedarfsprognosen etc. führten zu Emissionsprognosen, die seitens des Umweltschutzes nach und nach auch zu Immissionsprognosen genutzt wurden, während Wirkungsprognosen so gut wie nicht erstellt wurden (vgl. z.B. die Luftreinhaltepläne; vgl. aber auch die ersten Ansätze zu Wirkungsprognosen für langfristig und global wirkende Stoffe wie Fluorkohlenwasserstoffe). Diesen (ersten) Ansätzen zu umweltbezogenen Derivatprognosen gerät die Entwicklung der Umwelt selbst nicht ins Blickfeld.

Zum anderen gibt es, in den letzten Jahren verstärkt, Bemühungen um die Prognostizierung des Zustandes der Umwelt selbst. Dieser Prognosetyp sei mit "ökologischer Wirkungsprognose" überschrieben. Ihr geht es um die Vorhersage des Zustandes von Gewässern, dem Boden, der Entwicklung von Biotopen und Arten etc. Voraussetzung für die Durchführung dieser Art von Prognosen sind die folgenden Faktoren:

- Die Entwicklung eines ökologischen, integrierten Umweltschutzes, die Ergänzung der nur sektoral-technischen Orientierung (vgl. z.B. Aktionsprogramm Ökologie).

- Die stärkere Hinwendung auf räumliche Betrachtungsweisen; im Raum treten Umweltprobleme immer integriert und vernetzt auf, nicht sektoral.

- Die zunehmende Entschlüsselung von Ursache-Wirkungs-Beziehungen, von Rückkoppelungen und Funktionsmechanismen zwischen einzelnen Ökosystemkompartimenten, auch durch die Entwicklung von Modellen.

- Die zunehmende und intensivierte Umweltbeobachtung (Monitoring), um Zeitreihen für die Trendabschätzung und damit eine wichtige Rahmenbedingung für Voraussagen zu haben.

4.1 Umweltprognosemodelle

Die Modelle des Sachverständigenrats für Umweltfragen

In seinem ersten Umweltgutachten aus dem Jahre 1974 sah der Rat die Notwendigkeit zur Entwicklung eines "integrierten ökonomisch-ökologischen Gesamtmodells", um damit "die wichtigsten Zustände und Entwicklungen auf dem Umweltsektor und ihre Verflechtungen"[47] darzustellen: Das Ziel wäre eine Art ökologischer Buchführung, die tatsächlich eine globale, standardisierte Begutachtung der Umweltsituation und der Umweltbedingungen in der Bundesrepublik erlaubte[48]. Nach längerer Diskussion kam der Rat jedoch zu dem Ergebnis, daß ein solcher Ansatz "undurchführbar" sein würde,

- weil für ein integriertes Gesamtmodell dieser Art keine methodischen Vorarbeiten vorliegen,
- weil insbesondere die Festlegung verbindlicher Indikatoren und Indizes fehlt, die eine Bewertung der verschiedenen Einflüsse auf unsere Umwelt erlauben, was wiederum vor allem auf
- das Fehlen dazu benötigter Daten zurückzuführen ist[49].

Der Rat ist jedoch der Meinung, daß ein integriertes ökonomisch-ökologisches Gesamtmodell "als methodisches Ziel verfolgt werden sollte"[50], obwohl er gleichzeitig betont, daß "auch bei optimaler Datenbasis der Aussagewert von integrierten ökonomisch-ökologischen Gesamtmodellen" wegen der vereinfachenden Struktur aller Modelle "immer begrenzt sein wird" und daß mit derartigen Modellen erstellte Prognosen "immer problematisch bleiben"[51]. Als Beleg für die letzte These führt er das ungleich bessere Prognoseinstrumentarium der Volkswirtschaftslehre an, das gleichwohl nicht verhindern konnte, daß diese von den jüngsten Entwicklungen auf dem Energiemarkt (Ölkrise 1973) überrascht wurde.

Der Rat ist übrigens seiner Empfehlung, die Erstellung eines Umweltgesamtmodells als methodisches Ziel weiterzuverfolgen, selbst nicht gefolgt.

In seinem zweiten Umweltgutachten (1978) teilt er mit, daß "diese Überlegungen nicht weiter verfolgt (werden), da er bei der fortgesetzten Diskussion der Methodenproblematik zu dem Schluß gelangte, daß eine formalisierte Gesamtbilanz nach dem gegenwärtigen Stand unseres Wissens nicht sinnvoll ist"[52].

Daß der Rat zu diesem resignierenden Schluß kam, liegt sicher auch daran, daß auf der einen Seite damals (Anfang/Mitte der siebziger Jahre) in einer Hochzeit der Adaption und Einführung von Systemtechnik und Systemanalyse die Erwartungen an Systemmodelle recht hoch waren, der Zustand der Theoriebildung im Umweltschutz hingegen besonders niedrig. Hier traf die Systemtheorie auf einen Bereich (Umwelt), der damals gerade nicht geeignet war, ihre Leistungsfähigkeit zu erweisen (dies gilt jedenfalls für ökologieorientierte Gesamtmodelle. Bei der Findung von Standorten für Deponien, Kraftwerke etc. hat die Nutzwertanalyse gerade in dieser Zeit beachtliche Ergebnisse gezeigt).

Der Rat der Sachverständigen hat also, aus heutiger Sicht unberechtigt und verfrüht, die Entwicklung von prognosegeeigneten Umweltzustandsmodellen aufgegeben: Es wäre auch ein Weg gewesen, die Modellbildung zunächst für kleinere Raumeinheiten (z.B. Regionen) zu versuchen. Genau dort sind denn auch heute die größten Fortschritte zu verzeichnen (vgl. Olympia-Szenario im 2. Beitrag in diesem Band: "Umweltprognosen - Anwendungsbeispiele aus der ökologischen Planung" sowie die folgenden Abschnitte).

Systemanalyse Baden-Württemberg

Einen der ambitioniertesten, wohl aber methodisch auch gelungensten Versuche (aus damaliger Sicht), eine ökologisch-ökonomische Gesamtbilanz für die Analyse und Prognose der räumlich-strukturellen Entwicklung zu schaffen, stellt die Systemanalyse Baden-Württemberg dar[53]. Sie erfüllt für den regionalen Maßstab zu guten Teilen die Erwartungen an eine integrierte Raumanalyse und Raumbewertung mit der Möglichkeit zu prognostischen Aussagen, die der Sachverständigenrat für den Gesamtraum Bundesrepublik hatte. Sie "unternimmt erstmals den Versuch, das Wirkungsgefüge und die wechselseitigen Abhängigkeiten zwischen Bevölkerung, Wirtschaft, Infrastruktur und Umwelt zu erfassen und zu quantifizieren ... Die Landesregierung ... kann künftig ihre Planungen und Maßnahmen auf ein enges Maschenwerk von analytischen und prognostischen Aussagen stützen"[54].

Das erarbeitete Systemmodell baut sich von einzelnen Meßgrößen her "von unten" auf. Einzelindikatoren (gemessene, meßbare Einzelwerte) werden zu Gesamtindizes/Gesamtaussagen eines Sachbereichs aggregiert. Die verwendeten Sachgebiete bzw. Subsysteme sind die folgenden:

- Bevölkerung
- Wirtschaft
- Soziale Infrastruktur
- Wohnverhältnisse
- Technische Infrastruktur
- Immissionen
- Leistungsfähigkeit des Naturhaushaltes
- Erholungsraum
- Flächennutzung.

Die Verflechtung der einzelnen Sachgebiete zu einem System wird dadurch hergestellt, daß für jedes Sachgebiet festgelegt wurde, welche Einflußfaktoren aus anderen Sachgebieten resultieren. Durch diese sowie eine Reihe weiterer methodischer Schritte, die im einzelnen hier nicht geschildert werden können[55], entstand ein prognosefähiges Modell, mit dem auf der Basis des Bezugsjahrs 1970/71 (teilweise 1974) prognostische Aussagen für den Zeithorizont 1990 gemacht wurden (Status-quo-Prognose und Alternativprognosen und Überprüfung durch schrittweise Annäherung).

Handbuch zur ökologischen Planung

Die Ansätze der Systemanalyse wurden aufgenommen und weitergeführt bei der Entwicklung des "Handbuchs zur ökologischen Planung"[56]. Das Handbuch ist nur noch auf die umweltrelevanten oder ökologischen Teile der regionalen Systeme orientiert, es will die Auswirkungen eines Vorhabens oder von Planungsmaßnahmen und räumlichen Plänen auf die Umwelt frühzeitig abschätzen. Das Handbuch erarbeitet:

- eine umfassende, flächendeckende Bestandsaufnahme der Umweltsituation,
- eine Bewertung von für eine bestimmte Nutzung geeigneten bzw. nicht geeigneten Flächen zur Unterstützung der dispositiven Raumplanung und
- wesentliche Grundlagen für die Prüfung der Umweltverträglichkeit von Vorhaben und räumlichen Entwicklungsplänen[57].

Das Handbuch ist bisher zweimal im regionalen Maßstab (Saarland, Unterelbe-Raum) und, modifiziert, einmal im Bauleitplanungsmaßstab angewendet worden.

Beide methodischen Ansätze haben jedoch eine weitere Verbreitung in dem Sinne nicht gefunden, daß eine nennenswerte Zahl von Anwendungen aufzuweisen sind. Die Gründe sind bei dem methodisch leicht nachvollziehbaren Ansatz der Systemanalyse schwer zu finden. Beim Handbuch mögen der für viele Städte, Gemeinden und Landkreise evtl. zu aufwendige Einstieg (hoher Dateninput notwendig, DV-Hardware-Beschaffung) sowie evtl. auch Befürchtungen vor gutachtenlichen Abhängigkeiten dazu beigetragen haben, daß eine breite Anwendung nicht stattfand.

Als ganz sicher wird gesehen, daß beide systemanalytischen Ansätze im Grunde zu früh kamen. Die Kommunen, die politischen und administrativen Entscheidungsträger waren nicht so weit, daß sie komplexe und aufwendige ökologisch-orientierte Planungsansätze damals schon für nötig bzw. durchsetzbar hielten. Die Situation hat sich heute drastisch geändert.

Die heute bestehenden Vorhaben und Ansätze (Umweltatlas Berlin/ökologischer Planungsansatz Berlin, MAB-6, Berchtesgaden, ökologische Kontrollstudie Stade, Planungen in Hannover, Düsseldorf, Göttingen, im Regierungspräsidium Darmstadt, in München etc.) zeigen, daß jetzt eine ganz andere Ausgangssituation gegeben ist.

Vergleichbares, wie es hier für die Systemanalyse und das Handbuch gesagt worden ist, gilt auch für das "Sensitivitätsmodell" der regionalen Planungsgemeinschaft Untermain[58].

Alle diese Ansätze haben aber durchaus eine erhebliche Wirksamkeit gezeigt; sie erwiesen durch ihre Durchführbarkeit das prinzipielle Funktionieren von komplexen Mensch/Umwelt-Modellen für den regionalen Maßstab. Sie führten die Möglichkeit langfristiger prognostischer Aussagen und die Notwendigkeit und Machbarkeit von ökologischen Wirkungsprognosen vor Augen und haben so erst die Voraussetzungen für die oben aufgeführten kommunalen und regionalen Planungsansätze geschaffen. Ihnen kommt daher entscheidende Schrittmacherfunktion zu. Dies gilt besonders für die Hinweise, die bei den drei o.g. Ansätzen oft durch Leerstellen oder z.T. sogar durch problematische oder gar kritische Aussagen gegeben wurden: Sie weisen nach, daß vielfach die Datenlage im Umweltbereich zu schlecht ist und daß aufwendiger und langfristig gemessen und beobachtet werden muß, um zu validen Modellen zu kommen (vgl. Abschnitt 4.4 und 4.5).

Bei der Untersuchung und Nachverfolgung der Entwicklung von integrativen Modellen und Prognoseansätzen im Bereich des Umweltschutzes können hier nur wenige Stationen geschildert werden. Eine detaillierte Analyse und das vollständige Aufführen von geleisteten (Vor-)Arbeiten ist aus Platzgründen nicht möglich. Deshalb soll im Rahmen der eben geschilderten Konzepte, die z.T. unter dem Begriff "ökologische Planung" zusammengefaßt werden[59], nur noch auf die fachlichen und systemanalytischen Beiträge der "ökologischen Landschaftsplanung"[60] hingwiesen werden.

4.2 Technologiefolgenabschätzung

Die Rolle im (umwelt-)politischen Diskussionsprozeß, die heute von der Umweltverträglichkeitsprüfung eingenommen wird, wurde in den siebziger Jahren und noch Anfang der achtziger Jahre durch die Technologiefolgenabschätzung (TA) eingenommen. Die TA als "Instrument der systematischen Entscheidungsvorbereitung und Politikberatung" zeigt "deutliche Gemeinsamkeit"[61] mit der Umweltverträglichkeitsprüfung: Sie will dazu beitragen, "die Handlungsspielräume für eine effiziente, aber gleichzeitig ökologisch und gesellschaftspolitisch sensible Innovations- und Wachstumspolitik systematisch auszuloten und damit offensiv wirtschaftlichen und gesellschaftlichen Engpässen ... begegnen"[62].

Der auffälligste Unterschied, jedenfalls aus deutscher Sicht, zwischen TA und UVP ist der augenscheinliche Mangel an methodischen Anstrengungen und exemplarischen Anwendungsfällen der Technologiefolgenabschätzung. Auch die offizielle Umweltverwaltung und -politik bemühte sich eher um das soziokulturelle, wissenschaftssoziologische, entscheidungstheoretische und politikwissenschaftliche Umfeld als um die methodische Anforderung[63].

Möglicherweise ist die TA-Diskussion vor allem als Ausweichreaktion auf die über mehr als 9 Jahre sich hinschleppende Entstehung der EG-Richtlinie zur Umweltverträglichkeitsprüfung zu erklären, zu der sie im Grunde hinführt[64]. Nennenswerte Unterschiede werden jedenfalls auf dem Hintergrund des sehr breiten, auch soziale und soziokulturelle Faktoren erfassenden Ansatzes der EG-Richtlinie nicht gesehen. Das wesentliche Ergebnis der TA-Diskussion in der Bundesrepublik ist denn auch der Hinweis auf die Notwendigkeit, Innovationen in ihren Konsequenzen abzuschätzen. Sie korrigierte damit wesentliche gesellschaftspolitische Folgen eines naiven Fortschrittglaubens und ebnete den Weg für die Umweltverträglichkeitsprüfung, an deren heutigem politischen Stellenwert sie entscheidenden Anteil hat. Sie erweiterte die Diskussion über gesellschaftliche Leitbilder um die prognostische Dimension.

4.3 Umweltverträglichkeitsprüfung

Die Umweltverträglichkeitsprüfung als Instrument einer medienübergreifenden Identifizierung, Beschreibung und Bewertung der unmittelbaren und mittelbaren Auswirkungen von Projekten[65] und Vorhaben, aber auch Programmen und Plänen, ist in der EG und in der Bundesrepublik schon seit mehr als zehn Jahren in der Diskussion[66]. Seit dem Vorliegen der EG-Richtlinie[67] hat sich diese Diskussion in geradezu unglaublichem Ausmaß intensiviert, zu Recht. Vom Ansatz und von den in den Richtlinie niedergelegten Anforderungen ist die UVP sehr wohl geeignet, die vorsorgende, präventive Umweltpolitik zu revolutionieren, vor allem wegen des medienübergreifenden, ökologisch-holistischen Ansatzes und, was bisher in der Literatur in geradezu grotesker Weise vernachlässigt wurde, wegen der Notwendigkeit der Prognose von Umweltauswirkungen (ökologische Wirkungsprognose).

Ganz ohne Zweifel hat es auch vor der Richtlinie und vor sowie neben der Erstellung von Umweltverträglichkeitsprüfungen, die sich so nennen (ob im einzelnen zu Recht oder zu Unrecht, ist eine untersuchenswerte Frage), die Prüfung der Umweltfreundlichkeit oder -verträglichkeit von Projekten, Vorhaben, Programmen und Plänen gegeben. Hier sei nur exemplarisch auf die (schon erwähnten Arbeiten) Systemanalyse Baden-Württemberg, auf die Pilotanwendungen des Handbuchs zur ökologischen Planung, auf die Arbeiten im Rahmen des Ökosystemforschungsvorhabens Berchtesgaden, auf viele methodische Vorarbeiten und Studien insbesondere der Landespflege, der Landschaftsökologie u.v.a.m. hingewiesen. Dabei wird hier als UVP bezeichnet, was immer den Anspruch auf im ökologischen Sinne umfassende Wirkungsanalyse und -prognose erfüllt; organisatorisch-juristische oder verfahrens- bzw. entscheidungsprozessuale Fragen sind in unserem Zusammenhang irrelevant.

Mit der Vorlage der EG-Richtlinie ist jedoch nun eine deutlich andere Situation gegeben. Die Richtlinie schafft durch ihren Erlaß eine neue Situation. Die umfassende Prüfung potentieller und zukünftiger ökologischer Auswirkungen von Maßnahmen wird darin gefordert und dadurch als Möglichkeit unterstellt.

Dabei spielt es keine Rolle, ob und wie die UVP in deutsches Recht übernommen und kanonisiert wird und ob die methodischen Möglichkeiten zur prognostischen Abschätzung von Umweltauswirkungen heute schon ausreichen, aus folgenden Gründen:

- Die UVP wird, ob rechtlich verankert oder nicht, ihre Wirksamkeit im umweltpolitischen Prozeß entfalten. Bürger, Initiativen, Verbände werden sie fordern, sie wird durchgeführt werden. Der "Stand der Technik" bei Genehmigungen und bei der Akzeptanz von umweltrelevanten Maßnahmen wird neu festgeschrieben werden.

- Noch auf lange Zeit, vielleicht für immer, ist die Entwicklung eines abgerundeten methodischen Instrumentariums ein offener Prozeß. Wie könnte es angesichts des gerade erst einsetzenden vollen Arbeitens an und mit UVP'en auch anders sein? Jede durchgeführte UVP ist methodisch so gut wie es jetzt möglich ist. Maximalistische Forderungen nach methodischem Perfektionismus sind, ohne Berücksichtigung der Zeitachse, unsinnig.

Die UVP und der mit ihr einsetzende methodische und umweltpolitische Prozeß stellen den Beginn einer entscheidend neuen Phase für Umweltprognosen im Sinne von ökologischen Wirkungsprognosen dar.

4.4 Umweltbeobachtung und Umweltberichterstattung

Wie bereits verschiedentlich erwähnt und dargelegt, ist jede Vorhersage auch angewiesen auf das Vorhandensein von Zeitreihen über prozessuale Abläufe. Im Bereich Umwelt waren diese bisher überwiegend nicht gegeben. Dies zeigt deutlich ein Blick auf die Prognostik im Bereich der Wirtschaftswissenschaften. Der Methodenstand ist hier weiter entwickelt, weil er auf fast 150 Jahre gemessenen und beobachteten Prozeßablauf der Industriegeschichte, der Bevölkerungsentwicklung etc. zurückblicken kann. Ähnliches gilt für die Raumordnung und Landesplanung.

Im Umweltschutz sind wir hier erst am Anfang. Bisher sind gerade eben für den Bereich Luft für einzelne Schadstoffe, für wenige Raumtypen (hochindustrialisierte Verdichtungsgebiete, Reinluftgebiete) und für kaum zehn Jahre Zeitreihen verfügbar.

Diese Situation beginnt sich gerade jetzt drastisch zu ändern. Der Umweltschutz befindet sich in diesen Tagen in der Phase eines entscheidenden Aufbruchs zur erheblichen Ausweitung seiner Meß- und Beobachtungsnetze und zur Installierung von entsprechenden, voll ausgebauten Systemen. Es sei beispielhaft verwiesen auf:

- Ausbau der Ländermeßnetze für Luft
- Ausbau des Luftmeßnetzes des Umweltbundesamtes
- Ausbau von wirkungsbezogenen Meßnetzen im Bereich Gewässerökologie in den Ländern
- Aufbau von Bodeninformationssystemen
- Einrichtung einer ökologischen Umweltbeobachtung (exemplarisch in Schleswig-Holstein)
- Aus- und Aufbau von kommunalen Umweltbeobachtungssystemen in vielen Städten und Landkreisen
- Erschließung der "Roten Listen" für die umweltwissenschaftliche Diskussion
- Stärkerer Einbezug des Naturschutzes in den Umweltschutz (Naturschutz-Monitoring) u.a.

Mit diesen und vielen anderen Maßnahmen und Vorhaben wird die methodisch-instrumentelle Basis für Umweltprognosen (und für die Umweltverträglichkeitsprüfung) verbessert, in vielen Fällen überhaupt erst geschaffen.

In diesem Zusammenhang sei auch auf die Notwendigkeit der Festlegung von Umweltqualitätszielen hingewiesen[68], die Definition eines "Referenzwertes", also, die für die Bewertung der Ergebnisse von ökologischen Wirkungsprognosen unverzichtbar ist.

4.5 Früherkennung

Im Zusammenhang mit der Umweltbeobachtung sind die Bemühungen um die Einrichtung einer Früherkennung von Umweltgefährdungen von besonderem Interesse. Die Früherkennung läßt sich als Einrichtung einer projektunspezifischen Dauer-Umweltverträglichkeitsprüfung mit teilweise prognostischer Reichweite bezeichnen.

Umweltpolitik muß jeden Stoffeintrag in die Umwelt als potentiell belastend ansehen[69]. Ein Stoff darf nicht schon dann als unbedenklich angesehen werden, wenn er beim Menschen keine akute Erkrankung verursacht. Früherkennung wird als systematisches Aufspüren und Verfolgen von Hinweisen auf potentiell schadhafte Entwicklungen verstanden, bevor es zu gravierenden Schäden kommt. Verdachtsmomente können sich auf die Abgabe von Schadstoffen in die Umwelt, auf Belastungen in der Umwelt sowie auf Wirkungen und Krankheitserscheinungen beziehen. Früherkennung ist damit ein wesentlicher Teil des Vorsorgeprinzips in der Bundesrepublik Deutschland. Je früher Probleme erkannt und anerkannt werden, desto ökonomischer wird ihre Lösung.

Die Früherkennung bedient sich u.a. folgender Methoden:

- (Technologie-) Folgenabschätzung
- Meß- und Beobachtungsnetze
- Umweltprobenbank
- Epidemiologische Forschungsergebnisse.

Die Früherkennung benutzt alle vorhandenen Meß- und Beobachtungssysteme (bis hin zu Presseberichten und sonstigen "Symptom- und Indikatorenverzeichnissen") und versucht, den Zeitpunkt des Erkennens von Gefahren so weit wie möglich "nach vorn" zu verlagern.

5. Zusammenfassende Bewertung

Der Stellenwert von Prognosen im Umweltbereich ist bisher gering geblieben. Allerdings wird aufgrund des stark gestiegenen Umweltbewußtseins in der Gesellschaft die Notwendigkeit der langfristigen Vorhersage über den zu erwartenden Zustand unserer Umwelt deutlich. Sowohl Umweltpolitik als auch Raumordnung und Landesplanung haben diese Notwendigkeit erkannt und erste übergreifende Modelle entwickelt.

An verschiedenen Instrumenten wurde gezeigt, welche integrativen, medienübergreifenden Modell- und Prognoseansätze erarbeitet wurden. Mit der UVP als ganzheitlichem Ansatz für eine ökologische Wirkungsanalyse und -prognose haben diese einen vorläufigen normativen Endpunkt gefunden.

Dabei wird deutlich, daß methodische Wege für eine wissenschaftlich befriedigende Erstellung von Wirkungsprognosen vorgezeichnet sind (bei allen Verbesserungswünschen im einzelnen).

Raumordnung und Umweltschutz bleiben aufgefordert, nun verstärkt ökologische Wirkungsprognosen zu erstellen, und zwar regional/lokal und auch auf nationaler Basis, um die Umweltpolitik kalkulierbarer zu machen und weitere Ökosystemzusammenbrüche und Umweltgefährdungen abschätzen zu können. Die in Zukunft verstärkte Durchführung von UVP'en, wie auch immer instrumentell installiert, wird das methodische Instrumentarium weiter entwickeln helfen.

Anmerkungen

1) Hier wird ein weit gefaßter Begriff von Prognosen im Sinne von "Aussagen mit Voraussagecharakter" verwendet, der auch z.B. Szenarien (vgl. die Szenario-Definition von G. Stiens in dessen Beitrag) und Projektionen mit einschließt.

2) Vgl. Thomas Vajna, Prognosen für die Politik, Grenzen, Fehler, Möglichkeiten der Wirtschaftsmöglichkeiten, Köln 1977.

3) Vgl. exemplarisch: Bundesminister für Raumordnung, Bauwesen und Städtebau (Hrsg.), Raumordnungsprognose 1990, Aktualisierte Prognose der Bevölkerung und der Arbeitsplatzzahl in den 38 Gebietseinheiten der Raumordnung für die Jahre 1980, 1985, 1990, Bonn 1976 (Schriftenreihe "Raumordnung", 06.012/1977). - Ders. (Hrsg.), Projektionen der Bevölkerungs- und Arbeitsplatzentwicklung in den Raumordnungsregionen 1978-1995 (Raumordnungsprognose 1995) und Bericht des Ausschusses "Daten der Raumordnung" der Ministerkonferenz für Raumordnung, Bonn 1985 (Schriftenreihe "Raumordnung" 06.055/1985). Bundesforschungsanstalt für Landeskunde und Raumordnung (Hrsg.), Aktuelle Daten und Prognosen zur räumlichen Entwicklung, Bevölkerung und Haushalte, Bonn 1984 (Heft 12/1984 der Informationen zur Raumentwicklung).

4) Vgl. G. Stiens, Auswirkungen der Bevölkerungsentwicklung bis zum Jahr 2000 in räumlicher Differenzierung, Einige Schlußfolgerungen aus der neuen Bevölkerungsprognose der BfLR. In: Informationen zur Raumentwicklung 12/1984, S. 1216.

5) Martin Jänicke (Hrsg.), Vor uns die goldenen neunziger Jahre?, Langzeitprognosen auf dem Prüfstand, München 1985, S. 7.

6) Ebda., S. 9.

7) Ebda., S. 10.

8) Martin Jänicke, Zukunftsforschung: Erstens kommt es anders und zweitens als man denkt. In: Natur Nr. 7/Juli 1984, S. 41.

9) Ebda., S. 40.

10) Martin Jänicke, Wachsende Zukunftsrisiken für Umwelt, Beschäftigung und Demokratie?, Eine Interpretation neuer Langzeitprognosen. In: Aus Politik und Zeitgeschichte 23/1980, 7.6.80, S. 3ff.; hier: S. 6.

11) Umweltpolitik, Das Umweltprogramm der Bundesregierung, mit einer Einführung von Werner Maihofer, Stuttgart-Berlin-Köln-Mainz 1972 (5. 1976).

12) Ebda., S. 114.

13) Ebda., S. 30/1.

14) Ebda., S. 58.

15) Umweltbericht '76, Fortschreibung des Umweltprogramms der Bundesregierung vom 14.7.1976, mit einer Einführung von Werner Maihofer, Stuttgart-Berlin-Köln-Mainz 1976, S. 19.

16) Ebda., S. 26.

17) Ebda., S. 31ff.

18) Ebda., S. 143.

19) Ebda., S. 122.

20) H. Lossau/E. Scharmer, Der Zeitaspekt in der Landes- und Regionalplanung, Erarbeitungsfristen, Landesverwaltung, Prognosensicherheit, Rechtsprobleme, Hannover 1985 (Arbeitsmaterialien der ARL, Nr. 101, S. 32.

21) Ebda., S. 49.

22) Ebda., S. 54.

23) Ebda., S. 57.

24) Ebda., S. 71ff.

25) K.-H. Ladeur, Die rechtliche Kontrolle planerischer Prognosen, Plädoyer für eine neue Dogmatik des Verwaltungshandelns unter Ungewißheit. In: Natur und Recht 3/1985, S. 83.

26) Ebda.

27) Ebda., S. 87.

28) Ebda., S. 88/9.

29) Ebda., S. 89.

30) Dennis Meadows u.a., Die Grenzen des Wachstums, Stuttgart 1972 (Deutsche Erstausgabe).

31) Der Rat von Sachverständigen für Umweltfragen, Umweltgutachten 1974, Stuttgart und Mainz 1974, S. 1 (im folgenden SR-V'74 abgekürzt).

32) Ders., Umweltgutachten 1978, Bundestagsdrucksache 8/1938 vom 19.9.1978, Bonn 1978, S. 14 (im folgenden SR-V'78 abgekürzt).

33) Erstellt von der Prognos AG im Auftrag des Umweltbundesamtes, Basel 1978.

34) Ebda., S. 1.

35) Ebda., S. 5 und 6/7.

36) Ulrich Brösse, Bevölkerungsrückgang und Umwelt, Ergebnisse von Langfristszenarien, dargestellt am Beispiel der Region Aachen, Hannover 1983 (Band 74 der Beiträge der Akademie für Raumforschung und Landesplanung).

37) Umweltbericht '76, Fortschreibung des Umweltprogramms der Bundesregierung vom 14. Juli 1976, mit einer Einführung von Werner Maihofer, Stuttgart-Berlin-Köln-Mainz, 1976, S. 47.

38) Vgl. Luftreinhaltung '81, S. 264ff.

39) Minister für Arbeit, Gesundheit und Soziales des Landes Nordrhein-Westfalen (Hrsg.), Luftreinhalteplan Rheinschiene Mitte 1982-1986, Düsseldorf 1982.

40) Ebda., S. 205ff.

41) Ebda., S. 205.

42) Ebda., S. 206.

43) Ebda., S. 222 und S. 229.

44) Ebda., S. 227.

45) Ebda., S. 228; die einzelnen Vorgehensschritte der Prognose werden detailliert in den Anhängen A 1 (S. 221ff) und A 2 (S. 245ff) erläutert.

46) Vgl. u.a. auch: Luftreinhalteplan Ruhrgebiet Mitte 1980-1984, Düsseldorf 1980.

47) SR-V'74, S. 1; vgl. dazu: Peter Knauer, Umweltschutz-integriert oder medial?. In: Standort 2/1982 (Zeitschrift des Deutschen Verbandes für angewandte Geographie), S. 9ff.

48) Ebda.

49) Ebda.

50) Ebda.

51) Ebda., S. 2.

52) SR-V'78, S. 14.

53) Dornier System, Prognos AG, Arbeitsgruppe Landespflege der Forstwissenschaftlichen Fakultät der Universität Freiburg, Systemanalyse zur Landesentwicklung Baden-Württemberg, September 1975.

54) Ebda., Erklärung der Landesregierung (Vorwort; ohne Seitenangabe).

55) Vgl. ebda. (ausführliche methodische Anleitung; die methodischen Ausführungen zur Konstruktion des Modells sind die ausführlichsten und lesbarsten, die der Autor je zu einer Modellkonstruktion gelesen hat), S. 1ff.

56) Dornier System GmbH, Handbuch zur ökologischen Planung, Berlin-Bielefeld 1980 f. (Im Auftrag des Umweltbundesamtes).

57) Vgl. dazu und zu verwandten ökologischen Planungsansätzen: Peter Knauer, Ökosystemforschung und ökologische Planung. In: Geographische Rundschau 38, 1986, Heft 6, S. 290ff.

58) F. Vester/A. Hesler, Sensitivitätsmodell, August 1980 (hrsg. von der regionalen Planungsgemeinschaft Untermain, im Auftrag des Umweltbundesamtes im Rahmen des Umweltforschungsplans des Bundesministers des Innern, FE-Vorhaben 80 - 101 04 034); vgl. dazu F. Vester (Studiengruppe für Biologie und Umwelt, München), Ballungsgebiete in der Krise, Eine Anleitung zum Verstehen und Planen menschlicher Lebensräume mit Hilfe der Biokybernetik, Stuttgart 1976 (Im Rahmen des Umweltforschungsplans des Bundesministers des Innern als FE-Vorhaben 101 01 004 gefördert vom Umweltbundesamt; die Arbeit ist als Vorstudie zum Sensitivitätsmodell zu verstehen); vgl. auch: F. Vester, Zukunftsprognosen, Modelle, Strategien. In: K. Buchwald/W. Engelhardt, Handbuch für Planung, Gestaltung und Schutz der Umwelt, Bd. 4 (Umweltpolitik), München-Wien-Zürich 1980, S. 32ff.

59) Statusseminar "Instrumentarien zur ökologischen Planung" des Umweltbundesamtes am 12./13.6.1986 (Die Beiträge wurden 1987 im Rahmen der Reihe "Texte" des Umweltbundesamtes veröffentlicht).

60) E. Bierhals, H. Kiemstedt, H. Scharpf, Aufgaben und Instrumentarium ökologischer Landschaftsplanung. In: Raumforschung und Raumordnung April 1974, Heft 2, S. 76ff.

61) Heinrich von Lersner, Vorwort zu: Umweltbundesamt (Hrsg.), Technologien auf dem Prüfstand, Die Rolle der Technologiefolgenabschätzung im Entscheidungsprozeß, Die Beiträge zum Internationalen Symposium vom 19. bis 21.10.1982 in Bonn, Köln-Berlin-Bonn-München, 1983, S. 1.

62) Meinolf Dierkes, ebda., S. 17.

63) Vgl. ebenda: Die Beiträge im TA-Band des UBA; siehe Anm. 61.

64) Vgl. aber noch entstehende Arbeiten zur TA, u.a. H. Jungermann und andere (Institut für Psychologie der TU Berlin), Die Arbeiten mit Szenarien bei der Technologiefolgenabschätzung, Berlin 1986.

65) Vgl. Artikel 3 der "Richtlinie des Rates der Europäischen Gemeinschaften vom 27.5.1985 über die Umweltverträglichkeitsprüfung bei bestimmten öffentlichen und privaten Projekten". In: Amtsblatt der Europäischen Gemeinschaften Nr. L 175/40 vom 5.7.1985 (im folgenden: EG-Richtlinie).

66) Vgl. Jürgen Cupei, Umweltverträglichkeitsprüfung (UVP), Ein Beitrag zur Strukturierung der Diskussion, zugleich eine Erläuterung der EG-Richtlinie, Köln - Berlin - Bonn - München 1986.

67) Siehe Anmerkung 65.

68) Martin Uppenbrink/Peter Knauer, Umweltqualitätsziele und ökologische Eckwerte aus der Sicht des Umweltschutzes. In: Akademie für Raumforschung und Landesplanung (Hrsg.), Wechselseitige Beeinflussung von Umweltvorsorge und Raumordnung, Hannover 1987 (Forschungs- und Sitzungsberichte der ARL, Bd. 165; erscheint April 1987).

69) Vgl. F. Schmidt-Bleek (Gesellschaft für Strahlen- und Umweltforschung), Früherkennung von Umwelt- und Gesundheitsschäden, München 1986.

DIE RAUMORDNUNGSPROGNOSE 1995

Anmerkungen zu Konzept, Methode und Annahmen

von
Manfred Sinz, Bonn

Gliederung

1. Einführung

2. Prognosekonzept

3. Prognosemodell

4. Annahmen

    4.1 Beschäftigungsentwicklung
    4.2 Wanderungen
    4.3 Erwerbsbeteiligung
    4.4 Natürliche Bevölkerungsentwicklung

5. Rückkoppelungsbeziehungen

6. Schlußbemerkung

Anmerkungen

1. Einführung

Die Raumordnungsprognose 1995 ist die bisher letzte einer Reihe von bundesweit flächendeckenden, regionalisierten Vorausschätzungen der Bevölkerungs- und Arbeitsmarktentwicklung, die seit 1968 in etwa fünfjährigem Abstand von der Bundesraumordnung vorgelegt wurden. Mit ihnen soll eine in die Zukunft gerichtete Koordination sowohl der raumwirksamen Fachplanungen als auch zwischen Raumordnung und Landesplanung unterstützt werden. Aus diesem Grund sind bei den Raumordnungsprognosen das Prognosekonzept, die Methodik und die getroffenen Annahmen ebenso wie die Ergebnisdiskussion als Kompromiß zwischen politischen Zielsetzungen und Umsetzungsbedürfnissen auf der einen Seite und wissenschaftlichen Anforderungen an Datenbasis, Analyse- bzw. Prognosetheorie und -technik auf der anderen Seite anzusehen.

Ziel der 1980 begonnenen und erst 1985 veröffentlichten Studie "Projektionen der Bevölkerungs- und Arbeitsmarktentwicklung in den Raumordnungsregionen 1978 - 1995" (Raumordnungsprognose 1995) war es, langfristige Entwicklungstendenzen der Bevölkerung, der Erwerbspersonen und der Beschäftigung in den Regionen der Bundesrepublik Deutschland aufzuzeigen und zu qualifizieren. Gegenüber früheren Raumordnungsprognosen wurden methodische Verbesserungen bei der Vorausschätzung der Wanderungsbewegung und bei der Berücksichtigung von Reaktionen der Erwerbspersonen auf die Arbeitsmarktungleichgewichte eingeführt.

Als Ergebnis liegt für jede Raumordnungsregion ein umfangreiches Zahlenwerk vor, in dem für den Prognosezeitraum folgende Entwicklungsgrößen dargestellt werden:

- Beschäftigungsentwicklung nach 22 Wirtschaftsbereichen
- natürliche Bevölkerungsentwicklung nach 5-Jahres-Altersgruppen
- Zu- und Fortzüge nach 5-Jahres-Altersgruppen (autonome Wanderungen)
- Entwicklung der potentiellen Nachfrage nach Arbeitsplätzen (Erwerbspotential vor Rückkoppelungen)
- Reaktionen des Erwerbspotentials auf die Arbeitsmarktentwicklung (Rückkoppelungen) in Form von
    - zusätzlichen, von Arbeitsmarktungleichgewichten ausgelösten Erwerbspersonenwanderungen
    - zurückgestauten landwirtschaftlichen Freisetzungen sowie
    - Bildung einer "Stillen Reserve"
- Entwicklung der realen Nachfrage nach Arbeitsplätzen (Erwerbspersonen nach Rückkoppelungen)
- Arbeitsmarktbilanzentwicklung
- Bevölkerungsentwicklung nach Wanderungen und Rückkoppelungen in 5-Jahres-Altersgruppen.

Die Studie beschränkt sich auf diese Entwicklungsgrößen und nimmt nicht in Anspruch, eine umfassende Projektion aller regional bedeutsamen Zukunftsentwicklungen z.B. im Bereich der Flächennutzung oder der Umweltbedingungen zu ermöglichen.

Das Prognosemodell, die zugrundeliegenden Annahmen und die wichtigsten zahlenmäßigen Ergebnisse sind in der Veröffentlichung der Studie zusammengefaßt dargestellt[1]. Ebenso findet sich dort eine Kommentierung und raumordnungspolitische Wertung der Prognose aus der Sicht eines Arbeitskreises der Ministerkonferenz für Raumordnung, der die Projektbearbeitung begleitete. Der folgende Beitrag basiert auf einem "Auswertungsbericht" über die Raumordnungsprognose 1995, der für diesen Arbeitskreis zusammengestellt wurde. Dabei geht es in erster Linie um eine kritische Diskussion der Prognoseannahmen und Bilanzierungs- bzw. Rückkoppelungsmechanismen sowie um die Identifikation methodischer Schwachstellen und um ihre Folgen für das Prognoseergebnis. Vorab stehen einige Anmerkungen zur konzeptionellen Problematik regionalisierter Langfristprojektionen, die das Spannungsfeld verdeutlichen sollen, in dem sich wissenschaftliche Politikberatung bei der Prognostik bewegt.

2. Prognosekonzept

Wissenschaftler, die eine langfristige Regionalprognose bearbeiten sollen, befinden sich in einem mehrfachen Dilemma. Grundsätzlich kann gelten, daß die Bedingungen für zutreffende Voraussagen um so schlechter sind, je mehr diese nachgefragt werden, je drängender also die zu untersuchenden Probleme den Auftraggebern erscheinen. Sind nämlich bei relativ stabilen Entwicklungsmustern die Möglichkeiten für die Vorhersage günstig, werden wissenschaftliche Prognosen weniger nachgefragt. Wenn die Nachfrage steigt, haben sich in der Regel auch die Bedingungen zur Begründung von Zukunftsvermutungen aus der Beobachtung der Vergangenheit wesentlich verschlechtert[2]. Diese Situation war mit einiger Sicherheit auch zu Bearbeitungsbeginn der Raumordnungsprognose 1995 gegeben, als sich Probleme des wirtschaftlichen Strukturwandels und der Beschäftigung sowohl national als auch regional in vorher nicht gekanntem Ausmaß zuzuspitzen begannen.

Instabilitäten des beobachteten Systems gegenüber bisherigen Entwicklungsverläufen, d.h. Änderungen der Beziehungen zwischen den Variablen und Funktionsparametern sind das Kardinalproblem aller sozialwissenschaftlichen Prognosen. Auf regionaler Ebene verschärft sich dies noch, weil sich Veränderungen in den Verhaltensweisen gesellschaftlicher Gruppen sowie technologische, institutionelle und wirtschaftliche Sonder- bzw. Neuentwicklungen auf nationaler Ebene weitaus stärker kompensieren als auf regionaler Ebene[3].

Für ein rationales Prognosekonzept kann aus diesem Dilemma nur die Konsequenz gezogen werden, die Wenn-Dann-Struktur aller Prognoseaussagen immer wieder hervorzuheben und auf intersubjektive Überprüfbarkeit der Methodik zu achten. Gleichzeitig liegt es nahe, das Annahmengerüst innerhalb einer gewissen Bandbreite zu variieren. Beides wurde im Rahmen der Raumordnungsprognose 1995 versucht; allerdings wurde die ursprünglich angelegte Bandbreite der erwarteten Wirtschafts- und Beschäftigungsentwicklung nicht beibehalten, weil die auf staatliche Beschäftigungsprogramme abhebende sog. Potentialvariante als oberer Entwicklungspfad den Auftraggebern und dem projektbegleitenden Arbeitskreis im nachhinein unplausibel erschien.

Dies weist auf ein weiteres Prognosedilemma hin. Zum einen besteht der Anspruch, daß Prognosen ein möglichst plausibles - und auch nachvollziehbares - mittelfristiges Zukunftsbild abgeleitet aus exakter Vergangenheitsbeobachtung abgeben sollen, zum anderen sollen sie aber auch politisch gesetzte Rahmenbedingungen wiederspiegeln und "realistisch" sein. Die klare Wenn-Dann-Aussage einer Status-quo-Prognose kann durch politisch zielorientierte Korrekturen der Prognoseannahmen bzw. -ergebnisse einen Teil ihrer beabsichtigten didaktischen Wirkung verlieren. Dies beeinträchtigt möglicherweise die Frühwarnfunktion und den handlungsorientierten Aufforderungscharakter von Status-quo-Prognosen. Ein Beispiel dafür war die normative Festsetzung der regionalen Arbeitslosenquoten auf höchstens 2 % in der Raumordnungsprognose 1990, die zur Folge hatte, daß im Prognosemodell Beschäftigungsdefizite nur durch Wanderungsbewegungen insbesondere in das Ausland kompensiert wurden, weshalb die damals bereits absehbaren Arbeitsmarktprobleme in vielen Regionen durch die Prognose nicht deutlich gemacht werden konnten[4].

Andererseits besteht die Gefahr, daß unreflektierte Trendverlängerungen ohne plausible Korrektur- bzw. Dämpfungsmechanismen und ohne normativ gesetzte Schwellenwerte zu so unrealistischen Ergebnissen führen, daß die Vorhersagefunktion einer Prognose verloren geht. Sie wird zur fiktiven Modellrechnung und büßt einen wesentlichen Teil ihrer politischen Akzeptanz und Umsetzbarkeit ein.

In der Praxis der raumordnerischen Prognostik wurden bisher stets normative Zielformulierungen und empirisch abgeleitete Trendaussagen vermischt. Dies gilt auch für den hier diskutierten Ansatz, der zwar grundsätzlich status-quo-orientiert ist, jedoch einige Zielelemente wie z.B. eine begrenzte Ausländerzuwanderung enthält und plausible Dämpfungsmechanismen für regionale Sonderentwicklungen verwendet. Verglichen mit den drei früheren Raumordnungsprognosen ist der Status-quo-Charakter bei der jüngsten Studie sehr betont worden. Dies könnte ein Grund dafür sein, weshalb es dem Auftraggeber und dem projektbegleitenden politischen Gremium angezeigt schien, der Veröffentlichung der Prognoseergebnisse eine ausführliche interpretierende Stellungnahme beizufügen[5].

Ein drittes Prognosedilemma, das für das Konzept der Raumordnungsprognose von Bedeutung war, ist mehr methodisch-technischer Art. Regionalwissenschaftliche Analyse- und Prognosetechniken sowie die daraus abgeleiteten Modelle sind in den letzten zwei Jahrzehnten zunehmend komplexer und anspruchsvoller geworden. Mit wachsender Komplexität und räumlicher, zeitlicher sowie sektoraler Differenzierung nahm die Anzahl der verarbeiteten Variablen und damit auch der Datenbedarf nahezu exponentiell zu[6]. Zweifellos führte dies zu einer erheblichen Verbesserung der Abbildungsschärfe und des analytischen Erklärungsgehalts der Modelle. Auf der anderen Seite wurde der Analyse- und Prognosevorgang für die Auftraggeber solcher wissenschaftlicher Studien immer undurchschaubarer und schwerer nachvollziehbar, während gleichzeitig Datenbeschaffungsprobleme und Schwierigkeiten bei der technischen Handhabung hochkomplexer

Simulationsmodelle den Erfolg entsprechender Projekte immer mehr gefährdeten. Im Ergebnis entwickelten viele Planer und Politiker ein zunehmendes Mißtrauen gegenüber komplexen Planungs- und Prognosemodellen und ihrem "black-box"-Charakter, wobei nicht selten auch ganz allgemeine Ängste und Vorbehalte gegenüber mathematisierten Analysetechniken und rechnergestützten Planungs- bzw. Prognosemethoden eine Rolle spielten.

Unter diesen Voraussetzungen erscheint es sinnvoll, daß bei der Weiterentwicklung des Prognosemodells der Bundesraumordnung für die Raumordnungsprognose 1995 eine "mittlere" Modelltechnologie zur Anwendung kam, die durch folgende Konstruktionsprinzipien umrissen werden kann:

a) Leicht nachvollziehbarer Rechengang durch einfache Bilanzierung von Bevölkerungsentwicklung, Erwerbspotential und Beschäftigung jeder Region in drei Fünf-Jahres-Perioden;

b) Reduktion der Modellkomplexität durch räumliche und/oder sektorale Aggregationsprozesse (z.B. zu Regionsgruppen oder Bevölkerungsgruppen ähnlichen Verhaltens);

c) Reduktion der Annahmen- und Ergebnisvarietät durch Beschreibung nur eines Entwicklungspfades mit unterer und oberer Begrenzung der Bandbreite;

d) Diskussion und Begründung der Annahmen über wichtige Modellparameter wie z.B. Erwerbsbeteiligung oder Wanderungstrends auf hohem räumlichem und/oder sektoralem Aggregationsniveau, vor allem um vorrangig politisch motivierten Annahmediskussionen und Interessenkonflikten auf der Ebene von Einzelregionen aus dem Wege zu gehen;

e) Aufbereitung und Darstellung der Ergebnisse in möglichst allgemein verständlicher Form und in vertrauten räumlichen Kategorien (Entwicklungsdiagramme, kartographische Darstellungen, Auswertungsbericht).

Dieses methodische Konzept hat allerdings auch schwerwiegende Nachteile, von denen als wichtigste genannt werden müssen:

a) Unvermeidliche Informationsverluste bei regionalen und sektoralen Aggregationsprozessen; weitgehender Verzicht auf die Herstellung analytisch begründbarer Variablenverknüpfungen;

b) Die Gefahr, daß vermeidbare methodisch-technische Unzulänglichkeiten oder Organisations- und Datenbeschaffungsprobleme nicht beseitigt oder zumindest offengelegt, sondern im nachhinein als gewollte Eigenschaften "mittlerer" Modelltechnologie interpretiert bzw. rationalisiert werden.

Auf Dauer sollte das Dilemma zwischen Modellkomplexität und Ergebnistransparenz eher durch planungs- bzw. prognosedidaktische Vermittlungsbemühungen lösbar sein, als durch den bewußten Verzicht auf verfügbare analytische Techniken und anspruchsvollere Modellierungsansätze. Es könnte sonst der auch nicht seltene Fall eintreten, daß Prognoseergebnisse zwar leicht verständlich und interpretierbar sind, andererseits aber so trivial, daß statt eines Prognosemodells auch eine naive Trendaussage genügt hätte.

3. Prognosemodell

Das Prognosemodell der Raumordnungsprognose bildet einen relativ einfachen Trendfortschreibungsmechanismus mit Zwischenbilanzen ab, die zu gewissen Trendkorrekturen (Rückkoppelungen) führen. Von einigen Schätz- und Verrechnungsproblemen abgesehen, die auf Ungenauigkeiten der statistischen Datenbasis beruhen, bereitet der reine Fortschreibungsmechanismus keine besonderen methodisch-technischen Schwierigkeiten: Alle Bilanzgrößen des Modells (Arbeitsplätze, Erwerbspersonen, Wohnbevölkerung etc.) erfahren jährlich Zu- bzw. Abgänge nach Maßgabe ihrer Vergangenheitsentwicklung bis zum Prognoseendjahr. Dies erfordert bei 88 Regionen und einer teilweise recht feinen Untergliederung der Bilanzgrößen (nach Branchen, Alter, etc.) zwar einen erheblichen Rechenaufwand, ist aber technisch durch EDV-Einsatz problemlos zu bewältigen. Die zentrale Ergebnisgröße ist die geschätzte Arbeitslosenziffer jeder Region in den Jahren 1985, 1990 und 1995 (s. Abb. 1).

Wie die Bilanz auf Bundesebene zeigt, ist die Differenz zwischen der Zahl der Erwerbspersonen und der Zahl der Beschäftigten im Ausgangsjahr 1978 nicht gleich der Zahl der registrierten Arbeitslosen zu diesem Zeitpunkt. Dies ist z.T. darauf zurückzuführen, daß Erwerbspersonen, Beschäftigte und Arbeitslose statistisch unterschiedlich erfaßt werden. Der wesentliche Fehler dürfte jedoch dadurch zustande kommen, daß seit 1970 keine vollständige Erfassung aller Beschäftigten bzw. aller Arbeitsplätze mehr vorliegt. Es bedurfte eines eigenen Datenbeschaffungsprojekts im Vorlauf der Raumordnungsprognose, um zumindest für das Ausgangsjahr 1978 regionalisierte Beschäftigungszahlen in ausreichender Branchengliederung bereitzustellen[7]. Dabei handelt es sich um Schätzwerte, die zusammen mit den Ergebnissen der Arbeitsstättenzählung 1970 die einzigen Stützwerte für die Beschäftigungsentwicklung des gesamten Prognosezeitraums bilden. Die Ausgangsdifferenz des Jahres 1978 in Höhe von über einer Million "fehlender" Beschäftigter wird als statistische Korrekturgröße definiert und im Prognosezeitraum beibehalten.

Auf regionaler Ebene enthält diese Restgröße nicht nur den statistischen Schätzfehler, sondern auch den Saldo unausgeglichener Pendlerbilanzen. Da es über die Pendlerverflechtungen ebenfalls seit 1970 kein regionalisiertes Da-

Abb. 1: Prognose Algorithmus

Schema der Ergebnisdarstellung

	1978		1985 / 1990 / 1995
		E	Erwerbspersonenpotential vor autonomen Wanderungen
		F	± autonome Wanderungen
		G	± arbeitsmarktinduzierte Wanderungen
		H	± Zu- u. Abgänge der Stillen Reserve
		I	± Nachrichtlich: arbeitsmarktinduzierte zurückgestaute Freisetzung in der Landwirtschaft
A	Erwerbspersonen	I	= Erwerbspersonen
B	- Beschäftigte	K	- Beschäftigte
C	± Grenzgänger/Pendler/Stat. Korrektur	L	± Grenzgänger/Pendler/Stat. Korrektur
D	= Registrierte Arbeitslose	M	= Registrierte Arbeitslose

Arbeitsmarktbilanz für das Bundesgebiet (i. Tsd.)

	1978		1985
		E	26.837,1
		F	+ 614,3
		G	-
		H	- 447,6
		I	(- 121,7)
A	27.295,1	I	27.003,8
B	- 25.162,9	K	- 24.039,4
C	- 1.094,0	L	- 1.094,3
D	= 1.039,9	M	= 1.870,1
	(Rate: 3,8 %)		(Rate: 6,9 %)

tenmaterial mehr gibt, kann diese Größe nicht von der gesamten Korrekturgröße isoliert werden. Dies erweist sich vor allem deshalb als problematisch, weil der gesamte Korrekturposten jeder Region über den Prognosezeitraum konstant gehalten wird und keine Reaktion des darin enthaltenen Pendlersaldos auf Stadt-Umland-Wanderungen im Bereich der großen Verdichtungsräume möglich ist.

Um die erste prognostizierte Arbeitsmarktbilanz für das Jahr 1985 zu erhalten, wird das regionale Erwerbspotential vor Wanderungen und Rückkoppelungen (natürliches Erwerbspotential) durch demographische Extrapolation des Erwerbspersonenbestands im Ausgangsjahr unter Einbeziehung von Annahmen über die Entwicklung des Erwerbsverhaltens geschätzt. Ein gesondertes Wanderungsmodell erzeugt eine Schätzung der regionalen Zu- und Fortzüge in der Prognoseperiode, die auf den extrapolierten Mobilitätsziffern des Vergangenheitszeitraumes 1970-1978 beruht (Trendwanderung).

Geschätztes Erwerbspotential plus/minus Wanderungen ergibt einen vorläufigen Wert des regionalen Erwerbspersonenbestandes. Dieser wird gegen eine Beschäftigtenschätzung verrechnet, die aus einem modifizierten Shift-and-Share-Ansatz abgeleitet ist. Nach zusätzlicher Berücksichtigung der statistischen Korrekturgröße ergibt sich als Bilanz eine vorläufige Schätzung der registrierten Arbeitslosen.

Wenn diese Bilanzierung zu neu entstehenden Arbeitsmarktungleichgewichten führt; d.h. wenn die Relationen zwischen den regionalen Arbeitslosenziffern sich verändern, wird eine Reaktion des regionalen Erwerbspersonenpotentials in drei verschiedenen Formen ausgelöst, die aus beobachteten Vergangenheitsentwicklungen abgeleitet wird:

a) Zusätzliche Abwanderung von Erwerbspersonen aus Regionen mit überproportional ansteigenden Arbeitslosenziffern in bessergestellte Regionen;
b) Anstieg oder Abnahme der sog. "Stillen Reserve" (nicht registrierte Arbeitslose) je nach regionaler Arbeitsmarktentwicklung;
c) Zurückstau der Freisetzung unterbeschäftigter Arbeitskräfte in der Landwirtschaft.

In einer Rückkoppelungsschleife werden die Ergebnisse dieser drei Reaktionsformen mit der ursprünglichen Schätzung des regionalen Erwerbspersonenpotentials verrechnet, und die Arbeitsmarktbilanz wird entsprechend korrigiert. Der ganze Vorgang wiederholt sich für weitere zwei Prognoseperioden bis zum Jahr 1995.

4. Annahmen

Das zentrale Problem jedes status-quo-orientierten Prognosemodells ist die Ableitung gültiger Annahmen über die zukünftige Entwicklung aus beobachteten und zumindest ansatzweise erklärten Vergangenheitstrends. Vom Standpunkt der Wissenschaftstheorie besteht zwischen einer Prognose und einer Erklärung vergangener Entwicklungen kein logischer, sondern nur ein pragmatischer Unterschied[8]. Dabei stellt auch die schlichte Fortschreibung verschiedener Zeitreihen in die Zukunft einen Erklärungsansatz dar, sobald zwischen einzelnen Variablen Beziehungen z.B. in der einfachen Form von Bilanzgleichungen hergestellt werden. Der wesentliche Teil des Erkenntniswertes und des Arbeitsaufwandes für Prognosen liegt daher in der systematischen und zusammenhängenden Aufbereitung vergangener Entwicklungsverläufe und in der Herstellung von Verknüpfungen zwischen Variablen, um Annahmen über die Stabilität bzw. Instabilität von Trends zu gewinnen und um in der Lage zu sein, Rückkoppelungen zwischen Variablen zu installieren, die sich offensichtlich gegenseitig beeinflussen.

Bei einer Bestandsaufnahme des Entwicklungsstandes regionaler Prognosemodelle in der Bundesrepublik Deutschland im Vorfeld zur Raumordnungsprognose 1995[9] wurde festgestellt, daß die praktisch betriebenen Modelle mit Ausnahme des bayerischen MIDAS-Modells[10] nur einen sehr geringen Erklärungsgrad bezüglich der zugrundegelegten Vergangenheitstrends erreichten und keinerlei Rückkoppelungen zwischen Modellelementen vorsahen. Die daraufhin vorgeschlagenen Verbesserungen für ein neu zu installierendes Regionalprognosemodell, die einen erheblichen Forschungs- und Entwicklungsaufwand implizierten, wurden beim Modell der Raumordnungsprognose 1995 nur zu einem kleinen Teil realisiert. Ein Grund dafür waren sicher die begrenzten Mittel und das verfügbare Zeitbudget. Zum anderen spielten aber auch eingangs erwähnte Vorbehalte gegenüber hochkomplexen Analyse- und Prognosemodellen und ihre Einsetzbarkeit für praktische Politikberatung beim Modelldesign eine Rolle. Auch in der gegenwärtigen Diskussion um den zweckmäßigen Formalisierungsgrad regionalisierter Prognosemodelle wird darauf hingewiesen, daß dem hohen technischen Reifegrad komplexer Modelle oftmals eine Datenbasis gegenübersteht, die im Differenzierungsgrad oder der Aktualität oder der Genauigkeit nicht den Anforderungen des Modells entspricht[11]. Und es ergibt sich bei komplex verknüpften Erklärungsmodellen die Schwierigkeit, daß die unabhängigen, "erklärenden" Variablen i.d.R. ebenso schwer prognostizierbar sind wie die abhängigen Variablen. Dies führt zum Problem des "unendlichen Regresses" und schließlich zu der Erkenntnis, daß eine logisch-deduktive Ableitung unbedingter Prognosen auch bei hohem Komplexitätsgrad der Modelle prinzipiell nicht möglich ist[12].

4.1 Beschäftigungsentwicklung

Am schwierigsten analytisch faßbar und damit auch am unsichersten prognostizierbar ist die regionale Beschäftigungsentwicklung. Dies beginnt bereits bei der Vorgabe von Eckwerten der Wirtschaftsentwicklung für den Gesamtraum. Entscheidend für die Vorausschätzung der Zahl der Arbeitsplätze und Beschäftigungsmöglichkeiten sind (neben den Annahmen über die Entwicklung der Inlandsnachfrage aus Staatsverbrauch, Konsum und Investitionen sowie der Auslandsnachfrage) die Annahmen über die weitere Entwicklung der Stundenproduktivität.

Die Raumordnungsprognose rechnet bei der Verkürzung der Arbeitszeit mit einer Fortsetzung des langjährigen Trends von jährlich 0,9 % und folgender Entwicklung der Stundenproduktivität:

1960 - 69 + 5,5 % p.a.
1969 - 77 + 4,6 % p.a.
1977 - 85 + 4,0 % p.a.
1998 - 95 + 3,7 % p.a.

Variiert man diese Annahmen nur relativ geringfügig nach oben oder unten, so ergeben sich deutliche Abweichungen in den im Prognosezeitraum zu erwartenden Arbeitsplatzzahlen:

Beispiel (1)
Produktivitätsentwicklung entsprechend dem exponentiellen Trend:
1960 - 77 = 5,2 % p.a.
Ergebnis: minus 6,6 Mio. Arbeitsplätze gegenüber 1977

Beispiel (2)
Produktivitätsentwicklung entsprechend einem angenommenen linearen Trend von + 2,7 % p.a.
Ergebnis: plus 3,6 Mio. Arbeitsplätze gegenüber 1977

Der Vertrauensbereich der Arbeitsplatzprognose ist daher schon auf der Ebene der Eckwerte stark eingeschränkt, was auch ein Vergleich der 1985 tatsächlich eingetretenen Arbeitslosenquote von über 10 % mit der prognostizierten Quote von 6 % verdeutlicht. Auf regionaler Ebene stellen sich zum einen die schon erwähnten Datenprobleme im Hinblick auf die zuverlässige Schätzung von Beschäftigungszahlen für das Basisjahr, zum anderen ergeben sich methodische Kritikpunkte bezüglich des verwendeten Shift-and-Share-Ansatzes. Verbesserungen gegenüber früheren Raumordnungsprognosen konnten dadurch erreicht werden, daß die globale und regionale Beschäftigungsentwicklung in der Landwirtschaft in einem gesonderten sehr differenzierten Modell (Göttinger Modell) vorausgeschätzt und begründet wird[13]. Auch ist es gelungen, für die regionale Beschäftigungsentwicklung in Teilbereichen des Dienstleistungssektors einen gewissen Zusammenhang mit externen Variablen wie Versorgungsgrad, Agglomerationsabhängigkeit und Bevölkerungsentwicklung zu belegen. Für das Produzierende Gewerbe mußte jedoch wieder auf den Ansatz der Shift-and-Share-Analyse zurückgegriffen werden, der keine Begründungen für regionale Abweichungen einzelner Sektoren von den nationalen Wachstumsraten liefert und damit ausschließlich eine quasi "blinde" Trendfortschreibung auf der Basis des Vergangenheitszeitraums zuläßt. Allerdings werden bestimmte Extrementwicklungen dabei vorab bereinigt.

Die Tatsache, daß es bisher nicht gelungen ist, die regionalspezifische Entwicklung der Sektoren des Produzierenden Gewerbes hinreichend zu erklären, muß nicht bedeuten, daß es solche Erklärungen nicht gibt. Die Prognosestudie selbst gibt Hinweise auf eine Reihe von möglichen Bestimmungsfaktoren (intersektorale Abhängigkeiten, Agglomerationsgrad/Bodenpreise, Umweltprobleme, Qualifikation des Erwerbspersonenangebots, Wohnattraktivität), deren Erklärungsgehalt für die Sektorentwicklung noch geprüft werden müßte. Allerdings trifft dies auf erhebliche Datenrestriktionen und erfordert eine Abkehr von den bislang bevorzugten monokausalen Erklärungssätzen[14].

4.2 Wanderungen

Als beinahe ebenso problematisch wie die Vorausschätzung der Beschäftigungsentwicklung erweist sich die regionalisierte Wanderungsprognose. Auch hier kommen Eckwertprobleme (insbesondere bei der Ausländerwanderung), Datenprobleme und methodische Schwierigkeiten zusammen.

Wegen ihres politischen Hintergrundes zieht die Diskussion um die Annahmen über die Höhe von zukünftigen Außenwanderungssalden allgemein eine größere Aufmerksamkeit auf sich, als ihr nach der quantitativen Bedeutung innerhalb des gesamten Wanderungsgeschehens zukommt. Dabei wird i.d.R. übersehen, daß die hinter den Salden stehende Außenwanderungsstruktur nach Alter und Geschlecht für die Entwicklung des Erwerbspersonenangebots in der Bundesrepublik Deutschland langfristig von wesentlich größerer Bedeutung sein kann als die Frage, ob der jährliche Zu- oder Abwanderungsüberschuß 50 000 oder 75 000 Personen betragen wird.

Die Unausgeglichenheit des Altersaufbaus der Außenwanderung in der Vergangenheit - auch bei ausgeglichenem Saldo war der reproduktive und erwerbsfähige Anteil der Ausländer gegenüber der Bestandsbevölkerung stets mit wachsender Tendenz überrepräsentiert - führt bei Anhalten dieses Phänomens zu einer spezifischen Wachstumsdynamik der ausländischen Bevölkerung, die allerdings nur einen Teil des für die 90er Jahre zu erwartenden Erwerbspersonenüberschusses erklärt. Von vorherrschender Bedeutung sind und bleiben hier die geburtenstarken Jahrgänge der deutschen Bevölkerung aus den 60er Jahren.

Eine ganz wesentliche Rolle für die Veränderungsdynamik von Struktur und Anzahl des regionalen Erwerbspersonenangebots spielen die Binnenwanderungsströme. Zwar existieren für die Aufkommens- und Verflechtungsstruktur der Zu- und Fortzüge zwischen Raumeinheiten von der Größe und Funktion einer Raumordnungsregion theoretische Erklärungsmodelle. Es ist bisher jedoch nicht gelungen, einen stringenten Zusammenhang zwischen prognostizierbaren regionalen Merkmalen und dem interregionalen Wanderungsgeschehen nachzuweisen.

Ähnlich wie bei den Bestimmungsgrößen der Branchenentwicklung im Produzierenden Gewerbe sind für die Wanderungsströme verschiedener Bevölkerungsgruppen Regionalfaktoren des Aufkommens und der Verflechtung bestimmbar, aber nicht zuverlässig aus unabhängigen Merkmalen zu erklären. Es ist wegen der vergleichbar günstigen Datensituation bei den Wanderungsanalysen zur Raumordnungsprognose jedoch gelungen nachzuweisen, daß sowohl das Wanderungsaufkommen als auch die Verteilungsmuster der Wanderungen zwischen Raumordnungsregionen in den zurückliegenden Jahren sehr stabile Entwicklungsverläufe zeigten[15]. Voraussetzung dafür ist die Aufteilung der wandernden Bevölkerung in Motivgruppen ähnlichen Verhaltens wie

- ausbildungsorientierte Wanderung,
- erwerbs- und arbeitsplatzorientierte Wanderung,
- wohnumfeld- bzw. freizeitorientierte Wanderung,
- ruhesitzorientierte Wanderung.

Für diese Motivgruppen wird im Prognosezeitraum ein Wanderungsverhalten gemäß dem Vergangenheitstrend unterstellt, wobei extreme Entwicklungen wie bei der Arbeitsplatzprognose nach Möglichkeiten bereinigt werden.

Dies geschieht hauptsächlich durch regionale und sektorale Aggregationsvorgänge. Dazu werden zunächst die verhaltenshomogenen Bevölkerungsgruppen gesucht, denen ähnliche Motive bezüglich Wanderungen, Haushaltsbildungs- oder Erwerbsverhalten unterstellt und empirisch nachgewiesen werden können. In einem zweiten Schritt wird untersucht, welche Regionen in der Vergangenheit ähnliche Ausprägungen des Verhaltens dieser Bevölkerungsgruppen aufzuweisen hatten. Die Prognose erfolgt dann zunächst auf der Ebene aggregierter Verhaltens- und Regionsgruppen mit großer statistischer Basis. Auf diese Weise werden Extrementwicklungen gedämpft, die Prognoseunsicherheit wird kleiner und der Prognosevorgang insgesamt wird nachvollziehbarer.

Die regionale und sektorale Feingliederung wird anschließend durch Disaggregation auf Einzelregionen unter Übernahme der in der Vergangenheit beobachteten

Feinstruktur der Prognosevariablen in den Einzelregionen erzielt[16]. Dieses Verfahren hat sich insbesondere für die Analyse und Prognose der komplexen Verflechtungsmatrizen des Wanderungsgeschehens zwischen den Raumordnungsregionen bewährt. Für die Diskussion der Annahmen über die zukünftige Entwicklung der Wanderungsverflechtungen im Rahmen des projektbegleitenden Arbeitskreises konnte auf übersichtliche, aggregierte Kleinmatrizen zurückgegriffen werden, deren Verflechtungsstruktur und -entwicklung noch im einzelnen nachvollziehbar war. Didaktisch hat dies den Vorteil, daß die Wirkung einer "Manipulation" eines Wanderungsstroms auf alle anderen verdeutlicht werden kann. Als Nachteil dieses Verfahrens muß ein nicht unerheblicher Informationsverlust über die tatsächlichen Feinstrukturen des Wanderungsgeschehens hingenommen werden.

Besondere methodische Schwierigkeiten und auch Fehlerrisiken ergeben sich für die Gestaltung der Wanderungsannahmen daraus, daß für die Analyse und Prognose der Wanderungsströme Regionsabgrenzungen eine Schlüsselrolle spielen. Raumordnungsregionen sollen so abgegrenzt sein, daß sich alle wesentlichen Aktivitäten der Bevölkerung - insbesondere Wohnen und Arbeiten - innerhalb ihrer Grenzen abspielen (s. Abb. 2). Damit hätten Umzüge über die Regionsgrenzen stets den Charakter von Fernwanderungen, d.h. sie sind mit Arbeitsplatz- und Aktivitätsraumwechsel verbunden. Es besteht jedoch Grund zu der Annahme, daß die sog. Stadt-Umland-Wanderung im Bereich der großen Verdichtungsräume heute bereits häufig die Grenzen der Raumordnungsregionen überschreitet. In einer Trendprognose der geschilderten Art werden solche Wanderungsströme zwangsläufig - und vermutlich auch zutreffend - mit prognostiziert. Zu einem Fehlerrisiko werden sie dadurch, daß die resultierenden Pendlerströme vom Umland in die Kernstädte nicht zutreffend erfaßt werden und deshalb auch nicht in die Arbeitsmarktbilanz einfließen können. Am Beispiel des schleswig-holsteinischen Teils der Raumordnungsregion Hamburg und holsteinischen Teils der Raumordnungsregion Hamburg und ihres Umfeldes wird dieses datentechnische und methodische Problem der Raumordnungsprognose besonders deutlich: In den Umlandregionen der großen Ballungskerne wird das Wachstum des Erwerbspotentials sehr wahrscheinlich systematisch überschätzt, weil aus den starken Wanderungsgewinnen bei der wohnungs- und wohnumfeldorientierten Kern-Rand-Wanderung der Erwerbspersonen und ihrer Familien in der Prognose keine Zunahme des Pendleraufkommens in Richtung auf die Kernstädte abgeleitet wird.

Da sich der resultierende Effekt besonders bei den Raumordnungsteilregionen um die durch Ländergrenzen relativ klein abgegrenzten Kerne der Regionen Hamburg und Bremen bemerkbar machte, wurden diese Teilregionen für die Ergebnisdarstellung zusammengefaßt. Dennoch muß davon ausgegangen werden, daß auch über die Grenzen der Gesamtregionen Hamburg und Bremen noch Stadt-Umland-Wanderungsströme mit Folgen für das Pendleraufkommen fließen, wie dies auch im Umland der Raumordnungsregionen Untermain (Frankfurt), Mittlerer Neckar (Stuttgart) und München vermutet werden kann.

Abb. 2: Raumordnungsregionen

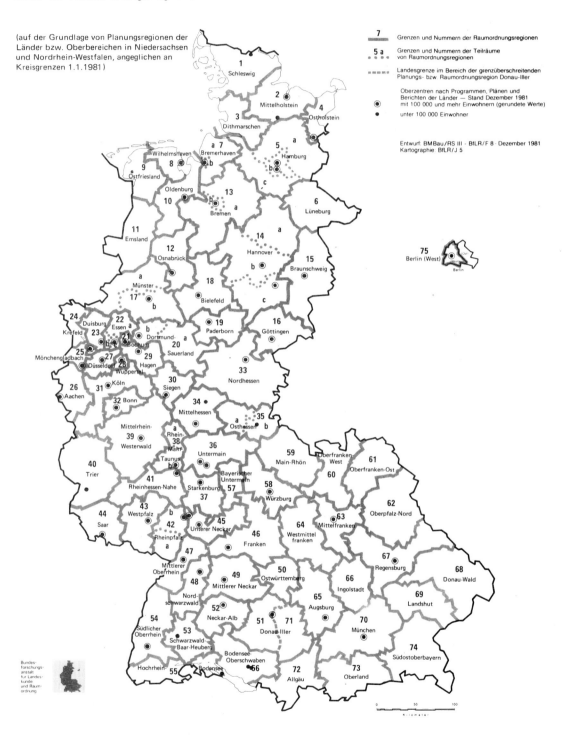

Nach Einschätzung einiger Experten wird auch der Umfang der zukünftigen Stadt-Umland-Wanderung in der Raumordnungsprognose überschätzt. Dafür spricht, daß sich die Wanderungsgewinne der frühen siebziger Jahre tatsächlich inzwischen erheblich vermindert haben und mögliche Gründe für eine erneute Zunahme vorerst nicht gesehen werden können. Allerdings gibt es auch keine Belege für eine weitere starke Abnahme.

Ein weiteres methodisches Problem ergibt sich daraus, daß das Wanderungsverhalten der verschiedenen Motivgruppen (Bildung, Arbeit, Wohnumfeld, Ruhesitz) im Prognosemodell als voneinander unabhängig angesehen wird. In Wirklichkeit sind die Bildungswanderer einer Altersgruppe häufig die Arbeitsplatzwanderer der nächsten. Dies führt zu erheblichen Unterschieden bei der Erwerbsbeteiligung der Wandernden ein und derselben Region, die das Annahmengerüst des Prognosemodells nur unzureichend erfaßt.

Besonders an der prognostizierten Arbeitsmarktentwicklung der Bundeshauptstadt Bonn entzündeten sich während der Projektbegleitung der Prognosestudie Diskussionen, weil das vorausgeschätzte extreme Arbeitsmarktungleichgewicht (Arbeitslosenquote 1995 über 13 %) vielen Experten unplausibel erschien. Als naheliegende Erklärung bot sich eine vermutete Überschätzung der Zuwanderungsüberschüsse bei den Erwerbspersonen an, die dadurch hervorgerufen sein konnte, daß der wachsende Strom der zuwandernden 18 - 24jährigen "Bildungswanderer" in die Universitätsstadt nicht durch eine entsprechende Abwanderung bei den 25 - 35jährigen "Arbeitsplatzwanderern" in etwa kompensiert wird.

Tatsächlich verzeichnet Bonn im Prognosezeitraum sowohl bei den "Bildungswanderern" als auch bei der darauffolgenden Altersgruppe "Arbeitsplatzwanderer" stets Wanderungsgewinne. Dies würde jedoch für sich allein genommen keinen wesentlichen Unterschied im wanderungsbedingten Erwerbspersonenwachstum der Region Bonn gegenüber anderen Ballungsräumen verursachen.

Entscheidend für das überproportionale Wachstum in Bonn ist die Modellannahme gleicher Erwerbsquoten bei den Zuwandernden wie bei den Abwandernden einer Altersgruppe. Tatsächlich sind diese Erwerbsquoten gerade in Regionen mit Universitätsstädten sehr unterschiedlich (s.a. Tab. 1). 18 - 24jährige Zuwanderer sind häufig Studenten, weshalb die Erwerbsquote hier relativ niedrig liegt; unter den Abwanderern dieser Altersgruppe sind weniger Studenten, was die Erwerbsquote erhöht. Legt man nun - wie im Prognosemodell geschehen - den Durchschnitt beider Erwerbsquoten zugrunde, so erhöht sich künstlich die Erwerbsquote der zuziehenden Bildungswanderer. In der nachfolgenden Altersgruppe der 25 - 29jährigen ist die Erwerbsquote der Abwandernden in der Realität ebenfalls höher als die der Zuwandernden. Die Mittelwertbildung im Modell führt auch hier zu einer künstlichen Erhöhung des Anteils der in der Region verbleibenden Erwerbspersonen. Beide Effekte zusammen - überhöhte Erwerbsquote

Tab. 1: Bildungs-, Arbeitsplatz- und Erwerbspersonenwanderung in der Raumordnungsregion Bonn

Wanderungssalden der Raumordnungsregion Bonn (Bonn und Rhein-Sieg-Kreis)				Anteil der Erwerbspersonen an den Wanderungen in %							
				Stadt Bonn				Rhein-Sieg-Kreis [1]			
				Zuzüge		Fortzüge		Zuzüge		Fortzüge	
Jahr	18-24jähr.	25-29jähr.	Erwerbspersonen	18-24jähr.[2]	25-29jähr.[2]	18-24jähr.[2]	25-29jähr.[2]	18-24jähr.[2]	25-29jähr.[2]	18-24jähr.[2]	25-29jähr.[2]
1975	+ 3 195	+ 499	+ 1 585	42,4	66,7	59,1	73,0	67,8	71,7	64,1	74,1
1976	+ 3 386	+ 503	+ 1 749	38,2	65,4	58,6	74,9	66,0	72,8	61,8	72,3
1977	+ 2 369	+ 5	+ 319	37,9	65,5	55,8	70,9	64,0	73,2	59,7	73,2
1978	+ 3 730	+ 763	+ 2 426	36,9	66,2	54,2	71,3	65,3	75,2	60,6	74,1
1979	+ 3 201	+ 622	+ 2 731	38,2	66,6	52,4	68,8	64,5	72,3	59,1	72,9
1980	+ 3 888	+ 801	+ 3 363	38,5	64,7	53,1	69,7	66,2	75,7	61,3	75,3

1) Ohne Kreisbinnenwanderung.
2) Die Zahl der 18- und 19jährigen unter den 15 - 19jährigen Erwerbspersonen wurde auf der Basis der Beschäftigtenstatistik vom 30.6.1980 geschätzt und mit den 20 - 24jährigen zusammengefaßt.

Quelle: Statistisches Landesamt Nordrhein-Westfalen und eigene Berechnungen.

der zuwandernden 18 - 24jährigen und zu niedrige Erwerbsquote der abwandernden 25 - 29jährigen - erzeugen den beschriebenen "Effekt", der eine spürbare Überschätzung des zukünftigen Erwerbspersonenangebots zur Folge hat.

4.3 Erwerbsbeteiligung

Das Erwerbspersonenangebot einer Region wird von zwei Komponenten bestimmt:

- der demographischen Komponente, d.h. der Zahl sowie der Alters- und Geschlechtsstruktur der erwerbsfähigen Bevölkerung und
- der Verhaltenskomponente, d.h. der alters- und geschlechtsspezifischen Erwerbsbeteiligung.

Die demographische Komponente ist für den Betrachtungszeitraum der Raumordnungsprognose in den einzelnen Regionen nur durch Wanderungen veränderbar. Die Verhaltenskomponente unterliegt hingegen einer Vielzahl von sozioökonomischen Einflußfaktoren. Es gibt gute Gründe dafür, eine Veränderung der heute beobachteten alters-, geschlechts- und regionsspezifischen Erwerbsquoten aufgrund sich verändernder Einstellungen zum Bildungsweg, zur Erwerbstätigkeit allgemein, zum Heiratsverhalten oder zur erwünschten Kinderzahl anzunehmen. Allerdings fehlen auch hier empirische Belege für Zusammenhänge mit prognosefähigen Variablen. Die Prognostiker bleiben schon bei den bundesweiten Eckwerten auf Plausibilitätsüberlegungen angewiesen, die eine erhebliche Variationsbreite aufweisen.

Die Raumordnungsprognose nimmt an, daß hauptsächlich wegen steigender Bildungsbeteiligung in den jüngeren Erwerbspersonengruppen die Erwerbsquoten spürbar sinken werden und daß nur bei den über 24jährigen Frauen noch ein dem bisherigen Trend entsprechender Anstieg zu verzeichnen sein wird. Diese Annahme führt gegenüber dem hochgerechneten Status-quo-Erwerbsverhalten von 1978 immerhin zu einer Verminderung des für 1995 prognostizierten Erwerbspersonenpotentials um 3 %. Für die erheblichen regionalen Erwerbsbeteiligungsunterschiede, die auch nach Ausschluß der demographischen Komponente noch etwa 10,6 Prozentpunkte zwischen Minimum und Maximum betragen (altersstrukturbereinigte Erwerbsquote: Saarland 67,5 %, München 78,2 % der 15 - 64jährigen), werden keine empirischen Begründungen geliefert, die eine Abschätzung der zukünftigen Entwicklung erleichtern könnten. Das gleiche gilt für die Erwerbsquoten der Wandernden, die sich deutlich von denen der Bestandsbevölkerung unterscheiden. Zwar gibt es plausible Gründe für die Annahme einer regionalen Angleichung der Verhaltenskomponente in den Erwerbsquoten - genannt werden Konvergenzerscheinungen beim Bildungsverhalten, in der landwirtschaftlichen Erwerbstätigkeit von Frauen und bei der regionalspezifischen Geburtenhäufigkeit -, die quantitative Festlegung auf eine regionale Angleichung um ein Fünftel muß jedoch willkürlich bleiben. Hier liegt angesichts der erheblichen gegenwärtigen Erwerbsverhaltensdisparitäten zwischen ansonsten relativ ähnlich strukturierten Regionen in der Bundesrepublik eine der Schlüsselannahmen für die Abschätzung künftiger Arbeitsmarktbilanzen. Sie betrifft mit der Erwerbsquote eine Prognosevariable, deren regionale Wirkungszusammenhänge mit anderen Strukturmerkmalen noch sehr wenig erforscht sind und die darüber hinaus sowohl national als regional auf einer sehr schwachen Datenbasis steht.

4.4 Natürliche Bevölkerungsentwicklung

Die vorhandenen regionalen Unterschiede bei Geburtenhäufigkeit und Sterblichkeit und die Annahmen über ihre zukünftige Entwicklung spielen für die zentralen Bilanzgrößen der Raumordnungsprognose nur eine untergeordnete Rolle. Zum einen, weil die potentiellen Erwerbspersonen der kommenden 15 Jahre im Basisjahr der Prognose bereits geboren sind und zum anderen, weil regional unterschiedliche Lebenserwartungen für Arbeitsmarktbilanzen kaum eine quantitative Bedeutung haben.

Ihren Niederschlag finden die Komponenten der natürlichen Bevölkerungsentwicklung nur in den regionalen Bevölkerungsbilanzen nach Wanderungen und Rückkoppelungen. Dort machen sich auch die getroffenen Annahmen

- leichte Zunahme der Geburtenhäufigkeit bei deutschen Frauen
- tendenzielle Angleichung der Geburtenhäufigkeit ausländischer Frauen
- Konstanz der regionalen Sterblichkeitsraten bei weiterer Abnahme der Säuglingssterblichkeit

quantitativ bemerkbar.

Ein pragmatisch-technisches Problem der natürlichen Bevölkerungsfortschreibung innerhalb eines komplexen Prognosesystems besteht darin, die Feinheit der hier zu treffenden Annahmen auf die der anderen Prognosevariablen abzustimmen. Dabei liegt es für den Prognostiker immer nahe, die umfangreichen, weit zurückreichenden und relativ genauen demographischen Basisdaten voll auszuschöpfen und auch modelltechnisch so anspruchsvoll fortzuschreiben, daß die erzielte Ergebnisgenauigkeit in keinem Verhältnis mehr zu den datentechnisch und methodisch bedingten Schätzfehlern anderer Bilanzgrößen wie Beschäftigung, Erwerbspotential oder Wanderungen steht. Dies stellt allerdings solange kein besonderes Problem dar, wie aus der hohen Genauigkeit, mit der demographische Kennziffern wie etwa regionale Sterbeziffern erfaßt und im Modell verarbeitet werden, keine falschen Rückschlüsse auf die Präzision anderer, weniger gut erfaßter Parameter gezogen werden.

5. Rückkoppelungsbeziehungen

Beschäftigungsentwicklung, natürliche Bevölkerungsentwicklung, Wanderungen und Erwerbsverhalten sind in der Raumordnungsprognose zunächst einmal unabhängige Teilmodelle, die jedes für sich einen mehr oder weniger gut erklärten und begründeten Vergangenheitstrend fortschreiben. Dies hat den Vorteil, daß die Annahmen und ihre Wirkungen weitgehend nachvollziehbar bleiben und der Charakter einer echten Status-quo-Prognose auch methodisch gewahrt bleibt. Andererseits ist bekannt, daß die Bilanzgrößen des Modells in der Wirklichkeit keineswegs vollständig voneinander unabhängig sind. Sie stehen vielmehr in einem komplizierten Wechselwirkungsverhältnis, das nur zum Teil empirisch erfaßt und erklärt ist.

Ein Teil der Wechselwirkungen ist trivial und wird bereits vom Fortschreibungsmechanismus selbst berücksichtigt. Die natürliche Bevölkerungsentwicklung verändert die regionalen Basisbevölkerungen, von denen die Wanderungen ausgehen. Umgekehrt verändert die Wanderungsbewegung die Anzahl und den Altersaufbau der weiblichen Regionsbevölkerung, was wiederum Rückwirkungen auf die Geburtenhäufigkeit hat. Ebenso verändern die Wanderungen direkt das regionale Erwerbspotential. In allen Fällen unterstellt der Modellmechanismus dabei, daß Zugewanderte das jeweilig neue "Regionsverhalten" bezüglich Geburtenhäufigkeit, Sterblichkeit und Erwerbsbeteiligung annehmen; ihr "angestammtes" Verhalten also nicht exportieren.

Schwieriger als diese Basisrückkoppelungen gestaltet sich die Modellierung der Wechselwirkungen zwischen Beschäftigungs- und Arbeitsmarktentwicklung einerseits und Wanderungen sowie Erwerbsbeteiligung andererseits.

Das eigenständige Wanderungsmodell enthält implizit bereits alle Reaktionen der Wanderungen auf die Beschäftigungsmöglichkeiten und die Arbeitsmarktsituation des zugrundegelegten Stützzeitraums (1970-1980). Insofern könnte die in der Studie gewählte Bezeichnung "autonome Wanderung" - verstanden als Wanderung mit außerökonomischen Motiven - in die Irre führen. Tatsächlich sind in der "autonomen" Trendwanderung auch eine Reihe von außerökonomischen Motiven enthalten; dies gilt besonders für die Bildungs- und die Ruhesitzwanderung. Die Trendwanderung beschreibt aber zwangsläufig immer auch Reaktionen auf Arbeitslosigkeit oder bessere Verdienstmöglichkeiten in Herkunfts- und Zielregionen der Wanderungen.

Nicht berücksichtigt in diesem Trendmodell sind dagegen Veränderungen der regionalen Arbeitsmarktbilanzen im Prognosezeitraum. Die Reaktion der Wandernden auf neu entstehende Arbeitsmarktungleichgewichte im Prognosezeitraum - hervorgerufen durch Beschäftigungsrückgang und/oder Erwerbspersonenzuwachs - wird bei jedem der drei Zwischenbilanzschritte der Raumordnungsprognose in

Form einer Korrektur (Rückkoppelung) als "arbeitsmarktinduzierte Erwerbspersonenwanderung" erfaßt.

Dabei wird aber keineswegs das gesamte Defizit bzw. der gesamte Überhang an Beschäftigungsmöglichkeiten einer Region nachträglich durch Erwerbspersonenwanderung ausgeglichen. Die Rückkoppelungswanderung orientiert sich vielmehr an dem empirischen Befund des Zeitraums 1974 - 1978, der erkennen läßt, daß etwa ein Drittel der Unterschiede zwischen den regionalen Arbeitslosenquoten über Erwerbspersonenwanderungen ausgeglichen werden. Dieser Wert wird bei der Rückkoppelungswanderung zugrunde gelegt.

Ihrer Wirkung nach ist die Rückkoppelungswanderung ein Ausgleichsmechanismus für die Trendwanderung in der jeweiligen Vorperiode, d.h., es unterbleibt ein Teil der eigentlich trendgemäßen Zuzüge in Regionen, die durch Erwerbspersonenzuwanderungen in der Vorperiode mit erhöhten Arbeitsplatzdefiziten belastet sind. Umgekehrt werden trendgemäße Fortzüge aus solchen Regionen gedämpft, die durch bisherige Abwanderungen eine Arbeitsmarktentlastung erfahren haben. Daß auch die Einbeziehung der Rückkoppelungswanderung in das Modell nicht immer zu erwartungsgetreuen Ergebnissen führt, zeigt ein Vergleich der heutigen Arbeitslosenquoten in den Regionen Osthessen (Vogelsbergkreis) und Rhein-Main-Taunus (Wiesbaden und Rheingau-Taunus-Kreis) mit den Prognosewerten für das Jahr 1995.

Die Prognosewerte führen zu einer Umkehrung der heutigen Verhältnisse. Während für die als strukturschwach bezeichnete ländliche Region Osthessen eine Verminderung der z. Zt. sehr hohen Arbeitslosigkeit vorausberechnet wird, verschlechtert sich nach der Prognose die heute noch relativ gute Arbeitsmarktsituation in der verdichteten bzw. verdichtungsnahen Region Rhein-Main-Taunus erheblich. Diese Problemverlagerung ist nahezu ausschließlich auf Erwerbspersonenwanderungen zurückzuführen.

Würde der im vergangenen Jahrzehnt beobachtete Abwanderungstrend in der Region Osthessen tatsächlich anhalten, so müßte dies bei relativ stabiler Beschäftigungssituation in der Tat zu einer so starken Entlastung des osthessischen Arbeitsmarktes führen, daß die Arbeitslosenquote spürbar sinkt. Ebenso führen die anhaltend starken Wanderungsgewinne der Region Rhein-Main-Taunus, die vor allem aus Kern-Rand-Wanderungen mit Ursprung im Frankfurter Raum stammen, als fortgeschriebener Trend zu einem so starken Wachstum des Erwerbspotentials dieser Region, daß ihr Arbeitsmarkt stark überlastet würde.

Die letztgenannte Entwicklung wird in der Projektion vermutlich noch dadurch verstärkt, daß keine Reaktion der Pendlerströme eingerechnet wird - ein Problem, das bereits im Zusammenhang mit dem Hamburger und Bremer Umland behandelt wurde -. Aber auch dann, wenn dies rechnerisch berücksichtigt würde, erschienen beide Ergebnisbeispiele aus heutiger Sicht nach wie vor unplausibel, weil sie den regional- und landesplanerischen Erfahrungen bzw. Erwartungen widersprechen. Unabhängig von der vermuteten Eintrittswahrscheinlichkeit haben auch solche "unplausiblen" Modellergebnisse einen Erkenntniswert, weil sie eine begründete und empirisch gestützte Wenn-Dann-Beziehung herstellen, die eine Frühwarnfunktion haben kann. Um allerdings erwartungstreuere Ergebnisse ohne willkürliche Veränderung der Trendwanderungsprognose zu erhalten, müßten zutreffendere Annahmen über die Rückkoppelungsbeziehungen zwischen Arbeitsmarktbilanz und Erwerbspersonenwanderung bzw. Stille-Reserve-Bildung getroffen werden können. Die hierzu im Modell enthaltenen Reaktionsfunktionen sind empirisch zu schwach begründet und regional undifferenziert. Eine zuverlässige Schätzung ihrer Parameter unter Bedingungen extrem hoher Arbeitslosigkeit ist außerdem aus Vergangenheitsdaten nicht möglich.

Analog zum Rückkoppelungsmechanismus der arbeitsmarktorientierten Erwerbspersonenwanderung wird versucht, die durch neu entstehende Arbeitsmarktungleichgewichte ausgelöste Bildung einer sog. Stillen Reserve im Modell rechnerisch zu erfassen. Dem liegt die Beobachtung zugrunde, daß bei abnehmenden Erwerbschancen ein Teil der Erwerbslosen seine Bemühungen um einen neuen Arbeitsplatz einstellt und damit nicht mehr als arbeitslos in der Statistik geführt wird. Da eine empirisch begründete Schätzfunktion für diesen Rückkoppelungsmechanismus nicht regionalisiert, sondern nur bundesweit vorliegt - je 100 hinzukommende Erwerbslose erhöht sich die Stille Reserve in allen Regionen gleichmäßig um 35 Personen -, hat die in der Raumordnungsprognose ausgewiesene Stille-Reserve-Bildung nur einen begrenzten Erkenntniswert. In den meisten Regionen führt sie zu einer rechnerischen Verminderung des trendprognostizierten Erwerbslosenzuwachses um etwa ein Drittel. In einigen wenigen Fällen erfolgt wegen tendenziellen Arbeitskräftemangels eine "negative" Stille-Reserve-Bildung; d.h. eine schon vorhandene, in der Ausgangsdatenbasis aber nicht näher ausgewiesene Stille Reserve unter den Erwerbsfähigen wird abgebaut und dem Erwerbspotential zugeschlagen. Daß die tatsächliche Stille-Reserve-Bildung regional wahrscheinlich sehr unterschiedlich verläuft, zeigt eine einfache Modellrechnung für den Zeitraum 1979-1982. Die in Abbildung 3 dargestellten Ergebnisse einer Bilanzierung der statistisch einigermaßen gut faßbaren Entwicklungsgrößen

- Saldo der Beschäftigtenentwicklung (nur Sozialversicherungspflichtige) 1979-1982 je 1000 Erwerbsfähige
- Saldo der Erwerbsfähigenentwicklung (15- bis 65jährige Einwohner) 1979-1982 je 1000 Erwerbsfähige
- Saldo der Arbeitslosenentwicklung 1979-1982 je 1000 Erwerbsfähige

zeigen, daß die Differenz zwischen Beschäftigten- und Erwerbsfähigenentwicklung nirgendwo der Arbeitslosenentwicklung entspricht. In der Regel sind in

Abb. 3: Arbeitsmarktentwicklung 1979 bis 1982

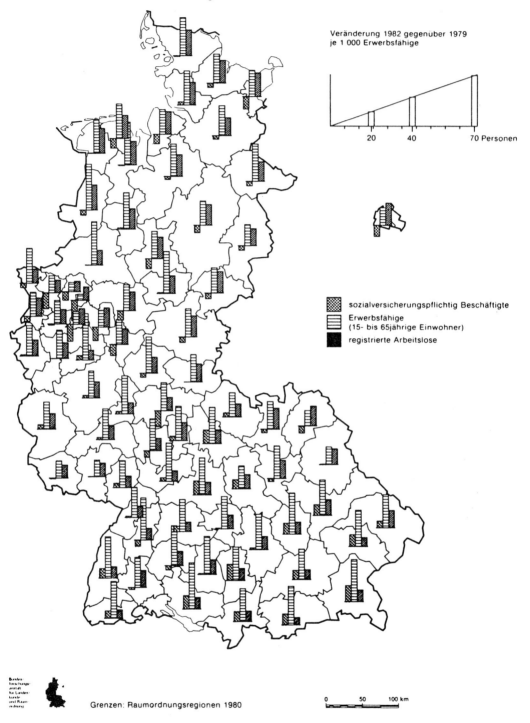

den einzelnen Regionen zwischen 1979 und 1982 erheblich weniger registrierte Arbeitslose dazugekommen, als nach der Bilanzrechnung zu erwarten wären. Geht man einmal davon aus, daß die Erwerbsquote und der Selbständigenanteil in den Regionen zwischen 1979 und 1982 relativ stabil geblieben sind, so müßte die sog. Stille Reserve in vielen Regionen erhebliche Zuwächse erhalten haben.

Die Stabilitätsannahme für die regionalen Erwerbsquoten ist allerdings sehr unsicher. Besonders in kleineren Universitätsregionen dürfte sich durch wachsende Bildungsbeteiligung der Anteil der nichterwerbstätigen 15- bis 65jährigen Einwohner im Beobachtungszeitraum erhöht haben. Eine zusätzliche Unsicherheit für Bilanzierungen, die zu einer regionalisierten Ausweisung der "Stille-Reserve-Bildung" führen sollen, stellt auch hier das Fehlen von Pendlerdaten dar. Erhöhte Pendlerziffern, die im Gefolge einer anhaltenden Suburbanisierung wahrscheinlich sind, führen zu Fehleinschätzungen der Arbeitsmarktbilanzen von Kernregionen und ihrem weiteren Umland, da die Erwerbsfähigen an ihrem Wohnort, die Beschäftigten aber an ihrem Arbeitsort gezählt werden.

Eine spezielle Art der Stille-Reserve-Bildung ist die "zurückgestaute landwirtschaftliche Freisetzung", die in der Arbeitsmarktbilanz der Raumordnungsprognose nachrichtlich ausgewiesen wird. Sie ist das Ergebnis einer Variantenrechnung im eigenständigen landwirtschaftlichen Beschäftigungsmodell, bei der einer autonomen Prognose der Landwirtschaftsentwicklung einmal eine Vollbeschäftigung im außerlandwirtschaftlichen Bereich und einmal eine Arbeitslosigkeitsentwicklung entsprechend der Status-quo-Prognose unterlegt wird. Die Differenz in der landwirtschaftlichen Beschäftigungsentwicklung zwischen beiden Varianten stellt die zurückgestaute landwirtschaftliche Freisetzung dar.

Alle drei geschilderten Rückkoppelungsmechanismen bergen eine Tendenz zur Ergebnisnivellierung und langfristigen Konvergenz des Prognoseverlaufs. Damit laufen sie Gefahr, problematische, im Vergangenheitstrend angelegte Entwicklungsverläufe, die in der Realität durchaus ungedämpft eintreten könnten, zu verharmlosen. Andererseits werden die Modellergebnisse plausibler und politikverträglicher, wenn dramatische Einzelentwicklungen abgeschwächt werden.

Um eine tatsächliche Steigerung des Erkenntniswertes der Prognose und evtl. auch ihrer Vorhersagegenauigkeit zu bewirken, müßten die Rückkoppelungsmechanismen der jetzigen Modellversion besser empirisch abgesichert und regional differenzierter eingerichtet werden. Darüber hinaus müßten bisher nicht abgebildete wichtige Rückkoppelungen wie z.B. sektorale Beschäftigungseffekte von Veränderungen der Bevölkerungsstruktur und des Qualifikationsniveaus untersucht werden.

6. Schlußbemerkung

Die Raumordnungsprognose 1995 soll ein Grundgerüst für die Abschätzung der regionalen Arbeitsplatz- und Bevölkerungsentwicklung bilden, deren Größenordnung und Bandbreite Anhaltspunkte für Planungen verschiedener raumbezogener Fachbereiche bieten können; das gilt z.B. für Schätzungen des Wohnungsbedarfs, des Verkehrsaufkommens und des Flächenbedarfs. Dazu müssen allerdings im allgemeinen zusätzliche Annahmen über die Entwicklung weiterer Faktoren getroffen werden, die in die Projektionen der Bevölkerungs- und Arbeitsplatzentwicklung nicht aufgenommen werden konnten. Die Prognose eignet sich deshalb auch als Grundlage für quantitativ gestützte Szenarien der Raumentwicklung.

Die Raumordnungsprognose gibt wichtige Hinweise auf Probleme einzelner Regionen und Regionsgruppen. Besondere Anstrengungen zur Vermeidung ökonomischer, sozialer und finanzieller Friktionen werden die altindustrialisierten Regionen an Ruhr und Saar sowie Berlin (West) erfordern. Auch sonstige Regionen mit ungünstiger Industriestruktur werden vor erheblichen Arbeitsmarktproblemen stehen, insbesondere wenn sie sich in ungünstiger Grenzlage befinden. Dünn besiedelte ländliche Regionen werden durch die Bevölkerungsentwicklung Schwierigkeiten haben, ihre wohnortnahe Infrastruktur aufrecht zu erhalten. Entwicklungsunterschiede zwischen Nord- und Süddeutschland können sich zugunsten des Südens verstärken.

Die Raumordnungsprognose zeigt die Differenziertheit der Raumstruktur des Bundesgebietes. Sie bietet damit eine Grundlage für die notwendige Fortentwicklung von Regionstypisierungen und -kategorien, die zur zusammenfassenden Darstellung regionalstatistischer Analyse- und Prognoseergebnisse verwendet werden.

Methodisch hat die Raumordnungsprognose 1995 eine Reihe von Fortschritten gegenüber früheren Prognosen gebracht, gleichzeitig jedoch eine Reihe neuer Fragen aufgeworfen. Notwendig sind z.B.

- die Einbeziehung der Pendlerreaktion,
- eine verbesserte Abschätzung und regionale Differenzierung der Rückkoppelung in Form arbeitsmarktinduzierter Wanderungen und Stille-Reserve-Bildung,
- eine verbesserte Abbildung des Erwerbsverhaltens der Wandernden,
- die Entwicklung von Erklärungsansätzen für den regional bedeutsamen sektoralen und funktionalen Strukturwandel der Wirtschaft und
- eine allgemeine Verbesserung der Zuverlässigkeit und Aktualität der Datenbasis.

Darüber hinaus stellt sich die Frage, wie andere Daseinsbereiche (Umwelt, Energie, Flächennutzung etc.) verstärkt in regionalisierte Projektionen einbezogen werden können, ohne daß die Modellstruktur methodisch oder datentechnisch überfordert wird. Es bietet sich deshalb an, Wege für eine methodische Verknüpfung der Prognose- und der Szenariotechnik zu suchen.

Anmerkungen

1) Bundesminister für Raumordnung, Bauwesen und Städtebau (Hrsg.): Projektionen der Bevölkerungs- und Arbeitsplatzentwicklung in den Raumordnungsregionen 1978-1995 (Raumordnungsprognose 1995) - Kurzfassung - und Bericht des Ausschusses "Daten der Raumordnung" der Ministerkonferenz für Raumordnung, Bonn 1985, = Schriftenreihe "Raumordnung" des Bundesministers für Raumordnung, Bauwesen und Städtebau, Heft Nr. 06.055.

2) Knut Borchardt: Produktions- und Verwertungsbedingungen von Langfristprognosen in historischer Perspektive. In: Allgemeines Statistisches Archiv, Göttingen 1979, Bd. 63, S. 1-23.

3) Herwig Birg: Analyse- und Prognosemethoden in der empirischen Regionalforschung. In: Akademie für Raumforschung und Landesplanung (Hrsg.): Grundriß der Raumordnung, Hannover 1982, S. 135-168.

4) Bundesminister für Raumordnung, Bauwesen und Städtebau (Hrsg.): Raumordnungsprognose 1990 - Aktualisierte Prognose der Bevölkerung und der Arbeitsplatzzahl in den 38 Gebietseinheiten der Raumordnung für die Jahre 1980, 1985 und 1990, Bonn 1977, = Schriftenreihe "Raumordnung" des Bundesministers für Raumordnung, Bauwesen und Städtebau, Heft Nr. 06.012, - ausführlich kommentiert in: Reinhold Koch: Wanderungen und Bevölkerungsentwicklung, Bonn 1977, IZR Heft 1/2, S. 103-114, - vgl. auch: Antwort der Bundesregierung auf die Kleine Anfrage der Fraktion der CDU/CSU "Raumordnungsprognose 1990", BT-Drucksache 8/2046.

5) Bericht des Ausschusses "Daten der Raumordnung der Ministerkonferenz für Raumordnung". In: Bundesminister für Raumordnung, Bauwesen und Städtebau (Hrsg.), Projektionen ..., a.a.O., S. 7-18.

6) Vgl. z.B.: Herwig Birg: Zur Interdependenz der Bevölkerungs- und Arbeitsplatzentwicklung - Grundlage eines simultanen interregionalen Modells für die Bundesrepublik Deutschland, Berlin 1979.

7) Klaus Eckerle et al. (Bearb.), PROGNOS (Hrsg.): Sammlung, Aufbereitung und Schätzung der Daten zur Überarbeitung der Prognosen für die 75 Gebietseinheiten für das Bundesraumordnungsprogramm, Basel 1980.

8) Herwig Birg: Analyse- und Prognosemethoden ..., a.a.O., S. 162.

9) Herwig Birg, Klaus Maneval, Klaus Masuhr: Synopse von Verfahren zur regionalen Bevölkerungs- und Arbeitsplatzprognose im Bereich des Bundes und der Bundesländer und deren Auswertung in Richtung auf ein einheitliches Prognosemodell, Basel, Berlin, München 1979.

10) Verweis auf Beitrag R. Koch.

11) Hansjörg Bucher, Hans-Peter Gatzweiler, Irmgard Schmalenbach: Das regionale Bevölkerungsprognosemodell der BfLR - Prognose der regionalen Bevölkerungsentwicklung im Bundesgebiet bis zum Jahr 2000. In: Informationen zur Raumentwicklung, Bonn 1984, Heft 12, S. 1129-1180.

12) Ebenda, S. 1141.
13) I. v. Braun, H. de Haen: Die langfristige regionale Entwicklung der Beschäftigung in der Landwirtschaft, Göttingen 1978.

14) Verweis auf Beiträge H. F. Eckey / F. I. Bade.

15) Hans-Peter Gatzweiler, Manfred Sinz: Prognose interregionaler Wanderungen im Rahmen der Raumordnungsprognose 1995, Bonn 1982, = Arbeitspapier 1/82, Bundesforschungsanstalt für Landeskunde und Raumordnung.

16) Vgl. Hansjörg Bucher, Hans-Peter Gatzweiler, Irmgard Schmalenbach: Das regionale Bevölkerungsprognosemodell ..., a.a.O., S. 1158 f sowie Verweis auf Beitrag H.-P. Gatzweiler.

BAYERN REGIONAL 2000

Eine Status-quo-Prognose mit MIDAS II

von
Reinhold Koch, München

Gliederung

1. Vorbemerkung

2. MIDAS II - das bayerische Regionalprognosemodell

    2.1 Vorgeschichte und Rahmenbedingungen

    2.2 Modellkonzept

    2.3 Beschreibung wesentlicher Modellelemente und -verknüpfungen

        2.3.1 Natürliche Bevölkerungsentwicklung
        2.3.2 Wanderungen
        2.3.3 Erwerbspersonenprognose
        2.3.4 Arbeitsplatzprognose
        2.3.5 Arbeitsmarktbilanz und Arbeitsmarktreaktionen

3. Bayern regional 2000 - eine Anwendung von MIDAS II

    3.1 Projektablauf

    3.2 Annahmen

    3.3 Ergebnisse der Status-quo-Prognose, Basis 1981

4. Bayern regional 2000 und MIDAS II - eine Zwischenbilanz

Literaturverzeichnis

Anmerkungen

1. Vorbemerkung

"Bayern regional 2000" ist der Titel eines im Frühjahr 1986 in der Reihe "Perspektiven" des Bayerischen Staatsministeriums für Landesentwicklung und Umweltfragen erschienenen Taschenbuchs. Auf 268 Seiten wird versucht, die aus der voraussichtlichen künftigen Bevölkerungs- und Arbeitsplatzentwicklung resultierenden Probleme für einen möglichst breiten Leserkreis verständlich zu machen.

"Bayern regional 2000" baut auf einer mit dem bayerischen Regionalprognosemodell MIDAS II erstellten Prognose auf, deren erste Ergebnisse im Frühjahr 1984 vorlagen. Das Bayerische Staatsministerium für Landesentwicklung und Umweltfragen hat mit dieser Veröffentlichung Neuland beschritten. Die Prognoseergebnisse werden erstmals in ihrem sektoralen und regionalen Umfeld dargestellt und diskutiert. Zwar hat sich bereits 1980 ein Taschenbuch der Reihe Perspektiven mit den langfristigen Auswirkungen des Geburtenrückgangs beschäftigt, in dem unter dem Stichwort "Perspektiven einer alternden Gesellschaft" auf Probleme hingewiesen wurde, die sich langfristig aus dem drastischen Geburtenrückgang der 60er Jahre ergeben können (BStMLU, 1980). Die Aussagen dieser Veröffentlichung beschränkten sich auf Bayern insgesamt. Prognosen für die Landesentwicklung haben jedoch die Aufgabe, Hinweise darauf zu geben, ob sich die Lebens- und Arbeitsbedingungen in Richtung auf einen regionalen Ausgleich oder auf eine Verstärkung vorhandener Disparitäten bewegen. Das bedeutet, die Diskussion der Auswirkungen der Bevölkerungs- und Arbeitsplatzentwicklung muß für die einzelnen Bereiche der Daseinsvorsorge und für die unterschiedlichen Regionen geführt werden. Hier gewinnt sie durch die größere Nähe zu den Betroffenen an zusätzlicher Brisanz.

"Bayern regional 2000" umfaßt daher neben einem kurzen Überblick über die Prognosemethodik nicht nur eine breite Darstellung der Annahmen und Ergebnisse der Status-quo-Prognose für Bayern insgesamt, sondern auch Ausführungen über die Auswirkungen der Bevölkerungs- und Arbeitsplatzentwicklung auf die verschiedenen Bereiche von Staat und Gesellschaft, die anhand der Ziele des Landesentwicklungsprogramms Bayern bewertet werden. Daran schließt sich ein umfangreicher Regionalergebnisteil an, in dem für jede Region die mögliche Entwicklung von Bevölkerung, Arbeitsplätzen und Arbeitsmarkt in drei Prognosevarianten dargestellt wird. Der folgende Beitrag soll aufzeigen, welche Voraussetzungen notwendig waren, um mit einem Regionalprognosemodell, das ursprünglich stark auf die Umsetzung von Status-quo-Prognosen in Zielprognosen für das Landesentwicklungsprogramm (Streibl, 1975, S. 52) ausgerichtet war, Ergebnisse zu erzielen, die sich an den Leitbildern "helfende Planung" und "Koordination durch Information" (Gatzweiler, 1983, S. 63-69) orientieren.

2. MIDAS II - das bayerische Regionalprognosemodell

2.1 Vorgeschichte und Rahmenbedingungen

Eine einseitig nur am Bestand ausgerichtete Landesentwicklung entspricht nicht den Anforderungen einer modernen Landesplanung. Daher wurde in Bayern bereits zu Beginn der 70er Jahre zur Erarbeitung des Landesentwicklungsprogramms eine regionalisierte Status-quo-Prognose herangezogen (LEP, 1976, S. 107-117). Methodisch gesehen basierte diese Prognose auf dem traditionellen Arbeitsmarktbilanzansatz. Dabei wurden Erwerbspersonenpotential und Arbeitsplatzangebot getrennt für die 18 Regionen vorausgeschätzt und einander gegenübergestellt. Aus der Gegenüberstellung der beiden Komponenten ergab sich das Ausmaß der zu erwartenden Ungleichgewichte auf dem Arbeitsmarkt unter Status-quo-Bedingungen. Die auf die Arbeitsmarktbilanz konzentrierten Aussagen reichten jedoch schon bald nicht mehr aus. Von Interesse war nicht nur die Situation auf dem Arbeitsmarkt, sondern auch die künftige Entwicklung der nach Alter gegliederten Bevölkerung in den Regionen unter der Berücksichtigung von Wanderungen (BStMLU, 1986, S. 25).

Gerade in einem Bundesland, das in der Vergangenheit erhebliche Bevölkerungsgewinne durch Wanderungen erzielen konnte, führte die Nichtberücksichtigung dieser Komponente in Vorausschätzungen zu erheblichen Ungenauigkeiten. Daher wurde in den 70er Jahren vom Bayerischen Staatsministerium für Landesentwicklung und Umweltfragen zunächst das "Modell zur interregionalen demographischen Analyse und Simulation - MIDAS I" eingesetzt. Dieses Modell erlaubte die Fortschreibung der Bevölkerung in den Regionen unter Berücksichtigung der natürlichen Bevölkerungsentwicklung und der relativen, nach Alter und Nationalität gegliederten Wanderungsbeziehungen für einen mittelfristigen Zeitraum. Da dieses Modell auch Wanderungsverflechtungen erfaßte, konnten auch innerbayerische Umschichtungsprozesse abgebildet werden. Auf diese Weise war es möglich, die aus dem Arbeitsmarktbilanzmodell ermittelten Wanderungssalden der Erwerbspersonen auf Plausibilität zu überprüfen und regionale Richtwerte zur Bevölkerungsentwicklung auf ihre Realisierungsmöglichkeiten hin zu untersuchen. Die quantitativen Analysen für das Regionalprognosemodell MIDAS I wurden unterstützt und abgesichert durch zahlreiche Wanderungsmotivuntersuchungen sowie durch eine differenzierte Analyse der Individualdaten der Wanderungsstatistik.

Das Nebeneinander des stark arbeitsmarktorientierten, aber regionale Austauschbeziehungen nicht berücksichtigenden Arbeitsmarktbilanzansatzes und des demographisch orientierten Mehrregionenmodells konnte auf Dauer nicht befriedigen. Sowohl im Hinblick auf die Bemühungen, in schwachstrukturierten, ländlichen Gebieten Arbeitsplätze zu sichern und neu zu schaffen und damit der Abwanderung entgegenzuwirken, als auch wegen der sich in der Rezession 1974/75 abzeichnenden Rückwanderung von ausländischen Arbeitskräften war es notwendig geworden, Beziehungen zwischen Arbeitsmarkt und Wanderungen im Prognosemodell herzustellen (BStMLU, 1986, S. 26).

Dies konnte jedoch beim erreichten Kenntnisstand nicht mehr in Form einer direkten Verknüpfung von Arbeitsmarktungleichgewicht und Wanderungssaldo der Erwerbspersonen erfolgen. Denn Wanderungen sind nur eine von mehreren Anpassungsreaktionen von Erwerbspersonen auf Arbeitsmarktungleichgewichte. Es galt also, die anderen Anpassungsreaktionen der Erwerbspersonen zu ermitteln und zu quantifizieren. Diese Forderung wurde mit der Entwicklung von MIDAS II (Modell zur interregionalen demographischen und arbeitsplatzorientierten Simulation) in den Jahren 1976 bis 1981 erfüllt. Dabei konnte auf die Erfahrungen bzw. auf die Kritik der Raumordnungsprognose 1990 zurückgegriffen werden[1], in der eine Verknüpfung von Arbeitsmarkt und Wanderungen bei einer vorgegebenen, konstanten regionalen Arbeitslosenquote versucht worden war.

2.2 Modellkonzept

MIDAS II ist ein räumliches, sachlich gegliedertes, dynamisches Modell der demographischen und ökonomischen Entwicklung Bayerns (vgl. MEISE, 1982, S. 19-20):

- Das Modell hat eine räumliche Komponente, da sowohl die Verflechtungen zwischen den 18 Regionen Bayerns als auch die Beziehungen zum Bundesgebiet und zum Ausland abgebildet werden.

- Das Modell ist dynamisch, da die abgebildeten sozioökonomischen Entwicklungen in Bayern und in seinen Regionen über die Zeit hinweg in 5-Jahresschritten verfolgt werden können; eine Darstellung der Bevölkerungsentwicklung in 1-Jahresschritten ist möglich.

- Das Modell ist sektoral tief gegliedert, da sowohl die Bevölkerung in eine Vielzahl von Gruppen nach Alter, Geschlecht, Nationalität und Erwerbstätigkeit gegliedert ist als auch das Arbeitsplatzangebot sich nach zahlreichen Sektoren unterscheidet.

Das Gesamtmodell MIDAS II besteht aus drei Teilmodellen (vgl. Abb. 1):

- Teilmodell 1 ermittelt für die 18 Regionen und für Bayern insgesamt durch Fortschreibung des Bevölkerungsbestandes im Ausgangsjahr mit Hilfe von altersspezifischen Geburten-, Sterbe- und Wanderungsraten die Bevölkerung und mit Hilfe von altersspezifischen Erwerbspersonenquoten die Erwerbs-

Abb. 1: Regionalprognosemodell MIDAS II - Modellstruktur

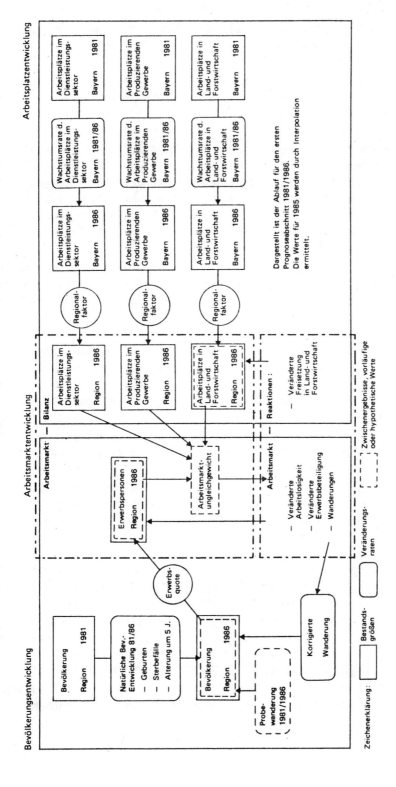

personenzahl in den Prognoseeckjahren, z.B. 1990, 1995 und 2000. Damit ist das Arbeitskräfteangebot bekannt.

- Teilmodell 2 leitet das Arbeitsplatzangebot für Bayern und seine Regionen aus aktuellen Prognosen für das Bundesgebiet anhand von empirisch ermittelten Regional- und Zeitfaktoren ab.

- Teilmodell 3 verknüpft das Bevölkerungs- und das Arbeitsplatzteilmodell. Es beschreibt den Ausgleich von Angebot und Nachfrage auf den regionalen Arbeitsmärkten. Bei einem Ungleichgewicht zwischen Erwerbspersonenpotential und Arbeitsplatzangebot ergeben sich Rückwirkungen auf die Bevölkerungs- und Arbeitsplatzentwicklung in den Regionen, z.B. über Veränderung der Wanderungsströme oder des Erwerbsverhaltens.

Während die Teilmodelle 1 und 2 keine konzeptionellen Neuerungen enthalten, ist die Logik des Arbeitsmarktmodells von zentraler Bedeutung für das Gesamtmodell. Diese läßt sich kurz wie folgt beschreiben (vgl. Maneval, Herbrich, 1981, S. 16-21):

Am Beginn eines Prognosezeitschrittes (5 Jahre) planen die Akteure des regionalen Wirtschaftslebens ihre künftigen Entscheidungen: Die Unternehmer überdenken beabsichtigte Produktionsvolumina, Investitionen und die in diesem Rahmen notwendigen Arbeitsplätze. In den privaten Haushalten wird geklärt, wer in dieser Zeit arbeiten möchte. Die Summe dieser Entscheidungen ergibt das geplante Angebot und die geplante Nachfrage nach Arbeitskräften. In diesem Kontext ist das Arbeitsmarktungleichgewicht definiert als die Differenz zwischen geplanter Nachfrage und geplantem Angebot zu Beginn eines Zeitschritts. Dieses Arbeitsmarktungleichgewicht ist fiktiv, "hypothetisch" und daher empirisch nicht direkt faßbar. Es muß also der Versuch unternommen werden, aus den "Reaktionen" am Ende eines Zeitschritts Rückschlüsse auf die Plangrößen zu Beginn des Zeitschritts zu ziehen.

Die Akteure, die Unternehmer und Arbeitnehmer, stellen am Ende eines Zeitschritts nämlich fest, daß sie ihre ursprünglichen Pläne am Arbeitsmarkt nur unvollkommen verwirklichen konnten. Unternehmer planen normalerweise keine offenen Stellen ein, Arbeitnehmer sehen keine Arbeitslosigkeit oder den Verbleib in der stillen Reserve vor. Das bedeutet also, ursprüngliche Pläne müssen von einem Teil der Unternehmer und Arbeitnehmer revidiert werden. So werden z.B. in Abhängigkeit von einer ungünstigen Arbeitsmarktsituation in Bayern bestimmte Ausländer ihre Absicht, nach Bayern zuzuwandern, aufgeben, oder von Einheimischen wird der geplante Eintritt in das Erwerbsleben angesichts der ungünstigen Arbeitsmöglichkeiten aufgeschoben.

Für die Struktur eines arbeitsmarktorientierten Regionalprognosemodells bedeutet dies: Das hypothetische Arbeitsmarktungleichgewicht muß durch eine Reihe von Anpassungsreaktionen aufgelöst werden. Damit ergibt sich folgender Modellablauf:

- In einer ersten Phase, der "Probephase", werden die Planvorstellungen der Akteure der Bevölkerung und der Unternehmer simuliert. Die Summe der Entscheidungen wird in Form von Arbeitskräfteangebot und -nachfrage einander gegenübergestellt und das Ausmaß der hypothetischen Ungleichgewichte in den Regionen festgestellt.

- Das Arbeitsmarktungleichgewicht wird in einer zweiten Phase, der "Reaktionsphase", durch Anpassungsreaktionen der Erwerbspersonen und Unternehmen aufgelöst.

- Diese Anpassungsreaktionen führen in einer dritten Phase, der "Korrekturphase", zu einer Korrektur der eingangs ermittelten Bevölkerungs- und Arbeitsplatzwerte und stellen das Ergebnis eines Prognoseschritts dar.

Dieses komplexe Modell kann nur mit Hilfe von EDV bewältigt werden. Dazu ist es notwendig, das Prognosesystem in drei Abschnitte zu untergliedern:

- Im ersten Abschnitt werden die Eingabedaten für die Bereiche natürliche Bevölkerungsentwicklung, Wanderung, Beschäftigung und Arbeitsmarktreaktionen aufbereitet.

- Der zweite Abschnitt umfaßt das eigentliche Prognosemodell mit seinen drei Teilmodellen und führt zu einer Berechnung von rd. 3 000 Einzelergebnissen je Region.

- Der dritte Abschnitt dient der Zusammenfassung und Auswertung der erzielten Ergebnisse.

Das soeben kurz skizzierte bayerische Regionalprognosemodell MIDAS II entstand in zwei Entwicklungsstufen. In einer ersten Stufe wurde in der relativ kurzen Zeit eines Jahres die Grundversion des Modells erstellt. Die Arbeiten standen unter großem Zeitdruck, da eine Fortschreibung der Status-quo-Prognose für das Landesentwicklungsprogramm wegen der zwischenzeitlich veränderten Rahmenbedingungen notwendig geworden war. Eine erste mit dieser Grundversion errechnete Status-quo-Prognose konnte Ende 1977 vorgelegt werden. Auf den damals erreichten Entwicklungsstand beziehen sich auch die Angaben in der "Synopse von Verfahren zur regionalen Bevölkerungs- und Arbeitsplatzprognose im Bereich des Bundes und der Länder und deren Auswertung in Richtung auf ein einheitliches Prognosemodell", die 1979 vom Deutschen Institut für Wirtschaftsforschung, der

Dorsch Consult und der Prognos AG erarbeitet worden ist. Dort heißt es in der Kurzfassung (S. 8): "Die einzelnen Teilmodelle Bevölkerung/Erwerbspersonen, Wanderungen und Arbeitsplätze werden in allen Modellen in Arbeitsmarktbilanzen zusammengeführt. Eine interdependente Verknüpfung der Modellteile wird aber in keinem Modell befriedigend geleistet. Lediglich das bayerische Modell ist vom Ansatz her in der Lage, diese Interdependenzen zu berücksichtigen."

Die Arbeiten der zweiten Entwicklungsstufe konzentrierten sich dann auf die Verknüpfung der beiden Teilmodelle und führten zu einem Ausbau und einer verbesserten empirischen Absicherung der Arbeitsmarktreaktionen[2].

Daneben wurden zahlreiche kleinere Änderungen in den beiden anderen Teilmodellen durchgeführt, die bei der Beschreibung der einzelnen Modellelemente angesprochen werden. Besonderes Augenmerk wurde dabei auf eine einheitliche EDV-Programmstruktur sowie auf einfache Handhabbarkeit der Programme und Übersichtlichkeit der Ergebnisse gelegt.

2.3 Beschreibung wesentlicher Modellelemente und -verknüpfungen

2.3.1 Natürliche Bevölkerungsentwicklung

Im Teilmodell 1 wird eine nach Alter, Geschlecht und Nationalität (Deutsche/Ausländer) gegliederte Bevölkerung in den 18 bayerischen Regionen verwendet. Die Bevölkerungszahlen liegen in 1-Jahres-Altersgruppen für die 0- bis unter 75jährigen sowie für die Gesamtzahl der 75- und mehrjährigen vor.

Ausgehend vom Basisbestand wird mit Hilfe der Methode der jahrgangsweisen Bevölkerungsfortschreibung die Bevölkerung für jedes Prognosejahr ermittelt, aber nur für Prognoseeckjahre in 5-Jahresabständen gespeichert und dokumentiert. Die Fortschreibung erfolgt für Deutsche und Ausländer getrennt.

Zur Vorausschätzung der Zahl der Geburten dienen neben der Zahl der Frauen im gebärfähigen Alter altersspezifische Fruchtbarkeitsziffern, die sich nach Nationalität bzw. Regionen unterscheiden. Es wird angenommen, daß sich die altersspezifischen Fruchtbarkeitsziffern der deutschen Frauen, nicht aber die der ausländischen Frauen, regional unterscheiden. Altersspezifische Fruchtbarkeitsziffern der deutschen und der ausländischen Frauen können im Zeitablauf voneinander unabhängig beeinflußt werden. Zusätzlich ist eine Angleichung der altersspezifischen Fruchtbarkeitsziffern der deutschen Frauen in den Regionen an den Landesdurchschnitt möglich.

Die Zahl der Gestorbenen ergibt sich aus der Multiplikation des Bevölkerungsbestandes mit nationalitäts-, alters- und geschlechtsspezifischen Sterbeziffern der jeweiligen Region. Dabei werden die regionalen Sterbeziffern der deutschen Bevölkerung mit Hilfe eines Korrekturfaktors aus den Sterbeziffern für Bayern insgesamt errechnet. Die Sterbeziffern für Ausländer werden regional nicht differenziert, sondern mit Hilfe eines Korrekturfaktors aus den Sterbeziffern der Gesamtbevölkerung ermittelt. Eine Veränderung der Sterblichkeit der Ausländer im Zeitablauf ist möglich, ebenso eine Veränderung der Sterblichkeit der 75- und mehrjährigen.

2.3.2 Wanderungen

Die Wanderungen werden nach folgenden Merkmalen untergliedert:

- Wanderungsrichtung (Herkunft, Ziel),
- Merkmale der Personen (Alter, Geschlecht, Nationalität, Erwerbstätigkeit),
- Wanderungsmotive ("Arbeitsplatzwanderer", "Ruhestandswanderer").

Für die Vorausschätzung der Arbeitsmarktbilanz ist die Wanderung der Erwerbspersonen von besonderer Bedeutung. Um sie im Sinne des skizzierten Modellkonzepts ermitteln zu können, ist es zunächst notwendig, Wanderungsmatrizen zu erzeugen, die einem Wanderungsverhalten entsprechen, das bei einem in allen Regionen ausgeglichenen Arbeitsmarkt zu erwarten wäre. Dazu werden die Wanderungsströme der deutschen und der ausländischen Erwerbspersonen in ihrer Summe für die Außenwanderung, die innerdeutsche Nord-Süd-Wanderung und die innerbayerische Wanderung modifiziert. Die dadurch hervorgerufenen Veränderungen werden proportional auf die Altersgruppen bzw. die nach dem Alter gegliederten wandernden Nichterwerbspersonen umgelegt. Ausgangsdaten für diese Transformation der Wanderungsmatrizen sind einerseits die realen Wanderungsdaten eines beliebigen Referenzzeitraums und andererseits die in Voruntersuchungen ermittelten Ströme der "Probewanderung".

Von einer expliziten Berücksichtigung der Bildungswanderung, wie sie ursprünglich vorgesehen war, wurde Abstand genommen, da sich diese über die Altersstruktur und das Merkmal Erwerbstätigkeit implizit ausreichend bestimmen läßt.

2.3.3 Erwerbspersonenprognose

Die Abschätzung des künftigen Erwerbspersonenpotentials erfolgt durch Multiplikation des nach Geschlecht, Alter und Nationalität gegliederten Bevölkerungsbestandes in den Regionen mit den entsprechenden Erwerbsquoten. Zur Ermittlung der gruppenspezifischen Erwerbsquoten in den Regionen wird einerseits auf die regionalen, gruppenspezifischen Erwerbsquoten aus der letzten

Volkszählung und andererseits auf die aktuellen, bzw. prognostizierten gruppenspezifischen Erwerbsquoten für Bayern insgesamt zurückgegriffen.

Das Erwerbspersonenpotential, berechnet aus dem Bevölkerungsbestand, wird vermindert oder erhöht um den Wanderungssaldo der Erwerbspersonen. Dieser wird bestimmt durch die für die "Probephase" ermittelten Wanderungsraten, den Bevölkerungsbestand und die Erwerbsquote der wandernden Bevölkerung. Zur Ermittlung regionaler Arbeitsmarktungleichgewichte ist es notwendig, die Zahl der in einer Region arbeitsuchenden Erwerbspersonen (Erwerbspersonenpotential) der Zahl der angebotenen Arbeitsplätze gegenüberzustellen. Daher muß die Zahl der in der Region wohnenden Erwerbspersonen um den Pendlersaldo korrigiert werden. Der Pendlersaldo kann für jede Region und für jeden Prognosezeitraum mit Hilfe von Trendfaktoren extern beeinflußt werden.

2.3.4 Arbeitsplatzprognose

Die Arbeitsplätze in Bayern werden in MIDAS II nicht autonom vorausgeschätzt. Vielmehr werden spezifische Wachstumstrends von Arbeitsplatzprognosen für das gesamte Bundesgebiet übernommen bzw. modifiziert.

Die Arbeitsplatzprognose erfolgt getrennt nach folgenden 8 Wirtschaftsbereichen:

- Land- und Forstwirtschaft,
- Energie, Wasserversorgung und Bergbau,
- Verarbeitendes Gewerbe,
- Baugewerbe,
- Handel,
- Verkehr,
- Nachrichtenübermittlung,
- Kreditinstitute, Versicherungen,
- übrige Dienstleistungen.

Daher müssen für diese acht Wirtschaftsbereiche Arbeitsplatzwerte auf Bundesebene für die Prognoseeckjahre verfügbar sein. Die Ermittlung der Zahl der Arbeitsplätze für Bayern insgesamt erfolgt durch Multiplikation der bayerischen Bestandszahlen im Basisjahr mit Regionalfaktoren, in denen die unterschiedliche Entwicklung zwischen Bayern und dem Bundesgebiet zum Ausdruck kommt. Auch die Arbeitsplatzzahlen in den Regionen, wiederum gegliedert nach acht Wirtschaftsbereichen, werden nach dem gleichen Verfahren (Shift- and Share-Analyse) bestimmt, wobei der Regionalfaktor die im Vergleich zu Bayern unterschiedliche Entwicklung darstellt.

Die eigentliche prognostische Leistung, die empirische Bestimmung und Absicherung des Regionalfaktors, findet damit außerhalb des Modells statt. Im Modell besteht allerdings die Möglichkeit, die Arbeitsplatzentwicklung durch sog. regionale Trendfaktoren zu verändern. Diese Möglichkeit dient dazu, bestimmte vorhersehbare Entwicklungen, wie etwa die bereits bekannte Neueröffnung oder Stillegung eines Betriebs, die sich noch nicht in der Arbeitsplatzentwicklung des Referenzzeitraums niederschlagen konnte, berücksichtigen zu können.

Für eine korrekte Vorausschätzung des Arbeitsplatzangebotes im Sinne des skizzierten Modellkonzeptes ist es notwendig, die Arbeitsplätze in der Land- und Forstwirtschaft so vorauszuschätzen, als wäre in allen Zeitschritten ein ausgeglichener Arbeitsmarkt zu erwarten. Darüber hinaus muß auch die Zahl der offenen Stellen in einer Höhe vorausgeschätzt werden, die bei einem ausgeglichenen Arbeitsmarkt zu beobachten wäre.

2.3.5 Arbeitsmarktbilanz und Arbeitsmarktreaktionen

Die in der "Probephase" voneinander unabhängig erstellten Teilprognosen, Erwerbspersonenpotential und Arbeitsplatzangebot, werden in der regionalen Arbeitsmarktbilanz einander gegenübergestellt. Für jede Region wird ein absolutes Arbeitsmarktungleichgewicht ermittelt. Die Höhe dieses Arbeitsmarktungleichgewichts (positiv oder negativ) bewirkt eine unterschiedliche Ausprägung folgender Arbeitsmarktreaktionen:

- Arbeitslose,
- Stille Reserve,
- Offene Stellen,
- Zuzüge der Ausländer aus dem Ausland,
- Fortzüge der Ausländer in das Ausland,
- Zuzüge aus dem übrigen Bundesgebiet, Deutsche und Ausländer,
- Fortzüge in das übrige Bundesgebiet, Deutsche und Ausländer,
- Zuzüge der innerbayerischen Wanderung, Ausländer,
- Fortzüge der innerbayerischen Wanderung, Ausländer,
- Einpendler, Deutsche,
- Auspendler, Deutsche,
- Freisetzung aus der Landwirtschaft, Deutsche.

Die Ermittlung der Reaktionsausprägungen erfolgt anhand extern ermittelter Tabellenfunktionen, wobei zwischen den vorgegebenen Ausprägungswerten je nach der Höhe des Arbeitsmarktungleichgewichts interpoliert wird.

Damit stehen die Bilanzgrößen Arbeitslose, Stille Reserve und Offene Stellen fest. Die anderen Bilanzgrößen, die von den Reaktionen betroffen sind (innerbayerische Wanderung, innerdeutsche Nord-Süd-Wanderung, Außenwanderung, Pendler, Arbeitsplatzangebot in der Landwirtschaft) werden korrigiert. Zusätzlich wird die Mantelbevölkerung für die Hauptwanderungsströme (innerbayerische Wanderung, Nord-Süd-Wanderung, Außenwanderung) differenziert nach Deutschen und Ausländern sowie nach dem Geschlecht für Bayern insgesamt ermittelt. Die dafür notwendigen Mantelbevölkerungsquoten können entweder in Abhängigkeit von der Höhe des Arbeitsmarktungleichgewichts errechnet oder aus der "Probephase" übernommen werden. Regionale Korrekturen für ausgewählte Wanderungsströme sind möglich. Nach Multiplikation der Mantelbevölkerungsquoten mit den entsprechenden Wanderungsströmen der Erwerbspersonen sind dann die korrigierten Wanderungen der Gesamtbevölkerung ermittelt. Nach Aufbau und Abgleich der korrigierten Wanderungsmatrizen werden diese in die biometrische Bevölkerungsfortschreibung integriert.

Als Ergebnisse eines Prognosezeitschritts stehen nun folgende Variablen bzw. Variablengruppen für die 18 Regionen in Bayern insgesamt zur Verfügung:

- Geburten, Sterbefälle, Wanderungen,
- Bevölkerungsbestand untergliedert nach Alter, Geschlecht und Nationalität,
- Erwerbspersonenpotential nach Nationalität,
- Stille Reserve,
- Erwerbspersonen,
- Arbeitslose,
- Erwerbstätige,
- Beschäftigte nach acht Wirtschaftsbereichen einschließlich der korrigierten Beschäftigtenzahl in der Land- und Forstwirtschaft,
- Offene Stellen, Arbeitsplatzangebot insgesamt.

3. "Bayern regional 2000" - eine Anwendung von MIDAS II

3.1 Projektablauf

MIDAS II wurde während seiner Entwicklung wiederholt zu Status-quo-Prognosen für die Landesentwicklung in Bayern herangezogen, so z.B. für die Status-quo-Prognose, Basis 1975[3] und die Status-quo-Prognose für die Fortschreibung des Landesentwicklungsprogramms, Basis 1978.

Die "Bayern regional 2000" zugrundeliegende Status-quo-Prognose hat als Ausgangsjahr 1981. Als die Arbeiten zu dieser Status-quo-Prognose im Herbst 1982 begannen, waren weder Titel noch Art und Weise der späteren Veröffentlichung bekannt. Zunächst sollte lediglich eine Aktualisierung der Status-quo-Prognose, Basis 1978, mit dem verbesserten Prognosemodell vorgenommen werden. Die Datenaufbereitung für den Modellteil 1 "Bevölkerung/Erwerbspersonen" wurde vom

Referat Raumbeobachtung des Staatsministeriums für Landesentwicklung und Umweltfragen in Zusammenarbeit mit dem Bayerischen Landesamt für Statistik und Datenverarbeitung durchgeführt. Die Zusammenstellung der Daten für den Modellteil 2 "Arbeitsplätze" einschließlich der Berechnung der Regionalfaktoren lag in der Verantwortung der Beratungsfirma Dorsch Consult, München. Zur empirischen Absicherung der Arbeitsmarktreaktionen (Modellteil 3) wurde auf die Untersuchungen zur Ausgestaltung der Arbeitsmarktreaktionen im Prognosemodell MIDAS II der Dorsch Consult vom März 1981 zurückgegriffen. Die Datenaufbereitungsarbeiten waren Anfang 1983 abgeschlossen, so daß erste Proberechnungen durchgeführt werden konnten. Diese beschränkten sich jedoch auf biometrische Prognosevarianten und Varianten mit "Trendwanderung". Aus vertraglichen Gründen konnte erst im Sommer 1983 in Zusammenarbeit mit der Dorsch Consult mit der hypothesengestützten Parameterjustierung des Modells für die Status-quo-Prognose, Basis 1981, begonnen werden. In 25 Rechnerläufen wurden die verschiedenen Annahmen auf Konsistenz und Plausibilität geprüft. Erhebliche Veränderungen gegenüber den ursprünglichen Annahmen mußten insbesondere bei der Regionalisierung des Erwerbspersonenpotentials, bei der Regionalisierung der Beschäftigten in der Land- und Forstwirtschaft und bei der innerbayerischen Mobilität der deutschen Bevölkerung vorgenommen werden. Diese Arbeiten dauerten bis zum November 1983.

Im Dezember 1983 konnte dann ein erster Entwurf einer neuen Status-quo-Prognose für Bevölkerung und Arbeitsplätze in Bayern bis zum Jahr 2000 vorgelegt werden. Die Varianten dieser Status-quo-Prognose lehnten sich in ihren Annahmen zur Arbeitsplatzentwicklung eng an die Modellrechnungen des Instituts für Arbeitsmarkt- und Berufsforschung (1982) zum wirtschaftlichen Wachstum an. Damit waren drei Varianten vorgegeben:

- Zunahme der Zahl der Arbeitsplätze bei einem jährlichen Wirtschaftswachstum zwischen 4 und 4,5 %,
- Konstanz der Zahl der Arbeitsplätze bei einem jährlichen Wirtschaftswachstum zwischen 3 und 3,5 %,
- deutliche Abnahme der Zahl der Arbeitsplätze bei einem jährlichen Wirtschaftswachstum zwischen 2 und 2,5 %.

Die damals aktuellen Raten des jährlichen Wirtschaftswachstums lagen für 1981 bei 0 %, für 1982 bei 0,7 % und für 1983 bei 1,2 %. Angesichts dieser Werte wurde bei einer ersten Abstimmungsrunde innerhalb des Staatsministeriums für Landesentwicklung und Umweltfragen die Variante mit einem bundesweiten jährlichen Wirtschaftswachstum zwischen 4 und 4,5 % als "unrealistisch" erklärt. Daraufhin wurde die bislang mittlere Variante zur oberen Variante und die bislang untere Variante zur mittleren Variante. Zusätzlich wurde eine neue untere Variante, die stark von den aktuellen Wachstumswerten beeinflußt war, errechnet. Die Überarbeitung der Status-quo-Prognose, Basis 1981, konnte im Frühjahr 1984 abgeschlossen werden.

Eine Veröffentlichung der Prognoseergebnisse erschien jedoch zu diesem Zeitpunkt nicht zweckmäßig, da die Fortschreibung des Landesentwicklungsprogramms kurz vor dem Abschluß stand. Diese Fortschreibung enthielt eine Status-quo-Prognose mit dem Basisjahr 1978 und sollte durch die neue Status-quo-Prognose nicht gleich beim Erscheinen des fortgeschriebenen Landesentwicklungsprogramms in Frage gestellt werden. In den folgenden Monaten ergab sich keine Möglichkeit für eine Veröffentlichung, jedoch wurden die Ergebnisse der neuen Status-quo-Prognose bereits für verschiedenste Fachplanungen herangezogen, so z.B. für Arbeiten am Gesamtverkehrsplan Bayern (IFO, 1984) und am Landesaltenplan. Das Staatsministerium für Arbeit und Sozialordnung (1984) verwendete die Prognoseergebnisse auch zur Darstellung der Auswirkungen der Bevölkerungsentwicklung auf Bildung, Beschäftigung und soziale Sicherung in Bayern insgesamt. Eine entsprechende Broschüre, die breit gestreut wurde, erschien im Dezember 1984. Dies war nun für das Staatsministerium für Landesentwicklung und Umweltfragen Anlaß, eine umfassende, regionalisierte Darstellung der Prognoseergebnisse und ihrer Auswirkungen vorzubereiten. Die Arbeiten dazu begannen mit der Diskussion der regionalen Prognoseergebnisse mit den zuständigen Sachbearbeitern bei den Regionalplanungsstellen. Diese gaben schriftliche Stellungnahmen zu "ihren" Regionalergebnissen ab, die bis zum Frühsommer 1985 vorlagen und bei der Abfassung des erläuternden Textes berücksichtigt werden konnten. Eine neue Durchrechnung einzelner Varianten erwies sich als nicht notwendig.

Die Formulierung des Textes und die EDV-gestützte Gestaltung von Tabellen, Karten und Abbildungen war im Herbst 1985 abgeschlossen. In dieser Zeit entstand auch der Name für die geplante Veröffentlichung "Bayern regional 2000". Hausinterne Abstimmung und Schwierigkeiten bei der Auftragsvergabe für den Druck führten dazu, daß das Taschenbuch erst im Frühjahr 1986 ausgeliefert werden konnte, zu einer Zeit also, in der der Vorwahlkampf für die Bayerische Landtagswahl 1986 schon begonnen hatte und eine nüchterne Diskussion der Annahmen, Ergebnisse und Konsequenzen von Bayern regional 2000, wie sich zeigen sollte, kaum noch möglich war[4].

3.2 Annahmen

Für die hier kurz dargestellte mittlere Variante war für die Entwicklung von Bevölkerung und Arbeitsplätzen im wesentlichen die Annahme bestimmend, daß für das Bundesgebiet insgesamt im Zeitraum 1981/86 ein jährliches Wirtschaftswachstum zwischen 1,0 und 1,5 %, in den Jahren 1987/91 ein Wachstum zwischen 2,0 und 2,5 % sowie in den Jahren 1992/2000 eines zwischen 3,0 und 3,5 % erreicht wird. Für die prognostizierte Bevölkerungsentwicklung war ferner die

Annahme von Bedeutung, daß unterstellt wurde, daß es keine Programme geben würde, die deutliche Auswirkungen auf das generative Verhalten haben werden. Im Bereich der Wanderungen wurde angenommen, daß der Anwerbestopp für ausländische Arbeitskräfte bestehen bleibt und daß die Regelungen zur Familienzusammenführung von Ausländern unverändert bleiben.

Die Annahmen zur künftigen Entwicklung der alters- und geschlechtsspezifischen Erwerbsbeteiligung beruhen auf Überlegungen zu Veränderungen des Erwerbsverhaltens, der Ruhestandseintritte, vor allem aber zu veränderten Einstellungen gegenüber der Frauenerwerbstätigkeit. Der hier angenommene Anstieg der Erwerbsbeteiligung, bzw. des Wunsches nach Erwerbstätigkeit, findet seinen Niederschlag im Prognosemodell zunächst unabhängig von der Frage, ob die betreffenden Frauen überhaupt einen Arbeitsplatz finden werden. Die Entwicklung der bayerischen Erwerbsquoten folgt den Tendenzen im Bundesgebiet insgesamt. Übernommen wurde eine Bundesvorgabe des Instituts für Arbeitsmarkt und Berufsforschung, in der sich bisherige Trends der spezifischen Quoten bis 1990 fortsetzen und dann auf dem erreichten Niveau konstant bleiben. Darüber hinaus wurde berücksichtigt, daß Frauen und Ausländer mit vergleichsweise hohen Anteilen an der Stillen Reserve beteiligt sind.

Die Regionalisierung der altersspezifischen Erwerbsquoten wurde zunächst auf der Grundlage der Hypothese, daß die regionalen Differenzen der Quoten zum entsprechenden Bayernwert der VZ 1970 konstant bleiben, vorgenommen. Konsistenzprüfungen anhand von Wanderungstabellen und Mikrozensusergebnissen machten Korrekturen insbesondere bei der Region München erforderlich (Dorsch, 1982, S. 35).

Die Überalterung der Arbeitskräfte in der Land- und Forstwirtschaft wird zu einem Rückgang der Beschäftigten im Prognosezeitraum führen. Daher wurde die Zahl der landwirtschaftlichen Arbeitskräfte für Bayern insgesamt zunächst anhand einer biometrischen Fortschreibung ermittelt. Die Regionalisierung der land- und forstwirtschaftlichen Beschäftigten geht von der These aus, daß sich die bisherigen Tendenzen aus dem Zeitraum 1978/81 unter Abschwächung fortsetzen. Die Strukturen der Bundesvorgaben für die Beschäftigten in den anderen Wirtschaftsabteilungen lehnen sich eng an die Ergebnisse des Prognos-Reports Nr. 11 (1982) an. Die Regionalisierung der Beschäftigten des Verarbeitenden Gewerbes und des Dienstleistungsbereichs auf die 18 Regionen stützt sich auf die Hypothese, daß die bisherigen Standorteinflüsse aus dem Zeitraum 1978/81 unter Abschwächung weiterwirken. Zur Bestimmung der Trendfaktoren, die diese Abschwächung im verarbeitenden Gewerbe steuern, wurde auf die Ergebnisse einer Befragung der Wirtschaftsabteilungen bei den Bezirksregierungen zurückgegriffen. Mit Hilfe dieser Trendfaktoren wurden auch bereits bekannte Betriebsneugründungen und Stillegungen berücksichtigt.

Abb. 2: Altersstruktur
Status-quo-Prognose
Basis 1981

Altersstruktur 1981 und 2000

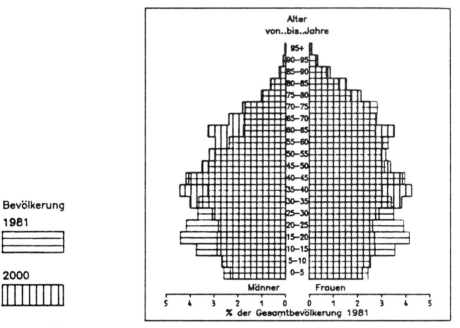

Bevölkerung
1981

2000

Entwicklung ausgewählter Altersgruppen 1981 bis 2000

1981=100

Bevölkerung im Alter

bis unter 15 Jahre

15 bis unter 25 Jahre

25 bis unter 65 Jahre

65 und mehr Jahre

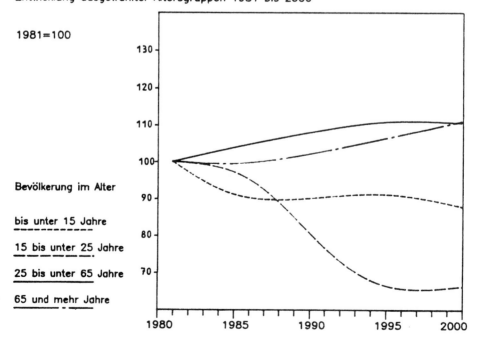

Abb. 3: Arbeitsplatzentwicklung

Status-quo-Prognose
Basis 1981

1981=100

Arbeitsplatzangebot
untere Variante
----
mittlere Variante
----
obere Variante
-- -- --

Beschäftigte i.d. Landwirtschaft
untere Variante
-- -- --
mittlere Variante
----
obere Variante
-- -- --

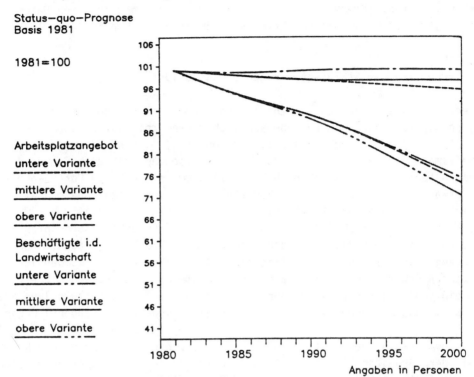

Angaben in Personen

Jahr	Arbeitsplatzangebot			Beschäftigte i.d.Landwirtschaft		
	unt. Var.	mit. Var.	ob. Var.	unt. Var.	mit. Var.	ob. Var.
1981	5042200	5042200	5042200	508300	508300	508300
1985	4983300	4983300	5015800	481500	481500	480900
1990	4927600	4927600	5037300	455900	455900	451400
1995	4871600	4927000	5049000	421600	420000	409400
2000	4815200	4922500	5041200	383100	377100	362500

Absolute Veränderung   Angaben in Personen

Zeitraum	Arbeitsplatzangebot			Beschäftigte i.d.Landwirtschaft		
	unt. Var.	mit. Var.	ob. Var.	unt. Var.	mit. Var.	ob. Var.
1981/1985	-58900	-58900	-26400	-26800	-26800	-27400
1985/1990	-55700	-55700	21500	-25600	-25600	-29500
1990/1995	-56000	-600	11700	-34300	-35900	-42000
1995/2000	-56400	-4500	-7800	-38500	-42900	-46900
1981/2000	-227000	-119700	-1000	-125200	-131200	-145800

Relative Veränderung   Angaben in Prozent

Zeitraum	Arbeitsplatzangebot			Beschäftigte i.d.Landwirtschaft		
	unt. Var.	mit. Var.	ob. Var.	unt. Var.	mit. Var.	ob. Var.
1981/1985	-1.2	-1.2	-0.5	-5.3	-5.3	-5.4
1985/1990	-1.1	-1.1	0.4	-5.3	-5.3	-6.1
1990/1995	-1.1	0.0	0.2	-7.5	-7.9	-9.3
1995/2000	-1.2	-0.1	-0.2	-9.1	-10.2	-11.5
1981/2000	-4.5	-2.4	0.0	-24.6	-25.8	-28.7

Zur Quantifizierung der Arbeitsmarktreaktionen wurde z.T. auf geschätzte Werte zurückgegriffen; diese beruhen auf nach Regionen gegliederten Daten zu Arbeitslosigkeit, Wanderung und Erwerbstätigkeit der Jahre 1967 bis 1978.

3.3 Ergebnisse der Status-quo-Prognose, Basis 1981[5)]

Unter den beschriebenen Annahmen wird sich die Zahl der Arbeitsplätze in Bayern bis zum Jahr 2000 nur unwesentlich verändern: sie wird um 2,4 % abnehmen (vgl. Abb. 2 und 3, s. S. 120 und 121)[6)]. Auf der anderen Seite der Arbeitsmarktbilanz erhöht sich das Erwerbspersonenpotential aufgrund der gegebenen Altersstruktur zwischen 1981 und 1990 um rd. 142 000 Personen oder 2,6 %. Etwa 1987/88 muß mit der höchsten Erwerbspersonenzahl gerechnet werden. Danach wird sie altersstrukturell bedingt zurückgehen und im Jahr 2000 etwas über dem Niveau von 1981 liegen. Der Zuwachs des Erwerbspersonenpotentials bis 1990 wird ausschließlich von deutschen Erwerbspersonen getragen, ebenso der Rückgang bis zum Jahr 2000. Zwischen 1990 und 2000 setzt kompensierend zum deutschen Erwerbspersonenrückgang eine Zunahme der ausländischen Erwerbspersonen ein, die sich sowohl aus der natürlichen Bevölkerungsentwicklung als auch aus Wanderungsgewinnen (insbesondere gegenüber anderen EG-Ländern) ergibt.

Bei einem Zuwachs von fast 142 000 Erwerbspersonen und einer nahezu konstanten Zahl der Arbeitsplätze besteht im Jahr 1990 ein Erwerbspersonenüberangebot (registrierte Arbeitslose und Stille Reserve) von rd. 516 000 Personen in Bayern. Dies bedeutet eine Vergrößerung des Erwerbspersonenüberangebots gegenüber 1981 um rd. 85 %. Nach 1990 ist ein Rückgang des Erwerbspersonenüberangebots zu erwarten, der jedoch nicht dazu führen wird, daß im Jahr 2000 das relativ günstige Niveau von 1981 wieder erreicht werden wird. Diese Arbeitsmarktentwicklung wird im wesentlichen von der altersstrukturell bedingten Entwicklung des Erwerbspersonenpotentials bestimmt. Sie kann sich durch kurzfristige konjunkturelle Entwicklungen entspannen, aber auch verschärfen.

Die Entwicklung der Bevölkerungszahl bleibt von der anhaltend angespannten Situation auf dem Arbeitsmarkt relativ unbeeinflußt. Die Bevölkerung wird in Bayern insgesamt bis zum Jahr 2000 leicht abnehmen (0,8 %). Der Bevölkerungsstand wird dann etwa 10,9 Mio. betragen. Ursache für diese fast über zwei Jahrzehnte nahezu konstante Bevölkerungszahl sind trotz der vorausgeschätzten Sterbefallüberschüsse vor allem Wanderungsgewinne gegenüber den übrigen Bundesländern. Hinter dieser rein zahlenmäßig ausgeglichenen Bevölkerungsentwicklung verbergen sich jedoch zahlreiche altersstrukturelle Verschiebungen. Bemerkenswert sind vor allem der Rückgang in der Altersgruppe 15 bis unter 20 Jahre sowie der Anstieg in der Altersgruppe 25 bis unter 65 Jahre. Hier findet die Geburtenentwicklung der 60er und 70er Jahre ihren Niederschlag.

Auf der Ebene der Regionsgruppen ergeben sich bis zum Jahr 2000 - im Vergleich zur regionalen Bevölkerungsentwicklung der letzten Jahrzehnte - keine wesentlichen Unterschiede. Die Regionen mit großen Verdichtungsräumen werden den Bevölkerungsstand des Jahres 1981 knapp halten können (- 16 000 Einwohner oder 0,4 %). Eine Abnahme von rd. 106 000 Einwohnern oder 2,8 % kennzeichnet die Bevölkerungsentwicklung in den Grenzland- und überwiegend strukturschwachen Regionen. Dagegen ist für die sonstigen ländlichen Regionen eine leichte Bevölkerungszunahme von rd. 37 000 Einwohnern oder 1,3 % zu erwarten.

Das Arbeitsplatzangebot wird sich in den Regionen mit großen Verdichtungsräumen bis zum Jahr 2000 mit einer Abnahme von rd. 40 000 Arbeitsplätzen oder 2 % etwas günstiger entwickeln als im Landesdurchschnitt. Der Rückgang des Arbeitsplatzangebots in den Grenzland- und überwiegend strukturschwachen Regionen wird bei rd. 60 000 oder 3,5 % liegen. Hier spielt der Rückgang der Zahl der Beschäftigten in der Landwirtschaft eine besondere Rolle. Für die sonstigen ländlichen Regionen wird ein Rückgang von rd. 20 000 oder 1,5 % vorausgeschätzt.

Das Erwerbspersonenpotential nimmt nach der Status-quo-Prognose in allen drei Regionsgruppen um 1990 einen maximalen Wert an. Dieser Wert liegt in den Regionen mit großen Verdichtungsräumen um rd. 22 000 Erwerbspersonen oder 1 % über dem 1981 vorhandenen Erwerbspersonenpotential. In den Grenzland- und überwiegend strukturschwachen Regionen sowie in den sonstigen ländlichen Regionen beträgt die Zunahme des Erwerbspersonenpotentials zwischen 1981 und 1990 voraussichtlich rd. 3 bzw. 4 %, das sind 62 000 bzw. 58 000 Erwerbspersonen mehr als 1981. Zwischen 1990 und 2000 wird das Erwerbspersonenpotential in allen Regionsgruppen wieder abnehmen.

Wegen der im Vergleich zur Entwicklung des Arbeitskräfteangebots zu schwachen Arbeitskräftenachfrage wird die angespannte Situation auf den Arbeitsmärkten aller Regionsgruppen und Regionen bis etwa 1990 anhalten. Es ist allerdings damit zu rechnen, daß das Erwerbspersonenüberangebot aus altersstrukturellen Gründen in den Regionen Main-Rhön, Oberpfalz-Nord und Westmittelfranken seinen Höhepunkt bereits vor 1990 überschreiten wird. Dagegen wird sich das Erwerbspersonenüberangebot in den Regionen Donau-Wald, Augsburg und Ingolstadt besonders lange auf hohem Niveau halten.

4. Bayern regional 2000 und MIDAS II - eine Zwischenbilanz

Von politischer Seite wurden folgende Ergebnisse von "Bayern regional 2000" mit besonderem Interesse aufgenommen:

1. Die für Bayern vorausgeschätzte Entwicklung der Wirtschaft und Bevölkerung bleibt im Vergleich zu den anderen Bundesländern weiterhin überdurchschnittlich. Bayern kann seine Spitzenstellung beim Wirtschaftswachstum halten und gehört zu den wenigen Bundesländern mit einem leichten Bevölkerungswachstum.

2. Die Situation auf den regionalen Arbeitsmärkten - dies wird aus der Zusammenschau von Bevölkerungs- und Erwerbspersonenentwicklung einerseits und der Entwicklung des Angebots an Arbeitsplätzen andererseits deutlich - wird sich in den Jahren bis 1990 nicht entscheidend verbessern.

3. Der vielfach befürchtete "kumulative Schrumpfungsprozeß" der Bevölkerung in strukturschwachen, peripheren Regionen, findet in Bayern bis zum Jahr 2000 nicht statt. Ein deutlicher Rückgang der Einwohnerzahl (bis um 30 %) ist nur in einigen wenigen sehr peripher gelegenen Gemeinden Nordbayerns zu erwarten.

Die guten Ergebnisse Bayerns im Vergleich zu anderen Bundesländern wurden vor allem von den Politikern der Regierungspartei sehr positiv vermerkt. Konnte doch mit ihrer Hilfe die Politik der vergangenen Jahre und der damit eingeschlagene Weg als erfolgversprechend und zukunftsweisend dargestellt werden. Dagegen stieß die auch von anderer Seite schon mehrfach gemachte Aussage[7], daß sich die Situation auf den regionalen Arbeitsmärkten bis zum Jahr 1990 nicht wesentlich entspannen würde, zum Teil auf schroffe Ablehnung, zum Teil wurde sie von der Oppositionspartei als Beleg für eine erfolglose Regionalpolitik herangezogen. Besondere Unruhe stiftete unter den Grenzlandpolitikern die Aussage, in einigen wenigen Gemeinden Nordbayerns werde es schon bis zum Jahr 2000 zu Bevölkerungsabnahmen um 30 % kommen. Die Positivaussage, bis zum Jahr 2000 sei mit keiner nennenswerten Abwanderung aus dem Grenzland zu rechnen, ging darüber völlig unter.

Die unterschiedlichen Bewertungen spiegelten sich auch in der Berichterstattung über Bayern regional 2000 in der Presse wider. Während die großen Tageszeitungen zunächst nur äußerst knapp über die positive Entwicklung Bayerns insgesamt berichteten, wurden in den regionalen Tageszeitungen Nord- und Ostbayerns die Ergebnisse für die jeweilige Region ausführlicher dargestellt und kommentiert. In diesen Berichten zeichnete sich die Überraschung ab, mit der die Redakteure die Prognoseergebnisse für ihre Region angesichts der guten wirtschaftlichen Gesamtentwicklung und der aktuellen Beschäftigtenentwicklung zur Kenntnis genommen haben. Begriffe wie "Geisterdörfer im Grenzland" und das "große Bauernsterben" tauchten mehrmals auf. Als sich nach einiger Zeit um "Bayern regional 2000" eine politische Auseinandersetzung abzuzeichnen begann, befaßten sich die großen Tageszeitungen und auch Illustrierte mit der Prognose intensiver. Das Echo auf die Veröffentlichung war durchweg positiv. Vielfach war das Bedauern über den ungünstigen Veröffentlichungstermin zu erkennen, so etwa in der Süddeutschen Zeitung: "Aber in Wahlkampfzeiten scheint ein Lob vom politischen Gegner, wie es für die präzise Arbeit zu erwarten wäre, schlimmer als eine Anklage wegen Säumigkeit oder mangelnder sachlicher Fundierung zu sein" (Scotland, 1986).

Insgesamt betrachtet, ist Bayern regional 2000 sicherlich auf größeres Interesse gestoßen als die vorausgegangenen Status-quo-Prognosen, deren Ergebnisse nicht so differenziert und deren Ergebnisdarstellung nicht so umfassend waren. Die relativ häufigen Mißverständnisse bei der Berichterstattung über Regionalergebnisse und der Vorwurf "Bayern regional 2000" enthielte zu viele Fachausdrücke, obwohl diese in den Augen der Autoren schon weitgehend vermieden worden sind, sind Erfahrungen, die sich bei der Erarbeitung weiterer Status-quo-Prognosen niederschlagen werden.

Daneben sollte die Regionalprognose in Zukunft verwaltungsintern als koordinierendes und vorausschauendes Instrument der Landesentwicklung wieder stärker gewichtet werden. Durch Einbeziehung mehrerer Ressorts in die Annahmendiskussion muß versucht werden, die Akzeptanz der Prognoseergebnisse auch dort zu erhöhen. Bei der Ergebnisdarstellung muß stärker als bisher berücksichtigt werden, daß es Politiker und Redakteure häufig nur gewöhnt sind, in relativ kurzen Zeitabständen zu denken bzw. prozentual dargestellte Prognoseergebnisse etwa für einen Entwicklungszeitraum von 10 Jahren mit der Veränderungsrate des letzten Jahres zu vergleichen. Das bedeutet, evtl. Widersprüche zwischen künftigem Entwicklungsverlauf und gegenwärtig erkennbarer Entwicklung müssen aufgezeigt und erklärt werden.

Die Probleme der Ergebnisaufbereitung und -darstellung potenzieren sich mit der Zahl der zu interpretierenden Variablen, da jeweils die Querbezüge zwischen diesen Variablen zu berücksichtigen sind. Bayern regional 2000 beschränkt sich auf 14 Schlüsselvariablen aus einem Angebot von rd. 400 Variablen, das MIDAS II zur Verfügung stellt. Von dieser Seite stellen sich keine zwingenden Forderungen zum weiteren Ausbau von MIDAS II. Diese ergeben sich vielmehr aus der Notwendigkeit, die Zuverlässigkeit der Prognose der relativ wenigen Schlüsselvariablen zu erhöhen und erkennbare Sonderentwicklungen modellintern erklären zu können. Forschungsbedarf besteht zu folgenden Punkten:

- Natürliche Bevölkerungsentwicklung
Über die Entwicklung der altersspezifischen regionalen Fruchtbarkeitsraten bestehen nur qualifizierte Vermutungen. Besonders wenig Anhaltspunkte für die künftige Entwicklung bestehen beim generativen Verhalten der Ausländer, insbesondere der zweiten Ausländergeneration. Auch regionale Unterschiede in der Sterblichkeit müssen in Zukunft stärker berücksichtigt werden. Daneben erlangen Überlegungen zur weiteren Entwicklung der Sterblichkeit in den höheren Altersgruppen zusätzliche Bedeutung.

- Wanderungen
Der Wanderungsteil von MIDAS II ist von seinem Erklärungsgehalt her im Vergleich zu den Arbeitsmarktreaktionen unterentwickelt. Für den überwiegenden Teil der Wanderungen, die durch die Arbeitsmarktentwicklung nicht beeinflußt werden, bestehen keine Erklärungsmöglichkeiten. Regressionsanalytische Ansätze sollten hier auf ihre Brauchbarkeit hin geprüft werden[8].

- Erwerbsverhalten
Hinter den geschätzten Erwerbsquoten verbirgt sich eine Vielzahl von Einflußgrößen, die zum Teil gegenläufig wirken. Hier erscheinen empirisch-statistische Analysen erforderlich, die, wie das Beispiel der Prognosen zur Gemeinschaftsaufgabe "Verbesserung der regionalen Wirtschaftsstruktur" zeigt, durchaus zu einer plausiblen Auffächerung der Bestimmungsgrößen des Erwerbsverhaltens führen können. Regionale Sonderprobleme, wie die Überschätzung der Erwerbsquoten im Raum München, können nach dem Vorliegen der Ergebnisse der Volkszählung 1987 angegangen werden.

- Arbeitsplatzprognosen
Schwierigkeiten bereitet zunächst die Tatsache, daß schon geringe Änderungen in den Wachstumsraten des BIP oder der Arbeitsproduktivität auf Bundesebene zu erheblichen Veränderungen im Angebot an Arbeitsplätzen führen. Hier ist die Neigung der Prognostiker, aktuelle, konjunkturell beeinflußte Trends überzubewerten zu berücksichtigen. Für die Prognose auf bayerischer und regionaler Ebene stehen ausschließlich mechanistische Regionalisierungsansätze zur Verfügung. Es muß versucht werden, regionsspezifische Eigenheiten als Bestimmungsgrößen der Entwicklung zu erfassen (vgl. Koch, 1986).

- Arbeitsmarktreaktionen
Vordringlich ist die bessere empirische Absicherung der Pendlerreaktionen im Anschluß an die Auswertung der Volkszählung 1987. Darüber hinaus besteht die Möglichkeit, die Arbeitsmarktreaktionen nach Alter, Geschlecht und Berufsgruppen weiter aufzufächern. Eine solche Untergliederung bedingt allerdings auch eine entsprechende Gliederung für Wanderungen, Erwerbsper-

sonenpotential und Arbeitsplatzangebot. Es ist jedoch damit zu rechnen, daß einer solchen Modellerweiterung angesichts des enormen theoretischen und empirischen Aufwands geringere Priorität zukommen wird als einer umfassenden Aktualisierung der Ausgangsdaten (einschließlich des vorhandenen Reaktionsteils) im Anschluß an die Volks- und Arbeitsstättenzählung 1987.

Die genannten Möglichkeiten einer Weiterentwicklung von MIDAS II decken sich in vielen Bereichen mit denen, die für die Raumordnungsprognose 1995 und andere Regionalprognosen genannt worden sind. Es erscheint daher nur folgerichtig, wenn die Chancen für einen möglichst breiten Informationsaustausch und/oder eine gemeinsame Weiterentwicklung der Regionalprognosemodelle genutzt werden.

Literaturverzeichnis

Bayerisches Staatsministerium für Arbeit und Sozialordnung, Hrsg.: Auswirkungen der Bevölkerungsentwicklung auf Bildung, Beschäftigung und soziale Sicherung, München 1984.

Bayerisches Staatsministerium für Landesentwicklung und Umweltfragen (BStMLU), Hrsg.: Bayern regional 2000, München 1986.

Bayerisches Staatsministerium für Landesentwicklung und Umweltfragen (BStMLU), Hrsg.: Langfristige Auswirkungen des Geburtenrückgangs, München 1980.

Bayerische Staatsregierung: Landesentwicklungsprogramm Bayern (LEP), München 1976.

Bayerische Staatsregierung: 6. Raumordnungsbericht, München 1982.

Birg, H., Maneval, K., Masuhr, K.: Synopse von Verfahren zur regionalen Bevölkerungs- und Arbeitsplatzprognose im Bereich des Bundes und der Länder und deren Auswertung in Richtung auf ein einheitliches Prognosemodell, Studie im Auftrag des Bundesministers für Raumordnung, Bauwesen und Städtebau, des Bayer. Staatsministeriums für Landesentwicklung und Umweltfragen, des Niedersächsischen Ministeriums des Innern, der Staatskanzlei Rheinland-Pfalz und der Staatskanzlei des Landes Nordrhein-Westfalen, Basel, Berlin, München 1979.

Dorsch Consult: Fortschreibung von Eingabedaten für das Prognosemodell MIDAS II, unveröffentl. Gutachten im Auftrag des BStMLU, München 1982.

Franke, H., Prast, F.: Arbeitslosigkeit - Fakten, Ursachen, Lösungsansätze. In: Spektrum der Wissenschaft (1985), H. 6, S. 32-47.

Gatzweiler, H.-P., Koch, R.: Makroanalytisches Simulationsmodell der regionalen Bevölkerungsentwicklung und Verteilung in der Bundesrepublik. In: Tagungsbericht und wissenschaftliche Abhandlungen, 40. Deutscher Geographentag Innsbruck, Wiesbaden 1975, S. 489-501.

Gatzweiler, H.-P.: Raumordnungspolitik als Koordination durch Information. In: Structur, Bonn (1983), H. 3, S. 63-69.

IFO-Institut für Wirtschaftsforschung: Verkehrsprognose Bayern 2000, München 1984.

Institut für Arbeitsmarkt- und Berufsforschung der Bundesanstalt für Arbeit: Wachstum und Arbeitsmarkt - Angebot und Bedarf an Arbeitskräften bis 1990, Nürnberg 1982.

Klauder, W., Schnur, P., Thon, M.: Arbeitsmarktperspektiven der 80er und 90er Jahre. In: Mitteilungen des IAB (1985), H. 1, S. 41-62.

Koch, R.: Ein Beitrag zur Weiterentwicklung regionaler Bevölkerungsansätze. In: Bremer Beiträge zur Geographie und Raumplanung, Bremen (1973), H. 1, S. 107-115.

Koch, R.: Raumordnungspolitische Strategien und die Parameter der Raumordnungsprognose 1990. In: Inform. z. Raumentw., Bonn (1977), H. 1/2.

Koch, R.: MIDAS II - ein Regionalprognosemodell für Bayern. In: Jahrbuch der Gesellschaft für Regionalforschung, Göttingen (1986).

Maneval, K., Herbrich, K.: Untersuchung zur Ausgestaltung der Arbeitsmarktreaktionen im Prognosemodell MIDAS II, unveröffentl. Gutachten der Dorsch Consult im Auftrag des BStMLU, München 1981.

Meise, J.: MIDAS II - Modellsystem zur Prognose der regionalen Arbeitsplatzentwicklung, unveröffentl. Gutachten im Auftrag des BStMLU, München 1982.

Prognos AG: Die Bundesrepublik Deutschland 1985, 1990, 2000 - prognos report nr. 11, Basel 1982.

Scotland, E.: Umweltministerium trifft nicht den rechten Ton. In: Süddeutsche Zeitung vom 11.06.1986.

Streibl, M: Das bayerische Landesentwicklungsprogramm. In: Raumforschung und Raumordnung, Köln (1975), H. 2.

Anmerkungen

1) Vgl. dazu das Themenheft "Neue Prognosen für die Raumordnung" der Informationen zur Raumentwicklung, H. 1/2, 1977, insbesondere Koch, 1977, S. 103-113; daneben auch Koch, 1978.

2) Über diese Arbeiten wird im Beitrag "Arbeitsmarktreaktionen im Regionalprognosemodell MIDAS II" in diesem Band ausführlich berichtet.

3) Die Ergebnisse dieser Status-quo-Prognose sind im 5. Raumordnungsbericht der Bayerischen Staatsregierung (S. 39-45) veröffentlicht.

4) Vgl. dazu die Schlagzeilen der Boulevardpresse, z.B. Bild-München: "Gutachten über Bayern - Umweltminister schockt Strauß" oder Abendzeitung: "Strauß stampft Zukunfts-Broschüre ein".

5) Die kurze Ergebnisdarstellung ist weitgehend aus der Kurzfassung von "Bayern regional 2000" übernommen.

6) Mit Ausnahme von zwei Graphiken sind alle 145 Abbildungen (auch kombiniert aus Diagramm und Tabellen) und Karten EDV-gestützt gefertigt. Die Plotoriginale der Größe DIN A4 wurden fotographisch auf das Taschenbuchformat verkleinert.

7) Vgl. dazu z.B.: Franke, Prast, 1985 oder den Bericht der Süddeutschen Zeitung vom 16.01.1986: "Drei Millionen Arbeitslose bis ins Jahr 2000 möglich" oder Klauder, Schnur, Thon, 1985.

8) Ein Ansatz dieser Art wurde Mitte der 70er Jahre von Gatzweiler und Koch (1975) entwickelt. Er konnte sich allerdings gegenüber dem eingeführten Arbeitsmarktbilanzansatz nicht durchsetzen.

Das regionale Bevölkerungsprognosemodell der BfLR

Ausbaustand und Ausbauabsichten

von
Hansjörg Bucher und Hans-Peter Gatzweiler, Bonn

Gliederung

1. Prognosen als prospektive Raumbeobachtung

2. Anforderungen an das regionale Bevölkerungsprognosemodell

3. Überlegungen zur Formalstruktur des Modells

4. Formalisierung des Modells

5. Annahmen für die Status-quo-Variante

6. Schwachstellenanalyse des Modells

7. Verbesserungsvorschläge

8. Das regionale Bevölkerungsprognosemodell als Grundlage des BfLR-Prognosesystems

Anmerkungen

Anhang:
Bildung und Überprüfung homogener Wanderungsgruppen anhand von bayerischen Wanderungsdaten (Anton Kunz)

1. Prognosen als prospektive Raumbeobachtung

Zu Beginn der 80er Jahre wurde in der BfLR damit begonnen, ein System von Prognosemodellen zu entwickeln, das die mittel- und langfristige Abschätzung räumlich relevanter Prozesse erlaubt. Die Modelle orientieren sich an dem Anspruch der Prognosetätigkeit als Daueraufgabe. Sie sind in das Informationssystem der Laufenden Raumbeobachtung, aus dem sie zum größten Teil gespeist werden, eingebunden. Die Prognosetätigkeit wird als - prospektiver - Teil der Laufenden Raumbeobachtung verstanden, ihr Ziel ist die Politikberatung. Da zahlreiche politische Entscheidungen mit hohen Investitionen verbunden sind, die langfristig Kapital binden, ist eine vorausschauende Raumbeobachtung unverzichtbar. Dies gilt insbesondere für die beiden für die räumliche Planung zentralen Größen "Wohnbevölkerung" und "private Haushalte".

Die Planungsrelevanz von Prognosen wächst mit der Intensität, mit der Prognoseergebnisse in den vielfältigen Entscheidungsprozessen berücksichtigt werden. Die regionale Bevölkerungsprognose der BfLR z.B. fand Eingang in zahlreiche Regierungsberichte (Raumordnungsbericht[1], Baulandbericht[2], Städtebaulicher Bericht[3], Familienbericht[4], Berufsbildungsbericht[5]). Darüber hinaus verwerteten zahlreiche öffentliche und private Institutionen die regionalisierten Prognoseergebnisse für weitergehende Konsequenzenanalysen, beispielsweise für ausgewählte soziale Infrastrukturbereiche (Kindergartenplatzbedarf[6], Altenheimplatzbedarf), den Straßenverkehr (Struktur der Führerscheininhaber) oder das Wohnungsmarktgeschehen[7] (Bautätigkeit, Wohneigentumsbildung, Bausparätigkeit). Die Verbreitung der Ergebnisse dieser regionalisierten Bevölkerungsprognose führt so zu einer Vereinheitlichung der Diskussionsgrundlage über die zahlenmäßige, strukturelle und regionale Veränderung der Bevölkerungsentwicklung und die sich daraus ergebenden Konsequenzen. Dies entspricht in hohem Maße der Strategie der Raumordnung auf Bundesebene, Raumordnungspolitik als Koordination durch Information zu betreiben.

2. Anforderungen an das regionale Bevölkerungsprognosemodell

Dem BfLR-Modell liegt das Prognoseverständnis zugrunde, daß wissenschaftliche Prognosen über die tatsächliche Bevölkerungsentwicklung prinzipiell nicht möglich sind, gleichgültig ob sie theoretisch begründet sind oder nicht. Die Bevölkerung wird als ein offenes, komplexes soziales System verstanden, über das sich keine Aussagen im Sinne naturwissenschaftlicher Gesetzmäßigkeiten machen lassen. Die Ergebnisse des BfLR-Prognosemodells sind daher immer nur als bedingte Vorausschätzungen zu verstehen. Ein Mindestmaß an Validität der Ergebnisse wird dadurch erreicht, daß eine Reihe von Anforderungen an das Modell gestellt werden. Diese lassen sich aus dem wissenschaftlichen Anspruch der Erklärbarkeit (Rückführbarkeit auf ursächliche Zusammenhänge) und dem

Anspruch der bestmöglichen Verwertbarkeit (Flexibilität und Zuverlässigkeit) ableiten.

- Regionale und sachliche Differenzierung

Die Koordinierungsaufgaben von Raumordnung und Landesplanung erfordern regionale Prognoseergebnisse, die bundesweit abgestimmt sind. Als Regionsraster bieten sich die 75 Raumordnungsregionen an (mit Teilregionen 88). Sie sind weitgehend identisch mit den Planungsräumen der Länder und bilden die derzeit gültige Planungsraumgliederung für die Raumordnungspolitik des Bundes. Städtebau- und Wohnungsbaupolitik sind darüber hinaus auf kleinräumige Prognoseergebnisse angewiesen, etwa um die Folgen einer anhaltenden Suburbanisierung beurteilen zu können. Die Raumordnungsregionen mit großen Verdichtungsräumen und mit Verdichtungsansätzen werden deshalb noch einmal nach Kernstädten und Umlandkategorien unterteilt. Auf diese Weise ergeben sich 139 Prognoseräume als räumliche Bezugsbasis für die Prognose.

Die Bevölkerung soll nach Geschlecht, Altersjahrgängen und Nationalität (Deutsche, Ausländer) prognostiziert werden können. Für eine differenzierte Beurteilung der Auswirkungen der Bevölkerungsentwicklung z.B. auf den Arbeitsmarkt oder bestimmte Infrastrukturbereiche wie den Bildungsbereich reicht eine Unterscheidung nach 5-Jahres-Altersgruppen nicht aus. Auf dieser Grundlage lassen sich die jeweiligen Nachfrager- oder Bedarfsgruppen meist nicht hinreichend genau abgrenzen. Die Differenzierung nach Deutschen und Ausländern ist mit dem bedeutenden Anteil der Ausländer an der Gesamtbevölkerung und den sich daraus ergebenden Integrationsproblemen begründet, die durch die hohe räumliche Konzentration der Ausländer in den Verdichtungsräumen verstärkt auftreten.

- Fristigkeit

Das Modell soll in erster Linie mittelfristige Prognosen ermöglichen, d.h. Prognosen über einen Zeitraum von ca. 15 bis 20 Jahren. Prognoseergebnisse sollen jährlich ausgewiesen werden können, um Bevölkerungsentwicklungsmaxima und -minima, die im Zeitablauf u.U. regional unterschiedlich auftreten, erkennen zu können. Bei einer jährlichen Fortschreibung der Prognoseergebnisse reicht dieser Zeitraum auch aus, den notwendigen Informationsvorlauf zu gewinnen, um den sich aus der Bevölkerungsentwicklung möglicherweise ergebenden Problemen aktiv begegnen zu können. Für einen mittelfristigen Zeitraum lassen sich auf der Grundlage theoretischer Erklärungsansätze und empirischer ex-post-Analysen zudem noch relativ "sichere" Annahmen über die künftige Entwicklung der einzelnen Komponenten der Bevölkerungsveränderung treffen. Darüber hinaus sollen aber auch Modellrechnungen, sozusagen Prognosen in Alternativen, möglich sein. Sie können eine Laufzeit von bis zu 50 Jahren haben.

- Zuverlässigkeit

Die sich an der künftigen Bevölkerungsentwicklung orientierenden Planungen und Maßnahmen sind meist mit hohen Investitionen verbunden, die ökonomisch sinnvoll getätigt werden müssen. Die Ergebnisse von regionalen Bevölkerungsprognosen als Entscheidungshilfen sollen deshalb eine möglichst hohe Zuverlässigkeit besitzen, auch wenn die sachliche Gliederungstiefe und die längere Fristigkeit in einem Konkurrenzverhältnis dazu stehen. Hohe Zuverlässigkeit meint deshalb auch weniger das Eintreffen der genauen absoluten Bevölkerungszahl. Vielmehr geht es vorrangig darum, die Spannweite denkbarer Entwicklungen zu ermitteln, d.h. auch extreme, gegenwärtig (noch) unplausibel erscheinende Annahmen in ihren Auswirkungen zu diskutieren. Ein Prognosemodell wird diesen Anforderungen um so eher gerecht werden können, je besser es gelingt, den Prozeß der Bevölkerungsentwicklung abzubilden und zu "erklären". Die Bevölkerungsentwicklung soll deshalb auch nach den einzelnen Komponenten Geburten, Sterbefälle, Zuzüge und Fortzüge differenziert prognostiziert werden.

Über die wissenschaftlichen und inhaltlichen Anforderungen hinaus soll das Bevölkerungsprognosemodell schließlich EDV-technisch so gestaltet sein, daß eine laufende Aktualisierung von Prognosen oder eine Ermittlung alternativer Prognosevarianten ohne großen Zeit- und Mittelaufwand möglich ist. Dies wird dadurch gewährleistet, daß das Modell in das Informationssystem der Laufenden Raumbeobachtung integriert ist. Die Laufende Raumbeobachtung hält einmal die erforderlichen Ausgangsdaten für regionale Bevölkerungsprognosen bereit und ermöglicht zudem eine laufende ex-post-Analyse der Bestimmungsfaktoren der Bevölkerungsentwicklung als Grundlage für die jeweilige Annahmendiskussion.

Regionalstatistische Datenrestriktionen erschweren die Erfüllung der genannten Anforderungen bei der Modellbildung. Die Regionalstatistik liegt im sachlichen Differenzierungsgrad wie auch in der jeweiligen Aktualität hinter der Bundesstatistik zurück. Eine Reihe von Modellansätzen, die für Ein-Regionen-Modelle wie die Bundesrepublik Deutschland bereits erprobt wurden, sind auf der Ebene von Mehr-Regionen-Modellen gar nicht oder nur in Bundesländern mit einer besseren Datenbasis durchführbar. Der Komplexitätsgrad solcher Modelle macht deren Formalisierung auf regionaler Ebene unmöglich. Das von der BfLR entwickelte Modell entspricht daher nicht dem neuesten Stand demographischer, insbesondere demo-ökonomischer "Modellbaukunst", sondern es ist Resultat eines Abwägungsprozesses zur mehr oder weniger ausgeprägten Erfüllung der genannten Anforderungen.

3. Überlegungen zur Formalstruktur des Modells

Die Überlegungen zur Modellstruktur basieren auf einer umfassenden und intensiven Diskussion und Analyse der Bestimmungsfaktoren der regionalen Bevölkerungsentwicklung. Sie wurden bei der Formalisierung des Modells folgendermaßen umgesetzt:

- Die einzelnen Komponenten der Bevölkerungsentwicklung sind nicht unabhängig voneinander, und ihre Entwicklung hängt jeweils von demographischen und nichtdemographischen Einflußfaktoren ab. Im Modell wird dem durch modellendogene Rückkoppelungen weitgehend Rechnung getragen, zumindest was den Einfluß der demographischen Faktoren (Geschlecht, Alter) betrifft. Die Bevölkerungsentwicklung jeder Periode wird rekursiv als Funktion des Bestandes zu Beginn der Periode bestimmt. Jede Veränderung des Bevölkerungsbestandes in einer Region bewirkt Veränderungen der Bevölkerungsbewegungen und damit der Bevölkerungsbestände in allen anderen Regionen.

- Wechselbeziehungen und Rückkoppelungen zwischen der Bevölkerungsentwicklung und nichtdemographischen Einflußfaktoren werden nicht modellendogen abgebildet, sondern modellexogen berücksichtigt. Verhaltensparameter wie Geburtenziffern, Sterbeziffern, Fortzugsraten usw. werden modellexogen prognostiziert. Ihre Prognose stützt sich auf längere ex-post-Beobachtungen. Mit Hilfe von Zeitreihenanalysen werden induktive Schlußfolgerungen für die künftige Entwicklung dieser Parameter gezogen.

- Die auf der Grundlage von aggregatstatistischen Daten berechneten Verhaltensparameter sind Durchschnittswerte. Sie beschreiben das Verhalten von Bevölkerungsaggregaten, die sich aus unterschiedlichen Teilmengen zusammensetzen. Die theoretischen Erklärungsansätze, mit denen Makroprozesse durch Mikrogesetzmäßigkeiten erklärt werden, legen es nahe, möglichst Teilmengen der Bevölkerung zu bilden, deren Mitglieder ein ähnliches demographisches Verhalten aufweisen. Die für solche verhaltenshomogenen Gruppen gefundenen Erklärungen und getroffenen Annahmen können dann auch für die den Gruppen jeweils angehörigen Einzelpersonen gelten.

Die Formalisierung des Binnenwanderungsmodells stützt sich auf folgende Überlegungen:

- Das Modell unterscheidet zwischen interregionalen und intraregionalen Wanderungen. Wanderungen über die Grenzen der Raumordnungsregionen können in ihrer Mehrzahl als interregionale Wanderungen betrachtet werden, Wanderungen innerhalb dieser Regionen als intraregionale[8]. Die Raumordungsregionen bilden deshalb die räumliche Bezugsbasis des Wanderungsmodells. Die Wanderungen nach und von Raumeinheiten unterhalb der Raumordnungsregionen, z.B.

einer Kernstadt oder einem Umlandkreis, setzen sich somit immer aus zwei Komponenten zusammen: einer interregionalen und einer intraregionalen.

- In Anlehnung an theoretische Erklärungsansätze, die zwei Phasen im Entscheidungsablauf von Wanderungen unterscheiden, werden ein Verursachungs- und ein Verteilungsmodell gebildet. Theoretisch wird im Verursachungsmodell bestimmt, ob eine Entscheidungseinheit nicht wandert oder wandert. Dadurch wird für jede Region das Wanderungsaufkommen ermittelt. Die Verteilung des Wanderungsaufkommens auf die Zielregionen erfolgt danach mit Hilfe des Verteilungsmodells. Diese Verteilung ergibt sich theoretisch aus einem Zusammenwirken von Standortfaktoren in der Herkunfts- und der Zielregion sowie vermittelnd wirkenden Distanz-, Informations- und Kostenkomponenten.

- Individuelle Faktoren wie Alter und Stellung im Lebenszyklus sind von grundlegender Bedeutung für die Wanderungsentscheidung. In Anlehnung an bestimmte Stadien im Lebenszyklus werden vier Wanderungsgruppen nach dem Alter unterschieden: 18- bis unter 25jährige, 25- bis unter 30jährige, 30- bis unter 50jährige einschließlich der bis unter 18jährigen und Personen im Alter von 50 und mehr Jahren. Es wird unterstellt, daß diese Altersgruppen ein relativ homogenes Entscheidungsverhalten (Motivstruktur) zeigen. Ihnen entsprechen in etwa die Motivgruppen Bildungswanderer, Arbeitsplatzwanderer, Wohnungs- und Wohnumfeldwanderer (Familienwanderer) sowie Altersruhesitzwanderer.

- Wanderungen sind das Ergebnis eines Entscheidungsprozesses, der einerseits durch bestimmte Wohnstandortansprüche (Motive) und andererseits durch bestimmte objektive Bedingungen (Wohnstandortfaktoren) geprägt ist. Bei der Operationalisierung des Wanderungsmodells werden diese Zusammenhänge dadurch berücksichtigt, daß neben dem Merkmal Alter auch die Regionszugehörigkeit, d.h. die Bedingungen des jeweiligen regionalen Lebensraums zur Differenzierung des Wanderungsgeschehens herangezogen werden. Damit kann der theoretischen Forderung entsprochen werden, homogene Wanderungsgruppen nach denjenigen Merkmalen zu bilden, die letztlich über die Veränderung des Wohnsitzes und damit über Richtung und Art der Wohnsitzwahl entscheiden.

4. Formalisierung des Modells

Die Grobstruktur des Modells bilden zwei Teilmodelle (siehe Abb. 1): ein biometrisches Modell und ein Wanderungsmodell, wobei das Wanderungsmodell sich wiederum aus einem Binnen- und einem Außenwanderungsmodell zusammensetzt. Die Fortschreibung bzw. Prognose der Bevölkerung erfolgt also auf der Grundlage der natürlichen Bevölkerungsbewegung unter Einschluß von Wanderungen.

Abb. 1: Überblick über den Aufbau des regionalen Bevölkerungsprognosemodells

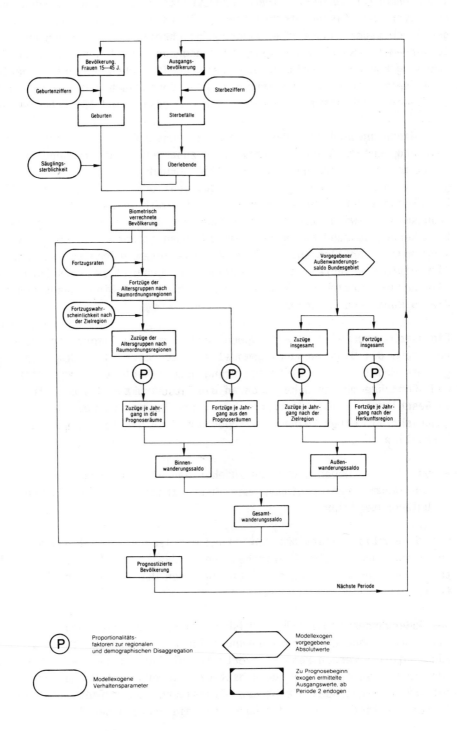

Das biometrische Modell: Die natürliche Bevölkerungsbewegung wird in einem Kohortenmodell des Leslie-Typs dargestellt[9]. Einbezogen werden geschlechts- und altersspezifische Sterbeziffern, altersspezifische Geburtenziffern und die geschlechtsspezifische Säuglingssterblichkeit. Diese demographischen Verhaltensparameter werden modellexogen vorgegeben. Das Alter wird nach dem Geburtsjahrgangskonzept - Prinzip des durchschnittlichen Alters - definiert. Die altersspezifische Differenzierung geschieht nach Ein-Jahres-Altersstufen. Räumliche Bezugsbasis des biometrischen Modells sind 139 Prognoseräume.

Das Wanderungsmodell: Das Binnenwanderungsmodell setzt sich aus vier wanderungsgruppenspezifischen Teilmodellen zusammen, entsprechend den vier verhaltenshomogenen Wanderungsgruppen. Die Grundstruktur der Teilmodelle bildet jeweils die Verknüpfung des Verursachungsmodells mit dem Verteilungsmodell. Die Prognose der Binnenwanderung erfolgt somit in zwei Schritten: Im Verursachungsmodell wird zunächst für jede Region mittels Fortzugsraten aus dem Bevölkerungsbestand das Wanderungsaufkommen (= Fortzüge) bestimmt. Im Verteilungsmodell erfolgt anschließend mittels interregionaler Fortzugswahrscheinlichkeiten die Verteilung der Fortzüge aus jeder Region als Zuzüge auf jeweils alle anderen Regionen. Räumliche Bezugsbasis des Binnenwanderungsmodells sind die 75 Raumordnungsregionen.

Die sachliche (vier Altersgruppen) und räumliche Ausprägung (75 Raumordnungsregionen) des Binnenwanderungsmodells entsprechen nicht dem Anspruch, den das gesamte Modell an den Differenzierungsgrad erhebt. Die prognostizierten Zuzüge und Fortzüge müssen daher noch an die Feinstruktur des biometrischen Modells (2 Geschlechter, 100 Altersjahrgänge, 139 Prognoseräume) angepaßt werden. Dies geschieht mit einer Reihe von Proportionalitätsfaktoren, die den Zusammenhang herstellen zwischen

- den Altersgruppen und ihren zugehörigen Altersjahrgängen,
- den Raumordnungsregionen und ihren zugehörigen Teilräumen (Kernstädte, Umlandkategorien).

Die Proportionalitätsfaktoren werden emprisch ermittelt aus aktuellen Werten der Wanderungsstatistik zwischen den Bundesländern (für die Feinaltersstruktur) und der Wanderungsstatistik zwischen den Kreisen (regionale Feinstruktur).

Das Außenwanderungsmodell ist bisher ein reines Verteilungsmodell. Ein politisch vorgegebener Außenwanderungssaldo wird umgerechnet in Zuzüge und Fortzüge, diese werden regional verteilt auf ihre Ziel- bzw. Herkunftsregionen. Schließlich werden die Wanderungsströme wiederum mit Hilfe von Proportionalitätsfaktoren nach Geschlecht und Altersjahrgängen aufgeteilt. Grundlage dafür ist die Statistik der Wanderungen über die Grenzen der Bundesrepublik Deutschland: Die dort für den Bundesdurchschnitt gewonnenen Altersstrukturen der Wandernden werden auf alle Regionen übertragen.

Mit der Bildung des Außenwanderungssaldos je Region und Kohorte sind alle Komponenten des Prognosemodells festgelegt. Binnen- und Außenwanderungssaldo lassen sich zum Gesamtwanderungssaldo zusammenfassen. Aus diesem und der biometrisch verrechneten Bevölkerung ergibt sich die prognostizierte Bevölkerung nach dem ersten Prognosejahr. Diese Bevölkerung ist zugleich Ausgangsbasis der Berechnungen für das zweite Prognosejahr.

Mit der Wahl eines rein demographischen Prognoseansatzes weicht die BfLR ab von der Methode, die bei der Erstellung der Raumordnungsprognose 1995 (vgl. Beitrag von Manfred Sinz in diesem Band) verwendet wurde. Der Verzicht auf die Verwendung eines demo-ökonomischen Ansatzes führt zu einigen Veränderungen der formalen Modellstruktur. Die gravierendste ist, daß Wanderungsbewegungen nunmehr insgesamt autonom behandelt und nicht mehr zum Teil über die regionale Arbeitsmarktsituation modellendogen induziert werden. Dafür können aber andere Anforderungen an das Modell, insbesondere die Aktualisierbarkeit und der Differenzierungsgrad wesentlich erhöht werden: Die Integration des Prognosemodells in die Laufende Raumbobachtung ermöglicht praktisch eine laufende Aktualisierung der Prognoseergebnisse. Bei den Binnenwanderungen kann gegenüber der Raumordnungsprognose 1995 zwischen inter- und intraregionalen Wanderungen unterschieden werden. Bei den Außenwanderungen wird die Altersselektivität der Zu- und Fortzüge durch regressionsanalytisch ermittelte Befunde der Vergangenheit gestützt. In der regionalen Differenzierung werden durch die Verwendung von 139 Prognoseräumen (gegenüber 75 Raumordnungsregionen) Entwicklungen im Stadt-Umland-Verhältnis erfaßt. Die stärkere sachliche Differenzierung (nach Altersjahrgängen statt Fünf-Jahres-Altersgruppen) erlaubt eine feinere Darstellung der Altersstruktur und eine jährliche Prognose (statt Fünf-Jahres-Schritten) des Bevölkerungsbestandes.

5. Annahmen für die Status-quo-Variante

Das Modell beansprucht u.a., das Denken in Alternativen zu ermöglichen. Die Formalstruktur des Modells ist deshalb so angelegt, daß Variationen des Prognosehorizonts, des regionalen oder sachlichen Differenzierungsgrades oder der Annahmen für die relevanten Modellparameter ohne Schwierigkeiten durchgeführt werden können. In der kurzen Zeit, die das Modell existiert, wurden diese Variationsmöglichkeiten noch bei weitem nicht ausgeschöpft. Veröffentlicht wurden bisher die Ergebnisse eines Prognoselaufs, der Status-quo-Charakter hat[10]. Status quo bedeutet teils, daß die für die Vergangenheit gültigen Parameterwerte in der Zukunft beibehalten werden, teils, daß sich die in der Vergangenheit beobachtete Entwicklung fortsetzen wird. Die Prognosevariante orientiert sich damit eng an den Annahmen des Statistischen Bundesamtes für dessen Prognose im Bevölkerungsbericht der Bundesregierung[11]). Daneben wurden eine Reihe von - nicht veröffentlichten - Testrechnungen durchgeführt, um die Reaktionen des Modells auf die Variation von Verhaltensparametern zu überprüfen. Damit soll zugleich herausgefunden werden, in welchem Ausmaß einzelne Komponenten bei einer Verfeinerung der Modellstruktur Einfluß auf die Ergebnisse haben und welche Bedeutung den geplanten Verbesserungen des Modells letztendlich beizumessen ist.

Neben der Ausgangsbevölkerung ist die Entwicklung der Verhaltensparameter bezüglich der Fruchtbarkeit, der Sterblichkeit und der Mobilität wesentliche Determinante für die künftige Bevölkerungszahl, deren Struktur und deren regionale Verteilung. Die Prognoseannahmen für die Verhaltensparameter basieren auf umfangreichen Analysen über die Entwicklung in der jüngeren Vergangenheit. In der Variante mit Status-quo-Charakter werden die Parameter - als Durchschnitt für einen Stützzeitraum von drei Jahren ermittelt - zumeist beibehalten.

a) Fertilität

Abweichend von diesem Prinzip werden bei den Verhaltensparametern zur Fruchtbarkeit regionale und altersspezifische Veränderungen angenommen. Sie gleichen sich jedoch in ihrer Summe aus, so daß eine konstante Fruchtbarkeit auf Bundesebene erreicht wird. Die Veränderungen beziehen sich auf die Tendenz, daß Frauen später gebären, und darauf, daß regionale Unterschiede der Fertilität nicht zeitstabil sind. Deshalb wird - allerdings nur für die erste Hälfte des Prognosezeitraums - angenommen, daß die altersspezifische Fruchtbarkeit bei Frauen im Alter ab 25 Jahren noch leicht zunimmt, während sie bei den jüngeren Altersgruppen weiter sinkt. Bei den regionalen Unterschieden wird deren zeitliche Entwicklung, teils Konvergenz -, teils Divergenzprozesse, in abgeschwächter Form bis 1990 extrapoliert, danach werden die dann erreichten Werte konstant gehalten bis zum Jahr 2000.

Ein Problem entsteht aus dem unterschiedlichen Differenzierungsgrad des Prognosemodells und der vorhandenen Datenbasis: Das Modell benötigt jahrgangsspezifische Geburtenhäufigkeiten, während die Regionalstatistik die dafür notwendigen Daten nur für Fünf-Jahres-Altersgruppen bereitstellt. Es wurde ein Verfahren entwickelt, mit dem aus der diskreten Treppenfunktion der altersgruppenspezifischen Geburtenhäufigkeiten eine stetige Funktion geschätzt wird, die die Berechnung jahrgangsspezifischer Werte erlaubt. Dies gelingt unter Verwendung einer Gammafunktion. In die Schätzung der Parameter dieser Funktion gehen die altersgruppenspezifischen Geburtenhäufigkeiten sowie die zusammengefaßte Geburtenrate ein. Die Schätzergebnisse erbringen jahrgangsspezifische

Werte, d.h. Sprünge in der Entwicklung, wie sie zwischen den Jahrgangswerten benachbarter Altersgruppen auftreten, werden vermieden.

b) Mortalität

Die Status-quo-Prognose wird mit regional differenzierten, jedoch zeitlich konstanten altersspezifischen Sterbewahrscheinlichkeiten durchgeführt, obwohl ein langfristiger Trend zu einer Erhöhung der Lebenserwartung vorliegt und weiterhin zu erwarten ist. Für die Berechnung der regionalen Sterbeziffern wird der Durchschnitt der Jahre 1979 - 1981 gewählt. Mit Ausnahme der unter Einjährigen und der Ein- bis unter Vierjährigen sind die Verstorbenen zu Fünf-Jahres-Altersgruppen zusammengefaßt, so daß sich altersgruppenspezifische Sterbeziffern berechnen lassen. Um den Anforderungen des Prognosemodells gerecht zu werden, werden diese Werte ebenfalls umgeschätzt zu Jahrgangswerten. Es ist allerdings bisher keine stetige Funktion bekannt, die hinreichend genau eine Näherung an die Treppenfunktion der Altersgruppen leistet. Abweichend von der Schätzung der Geburtenziffern wird deshalb die Gesamtfunktion in vier Bereiche zerlegt, in denen mit unterschiedlichen Annahmen und Verfahren operiert wird.

c) Mobilität

Entsprechend dem zweistufigen Verfahren der Prognose der Binnenwanderungen werden zwei verschiedene Mobilitätsparameter verwendet. Für das Verursachungsmodell werden auf der Ebene der Raumordnungsregionen Fortzugsraten berechnet, die das Wanderungsaufkommen beschreiben. Als Ausgangswerte für die Prognose werden die für den Stützzeitraum 1979 - 1981 berechneten Durchschnitte verwendet. Das Binnenwanderungsvolumen zeigt seit Mitte der 70er Jahre eine rückläufige Tendenz. Dies belegen auch die sachlich differenzierter vorliegenden Informationen über die Wanderungen zwischen den Bundesländern. Der Trend zur geringeren Mobilität wird in abgeschwächter Form in die Zukunft (bis 1990) extrapoliert, danach werden die Fortzugsraten konstant gehalten. Das Ausmaß der zukünftig erwarteten Veränderungen variiert zwischen den verhaltenshomogenen Altersgruppen.

Im Rahmen des Verteilungsmodells wird das Wanderungsaufkommen in jeder Region mit Hilfe interregionaler Fortzugswahrscheinlichkeiten als Zuzüge auf die anderen Regionen verteilt. Grundlage zur Schätzung der interregionalen Fortzugswahrscheinlichkeiten bilden die altersgruppenspezifischen Wanderungsverflechtungen zwischen den 75 Raumordnungsregionen in den Jahren 1977 und 1980. Die Parameter geben an, zu welchen Anteilen sich die Fortzüge aus einer Region als Zuzüge auf die anderen Regionen verteilen. Vorgeschaltete Analysen ergaben, daß die interregionalen Fortzugswahrscheinlichkeiten zwischen 1977 und 1980 zeitstabil waren. Damit wird die Annahme begründet, daß die interregionalen Fortzugswahrscheinlichkeiten im Prognosezeitraum konstant bleiben.

Der Außenwanderungssaldo ist eine politisch sehr sensible Größe. Es existieren bereits Bevölkerungsprognosen des Statistischen Bundesamtes, die in den Bevölkerungsbericht[11] der Bundesregierung übernommen wurden und dadurch "amtlichen" Charakter erhielten. In diesen Prognosen werden auch mehrere Varianten zur Entwicklung des Außenwanderungssaldos vorgestellt. Für die BfLR-Prognose wird das Modell C der Modellrechnungen des Statistischen Bundesamtes zur Außenwanderung übernommen. Sie geht von einem positiven Außenwanderungssaldo von 55 00 Personen aus, wobei zeitweilig - wegen der Erweiterung der Europäischen Gemeinschaft - mit einem Saldo von + 85 000 Personen gerechnet wird. Die Anpassung der prognostizierten Zu- und Fortzüge der Binnen- und Außenwanderung an den Differenzierungsgrad des biometrischen Modells (2 Geschlechter, 100 Altersjahrgänge, 139 Prognoseräume) erfolgt mittels Proportionalitätsfaktoren. Sie werden als Durchschnitt von im Basiszeitraum 1979 - 1981 beobachteten Entwicklungen berechnet. Für den Prognosezeitraum wird angenommen, daß sie sich nicht verändern.

Die Funktionstüchtigkeit des Modells ist bereits hinreichend belegt[10]. Es erfüllt weitgehend die eingangs aufgestellten Anforderungen an regionale Bevölkerungsprognosen. Der Einfluß demographischer und nichtdemographischer Bestimmungsfaktoren auf die Bevölkerungsentwicklung wird modellendogen bzw. -exogen berücksichtigt. Damit kann das Modell für bedingte Prognosen im Sinne von Wenn-dann-Aussagen genutzt werden. Das Modell leistet eine Prognose der einzelnen Komponenten der Bevölkerungsentwicklung. Sein räumlicher, sachlicher und zeitlicher Differenzierungsgrad entspricht den Anforderungen räumlich orientierter Politik auf Bundesebene. Die Abbildungen 2 bis 4 belegen dies beispielhaft. Eine laufende Aktualisierung von Prognosen oder Ermittlung alternativer Prognosevarianten ist ohne großen Aufwand möglich. Das Modell ist somit heute ein wichtiges Instrument wissenschaftlicher Politikberatung.

Abb. 2: Entwicklung der Bevölkerungszahl bis zum Jahr 2000

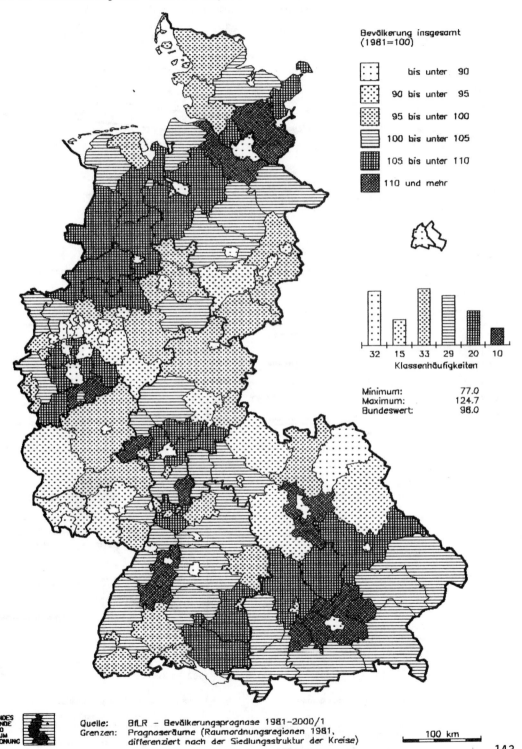

Abb. 3: Entwicklung der Bevölkerungsbewegungen Geburten, Sterbefälle, Zuzüge und Fortzüge nach Kreistypen bis zum Jahr 2000

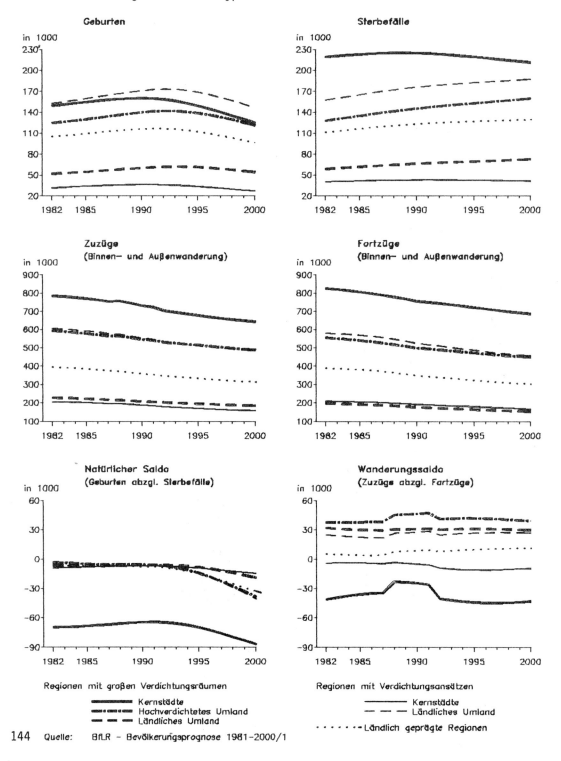

Abb. 4: Entwicklung der Bevölkerung insgesamt und nach drei Altersgruppen in den Kreistypen bis zum Jahr 2000

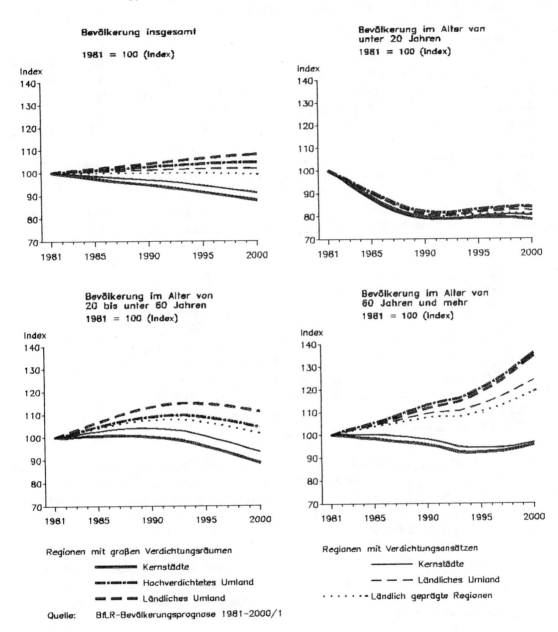

6. Schwachstellenanalyse des Modells

6.1 Aufgaben und Ziele der Schwachstellenanalyse

Die folgende Schwachstellenanalyse des Modells konzentriert sich darauf, Mängel und Defizite in der Modellstruktur und in den Modellannahmen zu finden, die die wissenschaftliche Begründung der Prognoseergebnisse berühren bzw. die Zuverlässigkeit der Prognoseergebnisse beeinflussen. Zuverlässig meint dabei in erster Linie, im Hinblick auf den geforderten Detaillierungsgrad der Prognose und die angestrebte Prognosefrist die Spannweite denkbarer Entwicklungen zu ermitteln. Dies wird umso besser gelingen, je genauer der Prozeß der Bevölkerungsentwicklung im Modell abgebildet und damit "erklärt" werden kann. Es ist nicht so wichtig, ob vorausgesagte Entwicklungen auch tatsächlich eintreffen. Wesentlicher ist, ob Bevölkerungsprognosen dazu beitragen können, die Bevölkerungsentwicklung besser zu verstehen, ob sie Informationen liefern können, die Veränderungen im Verhalten von Verwaltungen und politischen Institutionen bewirken[12].

Eine wichtige Frage in diesem Zusammenhang ist, welchen wissenschaftlichen "Status" Prognosen haben sollen. Weit verbreitet ist die Meinung, daß regionale Bevölkerungsprognosen soweit wie möglich auf deduktiv-nomologischen oder deduktiv-statistischen Erklärungsansätzen der Bevölkerungsentwicklung bzw. ihrer Komponenten (Geburten, Sterbefälle, Wanderungen) fußen sollen. In jedem Fall soll die Art der Begründung von Bevölkerungsprognosen klargestellt werden. D.h., man sollte die Bedingungen nennen, unter denen die Prognose abgegeben wurde. Prognosen ohne Bedingungen, die das Eintreten von Entwicklungen unabhängig von allem behaupten, was sonst noch geschehen mag, müssen in jedem Falle als unwissenschaftlich gelten.

Im folgenden gilt es vor allem zu prüfen, ob der Einfluß demographischer und nichtdemographischer Bestimmungsfaktoren auf die Bevölkerungsentwicklung modellendogen bzw. -exogen ausreichend berücksichtigt wird, damit das Modell für bedingte Prognosen im Sinne von Wenn-dann-Aussagen genutzt werden kann. Sensitivitätsanalysen, bei denen der Einfluß einzelner Verhaltensparameter - bei Konstanthaltung aller übrigen - auf das Prognoseergebnis untersucht wird, können eine solche Schwachstellenanalyse empirisch unterstützen. Solche Sensitivitätsanalysen waren bislang aus Zeitgründen jedoch erst für einzelne Bereiche möglich. Die Schwachstellenanalyse beschränkt sich deshalb hier vorwiegend auf theoretische, selbstkritische Erörterungen.

6.2 Schwachstellen des Modells

Als Schwachstellen des Modells müssen diejenigen Annahmen (modellexogene Verhaltensparameter) oder diejenigen Teile der formalen Modellstruktur (Proportionalitätsfaktoren zur regionalen und demographischen Disaggregation) gelten, die dem derzeitigen Erfahrungswissen über die regionale Bevölkerungsentwicklung nicht genügend Rechnung tragen und die deshalb die Zuverlässigkeit der Prognoseergebnisse einschränken. Differenziert nach biometrischem Modell, Wanderungsmodell und modellendogenen Rückkoppelungen zwischen beiden, können im einzelnen folgende wesentlichen Schwachstellen identifiziert werden:

a) Geburtenziffern

Die Prognose regionaler Geburtenhäufigkeiten im Modell ist schon weitgehend ausgereift, zumindest was die Berücksichtigung regionaler und altersgruppenspezifischer Verhaltensunterschiede und ihrer Veränderungen im Prognosezeitraum betrifft. Die Prognose stützt sich allerdings ausschließlich auf längere ex-post-Beobachtungen des Verhaltensparameters "Geburtenziffer", aus denen mit Hilfe von Zeitreihenanalysen induktive Schlußfolgerungen für die künftige Entwicklung gezogen werden. Bei einem relativ kurzen Stützzeitraum von 8-10 Jahren bringt dies natürlich Gültigkeitsprobleme mit sich. Für eine bessere Untermauerung der Annahmen, vor allem bei längeren Prognosezeiträumen, ist es deshalb angebracht, auch die aus geprüften Theorien und Hypothesen vorliegenden Kenntnisse über demographische (insbesondere kohortenspezifische) und nichtdemographische Einflußfaktoren künftiger regionaler Entwicklungsunterschiede der Geburtenziffern zu berücksichtigen.

Neuere Untersuchungen belegen z.B., daß Wanderungen auch selektiv bezüglich des Fertilitätsverhaltens wirken[13]. Familien mit höherer Kinderzahl bevorzugen Regionen mit positiven Eigenschaften für das Wohnumfeld, während arbeitsplatzorientierte Wanderer oder Bildungswanderer, die zugleich eine niedrigere Fertilität aufweisen, andere Regionen, insbesondere die Kerne von Verdichtungsräumen bevorzugen. Der kumulative Effekt solcher gegenläufiger Wanderungen muß zu einer Vergrößerung regionaler Disparitäten im Fertilitätsverhalten führen. Diese Auswirkung selektiver Wanderungen auf die Biometrie ist bislang im Prognosemodell formal nicht erfaßt.

b) Sterbeziffern

Die Prognose der regionalen Sterbefälle basiert auf einer Berechnung regionaler Sterbeziffern als Durchschnitt über einen ex-post-Zeitraum. Für den Prognosezeitraum werden die beobachteten Sterbeziffern der jüngsten Vergangenheit bisher als konstant angenommen. Damit wird unterstellt, daß sich weder das Niveau der Lebenserwartungen noch die derzeit bestehenden geschlechts- oder alters- oder regionsspezifischen Unterschiede der Verhaltensparameter ändern. Schwankungen der Zahl der Gestorbenen erklären sich dann allein aus Veränderungen der Altersstruktur.

Aussagen über die künftige Sterblichkeitsentwicklung sind allerdings äußerst schwierig, weil sich der Verlauf der Sterblichkeit aus der Wechselwirkung einer Vielzahl von Einflußfaktoren ergibt: biologisch-genetische Faktoren, sozioökonomische Faktoren, natürliche und gesellschaftliche Umweltbedingungen, Stand des medizinischen Versorgungsniveaus, individuelle gesundheitsrelevante Lebensweisen und andere mehr. Gleichwohl stellt sich aber auch hier die Frage einer Verbesserung durch die zeitliche Dynamisierung der Annahmen und durch die Berücksichtigung vorliegender Erkenntnisse über regionale Sterblichkeitsunterschiede, deren Ursachen und Entwicklung. Dies gilt auch für die Säuglingssterblichkeit, die sich im letzten Jahrzehnt - bei allerdings nahezu gleichbleibenden regionalen Unterschieden - laufend verringerte.

c) Wanderungsgruppenspezifische Teilmodelle

Die Frage stellt sich, ob die im Modell gewählten vier Altersgruppen noch dem heutigen Wanderungsgeschehen gerecht werden, d.h. eindeutig homogenen Wanderungsgruppen entsprechen. Strohmeier belegte z.B. für ausgewählte Städte Nordrhein-Westfalens, daß diese Gruppen keineswegs verhaltenshomogen sind[14]. Des weiteren erbrachte eine Auswertung bayerischer Wanderungsdaten, deren Ergebnisse im Anhang dieses Beitrags zusammenfassend dargestellt werden, keine Bestätigung, daß die gewählten Altersgruppen zugleich auch eine homogene Verhaltensstruktur aufweisen. Auch bundesweit gibt es mittlerweile Anhaltspunkte dafür, daß sich das Wanderungsgeschehen in seiner soziodemographischen Struktur verändert hat. Die derzeitigen ökonomischen Rahmenbedingungen, die etwa seit Mitte der 70er Jahre gültig sind, schränken grundsätzlich die Freiheitsspielräume für Wanderungen ein. Sie führen einmal zu einem allgemeinen Rückgang regionaler Mobilität und zweitens zu neuen Erscheinungsformen selektiver Wanderungen. Sie beeinflussen vor allem im weitesten Sinne ökonomisch motivierte oder bedingte Wanderungen. Das sind zum einen interregionale Arbeitsplatzwanderungen aus Gründen der Wahrung und Verbesserung erworbener Positionen und Lebensbedingungen, zum anderen sind es intraregionale Wanderungen aus Gründen der Verbesserung der Wohnverhältnisse und des Wohnumfeldes. Diese sog. "Wohlstandswanderungen" sind in den vergangenen Jahren erheblich zurückgegangen. Solche Beobachtungen legen es nahe, nach neuen homogenen Wanderungsgruppen zu suchen.

d) Fortzugsraten

Das Wanderungsaufkommen (= Zahl der Fortzüge aus jeder Raumordnungsregion einschließlich der Fortzüge innerhalb der Raumordnungsregion über Kreisgrenzen) wird über regionale Fortzugsraten für die einzelnen Wanderungsgruppen exogen bestimmt. Die Prognose dieser Fortzugsraten orientiert sich an empirischen Werten der Vergangenheit, ohne daß Erklärungsversuche unternommen werden, wie und weshalb diese Raten zustande kamen. Die beobachteten Trends der Verhaltensparameter werden für den Prognosezeitraum teils extrapoliert, teils als konstant angenommen. Damit wird unterstellt, daß auch die nicht näher untersuchten Verursachungsfaktoren der Wanderungen sich in ähnlicher Weise fortentwickeln werden. Auch Verschiebungen der regionalen Verteilung der Bevölkerung führen nicht zu Sogeffekten, die die Wanderungsvolumina beeinflussen können.

e) Fortzugswahrscheinlichkeiten nach der Zielregion

Im Verteilungsmodell wird das Wanderungsaufkommen auf die Zielregionen verteilt. Das verwendete Verteilungsmuster beruht jeweils auf den aktuellsten, der BfLR verfügbaren Verflechtungsmatrizen der Wanderungen zwischen den Kreisen. Die auf dieser Grundlage berechneten Verhaltensparameter, die Fortzugswahrscheinlichkeiten von Region i nach Region j, werden für den gesamten Prognosezeitraum als konstant angenommen. Häufig besteht jedoch ein Zusammenhang zwischen dem Niveau und der Struktur demographischer Größen: Die Zunahme der Mobilität wird von bestimmten Altersgruppen oder Regionen/Regionstypen getragen, so daß die Annahme der Strukturkonstanz dann nicht korrekt wäre. Eine Wiederbelebung der Arbeitsmärkte, die zu einer Vergrößerung der interregionalen Mobilität führen könnte, würde nicht von allen Regionen gleichermaßen getragen. Vielmehr hätten die wirtschaftsstrukturstarken Regionen überproportionale Wanderungsgewinne zu erwarten. Wechselnde Konjunkturzyklen werden daher mit wechselnden Wanderungsverflechtungsmustern verknüpft sein. Grundsätzlich fehlt es auch hier an einer Einbeziehung von Erklärung in die Diskussion über die zu treffenden Annahmen, insbesondere auch was eine zeitliche Dynamisierung der Fortzugswahrscheinlichkeiten betrifft.

f) Proportionalitätsfaktoren zur intraregionalen Verteilung von Zu- und Fortzügen aus der Binnenwanderung

Die interregionalen Wanderungen zwischen den Raumordnungsregionen und die intraregionalen Wanderungen zwischen Kernstädten und Umlandkategorien innerhalb der Raumordnungsregionen sind über Proportionalitätsfaktoren fest miteinander verknüpft. Zu- oder Abnahmen im Wanderungsvolumen der Fernwanderungen entsprechen damit der Entwicklung bei kleinräumigen Kern-Rand-Wanderungen. In der Vergangenheit war auch eine gewisse Parallelität beider Ströme zu beobachten. Die "Versteifung" der Arbeitsmärkte führte zu einer Abnahme der großräumigen Mobilität Mitte der 70er Jahre. Gleichzeitig nahm auch die Intensität des Suburbanisierungsprozesses ab. Weniger Haushalte zogen aus den Kernstädten ins Umland, zudem nahm die Wanderungsdistanz, insbesondere in den hochverdichteten Regionen, zu. Die Ursachen für diesen Prozeß lagen eher in der Entwicklung der regionalen Bodenmärkte, erst in zweiter Linie in der relativen Verschlechterung der Einkommensverhältnisse. Indem die Proportionalitätsfaktoren zur intraregionalen Verteilung der Zu- und Fortzüge nach Kernstadt- und Umlandkategorien im Prognosezeitraum konstant gehalten werden, wird praktisch die Struktur der in der jüngsten Vergangenheit beobachteten Bevölkerungssuburbanisierung für den gesamten Prognosezeitraum festgeschrieben. Annahmen über möglicherweise regional unterschiedliche Entwicklungsverläufe des Suburbanisierungsprozesses unter Berücksichtigung der künftigen Entwicklung exogener Einflußfaktoren werden nicht getroffen bzw. nicht in eine zeitliche Dynamisierung der Proportionalitätsfaktoren umgesetzt.

g) Proportionalitätsfaktoren zur regionalen Verteilung der Außenwanderungszu- und -fortzüge

Die auf der Basis eines politisch gesetzten Außenwanderungssaldos ermittelten Zu- und Fortzüge werden mittels Proportionalitätsfaktoren auf die Prognoseräume verteilt. Die Proportionalitätsfaktoren basieren auf Beobachtungen der jüngeren Vergangenheit, sie werden im Prognosezeitraum konstant gehalten. Annahmen über eine mögliche Umverteilung/regionale Verlagerung der Schwerpunkte der Außenwanderungs- und -fortzüge - etwa in Abhängigkeit von Unterschieden in der künftigen regionalen Wirtschafts- und Arbeitsmarktentwicklung - werden nicht getroffen bzw. nicht in eine zeitliche Dynamisierung der Proportionalitätsfaktoren umgesetzt.

7. Verbesserungsvorschläge

7.1 Qualitative Verbesserungen ohne Zunahme der Modellkomplexität

Ein wesentliches Ergebnis der Schwachstellenanalyse ist, daß die Zuverlässigkeit und wissenschaftliche Begründung der Prognoseergebnisse noch verbessert werden kann, ohne daß die Modellkomplexität wesentlich erhöht werden muß. Dadurch bleibt die wichtige Nebenbedingung erfüllt, daß ein ausgewogenes Verhältnis zwischen wissenschaftlich notwendiger Modellkomplexität und planungspraktisch erforderlicher Modelltransparenz bestehen soll.

Es werden zwei Ausbaustrategien verfolgt: Zum einen sollen die Annahmen über die Entwicklung der modellexogenen Verhaltensparameter im Prognosezeitraum wissenschaftlich besser begründet werden. Zum anderen soll die Struktur des Prognosemodells dadurch verändert werden, daß bisher exogene Bestimmungsfaktoren endogenisiert, d.h. Abhängigkeiten zwischen Modellvariablen durch Rückkoppelungen abgebildet werden. So könnten z.B. die Auswirkungen der aus selektiven Wanderungen resultierenden Entmischungsprozesse der Bevölkerung auf die weitere Entwicklung der regionalen Unterschiede im generativen Verhalten oder in der Sterblichkeit durch den Einbau von Rückkoppelungsschleifen zwischen dem Wanderungsmodell und dem biometrischen Modell berücksichtigt werden.

Zunächst soll allein die Qualität des Modellinputs verbessert werden. Die modellexogenen Verhaltensparameter sollen dabei jeweils systematisch nach einer Abfolge bestimmter Fragen analysiert werden:

- Weisen die Verhaltensparameter regionale und gruppenspezifische Unterschiede auf, die eine regionale und gruppenspezifische Differenzierung der Verhaltensparameter nahelegen?

- Sind für die Verhaltensparameter signifikante zeitliche Veränderungen der regionalen und gruppenspezifischen Verhaltensunterschiede zu beobachten, die eine Dynamisierung (Trendprojektion) der Verhaltensparameter nahelegen?

- Gibt es Erklärungsansätze für regionale Verhaltensunterschiede und deren zeitliche Entwicklung? Wie lassen sich diese für regionale Bevölkerungsprognosen verwerten, damit der Forderung nach wissenschaftlicher Begründung von Prognosen besser entsprochen werden kann?

Für die Umsetzung von Erklärungswissen und Annahmen über die künftige Entwicklung der exogenen Verhaltensparameter können unterschiedliche Arbeitstechniken genutzt werden, z.B. sowohl Modellrechnungen als auch die Szenariotechnik oder das Brainstorming. Weitgehend ungelöst ist dabei allerdings noch das Problem, wie sich die auf Erklärungswissen stützende Beschreibung künftig möglicher oder wahrscheinlicher Entwicklungen in rechenbare, quantifizierte Annahmevarianten überführen läßt.

7.2 Verbesserung der Qualität des Modellinputs

Die Verbesserungsvorschläge, welche die modellexogenen Verhaltensparameter und die Annahmen über deren Entwicklung im Prognosezeitraum betreffen, sind nicht mit einer Veränderung der formalen Modellstruktur verbunden und daher relativ kurzfristig zu verwirklichen. Im einzelnen soll an folgenden Parametern angesetzt werden:

a) Geburtenziffern

Die Unterschiede im generativen Verhalten zwischen Deutschen und Ausländern legen es nahe, die Geburtenziffern nach der Nationalität zu differenzieren. Bei den Annahmen über die künftige Entwicklung der Geburtenziffern der Ausländer sind die Ergebnisse von Untersuchungen zu berücksichtigen, die belegen, daß sich das generative Verhalten der Ausländer im Bundesgebiet mit zunehmender Aufenthaltsdauer dem Verhaltensmuster der deutschen Bevölkerung angleicht.

Für eine stärkere Berücksichtigung von Erklärungswissen bei der Annahmediskussion der Geburtenziffern bietet die Anwendung eines kohortenanalytischen Untersuchungsansatzes vielversprechende Möglichkeiten. Er geht von der Grundannahme aus, daß jede Generation sich durch ein eigenes Verhalten auszeichnet, das durch jeweils dieselben zeitgeschichtlichen Änderungen geprägt ist. Diese Grundannahme konnten Birg und andere jüngst für die Geburtenentwicklung im Bundesgebiet bestätigen[15]. Eine für Prognosen wichtige Feststellung ist auch, daß die Geburtenziffernmuster sich nicht abrupt, sondern ausgeprägt stetig ändern. Für die Bildung von verhaltenshomogenen Gruppen als Grundlage für eine Vorausschätzung der Geburtenziffern im Rahmen von Bevölkerungsprognosen schlägt Birg eine sukzessive Differenzierung von Kohorten nach folgenden Merkmalen vor: Alter der Frau bzw. Kohortenzugehörigkeit (Geburtsjahr), Parität der Frau (Zahl der bisher geborenen Kinder), Familienstand, Nationalität, beruflicher Status und Art des regionalen Lebensraumes.

b) Sterbeziffern

Für die Sterbeziffern wird eine regional nicht differenzierte Dynamisierung angestrebt. Die Beobachtung der Entwicklung der Sterblichkeit in der jüngsten Vergangenheit zeigt noch eine erhebliche Veränderungsdynamik und geschlechtsspezifisch unterschiedliche Entwicklung. Die mittlere Lebenserwartung von Frauen hat stärker zugenommen als die der Männer. Die Dynamisierung könnte sich zunächst an den Sterblichkeitsannahmen der jüngsten demographischen Modellrechnungen des Statistischen Bundesamtes orientieren. Anzumerken ist, daß ein weiterer Rückgang der Sterblichkeit sich weniger auf die absolute Bevölkerungsentwicklung auswirkt, sondern weitaus mehr auf die Altersstruktur. Führte der frühere Sterblichkeitsrückgang in der Tendenz zu einer Verjüngung der Bevölkerung, weil immer mehr Kinder und Jugendliche das Erwachsenenalter erreichten, würde ein weiterer Sterblichkeitsrückgang künftig zu einer Vergrößerung des Anteils älterer Menschen führen (zunehmende Alterung der älteren Bevölkerung).

c) Fortzugsraten

Die Dynamisierung der Fortzugsraten soll verbessert werden. Geplant ist, mit exogen vorgeschalteten Erklärungsfunktionen Zusammenhänge zwischen dem Wanderungsvolumen und den sie verursachenden Faktoren abzubilden. Z.B. belegten Birg, Filip und Hilge für den Zeitraum 1961 bis 1980 eine ausgeprägte Parallelität zwischen dem Wanderungsvolumen der Bundesländer und der konjunkturellen Entwicklung, gemessen durch das Bruttoinlandsprodukt[16]. Wenn man das Wanderungsvolumen nicht global, sondern für die vier Wanderungsteilmodelle erklären will, ergeben sich zur Erklärung Anhaltspunkte, die jeweils im Zusammenhang mit den vorherrschenden Wanderungsmotiven dieser Gruppen stehen. Für einen Erklärungsversuch sind daher Hypothesen zu testen über Zusammenhänge zwischen dem Wanderungsvolumen und Entwicklungen auf dem Arbeitsmarkt, dem Bildungssektor, dem Wohnungsmarkt, dem Bodenmarkt und verschiedenen Infrastrukturbereichen. Wenn sich Aussagen machen lassen über die zukünftige Entwicklung solcher "erklärender Größen", dann können Annahmen für die - nach wie vor exogenen - Fortzugsraten besser gestützt und abgesichert werden.

d) Fortzugswahrscheinlichkeiten nach der Zielregion

Ähnlich wie bei den Fortzugsraten wird für die Fortzugswahrscheinlichkeiten nach der Zielregion eine Dynamisierung durch jährliche Veränderungsraten angestrebt, sofern die Annahme der Zeithomogenität der Fortzugswahrscheinlichkeiten nicht zutrifft.

Für eine Dynamisierung ohne Eingriff in die Modellstruktur bieten sich zum einen stochastische Modellansätze an, insbesondere Markoff-Ketten-Modelle. Sie eignen sich hervorragend zur Abbildung dynamischer Prozesse. Wanderungen werden dabei als Ergebnis eines in den zurückliegenden Zeiträumen abgelaufenen stochastischen Prozesses betrachtet, wobei dieser Prozeß durch eine Vielzahl in ihrer Einzelwirkung nicht quantifizierbarer Faktoren verursacht wird.

Eine zweite Möglichkeit, Annahmen über die weitere Entwicklung der Fortzugswahrscheinlichkeiten zu treffen, bietet die Zusammenfassung von Regionen zu Regionsgruppen, die jeweils ähnliche Wanderungsverlaufsmuster bei den einzelnen Wanderungsgruppen aufweisen. Mit der Bildung solcher Regionsaggregate für die einzelnen Wanderungsgruppen wäre eine erhebliche Reduzierung der Zahl der Bedingungskonstellationen verbunden, für die Annahmen getroffen werden müßten. Das Wanderungsverteilungsmodell sieht diese Möglichkeit vor.

e) Proportionalitätsfaktoren zur intraregionalen Verteilung von Zuzügen und Fortzügen

Die Proportionalitätsfaktoren sollen dynamisiert werden. Die Annahmen dazu sollen sich auf eine Analyse der in der Vergangenheit beobachteten Entwicklung stützen. Die Plausibilität der Annahmen soll zusätzlich überprüft werden an aktuellen Forschungsergebnissen über den Stand und die weitere Entwicklung der Bevölkerungssuburbanisierung im Bundesgebiet.

f) Proportionalitätsfaktoren zur regionalen Verteilung der Außenwanderungszu- und -fortzüge

Es ist vorgesehen, die Proportionalitätsfaktoren ebenfalls auf der Grundlage von ex-post-Analysen zu dynamisieren.

7.3 Ausbau und Verbesserung der Modellstruktur

Weitergehende Überlegungen für Verbesserungsvorschläge betreffen die einzelnen Komponenten der Bevölkerungsentwicklung, die nicht unabhängig voneinander sind und deren Entwicklung jeweils von demographischen und nichtdemographischen Einflußfaktoren abhängt. Den darüber vorliegenden theoretischen und empirischen Befunden soll im Modell durch modellendogene Rückkoppelungen stärker Rechnung getragen werden. Darüber hinaus soll grundsätzlich die Zusammensetzung des Binnenwanderungsmodells aus vier wanderungsgruppenspezifischen Teilmodellen, entsprechend vier verhaltenshomogenen Wanderungsgruppen, in Frage gestellt werden. Im einzelnen sind folgende Arbeiten geplant:

a) Wanderungsgruppenspezifische Teilmodelle

Die meisten wanderungstheoretischen Ansätze versuchen, das Wanderungsverhalten auf der Ebene des Individuums zu erklären. Eine Zusammenführung oder Weiterentwicklung dieser Ansätze wäre zu leisten im Rahmen einer Lebenszyklustheorie oder biographietheoretischer Ansätze. Wanderungen müßten dann verstanden werden als eine sukzessive Folge von Ereignissen im Lebensablauf eines Individuums/Haushalts zur Realisierung (Befriedigung) individueller Lebenswünsche des individuellen Lebensplans. Der theoretische Hintergrund des BfLR-Wanderungsmodells fußt im Prinzip auf diesen Überlegungen.

Offen ist jedoch, ob die von der BfLR definierten homogenen Wanderungsgruppen und die damit verbundenen Erklärungsansätze noch dem in jüngerer Zeit (seit Mitte der 70er Jahre) beobachteten Wanderungsgeschehen gerecht werden. Die

Entwicklung der Wanderungen nach 1975 zeigt, daß deren Ursachen und Motive sich z.T. verändern und das Entstehen neuer Wanderungsgruppen wahrscheinlich werden lassen. Erste Versuche, auf der Grundlage der amtlichen Wanderungsstatistik zu "neuen verhaltenshomogenen Wanderungsgruppen" zu kommen, waren nicht sehr erfolgreich (siehe Anhang). Gleichwohl sollen diese Arbeiten unter Hinzuziehung weiterer Datenquellen (Umfragen) fortgesetzt werden.

b) Weitere Endogenisierung demographischer Einflußfaktoren

Neuere Forschungsarbeiten kommen zu dem Ergebnis, daß die aus selektiven Wanderungen resultierenden Entmischungsprozesse der Bevölkerung sich auch auf die Entwicklung der regionalen Unterschiede im generativen Verhalten und in der Sterblichkeit auswirken[17]. Im Rahmen der Prognose geht es dabei grundsätzlich um die Frage, ob die Wanderungsbevölkerung (Zuwanderer) jeweils die Verhaltensparameter der Bevölkerung in den Zielregionen besitzt bzw. annimmt oder die der Herkunftsregionen beibehält oder jeweils eigene charakteristische Verhaltensmuster aufweist. Sofern empirische Ergebnisse hierüber vorliegen, sollen solche Abhängigkeiten über modellendogene Verknüpfungen zwischen dem biometrischen Modell und dem Wanderungsmodell berücksichtigt werden.

c) Endogenisierung nichtdemographischer Einflußfaktoren

Eine Endogenisierung und gleichzeitige Dynamisierung der Fortzugswahrscheinlichkeiten ist geplant mit Hilfe eines Gravitations-Regressions-Modells. Darin werden die Wanderungsverflechtungen von den Bevölkerungspotentialen und verschiedenen Ausstattungen (z.B. Ausbildungsplatz-, Arbeitsplatzangebot) der Herkunfts- und Zielregion abhängig gemacht. Eine Endogenisierung scheint für die Teilmodelle Ausbildungs- und Arbeitsplatzwanderung für die nähere Zukunft sinnvoller als für die beiden anderen Modelle, weil in diesen Bereichen eher mit Änderungen der Wanderungsverflechtungen (Fortzugswahrscheinlichkeiten) bzw. der sie bedingenden Faktoren zu rechnen ist.

Das System der Laufenden Raumbeobachtung verfügt über Informationen, mit denen die Ausbildungs-, Arbeitsmarkt- und sonstigen Lebensbedingungen in den Regionen hinreichend genau beschrieben werden können. Diese Indikatoren sind zunächst auf ihre Brauchbarkeit zu testen, um Wanderungsströme in der Vergangenheit zu erklären. Gedacht ist an ein Regressionsmodell in Form eines linearisierten Gravitationsansatzes, bei dem die Fortzugswahrscheinlichkeiten die zu erklärenden Variablen sind.

d) Integration eines intraregionalen Wanderungsmodells

Für die Regionen mit großen Verdichtungsräumen und mit Verdichtungsansätzen leistet das Modell eine Prognose der Zu- und Fortzüge nach Kernstadt- und Umlandkategorien. Sie basiert auf einer Beobachtung der Entwicklung in der Vergangenheit und stützt sich nicht auf Erklärungsansätze intraregionaler Wanderungen. Mittel- und langfristig wird angestrebt, in das interregionale Wanderungsmodell ein intraregionales zu integrieren, das gleichfalls aus zwei Submodellen bestehen könnte, die wechselseitig miteinander verknüpft sind: ein Verursachungs- und ein Verteilungsmodell.

Grundsätzlich erfüllt auch das in diesem Band vorgestellte Kurs-Modell die Anforderungen an eine intraregionale Wanderungsprognose. Durch die Möglichkeit, Obergrenzen der Einwohnerentwicklung bei der kleinräumigen Wanderungsprognose zu berücksichtigen, kann der Einfluß des Wohnungsangebotes auf die räumliche Verteilung der Wanderungsströme zumindest indirekt erfaßt werden. Denn bei intraregionalen Wanderungen ist für die Wahl des neuen Wohnstandortes und damit für die Richtung der Wanderungsströme vor allem die intraregionale Verteilung des verfügbaren Wohnungsangebots nach Art, Qualität, Miet- und Kaufpreis der Wohnung maßgeblich. Weitere Vorzüge sind die Erfassung der intraregionalen Wanderungsverflechtungen und die gesonderte Abbildung der interregionalen Wanderungen getrennt nach Außenzu- und Außenfortzügen. Durch die Verwendung gebietstypischer Prognoseparameter ist zudem gewährleistet, daß die Methode auch in Regionen mit einer Vielzahl kleinerer Teilräume eingesetzt werden kann, ohne daß deswegen zufallsverzerrte Prognoseergebnisse zu erwarten wären.

8. Das regionale Bevölkerungsprognosemodell als Grundlage des BfLR-Prognosesystems

Die zukünftige Bevölkerungsentwicklung ist für die räumliche Entwicklung und damit für die räumliche Planung von zentraler Bedeutung. Aus regionalen Bevölkerungsprognosen lassen sich künftige politische Problemstellungen erkennen, Vorgaben für die raumordnungs- und städtebaupolitische Zieldiskussion entwickeln sowie Richtung und Umfang politischen Handlungsbedarfs ableiten. Den meisten der auf bestimmte fachpolitische Bereiche spezialisierten raumbezogenen Prognosen sind regionalisierte Bevölkerungsprognosen zugrunde zu legen.

Zahl und Struktur der Bevölkerung bestimmen maßgeblich die Nachfrage nach Arbeitsplätzen und damit einen wesentlichen Teil der Arbeitsmarktentwicklung. Von der Bevölkerungentwicklung hängt die Zahl der privaten Haushalte ab und damit der Bedarf an Wohnungen, aus dem sich wiederum der notwendige Wohnbaulandbedarf und die weitere Siedlungstätigkeit ergeben. Die Bevölkerungsentwicklung beeinflußt die Auslastung und damit den Nachhol-, Ersatz- und Neubedarf an Infrastruktureinrichtungen wie Schulen, Hochschulen, berufsbildende Einrichtungen, Krankenhäuser, Altersheime, Verkehrseinrichtungen, Freizeiteinrichtungen usw. Sie ist auch eine der Bestimmungsgrößen für den Grad der realisierbaren Umweltqualität. Auf längere Sicht ist die Bevölkerungsentwicklung einer der maßgebenden Bestimmungsgründe für die Siedlungsstruktur, d.h. für die räumliche Verteilung von Siedlungen verschiedener Art und Größe.

Diese Zusammenhänge rücken regionale Bevölkerungsprognosen in den Mittelpunkt der Prognosearbeiten der BfLR. Mittelfristig interessieren vor allem die regionalen Auswirkungen quantitativer und altersstruktureller Bevölkerungsveränderungen auf die regionalen Arbeitsmärkte, auf die Wohnungsmärkte, auf ausgewählte Infrastrukturbereiche (Bildung, soziale Infrastruktur, Verkehr, Ver- und Entsorgung) sowie schließlich auf die Flächeninanspruchnahme und deren Auswirkungen auf die natürliche Umwelt.

Diesbezügliche regionale Wirkungsprognosen liegen in der BfLR bisher erst für einige Bereiche vor. Zudem ist der Konkretisierungsgrad der dazu entwickelten Modelle noch recht unterschiedlich. Am weitesten fortgeschritten ist das regionale Haushaltsprognosemodell (siehe Beitrag Bucher in diesem Band), die Prognosemodelle für die Wohnungs- und Wohnflächennachfrage sowie für den Bedarf an Wohnbauland (siehe Beitrag Losch in diesem Band). Erste Ansätze existieren für die Infrastrukturbereiche Bildung und Gesundheit, geplant ist ferner ein regionalisiertes Arbeitsmarktmodell. Die Vielschichtigkeit der beabsichtigten Ausbauarbeiten in inhaltlicher Hinsicht macht eine entsprechende Komplexität der methodischen Ansätze erforderlich.

Ein vorrangiges Ziel auf dem Weg zu einem integrierten räumlichen Prognosesystem besteht darin, den Differenzierungsgrad der Modelle zu vergrößern und zu vereinheitlichen, d.h. dem Differenzierungsgrad des Bevölkerungsprognosemodells anzupassen. Dies betrifft einmal die räumliche Differenzierung nach 75 Raumordnungsregionen bzw. 139 Prognoseräumen und zum anderen die zeitliche Differenzierung in Ein-Jahres-Schritten und 15-20jährigem Prognosehorizont. Dadurch ist bereits eine umfassende mittelfristige Analyse und Darstellung der räumlich unterschiedlichen Folgen der künftigen Bevölkerungsentwicklung möglich.

Mittelfristiges Ziel ist, die Modellstrukturen der "Anhangprognosen" selbst zu verbessern. Beispielsweise gehen in das Wohnungsmarktmodell etwa die Ausgangslage der Wohnungsversorgung oder qualitative Aspekte des Wohnungsbestandes noch nicht ein. Zudem wird angestrebt, bisher exogene Faktoren der Modelle zu endogenisieren. Der Erklärungsgehalt der Modelle wird dadurch gestärkt. Auf Seiten der ökonomischen Faktoren bestehen die am vordringlichsten zu berücksichtigenden Defizite. Die Einkommensentwicklung der privaten Haushalte beispielsweise beeinflußt die Nachfrage nach der Wohnfläche oder der Wohneigentumsbildung. Die Entwicklung der Produktion hat Auswirkungen auf den Gewerbeflächenbedarf. Die Finanzkraft der öffentlichen Haushalte beschränkt das Ausmaß an Infrastrukturinvestitionen. Solche Zusammenhänge sollen quantitativ erfaßt und in die Modelle integriert werden.

Ein neues Arbeitsfeld für die BfLR bildet die Entwicklung eines regionalisierten Arbeitsmarktmodells. Ziel ist eine regional und sektoral differenzierte Arbeitsmarktbilanz, aus der Arbeitsmarktungleichgewichte sichtbar werden und politischer Handlungsbedarf abgeleitet werden kann. Das Modell soll in dem Sinne dynamisch sein, daß Reaktionen auf Ungleichgewichte - z.B. Wanderungen, Arbeitslosigkeit, Rückzug in die Stille Reserve - endogen abgebildet werden. Über die arbeitsmarktinduzierten Wanderungen soll eine Rückkoppelung mit dem regionalen Bevölkerungsprognosemodell angestrebt werden, wodurch dessen Erklärungsfähigkeit gesteigert wird.

Bestandsanalysen in Form von Ist-Beschreibungen und ex-post-Analysen reichen für zukunftsgerichtetes Handeln nicht aus. Aktives politisches Handeln benötigt einen Informationsvorlauf. Die Erarbeitung von raumbezogenen Zukunftsaussagen zählt deshalb zu den wichtigsten Aufgaben der räumlichen Forschung. Der Ausbaustand und die dargestellten Ausbauabsichten für das Prognosesystem der BfLR dokumentieren, daß diese Aufgabe in der BfLR einen besonderen Stellenwert hat.

Anmerkungen

1) Raumordnungsbericht 1986, BT-Drucksache 10/6027, insbesondere S. 18 bis 21.

2) Bundesminister für Raumordnung, Bauwesen und Städtebau (Hrsg.), Baulandbericht 1986, Schriftenreihe "Städtebauliche Forschung", Bonn 1986, insbesondere S. 60 bis 68.

3) Städtebaulicher Bericht - Umwelt und Gewerbe in der Städtebaupolitik, BT-Drucksache 10/5999, insbesondere S. 9 bis 12.

4) Die Situation der älteren Menschen in der Familie - Vierter Familienbericht -, BT-Drucksache 10/6145, insbesondere S. 94 bis 102.

5) Bundesminister für Bildung und Wissenschaft (Hrsg.), Berufsbildungsbericht 1987, Grundlagen und Perspektiven für Bildung und Wissenschaft, 17, insbesondere S. 68 bis 70.

6) Deutsches Jugendinstitut (Hrsg.), Tageseinrichtungen für Kinder, München 1986, insbesondere S. 19.

7) Bausparkasse Wüstenrot (Hrsg.), Indikatoren zur regionalen Wohnungsmarktentwicklung - Aspekte der Wohnungsversorgung in den Raumordnungsregionen der Bundesrepublik Deutschland, Beilage zum Geschäftsbericht 1984 der Bausparkasse Wüstenrot, Ludwigsburg 1984, insbesondere S. 6f.

8) Die Wahl der Raumordnungsregionen zur Abgrenzung von inter- und intraregionalen Wanderungen ist nicht unproblematisch. Im Zusammenhang mit der Raumordnungsprognose 1995 wurde diese Schwachstelle bereits diskutiert (vgl. Beitrag von Sinz, M., Die Raumordnungsprognose 1995 - Anmerkungen zu Konzept, Methode und Annahmen, insbesondere Abschnitt 4.2, in diesem Band).

9) Leslie, P.H., On the Use of Matrices in Certain Population Mathematics. In: Biometrika, Bd. 33 (1945), S. 183-212. Derselbe, Some Further Notes on the Use of Matrices in Population Mathematics. In: Biometrika, Bd. 35 (1948), S. 213-245. Der von Leslie stammende Ansatz wurde weiterentwickelt für Mehr-Regionen-Modelle durch Andrei Rogers. Vgl. Rogers, A., Matrix Analysis of Interregional Population Growth and Distribution, Berkeley and Los Angeles 1968.

10) Bucher, H., Gatzweiler, H.-P., Schmalenbach, I., Das regionale Bevölkerungsprognosemodell der BfLR. Prognose der regionalen Bevölkerungsentwicklung im Bundesgebiet bis zum Jahr 2000. In: Informationen zur Raumentwicklung, Heft 12./1984, Aktuelle Daten und Prognosen zur räumlichen Entwicklung - Bevölkerung und Haushalte bis zum Jahr 2000, S. 1129-1180. Auf den Seiten 1177 bis 1179 ist das Gleichungssystem des Bevölkerungsprognosemodells dargestellt.

11) Bericht über die Bevölkerungsentwicklung in der Bundesrepublik Deutschland.
1. Teil: Analyse der bisherigen Bevölkerungsentwicklung und Modellrechnungen zur künftigen Bevölkerungsentwicklung, BT-Drucksache 8/4437.
2. Teil: Auswirkungen auf die verschiedenen Bereiche von Staat und Gesellschaft, BT-Drucksache 10/863.

12) Atteslander, P., Müssen soziale Prognosen falsch sein? In: IBM-Nachrichten, Jg. 31 (1981), H. 255, S. 7-11.

13) Kaufmann, F.-X. et al., Familienentwicklung in Nordrhein-Westfalen. Sozialräumliche Kontexte, Modellierung und Mikrosimulation, Institut für Bvölkerungsforschung und Sozialpolitik, Materialien Nr. 17, Bielefeld 1984, S. 73ff.

14) Strohmeier, P., Migration und Familienentwicklung. Selektive Zuwanderung und die regionalen Unterschiede der Geburtenhäufigkeit, Manuskript, Bielefeld 1985.

15) Birg, H. et al., Kohortenanalytische Darstellung der Geburtenentwicklung in der Bundesrepublik Deutschland, Institut für Bevölkerungsforschung und Sozialpolitik, Materialien Nr. 10, Bielefeld 1984, S. 23.

16) Birg, H. et al., Verflechtungsanalyse der Bevölkerungsmobilität zwischen den Bundesländern von 1950 bis 1980, Institut für Bevölkerungsforschung und Sozialpolitik, Materialien Nr. 8, Bielefeld 1983, S. 14.

17) Vgl. die zitierten Aufsätze von F.X. Kaufmann (Anmerkung 13) und P. Strohmeier (Anmerkung 14).

Anhang

BILDUNG UND ÜBERPRÜFUNG HOMOGENER WANDERUNGSGRUPPEN ANHAND VON BAYERISCHEN WANDERUNGSDATEN

von
Anton Kunz, München

Gliederung

1. Fragestellung
2. Datenlage und Operationalisierung
3. Ergebnisse

1. Fragestellung

Für die Weiterentwicklung des regionalen Bevölkerungsprognosemodells der BfLR stellt sich die grundsätzliche Frage, ob die bislang unterschiedenen vier Wanderungsgruppen (Altersgruppen) Bildungswanderer, Arbeitsplatzwanderer, Wohnungs- und Wohnumfeldwanderer sowie Altersruhesitzwanderer noch dem heutigen Wanderungsgeschehen gerecht werden, d.h. eindeutig homogenen Wanderungsgruppen entsprechen. Die Festlegung dieser Wanderungsgruppen mußte sich bisher an bestimmten Altersgruppen orientieren, da aus der Wanderungsstatistik nur altersgruppenspezifische Wanderungsdaten zur Verfügung stehen: 18-24 Jahre, 25-29 Jahre, 30-49 Jahre und unter 18 Jahre, über 50 Jahre.

Im Rahmen der folgenden Untersuchung wird versucht, auf einige Fragen, die sich im Zusammenhang mit der Abgrenzung homogener Wanderungsgruppen stellen, anhand von differenzierten Wanderungsdaten der amtlichen Statistik eine Antwort zu geben:

- Gibt es unter den wandernden Personen verhaltenshomogene Gruppen?
- Haben sich die verhaltenshomogenen Gruppen im Lauf der letzten 15 Jahre wesentlich verändert?
- Stimmen die im Prognosemodell der BfLR angenommenen verhaltenshomogenen Gruppen mit den empirisch vorgefundenen überein?
- Haben sich etwaige Differenzen zwischen den empirisch festgestellten Gruppen und den in der Wanderungsprognose angenommenen Gruppen im Lauf der letzten Jahre vergrößert oder verkleinert?

2. Datenlage und Operationalisierung

Ein Modell verhaltenshomogener Gruppen kann nur dann auf seine empirische Relevanz hin überprüft werden, wenn wenigstens für Teilbereiche sachlich und räumlich hinreichend differenzierte Daten vorliegen.

Für die Fragestellung erwies es sich als hilfreich, daß beim Bayerischen Staatsministerium für Landesentwicklung und Umweltfragen ein ausreichend disaggregiertes Datenmaterial über das Wanderungsgeschehen in Bayern vorliegt, auf das bei der Überprüfung der Richtigkeit der in der Bevölkerungsprognose unterstellten homogenen Wanderungsgruppen zurückgegriffen werden konnte.

Folgende Wanderungsdaten standen zur Verfügung:

- Monat und Jahr des Umzugs
- Ausgangsregion
- Zielregion
- Ausgangsgemeinde
- Zielgemeinde
- Geschlecht
- Familienstand
- Erwerbstätigkeit
- Religion
- Staatsangehörigkeit
- Geburtsjahr.

Das Untersuchungsinteresse konzentrierte sich auf interregionale Wanderungen. Bezugsräume sind die 18 bayerischen Planungsregionen. Sie stellen eine für die Operationalisierung brauchbare regionale Gliederung dar, die eine ausreichende Gewähr dafür bietet, daß das Kriterium der interregionalen Wanderungsdefinition erfüllt ist, wonach der Wechsel von einer Region in eine andere Region mit einem weitgehenden Austausch der sozialen Beziehungen des Individuums einhergeht.

Für die Operationalisierung der Wanderungsmatrix folgt daraus: Als Bezugsräume der zu untersuchenden Wanderungen gelten die 18 bayerischen Planungsregionen sowie eine statistische 19. "Restregion", die alle Umzüge von und nach Bayern repräsentiert. Somit gibt es innerhalb Bayerns $n^{*}(n-1)$, also 18 x 17 = 306 interregionale Wanderungsströme. Unter Einschluß der "Rest"-Region und unter Einschluß der leerbleibenden Felder für innerregionale Wanderungen ergeben sich 19x19 Wanderungsströme, d.h. 361 Zeilen für die Ausgangsmatrix der aggregierten Daten.

Während die regionalen Gliederungen die Grundstruktur der Matrixzeilen bestimmen, definieren die sozialstatistischen Merkmale die Spaltengliederung der Datenmatrix. Die Entscheidung über eine adäquate Eingrenzung der maximal möglichen Datendifferenzierung erweist sich sowohl hinsichtlich der Datenhandhabung als auch hinsichtlich der für die Untersuchungsfragen sinnvollen Gesamtmenge als weitertragend als die Entscheidungen über die räumliche Gliederung.

Für die weitere Verarbeitung wurde folgendes festgelegt:

Die Variable Geschlecht ist in jedem Fall einzubeziehen. Die Variable Familienstand mit ursprünglich vier Ausprägungen 'alleinstehend', 'verheiratet', 'geschieden', 'verwitwet' wird für die hier anstehenden Fragen dadurch dichotomisiert, daß den Nicht-Verheirateten ('alleinstehend', 'geschieden', und 'verwitwet') die Nicht-Alleinstehenden ('verheiratet') gegenübergestellt werden. Das Merkmal Beteiligung am Erwerbsleben liegt ohnehin nur in dichotomisierter Form vor. Die Religionszugehörigkeit bleibt unberücksichtigt, die Nationalität wird auf die Ausprägungen "Deutscher" und "Ausländer" reduziert.

Die Behandlung der Altersvariablen, also die Entscheidung über eine etwaige Zusammenfassung von Altersjahrgängen, hat sowohl für den Datenumfang als auch für die Beantwortbarkeit der anstehenden Fragen die größte Bedeutung. Im Untersuchungsinteresse wird für den Kernbereich der Altersjahrgänge an einer nach Jahren getrennten Differenzierung festgehalten, um möglichst präzise nicht nur die Gültigkeit der bisherigen Einteilung der Wanderungsgruppen in Bildungswanderer, Arbeitsplatzwanderer, Wohnungs- und Wohnumfeldwanderer und Altersruhesitzwanderer beurteilen, sondern auch Vorschläge für eine als notwendig zu erachtende neue Einteilung erarbeiten zu können. Aufgrund dieser Überlegungen werden die Altersjahrgänge zu 52 Gruppen zusammengefaßt, worin die erste Gruppe die 1- bis 14jährigen Personen umfaßt und die letzte die 65jährigen und älteren Personen. Die dazwischenliegenden 50 Altersgruppen der 15- bis 64jährigen Personen werden als einzelne Jahrgänge erfaßt. Die Gruppen der 1- bis 14jährigen Personen und die Gruppe der 65jährigen oder älteren Personen werden in der Untersuchung nicht weiter berücksichtigt.

Aufgrund dieser Differenzierung ergeben sich 2 x 2 x 2 x 2 x 50 Kombinationsmöglichkeiten. Eine Zeile der so aufgebauten Matrix besteht somit aus 800 Spalten. Die gesamte Datenmatrix enthält mit 800 x 306 = 244 800 Elemente, denen die entsprechenden Wanderungsfälle zugeordnet werden. Die Größe dieser Matrix erlaubt es nicht, die gesamte verfügbare Zeitreihe von 1972 bis 1983 auszuwerten. Vielmehr werden einzelne Perioden ausgewählt und deren Ergebnisse miteinander verglichen. Nach Abwägung von Vor- und Nachteilen werden drei Perioden in äquidistantem Abstand gewählt, nämlich die Jahre 1972, 1977 und 1982.

Die drei Datensätze wurden beim Bayerischen Staatsministerium für Landesentwicklung und Umweltfragen aus dem Gesamtdatenbestand der Wanderungsdaten aggregiert. Zur weiteren Bearbeitung wurden sie in ein Datenbankmanagementsystem auf der Basis SIR (Scientific Information Retrieval) integriert. Trotz der Einschränkung der Untersuchung auf drei Jahre stellte sich heraus, daß sowohl die zur Verfügung stehende Rechenzeit und der Speicherplatz nicht ausreichen würden, um die Analysen mit den gesamten Daten in einer vertretbaren Zeit durchzuführen. Deshalb wurde aus den Wanderungsfällen der drei Untersuchungsjahre noch einmal eine Zufallsstichprobe von 25 % gezogen, die schließlich die Datenbasis für die Auswertung bildete.

Die Analyse erfolgte in zwei parallel verlaufenden Arbeitsphasen, nämlich

- in der Anwendung von Auswertungsprogrammen zur Überprüfung der einzelnen Hypothesen und
- in der weitgehenden "Inspizierung" der Daten auf den verschiedenen Aggregationsstufen "von Hand" bzw. mit dem Auge zur Absicherung gegen Artefakte.

3. Ergebnisse

Die vielfältigen Ergebnisse der Untersuchung können hier nicht umfassend dargestellt werden. Insbesondere auf die Resultate der Faktoren- und Clusteranalysen wird nicht näher eingegangen. Einige Diagramme sollen jedoch veranschaulichen, in welchem Ausmaß sich die zeitliche Varianz und die Varianz zwischen sozialen Gruppen beim Wanderungsverhalten erkennen lassen. Zusammenfassend lassen sich die eingangs gestellten Forschungsfragen wie folgt beantworten:

Die Existenz von verhaltenshomogenen Gruppen unter den wandernden Personen kann nicht gesichert nachgewiesen werden. Zwar zeigen sich gewisse Altersbereiche, die in ihrem Verhalten deutlich Ähnlichkeiten aufweisen, andererseits sind aber weder diese Altersbereiche in sich so geschlossen, daß eindeutig von homogenen Gruppen gesprochen werden kann, noch lassen sich die gefundenen Altersbereiche so kumulieren, daß die gesamte Altersskala abgedeckt wird. Es gibt also auch Altersbereiche, in denen eine Ähnlichkeit im Wanderungsverhalten nicht feststellbar ist.

Dies muß aber nicht heißen, daß es verhaltenshomogene Gruppen unter den wandernden Personen nicht gibt. Die entscheidende Restriktion für die hier durchgeführten Untersuchungen stellt das Fehlen von Daten über die Motive der wandernden Personen dar. Außer den Informationen Geschlecht, Familienstand, Beteiligung am Erwerbsleben und Nationalität stehen keine weiteren Informationen über die soziale Zusammensetzung der wandernden Personen zur Verfügung.

Ferner erweist sich als nachteilig, daß die Daten personenbezogen und nicht familienbezogen vorliegen.

Die Antwort auf die Frage nach der Veränderung verhaltenshomogener Gruppen in den letzten Jahren muß in jedem Fall bejaht werden. Auch wenn die gefundenen Muster nicht besonders deutlich hervortreten, so ist dennoch festzuhalten, daß sich in vielen Gruppen die Grenzen dieser Altersbereiche über die drei ausgewählten Stützjahre verändern. Als weitere Veränderung - soweit dies aus den der Analyse zugrunde liegenden Daten hervorgeht - kann auch gelten, daß sich das Bild der anfangs (1972) in etwa eingrenzbaren verhaltenshomogenen Gruppen im Lauf der Jahre verwischt und daß die Gruppenbildung für das Jahr 1982 am wenigsten deutlich ist.

Eine Übereinstimmung zwischen den im BfLR-Prognosemodell angenommenen homogenen Wanderungsgruppen und den aufgrund der vorliegenden Untersuchung gefundenen Altersbereichen ist nur in sehr geringem Maße erkennbar. Wie die Ergebnisse sowohl von Faktorenanalysen als auch von Clusteranalysen zeigen, stimmen weder die Zahl der abgrenzbaren Gruppen noch die Altersgrenzen der so abgegrenzten Altersgruppen überein.

Für die weitere Arbeit an der Verbesserung von Prognosemodellen sind deshalb grundsätzliche Überlegungen anzustellen. Zum einen ist zu erwägen, ob die Annahmen einer Existenz von Bildungswanderern, Arbeitsplatzwanderern, Wohn- und Wohnumfeldwanderern und Altersruhesitzwanderern als in sich homogene Wanderungsmotivgruppen in dieser Weise aufrecht erhalten werden können. Zum anderen sollte erwogen werden, ob die Überprüfung der Hypothesen über Wanderungsmotivgruppen nicht mit familienbezogenen statt mit Daten über individuenbezogene Wanderungen und mittels empirisch gewonnener Informationen über die Motive der wandernden Personen erfolgen kann.

Für die Gruppe der sog. Bildungswanderer ist z.B. die Frage zu stellen, ob der Mehrzahl der Wanderungsfälle in dem Altersbereich der 18- bis 24jährigen ein theoretisch begründetes, an Bildungswünschen sich orientierendes Wanderungsverhalten unterstellt werden kann. Dagegen spricht die Tatsache, daß der größte Teil der Bevölkerung in diesem Altersbereich das Ausbildungssystem bereits verlassen hat, eine Bildungswanderung im Altersbereich von 18- bis 24jährigen hingegen nur für Abiturienten und Hochschüler typisch sein dürfte.

Auch für den nächsten Altersbereich, die sog. Arbeitsplatzwanderer im Alter zwischen 25 und 29 Jahren, ist festzustellen, daß ein solches Wanderungsmotiv in diesen Altersjahrgängen insbesondere den Absolventen hochqualifizierender Ausbildungsgänge zu unterstellen ist. Behält man die Gesamtbevölkerung im Blickfeld, findet eine Arbeitsplatzwanderung vermutlich zwischen dem 18. und

30. Lebensjahr statt. Dies kann aber mit den vorliegenden Daten nicht überprüft werden.

Für den Altersbereich der 30- bis einschließlich 49jährigen, die als Wohn- und Wohnumfeldwanderer apostrophiert werden, erweist es sich für die Überprüfung als Hindernis, daß von vorneherein nur Daten über interregionale Wanderungen in die Untersuchung aufgenommen werden konnten. Es ist zu vermuten, daß der größte Teil der Wanderungen, die im Wunsch nach einer Verbesserung bzw. Veränderung des Wohnumfeldes begründet sind, innerregional erfolgt. Auch dies kann mit den vorliegenden Daten nicht überprüft werden.

Die Forschungsfrage nach einer größer oder kleiner werdenden Differenz zwischen den empirisch gefundenen und den theoretisch vermuteten Gruppierungen ist "einfach" zu beantworten: Die andeutungsweise empirisch feststellbaren homogenen Wanderungs- respektive Altersgruppen stimmen für kein Untersuchungsjahr mit den theoretisch angenommenen Gruppen überein. Die Tatsache, daß über die Jahre hinweg das Bild homogener Wanderungsgruppen diffuser wird, läßt vermuten, daß die aufgestellten Hypothesen über die Zusammensetzung der wandernden Personengruppen in der ersten Hälfte der 70er Jahre eine größere "empirische Berechtigung" hatten als für die letzten Jahre. Allerdings muß auch diese insofern eingeschränkt werden, als die untersuchten Daten wesentliche Merkmale zur Beurteilung des Wanderungsgeschehens nicht aufweisen.

Als generelle Schlußfolgerung ist festzuhalten: Das zwar quantitativ äußerst umfangreiche und systematische Datenmaterial über die Gliederung der Wanderungsströme in Bayern reicht in qualitativer Hinsicht nicht aus, um die Frage nach der Existenz verhaltenshomogener Wanderungsgruppen eindeutig zu beantworten. Als eine weitere, aber generell anders angelegte Lösungsstrategie böte sich an, die Erhebung einer relativ kleineren Stichprobe von familienbezogenen Daten bei zufällig ausgewählten Meldestellen vorzunehmen. Zwei entscheidende Mängel der gegenwärtigen Datenlage würden dadurch behoben: 1. daß sich die Daten nicht auf private Haushalte, sondern nur auf Individuen beziehen und 2. daß über die Motive der wandernden Personen keinerlei Informationen vorliegen.

Abb. 1:
Verteilung der interregionalen Wanderungen - Jahrgänge 1972, 1977, 1982 gesamt - (absolut)

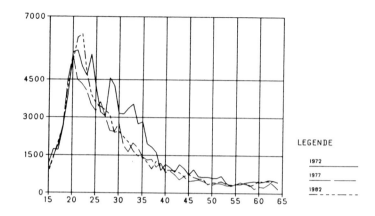

Abb. 2:
Verteilung der interregionalen Wanderungen - Jahrgänge 1972, 1977, 1982 gesamt - (relativ)

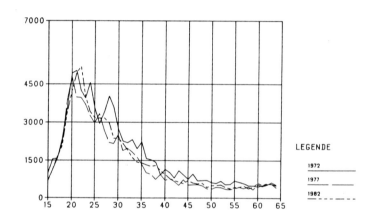

Abb. 3:
Verteilung der interregionalen Wanderungen - Jahrgang 1972 Geschlecht - (relativ)

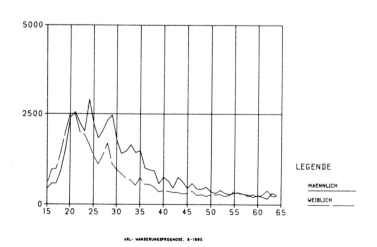

Abb. 4:
Verteilung der interregionalen Wanderungen - Jahrgang 1977
Geschlecht -
(relativ)

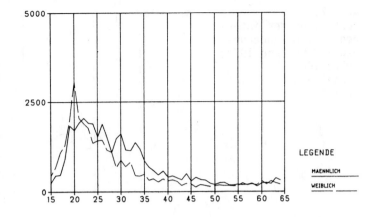

Abb. 5:
Verteilung der interregionalen Wanderungen - Jahrgang 1982
Geschlecht -
(relativ)

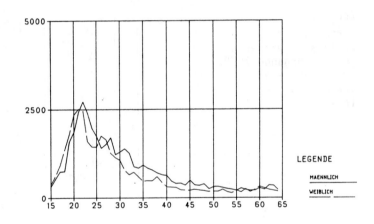

Abb. 6:
Verteilung der interregionalen Wanderungen - Jahrgänge 1972, 1977, 1982
Alleinstehende -
(relativ)

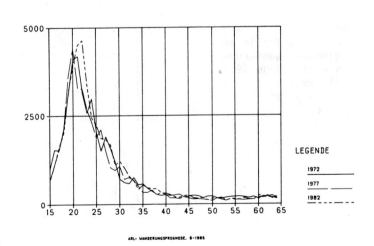

Abb. 7:
Verteilung der interregionalen Wanderungen - Jahrgänge 1972, 1977, 1982
Verheiratete -
(relativ)

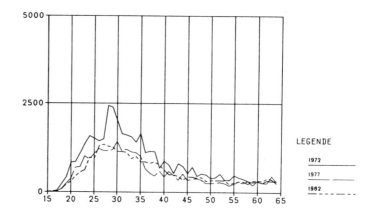

Abb. 8:
Verteilung der interregionalen Wanderungen - Jahrgänge 1972, 1977, 1982 - Nicht Erwerbsttätige -
(relativ)

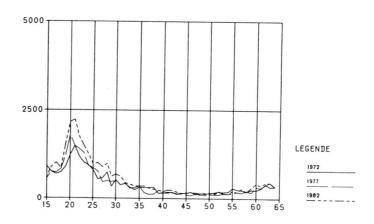

Abb. 9:
Verteilung der interregionalen Wanderungen - Jahrgänge 1972, 1977, 1982
Erwerbstätige -
(relativ)

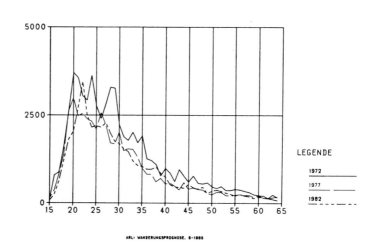

Abb. 10:
Verteilung der interregionalen Wanderungen - Jahrgänge 1972, 1977, 1982
Deutsche - (relativ)

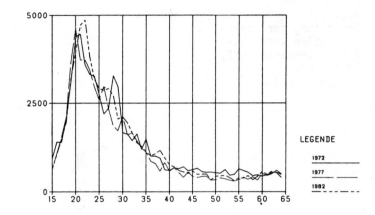

Abb. 11:
Verteilung der interregionalen Wanderungen - Jahrgänge 1972, 1977, 1982
Ausländer - (relativ)

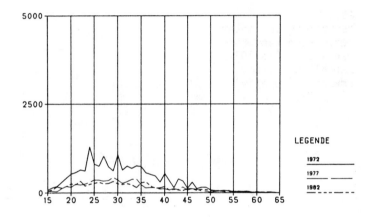

Abb. 12:
Verteilung der interregionalen Wanderungen - Jahrgänge 1972, 1977, 1982
Männer - (realtiv)

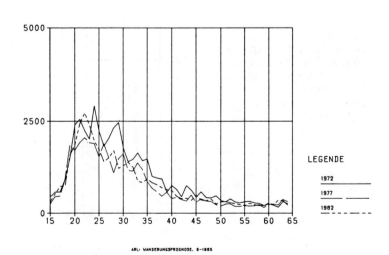

Abb. 13:
Verteilung der interregionalen Wanderungen - Jahrgänge 1972, 1977, 1982
Frauen - (relativ)

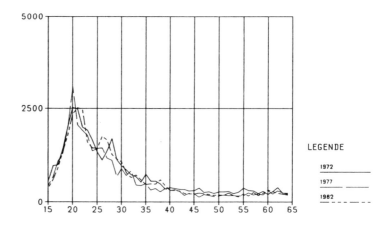

Abb. 14:
Verteilung der interregionalen Wanderungen - Jahrgang 1972
Geschlecht, Stand, Erwerb - (relativ)

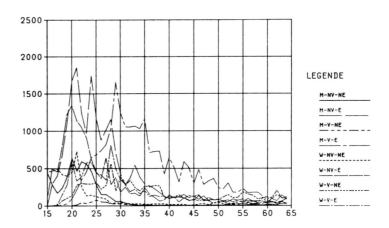

Abb. 15:
Verteilung der interregionalen Wanderungen - Jahrgang 1977
Geschlecht, Stand, Erwerb - (relativ)

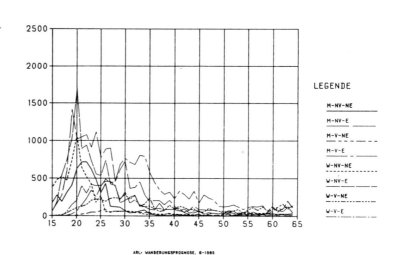

Abb. 16:
Verteilung der interregionalen Wanderungen - Jahrgang 1982 Geschlecht, Stand, Erwerb - (relativ)

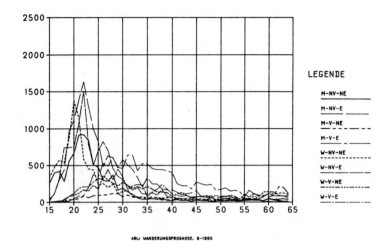

Möglichkeiten und Probleme einer strukturellen Fundierung regionaler Beschäftigungsprognosen

von
Franz-Josef Bade, Dortmund

Gliederung

1. Einleitung

2. Die Eignung der sektoralen Struktur als Basis für eine Prognose

   2.1 Die Gründe für die häufige Verwendung sektoral fundierter Beschäftigungsprognosen

   2.2 Regionale Unterschiede in der Beschäftigungsentwicklung

   2.3 Sektorale Einflüsse auf die regionale Beschäftigungsentwicklung

      2.3.1 Die Berechnung von sektoralen Strukturkomponenten
      2.3.2 Varianzanalytische Ermittlung der sektoralen Einflüsse

   2.4 Zur zeitlichen Stabilität von sektoral bedingten Standortfaktoren

3. Alternative prognoserelevante Strukturmerkmale

4. Konsequenzen für die Weiterentwicklung der Prognoseverfahren

   4.1 Inhaltliche Konsequenzen

   4.2 Methodische Konsequenzen

Literaturverzeichnis

Anmerkungen

Anhangtabellen

1. Einleitung

Wie bei allen anderen regionalisierten Prognosen ist auch bei einer Vorausschätzung des regionalen Angebotes an Arbeitsplätzen das Spektrum der Möglichkeiten durch zwei extreme Positionen gekennzeichnet (vgl. die Übersicht von Klein u. Glickman 1977). Im ersten Fall, bei den bottom-up-Modellen ist die einzelne Region der Ausgangspunkt der Schätzung. Die Informationen, denen die Prognose zugrunde liegt, beschränken sich in erster Linie auf die betreffende Region und werden durch eine Analyse der relevanten Determinanten auf regionaler Ebene gewonnen (vgl. z.B. das Modell von Putman 1975). Werden mehrere Regionen gleichzeitig geschätzt und die regionalen Ergebnisse zusammengefaßt - was aufgrund des Mangels an interregionalen Verpflechtungsdaten häufig nicht geschehen kann -, ist zwar eine nationale Konsistenzprüfung bzw. ein Vergleich mit anderen auf nationaler Ebene gewonnenen Daten möglich. Eine explizite Berücksichtigung der nationalen Schätzwerte findet jedoch bei der Entwicklung der regionalen Prognose in der Regel nicht statt.

Im Gegensatz zu den bottom-up-Modellen werden die top-down-Modelle aus nationalen Vorgaben abgeleitet. Die meisten Verfahren, die bislang bei der Prognose verwandt worden sind (vgl. die Übersicht von Köppel 1979), gehören dieser zweiten Kategorie an. In diesen Modellen dienen nationale Werte als exogene Größen, die mit Hilfe verschiedener Verfahren auf die einzelnen Regionen "heruntergerechnet" werden. Häufig wird dabei sogar ein kausaler Zusammenhang unterstellt, bei dem das nationale Wachstum zumindest teilweise die regionale Entwicklung determiniert. Eine Rückkopplung von der regionalen auf die nationale Ebene wird im allgemeinen nicht in Betracht gezogen.

Die Gründe für die Dominanz der top-down-Ansätze sind vielschichtig. Erstens läßt sich diese Betrachtungsweise theoretisch rechtfertigen. Viele Einflüsse auf die Entwicklung der Arbeitsplätze sind nicht-räumlicher Natur; sie treten zwar regional möglicherweise mit unterschiedlicher Intensität auf, sind aber dennoch bundes- und häufig sogar weltweit wirksam.

Zum Wandel der ökonomischen Rahmenbedingungen auf nationaler Ebene gehören zum Beispiel die Verteuerung der Energiepreise, die Abschwächung der globalen Gesamtnachfrage mit der Folge einer verstärkten internationalen Konkurrenz oder, teilweise als Folge der gerade genannten Veränderungen, die verstärkte Einführung neuer Produktionstechnologien, die sich wiederum auf die Anstrengungen bei der Entwicklung neuer Verfahren auswirken. Gerade bei einem Land wie der Bundesrepublik, das mit seinem hohen Industrieanteil auf den Export seiner Güter angewiesen ist, sind solche national wirksamen Einflüsse nicht zu übersehen. Dazu gehören auch die Veränderungen in den institutionellen Rahmenbedingungen, zum Beispiel die Versuche der Entregulierung von Märkten, die durch staatliche Eingriffe stark gelenkt wurden, oder die Veränderungen in den

Beziehungen zwischen Arbeitgebern und Gewerkschaften. Gerade die Gewerkschaften waren in der Vergangenheit um eine bundesweite Durchsetzung ihrer Interessen bemüht.

Andere Gründe für die Dominanz der top-down-Ansätze sind eher forschungspragmatischer Art. Wegen der Bedeutung der nationalen Entwicklung werden nur wenige ökonomische Prozesse unter der expliziten Berücksichtigung räumlicher Besonderheiten untersucht. Als Konsequenz sind ihre Erklärungsansätze auf nationaler Ebene wesentlich weiter fortgeschritten und klarere Vorstellungen über die weiteren Entwicklungstendenzen vorhanden.

Damit verbunden sind Vorteile in der Verfügbarkeit von Daten. Das empirische Material ist - nicht zuletzt wegen der größeren Forschungsanstrengungen - auf nationaler Ebene sowohl umfassender als auch differenzierter aufbereitet.

Auch die üblichen Prognosen des regionalen Arbeitsplatzangebotes gehören zur Gruppe der top-down-Schätzungen (vgl. die Synopse von Birg et al. 1979). Im folgenden Beitrag soll anhand einer empirischen Untersuchung die Güte solcher Vorausschätzungen ermittelt und einige alternative Möglichkeiten zur Verbesserung ihrer Treffsicherheit diskutiert werden.

2. Die Eignung der sektoralen Struktur als Basis einer Prognose

2.1 Die Gründe für die häufige Verwendung sektoral fundierter Beschäftigungsprognosen

Kernstück der Übertragung nationaler Entwicklungsprozesse auf die regionale Ebene ist die Struktur einer Region. Ohne die Reihe der Definitionen, die, beginnend mit Harms (1926) oder Bombach (1962) in der Literatur zu lesen sind, hier wiederholen zu wollen, muß jedoch zur Vermeidung von Mißverständnissen noch einmal an dieser Stelle darauf hingewiesen werden, daß es sich bei der "Struktur" nicht um die explizite Herausstellung und Betonung einzelner Strukturelemente oder Eigenschaften einer Region handelt (z.B. bei der sektoralen Struktur um den Anteil der Montanindustrie oder bei der funktionalen Struktur um den Anteil der Fertigung). "Struktur" bezeichnet im allgemeinen Sprachgebrauch vielmehr, "wie verschiedenartige Teile zu einem ganzheitlichen Ganzen zusammengefaßt sind. Struktur dient ... zur Bezeichnung eines inneren Gefüges zen, und nicht einige einzelne Aspekte.

Von allen denkbaren Merkmalen, mit denen der Aufbau einer Wirtschaft beschrieben wird, ist der Wirtschaftszweig weitaus am häufigsten. Solchen sektoralen Strukturanalysen und -prognosen liegt also die Annahme zugrunde, daß gleiche (bzw. gleichnamige) Wirtschaftszweige im Prinzip in allen Regionen eine - wenn schon nicht identische, dann aber zumindest - ähnliche Entwicklung besitzen wie im Bundesgebiet. Um den regionalen Besonderheiten im Verlauf und in der Intensität der nationalen Prozesse Rechnung zu tragen, wird üblicherweise die Bundesentwicklung um einen regionalen Korrekturfaktor (den sogenannten Standortfaktor) modifiziert, der aus den in der Vergangenheit festgestellten regionalen Abweichungen berechnet wird.

Die Gründe, den Wirtschaftszweig zur Identifikation der regionalen Inzidenz national wirksamer Entwicklungsprozesse zu benutzen, sind vielfältiger Art. Vom Konzept her sind die üblichen sektoralen Abgrenzungen so angelegt, daß sie spezifische Unterschiede in der Art der Produktionsprozesse einerseits (z.B. Kunststoffverarbeitung vs. Eisen-, Blech- und Metallverarbeitung) und/oder in der Art der Produkte (z.B. Kfz- vs. Luftfz.-Industrie) andererseits erfassen. Die tatsächliche Gleichartigkeit der Produktionsprozesse bzw. der Produkte vorausgesetzt, weisen beide Aspekte auf wichtige Determinanten der wirtschaftlichen Entwicklung hin. Sektorspezifische Arbeits- und Kapitalproduktivitäten lassen zum Beispiel die langfristige Wettbewerbsstellung einer Branche auf den in- und ausländischen Märkten erkennen. Genauso zeigt der sektorspezifische Faktoreinsatz an, wo eine besondere Empfindlichkeit gegenüber Veränderungen in den wirtschaftlichen und gesellschaftlichen Rahmenbedingungen (z.B. Energie, Rohstoffe oder Umweltbelastung) vorhanden ist.

Die Art der Produkte wiederum ist unmittelbar mit der Entwicklung der Nachfrage und den Absatzchancen eines Unternehmens verknüpft. Z.B. resultiert die Abgrenzung zwischen Gütern und Dienstleistungen nicht zuletzt aus der Auffassung, daß die Nachfrage der privaten und öffentlichen Haushalte mit zunehmenden Einkommen sich immer stärker in Richtung Dienstleistungen verlagert (vgl. z.B. Clark 1949 oder Fourastié 1954). Eine andere Hypothese über den industriellen Strukturwandel stammt von Hoffmann (1939, 1971), wonach langfristig in einer wachsenden Wirtschaft die Bedeutung der Konsumgüter auf Kosten der Kapitalgüter zurückgeht.

Über diese theoretischen Argumente hinaus (die hier nur kurz angedeutet wurden und zu denen auch die Versuche zur Indentifikation von Produktlebenszyklen zu zählen sind) gibt es noch einen einfacheren, aber nicht minder triftigen Grund. Wenn es - und diese Voraussetzung läßt sich in jeder empirischen Analyse des sektoralen Strukturwandels belegen (vgl. die "sektorale Strukturberichterstattung" der Wirtschaftsforschungsinstitute, z.B. DIW 1985) - zwischen den Wirtschaftszweigen erhebliche Wachstumsunterschiede gibt -, dann ist die Folgerung plausibel, daß es angesichts dieser Unterschiede für die Gesamtentwicklung einer Region insgesamt, zum Beispiel für die Gesamtzahl ihrer Arbeitsplätze, nicht gleichgültig sein kann, in welchem Ausmaß die Beschäftigten dort in (gesamträumlich) schrumpfenden oder expandierenden Wirtschaftszweigen tätig sind.

Andererseits hat gerade die Vorliebe der Regionalforschung für die sektorale Untergliederung aber auch pragmatische Motive. Wenn regionale Wirtschaftsangaben noch weiter sachlich untergliedert sind (was ohnehin selten genug der Fall ist), dann überwiegt fast ausschließlich die Differenzierung nach Wirtschaftszweigen. Ein weiterer pragmatischer Grund ist schließlich auch die Verfügbarkeit von (gesamträumlichen) Prognosen. Um regionale Veränderungen aus nationalen Entwicklungen ableiten zu können, sind entsprechende Vorausschätzungen auf nationaler Ebene notwendig. Und an solchen Prognosen zum sektoralen Strukturwandel ist kein Mangel (vgl. z.B. die letzten Prognosen von Prognos und dem IAB in Hofer u. Schnur 1986), was sowohl mit der Bedeutung, die allgemein dem sektoralen Aufbau einer nationalen Wirtschaft zugemessen wird, als auch mit dem Vorhandensein eines entsprechenden Datenmaterials zu tun hat.

Bei der Prüfung, ob und inwieweit der sektorale Aufbau einer regionalen Wirtschaft sich zur Prognose ihrer Beschäftigungsentwicklung eignet, sind zwei Fragen zu unterscheiden, nach denen auch die folgenden empirischen Analysen gegliedert sind. Erstens ist zu klären, in welchem Ausmaß die Beschäftigungsentwicklung einer Region auf die Zugehörigkeit ihrer Unternehmen zu den verschiedenen Wirtschaftszweigen zurückgeführt werden kann.

Selbst wenn dies nicht (hinreichend) der Fall ist, müssen zweitens sektoral fundierte Prognosen nicht ausgeschlossen sein. Es lassen sich auch dann noch aus nationalen Vorausschätzungen Rückschlüsse auf die zu erwartende regionale Entwicklung ziehen, wenn die regionalen (sektorspezifischen) Abweichungen vom jeweiligen Bundesdurchschnitt sich im Zeitablauf als stabil erwiesen haben oder es andere Gründe dafür gibt, daß dies in Zukunft sein wird[1].

2.2 Regionale Unterschiede in der Beschäftigungsentwicklung

Beide Aspekte - die Frage nach der Stärke sektoraler Einflüsse und die Frage nach der Stabilität der regionalen Abweichungen von sektorspezifischen gesamträumlichen Entwicklungsprozessen - sollen im Rahmen einer Analyse der regionalen Beschäftigungsentwicklung behandelt werden. Im Vergleich zu den früheren Studien ist die Untersuchung, von der hier berichtet wird (vgl. Bade 1986a), durch einige Besonderheiten gekennzeichnet.

Beobachtungseinheit sind die Wirtschaftszweige der einzelnen Kreise bzw. der kreisfreien Städte. Somit kann die Beschäftigungsentwicklung einerseits auf der Ebene von Raumordnungsregionen analysiert werden (eine ähnliche Abgrenzung verwendet Müller 1983 oder Peschel 1983; Hoppen 1979 benutzt Regierungsbezirke). Andererseits sind aber noch andere regionale Aggregationen möglich, die den räumlichen Strukturwandel in der Bundesrepublik besser erfassen lassen.

Zudem ist es bei der statistischen Analyse des sektoralen Einflusses möglich, auch den Umfang und die Bedeutung intraregionaler Unterschiede zu erfassen.

Eine weitere Besonderheit liegt in dem Einschluß des tertiären Sektors. Die meisten Analysen (vgl. z.B. wieder Hoppen 1979, Müller 1983 oder Peschel 1983) sind bislang - wegen der Verfügbarkeit der Angaben - auf den Bereich des sekundären Sektors und dort meistens auf das Verarbeitende Gewerbe beschränkt. Da die Beschäftigungsentwicklung in der Bundesrepublik wie in den anderen Industrieländern durch erhebliche Umschichtungen vom sekundären zum tertiären Sektor gekennzeichnet ist, muß der Verzicht auf den Dienstleistungssektor zu verzerrten Einschätzungen der regionalen Entwicklung der Gesamtbeschäftigung führen. Zudem sind, wenn der Dienstleistungssektor in die Betrachtung eingeschlossen wird, die Wachstumsunterschiede zwischen den Wirtschaftszweigen wesentlich größer; mit der Folge, daß möglicherweise die nationalen Entwicklungstendenzen bzw. die sektorale Struktur einer Region an Bedeutung für die regionale Beschäftigungsentwicklung gewinnen.

Schließlich liegt nicht nur die Zahl der Beschäftigten insgesamt für die einzelnen Wirtschaftszweige vor, sondern es sind auch Angaben über die Art ihrer Tätigkeit verfügbar. Neben dem sektoralen Aufbau ist also noch die Analyse eines weiteren strukturellen Merkmals möglich, nämlich der funktionalen Struktur der regionalen Wirtschaft, auf die im Abschnitt 3 näher eingegangen wird.

Grundlage der Analyse sind die Angaben aus der Beschäftigtenstatistik. Dort sind mit nur wenigen Ausnahmen alle sozialversicherten Beschäftigten erfaßt, die rund 80 % aller Erwerbstätigen in der Bundesrepublik ausmachen. Aus einer Reihe unterschiedlicher Gründe konnte diese Statistik erst ab 1976 regional ausgewertet werden; als jüngste Angaben standen zum Untersuchungsbeginn die Zahlen von 1983 zur Verfügung. Die Analyse beschränkt sich also auf den Zeitraum 1976 bis 1983, dessen Eckjahre jeweils durch einen konjunkturellen Tiefpunkt in der Beschäftigungsentwicklung charakterisiert sind.

Vier Ergebnisse sind es vor allem, durch die sich die regionale Beschäftigungsentwicklung besonders charakterisieren läßt.

(1) Der Anteil der großen Verdichtungsräume insgesamt an allen Beschäftigten in der Bundesrepublik hat - im Unterschied zu den Dekonzentrationsprozessen, die in den meisten Industrieländern beobachtet werden können (vgl. Keeble et al. 1983) - in den letzten Jahren kaum abgenommen. Dies wird besonders dann deutlich, wenn man neben den Raumordnungsregionen (vgl. Anhangtabelle 1) noch eine andere regionale Gliederung wählt (vgl. Karte 1), die das Gebiet der großen Verdichtungsräume genauer eingrenzt und

Karte 1: Großräumige Strukturtypen in der Bundesrepublik Deutschland

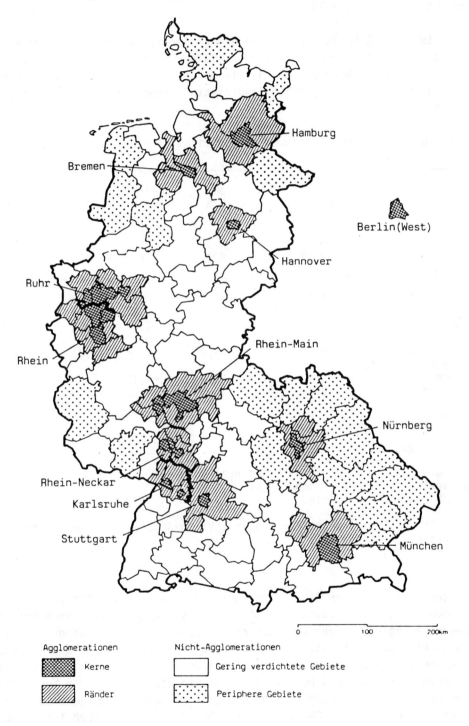

darüber hinaus noch eine Unterteilung in Verdichtungskernen und -rändern zuläßt (vgl. Tabelle 1).

Von 1976 bis 1983 ist der Anteil der großen 12 Verdichtungsräume Hamburg, Bremen, Hannover, Ruhr, Rhein, Rhein-Main, Rhein-Neckar, Karlsruhe, Stuttgart, München, Nürnberg und Berlin um gerade einen Prozentpunkt von 56,6 auf 55,6 % gesunken. Selbst langfristig gesehen hat sich ihr Anteil nur wenig geändert.

Tab. 1: Die großräumige Verteilung der Arbeitsplätze

	Anteile an allen Beschäftigten in %			jährl. Verände- des regionalen Anteils in %		Veränderung d. Beschäf- tigtenzahl in %
	1961[a]	1976[b]	1983[b]	76/61	83/61	83/76
Agglomerationen[1)]	57,5	56,6	55,6	-0,11	-0,16	-0,8
- Kerne	39,5	37,4	35,6	-0,37	-0,47	-3,7
- Ränder	18,1	19,3	20,0	+0,44	+0,46	+4,8
Nicht-Agglomerationen	42,5	43,4	44,4	+0,14	+0,21	+3,6
- Gering verdichtete Gebiete	32,7	33,3	33,9	+0,13	+0,17	+3,0
- Periphere Gebiete	9,8	10,1	10,5	+0,19	+0,33	+5,7
Bundesgebiet (absolut in Mio.)	23,0	19,9	20,1	-	-	+1,1

a) Alle Erwerbstätige der Arbeitsstättenzählung 1961.
b) Nur sozialversicherte Beschäftigte.
1) Zur Abgrenzung vgl. Karte.

Quelle: Eigene Auswertungen der Arbeitsstättenzählung 1961 und der Beschäftigungsstatistik, II. Quartal.

(2) Hinter der relativen Stabilität, mit der sich die Arbeitsplätze auf die großen Verdichtungsräume konzentrieren, verbergen sich jedoch erhebliche Umschichtungen in und zwischen den einzelnen Agglomerationen. In den Verdichtungszentren ist die Zahl der Beschäftigten um 3,7 % gesunken, in den Verdichtungsrändern dagegen ist sie um 4,8 % gestiegen. Vom Umfang her gesehen sind also zwei Drittel der Arbeitsplätze, die in den Verdichtungszentren abgebaut wurden (-263 000), in ihren Randgebieten wieder errichtet worden (+181 000). Dieser Suburbanisierungsprozeß ist nicht auf

einzelne Agglomerationen beschränkt, sondern kann in jedem der großen Verdichtungsräume beobachtet werden.

(3) Starke Umschichtungen fanden auch zwischen den Agglomerationen statt. Der große Verlierer unter den Agglomerationen ist das Ruhrgebiet mit einem Rückgang von rund 8,7 % im gesamten Verdichtungsraum und einem Abbau von sogar 20,5 % in seinen Kernstädten. Insgesamt hatten die Verdichtungsräume nördlich der Main-Linie eine ungünstigere Entwicklung als die süddeutschen. Insbesondere München und Nürnberg haben die Zahl ihrer Arbeitsplätze erheblich steigern können (+ 5 bzw. + 6,8 %).

(4) Gemessen an den starken Verschiebungen in und zwischen den Agglomerationen sind die Wachstumsunterschiede außerhalb der Verdichtungsräume wesentlich schwächer ausgefallen. Eine günstige Entwicklung haben insbesondere die peripheren Gebiete (+ 5,7 %) erlebt, wobei vor allem der Nord-Westen und der Süd-Osten der Bundesrepublik am besten abgeschnitten haben. Ein Süd-Nord-Gefälle wie bei den Agglomerationen ist also innerhalb der peripheren Gebiete nicht festzustellen.

2.3 Sektorale Einflüsse auf die regionale Beschäftigungsentwicklung

Einen ersten Anhaltspunkt für den Einfluß, den die sektorale Wirtschaftsstruktur einer Region auf ihre Beschäftigungsentwicklung ausübt, gibt schon die grobe Differenzierung zwischen sekundärem und tertiärem Sektor. Im Bundesdurchschnitt unterscheiden sich beide Wirtschaftsbereiche erheblich in ihrer Beschäftigungsentwicklung: Während das Produzierende Gewerbe von 1976 bis 1983 seine Beschäftigtenzahl um 6 % reduziert hat, nahm sie im Dienstleistungssektor um 9 % zu.

Regional differenziert zeigen jedoch beide Wirtschaftsbereiche das gleiche räumliche Muster, wie es vorhin für die Gesamtbeschäftigung beschrieben wurde. Jeder Sektor ist also, vom Standpunkt der Verdichtungszentren aus betrachtet, durch eine ähnliche wellenförmige Bewegung gekennzeichnet (vgl. Schaubild 1). In den Kernen ist die Beschäftigungsentwicklung jeden Sektors und damit auch der Gesamtwirtschaft am ungünstigsten. In den Verdichtungsrändern erreicht sie ein relatives (im Dienstleistungssektor das absolute) Maximum. In den angrenzenden Gebieten geringer Verdichtung liegen die Veränderungsraten etwas niedriger, um schließlich in den peripheren Gebieten einen weiteren Höchstwert zu erreichen.

Der starke Abbau in den Agglomerationskernen kann also somit nicht ausschließlich auf den starken Rückgang im Warenproduzierenden Gewerbe zurückgeführt werden; auch der Dienstleistungssektor hat sich ungünstig entwickelt. Entspre-

Schaubild 1: Großräumige sektorale Unterschiede in der Beschäftigungsentwicklung - Veränderung 1976 bis 1983 in %

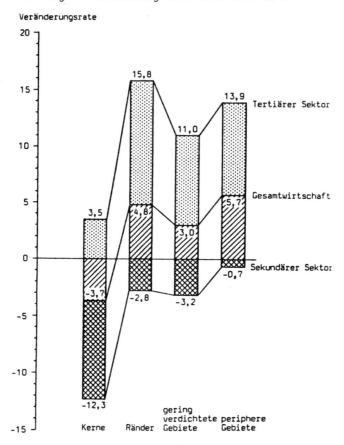

Quelle: Eigene Auswertungen der Beschäftigtenstatistik.

chend haben die Verdichtungsränder oder die peripheren Gebiete in beiden Sektoren ein wesentlich günstigeres Ergebnis als im Bundesdurchschnitt erzielt.

Zweifellos kann die Untergliederung zwischen sekundärem und tertiärem Sektor nur einen undeutlichen Hinweis darauf geben, inwieweit die regionale Beschäftigungsentwicklung durch sektorale Besonderheiten geprägt ist. Innerhalb der großen Wirtschaftsbereiche bestehen erhebliche Wachstumsunterschiede, die zum Beispiel im Dienstleistungssektor von -23 % (Eisenbahnen) bis +36 % (Rechts- und Wirtschaftsberatung) reichen. Trotz der Übereinstimmung, die die Sektoren in ihren regionalen Enwicklungsunterschieden zeigen, können also sektorale Effekte nicht ausgeschlossen werden.

2.3.1 Die Berechnung von sektoralen Strukturkomponenten

Zwei Wege gibt es, um den Einfluß der sektoralen Struktur detaillierter zu untersuchen. Der erste besteht aus der Berechnung von Strukturkomponenten, wie sie in der Shift-Share-Analyse verwendet werden. Ausgangspunkt ist die bundesdurchschnittliche Beschäftigungsveränderung eines Wirtschaftszweiges: Wie hätte sich die Gesamtbeschäftigung in einer Region entwickelt, wenn sich in jedem Unternehmen der Region die Beschäftigtenzahl genauso wie im Bundesdurchschnitt seines entsprechenden Wirtschaftszweiges verändert hätte.

Schon eine entsprechende Berechnung für die vier Raumkategorien (vgl. Tab. 2) deutet daraufhin, daß sektorale Struktur und tatsächliche Beschäftigungsentwicklung nur wenig gemeinsam haben. Die Gebiete außerhalb der Verdichtungsräume haben ihr Beschäftigungswachstum nicht etwa einer besonders günstigen sektoralen Struktur zu verdanken, also einem hohen Anteil an bundesdurchschnittlich expandierenden Branchen. Vielmehr hätte die Beschäftigtenzahl nur um 0,5 % - oder absolut - um 43 000 Personen zunehmen dürfen. Stattdessen ist sie aber um 311 000 bzw. 3,6 % angestiegen.

In den peripheren Gebieten hätte es sogar zu einem Beschäftigungsabbau kommen müssen. Umgekehrt besitzen die Verdichtungszentren unter allen Raumtypen - u.a. weges ihren hohen Dienstleistungsanteils - die günstigste Sektorstruktur und hätten ihre Beschäftigung (um 2,3 %) ausdehnen müssen. Tatsächlich ist

Tab. 2: Die Bedeutung der sektoralen Struktur für die großräumige Beschäftigungsentwicklung

	Veränderung 1976-1983 in %		Struktur-bedingt zu tatsächlich in %
	tatsächlich	strukturbedingt	
Agglomerationen	99,3	101,6	97,7
- Kerngebiete	96,4	102,3	94,3
- Randgebiete	104,7	100,4	104,2
Nicht-Agglomerationen	103,6	100,5	103,1
- Gering verdichtete Gebiete	103,1	100,7	102,4
- Periphere Gebiete	105,3	99,8	105,6
Bundesgebiet insgesamt	101,2	101,2	100,0

Quelle: Eigene Auswertungen der Beschäftigtenstatistik.

aber in beiden Fällen genau das Gegenteil eingetreten: In den peripheren Gebieten nahm die Zahl der Beschäftigten zu und in den Verdichtungszentren ab.

Die meisten Gewinner bei der regionalen Beschäftigungsentwicklung sind also dadurch gekennzeichnet, daß sie erheblich besser abgeschnitten haben als aufgrund ihrer sektoralen Struktur erwartet werden konnte. Exemplarisch verdeutlicht wird dieses Ergebnis in Schaubild 2, in dem die tatsächliche und die strukturbedingte Beschäftigungsentwicklung der einzelnen Verdichtungszentren und ihrer Ränder gegenübergestellt worden sind. Die meisten Gebiete liegen weit entfernt von der Diagonalen, auf der die tatsächliche mit der strukturbedingten Beschäftigungsentwicklung identisch ist.

Dabei sind alle Regionen mit einem wesentlich stärkeren Wachstum als im Bundesdurchschnitt - bis auf den Kern der Agglomeration München handelt es sich um die Randgebiete der Verdichtungsräume - oberhalb der Diagonalen eingezeichnet: die tatsächliche Veränderungsrate übertrifft dort also die strukturbedingte. Unterhalb der Diagonalen liegen (ausgenommen den Rand des Ruhrgebietes) nur Verdichtungszentren: trotz einer in den meisten Fällen günstigen Sektoralstruktur (rechts von der vertikalen Linie) erzielten sie nur ein unterdurchschnittliches Ergebnis.

Außerhalb der Verdichtungsräume und auf der Ebene der einzelnen Raumordnungsregionen (vgl. Anhangtabelle 2) verhält es sich nicht anders. Tatsächliche und strukturbedingte Beschäftigungsentwicklung stimmen in den seltensten Fällen überein, wobei in der Mehrzahl der Fälle tatsächlich genau das Gegenteil zur strukturbedingten Veränderung eingetreten ist: statt einer Ab- (bzw. Zu-)nahme ist die Zahl der Beschäftigten gestiegen bzw. gesunken.

Wie gering die Aussagekraft der sektoralen Struktur für die regionalen Unterschiede in der Beschäftigungsentwicklung ist, wird auch an einer anderen Kennziffer deutlich. Im Durchschnitt über alle Raumordnungsregionen (einschließlich ihrer Teilregionen) weicht die regionale Beschäftigungsveränderung absolut um 5,2 %-Punkte von dem Bundeswert (+1,2 %) ab (wobei die Bandbreite von -10,7 bis +18,7 % reicht). Setzt man die tatsächliche Veränderung einer Region ins Verhältnis zur strukturbedingten, so erhält man den sogenannten "Standortfaktor", der angibt, um wieviel sich die tatsächliche Beschäftigungsentwicklung von der strukturbedingten unterscheidet.

Aufgrund von mathematischen Beziehungen, die hier nicht näher erläutert werden sollen, ist der Standortfaktor aber auch identisch mit der Abweichung der regionalen "strukturbereinigten" Veränderung zum Bundesdurchschnitt: Die strukturbereinigte Veränderung ist die Restgröße, die übrig bleibt, wenn die tatsächliche Beschäftigungsveränderung um die strukturbedingte vermindert ("bereinigt") wird.

Schaubild 2: Die Bedeutung der sektoralen Struktur für die Beschäftigungsentwicklung in den Agglomerationskernen und -rändern 1976 bis 1983

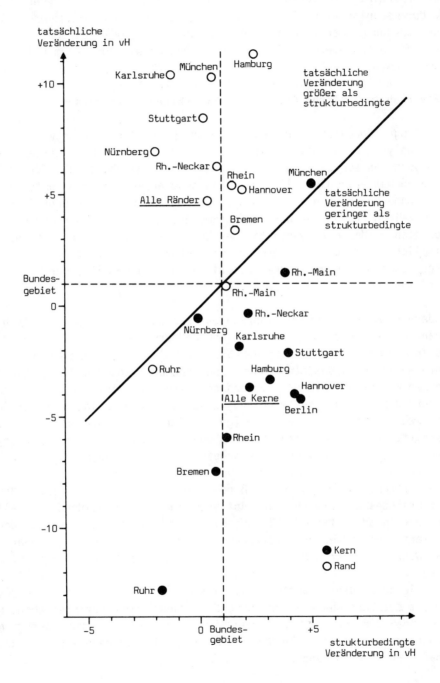

Quelle: Eigene Auswertungen der Beschäftigtenstatistik.

Im arithmetischen Mittel über alle Raumordnungsregionen beträgt der Standortfaktor 5,4 %-Punkte. Im Querschnitt über alle Regionen betrachtet weicht die "strukturbereinigte" Veränderung also in einem noch stärkeren Umfang vom Bundesdurchschnitt ab als die tatsächliche Beschäftigungsentwicklung. Die Berücksichtigung der sektoralen Struktur kann somit bei der Erklärung der regionalen Unterschiede in der Beschäftigungsentwicklung kaum helfen.

2.3.2 Varianzanalytische Ermittlung der sektoralen Einflüsse

Die geringe Bedeutung der sektoralen Struktur einer Region wird auch durch Varianzanalysen offenbar. Im Vergleich zu den Strukturkomponenten haben Varianzanalysen den Vorteil, daß sie statistische Sicherheitsmaße für die Signifikanz der Schätzergebnisse liefern. Ein anderer wesentlicher Unterschied liegt in der größenunabhängigen Behandlung der einzelnen Beobachtungseinheiten, also der einzelnen regionalen Wirtschaftszweige. Bei der Berechnung der Strukturkomponenten werden die hypothetischen Werte jedes einzelnen Wirtschaftszweiges schließlich addiert. Ein großer Wirtschaftszweig wirkt sich also auf das hypothetische Wachstum stärker aus als eine Branche mit einer kleineren Beschäftigtenzahl.

Bei der (ungewichteten) Varianzanalyse wird dagegen jedem Wirtschaftszweig unabhängig von seiner Größe die gleiche Bedeutung eingeräumt. Der Grund dafür liegt in der Betrachtungsweise der Varianzanalyse. Im Mittelpunkt des Interesses steht nicht das Gesamtwachstum einer Region, sondern die Entwicklung der einzelnen Wirtschaftszweige. Untersucht wird, wieviel der Gesamtunterschiede (in der Beschäftigungsentwicklung) zwischen den einzelnen regionalen Wirtschaftszweigen einerseits auf die (gesamträumlichen) Unterschiede zwischen den Wirtschaftszweigen und andererseits auf die (gesamtwirtschaftlichen) Unterschiede zwischen den Regionen zurückgeführt werden können.

Ob ein Wirtschaftszweig dabei groß oder klein ist, sollte für die Beurteilung des Einflusses eigentlich keine Rolle spielen. Entscheidend ist allein der Umfang der (quadrierten) Abweichungen. Je größer sie in bezug auf den Bundesmittelwert des jeweiligen Wirtschaftszweiges sind, desto geringer ist der Erklärungswert dieser Größe.

Im Vergleich zu den genannten Regionalanalysen mit einer ähnlichen Fragestellung hat die Verfügbarkeit von Beschäftigungsangaben auf Kreisebene hier den Vorteil, daß die Analyse noch unter die Grenzen der Raumordnungsregionen gehen und auf diese Weise neben der inter- auch die intraregionale Varianz der Beschäftigungsveränderungen erfassen kann.

Insgesamt beträgt der Erklärungsbeitrag des gesamten Analysemodells (vgl. Tabelle 3) 38,1 % der Varianz zwischen allen Wirtschaftszweigen der einzelnen Kreise und kreisfreien Städte. Verursacht ist dieser relativ hohe Anteil durch die Interaktion zwischen Raumordnungsregion und Wirtschaftszweig. Damit läßt sich zwar innerhalb der einzelnen Regionen insofern ein sektoraler Zusammenhang erkennen, als sich in den Kreisen einer Region gleich(-namige) Wirtschaftszweige relativ einheitlich entwickelten.

Tab. 3: Varianzanalyse des sektoralen Einflusses auf die regionale Beschäftigungsentwicklung 1976 bis 1983

Abhängige Variable: Veränderungsrate der Beschäftigtenzahl eines Wirtschaftszweiges in einem Kreis (62 Wirtschaftszweige * 326 Kreise)

Anzahl der Beobachtungen	16 945	
Erklärungsgrad (r quadr.) des Gesamtmodells	0,381	(4,1)
davon entfallen auf die exogenen Variablen		
- Wirtschaftszweig	0,025	(7,8)
- Raumordnungsregion	0,016	(3,1)
und auf die Interaktion Wirtschaftszweig * Raumordnungsregion	0,351	(4,1)

Erläuterung: Signifikanzwerte (F-Werte) in Klammern.

Für sich allein betrachtet jedoch besitzt der Wirtschaftszweig nur einen Erklärungsanteil von 2,5 %. Von einer regionsübergreifenden, bundeseinheitlichen Entwicklung der Wirtschaftszweige kann also auch nicht annähernd die Rede sein.

2.4 Zur zeitlichen Stabilität von sektoral bedingten Standortfaktoren

Trotz der schwachen Zusammenhänge zwischen der tatsächlichen Beschäftigungsentwicklung eines regionalen Wirtschaftszweiges und seiner entsprechenden bundesdurchschnittlichen Veränderung sind gesamträumliche Sektorprognosen dann noch verwertbar, wenn die regionalen Abweichungen im Zeitablauf stabil bleiben. In Tabelle 4 ist das Verhältnis von tatsächlicher und strukturbedingter Veränderung für drei Zeiträume von 1976 bis 1983 berechnet worden. Um Ausreisser zu vermeiden, wurden dabei für die jeweiligen Eckwerte gleitende Durch-

Tab. 4: Zeitlicher Vergleich der Standortfaktoren

Raumordnungsregion Nr.		Standortfaktor 1976/77 -1978/79	78/9 -80/1	80/1 -82/3 in %-Punkten	Raumordnungsregion Nr.		Standortfaktor 1976/77 -1978/79	78/9 -80,1	80/1 -82/3 in %-Punkten
1	Schleswig	100,2	-0,5	1,6	35a	Vogelsberg	100,3	-0,9	0,8
2	Mittelholstein	99,8	-0,1	2,2	35b	Fulda	101,8	0,5	-0,4
3	Dithmarschen	101,8	0,3	1,0	36	Untermain	98,9	0,6	0,6
4	Ostholstein	98,5	0,7	1,4	37	Starkenburg	98,9	1,0	-2,0
5a	Hamburg-Nord	103,5	1,9	1,9	38a	Limburg	101,4	-0,2	-0,9
5b	Hamburg	98,9	1,2	0,3	38b	Wiesbaden	101,3	3,2	0,4
5c	Unterelbe	104,8	2,2	4,4	39	Mittelrhein-Westerw.	100,2	-1,2	-0,5
6	Lüneburg	100,3	0,2	2,4	40	Trier	102,5	0,1	1,9
7a	Unterweser	98,9	1,0	4,1	41	Rheinhessen-Nahe	99,9	0,3	-1,7
7b	Bremerhaven	100,1	1,0	1,3	42a	Südpfalz	104,8	2,7	1,6
8	Wilhelmshaven	99,0	0,3	3,1	42b	Ludwigshafen	102,4	2,8	2,0
9	Ostfriesland	102,0	0,5	3,4	43	Westpfalz	101,2	0,2	1,2
10	Oldenburg	101,5	-0,9	3,3	44	Saar	100,7	-0,1	0,4
11	Emsland	104,5	0,6	5,2	45	Unterer Neckar	99,1	-6,9	4,0
12	Osnabrück	101,1	0,9	-0,3	46	Franken	101,9	-1,6	-1,1
13a	Bremen-Umland	102,9	2,4	2,5	47	Mittlerer Oberrhein	101,3	1,0	0,9
13b	Bremen	98,0	-0,7	0,3	48	Nordschwarzwald	101,4	1,6	5,3
14a	Südheide	99,3	1,7	-0,9	49	Mittlerer Neckar	100,1	-0,6	-1,3
14b	Hannover	99,1	0,4	0,7	50	Ostwürttemberg	100,8	-0,3	-1,5
14c	Hildesheim	99,7	0,2	2,2	51	Donau-Iller (B.-W.)	101,2	0,4	0,3
15	Braunschweig	97,4	-0,3	-2,2	52	Neckar-Alb	101,3	0,3	-1,1
16	Göttingen	100,2	-2,3	1,9	53	Schwarzw.-Baar-Heub.	101,1	-0,3	0,9
17a	Münster-Nord	102,1	-0,5	1,2	54	Südlicher Oberrhein	100,9	-1,0	-1,0
17b	Münster-Süd	99,3	-2,0	-1,5	55	Hochrhein-Bodensee	102,2	-0,4	-0,3
18	Bielefeld	99,6	-0,3	0,5	56	Bodensee-Oberschwaben	102,3	-0,8	-0,7
19	Paderborn	101,3	0,1	0,4	57	Bayerischer Untermain	103,1	0,6	0,1
20a	Sauerland	98,6	-1,4	-1,5	58	Würzburg	102,2	-0,3	-0,6
20b	Dortmund	98,7	0,1	0,2	59	Main-Rhön	99,3	-0,8	-2,2
21	Bochum	95,7	-1,1	0,3	60	Oberfranken-West	102,7	0,6	2,2
22a	Nördl. Ruhrgebiet	96,6	-2,6	-1,8	61	Oberfranken-Ost	101,8	0,9	0,4
22b	Mülheim-Oberhausen	96,8	-3,3	-2,8	62	Oberpfalz-Nord	104,9	4,5	2,2
22c	Essen	96,4	0,1	-0,5	63	Mittelfranken	100,7	1,0	0,3
23	Duisburg	99,2	0,0	1,8	64	Westmittelfranken	101,4	-2,2	-1,1
24	Krefeld	98,4	-0,4	-2,2	65	Augsburg	102,0	1,0	0,1
25	Mönchengladbach	98,9	-0,8	-1,2	66	Ingolstadt	103,3	2,1	-1,0
26	Aachen	98,9	-1,3	-1,6	67	Regensburg	104,0	1,4	1,4
27	Düsseldorf	98,6	-0,4	-1,9	68	Donau-Wald	103,9	1,3	1,3
28	Wuppertal	97,5	0,7	-1,4	69	Landshut	105,3	2,0	1,0
29	Hagen	101,7	3,7	2,1	70	München	101,2	1,0	-0,4
30	Siegen	99,5	0,0	-0,5	71	Donau-Iller (Bayern)	106,5	5,0	3,0
31	Köln	98,4	-0,1	-2,2	72	Allgäu	101,4	-1,0	-1,5
32	Bonn	98,4	-1,2	-2,2	73	Oberland	103,0	1,1	-0,3
33	Nordhessen	99,8	0,0	1,7	74	Südostoberbayern	102,8	0,0	-0,8
34	Mittelhessen	100,6	0,5	1,0	75	Berlin (West)	96,5	-0,8	-1,9

schnittswerte zugrundegelegt; ein Verfahren, das durch die Verringerung der Gesamtvarianz die Aussagekraft der strukturbedingten Werte eher begünstigt.

Auf den ersten Blick - sieht man von den Veränderungen in Wilhelmshaven und Oldenburg einmal ab - scheint zwischen den Standortfaktoren der drei Teilperioden eine relativ große Übereinstimmung zu bestehen. Zum Beispiel wird in den meisten der südlichen Regionen (ab Nr. 45 bis Nr. 74; Nr. 75 ist Berlin) in jedem Zeitabschnitt eine Beschäftigungsentwicklung erzielt, die über der strukturbedingten liegt.

Vergleicht man aber die Standortfaktoren im einzelnen, dann ist die Übereinstimmung doch wesentlich schwächer. Ein Bruch fand vor allem zu Beginn der achtziger Jahre statt. Beträgt der (quadr.) Korrelationskoeffizient zwischen den beiden Standortfaktoren der siebziger Jahre noch 0,45, so fällt die Übereinstimmung mit dem Standortfaktor der dritten Teilperiode auf weniger als 0,16. Zudem hat in jeder dritten Raumordnungsregion im Zeitablauf das Vorzeichen der Abweichung gewechselt.

Berechnet man schließlich den maximalen (absolut gemessenen) Abstand zwischen den drei Standortfaktoren für jede Region, dann beträgt er in jeder vierten Region mehr als 2,6 %-Punkte und im arithmetischen Mittel über alle Regionen mehr als 1,5 %-Punkte. Die regionalen Unerschiede in der tatsächlichen Beschäftigungsentwicklung - also jene Unterschiede, die durch Berücksichtigung von Struktur- und Standortfaktor eigentlich erfaßt werden sollen - liegen zum Vergleich in den drei Teilperioden auch nur bei 1,5 bis 1,9 %-Punkten.

Um die zeitlichen Schwankungen zu eliminieren, die möglicherweise durch einzelne Jahresergebnisse verursacht wurden und deshalb den Blick auf längerfristige Tendenzen verstellen könnten, wurde für jeden Wirtschaftszweig in jeder Region eine Trendanalyse seiner jährlichen Abweichungen vom jeweiligen Bundesdurchschnitt durchgeführt. Diese Trendwerte (für 1976 bis 1980) gingen dann in eine ex-post-Prognose für den Zeitraum 1980 bis 1983 ein, wobei auch hier wieder 2-Jahres-Durchschnittswerte für die Eckjahre zur Vermeidung von Ausreißern zugrunde gelegt wurden.

In Tabelle 5 ist das Ergebnis der ex-post-Prognose der tatsächlichen Beschäftigungsentwicklung gegenübergestellt. Wieder deutet der Augenschein auf eine relativ gute Übereinstimmung zwischen prognostizierter und tatsächlicher Veränderung hin. Zumindest im Vergleich zu einer Prognose ohne Berücksichtigung der regionalen Abweichungen scheint insofern eine stärkere Übereinstimmung zu bestehen, als die Prognose unter Einschluß des Standortfaktors eine größere Varianz besitzt.

Tab. 5: Vergleich einer Ex-Post-Prognose 1979 bis 1983 mit und ohne extrapoliertem Standortfaktor - Abweichung von der tatsächlichen Veränderung in %-Punkten

Raumordnungsregion Nr.		tatsächl. Veränderung	Prognose mit Standortfaktor	Prognose ohne Standortfaktor	Raumordnungsregion Nr.		tatsächl. Veränderung	Prognose mit Standortfaktor	Prognose ohne Standortfaktor
1	Schleswig	97,6	2,3	1,4	35a	Vogelsberg	95,5	0,7	-0,2
2	Mittelholstein	95,9	2,9	2,8	35b	Fulda	98,5	-0,3	-2,8
3	Dithmarschen	99,2	1,5	-1,3	36	Untermain	95,3	1,7	3,0
4	Ostholstein	94,6	1,5	3,9	37	Starkenburg	96,4	-0,3	1,0
5a	Hamburg-Nord	99,5	2,8	-1,9	38a	Limburg	99,2	0,5	-2,3
5b	Hamburg	96,3	0,4	2,6	38b	Wiesbaden	98,4	1,2	0,4
5c	Unterelbe	98,9	5,7	-1,0	39	Mittelrhein-Westerw.	98,3	-0,3	-1,2
6	Lüneburg	95,9	3,2	2,4	40	Trier	98,8	2,6	-1,4
7a	Unterweser	91,5	5,2	6,6	41	Rheinhessen-Nahe	98,6	-0,6	-0,8
7b	Bremerhaven	96,9	0,7	1,4	42a	Südpfalz	101,4	0,5	-4,6
8	Wilhelmshaven	92,9	3,7	5,3	42b	Ludwigshafen	97,9	2,5	0,1
9	Ostfriesland	97,1	4,2	0,9	43	Westpfalz	96,2	1,6	-0,2
10	Oldenburg	89,9	11,1	8,1	44	Saar	96,9	1,2	-0,3
11	Emsland	96,8	5,5	-1,0	45	Unterer Neckar	98,2	-1,7	-0,8
12	Osnabrück	98,1	0,0	-1,3	46	Franken	101,2	-0,8	-4,5
13a	Bremen-Umland	98,7	1,6	-1,0	47	Mittlerer Oberrhein	97,5	1,3	-0,3
13b	Bremen	95,2	0,4	2,9	48	Nordschwarzwald	92,3	5,1	3,8
14a	Südheide	97,9	-0,5	0,3	49	Mittlerer Neckar	98,9	-1,8	-2,0
14b	Hannover	95,9	0,9	2,4	50	Ostwürttemberg	98,1	-1,6	-2,8
14c	Hildesheim	93,7	3,5	3,4	51	Donau-Iller (B.-W.)	97,8	-0,5	-1,6
15	Braunschweig	96,0	-2,9	1,1	52	Neckar-Alb	96,8	-0,4	-2,7
16	Göttingen	95,8	3,8	1,5	53	Schwarzw.-Baar-Heub.	96,5	0,8	-0,8
17a	Münster-Nord	96,3	1,9	-1,6	54	Südlicher Oberrhein	100,3	-1,1	-2,9
17b	Münster-Süd	98,9	0,3	-0,6	55	Hochrhein-Bodensee	99,6	0,2	-3,5
18	Bielefeld	95,0	1,2	1,3	56	Bodensee-Oberschwaben	101,2	-0,5	-4,4
19	Paderborn	98,4	0,2	-1,6	57	Bayerischer Untermain	98,6	0,0	-4,0
20a	Sauerland	96,2	-1,1	0,0	58	Würzburg	101,6	-0,6	-4,0
20b	Dortmund	94,7	0,8	2,5	59	Main-Rhön	98,7	-2,8	-1,8
21	Bochum	92,0	-1,9	4,9	60	Oberfranken-West	96,0	2,9	-1,1
22a	Nördl. Ruhrgebiet	95,9	-1,5	2,1	61	Oberfranken-Ost	95,8	-0,1	-2,0
22b	Mülheim-Oberhausen	96,5	-3,4	0,1	62	Oberpfalz-Nord	96,0	4,4	-1,6
22c	Essen	94,3	-1,4	4,4	63	Mittelfranken	97,0	0,2	-0,4
23	Duisburg	93,1	0,8	2,4	64	Westmittelfranken	100,0	-1,0	-4,0
24	Krefeld	96,9	-2,4	-0,2	65	Augsburg	98,6	0,3	-2,2
25	Mönchengladbach	96,2	-1,7	-0,3	66	Ingolstadt	101,8	-2,0	-5,3
26	Aachen	98,3	-2,5	-1,1	67	Regensburg	100,8	0,4	-4,3
27	Düsseldorf	97,9	-2,4	-0,2	68	Donau-Wald	99,8	1,0	-3,8
28	Wuppertal	93,7	-1,8	2,4	69	Landshut	101,9	0,9	-5,8
29	Hagen	94,6	1,3	1,0	70	München	100,2	-0,3	-1,6
30	Siegen	95,6	-1,0	0,0	71	Donau-Iller (Bayern)	99,2	5,5	-2,9
31	Köln	98,1	-2,5	-0,1	72	Allgäu	100,8	-0,8	-3,7
32	Bonn	99,7	-2,3	-0,5	73	Oberland	102,1	0,6	-3,7
33	Nordhessen	95,4	2,2	2,2	74	Südostoberbayern	102,3	-1,1	-5,1
34	Mittelhessen	96,1	1,4	0,6	75	Berlin (West)	96,2	-2,2	2,8

Tatsächlich aber - gemessen wieder mit dem Korrelationskoeffizienten - ist der Zusammenhang nur schwach ausgeprägt (r quadr. = 0,12). Im arithmetischen Mittel beträgt der Fehler, der durch die ex-post-Prognose begangen worden wäre, rund 2,2 %-Punkte. Zum Vergleich dazu waren die Unterschiede zwischen den tatsächlichen regionalen Veränderungsraten und der Bundesentwicklung insgesamt im Durchschnitt nicht größer.

Etwas überspitzt formuliert war die Prognose also - gemessen an ihrem durchschnittlichen Fehler - nutzlos. Hätte man die regionale Beschäftigungsentwicklung nur mit der (gesamtwirtschaftlichen, also sektoral nicht differenzierten) Bundesveränderung (die von 1979/80 bis 1982/3 -2,7 % betrug) fortgeschrieben, wäre der Prognosefehler - über alle Regionen betrachtet - nicht schlechter ausgefallen.

3. Alternative prognoserelevante Strukturmerkmale

Von ihrer Tendenz her sollten die gerade dargestellten Ergebnisse insofern nicht überraschen, als schon in früheren Analysen zumindest implizit die geringe Bedeutung der sektoralen Struktur für die regionale Beschäftigungsentwicklung zu erkennen war (vgl. z.B. Peschel 1983 oder Müller 1983). Gerade in den letzten Jahren ist eine Reihe von Arbeiten entstanden, in denen die einseitige Konzentration auf die sektorale Struktur als unzulänglich kritisiert wurde und in denen auf andere mindestens ebenso bedeutsame strukturelle Aspekte hingewiesen wurde (vgl. die Übersicht bei Spehl 1984).

Folgt man der systematischen Einteilung von Spehl (1985), dann lassen sich grundsätzlich drei weitere Gruppen von Strukturmerkmalen unterscheiden:

- die funktionale Struktur,
- die Betriebsgrößenstruktur und
- die Abhängigkeits- oder Kontrollstruktur.

Bei der funktionalen Struktur werden die Beschäftigten einer Region nach der Art ihrer Tätigkeit, also ihrer Funktion innerhalb ihres Unternehmens klassifiziert. Bei der Abhängigkeitsstruktur geht es um die Frage, ob und in welchem Ausmaß Entscheidungen über Betriebe und Unternehmen einer Region von anderen Unternehmen außerhalb der Region gefällt werden. In der Diskussion um die Bedeutung der Betriebsgröße schließlich wird die Rolle der kleinen und mittleren Unternehmen hervorgehoben.

An dieser Stelle ist es unmöglich, die Relevanz der drei Strukturaspekte ausführlich zu diskutieren und gegeneinander abzuwägen, zumal vermutlich wechselseitige Beziehungen zwischen den Strukturmerkmalen bestehen. Abgesehen

Schaubild 3: Strukturanalyse der regionalen Wirtschaft

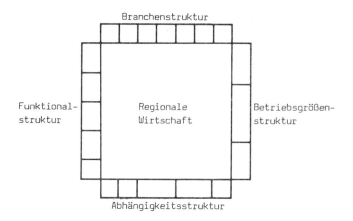

Branchenstruktur:	pimärer, sekundärer, tertiärer Sektor Aufgliederung nach Wirtschaftszweigen und Produktgruppen
Betriebsgrößenstruktur:	Klein-, Mittel-, Großbetriebe Aufgliederung nach Beschäftigten- und Umsatzgrößenklassen
Abhängigkeitsstruktur:	Zweigbetriebe, Kapitalverflechtungen aufgegliedert nach Prozentsätzen, faktische Abhängigkeit aufgegliedert nach Ursachen
Funktionsstruktur:	Anteil strategisch dispositiver, sonstiger dispositiver und operativer Funktionen, Aufgliederung nach Tätigkeitsgruppen, Qualifikationserfordernissen, Entgelt

Quelle: Spehl (1984, S. 81).

deshalb von theoretischen Überlegungen (die m.E. der funktionalen Struktur eine besondere Stellung einräumen[2]) zwingt schon allein das Fehlen bzw. die Verfügbarkeit entsprechender Angaben, die Untersuchung hier auf die funktionale Wirtschaftsstruktur zu beschränken.

Im Blickpunkt bei der funktionalen Betrachtungsweise steht die Art des Arbeitseinsatzes, die in den letzten Jahrzehnten einem erheblichen Strukturwandel unterworfen war. Noch wesentlich stärker als bei der sektoralen Gliederung kommt bei einer funktionalen Differenzierung zum Vorschein, in welchem Ausmaß die Expansion der Dienstleistungen fortgeschritten ist. Zwei Drittel aller Beschäftigten führten 1983 eine Dienstleistung aus.

Bemerkenswert an dem Wachstum der Dienstleistungen ist besonders, daß ihre Zunahme nicht allein auf die Expansion der personen- und konsumorientierten Dienstleistungen zurückzuführen ist, von solchen Dienstleistungen also, bei denen sektorale und funktionale Abgrenzungen sich weitgehend decken. Ein großer Teil des Zuwachses fand vielmehr im Bereich der produktionsorientierten Dienste statt, von denen weit über ein Drittel nicht im Dienstleistungssektor, sondern im Warenproduzierenden Gewerbe angesiedelt sind.

Für die regionale Beschäftigungsentwicklung sind die produktionsorientierten Dienste aus zwei Gründen von Interesse. Einmal scheint ihre Expansion relativ unabhängig von der Gesamtentwicklung des Wirtschaftszweiges zu sein, in denen sie jeweils ausgeführt werden. Zum anderen zeigen gerade die höherwertigen unter den Produktionsdiensten ziemlich ausgeprägte Standortaffinitäten, nämlich eine starke Präferenz für die Verdichtungszentren, die ebenso sektorunabhängig zu sein scheint und in jedem Wirtschaftszweig auch des Produzierenden Gewerbes beobachtet werden kann.

Tab. 6: Großräumige Unterschiede in der funktionalen Wirtschaftsstruktur

	Fertigung	Dienstleistungen insgesamt	Höherw. Prod. Dienste[1]
Agglomerationen	33,0	66,8	5,2
- Kerngebiete	28,7	71,0	6,3
- Randgebiete	40,6	59,2	3,3
Nicht-Agglomerationen	41,9	58,0	2,6
- Gering verdichtete	41,2	58,6	2,8
- Periphere Gebiete	44,1	55,8	2,1
Bundesgebiet insgesamt	36,9	62,8	4,1
- Veränderung 1976-1983 in %	-4,9	+6,7	+22,7

1) Forschung und Entwicklung, Unternehmensberatung, EDV und Marketing.

Quelle: Eigene Auswertungen der Beschäftigtenstatistik.

Beide Voraussetzungen, die üblicherweise Anlaß zu strukturorientierten Überlegungen geben, sind also erfüllt: eine ungleichmäßige Verteilung von ungleich wachsenden Segmenten. Woran es jedoch mangelt, sind die empirischen Belege dafür, daß funktionale Struktur und regionale Beschäftigungsentwicklung in einem engen Zusammenhang stehen. Tatsächlich lassen sich wie bei der sektoralen Analyse nur wenige und schwache Hinweise auf funktionale Einflüsse finden.

Da die funktional-strukturbedingten Entwicklungen - trotz der unterschiedlichen Abgrenzungskriterien - den sektoralen Ergebnissen weitgehend ähneln, sollen sie hier nicht weiter erläutert werden (vgl. die Anhangtabelle 3 sowie ähnliche Berechnungen bei Bade 1986). In den meisten Fällen widersprechen sich die Einschätzung der funktionalen Struktur und die tatsächliche Beschäftigungsentwicklung. Dort wo ein hoher Anteil von (gesamträumlich) expandierenden Funktionen vorhanden ist - z.B. in den Verdichtungszentren -, war die Beschäftigungsentwicklung häufig ungünstig verlaufen. Umgekehrt konnten Regionen mit einer als schlechter zu bewertenden funktionalen Struktur wie die peripheren Gebiete oder die Verdichtungsränder Beschäftigungsgewinne erzielen.

Auch die Ergebnisse der sektoralen Varianzanalysen wiederholen sich entsprechend. Selbst bei einer Verknüpfung von funktionaler und sektoraler Gliederung - was mit dem verfügbaren Datenmaterial möglich war - bleibt die Bedeutung der strukturellen Merkmale äußerst gering:

Bei den Beschäftigungsveränderungen in den einzelnen Funktionen der einzelnen Wirtschaftszweige gibt es zwischen den Regionen der Bundesrepublik erhebliche Unterschiede, die sich durch den Bezug auf die gesamträumlichen Durchschnittswerte nicht erklären lassen.

Tab. 7: Varianzanalyse des funktionalen und sektoralen Einflusses auf die regionale Beschäftigungsentwicklung 1976 bis 1983

Abhängige Variable:	Veränderungsrate der Beschäftigtenzahl in einem Funktionsbereich eines Wirtschaftszweiges in einem Kreis (12 Funktionsgruppen * 62 W.-zweige * 326 Kreise)	
Anzahl der Beobachtungen	121 221	
Erklärunggrad (r) des Gesamtmodells	0,153	(4,1)
davon entfallen auf die exogenen Variablen		
- Wirtschaftszweig	0,015	(35,2)
- Raumordnungsregion	0,010	(5,3)
- Funktionsgruppe	0,008	(30,0)
und auf die Interaktion		
- Wirtschaftszweig*Raumordnungsregion	0,108	(4,1)
- Funktionsgruppe*Raumordnungsregion	0,031	(3,0)

Erläuterung: Signifikanzwerte (F-Werte) in Klammern.

4. Konsequenzen für die Weiterentwicklung der Prognoseverfahren

4.1 Inhaltliche Konsequenzen

Eine erste Schlußfolgerung aus den enttäuschenden Ergebnissen betrifft die allgemeine Einschätzung der Wirtschaftsstruktur als Ursache für regionale Entwicklungsunterschiede. Offensichtlich ist das Vorgehen, die einzelnen Teile einer regionalen Wirtschaft danach zu bewerten, ob sie auf nationaler Ebene expandieren oder eher schrumpfen, unzulänglich. Die Determinanten, die die Entwicklung einer Region beeinflussen, müssen also an anderer Stelle gesucht werden.

Damit verbunden ist eine Kritik an der üblichen Interpretation des Strukturbegriffes. Hinter der Methode, nationale Prozesse auf die regionale Ebene durch eine Fortschreibung der Umfangveränderung der einzelnen Strukturelemente zu übertragen, steht die Überlegung, daß jedes Strukturelement durch eine eigene spezifische Entwicklungsdynamik gekennzeichnet ist. Anders ausgedrückt liegen also die Folgen, die von einem Strukturelement auf die regionale Wirtschaft, z.B. auf deren Beschäftigungsentwicklung ausgehen, in seinem eigenen, direkten Beitrag zum Arbeitsplatzangebot.

Tatsächlich wird gerade in den erwähnten neueren Erklärungsansätzen der Begriff der Struktur - zumindest implizit - anders interpretiert[3]. Die Aufmerksamkeit richtet sich nicht mehr auf alle Teile eines Ganzen, sondern die Betrachtung konzentriert sich auf einige spezielle Strukturelemente, deren indirekter Beitrag zum regionalen Wachstum als besonders hoch bzw. als besonders kritisch eingeschätzt wird. Nicht die eigene Expansion des Strukturelementes ist also die Ursache für das Interesse, sondern der Einfluß, der von diesem Element auf die Entwicklung der übrigen Elemente einer regionalen Wirtschaft ausgeht.

Ein Beispiel für eine solche Betrachtung ist das Interesse für die höherwertigen Produktionsdienste. Ihre primäre Bedeutung liegt nicht darin, daß ihre Zahl in den letzten Jahren erheblich angestiegen ist, denn der absolute Beitrag zur Zahl der Arbeitsplätze ist trotz der außerordentlichen Zunahme verschwindend gering; nur rd. 3 % aller Beschäftigten sind in einer solchen Funktion tätig. Der Grund für ihre besondere Betonung liegt vielmehr in dem vermuteten (und inzwischen teilweise empirisch belegten; vgl. Bade 1986) Einfluß dieser Dienste auf die Wettbewerbsfähigkeit der Unternehmen. In ähnlicher Weise wird die Bedeutung extern kontrollierter Betriebe auch nicht darin gesehen, daß sie eine ungünstigere Entwicklung als einheimische Unternehmen besitzen. Vielmehr stehen die indirekten Effekte, die diese Betriebe auf die übrige regionale Wirtschaft zum Beispiel durch intraregionale Bezugs- und Absatzverflechtungen ausüben könnten, im Vordergrund des Interesses.

Selbst in der oben kritisierten Auffassung, daß die sektorale Wirtschaftsstruktur für die regionalen Entwicklungsunterschiede verantwortlich sei, steckt häufig mehr als nur der Verweis auf die direkten Beschäftigungseffekte. Wenn von der strukturellen Schwäche des Ruhrgebietes oder der norddeutschen Küstenregionen gesprochen wird, dann schwingt implizit zumindest auch die indirekte Bedeutung mit, die von der Entwicklung regional prägender Sektoren auf die wirtschaftliche Lage der übrigen Branchen der Region ausgeht. So gesehen stellt also die oben in Abschnitt 2.3 durchgeführte Strukturkomponenten-Analyse nur eine unzulässige Operationalisierung des sektoralen Einflusses dar, die die Bedeutung von "motorischen" oder auch "Schlüssel"-Industrien im Sinne der Wachstumspoltheorien von Perroux, Hirschmann und anderen völlig vernachlässigt.

Etwas allgemeiner formuliert muß somit der Versuch der Prognostiker, durch den Rekurs auf (die direkte Bedeutung der) Strukturunterschiede die Defizite der regionalen Wachstumstheorie und ihre unzulängliche Erklärung der regionalen Entwicklungsunterschiede zu umgehen, als gescheitert angesehen werden. Auf eine explizite Berücksichtigung der Determinanten regionalen Wachstums und der Veränderungen sowohl der regionalen Verteilung dieser Determinanten als auch ihres Wirkungszusammenhanges kann bei einer Prognose nicht verzichtet werden.

Welche Einflußfaktoren im einzelnen in die Prognose einbezogen werden müssen, kann an dieser Stelle nicht diskutiert werden. Bei dem gegebenen Stand der regionalen Wachstumstheorie, die wie in anderen Disziplinen der Ökonomie von vielen Autoren als unbefriedigend beurteilt wird (vgl. z.B. die von Spehl 1984, Fußnote 1, zitierten Namen), ist eine konsistente, einheitlich aus einer gemeinsamen theoretischen Basis abgeleitete Gruppe von Wachstumsdeterminanten nicht zu erwarten. Vielmehr wird es sich um eine mehr oder weniger ekklektische Sammlung von Hypothesen handeln, die möglicherweise noch nicht einmal widerspruchsfrei ist.

Letztlich gehören zu den prognoserelevanten Informationen auch solche autoregressiven Schätzungen, wie sie von Eckey in seinem Beitrag zu diesem Band erwähnt werden und die aus der spezifischen Entwicklung einer Region in der Vergangenheit einen (statistischen) Rückschluß auf ihre Veränderung in der Zukunft ziehen. Ihre Bedeutung ist allein schon deshalb gestiegen, weil sich die Datensituation erheblich verbessert hat und inzwischen eine über 10 Jahre hinausgehende Zeitreihe für jede Prognoseregion vorliegt, die eine längerfristige Abschätzung regionalspezifischer Entwicklungstrends erlaubt.

4.2 Methodische Konsequenzen

Zum Abschluß soll noch auf einen methodischen Aspekt hingewiesen werden, der sich aus der Forderung nach der Berücksichtigung möglichst vieler prognoserelevanter Informationen ergibt. Da sie aus unterschiedlichen Quellen stammen, wird ein großer Teil der Informationen nicht kompatibel miteinander sein. Einige mögen zwar auf gut spezifizierten funktionalen Zusammenhängen aufbauen, andere Informationen werden dagegen mit Sicherheit eher qualitativer Natur sein und möglicherweise nur wahrscheinliche Ober- oder Untergrenzen einer erwarteten Entwicklung angeben. Ebenso werden einige Informationen insofern in keinem direkt erkennbaren Zusammenhang zueinander stehen, als sie jeweils andere Aspekte betonen. Zum Teil werden die Informationen auch Ergebnisse miteinander konkurrierender Erklärungsansätze sein, ohne daß a priori entschieden werden kann, welchem Ansatz der größere Erklärungsgehalt zukommt.

Die methodischen Anforderungen, die sich bei einer solchen Prognose ergeben, gehen also weit über die üblichen ökonometrischen Prognosemodelle hinaus. Notwendig ist ein Verfahren, mit dem die Verträglichkeit der verschiedenen prognoserelevanten Informationen überprüft und sowohl ihre Gemeinsamkeiten als auch ihre Widersprüche ausgearbeitet werden können.

Unter den gegenwärtigen Voraussetzungen scheint ein Lineares Programmierungsmodell die geeignetste Grundlage für ein solches Abstimmungsverfahren zu sein. Da die Eigenschaften dieses Modells schon an anderer Stelle diskutiert worden sind - für Prognosezwecke wurde es zuerst von Thoss (1970) vorgeschlagen und dann von Birg (1979) oder von Thoss u. Kleinschneider (1982) angewandt -, soll hier auf seine Beschreibung verzichtet werden. Der entscheidende Vorteil des Modells liegt darin, daß es - gemessen an anderen Methoden - nur relativ geringe Anforderungen an die Vollständigkeit und die Quantifizierung der prognoserelevanten Informationen stellt. So ist es zum Beispiel auch möglich, isolierte und punktuelle Informationen für bestimmte Teilbereiche einer regionalen Wirtschaft direkt, z.B. in Form von Unter- oder Obergrenzen, auf ihre Verträglichkeit mit anderen Informationen zu analysieren.

Auf welche Weise jedoch möglicherweise vorhandene Widersprüche aufgelöst werden, darüber kann auch das Lineare Programmierungsmodell keine Auskunft geben. Seine Aufgabe beschränkt sich nur darauf, Transparenz über die Widersprüche zu schaffen. Die Entscheidung, welche Informationen als gewichtiger und verläßlicher einzuschätzen sind, verbleibt dem Prognostiker; ein Punkt, der noch einmal auf die zentrale Bedeutung der Forderung hinweist, die theoretischen und empirischen Grundlagen der regionalisierten Vorausschätzungen wesentlich zu erweitern.

Literaturverzeichnis

Bade, Franz-Josef (1987), Regionale Beschäftigungsentwicklung und produktionsorientierte Dienstleistungen, Berlin 1987 (Sonderheft 143 des Deutschen Instituts für Wirtschaftsforschung).

Bade, Franz-Josef (1986), Die wachstumspolitische Bedeutung kleiner und mittlerer Unternehmen. In: Arbeitsplatzdynamik und Regionalentwicklung, hrsg. Fritsch, Michael et al., Berlin 1986.

Biehl, Dieter; Hußmann, Eibe; Rauteberg, Kord; Schnyder, Sebastian u. Volker Südmeyer, Bestimmungsgründe des regionalen Entwicklungspotentials, Tübingen 1975 (Kieler Studien Bd. 133).

Birg, Herwig, Zur Interdependenz der Bevölkerungs- und Arbeitsplatzentwicklung, Berlin 1979 (Sonderheft des Deutschen Instituts für Wirtschaftsforschung).

Birg, Herwig; Maneval, Klaus u. Klaus Masuhr, Synopse von Verfahren zur Bevölkerungs- und Arbeitsplatzprognose im Bereich des Bundes und der Bundesländer und deren Auswertung in Richtung auf ein einheitliches Prognosemodell, Basel, Berlin, München 1979 (Ms.).

Bombach, Gottfried, Der Strukturbegriff in der Ökonomie. In: Schriften des Vereins für Socialpolitik, NF Bd. 30/I 1962, S. 10-17.

Clark, Colin, The Conditions of Economic Progress, London 1957.

Deutsches Institut für Wirtschaftsforschung, Erhöhter Handlungsbedarf im Strukturwandel, Strukturberichterstattung 1983 des DIW, DIW-Beiträge zur Strukturforschung, H. 79, 1984.

Eckey, Hans-Friedrich u. Paul Klemmer, Analyse der Siedlung- und Wirtschaftsstruktur des Kreises Recklinghausen, Recklinghausen 1980.

Fourastié, Jean, Die große Hoffnung des zwanzigsten Jahrhunderts, Köln 1954.

Gräber, Heinrich; Holst, Matthias; Schackmann-Fallis, Karl-Peter u. Harald Spehl, Externe Kontrolle und regionale Wirtschaftspolitik, Bd. 1 und 2, Berlin 1987.

Harms, Bernd, Struktur der Volkswirtschaft. In: Weltwirtschaftliches Archiv, Bd. 24, 1926, S. 259f.

Hofer, Peter u. Peter Schnur, Zum sektoralen Strukturwandel bis 2000. In: MittAB H. 1 1986.

Hoffmann, Walter G., Stadien und Typen der Industrialisierung, Jena 1939.

Hoffmann, Walter G., Das Wachstum der deutschen Industriewirtschaft 1950-1968. In: Untersuchungen zum Wachstum der deutschen Wirtschaft, Tübingen 1971.

Hoppen, Horst Dieter, Industrieller Strukturwandel, Berlin 1979.

Keeble, David; Owen, Peter u. Chris Thompson, The Influence of Peripheral and Central Locations on the Relative Development on Regions, Cambridge (UK), 1983 (Ms.).

Klein, L.R. u. N.J. Glickman, Econometric Model-Building at Regional Level. In: Regional Science and Urban Economics, Vol. 7 1977, S. 3-23.

Köppel, Matthias, Ansatzpunkte der regionalen Wirtschaftsprognose, Berlin 1979.

Müller, Jürgen, Sektorale Struktur und Entwicklung der industriellen Beschäftigung in den Regionen der Bundesrepublik Deutschland, Berlin 1983.

Peschel, Karin, Der strukturelle Wandel in den Regionen der Bundesrepublik 1960-1976. In: Determinanten der räumlichen Entwicklung, Schriften des Vereins für Socialpolitik, NF Bd. 131, Berlin 1983.

Putman, S.H., An Empirical Model of Regional Growth with an Application to the Northeast Megapolis, Philadelphia 1975.

Schackmann-Fallis, Karl-Peter, Externe Abhängigkeit und regionale Entwicklung, Mannheim 1985.

Spehl, Harald, Zur Bedeutung der Wirtschaftsstruktur für die Regionalpolitik. In: Jahrbuch für Regionalwissenschaft, Göttingen 1984, S. 75-93.

Thoss, Rainer, Angebot und Nachfrage in einem System fachlicher und räumlicher Arbeitsmärkte. In: MittAB H. 2 1970.

Anmerkungen

1) Darüber hinaus sind auch dann Rückschlüsse denkbar, wenn die regionalen Abweichungen durch bestimmte Einflußfaktoren erklärt werden können. In diesem Fall stellt sich aber dann das Problem der Vorausschätzung dieses Einflusses: Welchen Wert nehmen die ermittelten Einflußfaktoren zum Prognosezeitpunkt an, und wie verändert sich möglicherweise der Wirkungszusammenhang im Zeitablauf? Eine zufriedenstellende Antwort auf diese Frage gibt es bislang nicht. Soweit die regionalen Abweichungen bislang in empirischen Untersuchungen auf Standortbedingungen der betreffenden Region zurückgeführt wurden (vgl. z.B. die Übersicht bei Klöppel 1979, S. 169ff. oder die Versuche von Birg 1979), wurden zum einen nur niedrige Erklärungsgrade erreicht. Zum anderen - und dieser Punkt ist für die Prognose wesentlich wichtiger - gibt es für die ermittelten Einflußfaktoren entweder keine Vorausschätzungen, aus denen eine Prognose der regionalen Abweichungen abgeleitet werden könnte. Oder es handelt sich um langfristig stabile Größen (wie zum Beispiel die großräumige Lage bei Biehl et al. 1975 oder die Verkehrsgunst bei Klemmer u. Eckey 1980, von der Eckey in diesem Band berichtet). Sind aber die Einflußfaktoren konstant (und ändert sich der Wirkungszusammenhang nicht), dann kann man auch direkt von der Stabilität der regionalen Abweichungen ausgehen.

2) Angesichts des allgemeinen Interesses für die Betriebsgröße scheint es m.E. notwendig, hier noch einmal auf die zahlreichen theoretischen und empirischen Unzulänglichkeiten dieses Ansatzes hinzuweisen. Ausgangspunkt ist die Vermutung, daß kleinere Unternehmen aufgrund ihrer geringeren organisatori-

schen "Verkrustung" schneller und besser auf die Veränderungen in den Produktions- und Nachfragebedingungen reagieren können. Eindeutige und widerspruchsfreie Belege gibt es für diese These nicht (vgl. Bade 1985). Hinzu kommt das empirisch-analytische Problem, daß sich (a) die meisten regionalisierten Angaben auf Betriebsstätten und nicht auf Unternehmen beziehen. (b) Selbst die wenigen Informationen über Unternehmen lassen völlig außer Acht, daß die rechtliche Selbständigkeit nichts über die Selbständigkeit als wirtschaftliche Entscheidungseinheit aussagt; denn Kapital- und andere Arten von Verflechtungen bleiben unberücksichtigt.

Wie schwierig es ist, die Abhängigkeit von Betrieben und Unternehmen auf regionaler Ebene zu erfassen, das wird an den Arbeiten von Schackmann-Fallis (1985) oder Gräber et al. (1986) deutlich, in denen regionale Unterschiede in der Kontrollstruktur analysiert wurden. Ein Ergebnis dieser Studien ist, daß den verschiedenen Arten von Abhängigkeitsverhältnissen eindeutige Auswirkungen auf die regionale Beschäftigungsentwicklung nicht zugeordnet werden konnten. Zusammenhänge waren jedoch insofern zu erkennen, als einerseits einige Kontrollarten einen Einfluß auf die funktionale Struktur eines Betriebes ausübten und andererseits die Intensität bestimmter Aktivitäten in Beziehung zu der Beschäftigungsentwicklung des Betriebes stand.

3) Deshalb scheint es m.E. auch günstiger, in diesem Zusammenhang auf den Begriff "Struktur" vollständig zu verzichten und sich stattdessen auf die Nennung der einzelnen, als bedeutsam angesehenen Elemente zu beschränken.

Anhangtabelle 1: Die Beschäftigungsentwicklung 1961 bis 1983 in den Raumordnungsregionen

Raumordnungsregion Nr.		Zahl der Erwerbstätigen/ Beschäftigten			Veränderung der Anteile [c] bzw. der Beschäftigtenzahl in vH		
		1961[a]	1976[b]	1983[c]	1961-83	1961-76	1976-83
1	Schleswig	119 195	105 876	110 710	6,4	3,0	4,6
2	Mittelholstein	241 358	205 139	204 356	-3,0	-1,5	-0,4
3	Dithmarschen	76 690	59 563	64 667	-3,4	-10,0	8,6
4	Ostholstein	153 041	125 333	120 570	-9,7	-5,1	-3,8
5a	Hamburg-Nord	157 294	178 293	198 069	44,3	31,4	11,1
5b	Hamburg	1 007 322	717 766	699 780	-20,4	-17,4	-2,5
5c	Unterelbe	59 098	60 854	68 732	33,3	19,4	12,9
6	Lüneburg	77 477	67 384	68 278	1,0	0,8	1,3
7a	Unterweser	43 941	37 030	34 759	-9,3	-2,3	-6,1
7b	Bremerhaven	56 990	50 216	47 897	-3,7	2,2	-4,6
8	Wilhelmshaven	67 636	66 477	62 756	6,3	13,9	-5,6
9	Ostfriesland	95 441	83 791	87 665	5,3	1,8	4,6
10	Oldenburg	136 067	122 017	127 696	7,6	4,0	4,7
11	Emsland	87 323	86 276	93 477	22,7	14,5	8,3
12	Osnabrück	175 094	161 177	167 005	9,3	6,7	3,6
13a	Bremen-Umland	136 287	142 778	152 940	28,6	21,5	7,1
13b	Bremen	315 813	242 206	226 996	-17,6	-11,1	-6,3
14a	Südheide	86 531	81 242	82 000	8,6	8,8	0,9
14b	Hannover	554 574	463 854	456 760	-5,6	-3,0	-1,5
14c	Hildesheim	197 837	153 943	149 743	-13,3	-9,8	-2,7
15	Braunschweig	452 323	380 082	366 730	-7,1	-2,6	-3,5
16	Göttingen	174 159	140 379	143 555	-5,5	-6,6	2,3
17a	Münster-Nord	194 016	171 747	175 574	3,7	2,6	2,2
17b	Münster-Süd	203 386	192 523	201 976	13,8	9,7	4,9
18	Bielefeld	557 909	481 226	417 766	-3,1	0,0	-2,0
19	Paderborn	98 171	95 941	101 184	18,1	13,3	5,5
20a	Sauerland	173 375	155 552	151 141	-0,1	4,0	-2,8
20b	Dortmund	466 947	386 615	357 323	-12,3	-4,0	-7,6
21	Bochum	264 288	197 732	177 022	-23,2	-13,3	-10,5
22a	Nördl. Ruhrgebiet	417 668	312 860	282 922	-22,4	-13,2	-9,6
22b	Mülheim-Oberhausen	187 327	140 142	130 346	-20,3	-13,3	-7,0
22c	Essen	348 739	239 525	217 318	-28,6	-20,4	-9,3
23	Duisburg	429 392	329 358	294 089	-21,5	-11,1	-10,7
24	Krefeld	190 251	158 738	153 403	-7,6	-3,3	-3,4
25	Mönchengladbach	203 791	149 988	144 016	-19,0	-14,7	-4,0
26	Aachen	335 072	275 092	272 896	-6,7	-4,8	-0,8
27	Düsseldorf	665 782	581 545	580 325	-0,1	1,3	-0,2
28	Wuppertal	359 104	259 901	233 204	-25,6	-16,1	-10,3
29	Hagen	447 953	341 102	325 968	-16,6	-11,7	-4,4
30	Siegen	156 911	138 120	133 561	-2,4	2,0	-3,3
31	Köln	845 427	747 617	740 852	0,4	2,5	-0,9
32	Bonn	223 079	206 978	212 992	9,4	7,6	2,9
33	Nordhessen	344 940	285 254	283 927	-5,7	-4,1	-0,5
34	Mittelhessen	230 654	204 248	205 755	2,2	2,7	0,7
35a	Vogelsberg	31 051	25 674	25 741	-5,0	-4,1	0,3

Anhangtabelle 1 (Forts.)

Raumordnungsregion	Zahl der Erwerbstätigen/ Beschäftigten			Veränderung der Anteile [c] bzw. der Beschäftigtenzahl in vH		
	1961[a]	1976[b]	1983[c]	1961-81	1961-76	1976-83
35b Fulda	60 407	50 943	53 026	0,6	-2,2	4,1
36 Untermain	869 230	829 122	830 850	9,5	10,6	0,2
37 Starkenburg	284 158	284 771	288 385	16,5	16,2	1,3
38a Limburg	44 216	33 778	35 618	-7,7	-11,4	5,4
38b Wiesbaden	167 934	139 892	144 893	-1,1	-3,4	3,6
39 Mittelrhein-Westerwald	343 546	292 936	303 264	1,2	-1,1	3,5
40 Trier	127 106	116 483	125 479	13,1	6,2	7,7
41 Rheinhessen-Nahe	243 347	222 339	230 240	8,4	5,9	3,6
42a Südpfalz	58 229	54 450	64 722	27,4	8,4	18,9
42b Ludwigshafen	217 200	178 238	187 886	-0,9	-4,9	5,4
43 Westpfalz	179 804	153 591	155 943	-0,6	-1,0	1,5
44 Saar	422 060	336 600	337 241	-8,4	-7,5	0,2
45 Unterer Neckar	428 302	379 280	383 746	2,7	2,7	1,2
46 Franken	225 819	213 347	236 735	20,1	9,5	11,0
47 Mittlerer Oberrhein	337 104	304 982	319 609	8,7	4,9	4,8
48 Nordschwarzwald	178 571	159 037	161 768	3,8	3,2	1,7
49 Mittlerer Neckar	988 815	924 072	964 472	11,8	8,3	4,4
50 Ostwürttemberg	153 149	131 376	134 228	0,4	-0,6	2,2
51 Donau-Iller (B.-W.)	148 369	143 835	148 350	14,6	12,4	3,1
52 Neckar-Alb	212 428	199 842	200 844	8,4	9,1	0,5
53 Schwarzw.-Baar-Heuberg	171 462	151 916	155 455	3,9	2,7	2,3
54 Südlicher Oberrhein	266 589	262 479	282 440	21,4	14,1	7,6
55 Hochrhein-Bodensee	188 766	167 481	179 408	8,9	2,9	7,1
56 Bodensee-Oberschwaben	147 800	149 144	165 585	28,4	17,0	11,0
57 Bayerischer Untermain	103 205	99 210	105 751	17,4	11,4	6,6
58 Würzburg	143 105	128 852	143 053	14,6	4,4	11,0
59 Main-Rhön	130 187	123 386	125 691	10,6	9,9	1,9
60 Oberfranken-West	198 018	168 318	177 104	2,5	-1,5	5,2
61 Oberfranken-Ost	224 526	166 602	166 295	-15,1	-14,0	-0,2
62 Oberpfalz-Nord	160 058	127 445	134 192	-3,9	-7,7	5,3
63 Mittelfranken	509 715	460 224	465 778	4,7	4,7	1,2
64 Westmittelfranken	104 196	93 001	100 452	10,5	3,5	8,0
65 Augsburg	250 513	227 254	238 633	9,2	5,2	5,0
66 Ingolstadt	87 366	93 562	106 784	40,1	24,2	14,1
67 Regensburg	151 968	146 419	165 080	24,5	11,7	12,7
68 Donau-Wald	150 739	148 766	164 228	24,9	14,4	10,4
69 Landshut	93 255	86 361	102 652	26,2	7,4	18,9
70 München	814 753	823 242	889 211	25,1	17,1	8,0
71 Donau-Iller (Bayern)	114 733	109 549	124 345	24,2	10,7	13,5
72 Allgäu	137 363	117 603	127 814	6,6	-0,7	8,7
73 Oberland	105 883	89 328	102 130	10,5	-2,2	14,3
74 Südostoberbayern	184 779	174 656	196 144	21,7	9,6	12,3
75 Berlin (West)	1 037 634	728 831	699 281	-22,8	-18,6	-4,1

a) alle Erwerbstätigen, Arbeitsstättenzählung 1961; b) nur sozialversicherte Beschäftigte, Beschäftigtenstatistik; c) Wegen der unterschiedlichen Erhebungen werden nur die Veränderungen der Anteile berechnet; d) Veränderung der Beschäftigtenzahl.

Anhangtabelle 2: Die Bedeutung der sektoralen Struktur für die Entwicklung 1976 - 1983 in den Raumordnungsregionen[1]

Raumordnungsregion Nr.		Regional-faktor	Struktur-faktor	Standort-faktor	Raumordnungsregion Nr.		Regional-faktor	Struktur-faktor	Standort-faktor
1	Schleswig	104,6	104,6	100,0	35a	Vogelsberg	100,3	99,2	101,1
2	Mittelholstein	99,6	102,6	97,1	35b	Fulda	104,1	97,6	106,6
3	Dithmarschen	108,6	102,3	106,1	36	Untermain	100,2	103,0	97,3
4	Ostholstein	96,2	103,1	93,3	37	Starkenburg	101,3	103,4	97,9
5a	Hamburg-Nord	111,1	102,1	108,8	38a	Limburg	105,4	100,6	104,8
5b	Hamburg	97,5	103,2	94,5	38b	Wiesbaden	103,6	103,5	100,1
5c	Unterelbe	112,9	103,6	109,0	39	Mittelrhein-Westerw.	103,5	101,5	102,0
6	Lüneburg	101,3	103,3	98,1	40	Trier	107,7	101,7	105,9
7a	Unterweser	93,9	103,3	90,9	41	Rheinhessen-Nahe	103,6	102,5	101,0
7b	Bremerhaven	95,4	99,6	95,8	42a	Südpfalz	118,9	102,1	116,4
8	Wilhelmshaven	94,4	102,0	92,6	42b	Ludwigshafen	105,4	101,0	104,3
9	Ostfriesland	104,6	102,3	102,3	43	Westpfalz	101,5	98,8	102,8
10	Oldenburg	104,7	102,8	101,8	44	Saar	100,2	98,8	101,4
11	Emsland	108,3	97,0	111,7	45	Unterer Neckar	101,2	102,0	99,2
12	Osnabrück	103,6	100,5	103,1	46	Franken	111,0	101,1	109,8
13a	Bremen-Umland	107,1	102,3	104,7	47	Mittlerer Oberrhein	104,8	102,0	102,7
13b	Bremen	93,7	100,8	93,0	48	Nordschwarzwald	101,7	99,5	102,2
14a	Südheide	100,9	102,6	98,4	49	Mittlerer Neckar	104,4	101,4	102,7
14b	Hannover	98,5	103,4	95,2	50	Ostwürttemberg	102,2	98,2	104,0
14c	Hildesheim	97,3	101,1	96,2	51	Donau-Iller (B.-W.)	103,1	100,6	102,5
15	Braunschweig	96,5	102,9	93,8	52	Neckar-Alb	100,5	95,4	105,3
16	Göttingen	102,3	102,4	99,9	53	Schwarzw.-Baar-Heub.	102,3	98,7	103,7
17a	Münster-Nord	102,2	96,4	106,0	54	Südlicher Oberrhein	107,6	101,9	105,6
17b	Münster-Süd	104,9	102,6	102,3	55	Hochrhein-Bodensee	107,1	98,7	108,5
18	Bielefeld	98,0	100,2	97,8	56	Bodensee-Oberschwaben	111,0	101,1	109,8
19	Paderborn	105,5	101,4	104,0	57	Bayerischer Untermain	106,6	96,3	110,7
20a	Sauerland	97,2	99,9	97,3	58	Würzburg	111,0	101,9	109,0
20b	Dortmund	92,4	98,1	94,2	59	Main-Rhön	101,9	101,5	100,4
21	Bochum	89,5	100,7	88,9	60	Oberfranken-West	105,2	97,8	107,6
22a	Nördl. Ruhrgebiet	90,4	98,4	91,9	61	Oberfranken-Ost	99,8	95,0	105,1
22b	Mülheim-Oberhausen	93,0	97,2	95,7	62	Oberpfalz-Nord	105,3	96,2	109,5
22c	Essen	90,7	103,1	88,0	63	Mittelfranken	101,2	99,4	101,8
23	Duisburg	89,3	94,4	94,6	64	Westmittelfranken	108,0	100,0	108,0
24	Krefeld	96,6	99,4	97,2	65	Augsburg	105,0	98,9	106,2
25	Mönchengladbach	96,0	97,8	98,2	66	Ingolstadt	114,1	102,2	111,7
26	Aachen	99,2	100,0	99,2	67	Regensburg	112,7	99,8	113,0
27	Düsseldorf	99,8	101,8	98,0	68	Donau-Wald	110,4	99,2	111,3
28	Wuppertal	89,7	98,6	91,0	69	Landshut	118,9	101,3	117,3
29	Hagen	95,6	97,4	98,1	70	München	108,0	104,5	103,4
30	Siegen	96,7	97,5	99,2	71	Donau-Iller (Bayern)	113,5	100,0	113,5
31	Köln	99,1	102,3	96,9	72	Allgäu	108,7	101,0	107,6
32	Bonn	102,9	105,0	98,0	73	Oberland	114,3	104,2	109,7
33	Nordhessen	99,5	102,5	97,1	74	Südostoberbayern	112,3	100,9	111,3
34	Mittelhessen	100,7	100,7	100,0	75	Berlin (West)	95,9	104,4	91,9

1) "Regionalfaktor" = tatsächliche Veränderung der Beschäftigtenzahl; 1976 = 100.
"Strukturfaktor" = strukturbedingte Veränderung, die erreicht worden wäre, wenn jeder der 62 Wirtschaftszweige genauso wie im Bundesdurchschnitt gewachsen wäre.
"Standortfaktor" = Verhältnis von Regional- zu Strukturfaktor.

Anhangtabelle 3: Die Bedeutung der funktionalen Struktur für die Entwicklung 1976-1983 in den Raumordnungsregionen[1]

Raumordnungsregion Nr.		Regional-faktor	Struktur-faktor	Standort-faktor	Raumordnungsregion Nr.		Regional-Faktor	Struktur-faktor	Standort-faktor
1	Schleswig	104,6	102,8	101,7	35a	Vogelsberg	100,3	99,3	101,0
2	Mittelholstein	99,6	102,7	97,0	35b	Fulda	104,3	99,3	105,1
3	Dithmarschen	108,6	101,8	106,6	36	Untermain	100,2	102,1	98,1
4	Ostholstein	96,2	102,7	93,7	37	Starkenburg	101,3	101,0	100,3
5a	Hamburg-Nord	111,1	102,3	108,6	38a	Limburg	103,4	101,5	101,9
5b	Hamburg	97,5	103,6	94,1	38b	Wiesbaden	103,6	103,0	100,6
5c	Unterelbe	112,9	102,5	110,2	39	Mittelrhein-Westerw.	103,5	101,5	102,0
6	Lüneburg	101,3	102,3	99,0	40	Trier	107,7	102,0	105,6
7a	Unterweser	93,9	102,3	91,8	41	Rheinhessen-Nahe	103,6	102,6	100,9
7b	Bremerhaven	95,4	102,7	92,9	42a	Südpfalz	118,9	100,9	117,8
8	Wilhelmshaven	94,4	101,0	93,5	42b	Ludwigshafen	105,4	102,5	102,8
9	Ostfriesland	104,6	101,4	103,2	43	Westpfalz	103,3	98,4	105,0
10	Oldenburg	104,7	101,8	102,8	44	Saar	100,2	100,3	99,9
11	Emsland	108,3	99,0	109,4	45	Unterer Neckar	101,2	101,9	99,3
12	Osnabrück	103,6	100,9	102,7	46	Franken	111,0	100,2	110,7
13a	Bremen-Umland	107,1	101,4	105,6	47	Mittlerer Oberrhein	104,8	101,5	103,2
13b	Bremen	93,7	102,5	91,4	48	Nordschwarzwald	101,8	100,5	101,3
14a	Südheide	99,2	101,6	97,6	49	Mittlerer Neckar	104,4	101,2	103,1
14b	Hannover	98,5	102,3	96,3	50	Ostwürttemberg	102,0	98,9	103,1
14c	Hildesheim	97,3	100,9	96,4	51	Donau-Iller (B.-W.)	103,1	100,4	102,7
15	Braunschweig	96,5	100,2	96,3	52	Neckar-Alb	100,6	97,3	103,4
16	Göttingen	102,3	101,6	100,7	53	Schwarzw.-Baar-Heub.	102,7	99,4	103,3
17a	Münster-Nord	102,2	97,9	104,4	54	Südlicher Oberrhein	107,6	101,5	106,0
17b	Münster-Süd	104,9	102,4	102,5	55	Hochrhein-Bodensee	107,1	100,4	106,7
18	Bielefeld	98,0	100,5	97,5	56	Bodensee-Oberschwaben	111,0	100,7	110,3
19	Paderborn	105,5	101,7	103,7	57	Bayerischer Untermain	106,6	95,7	111,4
20a	Sauerland	97,2	100,6	96,6	58	Würzburg	111,0	101,4	109,5
20b	Dortmund	92,4	100,4	92,1	59	Main-Rhön	101,9	99,5	102,5
21	Bochum	89,5	98,0	91,4	60	Oberfranken-West	105,2	98,6	106,7
22a	Nördl. Ruhrgebiet	90,4	99,1	91,3	61	Oberfranken-Ost	99,8	96,9	103,0
22b	Mülheim-Oberhausen	93,0	100,7	92,4	62	Oberpfalz-Nord	105,3	97,6	107,8
22c	Essen	90,7	102,3	88,7	63	Mittelfranken	101,2	99,6	101,6
23	Duisburg	89,3	100,1	89,2	64	Westmittelfranken	108,3	99,5	108,8
24	Krefeld	96,6	101,2	95,5	65	Augsburg	105,0	99,9	105,1
25	Mönchengladbach	96,1	99,2	96,9	66	Ingolstadt	114,2	99,7	114,6
26	Aachen	99,2	99,8	99,4	67	Regensburg	112,7	99,9	112,9
27	Düsseldorf	99,8	101,8	98,0	68	Donau-Wald	110,4	98,7	111,8
28	Wuppertal	90,3	100,5	89,9	69	Landshut	119,1	99,4	119,8
29	Hagen	93,7	99,6	94,1	70	München	108,0	103,1	104,8
30	Siegen	96,7	99,6	97,1	71	Donau-Iller (Bayern)	113,6	99,8	113,8
31	Köln	99,1	101,8	97,3	72	Allgäu	108,7	100,4	108,2
32	Bonn	102,9	103,3	99,6	73	Oberland	114,3	101,5	112,6
33	Nordhessen	99,5	100,9	98,6	74	Südostoberbayern	112,3	100,5	111,7
34	Mittelhessen	100,7	101,3	99,4	75	Berlin (West)	95,9	103,2	93,0

1) "Regionalfaktor" = tasächliche Veränderung der Beschäftigtenzahl; 1976 = 100.
"Strukturfaktor" = strukturbedingte Veränderung, die erreicht worden wäre, wenn jeder der 62 Wirtschaftszweige genauso wie im Bundesdurchschnitt gewachsen wäre.
"Standortfaktor" = Verhältnis von Regional- zu Strukturfaktor.

Methoden zu Prognosen von Arbeitsplätzen in Regionen

von
Hans-Friedrich Eckey, Kassel

Gliederung

A. Einleitung: Aufgabenstellung und Aufbau der Untersuchung

B. Hauptteil

I. Mechanistische Verfahren

    1. Trendanalyse

        1.1 Shift-Analyse
        1.2 Regressionsanalyse

    2. Autoregressive Prozesse

    3. Verfahren des regionalen Vergleichs

II. Auf Erklärungsmodellen beruhende Prognoseverfahren

    1. Regionale Wachstumsmodelle

        1.1 Das Exportbasiskonzept
        1.2 Input-Output-Modelle
        1.3 Multiple Regressionsmodelle

III. Kombination von Erklärungsverfahren

C. Schlußteil: Kritische Würdigung der Prognoseverfahren und Ausblick

Anmerkungen

A. Einleitung: Aufgabenstellung und Aufbau der Untersuchung

Unter einer Prognose versteht man die Vorhersage eines Wertes oder mehrerer Werte (Punktprognosen) oder der Verteilung einer oder mehrerer ökonomischer Größen (Intervallprognose). Sie spielen in allen Bereichen des menschlichen Handelns eine hervorragende Rolle. Will man eine optimale Entscheidung in bezug auf einen Instrumentaleinsatz fällen, ist es notwendig, Kenntnis über die Konsequenzen alternativer Handlungsweisen zu haben, also Aussagen über ihre (wahrscheinliche) Effizienz zu treffen[1].

Im Mittelpunkt der folgenden Ausführungen stehen die Möglichkeiten, zukünftige Entwicklungen des regionalen Arbeitsplatzangebotes in sektoraler Differenzierung vorherzusagen. Die zur Lösung dieses Problems gebräuchlichen Methoden und Vorgehensweisen lassen sich in mehrfacher Hinsicht systematisieren; so ist eine Unterscheidung zwischen "bottom-up" und "top-down" Modellen gebräuchlich[2]. Bottom-up-Ansätze analysieren regionale Entwicklungen losgelöst von der nationalen Ebene; gesamtwirtschaftliche Werte ergeben sich durch die Addition regionaler Ausprägungen. "Im Gegensatz dazu werden die top-down-Modelle als Submodelle von nationalen Modellen konstruiert. Den Regionalmodellen dienen dabei nationale Variablen, die auf der nationalen Ebene endogen geschätzt werden, als exogene Eingangsgrößen. Damit wird durch die Modellkonstruktion die Bedeutung der nationalen Entwicklung für das regionale Wachstum hervorgehoben[3]."

Da die bottom-up-Modelle (fast unüberwindliche) Anforderungen an die Verfügbarkeit von Regionaldaten stellen, sie außerdem die explizite Erfassung der interregionalen Handelsströme erfordern, und sie in den Prognosen, die der praktizierten Raumordnungs- und regionalen Wirtschaftspolitik in der Bundesrepublik Deutschland zugrundeliegen und auf die im folgenden näher einzugehen sein wird, keine Rolle spielen, sollen im folgenden top-down-Ansätze im Mittelpunkt der Betrachtung stehen. Es werden also Möglichkeiten aufgezeigt, gesamtwirtschaftliche Ausprägungen auf die regionale Ebene herunter zu rechnen.

Die in diesem Aufsatz gewählte Gliederung entspricht einer anderen Einteilung von Prognoseverfahren. Sie geht aus Abbildung 1 hervor.

Abb. 1: Verfahren zur Prognose regionaler Arbeitsplatzentwicklungen

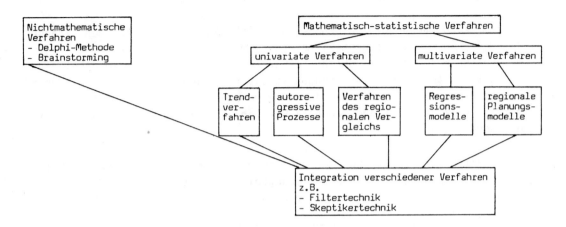

Da sich nichtmathematische Verfahren einer intersubjektiven Vergleichbarkeit weitgehend entziehen, wird dabei vor allem auf mathematisch-statistische Verfahren Bezug genommen. Sie lassen sich grob in uni- und multivariate Verfahren unterscheiden. Das Charakteristikum der univariaten Verfahren besteht darin, daß die Entwicklung der zu prognostizierenden Größe als unabhängig von der Entwicklung von Einflußgrößen, also als autonom betrachtet wird. Es wird bei ihnen nicht auf eine bewährte Theorie zurückgegriffen, sondern rein pragmatisch nach stabilen funktionalen Zusammenhängen in der Vergangenheit gesucht. Dagegen versuchen multivariate Verfahren, auf Erklärungsansätzen aufzubauen. Ist im theoretischen Modell das Explanandum bekannt, das Explanans (bestehend aus Randbedingungen und Gesetzen) aber unbekannt, so geht die Prognose von vorliegenden Randbedingungen und Gesetzen aus und versucht, künftige Aussagen über das Explanandum zu machen (Hempel-Oppenheimersches Deduktionsschema)[4].

Die folgende Beschäftigung mit den Prognosen dient mehrfachen Zielsetzungen:

1. Die Verfahren sollen dargestellt und an Beispielen erläutert werden. Anliegen bei dieser exemplarischen Vorgehensweise ist es, die Arbeitsplatzentwicklung in der Chemischen Industrie, dem Metallgewerbe und dem Einzelhandel im Ruhrgebiet bis zum Jahre 1995 vorherzusagen. Die Entwicklung der entsprechenden Ausprägungen für die Jahre 1970 bis 1980 ergeben sich aus der Tabelle 1. Für das Jahr 1995 wird auf gesamtwirtschaftlicher Ebene mit 520,0 (674,1; 2363,1) Arbeitsplätzen (in 1000) in der Chemie (dem Metallgewerbe; dem Einzelhandel) gerechnet[5].

2. Die Darstellung der Stärken und Schwächen der einzelnen Verfahren wird einen weiteren Bestandteil der Ausführungen bilden. Hierzu dient u.a. die

Gegenüberstellung der mit den verschiedenen Prognoseverfahren gewonnenen Vorhersagen (Sensitivitätsanalyse in bezug auf unterschiedliche Annahmen).

3. Außerdem wird darauf einzugehen sein, welche Methoden bei welchen Fragestellungen in der Vergangenheit Anwendung gefunden haben. Wegen der kaum übersehbaren Menge bereits durchgeführter Regionalprognosen wird dabei eine Konzentration auf solche Vorhersagen erfolgen, die für politisch relevante Berichte und Programme im Rahmen von Raumordnungs- und Regionaler Wirtschaftspolitik in der Bundesrepublik Deutschland und ihren Ländern durchgeführt worden sind.

Tab. 1: Arbeitsplatzentwicklung[1] in den Sektoren Chemische Industrie, Metall und Einzelhandel (in 1000) im Ruhrgebiet[2] und der Bundesrepublik Deutschland

Jahr	Chemie			Metall			Einzelhandel		
	1. Ruhrg.	2. BRD	1 : 2 (in%)	1. Ruhrg.	2. BRD	1 : 2 (in%)	1. Ruhrg.	2. BRD	1 : 2 (in%)
1970	49,5	645	7,67	253,0	925	27,35	213,8	2 282	9,37
1971	50,4	643	7,84	248,8	907	27,43	-	2 302	-
1972	50,7	636	7,98	237,2	874	27,14	-	2 321	-
1973	49,7	633	7,85	235,6	872	27,02	-	2 334	-
1974	50,1	639	7,84	234,8	859	27,33	-	2 268	-
1975	48,3	626	7,72	228,5	826	27,67	-	2 204	-
1976	46,9	602	7,79	221,7	802	27,65	-	2 199	-
1977	46,0	601	7,65	211,2	797	26,50	194,8	2 186	8,91
1978	45,0	595	7,56	203,6	771	26,40	196,3	2 234	8,79
1979	42,9	597	7,19	201,3	770	26,15	198,7	2 286	8,69
1980	44,9	605	7,43	197,5	773	25,55	197,9	2 320	8,53

Quelle: Arbeitsstättenzählung 1970 sowie eigene Schätzungen aufgrund von Ergebnissen der Statistik der Erwerbstätigkeit, der Industrieberichterstattung, der Statistik der Sozialversicherungspflichtigen sowie der Landwirtschaftszählungen.

Zusammenfassung der regionalen Arbeitsmärkte Bochum, Dortmund, Duisburg, Essen, Hagen und Recklinghausen.

B. Hauptteil

I. Mechanistische Verfahren

1. Trendanalyse

1.1 Shift-Analyse

Die einfachste Form einer Regionalprognose besteht darin, zu unterstellen, daß sich ein Sektor in einer Region in gleicher Weise weiterentwickelt, wie er dies voraussichtlich im Gesamtraum tun wird. Bei einer solchen Vorgehensweise werden Standortbesonderheiten vollkommen vernachlässigt; ausschließlich der Struktureffekt findet Berücksichtigung.

$$b_{t_{prog}, i} = b_{t,i} \cdot \frac{B_{t_{prog}, i}}{B_{t,i}} = \frac{b_{t,i}}{B_{t,i}} \cdot B_{t_{prog}, i}$$

Legende:

b = Beschäftigte in der Untersuchungsregion

B = Beschäftigte im übergeordneten Gesamtraum

i = Sektor i

t_{prog} = Prognosezeitpunkt

t = Basiszeitpunkt

$\dfrac{B_{t_{prog}, i}}{B_{t,i}}$ = Steigerungsfaktor der Branche i im übergeordneten Gesamtraum

$\dfrac{b_{t,i}}{B_{t,i}}$ = Anteil der Region an den Gesamtbeschäftigten des Sektors i = Horizontalgewicht HG

Setzt man für die Chemische Industrie die entsprechenden Werte in diese Formel ein, so errechnet sich für das Ruhrgebiet eine Arbeitsplatzprognose von 38,6 (in 1000) für das Jahr 1995.

$$b_{1995, \text{Chemie}} = 44,9 \cdot \frac{520}{605} = 38,6$$

Die entsprechenden Ausprägungen für das Metallgewerbe und den Einzelhandel lauten 172,2 bzw. 201,6.

Da es sich hier um ein extrem einfaches Prognoseverfahren ohne irgendeine Berücksichtigung regionaler Spezifika handelt, kann es nicht verwundern, daß diese methodische Vorgehensweise nur von wenigen Autoren gewählt wird. Beispielhaft sei hier auf die Raumordnungsprognose für den Zeitraum von 1974 bis 1990 hingewiesen, bei der die standortabhängige Industrie mit Hilfe des Strukturfaktors vorausgeschätzt wird[6].

Mit Hilfe der Shift-Analyse[7] gelingt es, die Entwicklung in einer Region auf zwei Erklärungskomponenten zurückzuführen, nämlich den bereits o.a. Struktur- und den Standorteffekt, wobei letzterer alle Erklärungsgrößen umfaßt, die zur Regionalentwicklung außerhalb der sektoralen Zusammensetzung ihrer Wirtschaft beitragen (Agglomerationsvorteile, Ergiebigkeit und Qualität des regionalen Arbeitsplatzangebotes, Infrastruktur usw.).

Die Shift-Analyse als Prognoseinstrument unterstellt, daß sich die Standortgunst einer Region für einen Sektor in Zukunft weiterhin so darstellen wird, wie sie dies in der Vergangenheit getan hat. Die auf dieser Überlegung basierende Formel hat folgendes Aussehen[8]:

$$b_{t_{prog},i} = B_{t_{prog},i} - \frac{B_{t_{prog},i}}{1 + \frac{B_{t-1,i} - b_{t-1,i}}{B_{t,i} - b_{t,i}} \cdot \frac{b_{t,i}}{B_{t,i} - b_{t,i}} \cdot \frac{b_{t,i}}{b_{t-1,i}}}$$

Legende:

t-1 = in der Vergangenheit liegender zweiter Beobachtungszeitpunkt

Die Umformung dieser Formel zur Beziehung

$$b_{t_{prog},i} = B_{t_{prog},i} - \frac{B_{t_{prog},i}}{1 + \frac{b_{t,i}}{B_{t,i} - b_{t,i}} : \frac{b_{t-1,i}}{B_{t-1,i} - b_{t-1,i}} \cdot \frac{b_{t,i}}{B_{t,i} - b_{t,i}}}$$

zeigt, daß es sich hierbei im Prinzip um eine reine Dreisatzaufgabe handelt. Die drei Relationen im Nenner drücken die Erwartung aus, daß sich das Verhältnis von regionaler Wachstumsrate zur Wachstumsrate des komplementären Raumes in Zukunft genauso weiterentwickeln wird, wie dies zwischen den beiden Zeitpunkten t und t-1 beobachtet werden konnte.

Setzt man in diese Beziehung die entsprechenden Werte für die Jahre 1970, 1980 und 1995 ein, kann man mit Hilfe dieses Verfahrens von einem Arbeitsplatzangebot von 37,3 Tsd. in der Chemischen Industrie des Ruhrgebietes ausgehen.

$$b_{t_{prog,}}{}^i = 520,0 - \frac{520}{1 + \dfrac{44,9}{605-44,9} : \dfrac{49,5}{645-49,5} \cdot \dfrac{44,9}{605-44,9}}$$

$$= 520,0 - \frac{520}{1 + 0,07731} = 37,3$$

Für das Jahr 1995 wird mit einem Verhältnis von Beschäftigten des Metallgewerbes im Ruhrgebiet: Beschäftigte im komplementären Raum von 23,828 % bzw. mit einem Horizontalgewicht im Einzelhandel von 7,760 % gerechnet. Die entsprechenden Beschäftigungsprognosen lauten 160,6 und 183,4 Tsd.

Die Shift-Analyse ist ein äußerst beliebtes Instrument zur Prognose des regionalen Arbeitsplatzangebotes. Sie findet in nahezu alle Landesentwicklungsberichte und -programme Eingang, in denen Arbeitsplatzprognosen durchgeführt worden sind. Hier sei beispielhaft auf die Raumordnungsprognose 1978-1995 sowie auf die Gemeinschaftsaufgabe "Verbesserung der regionalen Wirtschaftsstruktur" verwiesen. Da eine unveränderte Fortschreibung des Standorteffektes aber häufig zu unplausiblen Ergebnissen führt, wird in beiden Fällen eine Einengung dieser Erklärungsgröße vorgenommen. In der Raumordnungsprognose wird unterstellt, daß sich der Standortfaktor mit einem geometrisch abfallenden Wirkungsgrad dem Durchschnittswert 1 anpaßt[9], in der Gemeinschaftsaufgabe "Verbesserung der regionalen Wirtschaftsstruktur", daß er eine bestimmte Abweichung vom Normwert 1 in der Prognose nicht überschreiten darf[10]. Eine Festlegung dieser Dämpfungsfaktoren ist subjektiv und für Dritte nicht nachvollziehbar.

Die Einbeziehung eines Standortfaktors scheint eine Verbesserung gegenüber der reinen Verwendung des Struktureffektes bei der Prognose darzustellen. Hoppen[11] weist allerdings darauf hin, daß die Einbeziehung eines Standortfaktors bei der Regionalprognose die Resultate nicht verbessert, sondern verschlechtert. Er kommt zu seiner Aussage aufgrund eines ex-post-Prognosetests.

Der Grund hierfür liegt darin, daß der Standorteffekt zwischen verschiedenen Zeitpunkten nicht stabil ist und seine Prognose, nur fußend auf zwei Basisjahren, demnach nicht vertretbar erscheint. Eine Einbeziehung erscheint nur dann gerechtfertigt, wenn er sich auf eine größere Anzahl von Beobachtungszeitpunkten stützen kann. Eine methodische Möglichkeit hierzu bietet sich in Form der im folgenden darzustellenden Regressionsanalyse an.

1.2 Regressionsanalyse

Beim Vorliegen von mehr als zwei Beobachtungswerten bietet es sich an, eine Regressionsanalyse über Horizontalgewichte durchzuführen.

$HG_{t,i} = f(t)$

Geht man von einer linearen Beziehung aus, errechnet sich im Zeitraum von 1970 bis 1980 für die Chemische Industrie im Ruhrgebiet ein absolutes Glied von 7,984182, ein Regressionskoeffizient von -0,050091 und eine erklärte Varianz von 55,018122 %[12].

Damit ergibt sich für das Jahr 1995 ein prognostiziertes Horizontalgewicht von

7,984182 % - 0,050091 % · 26 = 6,682 %

sowie eine absolute Beschäftigungsprognose von

6,682 % · 520,0 = 34,7.

Analoge Vorgehensweisen für das Metallgewerbe und den Einzelhandel führen zu prognostizierten Arbeitsplatzangeboten von 160,5 und 175,3 Tsd.

Verfeinerungen sind dadurch möglich, daß man auch nichtlineare Funktionsformen zuläßt und (oder) den Beobachtungszeitpunkten in der Regressionsanalyse ein divergierendes Gewicht zuteilt; aktuellere Werte werden also bei der Errechnung der Koeffizienten stärker gewichtet als weiter zurückliegende.

Eine entsprechende methodische Vorgehensweise findet sich in einem Gutachten für das Land Nordrhein-Wesfalen (Institut für Landes- und Stadtentwicklungsforschung), in dem Arbeitsmarktbilanzen für regionale Beobachtungseinheiten dieses Bundeslandes bis zum Jahre 1990 prognostiziert wurden[13].

2. Autoregressive Prozesse[14]

Autoregressivität ist der Oberbegriff für eine Reihe von Verfahren, die sich im Detail unterscheiden, jedoch gemeinsam haben, daß die Ausprägung einer Größe zum Zeitpunkt t als Funktion der Ausprägung der gleichen Größe von weiter zurückliegenden Zeitpunkten betrachtet wird. Sie lassen sich grob in Verfahren der Mittelwertbildung sowie Kettenverfahren unterscheiden.

Geht man zunächst vereinfachend von einem stationären Prozeß aus, so läßt sich der Grundgedanke der Mittelwertbildung wie folgt erklären: "Eine ökonomische Größe wird aus einer Gleichgewichtsposition gebracht. Die Effekte, die zum Ungleichgewicht geführt haben, werden nun nach und nach absorbiert[15]".

In Formel:

$$x_t = \bar{x} + b_1 \cdot e_{t-1} + b_2 \cdot e_{t-2} \ldots \ldots \ldots b_q \cdot e_{t-q}$$

Legende:

e_t = Zufallsterm zum Zeitpunkt t

$\bar{x}$ = arithmetisches Mittel

Im einfachsten Fall eines autoregressiven Prozesses erster Ordnung reduziert sich diese Beziehung zu

$$x(t) = \bar{x} + b_1 \cdot e(t-1).$$

Der Übergang zu nicht-stationären Prozessen kann dadurch gewonnen werden, daß die durchschnittliche Veränderung der zu erklärenden Variablen zwischen zwei Zeitpunkten als Regressionskoeffizient interpretiert wird. Bei einem Prozeß erster Ordnung ergibt sich dann folgende Beziehung:

$$x(t) = \bar{x} - b_0 \cdot (t-\bar{t}) + b_1 \cdot e(t-1)$$

$$\text{mit } b = \frac{1}{n-1} \cdot \sum_{q=0}^{n-2} (x_{t-q} - x_{t-q-1})$$

Das arithmetische Mittel über die Horizontalgewichte der Chemischen Industrie des Ruhrgebietes für den Zeitraum von 1970 bis 1980 beträgt 7,684 %, die durchschnittliche Veränderung dieser Variablen zwischen den einzelnen Jahren -0,023 %. Da das Zeitintervall zwischen $\bar{t}$ und t_{prog} 21 Jahre beträgt, ergibt sich das prognostizierte Horizontalgewicht durch die Beziehung

7,684 % - 0,023 % · 21 = 7,204 %.

Das bedeutet eine absolute Beschäftigungsprognose von 37,5 Tsd. Beim Metallgewerbe und dem Einzelhandel betragen die entsprechenden Werte 157,2 bzw. 173,3.

Dem Kettenverfahren liegt folgende funktionale Beziehung zugrunde:

$$x_t = a + b_1 \cdot x_{t-1} + b_2 \cdot x_{t-2} \cdots + b_q \cdot x_{t-q}$$

bzw. beim Kettenverfahren erster Ordnung:

$$x_t = a + b \cdot x_{t-1}$$

Geht man von einem autoregressiven Prozeß erster Ordnung aus, so errechnet sich für das Horizontalgewicht der Chemischen Industrie folgende Beziehung:

$$HG_t = 2,039534 + 0,732321 \cdot HG_{t-1}$$

Danach ist mit einem Horizontalgewicht von 7,618 % im Jahre 1995 zu rechnen (= 39,6 Tsd. Arbeitsplätze). Dieser Prognosewert liegt wesentlich höher als bei den bisher angewendeten Verfahren. Dies beruht auf der diesem Verfahren immanenten Annahme, daß die zu prognostizierende Größe gegen einen Grenzwert konvergiert (hier: 2,039534 : (1-0,732321) = 7,619). Hierdurch ergibt sich eine enge Analogie zu den Markoff-Prozessen, die als Weiterentwicklung des Kettenverfahrens interpretiert werden können. Werden dort die Übergangswahrscheinlichkeiten zwischen einzelnen Regionen explizit aufgeführt, so werden sie hier in zwei Parametern zusammengefaßt, wobei das absolue Glied die Summe der Übergangswahrscheinlichkeiten mit allen anderen Regionen und der Regressionskoeffizient die Übergangswahrscheinlichkeit der Region mit sich selber darstellt.

Finden Mittelwertbildung und Kettenverfahren gleichzeitig Eingang in das Modell, spricht man von einem gemischten Vorgehen bzw. von einem Arima-Modell[16].

Die Verwendung autoregressiver Prozesse zur Prognose kann nur dann empfohlen werden, wenn kurz- und mittelfristige Vorhersagen (Saison,bzw. Konjunktur) gewünscht werden. Bei längerfristigen Prognosen ist eine Anwendung wenig sinnvoll.

Schäfer[17] unternimmt den Versuch, für das Land Bremen kurzfristige Beschäftigungsprognosen durchzuführen. Das von ihm verwendete Verfahren entspricht weitgehend dem oben dargestellten Arima-Modell.

3. Verfahren des regionalen Vergleichs

Die Möglichkeiten, das Verfahren des regionalen Vergleichs als Prognoseinstrument einsetzen zu können, sei mit Hilfe der Abbildung 2 erläutert.

Abb. 2: Prognosemöglichkeit mit Hilfe des Verfahrens des regionalen Vergleichs

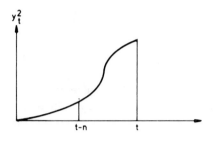
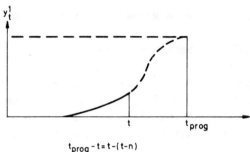

$$t_{prog} - t = t - (t-n)$$

y sei die im Mittelpunkt der Untersuchung stehende, zu prognostizierende Größe, die für einen Wirtschaftsraum 1 vorhergesagt werden soll. Die Ausprägungen der gleichen Variablen liegen für eine andere Region 2 vor, die einen lead gegenüber dem Raum 1 aufweist. Zum Zeitpunkt t ist im Raum 1 ein Niveau der Variablen y erreicht, das in der Region 2 bereits zum Zeitpunkt t-n realisiert werden konnte. Beim Verfahren des regionalen Vergleichs wird nun unterstellt, daß zwischen den Zeitpunkten t und t_{prog} in der Region 1 die Entwicklung der Variablen y genauso weiterverlaufen wird, wie sie dies zwischen den Zeitpunken t-n und t im Raum 2 getan hat.

$$y^1_t = f(y^2_{t-n})$$

Es ergibt sich damit ein maximales Prognoseintervall von t_{prog}-t. Je enger Regionen miteinander verflochten sind und je weniger ausgeprägt damit die lead-lag-Beziehungen sind, um so weniger eignet sich dieses Verfahren für langfristige Vorhersagen. Es kann dann lediglich noch für kurz- und mittelfristige Prognosen Anwendung finden.

Das Verfahren des regionalen Vergleichs ist also dann besonders interessant, wenn von lead-lag-Strukturen beim betrachteten Kriterium zwischen Regionen ausgegangen werden kann und diese Beziehungen mindestens so groß sind wie das angestrebte Prognoseintervall. Beispielhaft sei hier auf die räumliche Ausbreitung von Innovationen eingegangen.

Ewers u.a.[18] weisen anhand eigener und anderer empirischer Untersuchungen nach, daß die räumliche Diffusion des technologischen Fortschritts Zeiträume erfordert, die durchaus mehrere Jahre umfassen können. Eine solche lead-lag-

Beziehung ermöglicht die Vorhersage der Einführung von Innovationen in peripheren Regionen für einen bestimmten Prognosezeitraum, muß jedoch in Wirtschaftsräumen mit großen, innovativen Zentren versagen.

II. Auf Erklärungsmodellen beruhende Prognoseverfahren

1. Regionale Wachstumsmodelle

1.1 Das Exportbasiskonzept

Die bisher dargestellten Verfahren stellen "measurement without theory" dar. Sie sollen im folgenden um Prognoseverfahren ergänzt werden, die auf Theorien beruhen. Dabei läßt sich zwischen angebotsorientierten, nachfrageorientierten und kombinativen Modellen differenzieren[19].

Die angebotsorientierten Modelle stellen eine Übertragung der neoklassischen Wachstumstheorie auf Regionen dar. Es wird unterstellt, daß das marktwirtschaftliche System aus sich heraus zur Vollbeschäftigung führt (Stabilitätshypothese), so daß die Ausstattung mit Produktionsfaktoren die Entwicklungsschranke darstellt.

Der Keynesianismus bildet die theoretische Grundlage für nachfrageorientierte Regionalmodelle. In der Möglichkeit auch längerfristiger Unterbeschäftigung kann die Entwicklung einer Region nicht über ihre Faktorausstattung, sondern muß über die auf sie entfallene Nachfrage erklärt werden.

Es soll im folgenden auf vier Prognoseverfahren eingegangen werden, wobei das Exportbasiskonzept und die Input-Output-Modelle dem nachfrageorientierten Ansatz nahestehen, während die multiplen Regressions- sowie die regionalen Planungsmodelle in der Regel eine Kombination von angebots- und nachfrageorientierten Faktoren darstellen.

"Besonders im amerikanischen Sprachraum wird das Economic-Base-Konzept als Methode der Erklärung und Prognose des regionalen Wirtschafts- und Bevölkerungswachstums häufig angewendet. Der Ansatz beruht auf einer nicht vollausgebildeten Theorie des regionalen Wachstums.

Danach kommt der regionalen Exporttätigkeit die entscheidende Bedeutung im regionalen Wachstumprozeß zu. Wenn diese hinreichend genau prognostiziert werden kann, bietet eine Prognose der übrigen wirtschaftlichen Entwicklung des Untersuchungsgebietes keine Schwierigkeiten mehr[20]." Ist b_x (b_R) die Anzahl der Beschäftigten, die für die Erstellung von Exportgütern (von Gütern, die in der Region selber verbraucht werden) eingesetzt werden, sowie c die marginale

Verbrauchsquote innerhalb der Region, so läßt sich zwischen den Nichtbasis- und Basisbereichsbeschäftigten folgender Zusammenhang herstellen:

$$b = b_x + b_R = b_x + c \cdot b$$

$$b(1-c) = b_x$$

$$b = b_x \cdot \frac{1}{1-c}$$

$$b_x + b_R = b_x \cdot \frac{1}{1-c}$$

$$b_R = b \cdot \left(\frac{1}{1-c} - 1\right)$$

Weiß man um die Beschäftigten der Exportgüterindustrie, lassen sich aus ihnen – unter Setzung bestimmter Annahmen in bezug auf das künftige c – Angaben über die zu erwartende Beschäftigung im Nichtbasisbereich machen[21].

Da sich das Export-Basis-Konzept nur zur Prognose der Arbeitsplätze im Dienstleistungsbereich eignet, erfolgt hier eine Beschränkung auf den Einzelhandel im Ruhrgebiet. Seine Beschäftigtenzahl für das Jahr 1995 errechnet sich dann wie folgt:

$$b_{R,t_{prog}} = \frac{b_{R,t}}{b_{x,t}} \cdot \underbrace{\frac{B_{R,t_{prog}}}{B_{x,t_{prog}}} : \frac{B_{R,t}}{B_{x,t}}}_{a} \cdot b_{x,t_{prog}}$$

$$= \frac{197,9}{831} \cdot \frac{2362}{8713} : \frac{2320}{9427} \cdot 741 \;^{22)} = 194,5$$

a = Veränderungsrate bei der Relation von Nicht-Basis- zu Basisbeschäftigten im übergeordneten Vergleichsraum, die für die betrachtete Region in gleicher Weise unterstellt wird.

Das Export-Basis-Konzept als Prognoseinstrument innerhalb des Dienstleistungsbereiches fand in der Raumordnungsprognose 1974-1990 sowie in Vorhersagen der Bundesländer Bayern, Hessen und Saarland Anwendung[23].

1.2 Input-Output-Modelle

Eine Input-Output-Tabelle gibt eine Übersicht über interregionale und (oder) intersektorale Verflechtungen[24]. In bezug auf die Verwendung der Produktion eines Sektors (einer Region) wird zwischen Lieferungen an andere Sektoren (Regionen) sowie der Befriedigung der Endnachfragekomponenten Konsum, Investitionen und Exporte unterschieden.

Dieser Bruttoproduktion entspricht auf der Verteilungsseite die Summe aus dem Bezug von Vorleistungen, den Importen sowie dem Beitrag zum Bruttoinlandsprodukt.

Von der Input-Output-Tabelle gelangt man zur Input-Output-Analyse, indem die Vorleistungsverflechtungen zwischen den Sektoren durch die Bruttoproduktionswerte dividiert und bestimmte Annahmen in bezug auf diese Relationen getroffen werden. In der Regel werden sie als Technologiekoeffizienten einer bestimmten Produktionsfunktion interpretiert und vereinfacht als konstant unterstellt. In diesem Fall ist es möglich, die Auswirkung bestimmter Variationen von ökonomischen Größen - etwa einer Nachfrageveränderung - auf die Produktion der einzelnen Sektoren (Regionen) zu analysieren.

Um die Input-Output-Analyse als Prognoseinstrument zur Vorhersage von Arbeitsplätzen in Regionen nutzbar machen zu können, müssen folgende Voraussetzungen erfüllt sein:

1. Die zum Prognosezeitpunkt herrschenden Technologiekoeffizienten müssen bekannt sein. Dies erfordert Kenntnisse in bezug auf zukünftige Innovationen und Substitutionselastizitäten.

2. Es müssen Kenntnisse über die Endnachfrage nach Produkten der einzelnen Sektoren im betrachteten Wirtschaftsraum zum Prognosezeitpunkt vorhanden sein.

3. Die zukünftigen regionalen Importe müssen in sektoraler Differenzierung vorliegen.

Diese sehr restriktiven und kaum erfüllbaren Voraussetzungen haben bisher den Einsatz der Input-Output-Analyse zum Zweck langfristiger Beschäftigungsprognosen verhindert. Lediglich bei kurzfristigen Vorhersagen ist sie bisher mit Erfolg eingesetzt worden, da in diesem Fall mit einer gewissen Plausibilität von einer Konstanz der Produktionsverhältnisse, der Nachfrage- und Importstruktur ausgegangen werden kann. Besonders ergiebige Verwendung findet sie in dem Versuch, regionale Beschäftigungswirkungen von Investitionsprogrammen (Energie, Verkehrsinfrastruktur usw.) vorherzusagen[25].

Geht man von den vom RWI geschätzten Input-Output-Beziehungen[26] aus und unterstellt eine Konstanz der Technologiekoeffizienten sowie eine gleiche technologische Fortschrittsrate in den einzelnen Sektoren im Ruhrgebiet wie in der Bundesrepublik insgesamt, ist für die Chemische Industrie mit einer Ausweitung der Produktion von 44 % und einer Erhöhung der Produktivität von 77,2 % zu rechnen. Dieses bedeutet einen Rückgang der Beschäftigten um 18,73 % auf 36,5 Tsd. Das Metallgewerbe hat bei einem nur noch geringfügigen Produktionsanstieg und einer Produktivitätssteigerung von +55,2 % bis 1995 mit einem Rückgang der Beschäftigungsmöglichkeiten um 34,23 % zu rechnen; die Anzahl der Arbeitsplätze in diesem Sektor im Jahre 1995 wird gemäß diesem Verfahren 154,4 Tsd. betragen.

1.3 Multiple Regressionsmodelle

In multiplen Regressionsmodellen wird versucht, eine zu erklärende Variable über mögliche Einflußgrößen weitestgehend zu determinieren. In räumlichen Wachstumsmodellen ist dabei die zu erklärende Variable in der Regel das regionale Produktions- oder Beschäftigungsniveau. Dabei kommt es darauf an, die vorhandenen Kenntnisse über regionale Entwicklungsprozesse möglichst vollständig in das gewählte Modell einfließen zu lassen. Eine Zusammenstellung der als relevant erachteten Bestimmungsgrößen ergibt sich aus der Tabelle 2.

Um ein solches Regressionsmodell als Prognoseinstrument einsetzen zu können, sind folgende Voraussetzungen erforderlich:

1. Es muß davon ausgegangen werden, daß die Standortfaktoren in Zukunft ähnliche Relevanz wie in der Vergangenheit besitzen.

2. Die Ausprägung der erklärenden Variablen in der Region zum Beobachtungszeitpunkt muß bekannt sein. Will man sich hierbei nicht auf willkürlich gewählte Größen beschränken, ergibt sich das Problem der Vorhersage dieser Größen (infiniter Regress).

Diesen sehr einschränkenden Voraussetzungen, zu denen sich erhebliche Datenprobleme gesellen, steht allerdings der Vorteil des Hinweises auf den sinnvollen Einsatz von Instrumenten gegenüber. Sind die erklärenden Größen strategiefähig, so geben die Regressionskoeffizienten Hinweise auf ihre Effizienz. Ausgegangen wird dabei von einer substitutionalen Produktionsfunktion, d.h. die einzelnen Instrumente sind gegeneinander austauschbar.

Unterstellt man eine Konstanz der Regressionskoeffizienten in einem von dem Verfasser entwickelten Modell[27] auch für die Zukunft und geht in bezug auf die erklärenden Größen davon aus, daß sich die Relation zwischen Ruhrgebiet

Tab. 2: Unabhängige Variable in regionalen Entwicklungsmodellen

Variable	Vorgehensweise bei bisherigen Regressionsanalysen	Variable	Vorgehensweise bei bisherigen Regressionsanalysen
Skalenerträge	- durchschnittliche Betriebsgröße (Burrows/Metcalf/Kaler, Reimers) - Anteil der Beschäftigten in Großbetrieben (200 und 500 Beschäftigte) (Keeble/Hauser)		- freizeitorientierte Infrastruktur (Reimers, Garofalo) - Anteil neuer Wohnungen (Burrows/Metcalf/Kaler) - Wohnpräferenzen (aufgrund von Befragungen und Wanderungen) (Richardson, Keeble)
Lokalisationsvorteile	- Beschäftigungsniveau im Basisjahr (Keeble/Hauser, Wheat, Thompson/Mattila, Spiegelman, Bölting, Kau, Burrows/Metcalf/Kaler, Alperovich/Bergsman/Eheman, Reimers, Henderson) - Anteil der Konkurse (Richardson) - Produktionsniveau bzw. Produktionsanteil (Harris/Hopkins, Harris)	Arbeitsmarkt	- Lohnsatz (Bölting, Wheat, Richardson, Thompson/Mattila, Spiegelman, Harris/Hopkins, Harris, Garofalo, Putman, Alperovich/Bergsman/Eheman, Healy) - gewerkschaftlicher Organisationsgrad (Wheat, Thompson/Mattila, Spiegelman, Burrows/Metcalf/Kaler) - Anteil der im Sektor "Bildung und Wissenschaft" beschäftigten Arbeitskräfte (Reimers) - Arbeitsplatzmangel bzw. -überschuß (Schröder, Keeble/Hauser, Keeble, Koll, Putman, Alperovich/Bergsman/Eheman) - Wanderungsverlust (Keeble/Hauser) - Bedeutungsanteil der Landwirtschaft (Wheat, Koll) - Schulbildung (Thompson/Mattila, Spiegelman)
Urbanisierungsvorteile	- Bevölkerung im Regionszentrum (Keeble/Hauser, Wheat, Richardson, Koll, Spiegelman, Alperovich/Bergsman/Eheman, Reimers, Henderson) - Einwohnerdichte (Bölting, Koll, Richardson, Spiegelman, Burrows/Metcalf/Kaler, Tybout/Mattila, Reimers) - Beschäftigte im Dienstleistungsbereich (Schröder, Richardson, Spiegelman, Garofalo, Healy) - Beschäftigte in Zuliefer- und Abnehmerbranchen (Harris/Hopkins, Harris, Putman) - regionale Produktivität (Kau) - Entfernung zu Oberzentren und Ballungen (Bölting, Koll, Reimers)	steuerliche Belastung und Entlastung	- Steuerhebesätze (Schröder, Thompson/Mattila, Tybout/Mattila, Bölting) - Förderregion als dummy-Variable (Keeble, Bölting, Koll, Spiegelman)
Energie	- Energiekosten (Schröder, Burrows/Metcalf/Kaler, Spiegelman, Reimers)	Kapitalausstattung	- Kapitalstock (Bölting) - Investitionen (Thompson/Mattila, Harris/Hopkins, Harris)
Boden	- Flächenreserve (Schröder, Keeble/Hauser, Burrows/Metcalf/Kaler) - Bodenwert pro Flächeneinheit (Harris/Hopkins, Harris, Putman)		
(Verkehrs-) Infrastruktur	- Vorhandensein von Verkehrswegen und -trägern (Schröder, Spiegelman, Burrows/Metcalf/Kaler, Healy, Reimers) - Infrastrukturinvestitionen (Koll)		
Wohnattraktivität	- Klima (Schröder, Reimers, Wheat, Richardson, Spiegelman, Garofalo, Burrows/Metcalf/Kaler)		

Quelle: Die Zusammenstellung basiert vor allem auf Angaben in Robert Koll, Regionales Wachstum, München 1979, und Walter Reimers, Determinanten regionalen Wachstums, München und Florenz 1981.

Literaturverzeichnis zu Tabelle 2

Alperovich, G. / Bergsman, J. / Ehemann, C.
An Economic Model of Employment Growth in US Metropolitan Areas, Environment and Planning A, Vol. 7 (1975), S. 833 - 862

Bölting, H.
Wirkungsanalyse der regionalen Wirtschaftspolitik, Münster 1976

Burrows, J.C. / Metcalf, C.E. / Kaler, J.B.
Industrial Location in the United States, Lexington, Mass. 1971

Garofalo, G.A.
A Theoretical and Empirical Investigation into the Effects of Agglomerative Forces on Urban Industrial Growth, Unpublished Ph. D. Dissertation, University of Pittsburgh, Pittsburgh 1974

Harris, jr. C.C.
A Multiregional, Multi-Industry Forecasting Model, Papers of the Regional Science Association, Vol. 25 (1970), S. 160 - 180

Harris, jr. C.C. / Hopkins, F.E.
Locational Analysis. An Interregional Economic Model of Agriculture, Mining, Manufacturing, and Services, Lexington, Mass., Toronto, London 1972

Healy, R.G.
Agglomeration and Foodlosseness: The Location of Economic Activities among Metropolitan Areas, Unpublished Ph. D. Dissertation, University of California, Los Angeles 1972

Henderson, J.V.
Industrial Bases and City Sizes, Economic Review, Vol. 73 Nr. 2, May 1983

Kau, W.
Theorie und Anwendung raumwirtschaftlicher Potentialmodelle, Schriftenreihe des Instituts für angewandte Wirtschaftsforschung, Bd. 17, Tübingen 1970

Keeble, D.E.
Models of Economic Development, in: R.J. Charley, P. Hagget (Hrsg.), Models in Geography, London 1967, S. 243 - 302

Keeble, D.E. / Hauser, D.P.
Spatial Analysis of Manufacturing Growth in Outer South-East England 1960-1967. I. Hypothese and Variables, Regional Studies, Vol. 5 (1971), S. 229 -262. II. Method and Results, Regional Studies, Vol. 6 (1972), S. 11 - 36

Koll, R.
Bestimmungsfaktoren regionalen Wachstums: Agglomerations- und Lagevariablen, in: Gesellschaft für Regionalforschung, Seminarberichte Nr. 12 über die Tagung in Trins 1976, o.O. 1977, S. 85 - 107

Putman, St.H.
An Economic Model for Forecasting. Employment by Industrial Sector in Small Sub-Areas of a Large Region, Unpublished Ph. D. Dissertation, Graduate School of Business, University of Pittsburgh 1969

Reimers, W.
Determinanten räumlichen Wachstums, Bd. 1, München 1981

Richardson, H.W.
Elements of Regional Economics, Harmondsworth 1973

Schröder, D.
Strukturwandel, Standortwahl und regionales Wachstum. Bestimmungsgründe der regionalen Wachstumsunterschiede der Beschäftigung und der Bevölkerung in der BRD 1950 -1980, Prognos Studien Nr. 3, Stuttgart, Berlin, Köln, Mainz 1968

Spiegelman, R.G.
A Study of Industry Location Using Multiple Regression Techniques. Agricultural Economic Report No. 10, Economic Research Service, Department of Agriculture, Washington, D.C. 1968

Thompson, W.R. / Mattila, J.M.
Toward an Econometric Model of Urban Economic Development, Appendix to W.R. Thompson, Internal and External Factors in the Development of Urban Economies, in: H.S. Perloff and L. Wingo, Issues in the Urban Economics, Baltimore 1968, S. 63 - 78

Tybout, R.A. / Mattila, J.M.
Agglomeration of Manufacturing in Detroit, Journal of Regional Science, Vol. 17 (1977), S. 1 - 16

Wheat, L.
Regional Growth and Industrial Location. An Empirical Viewpoint, Lexington, Mass., Toronto, London 1973

und Bundesrepublik Deutschland zwischen 1980 und 1995 genauso weiterentwickeln wird, wie es zwischen 1970 und 1980 der Fall war, so kann für die Chemische Industrie (das Metallgewerbe) im Jahr 1995 mit 34,8 (158,1) Tsd. Arbeitsplätzen gerechnet werden.

In der Raumordnungsprognose 1995 wird für die Arbeitsplatzentwicklung in der Landwirtschaft auf ein solches Regressionsmodell zurückgegriffen. Dabei wird vorausgesetzt, daß die landwirtschaftliche Beschäftigung von vier voneinander unabhängigen Wirkungskomponenten abhängt, nämlich

- der Verminderung durch Erwerbsunfähigkeit und Tod
- den Abgängen durch Ruhestandseintritte der 55-75jährigen Arbeitskräfte
- den Abgängen durch Abwanderung in andere Tätigkeiten
- den Zugängen durch Neueintritte.

Die Komponenten 2 und 3 (und eingeschränkt auch die Komponente 4) werden dabei als von ökonomischen Einflußgrößen abhängig angesehen. Hierbei handelt es sich vor allem um die Arbeitsmarktlage sowie die Disparität zwischen landwirtschaftlichem und außerlandwirtschaftlichem Einkommen.

Auch die Beschäftigungsentwicklung des Dienstleistungsbereiches soll durch ein ökonometrisches Modell erklärt werden. Die zu erklärende Variable ist hierbei der Standortfaktor der Shift-Analyse; als mögliche erklärende Größe werden die Angleichung des Versorgungsgrades, die Agglomerationsabhängigkeit, die Abhängigkeit von der örtlichen Nachfrage sowie die Grundbereichs-Folgebereichshypothese unterstellt. Ihr Einfluß erweist sich allerdings in Regressionsmodellen als so gering, daß dieser ökonometrische Ansatz von den Autoren selbst als wenig gelungen bezeichnet wird[29].

2. Regionale Planungsmodelle: Lineare Programmierung

Das Charakteristikum linearer Planungsmodelle ist die Existenz einer Zielfunktion, die im Rahmen des gewählten Modells maximiert werden soll. Restriktive Nebenbedingungen verhindern, daß die gewählte Zielgröße gegen ∞ konvergiert. Im Gegensatz zu regionalen Wachstumsmodellen kommt es also nicht primär auf die Beschreibung der Realität an, sondern auf das Aufzeigen regionaler Entwicklungsengpässe, die durch zieladäquate Maßnahmen zu beseitigen sind[29].

Regionale Planungsmodelle bauen in der Regel auf linear-limitationalen Produktionsprozessen auf. Sie erfordern eine umfangreiche Kenntnis über regionale Daten sowie funktionale Beziehungen zwischen den potentiellen Entwicklungsengpässen und in die Zielgröße beeinflussenden Variablen. Diese in der Praxis kaum lösbaren Schwierigkeiten haben dazu geführt, daß die lineare Planung als

Prognoseinstrument bisher praktisch keine und als Entscheidungsinstrument nur in wenigen Fällen Verwendung gefunden hat[30]. Hier sei die lineare Programmierung als Prognoseinstrument an einem kleinen Beispiel dargestellt:

Zum Prognosezeitpunkt t_1 wird von folgenden prognostizierten (oder hypothetisch unterstellten) Werten ausgegangen:

1. Produziert werden 2 Güter x_1 und x_2
2. Zur Produktion einer Einheit des Gutes x_1 (x_2) sind 0,002 (0,00125) Mannjahre und ein Kapitalstock (in 1000 DM) von 1,5 (3,0) erforderlich.
3. Der Preis von x_1 (x_2) betrage 280 (370) DM; die Nachfrage zu diesem Preis ist unendlich.
4. Die Emission pro produzierter Einheit betrage bei x_1 (x_2) 0,0006 0,001) Schadstoffeinheiten. Die Emissionsgrenze wird mit 1 Mio. Schadstoffeinheiten festgesetzt.
5. Zur Verminderung der Emission ist eine Umwelttechnologie x_3 vorhanden. Die Reduktion der Emissionen um eine Schadstoffeinheit erfordert 0,001 Mannjahre und einen Kapitalstock von 10.
6. Die in t_1 zur Produktion zur Verfügung stehende Fläche (in ha) betrage 11 200. x_1 (x_2;x_3) benötigen pro produzierter Einheit 0,000007 (0,00001; 0,000025) ha.
7. a) Im Jahr t_0 stehen 1,9 Mio. Arbeitskräfte zur Verfügung. Sie werden sich bis t_1 auf 1,96 Mio. erhöhen.
   b) Da Arbeitskräfte keine vollkommene Mobilität besitzen, bestimmen Bestände in t_0, Eintritte in den Arbeitsmarkt und Umschulungen die maximal zur Produktion zur Verfügung stehenden Arbeitskräfte in x_1, x_2 und x_3 mit 0,8 Mio. (1,2 Mio.; 0,3 Mio.).
8. a) Der Kapitalstock beträgt in t_0 2,2 Mrd. DM. Maximale Nettoinvestitionen von 0,9 Mrd. DM lassen bis t_1 eine Ausweitung auf 3,1 Mrd. DM zu.
   b) Hiervon sind maximal 0,65 (2,8; 0,75) Mrd. zur Produktion von x_1 (x_2; x_3) einsetzbar.
9. Die Arbeitskosten für ein Mannjahr betragen 60 000 DM, der Zinssatz 8 %.
10. Die Unternehmen streben nach Gewinnmaximierung. Die Deckungsbeiträge von x_1 (x_2) betragen 280-0,002 · 60 000-1500 · 8 % = 40 DM (370-0,00125 · 60 000-3000 · 8 % = 55 DM), die Fixkosten 8 Mrd. DM, die Kosten des Abbaus einer Schadstoffeinheit 0,001 · 60 000 + 10 000 · 8 % = 860 DM.

Damit ergeben sich folgende Gleichungen:

$$G - 40\,x_1 - 55\,x_2 + 860\,x_3 \leq -8.000.000.000$$
$$0{,}0006\,x_1 + 0{,}001\,x_2 - x_3 \leq 1.000.000$$
$$0{,}000007\,x_1 + 0{,}00001\,x_2 + 0{,}000025\,x_3 \leq 11.200$$
$$0{,}002\,x_1 + 0{,}00125\,x_2 + 0{,}001\,x_3 \leq 1.960.000$$
$$0{,}002\,x_1 \leq 800.000$$
$$0{,}00125\,x_2 \leq 1.200.000$$
$$0{,}001\,x_3 \leq 300.000$$
$$1{,}5\,x_1 + 3\,x_2 + 10\,x_3 \leq 3.100.000.000$$
$$1{,}5\,x_1 \leq 650.000.000$$
$$3\,x_2 \leq 2.800.000.000$$
$$10\,x_3 \leq 750.000.000$$

Die Endlösung dieses Modells geht aus Tabelle 3 hervor.

Tab. 3: Endlösung der linearen Programmierung

Z	1039,867110	6198,006645	17,986711	5,36571 E+10
x_1	− 0,0000000002	500	5 E−14	400.000.000
x_2	3,322259	− 250,166133	0,332226	833.089.701
x_3	− 0,996678	0,049834	0,000332	73.089.701
y_2	− 8,530565 E−06	− 0,000999	− 3,33056 E−06	67,275748
y_3	− 0,003156	− 0,687342	− 0,000416	118.565
y_5	− 0,004153	0,312708	− 0,000415	158.638
y_6	0,000997	− 0,000050	− 3,32226 E−07	299927
y_8	4,01 E−10	− 750	− 1 E−13	50.000.000
y_9	− 9,966778	750,498339	− 0,996678	300.730.897
y_{10}	9,966777	− 0,498338	− 0,003322	749.269.103

Bei der Interpretation sei zunächst auf die Zielfunktion eingegangen. Bei der unterstellten Ausprägung der Parameter ist für die Unternehmen zum Prognosezeitpunkt mit einem Gewinn von 53,6 Mrd. DM zu rechnen. Er kann nicht weiter ausgeweitet werden, da die 1. Restriktion (Umweltauflage), die 4. Restriktion (im Sektor 1 zu beschäftigende Arbeitskräfte) und die Restriktion 7 (zur Verfügung stehendes Kapital) zu Entwicklungsengpässen werden.

Die Lockerung des Umweltstandards um eine Einheit würde den Gewinn um 1040 DM erhöhen, die Produktion des Gutes x_2 um 3,3 Einheiten ausweiten, jene von x_3 um fast eine Einheit einschränken, die Beschäftigung um 0,003156 Einheiten erhöhen (Ausweitung der Beschäftigung bei der Produktion von x_2 um 0,004153 und Einschränkung der Beschäftigung bei der Produktion von x_3 um 0,000997 Beschäftigungseinheiten) sowie den Kapitaleinsatz bei der Produktion von x_2 um etwa 10 Einheiten ausweiten, die bei der Produktion von x_3 eingespart werden.

Entsprechend sind die Werte bei dem Mehreinsatz einer Arbeitskraft zur Produktion von x_1 zu interpretieren. Der Gewinn würde um 6198 DM ansteigen, die Produktion von x_1 (x_2) um 500 (250) Einheiten wachsen (sinken), die Anzahl der Unbeschäftigten um 0,687 Einheiten zurückgehen usw.

Der Mehreinsatz von Kapital um 1000 DM steigert den Gewinn um 18 Einheiten, begünstigt die Produktion von x_2, verringert die Arbeitslosigkeit und erhöht den Kapitalstock, der zur Produktion von x_2 Verwendung findet.

Die unter dem Zielwert von 53,6 Mrd. befindlichen Ausprägungen machen deutlich, daß von x_1 400 Mio. Einheiten produziert werden, von x_2 833 Mio und von x_3 73 090. Die Anzahl der Arbeitslosen beträgt 118 565 (6,05 %).

Gelingt ein solcher regionaler Programmierungsansatz, sind direkte Hinweise auf den Einsatz von Instrumenten gegeben. Plant man keinen Abbau von Umweltstandards, so bieten sich hier zunächst Umschulungen zugunsten der Produktion von x_1 sowie Kapitalsubventionen an. Es ist allerdings ohne flankierende Maßnahmen nur sinnvoll, höchstens 67 300 Arbeitskräfte umzuschulen, da dann die zur Verfügung stehende Fläche (67,3 : 0,000999) und das zur Produktion von x_1 zur Verfügung stehende Kapital (50 000 000 : 750) zu Entwicklungsengpässen werden. Gleiche Sensitivitätsanalysen sind bei einem zusätzlichen Kapitaleinsatz notwendig, um andere Schranken rechtzeitig mit in die Entwicklungsstrategie aufzunehmen.

III. Kombination von Erklärungsverfahren

Die einzelnen Prognoseverfahren stehen nicht unabhängig nebeneinander, sondern können sich durchaus sinnvoll ergänzen. So können etwa die bei der linearen Programmierung benötigten Funktionalbeziehungen mit Hilfe der Regressionsanalyse geschätzt werden, die in ökonometrischen Modellen benötigten Zukunftswerte für die erklärenden Variablen mit Hilfe der Trendextrapolation gewonnen werden usw.

Hier sei als Beispiel für die Kombination von Verfahren kurz die Skeptikertechnik vorgestellt. Bei ihr stellt man zunächst eine Prognose mit Hilfe eines mathematisch-statistischen Verfahrens auf und gibt zusätzlich einen Streuungsbereich für die zu prognostizierenden Werte an (Intervallprognose). Daneben wird mit Hilfe der Delphi-Methode eine Prognose durchgeführt. Liegt der Prognosewert, der mit Hilfe der Expertenbefragung gewonnen wurde, innerhalb des Streuungsbereiches, wird die mit Hilfe der statistischen Methode gewonnene Prognose akzeptiert.

Eine solche Kombination von statistisch-mathematischen Methoden und einer Befragung nimmt das Land Rheinland-Pfalz vor. Es ergänzt die mit Hilfe der Shift-Analyse gewonnenen Prognoseergebnisse um Befragungen von Großunternehmen[31], die als zusätzliche Informationsquelle herangezogen werden.

C. Schlußteil: Kritische Würdigung der Prognoseverfahren und Ausblick

In den vorstehenden Ausführungen wurde versucht, mögliche Prognoseverfahren zur Vorhersage regionaler Beschäftigung vorzustellen und auf ein Beispiel (Chemie, Metall und Einzelhandel im Ruhrgebiet) anzuwenden. Die hierbei ermittelten Ergebnisse ergeben sich aus den Abbildungen 3a-c.

Eine Sensitivitätsanalyse in bezug auf unterschiedliche Verfahren und Annahmen zeigt, daß die Prognoseergebnisse auf sie sehr sensibel reagieren. So schwanken die Vorausschätzungen für die Chemische Industrie im Ruhrgebiet für das Jahr 1995 zwischen 39,6 und 33,3 Tsd.; die Schwankungsbreite beim Metallgewerbe sowie dem Einzelhandel ist sogar noch wesentlich ausgeprägter (187,9 zu 125,5 Tsd. 221,5 zu 133,3 Tsd.).

Prognoseverfahren können daher, sollen sie zuverlässig sein, nicht wahllos angewendet werden. Es ist vielmehr notwendig, daß der Ersteller der Prognosen

---

Legende zu Abb. 3a bis 3c

1: effektives Gewicht
2: Struktureffekt
3: Shift-Analyse
4: einfache Trendanalyse
5: gewichtete Trendanalyse
6: ungewichtete Mittelwertbildung
7: gewichtete Mittelwertbildung
8: ungewichtetes Kettenverfahren
9: gewichtetes Kettenverfahren

10: ungewichtetes Verfahren des regionalen Vergleichs
11: gewichtetes Verfahren des regionalen Vergleichs
12: Exportbasiskonzept
13: Input-Output-Modell
14: multiples Regressionsmodell

Abb. 3a: Entwicklung des Horizontalgewichtes (in %) im Sektor Chemie

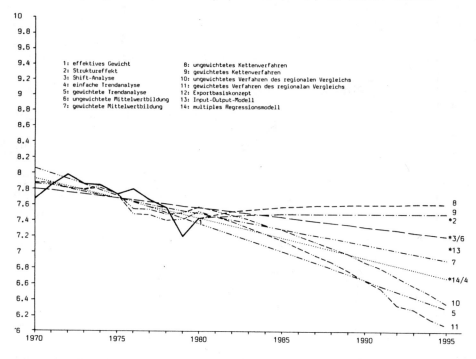

Abb. 3b: Entwicklung des Horizontalgewichtes (in %) im Sektor Einzelhandel

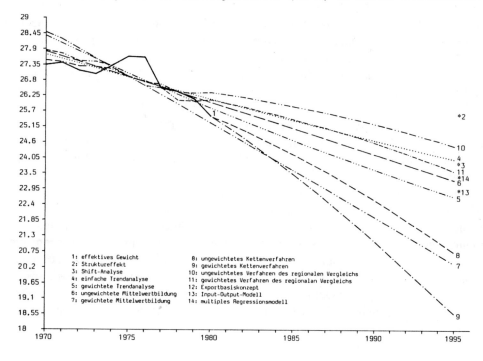

Abb. 3c: Entwicklung des Horizontalgewichtes (in %) im Sektor Metall

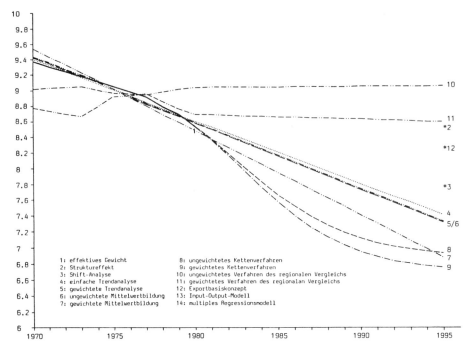

um die mit den Methoden verbundenen Voraussetzungen weiß und sie auf ihre Kongruenz mit der Realität überprüft.

Tabelle 4 gibt einen zusammenfassenden Überblick über die Vor- und Nachteile der Verfahren zur Prognose regionaler Beschäftigungsmöglichkeiten. Sie macht vor allem deutlich, daß zwischen den Zielen "Machbarkeit" aufgrund methodischer Probleme und der gegebenen Datenlage sowie dem "Aussagewert" ein Zielkonflikt besteht.

Bei einem Vergleich von Prognoseverfahren kann dabei keineswegs davon ausgegangen werden, daß mit steigender Komplexität der Verfahren die Prognoseergebnisse besser werden. Univariate Methoden haben in vielen Fällen eine höhere Prognosequalität besessen als ökonometrische Modelle[32]. Der Grund hierfür liegt in der Komplexität des Untersuchungsgegenstandes, der auch in multivariaten Verfahren nur unzureichend reproduziert werden kann und der zu der Frage geführt hat, ob abgesicherte Prognosen in bezug auf menschliches Handeln überhaupt möglich sind[33]. Begründet wird die Skepsis mit erheblichen Problemen, die sich in Stichworten wie Selbsterfüllung und Selbstzerstörung von Prognosen, rationaler Erwartungsbildung, Stochastik und nun Dynamik menschlichen Handelns, Interdependenz gesellschaftlicher Prozesse, fehlende Möglichkeit zur Quantifizierbarkeit relevanter Einflußgrößen usw. zusammenfassen lassen.

Tab. 4: Zusammenfassender Überblick über Verfahren zur Prognose regionaler Beschäftigungsmöglichkeiten

Verfahren	Vorteile	Nachteile
Trendanalyse	methodisch einfaches Vorgehen; geringe Anforderungen an die benötigte Datenbasis	mechanistisches Rechnen ohne Theorie; fehlende Hinweise auf Wirksamkeit entwicklungsbeeinflussender Instrumente; keine Berücksichtigung möglicher Entwicklungsengpässe
autoregressive Verfahren	ermöglicht längerfristige Prognosen Endogenisierung des Zufallsterms	ermöglichen nur kurzfristige Prognosen; eher für die Vorhersage von Saison- und Konjunkturbewegungen als von längerfristigen Entwicklungen geeignet
Verfahren des regionalen Vergleichs	enthält erste einfache theoretische Ansätze (regionale Ausbreitung von Produktion und Innovation)	
Exportbasiskonzept	Berücksichtigung des Hempel-Oppenheimerschen Deduktionsschemas; Hinweise auf die Wirksamkeit regionaler Entwicklungsinstrumente relativ einfache Handhabung	"Rest der Welt" zu grobe Größe; Wachstum auch ohne Steigerung der Exporte möglich
Input-Output-Analyse	Berücksichtigung intersektoraler und interregionaler Lieferbeziehungen	komplexe methodische Verfahren; erhebliche und in der Regel kaum lösbare Anforderungen an die Datenbasis; benötigt werden Angaben über die zukünftigen Ausprägungen der erklärenden Variablen (Problem des infinitiven Regresses) regionale Input-Output-Modelle kaum vorhanden; Technologiekoeffizienten kaum prognostizierbar; Vernachlässigung des Markt-Preis-Mechanismus
multiple Regressionsmodelle	Berücksichtigung der gegenseitigen Abhängigkeit der Instrumente	Annahme der Substituierbarkeit der Instrumente
regionale Planungsmodelle	Hinweise auf Entwicklungsengpässe und Opportunitätskosten; Sensitivitätsanalysen	Annahme linear-limitationaler Produktionsprozesse

"Die bisher eingesetzten Verfahren scheinen der Komplexität des Untersuchungsobjektes nicht angemessen zu sein. Neben der rein statistischen und der ökonometrischen Betrachtungsweise drängt sich, angesichts dieser Komplexität, ein anderes Verfahren auf, nämlich ein Verfahren, das im wesentlichen die Systemeigenschaften wirtschaftlicher Gegegebenheiten berücksichtigt. Wirtschaftliche Prognose-Methoden sollten sich zu einem wesentlichen Teil auf die Systemtheorie abstützen. Die bestehenden Verfahren lassen diesen Aspekt vermissen[34])."

In der Systemtheorie wird der Aufbau und das Verhalten sozialer Systeme als kybernetischer Prozeß interpretiert. Die als relevant angesehenen und in das Modell aufgenommenen Variablen sind in einem Regelkreislauf ein- und wechselseitig miteinander verbunden, so daß eine dauernde Rückkopplung zwischen ihnen durch Aktionen, die auf dem Systemzustand, gegebenen Informationen, zur Verfügung stehenden Aktionsparametern und Entscheidungsregeln basieren, möglich wird[35]).

Ob systemtheoretische Ansätze wirklich zu einer höheren Prognosequalität führen als z.B. die ihnen ähnlichen interdependenten ökonometrischen Gleichungssysteme, bleibt abzuwarten; die Diskussion über die Vorteilhaftigkeit dieses Verfahrens ist kontrovers und im Ergebnis noch offen.

In der deutschsprachigen Literatur steckt die Anwendung der Systemtheorie im Bereich der Regionalökonomie immer noch in den Kinderschuhen. Angeführt seien hier kurz zwei Literaturquellen, die gut darlegen, wie systemtheoretische Ansätze im Bereich der Regionalplanung und der Prognose von Variablen in Wirtschaftsräumen Anwendung finden können.

Vester und von Hesler[36]) unternehmen den Versuch, das Leben in einem engabgegrenzen Wirtschaftsraum durch einen systemtheoretischen Ansatz darzustellen. Die in das Modell eingehenden Tatbestände beziehen sich auf die Produktion, die Bevölkerung, die Flächennutzung, den Gesundheitszustand der Bevölkerung, die Umweltsituation und das Verkehrsaufkommen. Die Autoren wollen mit ihrem Modell Antworten auf Fragen regionaler Entscheidungsträger und -planer geben. Für besonders wichtig sehen sie folgende Möglichkeiten ihres systemtheoretischen Ansatzes an:

- Durch Berechnung der Einflußindices können die kritischen Elemente bei verschiedenen Zuständen des Systems ermittelt werden.

- Werden Elemente bei Veränderungen oder Eingriffen größer oder kleiner, aktiver oder passiver usw., so zeigt sich ihr veränderter Charakter im Modell bei der erneuten Berechnung des Einflußindex und liefert somit neuartige Hinweise auf eine Risikovorbeugung.

- Eine Übersicht über die ermittelten relativen Stärken der positiven und negativen Rückkopplungsschleifen läßt eine grobe Abschätzung der Stabilitätsmöglichkeiten zu.

- Die anhand des Wirkungsgefüges direkt abzulesenden Verschachtelungen lassen bei Kenntnis der Stärke und des im Modell ermittelten Wirkungsindex der beteiligten Regelkreise erste Schlüsse darauf zu, ob positive oder negative Rückkopplungen dominieren.

- Eine Bestimmung des Hangs des Systems zur Instabilität ermöglicht eine Abschätzung der genaueren Risikostruktur.

- Die Berechnung hypothetisch angenommener Veränderung von Rückkopplungen läßt erkennen, ob es außer stabilisierenden auch besonders unstabile Regelkreise gibt und wo diese liegen.

Vester und von Hesler kommen zu einem äußerst komplexen Modell, das aus mehreren hundert Variablen und Interdependenzen besteht. Eine praktische Ausfüllung mit konkreten Werten für einen Wirtschaftsraum ist aber bisher noch nicht gelungen. Dies liegt zum einen an der Datenproblematik, die die benötigten Werte auf regionaler Ebene nicht liefert, und zum anderen an den noch weitgehend unbekannten Interdependenzen der in das Modell eingehenden Variablen.

Dagegen versucht Kern[37] konkret, die Systemanalyse auf eine bestimmte Wirtschaftsregion, nämlich den Rhein-Neckar-Raum anzuwenden. Er kommt mit Hilfe seines Modells zu einer Bewertung von Instrumenten und zu Prognoseaussagen in bezug auf interessierende Tatbestände, muß aber für die Praktikabilität in Kauf nehmen, daß sein Modell gegenüber dem von Vester und von Hesler erheblich eingeschränkt ist. Damit taucht direkt die Frage auf, ob es die Realität noch hinreichend abbildet.

Anmerkungen

1) Die Literatur über Relevanz von Prognosen für rationales menschliches Handeln, insbesondere im ökonomischen Bereich, ist äußerst umfangreich. Hier sei auf Kurt W. Rothschild: Wirtschaftsprognose (Methoden und Probleme), Berlin, Heidelberg, New York 1969 und Helmut Henschel: Wirtschaftsprognosen, München 1979 verwiesen.

2) Siehe L.R. Klein, N.J. Glickman: Econometric Model-Building at Regional Level. In: Regional Science and Urban Economics, Vol. 7 (1977), S. 4.

3) Matthias Köppel: Ansatzpunkte der regionalen Wirtschaftsprognose, Diss., Siegen 1977, S. 87.

4) Vgl. Carl G. Hempel: The logic of functional analysis. In: Llewellyn Gross: Symposium on Sociological Theory, New York, Evanston, London 1959, S. 271-307.

5) In Anlehnung an Peter Hofer, Stefan Rommerskirchen, Detlef Franzen, Heimfried Wolff: Die Bundesrepublik Deutschland 1985, 1990, 2000, Prognos-Report Nr. 11, Basel 1982.

6) Vgl. Herwig, Birg, Klaus Maneval, Klaus Masuhr: Synopse von Verfahren zur regionalen Bevölkerungs- und Arbeitsplatzprognose im Bereich des Bundes und der Bundesländer und deren Auswertung in Richtung auf ein einheitliches Prognosemodell, Basel, Berlin, München 1979, auf die im folgenden bei der Darstellung von bisher angewandten Prognosen im Bereich der Raumordnungs- und Regionalen Wirtschaftspolitik weitgehend zurückgegriffen wird.

7) Vgl. Paul Klemmer: Die Shift-Analyse als Instrument der Regionalforschung. In: Methoden der empirischen Regionalforschung (1. Teil), Band 87 der Forschungs- und Sitzungsberichte der Akademie für Raumforschung und Landesplanung, Hannover 1973, S. 117ff. und die dort angegebene weiterführende Literatur.

8) Vgl. Paul Klemmer, a.a.O., S. 127.

9) Vgl. H. Eckerle, K. Masuhr, H.-P. Gatzweiler, M. Sinz: Projektionen der Bevölkerungs- und Arbeitsmarktentwicklung in den Raumordnungsregionen 1978-1995 (Textband), Basel 1983, S. 209.

10) Vgl. Deutsches Institut für Wirtschaftsforschung: Die Entwicklung des Angebotes an Arbeitsplätzen in den Arbeitsmarktregionen bis 1980, Berlin 1977.

11) H. Dieter Hoppen: Regionale Sektorprognosen. In: Raumforschung und Raumordnung (1978), Heft 4, S. 179ff.

12) Bei dieser und in folgenden Berechnungen wurde das Jahr 1970 = 1 gesetzt.

13) Vgl. H.-F. Eckey und Paul Klemmer: Arbeitsmarktbilanzen für die Kreise, Mittelbereiche und regionalen Arbeitsmärkte Nordrhein-Westfalens, Bochum 1978.

14) Eine stark komprimierte Darstellung der autoregressiven Verfahren findet sich bei Harald Hruschka: Ein empirischer Leistungsvergleich zwischen der

univariaten Prognose nach Box-Jenkins und Verfahren der exponentiellen Glättung für absatzwirtschaftliche Zeitreihen. In: Der Markt, Nr. 68/69, S. 120ff., eine ausführliche Erläuterung bei G.E.P. Box, G.N. Jenkins: Timeseries (analysis, forecasting and control), 2. Aufl., San Francisco 1976. - Siehe auch A. Maravahl: Revisions in Arima Signal Extraction. In: Journal of the American Statistical Association, September 1986, Vol. 81, No. 395, S. 736ff.

15) H. Hruschka, a.a.O., S. 121.

16) Bei einem Prozeß erster Ordnung sowie vorausgesetzter Stationarität lautet die hierbei zugrundeliegende Beziehung

$$x_t = b_1 \cdot x_{t-1} + b_2 \cdot e_{t-1}$$

17) Vgl. Heinz Schäfer: Arbeitsmarkt-Prognose-Informationssystem (Apis) für die Region Bremen, Bremen 1980.

18) Hans-Jürgen Ewers, Reinhardt Wettmann, Josef Kleine und Herbert Krist: Innovationsorientierte Regionalpolitik, Band 06.042 der Schriftenreihe "Raumordnung" des Bundesministers für Raumordnung, Bauwesen und Städtebau, Bad Godesberg 1980.

19) Eine solche Einteilung wählt Köppel, a.a.O., S. 17ff.

20) J. Heinz Müller: Methoden zur regionalen Analyse und Prognose, Band 1 der Taschenbücher zur Raumplanung, Hannover 1973, S. 128.

21) Eine ausführliche Darstellung und Kritik des Export-Basis-Konzeptes findet sich bei H. Rittenbruch: Zur Anwendbarkeit der Export-Basis-Konzepte im Rahmen der Regionalstudien. In: Schriften zu Regional- und Verkehrsproblemen in Industrie- und Entwicklungsländern, Band 4, Berlin 1968.

22) Eingesetzt aufgrund der Berechnung von Battelle, vgl. Battelle: Der Arbeitsmarkt in Nordrhein-Westfalen und im Ruhrgebiet (Analyse der Entwicklung bis zum Jahre 1995), Frankfurt 1980.

23) Herwig Birg, Klaus Maneval, Klaus Masuhr, a.a.O., S. 66 und S. 167ff.

24) Zur Anwendung der Input-Output-Rechnung im Rahmen der regionalen Strukturforschung vgl. Manfred Bahlburg: Regionale und multiregionale Input-Output-Rechnung. In: Methoden der empirischen Regionalforschung (2. Teil), Band 105 der Forschungs- und Sitzungsberichte der Akademie für Raumforschung und Landesplanung, Hannover 1975, S. 57ff.

25) Siehe als Beispiel für Beschäftigungswirkungen im Ruhrgebiet Rolf Bruhne, Bernhard Hillebrand, Matthias Köppel, Klaus Löbbe und Rudi Rettig: Auswirkungen des Investitionsprogramms der STEAG zum Ausbau der Fernwärmeversorgung auf Produktion und Beschäftigung für das Bundesgebiet und im Ruhrgebiet, Essen 1981.

26) Vgl. H. Hennies-Rautenberg, R. Kruck und K. Löbbe: Standorte und Verflechtungen der Industriebetriebe im Ruhrgebiet - Konzept eines Forschungsvorhabens. In: Mitteilungen des Rheinisch-Westfälischen Instituts für Wirtschaftsforschung, 24. Jg. (1973), S. 255ff.

27) Hans-Friedrich Eckey, Paul Klemmer: Analyse der Siedlungs- und Wirtschaftsstruktur des Kreises Recklinghausen, Recklinghausen 1980.

28) Vgl. A. Eckerle, K. Masuhr, H.-P. Gatzweiler, M. Sinz, a.a.O., S. 195ff. und S. 218ff.

29) Zu den Anwendungsmöglichkeiten der linearen Programmierung im Rahmen der Raumordnungs- und regionalen Wirtschaftspolitik vgl. Walter Böhlk und Heinz Diedrich: Lineare Programmierung. In: Methoden der empirischen Regionalforschung (1. Teil), Band 87 der Forschungs- und Sitzungsberichte der Akademie für Raumforschung und Landesplanung, Hannover 1973, S. 215ff.

30) Als Beispiel eines Entscheidungsmodells möge dienen Günter Halbritter: Modellansatz zur Lösung von regionalen ökologisch-ökonomischen Planungsproblemen. In: Jahrbuch für Regionalwissenschaft, 1. Jhg. (1980), S. 7ff. Halbritter sucht in seinem Entscheidungsmodell nach optimalen Standorten für Kraftwerke, wobei die Kosten unter Einhaltung bestimmter Nebenbedingungen (Umweltgütestandards, Gesundheitsschutz, Mindestanforderungen der Energieversorgung innerhalb der Region) erfüllt sein müssen.

31) Vgl. Herwig Birg, Klaus Maneval und Klaus Masuhr, a.a.O., S. 65.

32) Vgl. D. Friedrich und J. Termin: Ökonometrische Modellprognose versus univariate Zeitreihenprojektion. In: Jahrbücher für Nationalökonomie und Statistik, Bd. 198/5, S. 437ff. und die dort angegebene Literatur.

33) Siehe hierzu P. Urban: Zur wissenschaftstheoretischen Problematik zeitraumüberwindender Prognosen, Köln 1973.

34) E.P. Billeter-Frey: Wirtschaftsprognosen im Lichte der Systemtheorie. In: Jahrbücher für Nationalökonomie und Statistik, Bd. 199/5, S. 433ff.

35) Zur Darstellung des systemtheoretischen Ansatzes vgl. F. Hanssmann: Einführung in die Systemforschung, München 1985.

36) Vgl. F. Vester, A. v. Hesler: Sensitivitätsmodell, Frankfurt 1980.

37) Vgl. K.-G. Kern: Systemanalyse des Rhein-Neckar-Raumes, Frankfurt 1977.

ARBEITSMARKTREAKTIONEN IM REGIONALPROGNOSEMODELL MIDAS II

von
Reinhold Koch, München[*]

Gliederung

1. Vorbemerkung

2. Theoretischer Hintergrund und Modelldesign

3. Schätzung der Arbeitsmarktreaktionen und des Arbeitsmarktungleichgewichts ex-post

4. Arbeitsmarktreaktionen in Abhängigkeit vom Arbeitsmarktungleichgewicht (Parameterschätzung)

5. Schlußbemerkung

Literaturverzeichnis

Anmerkungen

1. Vorbemerkung

Die regionale Entwicklung der Bevölkerung, des Erwerbspersonenpotentials und der Arbeitsplätze beeinflussen sich gegenseitig. Eine Überprüfung der in Bund und Ländern verwendeten Regionalprognosemodelle hat im Jahr 1979 gezeigt, daß diese Abhängigkeiten nur unvollkommen erfaßt wurden (Birg, Maneval, Masuhr, 1979).

In den meisten Regionalprognosemodellen erfolgte die Verknüpfung der beiden Bereiche Bevölkerung und Arbeitsplätze ausschließlich in der Arbeitsmarktbilanz. Dabei wurde zunächst das zukünftige Angebot an Arbeitskräften und die zukünftige Nachfrage nach Arbeitskräften vorausgeschätzt. Beide Größen wurden in einer Bilanz gegenübergestellt und die Differenz als Wanderungssaldo der Erwerbspersonen interpretiert. Wanderungen wurden als Reaktionen auf regionale Arbeitsmarktungleichgewichte betrachtet. Auch Wanderungen von Erwerbspersonen sind jedoch nicht ausschließlich von regionalen Arbeitsmarktungleichgewichten abhängig. Andererseits sind neben Wanderungen auch andere Reaktionen auf Arbeitsmarktungleichgewichte möglich.

Die Bedeutung dieses Sachverhalts zeigte sich erstmals im Anschluß an die Rezession Mitte der 70er Jahre. Die Status-quo-Prognosen nach dem traditionellen Arbeitsmarktbilanzansatz sagten einen Abbau der Arbeitsmarktungleichgewichte durch eine verstärkte Rückwanderung ausländischer Arbeitnehmer voraus. In der Realität aber stiegen Arbeitslosigkeit und Stille Reserve drastisch an, und die Rückwanderung blieb hinter den Erwartungen der Prognostiker zurück.

Dieses Auseinanderklaffen von Modell und Realität führte zunächst in den Bundesländern Rheinland-Pfalz und Bayern zu verstärkten Anstrengungen, regionale Arbeitsmarktbilanzen in ihre verschiedenen Komponenten aufzugliedern bzw. Reaktionen auf unterschiedlich hohe Arbeitsmarktungleichgewichte zu definieren. Im rheinland-pfälzischen Regionalprognosemodell lösten Arbeitsmarktungleichgewichte nun Wanderungen und Pendlerströme aus. Das bayerische Modell MIDAS II enthielt bereits in seiner ersten Ausbaustufe aufbauend auf der Arbeitsmarktbilanz Rückkoppelungen durch Veränderungen der Wanderungsströme, des Erwerbsverhaltens (Stille Reserve) und der Zahl der aus der Landwirtschaft freigesetzten Erwerbspersonen. Diese drei Reaktionen wurden für Bayern insgesamt anhand von Daten der Jahre 1965 bis 1975 in ihrer Abhängigkeit vom Arbeitsmarktbilanzsaldo überprüft und als mathematische Funktionen im Modell berücksichtigt. Die regionalen Ausprägungen der Reaktionen wurden über das relative Gewicht des jeweiligen regionalen Arbeitsmarktungleichgewichts bestimmt.

Auch die im Auftrag des Bundesministers für Raumordnung, Bauwesen und Städtebau durchgeführte Raumordnungsprognose 1995 ist gegenüber der Raumordnungsprognose 1990 um die Rückkoppelungsbeziehungen arbeitsmarktinduzierter Wanderungen, Zu- und Abgänge der Stillen Reserve und zurückgestaute landwirtschaftliche Freisetzung erweitert worden[1]. Die Zahl der registrierten Arbeitslosen ergibt sich nach diesem Ansatz als Restgröße. Der Saldo der "Rückkoppelungswanderung" ist abhängig vom prognostizierten regionalen Arbeitsmarktungleichgewicht und dem sich bei einer bestimmten regionalen Abweichung der Arbeitslosigkeit vom Bundeswert ergebenden Wanderungssaldo einer Referenzperiode. Das Gleichungssystem ist so aufgebaut, daß die Summe aller Rückkoppelungswanderungssalden im Bundesgebiet Null ergibt. Damit werden die Rückkoppelungswanderungen zu einem rein regionalen Ausgleichsmechanismus, obwohl diese Reaktion auch für die Bundesrepublik Deutschland insgesamt nachgewiesen werden kann. Allerdings ist ein solcher Nachweis nicht einfach zu führen, da die verfügbaren statistischen Daten sowohl "autonome Wanderungen" als auch "Rückkoppelungswanderungen" enthalten.

Im Rahmen der Grundlagenarbeit für die zweite Ausbaustufe des bayerischen Regionalprognosemodells MIDAS II wurde versucht, die Rückkoppelungswanderung einer Region als eine der möglichen Reaktionen auf ein Arbeitsmarktungleichgewicht zu identifizieren und unabhängig von der Situation im übergeordneten Gesamtraum (Bayern oder Bundesgebiet) zu erklären.

2. Theoretischer Hintergrund und Modelldesign

Die erweiterten Arbeitsmarktreaktionen von MIDAS II beruhen auf der These, daß sich Verhaltensänderungen aufgrund einer tatsächlich eintretenden Arbeitsmarktsituation nur vor dem Hintergrund der ursprünglichen Pläne der Wirtschaftssubjekte zu Beginn einer Periode aufzeigen lassen. Daher werden im Modell drei Phasen unterschieden. Die "Probephase" bildet die ursprünglichen Pläne der am Arbeitsmarkt handelnden Wirtschaftssubjekte, d.h. der Unternehmen und privaten Haushalte, für die zukünftige Periode ab. Die Unternehmen erstellen Pläne für die zukünftige Nachfrage nach Arbeitskräften. Die Aggregation über alle Unternehmen (einschließlich Staat und vergleichbare Wirtschaftseinheiten) ergibt die geplante, zukünftige Nachfrage nach Arbeitskräften einer Region (Maneval, Herbrich, 1981a, S. 15-17).

In ähnlicher Weise entscheiden die privaten Haushalte, welche bzw. wieviele ihrer Mitglieder als Erwerbspersonen in der bevorstehenden Periode auf welchem regionalen Arbeitsmarkt als Anbieter auftreten werden. Die Aggregation über alle privaten Haushalte ergibt das geplante, zukünftige Angebot an Arbeitskräften einer Region.

Die Differenz zwischen geplanter Nachfrage und geplantem Angebot an Arbeitskräften zu Beginn einer Periode für den bevorstehenden Zeitabschnitt wird als Arbeitsmarktungleichgewicht bezeichnet. Im Modell wird dieses Verhalten durch die Vorausschätzung der Bevölkerung nach Geschlecht und Alter und des Erwerbsverhaltens und über Annahmen zur künftigen Entwicklung von Bruttoinlandsprodukt, Arbeitsproduktivität und Arbeitszeit abgebildet.

Am Ende der Periode stellen zahlreiche Wirtschaftssubjekte fest, daß die ursprünglichen Pläne wegen der am Arbeitsmarkt tatsächlich herrschenden Bedingungen nicht verwirklicht werden konnten. Unfreiwillige Verhaltensänderungen - Reaktionen auf das bestehende Arbeitsmarktungleichgewicht - sind die Folge: Offene Stellen zeigen, daß es den Unternehmen entgegen den ursprünglichen Plänen nicht gelungen ist, alle Arbeitsplätze mit Arbeitskräften aus der Region oder aus anderen Regionen zu besetzen. Registrierte und nichtregistrierte Arbeitslosigkeit deutet darauf hin, daß zahlreiche Mitglieder privater Haushalte entgegen den ursprünglichen Plänen in ihrer Region keinen geeigneten Arbeitsplatz gefunden haben und sich dennoch nicht zu einer Abwanderung in eine andere Region entschließen konnten.

In ähnlicher Weise kann davon ausgegangen werden, daß das Arbeitsmarktungleichgewicht die ursprünglichen Pläne der privaten Haushalte in bezug auf Verbleib in der bisherigen Region oder Abwanderung - d.h. die "Probewanderung" - beeinflussen.

Auf die "Probephase" folgt eine "Reaktionsphase", die vom Arbeitsmarktungleichgewicht aus gesteuert wird. Die Reaktionen verändern in der "Korrekturphase" die Probewerte und führen zu den Korrekturwerten, den eigentlichen prognostischen Aussagen des Modells[2].

Dieses Modellkonzept bedarf zu seiner Anwendung im Rahmen eines Regionalprognosemodells der Konkretisierung durch die Festlegung der Reaktionsarten und der Beziehungen zwischen Reaktionsarten und Arbeitsmarktungleichgewicht.

MIDAS II unterscheidet die folgenden zwölf Reaktionsarten:

- Offene Stellen,
- registrierte Arbeitslosigkeit,
- nicht registrierte Arbeitslosigkeit (Stille Reserve),
- Zuzüge aus dem Ausland,
- Fortzüge in das Ausland,
- Zuzüge aus dem übrigen Bundesgebiet,
- Fortzüge in das übrige Bundesgebiet,
- Zuzüge der bayerischen Binnenwanderung,
- Fortzüge der bayerischen Binnenwanderung,
- Einpendler,
- Auspendler,
- Beschäftigte in der Landwirtschaft.

Es wird unterstellt, daß die genannten zwölf Reaktionsarten die von MIDAS II ermittelten regionalen Arbeitsmarktungleichgewichte vollständig auflösen. Damit kann das Arbeitsmarktungleichgewicht als Summe der zwölf Reaktionsarten definiert werden. Diese Definition ist empirisch faßbar, ohne der bisherigen Definition zu widersprechen (Maneval, Herbrich, 1981a, S. 21).

Von den zwölf Reaktionsarten sind nur drei in ihrer quantitativen Ausprägung aus der Arbeitsmarktstatistik bekannt. Es handelt sich um die Zahl der Offenen Stellen, der registrierten Arbeitslosen und - mit Einschränkung - der nichtregistrierten Arbeitslosen, der Stillen Reserve. Entscheidend ist, daß damit auch das Arbeitsmarktungleichgewicht ex-post unbekannt ist; dieses muß zunächst geschätzt werden. Erst dann können die Abhängigkeiten zwischen dem Arbeitsmarktungleichgewicht und den zwölf Reaktionsarten bestimmt werden.

3. Schätzung der Arbeitsmarktreaktionen und des Arbeitsmarktungleichgewichts ex-post

Das Schätzverfahren zur Ermittlung der quantitativen Ausprägungen für die neun verbleibenden Reaktionsarten orientiert sich am Modellkonzept. Danach lassen sich die beobachteten Werte der Wanderung, der Pendelwanderung und der beruflichen Mobilität landwirtschaftlicher Erwerbspersonen in einen nicht vom Arbeitsmarktungleichgewicht abhängigen Probewert und einen vom Arbeitsmarktungleichgewicht abhängigen Reaktionswert aufspalten. Die tatsächlichen, aber unbekannten ex-post Daten werden als Korrekturwerte bezeichnet (vgl. Maneval, Herbrich, 1981a, S. 22-44).

Die Schätzung erfolgt mit Hilfe multipler Regressionen auf der Basis von Daten der Jahre 1967 bis 1978 für die 18 Regionen und Bayern insgesamt. Abhängige Variable sind die neun Reaktionen. Als unabhängige Variable werden das jeweilige Arbeitsmarktungleichgewicht und die Zahl der ausländischen, abhängig Beschäftigten verwendet. Da das Arbeitsmarktungleichgewicht in seiner quantitativen Ausprägung zunächst unbekannt ist, wird iterativ geschätzt. Für die erste Iteration wird das Arbeitsmarktungleichgewicht als Differenz aus Offenen Stellen und Arbeitslosen definiert. Der ermittelte Wert der abhängigen Variablen ist als der von Zufallseinflüssen freie Korrekturwert aufzufassen. Der Probewert ergibt sich durch Nullsetzen des Arbeitsmarktungleichgewichts in der jeweiligen Bestimmungsgleichung. Die gesuchte Reaktion erhält man als Differenz von Korrekturwert und Probewert.

Die Addition der neun ermittelten Werte führt zusammen mit den Werten für Offene Stellen, Stille Reserve und Arbeitslose zu einem neuen Wert für das Arbeitsmarktungleichgewicht. Damit ist die erste Iterationsschleife abgeschlossen. Für die Regressionsgleichungen der zweiten Iterationsschleife wird der ursprüngliche Wert für das Arbeitsmarktungleichgewicht - die Differenz aus Offenen Stellen und der registrierten Arbeitslosigkeit - durch den neuen Wert aus der ersten Iteration ersetzt. Anschließend werden neue Bestimmungsgleichungen für die abhängigen Variablen berechnet.

Dieses Schätzverfahren benötigt für die Regionen und Bayern in der Regel drei bis vier Iterationen, um zu einem stabilen plausiblen Wert für die Höhe des Arbeitsmarktungleichgewichts zu gelangen. Bei der Überprüfung der für die Iteration herangezogenen Regressionsgleichungen (vgl. Tabelle 1) zeigte sich, daß

- der exponentielle Funktionstyp im allgemeinen bessere Ergebnisse liefert als der lineare Funktionstyp,
- die Zahl der Regionen mit signifikanten Werten in bezug auf das Arbeitsmarktungleichgewicht bei den Wanderungsströmen der Ausländer, bei den Pendlern und mit Einschränkung bei der beruflichen Mobilität der landwirtschaftlichen Erwerbspersonen besonders hoch ist (Signifikanzniveau: 5 %) und
- die Wanderungsströme der Deutschen, insbesondere bei der innerbayerischen Wanderung, nicht oder nur geringfügig von der bestehenden Arbeitsmarktsituation beeinflußt werden.

Das durch Iteration ermittelte Arbeitsmarktungleichgewicht läßt sich in seiner zeitlichen Entwicklung nach Regionen, Regionsgruppen und für Bayern insgesamt darstellen (vgl. Abbildung 1). Im zeitlichen Verlauf werden die verschiedenen konjunkturellen Phasen und strukturelle Einflüsse erkennbar. Die Ursachen des strukturellen Wandels sind vielfältig - doch spielen drei Gründe eine erhebliche Rolle: Das Ende einer Periode relativ preiswerter und sicherer Energie- und Rohstoffversorgung und der Übergang zu flexiblen Wechselkursen mit einem entsprechenden Anpassungsdruck für die deutsche Wirtschaft durch den Wegfall wechselkursbedingter Preisvorteile am Weltmarkt führte zu einem Rückgang des wirtschaftlichen Wachstums und damit auch zu einem Rückgang des Arbeitskräftebedarfs. Auf der anderen Seite ergab sich durch den verstärkten Eintritt geburtenstarker Jahrgänge in das erwerbsfähige Alter eine zusätzliche Nachfrage nach Arbeitsplätzen. Damit trat beginnend 1974 eine drastische Verschlechterung der Arbeitsmarktsituation im Bundesgebiet und in Bayern ein.

Die genannten konjunkturellen und strukturellen Einflußfaktoren spiegeln sich auch in der Entwicklung des Arbeitsmarktungleichgewichts in den verschiedenen Regionsgruppen wider. Die Rezession 1967 hat die Grenzland- und überwiegend strukturschwachen Regionen deutlich stärker getroffen als die Regionen mit großen Verdichtungsräumen. Der wirtschaftliche Aufschwung Anfang der 70er Jahre hat in den Grenzland- und überwiegend strukturschwachen Regionen nicht zu einem Aufbau eines deutlichen Überangebots an Arbeitsplätzen geführt. In den Regionen mit großen Verdichtungsräumen hielt ein solches Überangebot bis 1973 an. 1975 war dann in den Regionen mit großen Verdichtungsräumen sogar ein etwas größeres Überangebot an Erwerbspersonen vorhanden als in den Grenzland- und überwiegend strukturschwachen Regionen.

Tabelle 1: Bestimmungsgrößen von Wanderung, Pendelwanderung und Beschäftigung in der Landwirtschaft: X01 (OFFSTE), X02 (ARBLOS), X04 (BESAL), X05 Trend für Regionen und Bayern 1967 - 1978

abhängige Variable Y01 - Y13	Funktionstyp	Prüfung gegen Null: Signifikanzniveau 5% (Anzahl der signifikanten Regionen mit BY)				Bestimmtheitsmaß für Bayern R**2
		computed t-value (n-k-1)			F-value	
		X01 - X02	X04	X05	(X01-X02) X04, X05	(X01 - X02) X04, X05
Y01 ZUAS/AL	exponent.	18 + BY +			18 + BY	0,97
Y02 FOAS/AL	exponent.	17 + BY −	18 + BY +	18 + BY −	18 + BY	0,97
Y03 ZUNS/DT	exponent.	8 + BY + −		17 + BY −	17 + BY	0,93
Y04 FONS/DT	exponent.	8 + BY +		18 + BY −	18 + BY	0,99
Y05 ZUNS/AL	exponent.	18 + BY +	18 + BY +		18 + BY	0,94
Y06 FONS/AL	exponent.	18 + BY +	16 + BY +		18 + BY	0,96
Y07 ZUBI/DT	exponent.	2 + BY + −		18 + BY −	18 + BY	0,95
Y08 FOBI/DT	exponent.	6 + −		18 + BY	18 + BY	0,95
Y09 ZUBI/AL	exponent.	18 + BY +	17 + BY +		18 + BY	0,42
Y10 FOBI/AL	exponent.	17 + BY +	17 + BY +		18 + BY	0,42
Y11 EINP	linear	18 + BY +		18 + BY +	18 + BY	0,99
Y12 AUSP	linear	18 + BY +		18 + BY +	18 + BY	0,95
Y13 BSLF	exponent.	14 + BY −		18 + BY −	18 + BY	0,98

Abb. 1: Die Entwicklung der Arbeitsmarktungleichgewichte in Bayern und nach Regionsgruppen 1967-1978

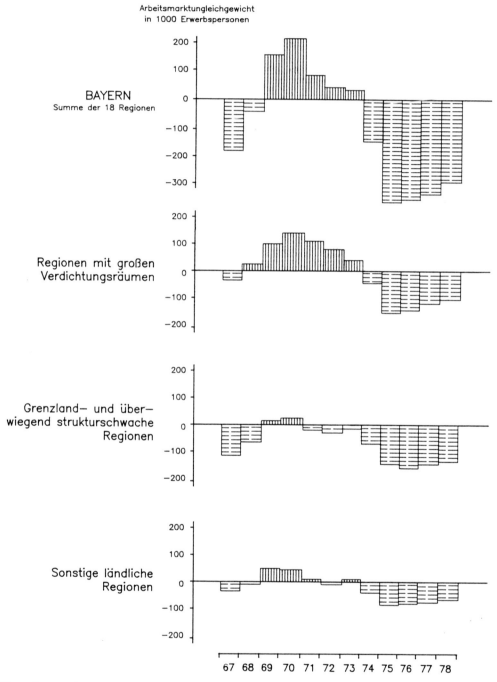

Quelle: Maneval, Herbrich, 1981b, Anhang.

4. Arbeitsmarktreaktionen in Abhängigkeit vom Arbeitsmarktungleichgewicht (Parameterschätzung)

Ziel des nächsten Arbeitsschrittes ist es, aus in der Statistik vorhandenem oder mit Hilfe des beschriebenen Schätzverfahren, aufbereiteten empirischen Materials die zwischen den einzelnen Reaktionsarten und dem Arbeitsmarktungleichgewicht bestehenden Zusammenhänge herauszuarbeiten: Welche Ausprägungen nehmen die zwölf Reaktionsarten bei gegebenem Arbeitsmarktungleichgewicht an?

Die Berechnung des Zusammenhangs zwischen den einzelnen Reaktionsarten und dem Arbeitsmarktungleichgewicht wurde unter Verwendung von Einfachregressionen EDV-gestützt für 12 Reaktionsarten, 18 Regionen und Bayern insgesamt sowie für drei sozioökonomische Gruppen (Deutsche mit qualifiziertem Ausbildungsabschluß, Deutsche ohne qualifiziertem Ausbildungsabschluß und Ausländer) und die Summe über die sozioökonomischen Gruppen durchgeführt. Auf diese Weise ergaben sich 912 geschätzte Funktionsgleichungen. Für die Weiterverwendung in MIDAS II wurden jedoch nur 228 Funktionsgleichungen herangezogen (vgl. Maneval, Herbrich, 1981a, S. 45-71).

Die Berechnung der Ergebnisse für die einzelnen Regionen und Bayern insgesamt erlaubt den Vergleich des bayerischen Ergebnisses mit der Summe der 18 Regionen. Tabelle 2 zeigt eine vergleichsweise gute Übereinstimmung der Reaktionswerte für ausgewählte Werte des Arbeitsmarktungleichgewichts. Besonders hoch ist die Übereinstimmung für die Reaktionen "Offene Stellen" und "Arbeitslosigkeit". In dem für eine Prognose bedeutsamen Bereich des Arbeitsmarktungleichgewichts von +273 000 bis -600 000 sind die Abweichungen bei den übrigen Reaktionsarten tolerierbar. Die Unterschiede bei der Stillen Reserve und bei den Fortzügen in das Ausland gehen zum Teil auf Extremwertbereinigungen in den Regionen zurück, bei der Stillen Reserve auf Korrekturen im Hinblick auf Offene Stellen, bei den Fortzügen in das Ausland auf die Überlegung, daß nicht mehr Erwerbspersonen reagieren können als ursprünglich abwandern wollten (Probewert). Entsprechende Korrekturen wurden bei Bayern insgesamt nicht durchgeführt, da nur die Regionswerte dem Prognosemodell MIDAS II übergeben werden.

Im Bereich positiver Arbeitsmarktungleichgewichte wird die Entwicklung im wesentlichen von den beiden Reaktionen "Offene Stellen" und "Zuzüge der Ausländer aus dem Ausland" getragen. Im derzeit bedeutsamen Bereich negativer Arbeitsmarktungleichgewichte spielen die Reaktionen der Arbeitslosigkeit und Zuzüge der Ausländer aus dem Ausland eine entscheidende Rolle, gefolgt von den Reaktionen "Stille Reserve" und "Fortzüge der Ausländer in das Ausland".

Tab. 2: Vergleich der Ergebnisse der Parameterschätzung für Bayern insgesamt mit der Summe der 18 Regionen, 1-Jahresintervall, Erwerbspersonen in 1000

AMUR SKALA	OFFSTE	ARBLOS	STILLR	REZUAS	REFOAS	REZUNS-REAUSP	REBSLF
Bayern insgesamt							
+ 1 350	513,4	0,7	- 72,7	657,9	- 50,9	- 26,5	- 82,4
+ 273	153,2	29,2	- 13,5	101,8	- 23,3	- 5,2	- 15,6
+ 60	98,7	50,5	20,0	19,5	- 9,2	- 1,8	- 4,8
- 126	62,4	94,1	56,1	- 27,4	6,0	+ 1,9	6,8
- 600	19,9	359,0	146,9	- 71,3	18,0	11,4	36,0
Summe der 18 Regionen							
+ 1 350	518,2	3,1	-143,5	610,9	- 29,6	- 20,5	- 71,3
+ 273	155,5	25,5	- 18,7	96,2	- 15,2	- 9,3	- 22,2
+ 60	99,4	45,7	13,4	14,1	- 1,7	- 5,7	- 9,7
- 126	63,2	87,9	51,0	- 31,0	14,4	- 1,3	3,6
- 600	21,9	358,3	144,9	- 70,5	24,9	12,4	35,8

Die Abkürzungen in den Tabellen haben folgende Bedeutung:

BY   = Bayern insgesamt
BESAL   = sozialversicherungspflichtige ausländische Arbeitnehmer
DT   = Deutsche
AL   = Ausländer
ZUAS   = Zuzüge aus dem Ausland
FOAS   = Fortzüge ins Ausland
ZUNS   = Zuzüge aus dem übrigen Bundesgebiet
FONS   = Fortzüge in das übrige Bundesgebiet
ZUBI   = Zuzüge der bayerischen Binnenwanderung
FOBI   = Fortzüge der bayerischen Binnenwanderung
EINP   = Einpendler
AUSP   = Auspendler
RE   = REAKTIONS-Wert
AMUR   = Arbeitsmarktungleichgewicht regional
OFFSTE = offene Stellen
BSLF   = Beschäftigte in der Landwirtschaft
ARBLOS = Arbeitslose
STILLR = Stille Reserve

Je ein Beispiel (vgl. Maneval, Herbrich, 1981b, S. 7-8) aus dem positiven und negativen Bereich soll die Funktionsweise der Aufspaltung des Arbeitsmarktungleichgewichts für Bayern insgesamt verdeutlichen (vgl. Abbildung 2):

1. Das bayerische Arbeitsmarktungleichgewicht sei positiv. Es betrage für ein Fünf-Jahresintervall 750 000 Erwerbspersonen, d.h. die Nachfrage nach Arbeitskräften übersteige das Angebot um eine 3/4 Mio. In diesem Fall sind zu erwarten:

   - 151 000 Offene Stellen,
   - 26 900 registrierte Arbeitslose,

Abb. 2: Funktionsverläufe wichtiger Arbeitsmarktreaktionen in Abhängigkeit vom Arbeitsmarktungleichgewicht (5-Jahreswert) für Bayern

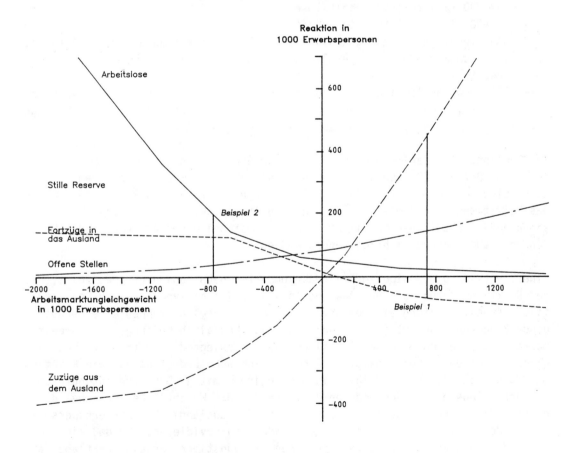

Quelle: Maneval, Herbrich, 1981b, Anhang.

- eine Mobilisierung von 16 200 Nichterwerbspersonen (Rentner, Hausfrauen, usw. aus der Stillen Reserve),
- ein Zuzug von Erwerbspersonen aus dem Ausland, der um 427 900 höher liegt, als bei ausgeglichenem Arbeitsmarkt zu erwarten gewesen wäre (nur Ausländer),
- 71 400 ausländische Erwerbspersonen, die ihren Entschluß, in das Ausland abzuwandern, revidieren, um dem Arbeitsmarkt weiterhin zur Verfügung zu stehen.

2. Das bayerische Arbeitsmarktungleichgewicht sei negativ. Es betrage für ein Fünf-Jahresintervall -750 000 Erwerbspersonen, d.h. das Angebot an Arbeitskräften übersteige die Nachfrage um eine 3/4 Mio. In diesem Fall sind zu erwarten:

- 38 300 Offene Stellen,
- 199 800 registrierte Arbeitslose,
- 97 900 nicht registrierte Arbeitslose (Stille Reserve),
- ein verringerter Zuzug ausländischer Erwerbspersonen aus dem Ausland, der um 279 000 niedriger liegt, als bei ausgeglichenem Arbeitsmarkt zu erwarten gewesen wäre,
- 122 000 ausländische Erwerbspersonen, die den Entschluß in Bayern zu bleiben, revidiert haben und aufgrund der ungünstigen Arbeitsmarktlage zusätzlich in das Ausland abwandern.

Bei den genannten Zahlen handelt es sich um Schätzungen, die auf dem Referenzzeitraum 1967 bis 1978 beruhen. Neuere Entwicklungen wie etwa bei den Ausländern eine höhere Arbeitslosigkeit bei geringerer Neigung zu Rückwanderung in das Heimatland oder die allgemein hohe Arbeitslosigkeit bei den Deutschen bei abnehmender räumlicher Mobilität, werden erst bei einer Ausdehnung des Referenzzeitraumes berücksichtigt werden können.

Eine Darstellung der wichtigsten Reaktionsarten nach Regionsgruppen zeigt, daß der Reaktion "Zuzüge aus dem Ausland" sowohl bei positivem als auch bei negativem Arbeitsmarktungleichgewicht in allen drei Regionsgruppen eine herausragende Bedeutung zukommt (vgl. Abbildung 3). Lediglich bei negativem Arbeitsmarktungleichgewicht in den Grenzland- und überwiegend strukturschwachen Regionen kommt der Arbeitslosigkeit eine ähnlich hohe Bedeutung zu. Die Reaktion der Zuzüge aus dem Ausland fällt in den Regionen mit großen Verdichtungsräumen schwächer aus als in den anderen Regionsgruppen. Wesentliche Ursache dafür dürfte die vergleichsweise hohe Bereitschaft ausländischer Erwerbspersonen sein, den Entschluß ins Ausland abzuwandern zu revidieren, so daß sich die Zahl der ausländischen Erwerbspersonen bei günstiger Arbeitsmarktlage auf diese Weise deutlich erhöht. In ländlichen Regionen spielt die Reaktionsart Fortzüge in das Ausland nur eine untergeordnete Rolle, da der Bestand an

Abb. 3: Zusammensetzung der Arbeitsmarktungleichgewichte aus den einzelnen Reaktionen nach Regionsgruppen

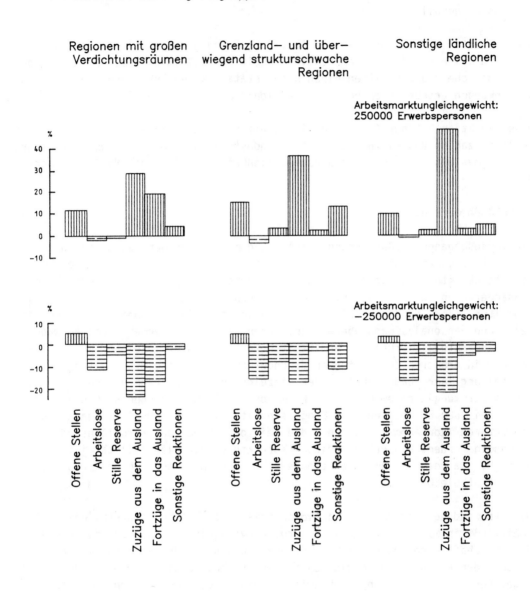

Quelle: Maneval, Herbrich, 1981b, Anhang.

ausländischen Erwerbspersonen gering ist. Ein zusätzliches Angebot an Arbeitsplätzen für Ausländer wird daher verstärkt über die Reaktion Zuzüge aus dem Ausland aufgefüllt.

Die Parameter der bedeutenden, in Abbildung 2 und 3 dargestellten Reaktionsarten sind bei einer Irrtumswahrscheinlichkeit von 5 % im allgemeinen gut gegen Null gesichert und besitzen einen hohen statistischen Erklärungsgehalt. Einschränkungen ergeben sich bei der Reaktion "Fortzüge in das Ausland".

Diese Reaktion ist nur für Bayern insgesamt und die Regionen mit relativ hohen Ausländerzahlen Bayerischer Untermain, Industrieregion Mittelfranken, Augsburg und München mit einer Irrtumswahrscheinlichkeit von 5 % gegen Null gesichert.

5. Schlußbemerkung

Die vorausgegangenen Ausführungen zeigen, daß sich aus den beobachteten regionalen Arbeitsmarktdaten Rückschlüsse auf die ursprünglichen Pläne der Wirtschaftssubjekte und auf die durch die Arbeitsmarktlage eingetretenen Verhaltensänderungen ziehen lassen. Die datentechnischen und methodischen Schwierigkeiten sind dabei erheblich. Sie lassen sich jedoch bei entsprechendem Zeit- und Personalaufwand überwinden. Wegen dieses doch erheblichen Aufwandes, kann eine Aktualisierung der ermittelten Werte für die einzelnen Reaktionsarten nur in größeren Zeitabständen durchgeführt werden. Beim gewählten Ansatz - Darstellung der Abhängigkeiten der einzelnen Reaktionsarten von der Höhe des Arbeitsmarktungleichgewichts in Form von Tabellenfunktionen - können jedoch auch bei der Erarbeitung von Prognosen mit Hilfe von MIDAS II nachträglich Korrekturen vorgenommen werden, die bei offenkundigen Verhaltensänderungen notwendig werden. Die Prüfung dieser Korrekturen auf Plausibilität ist relativ einfach, da das gesamte Reaktionssystem in sich - sachlich und räumlich - konsistent bleiben muß.

Die Verwendung des um die Reaktionen erweiterten Arbeitsmarktbilanzansatzes beeinflußt in MIDAS II wesentliche Prognosevariablen wie das Erwerbsverhalten, die Beschäftigung und die Wanderungsbeziehungen mit dem Ausland und damit in entscheidender Weise auch die regionalen Ergebnisse der Prognose. Bei einem negativen Arbeitsmarktungleichgewicht, das in den 80er Jahren und auch noch Anfang der 90er Jahre zu erwarten ist, führt der so erweiterte Arbeitsmarktbilanzansatz zu verminderter Abwanderung von Ausländern in das Ausland und damit zu einem höheren Bestand an Erwerbspersonen sowie über die Mantelbevölkerungsquote der Wanderung zu einer höheren Einwohnerzahl.

Bei einer Entspannung auf dem Arbeitsmarkt ist nach der derzeit implementierten Aufteilung des Arbeitsmarktungleichgewichts mit einem raschen Anstieg der

Zuwanderung von Ausländern aus dem Ausland zu rechnen. Damit werden allerdings die Rahmenbedingungen der Jahre 1967 bis 1972 auf das Ende der 90er Jahre projiziert. Bereits jetzt läßt sich abschätzen, daß diese Annahme nicht zutreffen wird. Verschiedene technologische Entwicklungen (z.B. Wegfall stark belasteter Arbeitsplätze in der Kraftfahrzeugfertigung durch Automation) und politische Strömungen (Asylantenzuzug) deuten darauf hin, daß bei erhöhtem Produktivitätsfortschritt entweder der negative Arbeitskräfteüberschuß nur sehr langsam abgebaut werden wird oder die Reaktion "Offene Stellen" an Bedeutung gewinnen wird.

Damit werden auch die Grenzen des erweiterten Arbeitsmarktbilanzansatzes deutlich: auch das ausgefeilteste Gleichungssystem zur Schätzung unbekannter Reaktionsarten in der Vergangenheit vermag die begründete Spekulation über die Zukunft nicht zu ersetzen. Eine Quantifizierung dieser Spekulationen wird gerade dann besonders schwierig, wenn nicht unmöglich, wenn sich abzeichnet, daß es für eben diese Zukunft keine geeignete Referenzperiode gibt.

Anmerkungen

*) Dieser Beitrag geht im wesentlichen auf eine Ausarbeitung von Dr. Klaus Maneval, Dorsch Consult, München, für diesen Arbeitskreis zurück.

1) Vgl. dazu den Beitrag von Sinz in diesem Band.

2) Annähernd vergleichbare Modelle waren Ende der 70er Jahre in den USA vorhanden (vgl. Smith, 1976 und Toikka, Scanlon, Holt, 1977). Eine Übernahme des dortigen Ansatzes war jedoch nicht möglich, weil zum einen die erforderlichen Daten nicht vorhanden waren. Zum anderen sind in den USA die Bewegungen am Arbeitsmarkt bezogen auf die Bestände sehr viel höher und laufen schneller ab als in der Bundesrepublik Deutschland. Entsprechend ist die angemessene Zeitspanne für die Erfassung dieser Bewegungen dort der Monat und nicht wie in MIDAS II ein 5-Jahresintervall.

Literaturverzeichnis

Birg, H., Maneval, K., Masuhr, K.: Synopse von Verfahren zur regionalen Bevölkerungs- und Arbeitsplatzprognose im Bereich des Bundes und der Länder und deren Auswertung in Richtung auf ein einheitliches Prognosemodell. Studie im Auftrag des Bundesministers für Raumordnung, Bauwesen und Städtebau, des Bayer. Staatsministeriums für Landesentwicklung und Umweltfragen, des Niedersächsischen Ministeriums des Innern, der Staatskanzlei Rheinland-Pfalz und der Staatskanzlei des Landes Nordrhein-Westfalen. Basel, Berlin, München 1979.

Maneval, K., Herbrich, K.: Untersuchung zur Ausgestaltung der Arbeitsmarktreaktionen im Prognosemodell MIDAS II. Unveröffentl. Gutachten der Dorsch Consult im Auftrag des BStMLU. München 1981a.

Maneval, K., Herbrich, K.: Untersuchung zur Ausgestaltung der Arbeitsmarktreaktionen im Prognosemodell MIDAS II. Unveröffentl. Gutachten der Dorsch Consult im Auftrag des BStMLU. Kurzfassung. München 1981b.

Smith, R., E.: A simulation model of demographic composition of employment, unemployment and labor force participation, Washington 1976.

Toikka, R.,S., Sanlon, W., J., Holt, Ch., C.: Extensions of a structural model of the demographic labor market. In: Research in labor economics. R.G. Ehrenberg (ed.). Vol. 1 (1977). Greenwich, Conn. USA.

KURS
EIN MODELL ZUR ERSTELLUNG KLEINRÄUMIGER BEVÖLKERUNGSPROGNOSEN

dargestellt am Beispiel der Region Regensburg

von
Ludwig Baudrexl und Reinhold Koch, München

Gliederung

1. Vorbemerkung zu kleinräumigen Bevölkerungsprognosen

2. Statistische Ansätze zur kleinräumigen Bevölkerungsprognose

    2.1 Autonome Extrapolation
    2.2 Vorausschätzung bei vorgegebener Bevölkerung für den Gesamtraum

3. Simulationsmodelle zur kleinräumigen Bevölkerungsprognose

    3.1 Theoretische Grundlagen
    3.2 MINIBEPRO als Beispiel für ein komplexes Modell

4. Das kleinräumige Bevölkerungsprognosemodell KURS

    4.1 Zur Entwicklungsgeschichte von KURS
    4.2 Beschreibung des KURS-Modells

5. Anwendung des KURS-Modells am Beispiel der Region Regensburg

    5.1 Auswahl der Beispielregion
    5.2 Gemeindetypisierung
    5.3 Beschaffung und Aufbereitung der demographischen Basisdaten

        5.3.1 Wohnbevölkerung
        5.3.2 Geburtenhäufigkeit
        5.3.3 Altersspezifische Sterblichkeit
        5.3.4 Wanderungen

5.4 Bestimmung der Bevölkerungseckwerte für Gemeinden anhand von
    Bauflächen, Bebauungsdichten und Wohnungsdichten

    5.4.1 Bauflächenangebot als Einflußgröße der Bevölkerungsentwicklung
    5.4.2 Berücksichtigung ausgewiesener Bauflächen im KURS-Modell
    5.4.3 Berechnung der maximal möglichen Einwohnerwerte bei voller
          Ausschöpfung ausgewiesener Wohnbauflächen

5.5 Die sieben Varianten der KURS-Anwendung in der Region Regensburg

    5.5.1 Der analytische Charakter der Variantenrechnung
    5.5.2 Biometrische Variante (BIO)
    5.5.3 Variante "Binnenwanderung" (BIN)
    5.5.4 Variante "Status-quo-Prognose ohne Regionseckwerte" (SQ)
    5.5.5 Variante "Status-quo-Prognose mit Regionseckwerten" (MIDMN)
    5.5.6 Variante "Maximal mögliche Ausschöpfung des Baurechts" (BAUMAX)
    5.5.7 Varianten "Untere und obere Begrenzung des Entwicklungspfades"
          (UGRZ und OGRZ)

5.6 Anwendung der Ergebnisse in der Planungspraxis

    5.6.1 Kindergartenplanung
    5.6.2 Situation der Gymnasien im Mittelbereich Regensburg
    5.6.3 Altenheime in der Region

5.7 Bewertung des KURS-Modells aus planungspolitischer Sicht

Anmerkungen

1. Vorbemerkung zu kleinräumigen Bevölkerungsprognosen

Während für die Landesplanung die Regionalisierung von Bevölkerungs- und Arbeitsplatzprognosen auf der Ebene der Regionen in der Regel ausreicht, werden von der Regionalplanung, der regionalen Fachplanung und der kommunalen Entwicklungsplanung Prognosedaten in einem kleinräumigeren Zuschnitt benötigt. Dies gilt insbesondere in bezug auf die Bevölkerungsentwicklung als wesentliche Orientierungshilfe vor allem für die kommunale und regionale Infrastrukturpolitik. Von daher ergibt sich auch die Forderung nach einer möglichst differenzierten Information über die kleinräumige Bevölkerungsentwicklung, etwa über die Entwicklung der Altersstruktur und die unterschiedliche Entwicklung von inter- und intraregionaler Wanderung.

Es ist daher nicht verwunderlich, daß es schon seit langer Zeit Bemühungen gibt, Modelle zur kleinräumigen Bevölkerungsprognose zu entwickeln und in der Praxis anzuwenden. Die Prognoseansätze reichen von ganz einfachen Modellen ohne jeglichen Erklärungsgehalt bis hin zu hochkomplexen Wohnungsmarktmodellen mit ihren hohen Ansprüchen an den Dateninput.

Bei dem in Bayern in der Region Regensburg mit Erfolg praktizierten "KURS-Modell" handelt es sich um eine mittlere Modelltechnik, bei der die Fehler der trivialen Modelle einerseits und der enorme Datenbedarf der hochkomplexen Modelle andererseits vermieden werden und trotzdem der Informationsbedarf der Regionalplanung und der regionalen Fachplanung in bezug auf die kleinräumige Bevölkerungsentwicklung gut abgedeckt wird.

Um die Einordnung von "KURS" in die vielfältige Modellandschaft zur kleinräumigen Bevölkerungsprognose zu verdeutlichen, sollen zunächst einfache Verfahren und anschließend komplexe Modelle zur kleinräumigen Bevölkerungsprognose und - bei der zweiten Kategorie von Modellen - auch zur Wohnungsmarktprognose vorgestellt werden.

2. Statistische Ansätze zur kleinräumigen Bevölkerungsprognose

Statistische Ansätze zur kleinräumigen Bevölkerungsvorausschätzung, die bevorzugt dann eingesetzt werden, wenn keine EDV zur Verfügung steht, lassen sich in zwei Gruppen unterteilen:

- Autonome Extrapolation der Bevölkerung für jeden Teilraum
- Vorausschätzung der Bevölkerung für Teilräume bei vorgegebener Gesamtbevölkerung.

2.1 Autonome Extrapolation

Für die autonome Extrapolation stehen rechnerische und graphische Verfahren zur Verfügung. Beiden Verfahren ist gemeinsam, daß sie einen in der Vergangenheit beobachteten Entwicklungsverlauf in die Zukunft verlängern. Schwierigkeiten bereitet dabei die Auswahl des Zeitabschnitts in der Vergangenheit, der als charakteristisch für die Zukunft gelten kann, und die Wahl der zugrunde zu legenden Trendfunktion.

Beide Entscheidungen unterliegen vielfach den Vorkenntnissen und Erwartungen des jeweiligen Planers. Dazu bemerkt Küspert[1]:

"Es ergibt sich aus der nicht selten falschen Einschätzung der Wichtigkeit und Bedeutung des Einzelvorgangs, daß der einzelne Planungsträger seine Möglichkeiten und seine Planung überbewertet. Viele Gemeinden glauben Grund zu der Annahme zu haben, daß sich gerade bei ihnen wesentliche Entwicklungen abspielen werden und nicht anderswo. Und diese anderen Gemeinden gehen von der gleichen Annahme aus. Solange Entwicklungsvorstellungen isoliert nebeneinander stehen, wird dies gar nicht besonders auffallen. Faßt man aber Gruppen oder räumliche Teilbereiche zusammen, dann ergibt sich bei der Addition schnell, daß es an der Zeit ist, Korrekturwerte anzubieten, die es dem einzelnen Planungsträger erlauben, sich im größeren Rahmen zu sehen und dann daraus entsprechende Schlüsse zu ziehen."

2.2 Vorausschätzung bei vorgegebener Bevölkerung für den Gesamtraum

Aus den vorgenannten Gründen haben in der Regionalplanung die Methoden zur Vorausschätzung der Bevölkerung in Teilräumen bei vorgegebener Gesamtbevölkerung stärker Eingang gefunden als die autonome Extrapolation der Bevölkerung in den Teilräumen. Für ein solches Vorgehen spricht auch die Tatsache, daß für den Gesamtraum in der Regel bessere statistische Unterlagen zur Verfügung stehen und die statistischen Massen größer sind. So werden beispielsweise in Bayern vom Staatsministerium für Landesentwicklung und Umweltfragen für die 18 Regionen seit 1975 im Abstand von 2 bis 4 Jahren Prognoseergebnisse vorgelegt, entsprechende Vorausschätzungen für Kreise und kreisfreie Städte wurden jedoch vom Landesamt für Statistik und Datenverarbeitung bislang nur einmal 1977 veröffentlicht[2].

Verfahren zur innerregionalen Disaggregation von regionalen Prognoseergebnissen können unter der Voraussetzung eingesetzt werden, daß für die Vergangenheit eine gewisse Regelmäßigkeit des Verhältnisses der Teilentwicklung zur Gesamtentwicklung in einer Region zu beobachten war[3]. Dabei kann die Bestimmung der künftigen Bevölkerung in den Teilräumen erfolgen:

a) nach ihren bisherigen Anteilen an der Gesamtbevölkerung
b) nach ihren bisherigen Anteilen an den Veränderungen der Gesamtbevölkerung
c) nach ihren bisherigen Veränderungen mit anschließendem linearen Abgleich
d) mit Hilfe einer Kombination verschiedener Verfahren (beispielsweise autonome Extrapolation für ein Oberzentrum und Anwendung der Methoden a) oder b) für die restlichen Teilräume der Region).

Eine Verteilungsprognose gemäß Variante d) hat beispielsweise 1974 die Industrieanlagenbetriebsgesellschaft, München (IABG), im Auftrag des Bayerischen Staatsministeriums für Landesentwicklung und Umweltfragen erstellt. Ihre Aufgabe war es, die Bevölkerungs- und Arbeitsplatzwerte der Prognose für das Landesentwicklungsprogramm auf zentrale Orte und bestimmte Raumkategorien umzuschlüsseln[4].

Obwohl dieser Ansatz geeignet war, innerregionale Sonderentwicklungen in den Griff zu bekommen, enthält er für die Zwecke der Regionalplanung doch erhebliche Schwächen:

- Es wird nur die Gesamtbevölkerung disaggregiert; Ergebnisse zur Altersstruktur stehen kleinräumig nicht zur Verfügung.
- Innerregionale Wanderungsbewegungen bleiben unberücksichtigt.
- Bautätigkeit, Verfügbarkeit von Bauland usw. bleiben außer Ansatz.
- Ergebnisse werden selbst vom Auftragnehmer erst bei einer Aggregation von etwa 100 Einzelgemeinden als "gut verwendbar" eingestuft.

Die genannten Schwächen machen deutlich, daß selbst ein weit entwickeltes mechanisches Verfahren zur Prognosedisaggregation in der Regionalplanung nur mit großen Vorbehalten einzusetzen ist.

3. Simulationsmodelle zur kleinräumigen Bevölkerungsprognose

3.1 Theoretische Grundlagen

Die künftige Bevölkerungszahl und Struktur einer Region oder einer Gemeinde wird bestimmt durch den derzeitigen Bevölkerungsbestand, die erwarteten Geburten und Sterbefälle sowie die erwarteten Zu- und Fortzüge.

Ziel eines Simulationsmodells zur kleinräumigen Bevölkerungsentwicklung ist es, den Prozeß der Bevölkerungsentwicklung in kleinen regionalen Einheiten abzubilden bzw. zu "erklären". Dies erfordert eine gesonderte Vorausschätzung der einzelnen Komponenten. Allerdings muß beachtet werden, daß die einzelnen Komponenten voneinander abhängig sind.

So ist z.B. die natürliche Bevölkerungsentwicklung eine Funktion der Alters- und Geschlechtsstruktur des Bevölkerungsbestandes zu Beginn der Prognose. Auch die Zahl der Zu- und Fortzüge hängt entscheidend von der Besetzung der einzelnen Altersklassen ab.

Solche Abhängigkeiten werden in demographischen Simulationsmodellen im allgemeinen dadurch berücksichtigt, daß der Bevölkerungsstand am Ende des Prognoseintervalls als Funktion des Bestandes des vorausgehenden Intervalls bestimmt wird.

Daneben sind vor allem Faktoren aus dem individuellen und dem familiären Bereich (Stellung der Haushalte im Lebenszyklus, Erwerbssituation, Einkommen) sowie gesellschaftliche und regionale Faktoren (Arbeits- und Lebensbedingungen, Umwelt) bedeutsam für die regionale Bevölkerungsentwicklung. In ihrer Kombination bestimmen sie individuelle bzw. familiäre Entscheidungsprozesse, das generative Verhalten und das Wohnstandortverhalten. Die Summe dieser Einzelentscheidungen schlägt sich in der regionalen Bevölkerungsentwicklung nieder. Damit ist es auch bei kleinräumigen Prognosemodellen von erheblicher Bedeutung, die nichtdemographischen Einflußfaktoren der Bevölkerungsentwicklung zu erfassen, im Modell abzubilden oder sie in Form von durchschaubaren Annahmen in das Modell einfließen zu lassen.

Angesichts des erheblichen Geburtenrückgangs in der Bundesrepublik Deutschland während der 70er Jahre gibt es eine Vielzahl von Untersuchungen, die sich mit den nichtdemographischen Einflußfaktoren der Geburtenentwicklung auch auf regionaler Ebene befassen. Dabei wurde beispielsweise festgestellt, daß Einkommen und soziale Schichtzugehörigkeit die Kinderzahl beeinflussen. Erwerbstätigkeit und Ausbildung der Frauen korrelieren negativ mit der Geburtenhäufigkeit. Auch wurde ermittelt, daß in nahezu allen sozialen Schichten die durchschnittliche Kinderzahl bei Wohnen im Eigentum deutlich über der durchschnittlichen Kinderzahl der zur Miete wohnenden Familien liegt - eine Feststellung, die insbesondere für kleinräumige Prognosen, die zwischen Stadt und Umland unterscheiden, von Bedeutung ist. Daneben muß auch bei kleinräumigen Bevölkerungsprognosen beachtet werden, daß die genannten Einflußfaktoren die regionalen Unterschiede in der Geburtenhäufigkeit nur z.T. erklären. Regionale Besonderheiten können zu erheblichen Abweichungen führen.

Dies gilt auch für räumliche Unterschiede in der Sterblichkeit. Im interregionalen Vergleich weicht die Sterblichkeit bestimmter Bevölkerungsgruppen bis zu 20 % voneinander ab. Je nach Regionszuschnitt können solche Unterschiede auch innerhalb von Regionen auftreten. Allerdings ist eine entsprechende Strukturanalyse bei der Sterblichkeit auf kleinräumiger Ebene noch schwieriger als bei der Geburtenhäufigkeit.

Zu- und Fortzüge, also Wanderungen haben die Bevölkerungsentwicklung vieler Gemeinden und Regionen in den vergangenen Jahren stärker beeinflußt als die natürliche Bevölkerungsentwicklung mit Geburten und Sterbefällen. Für die kleinräumige Bevölkerungsvorausschätzung ist die Unterscheidung nach interregionalen und intraregionalen Wanderungen von besonderer Bedeutung. Denn beide Wanderungsarten unterliegen unterschiedlichen Ursachen bzw. Motiven und an beiden Wanderungsarten sind verschiedene Bevölkerungs- bzw. Altersgruppen unterschiedlich stark beteiligt. Eine intraregionale Wanderung liegt dann vor, wenn bei einem Wechsel des Wohnstandortes ein Wechsel anderer Aktivitätenstandorte nicht notwendigerweise erforderlich ist. Eine interregionale Wanderung ist definiert durch den Wechsel eines Wohnstandortes in eine andere Region, wenn damit eine vollständige Auflösung des bisherigen individuellen Aktionsfeldes verbunden ist[5]. Interregionalen Wanderungen werden in der Regel berufliche und arbeitsplatzorientierte Wanderungsmotive zugeordnet. Intraregionale Wanderungen unterliegen dagegen vor allem wohnungsorientierten sowie persönlichen und familiären Motiven.

Über die intraregionale Wanderung kommt der Verteilung des Wohnungsangebotes innerhalb einer Region und dessen zukünftiger Entwicklung eine erhebliche Bedeutung für die weitere Bevölkerungsentwicklung in einer Region zu. Entsprechend wird in vielen komplexen, kleinräumigen Vorausschätzungsmodellen versucht, den Wohnungsmarkt möglichst detailliert abzubilden. Die kleinräumige Vorausschätzung der Bevölkerung tritt dabei oft in den Hintergrund, während die regionalen und schichtspezifischen Ungleichgewichte auf dem Wohnungsmarkt zum beherrschenden Erkenntnisinteresse werden. Die interregionale Wanderung wird meist aus übergeordneten regionalen Modellen übernommen.

3.2 MINIBEPRO als Beispiel für ein komplexes Modell

Dies ist auch bei dem im folgenden beispielhaft vorgestellten simulationsfähigen Modell der PROGNOS AG zur integrierten Prognose der Bevölkerungsentwicklung und des Wohnungsbedarfs in den Teilräumen eines regionalen Wohnungsmarktes MINIBEPRO der Fall[6]. Die Verknüpfung zwischen Bevölkerungsentwicklung und kleinräumigem Wohnungsbedarf soll Anhaltspunkte dafür geben, auf welchen der vorhandenen Wohnbauflächen mit einer verstärkten Bautätigkeit gerechnet werden muß. Das Modell wurde bisher in den Großräumen Hannover und Braunschweig sowie in den Städten Siegen und Krefeld eingesetzt.

Die Grundstruktur des Modells wird durch sieben Elemente gebildet, die untereinander verknüpft sind:

- Bevölkerungsbestand (gegliedert nach Alter, Geschlecht und Nationalität);
- interregionale Wanderung (gegliedert nach Alter, Geschlecht, Nationalität);

- Wohnungsbestand gegliedert nach Wohnungstyp (kleine, mittlere, große Wohnungen);
- Wohnungsbelegung nach Wohnungstyp;
- Wohnungsbau (externe Vorgabe);
- Wohnungsmarkt (Angebot und Nachfrage je Wohnungstyp);
- Wohnungsbaubedarf je Wohnungstyp.

Die Prognoseergebnisse werden über folgende Modellschritte erzielt:

- Biometrische Fortschreibung der Bevölkerung nach Alter, Geschlecht und Nationalität;
- Reduktion um die interregionalen Abwanderer, die modellextern auf der Grundlage von Fortzugswahrscheinlichkeiten geschätzt werden;
- Ermittlung der intraregionalen Abwanderer (Mit Hilfe einer Regressionsanalyse, die dem Modell vorgeschaltet ist, werden die wanderungsbestimmenden Attraktivitätsmerkmale der Prognosebezirke ausgewählt und ihr Gewicht ermittelt. Modellintern werden mit dem ermittelten Gleichungssystem Fort- bzw. Zuzugswahrscheinlichkeiten errechnet.);
- Zusammenfassung der intraregionalen Wanderer und der interregionalen Zuwanderer zur "Verteilungsbevölkerung";
- Ermittlung der Zuwanderer je Prognosebezirk (Mit Hilfe von Regressionsgleichungen werden Zuzugswahrscheinlichkeiten je Bezirk ermittelt);
- Ermittlung des verfügbaren Wohnungsangebotes, das durch Abwanderung entsteht;
- Ermittlung der Wohnungsnachfrage durch Zuwanderer und durch ortsansässige Bevölkerung;
- Vergleich des Wohnungsangebotes mit der Wohnungsnachfrage innerhalb der einzelnen Prognosebezirke (ein Wohnungsüberangebot in einem Bezirk - frei werdende Wohnungen bzw. Leerwohnungen - beeinflußt im nächsten Prognosejahr die Attraktivität des Bezirks und damit indirekt die Wanderungsströme und die Bevölkerungsentwicklung. Ein Wohnungsmangel in einem Bezirk wird umgehend durch Neubau, auch über die Wohnungsvorgabe hinaus abgebaut.).

Die Ergebnisse im Bevölkerungs- und Wohnungsbereich werden damit nicht unabhängig voneinander ermittelt, sondern beeinflussen sich gegenseitig.

Damit liegen die Vorzüge von MINIBEPRO in der Möglichkeit, Bevölkerungsentwicklung und Wohnungsbaubedarf simultan zu bestimmen und die Auswirkungen unterschiedlicher Vorgaben, beispielsweise in der Struktur und im Umfang des geplanten Wohnungsneubaus, zu simulieren. Diese Vorzüge werden jedoch für den Einsatz in der Regionalplanung durch den umfangreichen Datenbedarf zunichte gemacht. Dieser ist nur zu befriedigen, wenn aufwendige Sondererhebungen durchgeführt werden. Solche Sondererhebungen sind nicht nur teuer, sondern auch sehr zeitaufwendig, so daß auch die Aktualität der Prognoseergebnisse unter der Komplexität der Modellstruktur leidet.

Dies gilt im Grundsatz auch für andere wohnungsmarktorientierte Vorausschätzungsmodelle. Das MINIBEPRO der Prognos AG wird vom DISPRO-Modell[7] der Universität Dortmund und dem Wohnungsmarktmodell des Battelle-Instituts[8] sogar noch an Komplexität übertroffen. Damit erhalten diese Modelle den Charakter einer "Blackbox", die für den Laien, und zu diesen zählt hier im Regelfall auch der Regionalplaner, undurchsichtig ist und deren Ergebnisse er kaum auf Plausibilität überprüfen kann.

Es geht also bei der kleinräumigen Bevölkerungsvorausschätzung mit Hilfe von Simulationsmodellen darum, einen vertretbaren Mittelweg zwischen trivialen Fortschreibungsmodellen einerseits und erklärenden, nicht hochkomplexen wohnungsmarktorientierten Modellen andererseits zu finden. Das Institut Wohnen und Umwelt hat 1980 eine Untersuchung verschiedenster kleinräumiger Vorausschätzungsmodelle durchgeführt[9] und dabei ermittelt, daß das von Datum e.V. entwickelte Modell KURS am ehesten den Bedürfnissen der Regionalplanung entspricht. Das methodische Vorgehen im Rahmen dieses Modells wird im folgenden Abschnitt dargestellt.

4. Das kleinräumige Bevölkerungsprognosemodell KURS

4.1 Zur Entwicklungsgeschichte von KURS

Die ursprüngliche Version des Prognosemodells KURS (Modell zur kleinräumigen Umlegung und Projektion einer regionalen Bevölkerungsstruktur) stammt von DATUM e.V., einem heute nicht mehr existierenden Institut für ADV-gestützte Entwicklungsplanung. Das KURS-Modell wurde von DATUM e.V. im Rahmen eines mit Mitteln des 2. und 3. DV-Förderungsprogramms der Bundesregierung finanzierten Forschungsprojekts "Informationssystem für Raumordnung und Landesplanung (ROLAND)" in den 70er Jahren entwickelt. Mit dem Modell wurde ursprünglich das Ziel verfolgt, die aus den Veränderungen des Wohnungsbestandes und des Wohnungsbaus resultierende Bevölkerungsentwicklung mit demographisch bedingten Entwicklungsprozessen zu verbinden[10]. Es hatte sich jedoch sehr schnell gezeigt, daß dieser zweigleisige Ansatz zu einer hohen Komplexität der Modellstruktur mit entsprechenden Datenschwierigkeiten führt. Der wohnungsangebotsorientierte Modellteil wurde daher weitgehend wieder fallen gelassen. Das Bayerische Staatsministerium für Landesentwicklung und Umweltfragen hat als einer der beiden Pilotanwender des ROLAND-Projekts die ursprüngliche Version von KURS weiterentwickelt und diese in den Regionen München und Regensburg getestet bzw. angewendet. Weitere Anwendungen sind in der Literatur für den Regierungsbezirk Münster, die Freie und Hansestadt Hamburg sowie die Stadt

Nürnberg beschrieben. In den 80er Jahren haben sich zur Weiterentwicklung und Wartung des KURS-Modells verschiedene Großstädte unter Leitung der Stadt Nürnberg zur "SIKURS-Wartungsgemeinschaft" zusammengeschlossen. Dieser Wartungsgemeinschaft ist auch das Bayerische Staatsministerium für Landesentwicklung und Umweltfragen als KURS-Anwender beigetreten.

Die derzeit verfügbare Version von KURS legt das Schwergewicht eindeutig auf die Abbildung demographischer Prozesse, wenngleich kapazitätsorientierte Aspekte der Bevölkerungsentwicklung und -verteilung in die Berechnungen einbezogen werden können.

4.2 Beschreibung des KURS-Modells

Das KURS-Modell ist ein Mehrpunktmodell, bei dem neben interregionalen auch intraregionale Wanderungen berücksichtigt werden. Die Berechnungen beziehen sich in den wesentlichen Teilen nicht auf geographische Teilräume, sondern auf Gebietstypen, die sich aus mehreren in bezug auf die Bevölkerungsentwicklung homogenen Teilräumen zusammensetzen. Mit dieser Zusammenfassung der Teilräume (Gemeinden) zu Gebietstypen wird das Ziel verfolgt, hinreichend große, statistisch auswertbare Bestands- und Bewegungsmassen zu erhalten, um strukturtypische Parameter berechnen zu können. Daneben werden die Wanderungsmatrizen weniger umfangreich und damit die Verarbeitungszeiten im Rechner kürzer.

Die altersspezifische Vorausschätzung der Bevölkerung für die Gebietstypen einer Region um ein Jahr gliedert sich in folgende Einzelschritte (Abbildung 1):

- Prognose der interregionalen Wanderung und der natürlichen Bevölkerungsbewegung;
- Prognose der intraregionalen Wanderungen;
- Disaggregation der typspezifischen Angaben auf die Teilraumebene (Gemeinden);
- Aggregation zu beliebigen aussagefähigen Raumaggregaten (Nahbereiche, Mittelbereiche).

Das Modell läßt sich zur autonomen Vorausschätzung der kleinräumigen Bevölkerungsentwicklung mit und ohne Wanderungen ebenso einsetzen wie zur kleinräumigen Vorausschätzung bei vorgegebenen Regionseckwerten aus übergeordneten Prognoserechnungen. Liegen entsprechende Eckwerte vor, so werden diese als interne Zielzahlen behandelt und die Bevölkerungsbewegungen errechnet, die notwendig sind, um die Zielzahlen zu erreichen. Die Anpassung erfolgt - da die gesamte Region betroffen und die natürliche Bevölkerungsbewegung festgelegt ist - über die interregionale Wanderung. Je nach gewählter Variante werden dabei Zu- oder Fortzüge oder beide Komponenten herangezogen.

Die intraregionale Wanderung wird mit Hilfe einer Wanderungsmatrix nach einem von Rogers[11] entwickelten Verfahren bestimmt. Diese enthält als Elemente altersspezifische Wanderungsraten, die die Wanderungsverflechtungen zwischen den Gebietstypen abbilden. Die Elemente werden anhand von Wanderungsanalysen vergangener Jahre ermittelt. Wird die Matrix der Binnenwanderungsraten mit den Bevölkerungsbeständen in den Gebietstypen zu Beginn der Berechnungsperiode multipliziert, so ergibt sich als Ergebnis die Matrix der Binnenwanderungsströme zwischen den Gebietstypen. Die Zeilensumme der Ströme ist dabei immer die Ausgangsbevölkerung zu Beginn der Berechnungsperiode. Die Spaltensumme enthält die Bevölkerung im jeweiligen Gebietstyp am Ende der Berechnungsperiode. Zu Beginn einer neuen Berechnungsperiode wird die Bevölkerung am Ende der vorangegangenen Berechnungsperiode als neue Ausgangsbevölkerung übernommen

Abb. 1: Struktur des Prognosemodells KURS

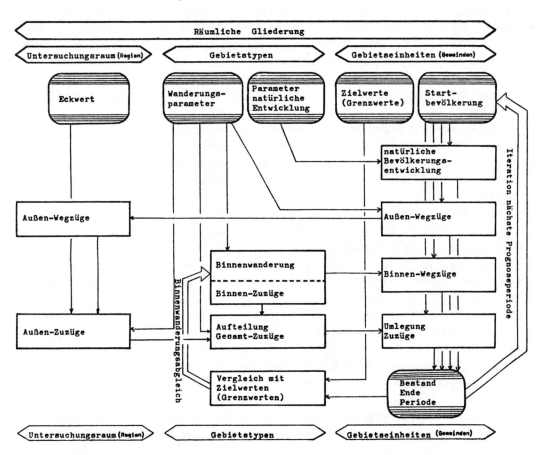

und damit als Grundlage für die erneute Berechnung der Wanderungsströme verwendet.

Um kleinräumige Einwohnereckwerte oder Kapazitätsgrenzen berücksichtigen zu können, kann die auf Vergangenheitswerten basierende Matrix der intraregionalen Wanderungen verändert werden. Dazu werden die Ausgangsbevölkerung als Zeilensumme und die Einwohnereckwerte der Gebietstypen am Ende der Berechnungsperiode als Spaltensumme vorgegeben. Im Rahmen eines schrittweisen Anpassungsprozesses wird die auf der Grundlage empirischer Wanderungsraten berechnete Matrix so verändert, daß

- sich die veränderte neue Matrix möglichst wenig von der Ausgangsmatrix unterscheidet;
- die Zeilensummen als Ausgangsbevölkerung erhalten bleiben und
- die vorgegebenen Spaltensummen als "Zielwerte" erreicht bzw. als "Obergrenzen" nicht überschritten werden.

Die Umlegung der gebietstypenweise berechneten Angaben auf die Teilräume geschieht durch Disaggregation der demographischen Ströme in den Gebietstypen auf die zugehörigen Teilräume. Aus den vorangegangenen typspezifischen Berechnungen sind folgende Angaben bekannt:

- die Einwohner und deren Altersaufbau zu Beginn einer Berechnungsperiode je Teilraum;
- die interregional Fortziehenden und deren Altersaufbau je Teilraum;
- die intraregional Fortziehenden und deren Altersaufbau, ermittelt unter Verwendung der in der intraregionalen Wanderungsmatrix abgebildeten Wanderungsraten und der altersspezifisch gegliederten Bevölkerung des Teilraumes;
- die Sterbefälle in den einzelnen Altersgruppen, ermittelt durch Multiplikation der typspezifischen Sterberaten mit der entsprechend gegliederten Bevölkerung des Teilraumes;
- die Sterbefälle in den einzelnen Altersgruppen, ermittelt durch Multiplikation der typspezifischen Sterberaten mit der entsprechend gegliederten Bevölkerung des Teilraumes;
- die Geburten im Laufe der Berechnungsperiode, errechnet durch Multiplikation der typspezifischen Fruchtbarkeitsziffern mit der entsprechend gegliederten weiblichen Bevölkerung des Teilraumes;
- die je Teilraum vorgegebene Einwohnerzahl ohne sachliche Differenzierung (Einwohnereckwerte).

Aus dem Bevölkerungsbestand zu Beginn der Berechnungsperiode erhält man nach Abzug der interregional Fortziehenden, der intraregional Fortziehenden und der Sterbefälle die im Teilraum verbleibende Bevölkerungsgruppe. Wird diese immobile Bevölkerung und die Zahl der Neugeborenen einer Berechnungsperiode von der extern vorgegebenen Einwohnerzahl je Teilraum abgezogen, so ergibt sich als Ergebnis die Zahl der Personen, die in jeden Teilraum während einer Berechnungsperiode zuzieht. Anschließend erfolgt die Aggregation der Teilraumergebnisse zu Raumeinheiten höherer Ebenen (Nahbereiche, Mittelbereiche, Landkreise), die Teilräume verschiedener Gebietstypen enthalten können.

Für den Einsatz von KURS müssen folgende Daten bereitgestellt werden:

- Ausgangsdaten der Wohnbevölkerung im Basisjahr der Berechnungen in den Teilräumen (Gemeinden, Stadtbezirk, Ortsteile) nach Alter, Geschlecht und ggf. Staatsangehörigkeit;
- Bevölkerungseckwerte der Prognoseperioden für das gesamte Untersuchungsgebiet (Region, Großstadt);
- Zielwerte bzw. Ober- und Untergrenzen der Bevölkerungsentwicklung, ohne demographische Differenzierung in den Teilräumen;
- Fruchtbarkeitsraten nach Alter und ggf. Staatsangehörigkeit im Basisjahr und den Prognoseperioden;
- Sterberaten nach Alter, Geschlecht und ggf. Staatsangehörigkeit im Basisjahr und den Prognoseperioden;
- Wahrscheinlichkeiten der intraregionalen Wanderung nach Alter, Geschlecht und ggf. Staatsangehörigkeit im Basisjahr;
- Wahrscheinlichkeit der interregionalen Wanderung nach Alter, Geschlecht und ggf. Staatsangehörigkeit im Basisjahr;
- ggf. Angaben zur Anstaltsbevölkerung nach Alter, Geschlecht und Staatsangehörigkeit in den Teilräumen.

Damit hält sich der Datenbedarf für den Einsatz des KURS-Modells in Grenzen; dennoch bietet das Modell eine Reihe von Vorzügen:

- Erfassung der innerregionalen Wanderungsverflechtung auf der Grundlage alters- und geschlechtsgegliederter Raten und zielgebietsspezifischer Quoten interregionaler Wanderung;

- Abbildung der interregionalen Wanderung getrennt nach Zu- und Fortzügen;

- Einbindung der Teilraumprognose in eine Gesamtprognose;

- Verständlicher, auch von Fachplanern ohne spezifische Mathematik- und EDV-Kenntnisse nachvollziehbarer Modellaufbau und Verfahrensablauf;

- Verwendung amtlicher Daten, die in jährlich fortgeschriebener Form vorliegen;

- Möglichkeit der Vorgabe von Eckwerten und Unter- bzw. Obergrenzen der Einwohnerentwicklung für Teilräume. Damit wird eine Schnittstelle zu einem wohnungsangebotsorientierten Modellteil geschaffen, der nach den spezifischen Erfordernissen der Anwendung ausformuliert werden kann.

- Durch die Zusammenfassung von Teilräumen zu homogenen Gebietstypen und die anschließende Disaggregation der gebietstypspezifischen Berechnungsergebnisse kann das Modell auch in größeren Regionen mit einer Vielzahl kleinerer Teilräume eingesetzt werden, ohne daß wegen zu geringer Besetzung der Matrixelemente zufallsverzerrte Prognoseergebnisse zu erwarten wären.

- Außerdem besteht die Möglichkeit, aus einem Satz von mehreren inhaltlichen Berechnungsalternativen, der z.B. auch die gesonderte Berechnung der Bevölkerung in Neubaugebieten und Anstalten erlaubt, für den konkreten Anwendungsfall eine optimale Version auswählen zu können.

Allerdings sind auch bei KURS die Vorbereitungsarbeiten bis zum ersten Prognoselauf nicht unerheblich. Diese Vorbereitungsarbeiten liegen vor allem in der Gebietstypisierung, der Aufbereitung der Wanderungsdaten sowie in der Ermittlung der Eckwerte bzw. der Ober-/Untergrenzen der Bevölkerungsentwicklung in den Teilräumen.

5. Anwendung des KURS-Modells am Beispiel der Region Regensburg

5.1 Auswahl der Beispielregion

Aus methodischen Gründen sollte es sich bei der Beispielregion um eine monozentrisch orientierte Region mit einem voll ausgebauten Oberzentrum handeln. Andererseits war erwünscht, daß die Region auch rein ländlich strukturierte Gebiete enthält und von anderen Regionen funktional deutlich abgegrenzt ist. Damit standen als Testregionen die Regionen Würzburg und Regensburg zur Auswahl. Von den Regionen mit großen Verdichtungsräumen München und Industrieregion Mittelfranken wurde abgesehen, weil für diese Regionen bereits kleinräumige Prognoseergebnisse gegen Ende der 70er Jahre aus den Wohnungsmarktuntersuchungen vorlagen. Die Region Augsburg schied wegen der engen Wanderungsverflechtungen mit München aus.

Die Wahl fiel schließlich auf die Region Regensburg, weil bei der dortigen Regionalplanungsstelle die personelle Kapazität für die erforderliche Zuarbeit vorhanden war und beim Regionalen Planungsverband erhebliches Interesse an kleinräumigen Prognoseergebnissen bestand.

5.2 Gemeindetypisierung

Die Gemeindetypisierung stellt innerhalb der Arbeiten an einer kleinräumigen Bevölkerungsvorausschätzung einen wichtigen Baustein dar. Gemeinden einer Region sind besonders im ländlichen Raum von ihrer Einwohnerzahl her für statistisch abgesicherte Berechnungen oft zu klein. So lassen sich beispielsweise aus geringen Fallzahlen beim beobachteten Wanderungsgeschehen keine für eine Prognose zuverlässigen Wanderungsraten berechnen. Die Gebietstypen müssen daher so bestimmt werden, daß einerseits ausreichend große, d.h. statistisch auswertbare Bestands- und Bewegungsmassen vorhanden sind und Sonderentwicklungen bei Bevölkerungsveränderungen in einzelnen Gemeinden - etwa infolge kurzfristig überdurchschnittlicher Bautätigkeit - aufgefangen werden können. Andererseits müssen die Gebietstypen klein genug sein, um die Bestimmungsgrößen der kleinräumigen Bevölkerungsentwicklung trennscharf abbilden zu können.

Für die Bildung von Gebietstypen sprechen darüber hinaus folgende Gesichtspunkte:

- Der Umfang der im Rahmen der Prognose zu behandelnden Wanderungsmatrix steigt quadratisch mit der Zahl der Teilgebiete. Bei den 119 Gemeinden der Region Regensburg ergibt sich eine nach Altersgruppen strukturierte Wanderungsmatrix von knapp 300 000 Feldern. Eine derartige Datenmenge ist auch mit einer großen Rechenanlage nur mit erheblichem Aufwand zu bewältigen.

- Gebietstypen sprechen den Sachverstand und die Ortskenntnis des Regionalplaners unmittelbar an. Daher sind Plausibilitätskontrollen der Typisierungsergebnisse ohne große Schwierigkeiten möglich.

- Bei der Bildung von Gebietstypen kann der Regionalplaner zwischen verschiedenen Verfahren wählen, die von der subjektiven Einschätzung (Ortskenntnis) über die einfache Kennziffermethode bis hin zu anspruchsvolleren Methoden, wie z.B. Clusteranalysen reichen.

Die Typisierung der Gemeinden in der Region Regensburg orientierte sich zunächst an Struktur, Funktion und räumlicher Lage sowie an deren Bevölkerungsentwicklung während der Jahre 1970 bis 1981. Der dafür verwendete Indikatorenkatalog umfaßte ursprünglich 42 entsprechend ausgewählte Merkmale und Merkmalskombinationen. Die Zahl der Indikatoren mußte jedoch wegen Schwierigkeiten bei der Datenbeschaffung auf 35 Indikatoren verringert werden. Die Indikatorenwerte wurden mit Hilfe des EDV-Programms INKA des Staatsministeriums für Landesentwicklung und Umweltfragen bereitgestellt, ergänzt durch zusätzliche Angaben über die Entfernung der Gemeinden zu den nächstgelegenen Oberzentren, den Mittelzentren sowie den Unterzentren innerhalb und außerhalb der Region sowie durch die Stadt-Umland-Wanderungen von Regensburg im Zeitraum 1977 bis 1981.

Die Zusammenfassung der Gemeinden mit vergleichbarer Ausprägung demographischer Prozesse und der diese Prozesse beeinflussenden Faktoren zu einer handhabbaren Zahl sinnvoll definierter und gegeneinander deutlich abgegrenzter Typen wurde mit Hilfe eines EDV-Programms zur Clusteranalyse vorgenommen. Dabei wird die Lage der Gemeinden entsprechend ihrer Merkmalsausprägungen im n-dimensionalen Raum (n = Zahl der Variablen) festgestellt. Anschließend wurden "benachbarte" Gemeinden zu Typen zusammengefaßt.

Zur Ermittlung der Typen und deren sinnvoller Abgrenzung wurden unterschiedliche Kombinationen von Indikatoren berechnet und anschließend in Karten dargestellt.

Bei einer Analyse der kartographisch dargestellten Clusterergebnisse zeigte sich, daß die Merkmale "Entfernungen zu den nächsten zentralen Orten" gegenüber den Strukturmerkmalen "natürliche Bevölkerungsentwicklung" und "Wanderungen" derart dominieren, daß Gemeinden trotz gleicher Bevölkerungsentwicklung unterschiedlichen Gruppen zugeteilt worden sind. Daher konnten die Entfernungsmerkmale nicht als Kriterien zur Typenabgrenzung herangezogen werden. Aus ähnlichen Gründen mußten auch alle anderen "erklärenden" Strukturvariablen, wie z.B. Zugehörigkeit zu bestimmten Raumkategorien, Veränderung des Wohnungsbestandes, fertiggestellte Wohnungen usw. aus der Typisierung genommen werden.

Dagegen erwies sich der Indikator "Wanderungssaldo mit der kreisfreien Stadt Regensburg 1977 - 1981" als besonders stark differenzierend. Die innerregionalen Wanderungen lassen selbst bei ausgeglichenen Wanderungsbilanzen demographische Selektions- und soziale Segregationsvorgänge erkennen. Diese können im Ergebnis in den Teilräumen der Region, z.B. in der kreisfreien Stadt Regensburg, in deren Umland oder in den Fremdenverkehrsgemeinden des Bayerischen Waldes, zu deutlichen Veränderungen in Alters- und Sozialstruktur führen. Dieses Merkmal wurde daher auch bei der letztlich als gültig akzeptierten Lösung berücksichtigt.

Die Typisierung wurde demnach mit folgenden Variablen durchgeführt:

- Geburten 1977 - 1981 je 1000 Einwohner
- Sterbefälle 1977 - 1981 je 1000 Einwohner
- Wanderungssaldo 1977 - 1981 je 1000 Einwohner
- Wanderungssaldo mit der kreisfreien Stadt Regensburg 1977 - 1981 je 1000 Einwohner.

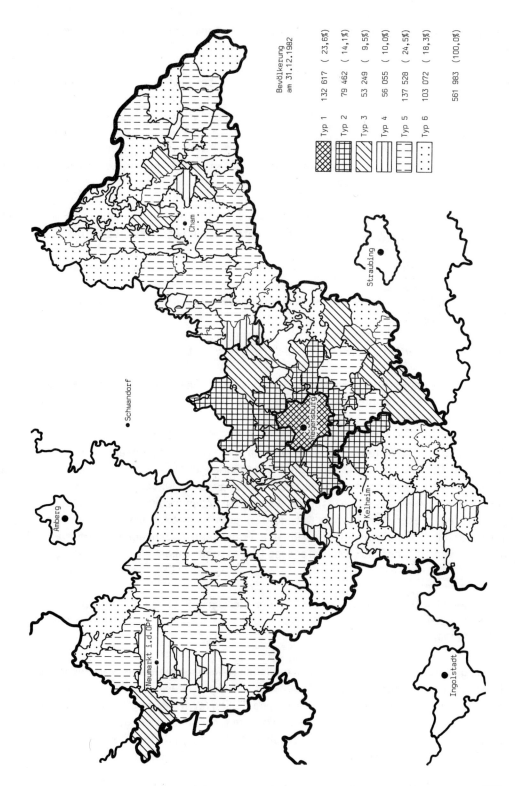

Karte 1: Demographische Typisierung der Gemeinden

In dieser Kombination zeichnete sich für 6 Gebietstypen eine brauchbare Lösung ab:

Diese lassen sich wie folgt beschreiben (Karte 1):

Typ 1   Die Stadt Regensburg mit geringen Wanderungsverlusten und Sterbefallüberschüssen.

Typ 2   Umlandgemeinden von Regensburg mit starken Wanderungsgewinnen und mit größeren Geburtenüberschüssen.

Typ 3   Umlandgemeinden von Cham, Neumarkt i.d.Opf. und Regensburg mit stärkeren Wanderungsgewinnen und leichten Geburtenüberschüssen.

Typ 4   Gemeinden mit Wanderungsgewinnen und mit Geburtenüberschüssen.

Typ 5   Gemeinden mit leichten Wanderungsverlusten und stärkeren Geburtenüberschüssen.

Typ 6   Gemeinden mit stärkeren Wanderungsverlusten und Sterbefallüberschüssen.

Die 6 Gebietstypen unterscheiden sich sowohl bei der Bevölkerungsentwicklung insgesamt als auch bei den Komponenten "Natürliche Bevölkerungsentwicklung" und "Wanderungssaldo" trennscharf.

Die Typisierung orientiert sich ausschließlich an demographischen Gegebenheiten und läßt regionalplanerische Vorgaben außer acht. Dies bedeutet jedoch nicht, daß diese Gesichtspunkte für die gesamte weitere Bevölkerungsvorausschätzung außer Ansatz bleiben. Denn die Prognoseergebnisse lassen sich nach beliebigen zentralörtlichen Kategorien aggregieren, und auch bei der Bestimmung der Bevölkerungseckwerte für die Gemeinden entsprechend dem ausgewiesenen Bauland können regional- und landesplanerische Vorgaben eingebracht werden.

5.3   Beschaffung und Aufbereitung der demographischen Basisdaten

5.3.1 Wohnbevölkerung

Ausgangspunkt der Prognose war die Wohnbevölkerung in den Gemeinden der Region Regensburg (Gebietsstand 1.1.1983) nach der Bevölkerungsfortschreibung des Bayer. Landesamts für Statistik und Datenverarbeitung vom 31.12.1982. In dieser Statistik wird die Wohnbevölkerung nur nach dem Geschlecht unterschieden. Für die Bevölkerungsprognosen mit dem KURS-Modell ist jedoch eine nach Alter (5 Jahresaltersgruppen) und Geschlecht gegliederte Wohnbevölkerung notwendig. Daher mußte auf die Daten der Anstalt für Kommunale Datenverarbeitung in Bayern (AKDB) zurückgegriffen werden. Allerdings sind rd. 30 % der Gemeinden in der Region Regensburg nicht Mitglied der AKDB. Außerdem stimmt die Bevölkerungszahl gemeindlicher Fortschreibung durch die AKDB nicht notwendigerweise mit der aus der Fortschreibung durch das Bayer. Landesamt für Statistik und Datenverarbeitung überein. Dadurch waren folgende Arbeitsschritte zur Ermittlung einer nach Alter und Geschlecht gegliederten Wohnbevölkerung für alle Gemeinden in der Region Regensburg notwendig:

a) Einholen der Zustimmung von den Mitgliedsgemeinden der AKDB zur Weitergabe der bei der AKDB gespeicherten, nach Alter und Geschlecht gegliederten Bevölkerungsdaten an das Staatsministerium für Landesentwicklung und Umweltfragen.

b) Aggregation der von der AKDB übermittelten Einzeldaten (324 029 Datensätze) zu 2 x 20 Summendatensätzen je AKDB-Mitgliedsgemeinde: Die hierbei aufgetretenen Schwierigkeiten (Formate, Schlüssel usw.) konnten in vergleichsweise kurzer Zeit gelöst werden.

c) Schätzung der Altersstruktur für die Nichtmitgliedsgemeinden der AKDB und Abgleich der ermittelten Bevölkerungszahlen mit der Wohnbevölkerung nach der Fortschreibung des Landesamtes für Statistik und Datenverarbeitung zum 31.12.1982: Die Schätzung der Altersstruktur für die Nichtmitgliedsgemeinden wurde auf der Grundlage der Gebietstypisierung für das KURS-Modell (vgl. 5.1) vorgenommen. Dazu wurden zunächst die Altersstrukturen der Mitgliedsgemeinden nach Gebietstypen aggregiert. Anschließend wurde die relative Altersstruktur in den Gebietstypen bestimmt. Diese wurde auch auf die entsprechenden Nichtmitgliedsgemeinden übertragen. Für jede einzelne Gemeinde wurde sodann die Bevölkerungszahl aus der Fortschreibung des Landesamtes für Statistik und Datenverarbeitung entsprechend auf die einzelnen Alters- und Geschlechtsgruppen aufgeteilt.

Die bei diesem Verfahren gewonnenen gebietstypspezifischen Altersstrukturen wurden zur Ermittlung der Wanderungsraten herangezogen.

5.3.2 Geburtenhäufigkeit

Die Berechnung von altersspezifischen Geburtenhäufigkeiten erfordert neben der Zahl der Frauen in der entsprechenden Altersgruppe auch die Zahl der geborenen Kinder nach dem Alter der Mutter. Die entsprechenden Werte werden auf Gemeindeebene vom Landesamt für Statistik und Datenverarbeitung aus Datenschutzgründen nicht mehr zur Verfügung gestellt. Daher ist eine Berechnung von altersspezifischen Geburtenhäufigkeiten auf direktem Wege nicht möglich.

Da im Staatsministerium für Landesentwicklung und Umweltfragen Datenmaterial aus einer Sondererhebung des Landesamts für Statistik und Datenverarbeitung zur Geburtenhäufigkeit in den Regionen für die Jahre 1979 bis 1981 vorhanden war, lag es nahe, auf diese Daten bei der Schätzung der gebietstypspezifischen Geburtenhäufigkeit zurückzugreifen. Auf der Grundlage regionaler Analysen zur Geburtenhäufigkeit[12] wurden den jeweiligen Gebietstypen altersspezifische Geburtenhäufigkeiten strukturähnlicher Regionen zugeordnet:

Typ 1   Kreisfreie Stadt Regensburg: Industrieregion Mittelfranken

Typ 2   Umlandgemeinden von Regensburg: Region Ingolstadt

Typ 3   Umlandgemeinden von Cham usw.: Region Ingolstadt

Typ 4   Gemeinden mit Wanderungsgewinnen und Geburtenüberschüssen: Region Landshut

Typ 5   Gemeinden mit leichten Wanderungsverlusten und stärkeren Geburtenüberschüssen: Region Regensburg

Typ 6   Gemeinden mit starken Wanderungsverlusten und Sterbefallüberschüssen: Oberpfalz-Nord

Mit den so festgesetzten altersspezifischen Geburtenhäufigkeiten wurde ein KURS-Probelauf durchgeführt. Dabei wurden die Geburtenzahlen nach den Gebietstypen für 1983 ermittelt und den tatsächlichen Geburtenzahlen gegenübergestellt. Daraufhin wurden die altersspezifischen Geburtenhäufigkeiten für die Gebietstypen so verändert, daß in einem weiteren Probelauf eine Übereinstimmung zwischen berechneten und tatsächlichen Geburtenzahlen erzielt wurde. Die so ermittelten Geburtenhäufigkeiten wurden für den gesamten Prognosezeitraum bis 1990 als konstant angenommen. Dies gilt ebenso für das mit 100 : 92 angenommene Verhältnis von neugeborenen Jungen zu neugeborenen Mädchen.

5.3.3 Altersspezifische Sterblichkeit

Auch die Zahl der Gestorbenen nach Geschlecht und Alter steht auf Gemeindeebene nicht zur Verfügung. Daher mußte ein mit der Schätzung der altersspezifischen Geburtenhäufigkeiten vergleichbares Verfahren zur Schätzung der altersspezifischen Sterblichkeit für die Gebietstypen angewandt werden. Auf der Grundlage von Untersuchungen zur regionalen Sterblichkeit[13] wurden den Gebietstypen die alters- und geschlechtsspezifischen Sterblichkeiten folgender Regionen zugeordnet:

Typ 1   Kreisfreie Stadt Regensburg: Region Augsburg

Typ 2   Umlandgemeinden von Regensburg: Region Landshut

Typ 3   Umlandgemeinden von Cham usw.: Region Regensburg

Typ 4   Gemeinden mit Wanderungsgewinnen und Geburtenüberschüssen:
        Region Regensburg

Typ 5   Gemeinden mit leichten Wanderungsverlusten und stärkeren Geburtenüberschüssen: Region Oberpfalz-Nord

Typ 6   Gemeinden mit stärkeren Wanderungsverlusten und Sterbefallüberschüssen: Region Oberpfalz-Nord

Auch hier wurde ein KURS-Probelauf durchgeführt, dessen Ergebnisse mit der Zahl der im Jahr 1983 tatsächlich Gestorbenen verglichen wurden. Daraufhin wurden die altersspezifischen Sterblichkeiten linear so verändert, daß bei einem weiteren Probelauf die errechnete Zahl der Gestorbenen mit den tatsächlich Gestorbenen des Jahres 1983 übereinstimmt. Die so ermittelten alters- und geschlechtsspezifischen Sterblichkeiten wurden als konstant während des gesamten Prognosezeitraumes bis 1990 angenommen.

5.3.4 Wanderungen

Der Definition der Wanderungsannahmen für die kleinräumige Bevölkerungsprognose in der Region Regensburg gingen umfangreiche Untersuchungen zu den Wanderungsbeziehungen in der Region voraus. Sie erstreckten sich im wesentlichen auf den Zeitraum 1977 bis 1981. In dieser Zeit nahmen die interregionalen Wanderungsgewinne der Region Regensburg kontinuierlich zu. Die intraregionalen Wanderungsbeziehungen waren durch abnehmende Verluste der Kernstadt Regensburg gegenüber der übrigen Region gekennzeichnet.

Für die Berechnung der zahlreichen alters- und geschlechtsspezifischen Wanderungsziffern mußte ein Stichjahr festgelegt werden, obgleich eine Durchschnittsbildung über mehrere Jahre wünschenswerter gewesen wäre (Vermeidung der Fortschreibung von Zufälligkeiten dieses Stichjahres). Die Aufbereitung der Wanderungsdaten mit den vorhandenen EDV-Programmen wäre jedoch so zeit- und kostenaufwendig gewesen, daß auf eine Durchschnittsbildung über mehrere Jahre verzichtet werden mußte. Als Stichjahr wurde das Jahr 1979 festgelegt, das im Verlauf der Entwicklung zwischen 1977 und 1981 eine durchschnittliche Situation der intraregionalen Wanderung beschreibt. Damit wird angenommen, daß der Rückgang der Wanderungsverluste der Kernstadt Regensburg gegenüber dem

Umland nach 1979 vorübergehender Natur ist und daß auch die Wanderungsverluste der peripher gelegenen Gemeinden gegenüber der Kernstadt Regensburg anhalten werden.

Zur Aufbereitung der Wanderungsdaten wurde zunächst eine Referenzdatei der Zuordnung der Gemeinden zu den Gebietstypen geschaffen. Anschließend wurde in 40 Programmläufen das Wanderungsband des Jahres 1979 mit 862 675 Datensätzen nach Wanderungen zwischen den einzelnen Gebietstypen sowie über die Grenzen der Region Regensburg hinaus, entsprechend den vordefinierten Alters- und Geschlechtsgruppen, durchsucht. Aus dem so ermittelten Datenbestand, der alle Wanderungen des Jahres 1979 innerhalb und über die Grenzen der Region Regensburg umfaßt, wurden folgende Wanderungsraten berechnet:

- Intraregionale Wegzugsraten:
  Je Gebietstyp 40 intraregionale Wegzugsarten durch Bezug der Fortzüge auf die jeweilige Alters- und Geschlechtsgruppe;

- interregionale Wegzugsraten:
  Je Gebietstyp 40 interregionale Wegzugsarten durch Bezug der Fortzüge über die Außengrenzen der Region Regensburg auf die jeweilige Alters- und Geschlechtsgruppe;

- demographische Zuzugsquoten:
  40 demographische Zuzugsquoten zur Verteilung des Außenzuzugs entsprechend der Alters- und Geschlechtsstruktur des Außenzuzugs der Region Regensburg im Jahre 1979;

- Zuzugsallokationsquoten:
  40 Zuzugsallokationsquoten je Gebietstyp zur Verteilung der alters- und geschlechtsspezifischen Außenzuzüge auf die einzelnen Gebietstypen.

Die Wanderungsraten und -quoten wurden konstant für den Gesamtprognosezeitraum bis 1990 angenommen.

Damit sind alle Annahmen beschrieben und alle Variablen definiert, die für alle Varianten in gleicher Weise gelten (Ausnahme: biometrische Variante (BIO) und Binnenwanderungsvariante (BIN).

5.4 Bestimmung der Bevölkerungseckwerte für Gemeinden anhand von Bauflächen, Bebauungsdichten und Wohnungsdichten

5.4.1 Bauflächenangebot als Einflußgröße der Bevölkerungsentwicklung

Für die kleinräumige Bevölkerungsentwicklung sind daher sowohl der Wohnungsmarkt als auch das Angebot an bebaubaren Flächen für Wohnzwecke besonders wichtige Bestimmungsgrößen; daneben sind auch andere Einflußfaktoren wie Baulandpreise, Vielfalt und Erreichbarkeit von Arbeitsplätzen und Infrastruktureinrichtungen, Umweltbedingungen, soziales und kulturelles Umfeld oder Freizeitwert und Landschaftsbild von Bedeutung.

Die Verfügbarkeit nachfragegerechter Wohnungen und insbesondere von Bauflächen ist in der Regel notwendige Bedingung für Bevölkerungswachstum, aber auch für ein Halten eines bestimmten Bevölkerungsstandes. Vielerorts dienen nämlich umfangreiche Bauflächenausweisungen allein dazu, die Nachfrage von Ortsansässigen befriedigen zu können.

Diese Nachfrage hängt vor allem mit der Entwicklung des Anteils derjenigen Altersgruppen der Bevölkerung zusammen, die einen eigenen Haushalt zu gründen beabsichtigen. Zunehmend ist auch in ländlichen Gebieten zu beobachten, daß die Zahl der Haushalte steigt, während die Haushaltsgröße sinkt: Dem Trend der Zeit entsprechend verlassen junge Menschen eher als in früheren Jahren das Elternhaus, um ein eigenes Leben zu führen. Zurück bleibt ein durch den Auszug der Kinder auf eine oder zwei Personen verringerter Elternhaushalt. Nachdem auch die Untervermietung solcher freigewordener Wohnräume gegenüber früher stark zurückgegangen ist, sinkt die Belegungsziffer dieser Wohnungen und vergrößert sich zwangsläufig die dem einzelnen Bewohner zur Verfügung stehende Wohnfläche. Andererseits führen aber auch gestiegene Wohnansprüche, d.h. der tatsächliche Wunsch nach mehr Wohnfläche pro Kopf der Familie, zu diesem sogenannten Auflockerungsbedarf (z.B. Wohnzimmer, Eßzimmer, Küche, statt der früher üblichen Wohnküche).

Zum Auflockerungsbedarf zählt auch der aus Entkernungsmaßnahmen in dicht bebauten Altbaugebieten entstehende Neubaubedarf. Weniger flächenbeanspruchend ist dagegen der sogenannte Ersatzbedarf, der sich z.B. aus der Überalterung oder einem Funktionswechsel von Wohngebäuden ergibt, da er oft auf der gleichen Fläche befriedigt werden kann.

Zu diesem Eigenbedarf einer Gemeinde kommt die Nachfrage von Auswärtigen hinzu, die entweder in dieser oder in einer benachbarten Gemeinde einen Arbeits- oder Ausbildungsplatz gefunden haben oder die ein billigeres Baulandangebot als in ihrer bisherigen Wohngemeinde suchen. In landschaftlich besonders reizvollen Gemeinden kann sich ferner eine weitere Nachfrage durch auswärtige

Personen ergeben, die eine Ferien- oder Zweitwohnung errichten oder ihren Ruhestand in einer anderen Umgebung verbringen wollen.

5.4.2 Berücksichtigung ausgewiesener Bauflächen im KURS-Modell

Um die Einflüsse des derzeitig vorhandenen und in Flächennutzungsplänen sowie Bebauungsplänen vorgesehenen Bauflächenangebots auf die Bevölkerungsentwicklung in den Teilräumen der Region abschätzen zu können, wurde die auf diesen Flächen mögliche "Neubaubevölkerung" ermittelt und als exogene Größe und Modellvariante in das KURS-Programm miteinbezogen. Dabei wurde in Einzelschritten unter folgenden Annahmen vorgegangen:

- Aufbereiten der Daten des derzeitigen Wohnungsbestands, der Siedlungsflächen, der Bruttowohnungsdichten (Wohnungen je ha Siedlungsfläche) und der Belegungsziffer (Einwohner je Wohnung) für alle Gemeinden der Region anhand von in der Fachdatenbank des Staatsministeriums für Landesentwicklung und Umweltfragen vorhandenen Strukturdaten.

- Ermitteln der zu Anfang 1983 in Bauleitplänen der Gemeinden der Region verbindlich (Flächennutzungsplan) oder rechtskräftig (Bebauungspläne) ausgewiesenen, noch unbebauten Bauflächen für Wohnzwecke (Wohngebiete und 50 % der Mischgebiete) bei der Regierung der Oberpfalz (Regionalplanungsstelle). Nicht erfaßt wurden dabei Baulücken im unbeplanten Bestand sowie Wochenendhaus- und Ferienwohngebiete.

- Errechnen von Obergrenzen der Bevölkerungsentwicklung für die Gemeinden bei Ausschöpfung der gesamten derzeit ausgewiesenen Wohnbauflächen bis 1990 unter der Annahme gemeindespezifischer Bruttowohnungsdichten für die Neubaugebiete und gebietstypspezifisch kontinuierlich sich verringernden Belegungsziffern. Diese Annahmen unterstellen, daß der Trend zu kleineren Haushalten anhält, der Wohnflächenkonsum größer und die Siedlungsdichte - zumindest im Umland des Verdichtungsraumes Regensburg - eher kleiner werden. Ferner ist davon auszugehen, daß bei diesen Annahmen der Ersatz- und Erneuerungsbedarf in bestehenden Wohnsiedlungen (über die geringere Belegungsziffer) sowie eine angemessene Wohnungsmobilitätsreserve (bereits in der derzeitigen Belegungsziffer enthalten) berücksichtigt sind.

5.4.3 Berechnung der maximal möglichen Einwohnerwerte bei voller Ausschöpfung ausgewiesener Wohnbauflächen

Für die Berechnung der maximal möglichen Einwohnerzahlen wurde ein EDV-Programm entwickelt, das gebietstypspezifisch durch Änderung von zwei Variablen (Belegungsziffer, Wohnungsdichte) unterschiedliche Ergebnisse zur zukünftig möglichen Einwohnerzahl liefert.

Eingabedaten je Gemeinde waren dabei:

- Zahl der Einwohner im Basisjahr (31.12.1982)
- Zahl der Wohnungen (1982)
- Siedlungsfläche (Gebäude- und Freiflächen 1981, einschließlich gewerblich genutzter Flächen)
- Verbindlich bzw. rechtskräftig ausgewiesene, unbebaute Wohnbauflächen (01.04.1983)

Aus diesen Daten wurden zunächst berechnet:

- Belegungsziffer 1982 (Einwohner je Wohnung am 31.12.1982)
- Wohnungsdichte 1982 (Wohnungen am 31.12.1982 je ha Siedlungsfläche 1981)

Sowohl die derzeitige Belegungsziffer als auch die derzeitige, oben definierte Wohnungsdichte können für die Gemeinden innerhalb eines Gebietstyps beibehalten, gebietstypspezifisch prozentual oder durch Eingabe angenommener Werte für jede Gemeinde verändert werden. Das bedeutet:

- für die Gebietstypen werden Veränderungsquoten der beiden Variablen angenommen;
- für alle Gemeinden eines Gebietstyps ergeben sich dadurch prozentual gleiche Veränderungen der derzeitigen Werte.

Bedarfsweise können aber auch angenommene künftige Werte für die zwei Variablen (oder auch nur für eine davon) für jede Gemeinde eines ganzen Gebietstyps direkt verändert werden.

Das EDV-Programm errechnet aus der für 1990 angenommenen Wohnungsdichte und den vorhandenen Neubauflächen die Zahl der maximal möglichen neuen Wohneinheiten und addiert diese zu den bestehenden Wohneinheiten (Wohnungen). Diese Gesamtsumme der Wohneinheiten 1990 wird dann mit der für die gesamte Gemeinde errechneten Belegungsziffer 1990 multipliziert und ergibt die entsprechende künftige Einwohnerzahl 1990 bei restloser Bebauung der zum Erfassungszeitpunkt ausgewiesenen Bauflächen.

5.5 Die sieben Varianten der KURS-Anwendung in der Region Regensburg

5.5.1 Der analytische Charakter der Variantenrechnung

Mit dem KURS-Modell können nicht nur Prognoserechnungen in Form einer Bandbreite bzw. eines Entwicklungskorridors (obere und untere Variante) erstellt werden. Vielmehr bauen die einzelnen Varianten im Sinne einer analytischen Fragestellung aufeinander auf, wobei die ersten beiden Varianten, die sogenannte biometrische Variante und die Variante "Binnenwanderung" sowie die "Baurechtsvariante" ausgesprochen hypothetischen Charakter haben.

Bei der biometrischen Variante geht es darum, dem Planer oder auch dem Politiker eine Information zu geben, welchen Verlauf die Bevölkerungsentwicklung beispielsweise eines Nahbereichs, Mittelbereichs oder Landkreises ohne Wanderung, also allein aufgrund von Geburten und Sterbefällen nehmen würde. Derartige Überlegungen sind zwar rein fiktiv, für die Formulierung etwa von Zielvorstellungen zur Bevölkerungsentwicklung haben sie jedoch gleichwohl Bedeutung. Ähnlich ist es mit der Variante "Binnenwanderung". Bei dieser Variante werden außer der natürlichen Bevölkerungsentwicklung nur noch die Binnen- oder intraregionale Wanderung, also innerhalb einer Region, nicht jedoch die Zu- und Fortzüge über die Regionalgrenzen hinweg (interregionale Wanderung) berücksichtigt.

Auch bei der "Baurechtsvariante" ist die Fragestellung hypothetisch. Diese Variante ermittelt die kleinräumige Bevölkerungsentwicklung unter der Annahme, daß das gesamte in der Region vorhandene Baurecht ausgeschöpft wird, was aus faktischen Gründen kaum möglich ist.

Eine schematische Darstellung des Ablaufs der Prognoserechnung gemäß den sieben Varianten und des Verhältnisses der Varianten zueinander enthält Abbildung 2.

Abb. 2: KURS - REGENSBURG
Varianten der KURS-Anwendung in der Region Regensburg mit den wesentlichsten Annahmen

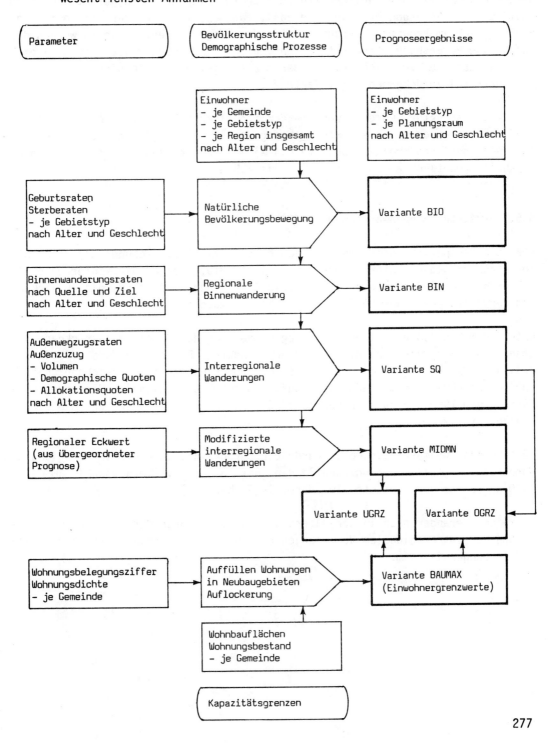

5.5.2 Biometrische Variante (BIO)

Nach der biometrischen Variante ergibt sich für die Region insgesamt bis 1990 kaum eine Veränderung der Einwohnerzahl, da Geburten und Sterbefälle in der Region sich im Prognosezeitraum in etwa die Waage halten. Dagegen würden die Landkreise Regensburg, Neumarkt i.d.Opf. und Kelheim nach dieser Variante eine leichte Zunahme verzeichnen. In der Stadt Regensburg allerdings würde die Einwohnerzahl zurückgehen (vgl. Karte 2).

Die Altersstruktur wäre sowohl in der Stadt Regensburg als auch in allen Landkreisen durch einen starken Rückgang der 15- bis 25jährigen geprägt. Mit Ausnahme des Landkreises Cham (- 0,4 %) würden dort zudem auch die unter 15jährigen deutlich abnehmen (- 2,2 % bis 7,5 %).

5.5.3 Variante "Binnenwanderung" (BIN)

Für die Region insgesamt ergeben sich hinsichtlich Bevölkerungszahl und Altersstruktur kaum Unterschiede zur Variante BIO, da ja die interregionale Wanderung noch außer Ansatz bleibt. Diese Variante dient dazu, die Auswirkungen der intraregionalen Wanderung sichtbar zu machen.

Unter dem Einfluß der Binnenwanderung würde sich der Bevölkerungsrückgang der Stadt Regensburg verstärken, während der Landkreis Regensburg durch die intraregionale Wanderung eine deutliche Bevölkerungszunahme zu verzeichnen hätte. Für den Landkreis Cham ergäbe sich aufgrund der intraregionalen Wanderungsverflechtungen 1990 ein etwas niedrigerer Bevölkerungswert als in der rein biometrischen Variante.

Im Landkreis Neumarkt i.d.Opf. würde die Berücksichtigung der intraregionalen Wanderung zu einem nur unwesentlichen Anstieg der Bevölkerungszahl im Jahr 1990 gegenüber der Variante BIO führen (vgl. Karte 3).

Merkliche Veränderungen in der Altersstruktur entstünden durch die Berücksichtigung der intraregionalen Wanderungen nur in der kreisfreien Stadt Regensburg und im Landkreis Cham.

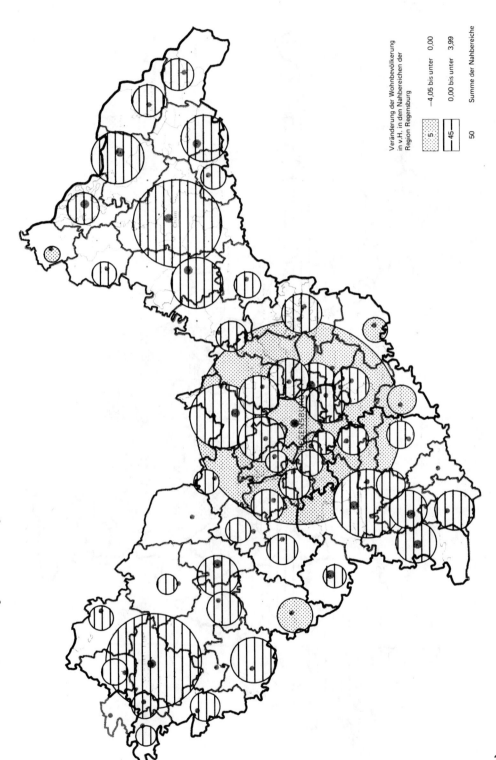

Karte 2: Bevölkerungsentwicklung 1982 - 1990 - Variante B10

Karte 3: Bevölkerungsentwicklung 1982 - 1990 - Variante BIN

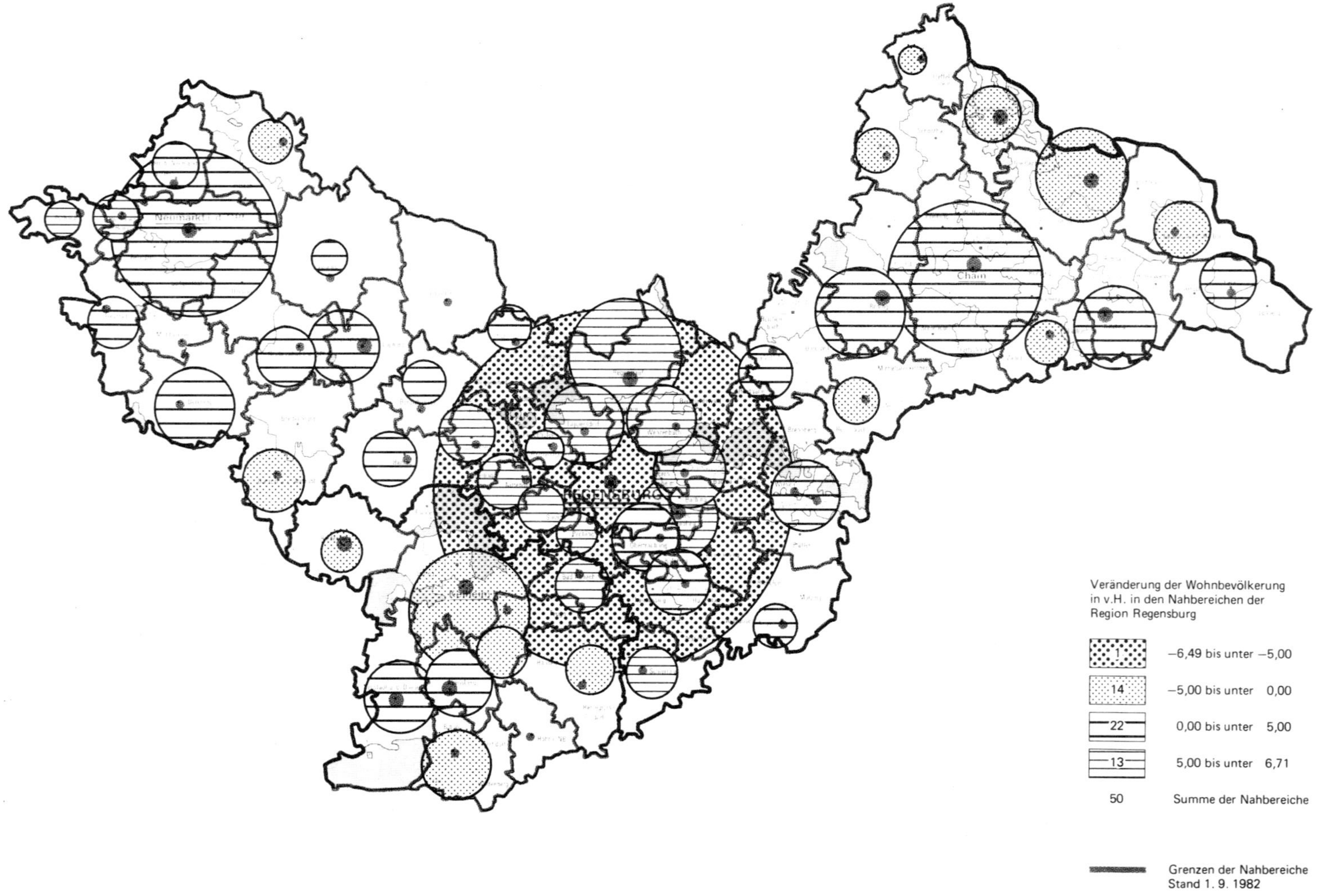

5.5.4 Variante "Status-quo-Prognose ohne Regionseckwerte" (SQ)

Dem Charakter einer Status-quo-Prognose entsprechend, berücksichtigt diese Variante neben der biometrischen Entwicklung (Variante BIO) und der intraregionalen Wanderung (Variante BIN) auch die interregionale Wanderung, zu deren Berechnung neben den Zu- und Fortzugsraten auch das jährliche Zuzugsvolumen für die Region insgesamt errechnet werden muß. Dies wurde so bestimmt, daß sich für die Prognosejahre der durchschnittliche Wanderungssaldo der Jahre 1975 bis 1983 ergibt.

Unter diesen Bedingungen ergäbe sich für die Region Regensburg bis 1990 eine Zunahme der Wohnbevölkerung um rd. 10 000 (1,8 %) auf 572 000 Einwohner. Die leichten Gewinne aus der interregionalen Wanderung würden also zu einem geringfügigen Bevölkerungswachstum führen. Aufgrund der Nettozuwanderung würde die Altersgruppe der 15- bis unter 25jährigen leicht zunehmen. Allerdings ergäbe sich eine leicht abnehmende Tendenz bei den 25- bis unter 30jährigen. Hier wird die durch die Universität Regensburg ausgelöste "Bildungswanderung" deutlich: Junge Studenten wandern zu, doch der Arbeitsmarkt der Region Regensburg ist nicht aufnahmefähig genug, um alle bzw. einen Großteil der Absolventen zu halten.

Trotz der Wanderungsgewinne, die die Stadt Regensburg vor allem bei den 15- bis unter 25jährigen zu verzeichnen hätte, würde die Wohnbevölkerung dort unter Status-quo-Bedingungen leicht abnehmen (- 2 %) und 1990 einen Wert von knapp 130 000 erreichen. Diese Einwohnerzahl läge jedoch deutlich über der in der Variante BIN erreichten. Der Landkreis Regensburg könnte durch Wanderungsgewinne aus der interregionalen Wanderung seine Einwohnerzunahme gegenüber der Variante BIN noch etwas vergrößern und einen Einwohnerstand von rd. 154 000 im Jahr 1990 erreichen.

Der Landkreis Cham müßte mit einem unwesentlichen Bevölkerungsrückgang rechnen, da von dort über die Regionsgrenzen per Saldo mehr Einwohner ab- als zuwandern. Die Einwohnerzahl würde im Landkreis Cham 1990 rd. 115 000 betragen. Für den Landkreis Neumarkt i.d.Opf. würde sich zwischen 1982 und 1990 ein weitgehend ausgeglichener Wanderungssaldo ergeben, der zur nahezu gleichen Bevölkerungszahl wie in der Variante BIN führen würde. Beim Landkreis Kelheim liegt der unter Status-quo-Bedingungen erreichte Bevölkerungsstand 1990 etwas unter der Variante BIO (vgl. auch Karte 4).

Unter Status-quo-Bedingungen sind die Veränderungen der Altersstruktur im Landkreis Regensburg von besonderer Bedeutung. Hier würden im Vergleich zur Variante BIO besonders die jüngeren Altersgruppen stark zunehmen. Im Landkreis Cham dagegen wäre bei den 20- bis unter 30jährigen ein etwas stärkerer Rückgang als in der Variante BIO zu verzeichnen.

Karte 4: Bevölkerungsentwicklung 1982 - 1990 - Variante SQ

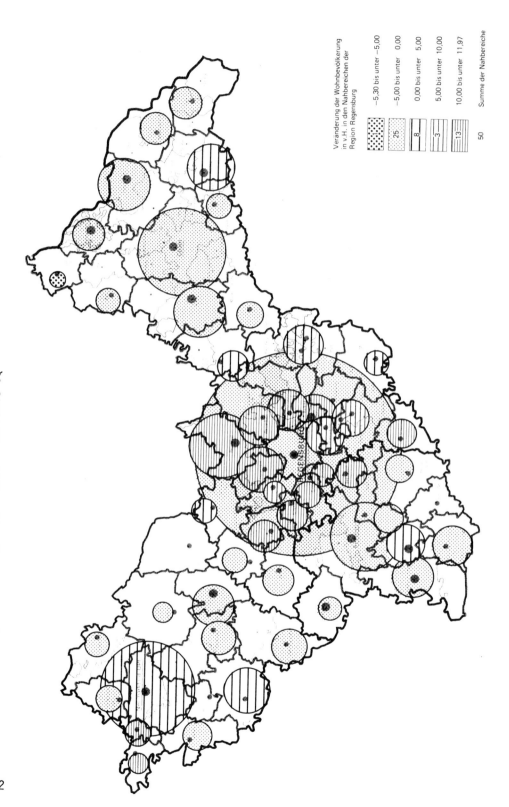

5.5.5 Variante "Status-quo-Prognose mit Regionseckwerten" (MIDMN)

Die Status-quo-Prognose für Bevölkerung und Arbeitsplätze, Basis 1981, des Bayerischen Staatsministeriums für Landesentwicklung und Umweltfragen läßt für die Region Regensburg unter Berücksichtigung der Status-quo-Entwicklung von Wirtschaft und Arbeitsmarkt für das Jahr 1990 eine relativ geringere Bandbreite der Bevölkerungsentwicklung erwarten:

- Obere Variante: 570 700 Einwohner
- Mittlere Variante: 566 200 Einwohner
- Untere Variante: 564 700 Einwohner

Bei diesen Einwohnerzahlen ist die erwartete Ansiedlung eines BMW-Werkes in der Nähe von Regensburg bereits berücksichtigt. Sämtliche Einwohnerzahlen dieser übergeordneten Prognose liegen unter dem Einwohnerstand, der sich nach der KURS-Prognose für die Region Regensburg ohne Berücksichtigung der wirtschafts- und arbeitsmarktstrukturellen Bedingungen ergäbe (vgl. Variante "SQ"). Angesichts der geringen Unterschiede zwischen den einzelnen Varianten wird lediglich die untere Variante (MIDMN) der kleinräumigen Bevölkerungsentwicklung in der Region Regensburg herangezogen.

Die vorgegebene Bevölkerungszahl für die Region Regensburg von 564 700 würde bei der Wanderungsstruktur des Jahres 1979 bei jährlich 16 600 Zuzügen und einem Wanderungssaldo von + 1 400 Personen erreicht werden.

Der gegenüber der Variante "SQ" geringere Wanderungsgewinn führt dazu, daß die Altersgruppe der 20- bis 25jährigen in der Region Regensburg etwas schwächer besetzt wäre. Die Unterschiede bei den anderen Altersgruppen wären noch geringer.

Auch die Unterschiede in der regionalen Verteilung der Bevölkerung 1990 wären unerheblich. Die kreisfreie Stadt Regensburg würde einen Einwohnerstand verzeichnen, der um 2 400 Personen unter dem der SQ-Variante liegt. Im Landkreis Cham würde die Bevölkerungsabnahme mit 2,3 % etwas stärker ausfallen. In allen anderen Landkreisen mit Ausnahme von Kelheim würden sich die Zuwachsraten etwas abschwächen.

5.5.6 Variante "Maximal mögliche Ausschöpfung des Baurechts" (BAUMAX)

Diese Variante stellt zunächst die demographische Umsetzung der anhand der Untersuchungen zu den 1983 ausgewiesenen Bauflächen, zur Bebauungsdichte und zur Wohnungsbelegung ermittelten maximal möglichen Bevölkerungszahl je Gemeinde dar. Diese Variante wurde unter den Annahmen berechnet, daß keine weiteren

Bauflächen ausgewiesen werden, daß sämtliche 1983 ausgewiesenen Bauflächen bis 1990 bebaut sind und daß diese Bebauung in der Form geschieht, wie sie sich zu Beginn der 80er Jahre abgezeichnet hat. Dieser Vorbehalt gilt auch für die Entwicklung der Wohnungsbelegungsziffern, die für die so definierte maximal mögliche Einwohnerzahl eine sehr große Bedeutung haben.

Unter diesen Bedingungen könnten 1990 in der Region Regensburg rd. 613 000 Einwohner Platz finden. Bei einem Einwohnerstand im Jahr 1982 von rd. 562 000 wäre dies eine Einwohnerzunahme von rd. 9 %. Das bedeutet, daß für die unter Status-quo-Bedingungen vorausgeschätzten 572 000 Einwohner und darüber hinaus in der Region Regensburg genügend Platz vorhanden ist.

Eine regionale Analyse zeigt jedoch, daß sich dieses rechnerische Überangebot an Bauflächen vor allem auf den Landkreis Regensburg konzentriert. Sowohl in der kreisfreien Stadt Regensburg als auch in den anderen Landkreisen liegen die maximal mögliche und die unter Status-quo-Bedingungen erreichbare Bevölkerungszahl wesentlich näher beieinander. Allerdings ist auch auf Landkreisebene überall genügend Baufläche vorhanden, um die unter Status-quo-Bedingungen zu erwartende Bevölkerung unterbringen zu können. Würde jedoch im Landkreis Cham das Ziel angestrebt werden, den Bevölkerungsstand zu erreichen, der sich aus der biometrischen Variante (BIO) ergeben würde, so müßten dort nicht nur die Arbeitsmarktbedingungen erheblich verbessert werden, sondern auch mehr Bauflächen für Einheimische zur Verfügung gestellt werden.

Vergleicht man nun den Einwohnerstand des Jahres 1990, wie er sich aus den Varianten SQ sowie MIDMN und BAUMAX ergibt, so zeigt sich, daß in der überwiegenden Mehrzahl der Nahbereiche die ausgewiesenen Bauflächen ausreichen, um die unter Status-quo-Bedingungen zu erwartende Bevölkerung unterzubringen. Im Umland von Regensburg werden die ausgewiesenen Bauflächen z.T. sogar nur zu rd. 60 % bis 70 % benötigt. Dagegen ist im östlichen Teil des Landkreises Cham damit zu rechnen, daß die Bauflächen zu einem limitierenden Faktor für die Einwohnerentwicklung werden. Dies gilt auch für die Nahbereiche Saal a.d. Donau (nur Variante SQ) und Schierling im weiteren Umland von Regensburg.

Allerdings sind die Ergebnisse für den östlichen Landkreis Cham mit einem erheblichen Unsicherheitsfaktor behaftet. In diesem landschaftlich reizvollen Nahbereich gibt es einen hohen Anteil von Zweit- und Ferienwohnungen, deren Auswirkungen auf die Bevölkerungsentwicklung nur sehr schwierig abzuschätzen sind. Verläßlichere Daten könnten nur aufgrund einer neuen Volks- bzw. Wohnungszählung gemacht werden.

5.5.7 Varianten "Untere und obere Begrenzung des Entwicklungspfades" (UGRZ und OGRZ)

Liegen die Ergebnisse der Varianten SQ, MIDMN und BAUMAX vor, so lassen sich daraus die Prognosevarianten ermitteln, die den Entwicklungspfad für die Nahbereiche der Region Regensburg begrenzen. Durch Kombination der Varianten SQ und BAUMAX ergibt sich eine obere Variante (OGRZ) und durch Kombination der Varianten MIDMN und BAUMAX eine untere Variante (UGRZ).

Die Verknüpfung dieser Varianten geschieht in jeweils folgenden Arbeitsschritten:

- Vergleich der Bevölkerungszahl 1990 zwischen den beiden analytischen Varianten;
- Übernahme der jeweils niedrigeren Bevölkerungszahl als Eckwert für die endgültigen Varianten;
- Verteilung der Bevölkerung aus den Nahbereichen, in denen die Einwohnerzahl aus der Variante SQ bzw. MIDMN diejenige der Variante BAUMAX überschreitet, auf umliegende Nahbereiche, die aufgrund der ausgewiesenen Bauflächen zusätzlich Bevölkerung aufnehmen können;
- Berechnung der unteren und oberen Variante.

Die beiden Varianten UGRZ und OGRZ ergeben für die Bevölkerungszahl in der Region Regensburg 1990 eine Bandbreite zwischen 561 000 und 569 000 Einwohnern. Damit kann in der unteren Variante der Einwohnerstand von 1982 knapp gehalten werden, in der oberen Variante ergibt sich ein leichter Zuwachs von rd. 6 600 Einwohnern (1,2 %). Der Unterschied zwischen beiden Varianten liegt damit bei nur 1,3 %. Die geringen Abweichungen erlauben es, bei der weiteren Darstellung der Ergebnisse ausschließlich die Ergebnisse der oberen Variante (OGRZ) zu behandeln:

Wesentliches Kennzeichen der Bevölkerungsentwicklung der nächsten Jahre sind auch in der Region Regensburg nicht die Veränderungen in der Bevölkerungszahl, sondern im Altersaufbau. Diese sind vor allem dadurch geprägt, daß die geburtenstarken Jahrgänge der 60er Jahre in das heiratsfähige Alter gelangen und dadurch bei gleichbleibender Geburtenhäufigkeit wieder mehr Geburten erwartet werden können. Dies äußert sich auch in einer Zunahme der bis unter 5jährigen um knapp 7 %. Auch bei den 5- bis unter 10jährigen ist eine Zunahme von knapp 7 % bis 1990 zu erwarten. Die Zahl der 10- bis unter 15jährigen wird dagegen deutlich um fast 18 % abnehmen, ebenso die Zahl der 15- bis unter 20jährigen um über 22 %. Auch bei den 20- bis unter 25jährigen ist noch ein Rückgang um etwa 12 % zu erwarten. In der Entwicklung dieser Altersgruppen spiegelt sich der starke Geburtenrückgang im Zeitraum 1964 bis 1975 wider.

Die geburtenstarken Jahrgänge der 60er Jahre tragen zu einem Wachstum der 25- bis unter 60jährigen um etwa 8 % bei. Auch die Zahl der 60- bis unter 75jährigen wird im Prognosezeitraum zunehmen; 1990 wird sie um knapp 7 % über der von 1982 liegen. Bei den Hochbetagten, den über 75jährigen, ist ebenfalls eine Zunahme von knapp 5 % zu erwarten.

Folgende Ergebnisse der Entwicklung der Altersstruktur bis 1990 verdienen mit Blick auf Infrastruktur- und Regionalplanung besondere Beachtung:

- Die Zunahme der bis unter 5jährigen in allen Landkreisen, jedoch nicht in der kreisfreien Stadt Regensburg: Diese Ergebnisse sind bei der Kindergartenplanung zu berücksichtigen. Dabei muß noch angemerkt werden, daß die Entwicklung dieser Altersgruppe auch innerhalb der kreisfreien Stadt Regensburg unterschiedlich verlaufen wird. In Neubaugebieten können ohne weiteres ähnlich hohe Zunahmeraten wie im Landkreis Regensburg erreicht werden.

- Auch die Zahl der 5- bis unter 10-jährigen nimmt in allen Landkreisen, jedoch nicht in der kreisfreien Stadt Regensburg zu. Hier wird die Zunahme im Landkreis Regensburg besonders deutlich ausfallen. Dies muß bei der Schulplanung berücksichtigt werden. Allerdings gilt auch hier, daß es innerhalb der kreisfreien Stadt Regensburg durchaus Stadtbezirke mit einer Zunahme in dieser Altersgruppe geben kann.

- Die Zahl der Einwohner im erwerbsfähigen Alter (15 bis unter 60 Jahre) wird 1990 in der Region Regensburg in etwa auf dem gleichen Niveau liegen wie 1982, so daß von dieser Seite keine nennenswerte Entlastung des Arbeitsmarktes zu erwarten ist. Allerdings zeichnen sich innerhalb der Region recht unterschiedliche Entwicklungen ab. So wird beispielsweise die Zahl der Erwerbsfähigen im Landkreis Cham zurückgehen (-2,4 %), im Landkreis Regensburg ist dagegen mit einer deutlichen Zunahme zu rechnen. Die Ansiedlung des BMW-Werkes erfolgt daher aus erwerbsstrukturellen Gründen auch innerregional am richtigen Standort. In der Mehrzahl der Nahbereiche der Landkreise Kehlheim und Neumarkt i.d.Opf. wird die Bevölkerung im erwerbsfähigen Alter ebenfalls leicht abnehmen.

- Die Zahl der über 65jährigen wird im Landkreis Regensburg bis 1990 mit 12,6 % mehr als doppelt so stark zunehmen wie in der Region insgesamt. Dies wird sicher Auswirkungen auf den Bedarf an Dienstleistungen im Rahmen der ambulanten Altenhilfe sowie auf den Bedarf an Altenheimplätzen haben. Der Bedarf an Plätzen in Altenpflegeheimen wird zunehmen, da die Zahl der über 75-jährigen im Landkreis Regensburg um 9,1 % zunehmen wird (vgl. 5.6.3). Bei den entsprechenden Planungen ist allerdings zu berücksichtigen, daß die Zahl der über 65jährigen in der kreisfreien Stadt Regensburg etwa konstant bleiben wird. Allerdings wird sich auch dort eine deutliche Verschiebung von den 60- bis unter 75jährigen hin zu den über 75jährigen ergeben.

In den Nahbereichen im engeren Umland von Regensburg wird die Bevölkerung bis 1990 vergleichsweise stark zunehmen. Besonders hohe Zuwachsraten werden für die Nahbereiche Bad Abbach und Alteglofsheim-Köfering mit über 12 % erwartet. Vergleichsweise niedrig fällt die Bevölkerungszunahme in den Nahbereichen Obertraubling/Mintraching mit 6,7 % und Regenstauf mit 5,6 % aus.

Die Mehrzahl der Nahbereiche im Landkreis Cham wird dagegen bis 1990 Bevölkerung verlieren. Die Abnahmeraten bewegen sich zwischen 0,6 % im Nahbereich Roding und 5,3 % im Nahbereich Tiefenbach. Die Nahbereiche Miltach und Wald können in etwa den Bevölkerungsstand des Jahres 1982 halten. Im Nahbereich des möglichen Mittelzentrums Cham ergibt sich eine leichte Bevölkerungszunahme von 1,3 %.

Im Landkreis Neumarkt i.d.Opf. kann in der Mehrzahl der Nahbereiche der Bevölkerungsstand des Jahres 1982 knapp gehalten werden. Lediglich im Nahbereich Dietfurt a.d.Altmühl ist mit 4,5 % eine stärkere Abnahme zu verzeichnen. Die Kreisstadt Neumarkt i.d.Opf. wird mit 4,2 % eine leichte Bevölkerungszunahme zu verzeichnen haben. Auffällig sind die angrenzenden Gemeinden Postbauer-Heng und Pyrbaum mit Zunahmeraten von über 11 %. Hier macht sich nicht nur die bescheidene Stadt-Umland-Wanderung bemerkbar, die von Neumarkt i.d.Opf. ausgeht, sondern auch eine Bevölkerungszunahme, die auf Wanderungsgewinnen gegenüber dem nicht weit entfernten Verdichtungsraum Nürnberg/Fürth/Erlangen beruht.

5.6 Anwendung der Ergebnisse in der Planungspraxis

Die Bedeutung von kleinräumigen Bevölkerungsprognosen zeigt sich in der Planungspraxis vor allem, wenn beurteilt werden soll, ob die Tragfähigkeit von bestimmten Infrastruktureinrichtungen auch in Zukunft gegeben ist, ob neue Einrichtungen notwendig sind oder vorhandene Einrichtungen künftig in ihrem Bestand gefährdet sind. Dies gilt besonders für Einrichtungen, die für bestimmte Altersgruppen der Bevölkerung von Nutzen sind, wie Kindergärten, Schulen oder Altenheime. Solche Prognosen nach Altersgruppen waren bisher für kleinere Planungsräume im allgemeinen nicht verfügbar.

Aus dem Arbeitsbereich der Regionalplanung seien deshalb drei Beispiele herausgegriffen, an denen die Anwendung der KURS-Prognosen gezeigt werden kann. Dabei wurde den Untersuchungen die OGRZ zugrunde gelegt.

5.6.1 Kindergartenplanung

Im Regionalplanentwurf für die Region Regensburg sind eine Reihe von Nahbereichen genannt, in denen zusätzliche Kindergartenplätze bevorzugt geschaffen werden sollen. Es handelt sich um solche Nahbereiche, in denen Ende 1982 der Versorgungsgrad mit Kindergartenplätzen noch unter 40 % lag. In den Erörterungen des Regionalplanentwurfs wie auch des Kindergartenbedarfsplans wurde schon die Frage gestellt, ob es angesichts der sinkenden Geburtenzahlen überhaupt noch notwendig sei, zusätzliche Kindergartenplätze anzustreben. Die KURS-Prognosen vermögen hier über die künftige Entwicklung der Zahlen der kindergartenfähigen Kinder mehr Klarheit zu verschaffen. Die Zahlen basieren hier auf der Veränderung der Altersstruktur, d.h. der Personen im heiratsfähigen Alter, denn die für 1990 prognostizierten Kinder im kindergartenfähigen Alter waren im Ausgangsjahr 1982 noch nicht geboren.

Die "kindergartenfähige Bevölkerung" wird von 1982 bis 1990 in der gesamten Region um etwa 1 850 oder 6,7 % ansteigen. Eine Verbesserung des Versorgungsgrades durch eine Abnahme der entsprechenden Kinderzahlen, wie dies in den 70er Jahren zu beobachten war, ist demnach im Prognosezeitraum bis 1990 im allgemeinen nicht zu erwarten. Lediglich der Nahbereich Regensburg weist nach der Prognose einen nennenswerten Rückgang dieser Altersgruppe von 215 Kindern (- 5,1 %) auf; in den Nahbereichen Abensberg, Freystadt und Regenstauf wird noch ein geringfügiger Rückgang ausgewiesen, der im Rahmen der Prognoseunschärfe jedoch auch als Stagnation interpretiert werden kann. Alle übrigen Nahbereiche verzeichnen Zuwächse in dieser Altersgruppe. Die Regionalplanziele werden durch die Prognose bestätigt. In den Nahbereichen Neustadt a.d.Donau, Kötzting, Lam, Berching, Berg, Lauterhofen, Parsberg, Beratzhausen, Donaustauf, Neutraubling, Nittendorf, Mintraching/Obertraubling, Pentling und Wenzenbach sind Zuwächse bei der kindergartenfähigen Bevölkerung zwischen 2,4 % (Wenzenbach) und 19,8 % (Mintraching/Obertraubling) zu erwarten.

Die Prognosedaten geben auch Hinweise, daß künftig noch in anderen Nahbereichen mit bisher befriedigender Versorgungssituation möglicherweise Verbesserungsmaßnahmen zu ergreifen sind, was insbesondere bei der demnächst anstehenden Fortschreibung des Kindergartenbedarfsplans zu prüfen sein wird. So werden vergleichsweise hohe Zuwächse der 3- bis 6jährigen prognostiziert

- für den Nahbereich Furth i. Wald: + 140 (= + 21,8 %)
- für den Nahbereich Kelheim: + 116 (= + 11,7 %)
- für den Nahbereich Roding: + 113 (= + 16,4 %).

5.6.2 Situation der Gymnasien im Mittelbereich Regensburg

Im Regionalen Planungsverband wurde bereits eingehend die Situation der Gymnasien im Mittelbereich Regensburg diskutiert. Es erhob sich die Frage, ob ein zusätzliches Gymnasium am Standort Regenstauf angesichts des künftigen Schülerrückgangs vertretbar wäre. Für die entsprechende Bevölkerungsgruppe im Mittelbereich Regensburg (ohne Nahbereich Langquaid), die 1982 rund 36 000 Personen umfaßte, wird bis 1990 eine Abnahme um rund 5 700 Personen vorausgesagt.

Bei etwa 8 060 Gymnasiasten in diesem Raum im Jahre 1982 errechnet sich eine Quote der Gymnasiasten an der gesamten Bevölkerungsgruppe der 10- bis 19jährigen von 22,4 %. Dabei ist auch berücksichtigt, daß etwa 360 Schüler aus dem Landkreis Regensburg das Gymnasium Parsberg besuchen. Wird unterstellt, daß diese Quote der Gymnasiasten bis 1990 in etwa unverändert bleibt (die Quote ist relativ hoch, ihr entspricht eine Übertrittsquote aus der 4. Jahrgangsstufe von etwa 30 %), so ist bis 1990 mit einem Rückgang von rund 1 280 Schülern an Gymnasien zu rechnen. Dieser Rückgang entspricht etwa der Schülerzahl des Gymnasiums in Neutraubling. Ohne Neugründung eines Gymnasiums und bei Aufrechterhaltung der bisherigen Klassenzahlen würde sich die durchschnittliche Anzahl der Schüler pro Klasse von 28 im Jahre 1982 auf 24 im Jahre 1990 verringern. Damit würde sich die Situation der bisher stark überlasteten Gymnasien sicherlich deutlich verbessern. Ein weiterer Schülerabzug an den bestehenden Gymnasien durch die Neugründung eines zusätzlichen Gymnasiums dürfte Einschränkungen bei den geführten Klassen und evtl. bei den Ausbildungsrichtungen zur Folge haben.

Unabhängig davon könnte geprüft werden, wie der Einzugsbereich für ein Gymnasium mit Standort Regenstauf aussehen müßte, um die Tragfähigkeit zu gewährleisten. Für den Nahbereich Regenstauf und die benachbarten Nahbereiche der Region ergeben sich folgende mögliche Schülerzahlen für Gymnasien:

Nahbereich	Anzahl der 10- bis unter 20jährigen 1990	Veränderung 1982/1990	Mögliche Schülerzahl b. Quote 22,4 %
Regenstauf	2 152	- 532	482
Wenzenbach	1 184	- 201	265
Kallmünz	610	- 131	137
Lappersdorf	1 284	- 138	288
insgesamt	5 230	- 1 002	1 172

Durch Anwendung einer Quote von 22,4 % (Anteil der Gymnasiasten an allen 10- bis 19jährigen) wird bereits berücksichtigt, daß die Übertritte ins Gymnasium in Standortnähe wegen des kürzeren Schulweges ansteigen. In den Nahbereichen Regenstauf, Wenzenbach und Kallmünz dürfte die Quote gegenwärtig um 20 - 30 % niedriger liegen. Es kann unterstellt werden, daß für ein neues (staatliches) Gymnasium ein gesichertes Schüleraufkommen von etwa 700 Gymnasiasten gegeben sein müßte (9 Jahrgänge zu je 75 Schülern im Durchschnitt). Der Nahbereich Regenstauf allein (mögliche Zahl an Gymnasiasten: 482) würde demnach zur Auslastung eines Gymnasiums nicht ausreichen. Es müßte versucht werden, aus den benachbarten Nahbereichen noch etwa 200 Schüler zu gewinnen. Dabei wäre zu berücksichtigen, daß aus den Nahbereichen Wenzenbach und Lappersdorf verhältnismäßig gute öffentliche Verkehrsverbindungen zur Stadt Regensburg bestehen, daß aus dem Raum Kallmünz in kürzerer Entfernung das Gymnasium Burglengenfeld und dem nordöstlichen Teil des Nahbereichs Wenzenbach das Gymnasium Nittenau erreicht werden kann. Der Einsatz von Schulbussen wäre unerläßlich, um die teilweise weniger guten öffentlichen Verkehrsverbindungen nach Regenstauf auszugleichen. Die KURS-Prognosen lassen demnach erkennen, daß es im Jahre 1990 erheblich schwerer sein wird, die Tragfähigkeit für ein neues Gymnasium zu erreichen und daß die bestehenden Gymnasien im Mittelbereich Regensburg bis dahin so weit entlastet sein werden, daß sich für manche Schulen auch die Fragen der Aufrechterhaltung aller bisherigen Ausbildungsrichtungen stellen wird.

5.6.3 Altenheime in der Region

Der Bedarf an Altenheimplätzen hängt von unterschiedlichen Faktoren ab, wie Gesundheitszustand der älteren Mitbürger, Familienstand, Familienstruktur, Wohnverhältnisse. Einer dieser Faktoren ist die Altersstruktur in einem bestimmten Gebiet, weil damit gerechnet werden kann, daß ein gewisser Anteil der älteren Menschen in jedem Fall den Lebensabend in einem Altenheim verbringen möchte oder keine anderen Alternativen dazu sieht. Nach dem Bayerischen Landesplan für Altenhilfe wird als anzustrebender Versorgungsgrad mit Altenheimplätzen für die Oberpfalz 4,5 % und für Niederbayern 5 % der Einwohner mit mehr als 65 Jahren genannt; darunter soll eine Quote von 1,5 % dieser Bevölkerungsgruppe als Pflegeplätze vorgesehen werden. Natürlich kann nicht durch schematische Anwendung dieser Richtzahlen der genaue Bedarf ermittelt werden, weil die vom Alter unabhängigen Faktoren sehr unterschiedlich ausfallen können. Sie sollen im folgenden nur verwendet werden, um die Versorgungslage und mögliche Veränderungen aufgrund einer Änderung in der Altersstruktur bis 1990 näherungsweise abzuschätzen.

Altenheime werden nicht für jeden einzelnen Nahbereich zur Verfügung stehen müssen - hier wäre die Auslastung oft nicht gegeben -, so daß als Raumeinheit die Landkreise der Region (bei Regensburg Stadt und Landkreis zusammen) betrachtet werden. In der Altersgruppe der über 65jährigen kann bis 1990 mit folgenden Veränderungen gerechnet werden:

Stadt-/ Landkreis	Bevölkerung der Altersgruppe von 65 bis unter 100 Jahren		Veränderung 1982/90	
	1982	1990	absolut	in %
Cham	15 146	15 347	+ 201	+ 1,3
Kelheim*	8 834	9 561	+ 727	+ 8,2
Neumarkt/i.d.OP	12 271	13 123	+ 852	+ 6,9
Regensburg (Stadt+Lkr.)	36 701	38 478	+ 1 777	+ 4,8
Region Regensburg	72 952	76 506	+ 3 554	+ 4,9

* soweit Region Regensburg

Die Übersicht macht deutlich, daß der Anteil an älteren Menschen bis 1990 in allen Teilräumen der Region ansteigen wird und voraussichtlich auch zu einer steigenden Nachfrage nach Altenheimplätzen führen dürfte.

Der Vergleich der vorhandenen Heimplätze mit dem anzustrebenden Versorgungsgrad laut Landesplan für Altenhilfe ergibt folgendes Bild:

Stadt-/ Landkreis	Bestand an Heimplätzen 1983		Bedarf 1990 nach anzustrebendem Versorgungsgrad		Überhang (+) Fehlbed. (-) 1990	
	Wohnpl.	Pflegepl.	Wohnpl.	Pflegepl.	Wo-Pl.	Pfl.-Pl.
Cham	412	184	460	230	- 48	- 46
Kelheim*	429	124	335	143	+ 94	- 19
Neumarkt i.d.OP	514	108	394	197	+ 120	- 89
Regensburg (Stadt+Lkr.)	1 593	386	1 154	577	+ 439	- 191
Region insg.	2 948	802	2 343	1 147	+ 605	- 345

* soweit Region Regensburg

Das im Landesplan für Altenhilfe gesteckte Ziel ist hinsichtlich der Wohnplätze lediglich im Landkreis Cham noch nicht erreicht. Das im Regionalplan-Entwurf aufgenommene Ziel für ein Heim in Kötzting findet demnach auch durch diese Berechnung seine Bestätigung. Die übrigen Teilräume überschreiten bei den Wohnplätzen bereits den anzustrebenden Versorgungsgrad, womit nicht gesagt werden soll, daß das Angebot an Heimplätzen hier den Bedarf übersteigt, denn die Plätze sind nahezu vollständig belegt. Besonders in städtischen Gebieten muß berücksichtigt werden, daß hier ein gegenüber dem ländlichen Raum höherer Bedarf besteht (eingeschränkte Wohnverhältnisse, mehr Kleinfamilien). Außerdem kann angenommen werden, daß ältere Menschen aus Gebieten außerhalb der Region Regensburg hier ihren Lebensabend in einem Heim verbringen wollen.

Bei den Pflegeplätzen ist der anzustrebende Versorgungsgrad noch in keinem Teilraum erreicht. Hier besteht nicht nur rechnerisch, sondern in Wirklichkeit noch ein ungedeckter Bedarf, wie von den zuständigen Fachbehörden bestätigt wurde.

Die KURS-Prognosen können demnach auch auf dem Gebiet der Altenhilfe dazu dienen, weit in die Zukunft reichende Investitionsentscheidungen besser zu begründen, indem sie aufzeigen, daß ein auf der Altersstruktur beruhender Bedarf nicht nur eine vorübergehende Erscheinung ist, sondern auch künftig (durch ein Anwachsen der betreffenden Altersgruppe) verstärkt zu berücksichtigen sein wird.

5.7 Bewertung des KURS-Modells aus planungspolitischer Sicht

Trotz vieler Vorteile, die das KURS-Modell als Planungsmittel für die Regionalplanung, die regionale Fachplanung oder auch die Kommunalplanung aufweisen kann, hat es die Regionalplanung besonders schwer, sich dieses Instruments im Planungs- und Entscheidungsprozeß zu bedienen. Diese Erfahrung mußte in Bayern bei der ersten Anwendung des KURS-Modells in der Region Regensburg gemacht werden. Zwar ist die Absicht des Bayerischen Staatsministeriums für Landesentwicklung und Umweltfragen, das KURS-Modell in enger Zusammenarbeit mit der dortigen Regionalplanungsstelle in der Region Regensburg zu erproben, vom Planungsausschuß des Regionalen Planungsverbandes von vornherein sehr positiv aufgenommen worden. Das Projekt wurde insbesondere vom Vorsitzenden des Regionalen Planungsverbandes tatkräftig unterstützt. Auch erfolgte die Anwendung keineswegs übereilt. Vielmehr wurde das KURS-Modell entsprechend dem Projektfortschritt in mehreren Sitzungen des Planungsausschusses diskutiert. Gleichwohl ist es dem Ministerium und der Regionalplanungsstelle nicht gelungen, den Kommunalpolitikern im Planungsausschuß ihren tief verwurzelten Argwohn zu nehmen, "solcherlei Prognosezahlen" könnten die gemeindliche Planungshoheit aushöhlen. Die Erinnerung an die frühen 70er Jahre, als die staatliche Regionalplanung auf der Grundlage des alten Landesplanungsgesetzes verbindliche Einwohnerrichtwerte für einzelne Gemeinden festlegte, ist noch immer vorhanden. Entsprechende Befürchtungen wurden dadurch bestärkt, daß die Regionalplanungsstelle am Beispiel der Gemeinde Regenstauf (Unterzentrum im Landkreis Regensburg) dem Planungsausschuß anhand der Prognosezahlen von KURS darlegte, daß der von der Gemeinde gefaßte Beschluß, sich um ein neues Gymnasium zu bemühen, kaum Aussicht auf Erfolg haben würde. Vor diesem Hintergrund wird der äußerst zurückhaltende Beschluß des Planungsausschusses zur KURS-Prognose verständlich, diese lediglich zur Kenntnis zu nehmen, nicht aber die Regionalplanungsstelle zu beauftragen, "KURS" bei künftigen Vorlagen für den Planungsausschuß zu berücksichtigen.

Es wird daher weiterhin Aufgabe der Landes- und Regionalplanung sein, Befürchtungen, die in bezug auf Raumordnungsprognosen, insbesondere mit kleinräumigem Bezug, vorhanden sind, abzubauen. Denn Prognosen können Planungsentscheidungen nicht ersetzen, wohl aber eine wichtige Entscheidungsgrundlage sein!

Wenn die Regionalplanung ihrem Auftrag zur Koordination der Fachplanung gerecht werden will, braucht sie auch Informationen über künftige Entwicklungen. KURS kann solche Informationen zur Verfügung stellen und so einen Beitrag zur "Koordination durch Information" leisten.

Anmerkungen

1) Küspert, M.: Die Bevölkerungsentwicklung der Gemeinden, Städte und Landkreise des Regierungsbezirkes Unterfranken 1965 - 1990. Schriftenreihe der Industrie- und Handelskammer Würzburg, Schweinfurt (1967) 4.

2) Regionale Bevölkerungsvorausschätzung für Bayern 1976 bis 1990. Bayerisches Landesamt für Statistik und Datenverarbeitung. München 1977.

3) Solche Verfahren sind in Band 3 der Taschenbücher zur Raumplanung, "Methoden der Bevölkerungsvorausschätzung unter Berücksichtigung regionaler Gesichtspunkte" von Karl Schwarz, S. 47 ff näher erläutert.

4) Berechnung von Verteilungsprognosen der Bevölkerung und der Arbeitsplätze nach Raumkategorien auf der Grundlage der Status-quo-Prognose für das Landesentwicklungsprogramm, Ottobrunn 1974.

5) Vgl. Gatzweiler, H.P.: Zur Selektivität interregionaler Wanderungen. Ein theoretisch-empirischer Beitrag zur Analyse und Prognose altersspezifischer interregionaler Wanderungen. Bundesforschungsanstalt für Landeskunde und Raumordnung, Forschungen zur Raumentwicklung, Bonn-Bad Godesberg, 1975, S. 31 und 32.

6) Vgl. Sättler, M.: Kleinräumliche Bevölkerungs- und Wohnungsbedarfsprognose - Das MINIBEPRO-Modell der Prognos, Prognos Werkstattbericht Nr. 1, Basel 1975.

7) Vgl. Kreibich, V./Junker, R./Reich, D./Schneider, R. u.a.: Entwicklung und Test eines Modells zur räumlich und sachlich disaggregierten Bevölkerungsprognose. Kreibich, V./Reich, D.: Analyse und Projektion der kleinräumigen Bevölkerungsentwicklung auf der Grundlage des Gebäudebestandes und der Bautätigkeit, in: Demographische Planungsinformationen, Theorie und Technik, herausgegeben von E. Elsner im Auftrag des Statistischen Landesamtes Berlin, Berlin, 1979, S. 168 - 182.

8) Vgl. Battelle-Institut e.V.: Regionale Wohnungsmarktanalyse für den Großraum Frankfurt, Grobstrukturierte Vorausschau über die Entwicklung am gesamten Wohnungsmarkt der Region, Frankfurt 1978.

9) Vgl. Institut Wohnen und Umwelt: Analyse und Bewertung ausgewählter Modelle zur Prognose intraregionaler Wanderungen in der Bundesrepublik Deutschland, Darmstadt, 1980.

10) Vgl. DATUM e.V.: KURS-Modell zur kleinräumlich gegliederten Umlegung und Projektion einer regionalen Bevölkerungsstruktur KURS-Dokumentation im Rahmen des Informationssystems für die Raumordnung und Landesplanung ROLAND, bearbeitet von W. Schober, H. Tüllmann in der DATUM-Außenstelle München, München 1977; Tüllmann, H.: Die Methode des KURS-Modells im PENTA-Projekt, in: Demographische Planungsinformationen, Theorie und Technik herausgegeben von E. Elsner im Auftrag des Statistischen Landesamts Berlin, Berlin 1979, S. 135 - 154; DATUM e.V.: Forschungsvorhaben: Entwicklung von Methoden und Verfahren für Planungs- und Entscheidungshilfen auf der Basis des automatisierten Einwohnerwesens (PENTA-Projekt), Ausbaustufe 2, Arbeitspapier 1: KURS-Standardversion, Bearbeiter H. Tüllmann, München 1980; KOSIS-Verbund: SIKURS-Dokumentation erstellt im Rahmen des PENTA II Projektes, Nürnberg 1983.

11) Rogers, Andrei: Matrix Methods of Population Analysis, in: AIP-Journal, Vol. 32, .3.30-44; derselbe: Matrix Analysis of Interregional Population Growth and Distribution, Berkely 1968.

12) Vgl. BfLR: Analyse der zeitlichen und regionalen Entwicklung der Fruchtbarkeit 1970 - 1978, Bonn 1980.

13) Vgl. Gatzweiler, H.P. und Stiens, G.: Regionale Mortalitätsunterschiede in der Bundesrepublik Deutschland - Daten und Hypothesen, in: Jahrbuch für Regionalwissenschaft 1982.

REGIONALE PROGNOSEN DER PRIVATEN HAUSHALTE

von
Hansjörg Bucher, Bonn

Gliederung

1. Die Bedeutung der privaten Haushalte in Politik und Wissenschaft

2. Überblick über methodische Ansätze von Haushaltsprognosen in nicht-regionalisierter Form

    2.1 Quotenverfahren

        2.1.1 Das Haushaltsvorstandsquotenverfahren
        2.1.2 Das Haushaltsmitgliederquotenverfahren

    2.2 Simulationsverfahren

        2.2.1 Die Mikrosimulation
        2.2.2 Die Gruppensimulation

    2.3 Auto-regressiver Makroansatz

    2.4 Familienzyklus-Ansatz

3. Mehr-Regionen-Modelle für Haushaltsprognosen

    3.1 Gründe für eine regionalisierte Betrachtungsweise

    3.2 Regionalisierte Prognoseansätze

    3.3 Die Schätzung und Prognose regionaler Haushaltsvorstandsquoten

        3.3.1 Der Shift-Share-Ansatz
        3.3.2 Die Regionalauswertung des Mikrozensus

4. Schlußbemerkungen

Anmerkungen

1. Die Bedeutung der privaten Haushalte in Politik und Wissenschaft

Zahlreiche Entscheidungen von sozialer, ökonomischer und politischer Bedeutung werden nicht von Individuen, sondern von Gruppen (Familien, privaten Haushalten) getroffen. Private Haushalte sind Käufer auf den Märkten für Konsumgüter, Verkäufer auf den Märkten für Produktionsfaktoren; sie leisten Transferzahlungen an öffentliche Haushalte und empfangen Transfers von diesen; sie disponieren über Vermögensobjekte; sie sind Zielgruppen staatlichen Handelns über die Einkommensredistribution hinaus. Private Haushalte sind daher auch für die Politikberatung eine zentrale Größe, insbesondere in den Bereichen Wohnungspolitik, Sozialpolitik, Umweltpolitik und Raumordnungspolitik. Haushaltsprognosen können für diese Politikfelder einen Informationsvorlauf schaffen, der dann besonders wichtig ist, wenn Maßnahmen langfristig angelegt sein müssen und/oder nicht kurzfristig umgesetzt werden können. Beispielhaft seien hier nur die Bautätigkeit und die Sicherung der natürlichen Ressourcen genannt.

Trotz der offenkundigen Bedeutung der privaten Haushalte bilden Prognosen auf diesem Gebiet noch ein sehr junges Forschungsfeld im Vergleich zu anderen Teilgebieten der Demographie. In den Vereinigten Staaten wurde die erste Prognose der privaten Haushalte im Jahr 1938 durchgeführt[1]. In der Bundesrepublik wurde die erste "amtliche" Haushaltsprognose des Statistischen Bundesamtes im Jahr 1970 veröffentlicht[2]. Zwischenzeitlich wurden drei weitere Prognosen vom Statistischen Bundesamt durchgeführt[3]. Das methodische Instrumentarium für Haushaltsprognosen befindet sich teilweise noch in einem Entwicklungsprozeß, teilweise werden Ansätze verwandt, die sich sehr pragmatisch an der vorhandenen Datenbasis orientieren (müssen) und dem Anspruch der Erklärungsfähigkeit nicht Genüge leisten.

Dieses Theoriedefizit entspringt dem Dilemma, daß zur Abbildung von Haushaltsbildungsprozessen ein sehr großer Informationsbedarf entsteht, der durch die verfügbare Datenbasis nur unvollkommen gedeckt werden kann. Kompromisse des theoretischen Prognoseansatzes an die empirische Datenbasis führen zu Prognosen eines mittleren Weges, bei denen die einzelnen Komponenten der Haushaltsbildung wie Heiraten, Scheidungen, Geburten, Todesfälle, Verlassen des Elternhauses usw. undifferenziert und global zu "dem Haushaltsbildungsprozeß" aggregiert werden. In jüngerer Zeit wurden Modelle zur Mikrosimulation[4] und zur Gruppensimulation[5] der Haushaltsbildung entwickelt, die die Nachvollziehbarkeit der Prozesse und die Erklärung der zustandegekommenen Ergebnisse leisten.

Bei der Wahl eines Ansatzes zur Prognose der privaten Haushalte in den Regionen verschärfen sich die Datenrestriktionen erheblich. Erfahrungen mit dem Mikrozensus, der wichtigsten Datenquelle zur Ermittlung des Haushaltsbildungsprozesses, lehren, daß beispielsweise der Ansatz nach dem Haushaltsvorstandsquotenkonzept gerade noch auf der Basis von Regionstypen durchgeführt werden kann, ohne daß ein Mindestanspruch an die Genauigkeit der Daten aufgegeben werden muß. Der Regionalisierung von Haushaltsprognosen sind daher von vornherein enge Grenzen gesetzt bei der Wahl des methodischen Ansatzes, im regionalen Differenzierungsgrad und bei der sachlichen Differenzierung der Prognoseergebnisse.

Bevor auf bisher durchgeführte regionalisierte Haushaltsprognosen näher eingegangen wird, sollen zunächst synoptisch die wichtigsten Prognoseansätze für Ein-Regionen-Modelle vorgestellt werden. Sie bilden zugleich den Rahmen, in dem - unter der Vorbedingung einer verbesserten Datenbasis - regionalisierte Haushaltsprognosen denkbar wären.

2. Überblick über methodische Ansätze von Haushaltsprognosen in nichtregionalisierter Form

Es existiert eine Vielzahl von Methoden, um Haushaltsprognosen durchzuführen[6]. Die meisten haben gemeinsam, daß sie die Verbindung mit einer Bevölkerungsprognose herstellen. Möglich ist dabei, daß an eine bereits fertiggestellte Bevölkerungsprognose eine Haushaltsprognose angehängt wird (zweistufiges Verfahren). Daneben existieren aber auch Ansätze, die die Auswirkung demographischer Prozesse auf die Haushaltsstruktur schon innerhalb der Bevölkerungsprognose berücksichtigen, so daß Bevölkerung und private Haushalte gleichzeitig bzw. parallel prognostiziert werden. Die Verknüpfung mit der Bevölkerung kann am Individuum ansetzen, häufiger werden aber Aggregate (Bevölkerungsgruppen nach Geschlecht, Alter, Nationalität, Familienstand etc.) verwendet. Während bei Simulationsmodellen versucht wird, die einzelnen Komponenten der Haushalts- und Familienbildung möglichst getreulich in Prozessen nachzuvollziehen, arbeiten andere Modelle mit aggregierten Verhaltensparametern, wobei als Ergebnisse die neuen Haushaltsstrukturen ausgewiesen werden, ohne daß deren Zustandekommen erklärt wird.

2.1 Quotenverfahren

Ein häufig verwendeter Ansatz stellt die Beziehung her zwischen Bevölkerungsgruppen (durch verschiedene demographische Merkmale beschrieben) und dem Haushaltstyp (nach haushaltsspezifischen Merkmalen), in dem die betreffenden Personen leben. Das Verbindungsglied zwischen Haushalt und Haushaltsangehörigen stellt eine Quote mit rein deskriptivem Charakter dar. Man unterscheidet zwei Quotenverfahren: das Haushaltsvorstandsquotenverfahren und das Haushaltsmitgliederquotenverfahren.

2.1.1 Das Haushaltsvorstandsquotenverfahren

Unter den Prognosemodellen, die mit aggregierten Verhaltensparametern und Bevölkerungsgruppen arbeiten, ist das Haushaltsvorstandsquotenverfahren eines der ältesten und am häufigsten benutzten. Bei diesem Konzept wird eine Person des Haushalts als dessen Vorstand definiert, die übrigen Personen werden durch ihre - zumeist verwandtschaftliche - Beziehung zu diesem Haushaltsvorstand beschrieben. Der Anteil einer Personengruppe, der die Eigenschaft des Haushaltsvorstands besitzt, wird als Haushaltsvorstandsquote bezeichnet. Da die Zahl der Haushalte mit der der Haushaltsvorstände immer identisch ist, läßt sich die Zahl der Haushalte durch Multiplikation der Haushaltsvorstandsquoten mit den entsprechenden Bevölkerungsgruppen errechnen. Dabei ist eine Differenzierung der Haushalte nach ihrer Mitgliederzahl sowie nach demographischen Merkmalen (Alter, Geschlecht, Nationalität etc.) des Haushaltsvorstands möglich und üblich. Aufgrund des Lebenszyklus eines Haushalts/einer Familie besteht zwischen der Haushaltsgröße und den demographischen Merkmalen des Vorstands ein enger Zusammenhang. Änderungen in der Bevölkerungsstruktur können zu Veränderungen in der Haushaltsstruktur führen, ohne daß sich dabei das Haushaltsbildungsverhalten verändern müßte.

Tatsächlich unterliegen aber auch die Haushaltsvorstandsquoten einer zeitlichen Veränderung. Dies kann sich in einer Niveauänderung ausdrücken, wobei ein größerer oder kleinerer Teil einer Gruppe Vorstand eines Haushalts wird. Häufiger noch sind jedoch Strukturverschiebungen, bei denen Vorstände vermehrt einer anderen Haushaltsgrößenklasse angehören. So führen die Geburtenausfälle seit Mitte der 60er Jahre zu einem stetigen Rückgang der Haushaltsvorstandsquoten für große Haushalte, während gleichzeitig die Quoten für kleine Haushalte zunehmen (Struktureffekt). Die unterschiedliche Entwicklung der Sterblichkeit bei Männern und Frauen führt dagegen zu einem steigenden Anteil von Haushaltsvorständen unter den Frauen im Alter von 65 und mehr Jahren (Niveaueffekt).

Prognosen der Haushaltsvorstandsquoten müssen diesen beobachteten Veränderungen der Vergangenheit Rechnung tragen, zeitlich konstant gehaltene Quoten wären nur für kurze Prognosezeiträume vertretbar. Das Ausmaß der zeitlichen Varianz schwankt allerdings stark zwischen den Altersgruppen und Geschlechtern, da die Dynamik der Haushaltsstrukturveränderungen von ganz bestimmten Bevölkerungsgruppen getragen wird. Zumeist erfolgt die Prognose der Quoten durch Trendextrapolation, wobei die in der Vergangenheit beobachteten Veränderungen mehr oder weniger stark in die Zukunft fortgeschrieben werden. Dieses Verfahren hat die Schwäche, daß zwischen der Bevölkerungsprognose und der Prognose der Verhaltensparameter keine modellimmanente Verbindung hergestellt wird. Tatsächlich existieren jedoch Beziehungen zwischen den Verhaltensparametern, die auf der Individualebene für die Durchführung der Bevölkerungsprognose benutzt werden, und zwischen den Parametern, die auf der Haushaltsebene den Haushaltsbildungsprozeß beschreiben. Die Annahmen zur Fertilität, zur Mortalität und zur Mobilität haben immer auch Konsequenzen für die Haushaltszahl und die Haushaltsgrößenstruktur. Beim Haushaltsvorstandsquotenansatz wurde jedoch bisher noch nicht versucht, diese Zusammenhänge modellendogen zu erfassen. Stattdessen wird in einem iterativen Verfahren die Haushaltsprognose zahlenmäßig mit der Bevölkerungsprognose kompatibel gemacht. Da das Modell eine Reihe von Freiheitsgraden enthält, sind immer mehrere Prognoseergebnisse möglich, die die Nebenbedingung der Kompatibilität erfüllen. Mit dem Haushaltsvorstandsquotenansatz läßt sich jedoch nicht eine Haushaltsprognose als eindeutige Lösung für eine (vorgegebene) Bevölkerungsprognose herstellen. Dies könnte nur ein systemanalytisches Modell leisten.

2.1.2 Das Haushaltsmitgliederquotenverfahren

Mit der neuesten Prognose von 1983 rückte das Statistische Bundesamt vom Haushaltsvorstandskonzept ab und verwendete Haushaltsmitgliederquoten. Bei diesem Verfahren wird nicht an die Haushaltsvorstände angeknüpft, sondern an alle Haushaltsmitglieder. Es handelt sich um eine Verteilungsprognose, deren Ziel die Zuordnung der Bevölkerung zu verschiedenen Haushaltsgrößentypen ist. Der Ansatz wurde von Linke[3] im Detail dargestellt. Ausgangspunkt ist die Haushaltsmitgliederquote, die den Anteil einer Bevölkerungsgruppe (nach Geschlecht und Alter) angibt, die in einem Haushalt bestimmter Größe lebt. Die Mitgliederquoten ergänzen sich immer zu 100 Prozent, Bevölkerungsprognose und Haushaltsprognose sind somit aufeinander abgestimmt. Die Zahl der Haushalte erhält man, indem man die Personen eines Haushaltstyps durch dessen Mitgliederzahl dividiert. Dieser Zusammenhang gilt für jeden beliebigen Zeitpunkt in der Vergangenheit. Durch die Verwendung von Bevölkerungsprognosezahlen und prognostizierten Mitgliederquoten erhält man Prognosewerte für die privaten Haushalte. Wird eine nach oben offene Haushaltsgrößenklasse verwendet (z.B. fünf und mehr Personen), dann ist zusätzlich noch eine Prognose der Durchschnittsgröße dieser Klasse erforderlich.

Gegenüber dem Haushaltsvorstandsquotenverfahren hat dieser neue Ansatz Vor- und Nachteile. Positiv zu bewerten ist, daß nicht ein Teil der Personen aus der Betrachtung herausfällt und gewissermaßen als Residuum behandelt wird. Wegen der Nebenbedingungen, daß sich die Quoten zu 100 % ergänzen müssen, ist die Verträglichkeit mit der vorgeschalteten Bevölkerungsprognose immer gewährleistet. Eine Schwäche des Verfahrens ist die fehlende Information, mit welchen anderen Personen ein Mensch in einem Haushalt zusammenlebt und welche Stellung er in diesem Haushalt innehat. Beim Haushaltsvorstandsquotenverfahren sind immerhin demographische Merkmale des Haushaltsvorstandes bekannt, so daß wegen des engen Zusammenhangs zwischen Lebenszyklus und Familienzyklus einigermaßen auf die Zusammensetzung des Haushalts geschlossen werden kann.

2.2 Simulationsverfahren

In neueren Prognoseansätzen werden die einzelnen Prozeßkomponenten der Haushaltsbildung dargestellt. Das Zustandekommen von Haushaltsstrukturen wird dadurch nachvollziehbar, die Prognoseergebnisse sind zurückführbar auf eben diese Prozesse. Man unterscheidet die Mikrosimulation, bei der für jede einzelne Person haushaltsrelevante Ereignisse und Zustände simuliert werden. Demgegenüber arbeitet die Gruppensimulation mit Bevölkerungsaggregaten und gruppensepezifischen Verhaltensparametern. Für beide Ansätze gibt es bereits Beispiele, deren methodische Konzepte kurz skizziert werden sollen.

2.2.1 Die Mikrosimulation

Innerhalb des Sonderforschungsbereichs 3 der Universitäten Frankfurt und Mannheim "Mikroanalytische Grundlagen der Gesellschaftspolitik" wurde ein Mikrosimulationsmodell entwickelt, das die Prognose der Bevölkerung unter Berücksichtigung des Zusammenlebens in Familie und Haushalten leistet. Der Modellansatz und Teilaspekte sind in zahlreichen Veröffentlichungen beschrieben, die umfassendste Darstellung findet sich bei Steger[7].

Gegenüber den Quotenansätzen leistet die Mikrosimulation zwei wesentliche Verbesserungen. Bevölkerungs- und Haushaltsstruktur werden gemeinsam in ihrer Abhängigkeit fortgeschrieben, so daß die Konsistenz zwischen der Personenebene und der Haushaltsebene gewahrt bleibt. Zum anderen wird der Haushaltsbildungsprozeß in seine einzelnen Komponenten zerlegt, so daß das Prognoseergebnis auf seine Ursachen zurückgeführt werden kann. Berücksichtigt werden die Sterblichkeit und die Fruchtbarkeit, Eheschließung und Ehescheidung und die Wechsel von Personen zwischen privaten Haushalten, z.B. durch das Ausscheiden erwachsener Kinder aus dem elterlichen Haushalt. Unberücksichtigt blieben bisher offensichtlich Mobilitätsprozesse. Da sich der Ansatz jedoch auf die deutsche Bevölkerung bezog, war diese Vernachlässigung vertretbar.

"Die Bevölkerungsfortschreibung erfolgt in Mikrosimulationsmodellen stochastisch im Rahmen eines Monte-Carlo-Ansatzes. Für jede einzelne Person in der Stichprobe werden die relevanten demographischen Prozesse simuliert. Abgesehen vom deterministischen Prozeß des Alterns werden die übrigen Ereignisse zufällig anhand der jeweils relevanten bedingten Wahrscheinlichkeiten generiert, indem durch Ziehen einer Zufallszahl über das Eintreten des jeweiligen Ereignisses entschieden wird. Für die einzelne Stichprobeneinheit erhält man so eine zufällige Realisation des stochastischen Prozesses, der durch das Modell beschrieben wird. Sie stellt keine Punktprognose für die individuelle Biographie dar, sondern nur eine zufällige Ziehung aus den möglichen Lebensverläufen. Geht man entsprechend für alle Mikroeinheiten in der Stichprobe vor, so erhält man einen neuen Datensatz, der wieder als Zufallsstichprobe aus einer hypothetischen Grundgesamtheit verstanden werden kann, wie sie bei Wirken der modellierten Prozesse in der Realität zu erwarten wäre. Durch die Aggregation der Individualergebnisse bei der Auswertung dieser Mikrodaten gleichen sich tendenziell die Zufallsfehler in der Simulation einzelner Einheiten aus. Die verbleibenden Monte-Carlo-Fehler in Maßzahlen wie Anteilswerten oder Durchschnitten sind bei hinreichend großer Stichprobe verhältnismäßig gering".[8]

Die Leistungsfähigkeit des Mikrosimulationsansatzes wurde belegt durch eine ex-post-Prognose für den Zeitraum 1969 bis 1978. Neben der Treffsicherheit des Ansatzes ist vor allem die Flexibilität hervorzuheben, die es erlaubt, Prognoseergebnisse in sehr differenzierter Form zu erstellen. Neben der potentiellen Leistungsfähigkeit eines Modells ist für dessen Brauchbarkeit auch der damit verbundene Aufwand zu berücksichtigen und zu bewerten. Hier zeichnet sich das Mikrosimulationsmodell gegenüber anderen Ansätzen durch einen deutlich höheren theoretischen und numerischen Aufwand aus. Letztendlich muß die Entscheidung für oder gegen die Installation eines solchen Modells unter Verwertungsgesichtspunkten gesehen werden. Nur ein Bedarf an sehr differenzierten Prognoseergebnissen rechtfertigt ein derart aufwendiges Instrument. Ein sparsamer Ansatz, der gleichwohl die einzelnen Prozesse der Haushaltsbildung beschreibt, soll im folgenden Abschnitt vorgestellt werden.

2.2.2 Die Gruppensimulation

Parallel zum Mikrosimulationsansatz entwickelte Möller[9] ein Verfahren, bei dem sich für Bevölkerungsgruppen die einzelnen Prozesse der Haushaltsbildung nachvollziehen lassen: Der Anfangsbestand einer Bevölkerung, differenziert nach Geschlecht und Altersgruppen, wird biometrisch fortgeschrieben mit Hilfe von Fertilitäts- und Mortalitätsraten. Die Wanderungen über die Grenzen der Bundesrepublik Deutschland werden berücksichtigt. Die so fortgeschriebene Bevölkerung wird nach mehreren Merkmalen in verschiedene Personengruppen unterteilt. Zunächst wird zwischen Kindern und Erwachsenen unterschieden, wobei auch über 18jährige noch als Kinder zählen, wenn sie im Haushalt der Eltern wohnen und nicht selbst Vorstand dieses Haushalts sind. Aus Fertilitätsraten der Frauen und Lösungsraten der Kinder werden Anwesenheitswahrscheinlichkeiten von Kindern bei ihren Müttern berechnet. Der Ablösungsprozeß der Kinder beginnt definitionsgemäß mit 18 Jahren und endet mit 30 Jahren. Die Kinder werden nach ihrer Parität (erstes, zweites, drittes ... Kind) unterschieden. Die Erwachsenen werden nach ihrer Stellung im Haushalt in Haushaltsvorstände und sonstige Erwachsene aufgeteilt. Bei verheirateten Paaren wird grundsätzlich der Ehemann als Haushaltsvorstand definiert. Frauen, die die Eigenschaft des Haushaltsvorstands besitzen, sind daher immer nicht verheiratet (ledig, verwitwet, geschieden), sie leben allein oder mit Kindern zusammen. Auch bei den verheirateten wird die Kinderzahl als zusätzliches Unterscheidungskriterium herangezogen. Bei den sonstigen Erwachsenen werden die in Anstalten lebenden Personen aus der weiteren Betrachtung ausgenommen, da sie nicht zur Bevölkerung in privaten Haushalten zählen. Die anderen Erwachsenen, die in einem Haushalt leben, nicht aber deren Vorstand sind, werden nach ihrem Verwandtschaftsgrad zum Haushaltsvorstand in die beiden Gruppen Ehepartner und Elternteil aufgeteilt. Mit den beschriebenen Differenzierungen wird die Bevölkerung in insgesamt 13 Personengruppen unterteilt, die wiederum zu fünf verschiedenen Haushaltsgrößen zusammengefügt werden. Aus den zahlreichen Kombinationsmöglichkeiten werden 14 Typen zugelassen, die sich durchweg an verwandtschaftlichen Beziehungen orientieren.

Das Gruppensimulationsmodell stellt gegenüber den Quotenverfahren einen wesentlichen Fortschritt dar. Der Haushaltsbildungsprozeß erscheint nicht mehr als black box, die Ergebnisse sind nachvollziehbar. Diese Transparenz wird erkauft durch einen wesentlich höheren Aufwand an Daten und Rechenzeit. Teilweise werden Daten benötigt, die von der amtlichen Statistik gar nicht erhoben und daher aus anderen Quellen geschöpft werden müssen. Es muß befürchtet werden, daß ein Teil des Qualitätsgewinns des methodischen Ansatzes wieder eingebüßt wird durch Unschärfen im Datenbereich[10].

2.3 Auto-regressiver Makroansatz

Ein weiterer Prognoseansatz von Kaelin, der Anfang der 50er Jahre für eine Prognose in der Schweiz verwendet wurde[11], unterscheidet sich von allen anderen Methoden dadurch, daß die prognostizierten Haushalte nicht aus der prognostizierten Bevölkerung abgeleitet werden. Vielmehr wird der Haushaltsbestand fortgeschrieben, wobei die Haushaltszuwächse durch die Bevölkerungsbewegungen Heiraten, Todesfälle der 30- bis unter 50jährigen und Wanderungssalden bestimmt werden.

Die Parameter des Modells wurden mit Hilfe eines linearen Regressionsansatzes geschätzt. Stützzeitraum waren die Jahre 1880 bis 1941. Dies ist sicherlich ein recht grober Ansatz, aber es war ein erster Schritt weg von der Globalbetrachtung mit Quotenverfahren hin zu einem systemanalytischen Modell, in dem die Auswirkungen demographischer Prozesse auf die Zahl der Haushalte abgebildet werden konnten. Das Modell machte allerdings keine Aussage zur Größenstruktur der Haushalte. Insbesondere die Auswirkungen von Geburten blieben unberücksichtigt. Auch die Erklärung von Haushaltsgründungen/-auflösungen aus anderen Ursachen wurde nicht spezifiziert (z.B. Ehescheidungen, Wegzug von Kindern aus dem Elternhaus ohne gleichzeitige Heirat). Der Ansatz von Kaelin wurde in der Schweiz nie weiterentwickelt und auch in der Bundesrepublik Deutschland nicht aufgegriffen.

2.4 Familienzyklus-Ansatz

Ein gänzlich anderer Ansatz zur Prognose von Familien und Haushalten wurde in jüngster Zeit von Kuijsten für die Niederlande vorgestellt[12]. Für einen Teil der Bevölkerung, die Frauen im gebärfähigen Altern, werden Lebensläufe prognostiziert. Ausgangspunkt sind Kohorten von Frauen, die im selben Jahr heiraten und dabei gleich alt sind. Diese Gruppen werden verknüpft mit Modellparametern, die die Wahrscheinlichkeit für das Eintreten eines Ereignisses angeben, das in irgendeiner Form Einfluß auf den Familienzyklus hat. Insbesondere sind die Ergebnisse von Interesse, die Beginn oder Ende einer Phase des Familienzyklus bedeuten, z.B. Heirat, Scheidung, Wiederverheiratung, Verwitwung, Elternschaft. Für jede Kohorte läßt sich zu jedem beliebigen Zeitpunkt innerhalb des Prognosezeitraums ermitteln, welchen Familienstand und wieviele Kinder diese Frauen haben. Faßt man diese Informationen für alle Kohorten zusammen, dann lassen sich sehr differenzierte Familienstrukturen ermitteln. Dieser Ansatz erfüllt in hohem Maße die Anforderung der Erklärbarkeit bzw. Rückführbarkeit von Prognoseergebnissen auf deren Ursachen. Insbesondere der Kohortenansatz weist gegenüber dem Periodenansatz Vorteile auf, die sich auf die Qualität der Modellannahmen niederschlagen. Das Modell von Kuijsten weist noch einige Unvollständigkeiten auf (z.B. die Nichterfassung von Außenwanderungen), es stellt gleichwohl einen vielversprechenden Ansatz dar, dessen Anwendung auf das Gebiet der Bundesrepublik Deutschland angestrebt werden sollte.

3. Mehr-Regionen-Modelle für Haushaltsprognosen

3.1 Gründe für eine regionalisierte Betrachtungsweise

Die Größenstruktur der privaten Haushalte weist erhebliche regionale Differenzen auf. Dies belegen die amtlichen Auswertungen der Mikrozensen bereits auf der Ebene der Bundesländer, in noch stärkerem Maße auf der Ebene der Gemeindegrößenklassen. Die Ursachen für dieses Phänomen erklären sich zum Teil aus der unterschiedlichen Altersstruktur der Bevölkerung, zum Teil aus regionalen Verhaltensunterschieden. So setzte der Rückgang der Fertilität, der die Grössenstruktur der Familien und Haushalte stark veränderte, in den Regionen zu verschiedenen Zeitpunkten und mit unterschiedlicher Intensität ein. Haushalte unterschiedlicher Größe zeigen zudem ausgeprägte Unterschiede im Wohnstandortverhalten. Große Haushalte mit Kindern erheben insbesondere in hochverdichteten Regionen andere Ansprüche an das Wohnumfeld als kleine Haushalte mit ausschließlich erwachsenen Mitgliedern. Kleinräumige Wanderungen, hinter denen das Motiv der Wohnungsversorgung steht, haben daher ausgeprägte selektive Wirkungen auf die Haushaltsgrößenstruktur. Diese Entmischung führt zu einem hohen Anteil kleiner Haushalte in den Kernstädten und zu einem hohen Anteil großer Haushalte im Umland. Aber auch großräumige Wanderungen, die vom Beschäftigungsmotiv getragen werden, führen zu einer Entmischung der Haushalte, da die Mobilität bei kleinen und jungen Haushalten im allgemeinen stärker ausgeprägt ist. Daher besteht auch zwischen dem großräumigen Verdichtungsgrad und der jeweiligen Haushaltsgrößenstruktur ein signifikanter Zusammenhang.

Die Notwendigkeit, die regionalen Unterschiede der Entwicklung von Zahl und Größe privater Haushalte auch in einer Prognose zu berücksichtigen, gründet vor allem auf der Verwertungsabsicht dieser Prognosen. Die privaten Haushalte sind die wichtigste demographische Determinante der Wohnungsnachfrage, an ihrer Entwicklung muß sich damit auch die Wohnungspolitik orientieren. Für die Frage des Standortes der neu zu bauenden und ggf. zu fördernden Wohnungen ist die regionale Verteilung der privaten Haushalte von herausragender Bedeutung. Tatsächlich wurden regionalisierte Haushaltsprognosen bisher zumeist nicht als eigenständige Arbeiten, sondern als Bausteine von Wohnungsbedarfsprognosen oder Wohnungsmarktprognosen konzipiert und durchgeführt.

Ist das Forschungsfeld der Haushaltsprognosen schon jung und teilweise noch unausgereift, so gilt dies in noch viel höherem Maße für regionalisierte Prognosen. Bundesweit flächendeckend wurde in der Bundesrepublik Deutschland die erste regionalisierte Haushaltsprognose 1976 vom Institut für Siedlungs- und Wohnungswesen der Universität Münster vorgelegt[13]. Regionale Basis waren die 38 Gebietseinheiten des Bundesraumordnungsprogramms. In neuerer Zeit wurden von der Bundesforschungsanstalt für Landeskunde und Raumordnung (Bonn-Bad Godesberg) Haushaltsprognosen auf der Ebene von siedlungsstrukturellen Regionstypen durchgeführt[14]. Beide Ansätze basieren auf Mehr-Regionen-Modellen bei der Bevölkerungsprognose. Die regionale Differenzierung erfordert dabei substantielle Änderungen des Prognoseansatzes. Dies hat inhaltliche und datentechnische Ursachen. Zum einen muß bei einem Mehr-Regionen-Modell im Bereich der Bevölkerungsentwicklung die Komponente der Binnenwanderung neu aufgenommen werden; die regionalen Unterschiede der Verhaltensmuster müssen ermittelt und sollten zusätzlich erklärt werden. Zum anderen ergeben sich Datenprobleme, die sich jedoch durch die Entwicklung geeigneter Schätzverfahren teilweise lösen lassen. Im folgenden wird auf einige Probleme, die sich beim Messen bzw. Beschreiben regionaler Unterschiede der Haushaltsstrukturen ergeben, näher eingegangen.

3.2 Regionalisierte Prognoseansätze

Die in Abschnitt 2 dargestellte Synopse der verschiedenen bisher gebräuchlichen Ansätze zeigt, wie vielfältig die Methoden zur Prognose der Haushalte sind. Ursache dieser Methodenvielfalt ist zweifellos der Zwang zum Kompromiß zwischen den theoretischen Ansprüchen an das Modell und den Daten, die zur Anwendung des Modells zur Verfügung stehen. Der geringe Entwicklungsstand der Regionalstatistik in der Bundesrepublik Deutschland verschärft das Datenproblem erheblich. So können Simulationsmodelle, mit denen die einzelnen Prozeßkomponenten der Haushaltsbildung abgebildet werden, mit dem verfügbaren Datenmaterial auf der Ebene von Regionen nicht bzw. noch nicht quantifiziert werden. Die wichtigste Informationsquelle für den Bereich der privaten Haushalte und Familien ist der jährliche Mikrozensus, eine 1 %-Stichprobe, die auf der Basis des Bundes und der Länder hinreichend sichere Ergebnisse liefert. Wählt man jedoch bei der Regionalisierung kleinere Einheiten wie etwa die Raumordnungsregionen, werden bald die Grenzen der Verwertbarkeit des Mikrozensus überschritten.

Bei den bisher durchgeführten regionalisierten Haushaltsprognosen wurde ausschließlich das Haushaltsvorstandsquotenverfahren verwendet. Die Zahl der Haushalte ergibt sich bei diesem Ansatz durch die Multiplikation der Haushaltsvorstandsquoten mit der entsprechenden Bevölkerungszahl gemäß der folgenden Definitionsgleichung:

(1) $$H_{r,i,t} = \sum_{g}\sum_{a} q_{r,i,g,a,t} \cdot B_{r,g,a,t}$$

wobei   H   Zahl der privaten Haushalte
       q   Haushaltsvorstandsquote
       B   Bevölkerungsgruppe
       r   Region
       i   Haushaltsgrößenklasse
       t   Zeitpunkt
       g   Geschlecht
       a   Altersgruppe

Eine Prognose nach Gleichung (1) liefert für einen Zeitpunkt t in der Zukunft für verschiedene Regionen r die Zahl der Haushalte nach deren Mitgliederzahl i. Die Haushaltsgründungs-, -auflösungs-, -vergrößerungs- und -verkleinerungsprozesse, die von der Ausgangssituation zu diesem Zustand in der Zukunft führen, bleiben bei diesem Ansatz allerdings unberücksichtigt. Die Anforderungen an den Dateninput sind trotz der Einfachheit des methodischen Ansatzes so groß, daß bei den bisher durchgeführten Prognosen schon allein zur Gewinnung der empirischen Ausgangsbasis zahlreiche Schätzungen und Hypothesen zugrunde gelegt werden mußten. Die beiden Kernstücke der Haushaltsprognosen sind eine regionalisierte Bevölkerungsprognose und eine Prognose der Haushaltsvorstandsquoten, durch die zukünftige Änderungen im Haushaltsbildungsverhalten in sachlicher und regionaler Ausprägung erfaßt werden. Anhand der Prognosen des Instituts für Siedlungs- und Wohnungswesen sowie der Bundesforschungsanstalt für Landeskunde und Raumordnung werden im folgenden verschiedene Lösungswege für regionalisierte Prognoseansätze beschrieben. Schwerpunkte sind die Erfassung bzw. die Schätzung der Verhaltenskomponenten sowie deren Prognose.

3.3 Die Schätzung und Prognose regionaler Haushaltsvorstandsquoten

3.3.1 Der Shift-Share-Ansatz

Die erste bundesweit flächendeckende, regionalisierte Haushaltsprognose des Münsteraner Instituts war wesentlicher Bestandteil einer Prognose des Wohnungsbedarfs bis 1985. Regionale Basis waren die 38 Gebietseinheiten des Bundesraumordnungsprogramms, Basisjahr war das Volkszählungsjahr 1970, als Prognosehorizont wurde das Jahr 1985 gewählt. Die Bevölkerung war in 5-Jahres-Altersgruppen unterteilt und wurde in der gleichen Schrittlänge prognostiziert, so daß Ergebnisse für die Jahre 1975, 1980 und 1985 ausgewiesen wurden. Die Prognose der natürlichen Bevölkerungsentwicklung, also der Geburten und Sterbefälle, war bereits vom Statistischen Bundesamt durchgeführt worden[15] und wurde übernommen. Für die Wanderungen wurde je Region ein Saldo prognostiziert, der Binnen- und Außenwanderungen umfaßte.

Für die Prognose der Haushalte nach Gleichung (1) sind neben einer Bevölkerungsprognose die Haushaltsvorstandsquoten in regionaler Ausprägung für den Prognosezeitraum wesentlicher Bestandteil. Aus den Daten der Volkszählung 1970 wären die Ausgangsdaten dieser Verhaltensparameter berechenbar gewesen, eine solche Sonderauswertung für nichtadministrative Gebietseinheiten wurde jedoch nicht durchgeführt. Stattdessen wurde mit Hilfe einer Shift-Analyse[16] der Einfluß regionaler Verhaltensunterschiede auf die Haushaltsstruktur geschätzt. Regionale Unterschiede in der Haushaltsgrößenstruktur können zurückzuführen sein auf regionale Unterschiede in der Altersstruktur der Bevölkerung (= Struktureffekt) und/oder regionale Unterschiede im Haushaltsbildungsverhalten (= Standorteffekt). Die Shift-Analyse ist ein gebräuchliches Instrument der Regionalforschung, um regionale Abweichungen vom Bundesdurchschnitt (den sog. Regionalfaktor) diesen beiden Ursachenkomplexen zuzuordnen. Um den Gesamteffekt in zwei Komponenten zu zerlegen, wird jeweils eine Ursache durch Standardisierung am Bundesdurchschnitt eliminiert. Dabei werden hypothetische Haushaltszahlen unter den beiden folgenden Fragestellungen errechnet:

1) Wie viele Haushalte (differenziert nach der Mitgliederzahl) würden in der Region existieren, wenn dort die gleiche Altersstruktur vorläge wie im Bundesdurchschnitt?

2) Wie viele Haushalte (differenziert nach der Mitgliederzahl) würden in der Region existieren, wenn dort die Bevölkerung das gleiche Haushaltsbildungsverhalten zeigte wie im Bundesdurchschnitt?

Die Beantwortung dieser beiden Fragen setzt voraus, daß Informationen über die Bevölkerung (nach Geschlecht und Alter), die Verhaltensparameter (Haushaltsvorstandsquoten nach Geschlecht, Alter und Haushaltsgröße) und die Zahl der privaten Haushalte (nach der Haushaltsgröße) sowohl regional differenziert als auch bundesweit verfügbar sind.

Dieser Informationsanspruch kann nur bei einer Volkszählung erfüllt werden. Tatsächlich wurden bei der Volkszählung 1970 die Bevölkerung und die privaten Haushalte in der erwünschten sachlichen und regionalen Differenzierung aufbereitet, nicht jedoch die Haushaltsvorstandsquoten. Dies hatte zur Folge, daß der Struktureffekt, also der Einfluß regionaler Unterschiede in der Altersstruktur für die Haushaltsgrößenstruktur, nicht ermittelt werden konnte. Dies war jedoch für die durchzuführende Prognose unerheblich, da dieser Struktureffekt über die Bevölkerungsprognose unmittelbar berücksichtigt wird.

Wichtig für die Prognose war dagegen die Frage 2, ob über den Altersstruktureffekt der Bevölkerung hinaus eine verhaltensbedingte Komponente zu regionalen Varianzen in der Haushaltsgrößenstruktur führt, ob also ein Standorteffekt vorliegt. Zur Quantifizierung wurde die regionale Bevölkerung verknüpft mit den - bei der Volkszählung ermittelten - bundesdurchschnittlichen Haushaltsvorstandsquoten. Ergebnis war die Zahl der Haushalte unter der Hypothese eines regional invarianten Haushaltsbildungsverhaltens. Der Quotient aus der tatsächlichen Haushaltszahl und dem hypothetischen Wert beschreibt das Ausmaß regionaler Unterschiede der Verhaltensparameter.

Die Ergebnisse der Shift-Analyse bestätigen die Vermutung, daß die regionalen Unterschiede in der Haushaltsgrößenstruktur zu einem erheblichen Teil verhaltensbedingt sind. Die regionalen Varianzen schwanken mit den Haushaltsgrößenklassen. Sie sind am stärksten ausgeprägt bei den ganz großen und den ganz kleinen Haushalten (vgl. Karte 1). Der enge Zusammenhang zwischen der Siedlungsstruktur und der Haushaltsstruktur wurde bestätigt.

Die kleinen Haushalte waren in hochverdichteten Regionen überrepräsentiert, wobei Berlin, München und Hamburg besonders hervorstachen. Dagegen waren in eher ländlichen Regionen besonders viele große Haushalte vertreten. Lagen diese Regionen auch noch peripher wie Friesland, Emsland, Münsterland, Trier

Karte 1: Auswirkungen regionaler Unterschiede im Haushaltsbildungsverhalten auf die regionale Haushaltsgrößenstruktur (Zeitpunkt: Volkszählung 1970)

Karte 1.1: Standortfaktoren für die Einpersonenhaushalte

Karte 1.2: Standortfaktoren für die Fünf-und-mehr-Personenhaushalte

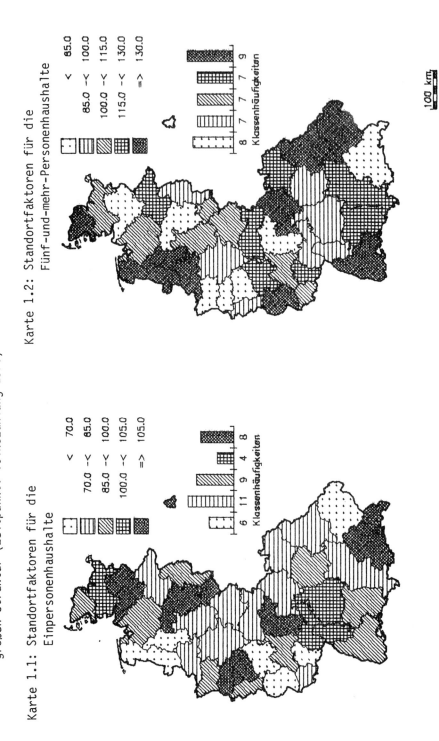

Quelle: Berechnungen des Instituts für Siedlungs- und Wohnungswesen, Universität Münster.
Grenzen: Gebietseinheiten des BROP.

oder weite Teile Niederbayerns mit bis dahin traditionell hoher Fertilität, dann waren dort die kinderreichen Familien stark überrepräsentiert. Obwohl diese Regionen sehr groß waren und daher die Gefahr intraregionaler Nivellierungstendenzen bestand, waren die Ergebnisse recht eindeutig. Sie wurden einige Jahre später durch die Regionalauswertungen des Mikrozensus durch die Bundesforschungsanstalt für Landeskunde und Raumordnung gestützt.

Die für das Jahr 1970 berechneten Standortfaktoren wurden für eine Prognose der Haushaltsvorstandsquoten verwendet. Eine vom Statistischen Bundesamt durchgeführte Prognose auf Bundesebene wurde durch Multiplikation mit den Standortfaktoren regionalisiert. Da die Standortfaktoren zwar nach der Haushaltsgröße, nicht aber nach Geschlecht und Alter des Haushaltsvorstands differenziert waren, wurden mit dieser Regionalisierung zwar Größenstruktur-, nicht jedoch Altersstrukturunterschiede im regionalen Haushaltsbildungsverhalten erfaßt. Es wurde zusätzlich angenommen, daß die regionalen Unterschiede während des Prognosezeitraums leicht abnehmen würden. Diese Angleichung führt zu einer Konvergenz des Standortfaktors gegen 1. Sie kann durch eine Reihe von Entwicklungen getragen werden, wobei dem Rückgang der absoluten regionalen Unterschiede im Fertilitätsverhalten eine zentrale Rolle zugeschrieben wird.

3.3.2 Die Regionalauswertung des Mikrozensus

Die Ex-post-Regionalisierung der Haushaltsvorstandsquoten mit einer Shift-Analyse ist nur dann möglich, wenn Haushaltsdaten in feiner regionaler Gliederung verfügbar sind. Diese Bedingung wird nur bei Volkszählungen erfüllt. In den Jahren zwischen diesen Vollerhebungen stellt der jährliche Mikrozensus die einzige Datenquelle dar, die Informationen zu Zahl, Größe und Struktur der Haushalte und Familien liefert. Um aktuelle Daten über längere Zeiträume verfügbar zu haben, ist daher die regionalisierte Auswertung dieser Stichproben notwendig.

Bei der Regionalaufbereitung von Stichproben werden die Ergebnisse aufgeteilt in Unterstichproben, die jeweils in einem Teilraum des Gebiets erhoben wurden. Die Unterstichproben sind die neuen Untersuchungseinheiten. Die Verringerung der Datenbasis hat Auswirkungen auf die Genauigkeit und auf die Verwertbarkeit der Ergebnisse. Dabei ist zu beachten, daß zwischen dem Grad an Zuverlässigkeit und dem Informationsgehalt einer Stichprobe eine Wechselbeziehung besteht: Das eine kann nur auf Kosten des anderen vergrößert werden. Als Mittel zur Erhöhung der Zuverlässigkeit bieten sich zwei Wege an, zwischen denen ebenfalls eine Wechselbeziehung besteht: Vergrößerung des Tabellenprogramms oder Vergrößerung der zunächst als Regionalisierungsebene ins Auge gefaßten Regionen (= Erhöhung der Fallzahl).

Die Methode der Regionalaufbereitung muß grundsätzlich zwei Aufgaben erfüllen:

1) Wie jede Stichprobenaufbereitung muß sie für die Merkmalsausprägungen ihrer Population Schätzwerte und deren Genauigkeit angeben.

2) Darüber hinaus muß sie es ermöglichen, ungenaue Ergebnisse systematisch zu verbessern und die maximale zufällige Abweichung von Anteilsschätzungen zu verkleinern.

Das entscheidende Instrument bei der systematischen Erhöhung der Genauigkeit ist die Fehlerrechnung. Während bei der gewöhnlichen Stichprobenaufbereitung die Fehlerrechnung in erster Linie bestätigenden Charakter hat, erfüllt sie bei der Regionalaufbereitung eine doppelte Funktion: Erstens hat sie, wie im gewöhnlichen Fall, über die Genauigkeit der auf das Teilgebiet bezogenen Ergebnisse auszusagen. Zweitens wird die Fehlerrechnung zum Kriterium für die Akzeptanz von Ergebnissen unter dem Gesichtspunkt der Genauigkeit. Mit ihrer Hilfe sind Aussagen darüber möglich, ob der Prozeß der Genauigkeitsverbesserung fortgesetzt werden muß und ob ein Mindestmaß an Genauigkeit überhaupt erreicht werden kann.

Bisher wurden Regionalauswertungen der Mikrozensen 1972, 1978 und 1982 durchgeführt. Zur Ermittlung der Haushaltsvorstandsquoten für 1972 und 1978 wurden vom Statistischen Bundesamt Arbeitsdateien zur Verfügung gestellt. Deren Ergebnisse wurden für eine Prognose der privaten Haushalte in den siedlungsstrukturellen Regionstypen verwendet[17]. Es wurde auch versucht, eine Auswertung für die Raumordnungsregionen durchzuführen. Dabei zeigte sich jedoch, daß bei diesen die sachliche Differenzierung nicht weit getrieben werden kann, ohne daß die Nebenbedingung der Ergebnisgenauigkeit verletzt wird.

Die Prognose der Haushaltsvorstandsquoten wurde sowohl sachlich als auch regional zweistufig durchgeführt. Zunächst wurde, auf der langen Zeitreihe basierend, eine Prognose der Quoten für die Bundesrepublik insgesamt erstellt, danach eine Prognose der spezifischen regionalen Abweichungen vom gesamträumlichen Trend. Ferner wurde zunächst ermittelt, wie groß der Anteil der Personen an einer Altersgruppe ist, die Haushaltsvorstände sind, und erst danach, welche Mitgliederzahl diese Haushalte jeweils haben. Da die Quoten voneinander nicht stochastisch unabhängig sind, war eine jeweils autonome Trendextrapolation nicht zulässig. Vielmehr wurde über eine Rückkoppelungsschleife die Plausibilität der Ergebnisse überprüft und die getroffenen Annahmen - wenn notwendig - revidiert.

Die regionalisierte Auswertung des Mikrozensus wird teilweise noch kritisiert, weil nicht gewährleistet sei, daß der Stichprobenplan auch für Teilregionen unverzerrte Ergebnisse liefert. Dieser Einwand ist um so gewichtiger, je kleinere Untersuchungseinheiten gewählt werden. Um dennoch für die relativ kleinen Raumordnungsregionen eine Haushaltsprognose durchführen zu können, wurde in der BfLR ein Schätzverfahren entwickelt, das es ermöglichen soll, von großen Räumen auf deren Teilregionen zu schließen. Ein solcher Analogieschluß ist dann zulässig, wenn die Teilregionen homogen oder möglichst ähnlich sind. Das Schätzverfahren umfaßt vier Schritte:

1) In feiner Regionalisierung (hier: Raumordnungsregionen) werden Verhaltensparameter von so geringem sachlichen Differenzierungsgrad berechnet, daß die Ergebnisse noch signifikant sind.

2) Auf der Ebene dieser groben Parameter werden mit einer Clusteranalyse die Regionen zusammengefaßt, die sich als möglichst ähnlich (im Idealfall "verhaltenshomogen") erweisen.

3) Für diese Gruppen von Regionen wird eine erneue Auswertung auf breiterer Basis und damit in größerer sachlicher Differenzierung durchgeführt.

4) Die Ergebnisse für diese Aggregate werden auf deren Teilräume übertragen. Dahinter steht die Annahme, daß Regionen, die auf hoher sachlicher Aggregationsebene ähnliche Verhaltensparameter haben, auch bei stärkerer Differenzierung entsprechende Ähnlichkeiten aufweisen.

Die Qualität einer Schätzung, die nach diesem Konzept durchgeführt wird, hängt im wesentlichen von der Zuverlässigkeit des Analogieschlusses ab, durch den Eigenschaften der Regionsgruppe auf die einzelnen Teilregionen übertragen werden. Dabei ist zu beachten, daß die Zusammenfassung von Regionen zwar die Datenbasis verbreitert, sich aber gleichzeitig die Homogenität der Regionsgruppe verringern kann.

Der Mikrozensus 1982 wurde erstmals nach diesem Konzept ausgewertet. In der ersten Phase wurden für die 75 Raumordnungsregionen sechs verschiedene Haushaltsvorstandsquoten von so hohem sachlichen Aggregationsgrad ausgezählt, daß die Ergebnisse dem vorgegebenen Genauigkeitsanspruch genügten. Es handelt sich im einzelnen um die Haushaltsvorstandsquoten für

- Haushalte insgesamt
- Haushalte mit ausländischem Vorstand
- Haushalte mit weiblichem Vorstand
- junge Haushalte (mit einem Vorstand bis unter 25 Jahren)
- kleine Haushalte (mit einer Person)
- große Haushalte (mit fünf oder mehr Personen).

Karte 2: Regionalauswertung des Mikrozensus 1982 zum Haushaltsbildungsverhalten

Karte 2.1: Anteil der Haushaltsvorstände insgesamt an allen Personen in privaten Haushalten

Karte 2.2: Anteil der ausländischen Haushaltsvorstände an allen ausländischen Personen in privaten Haushalten

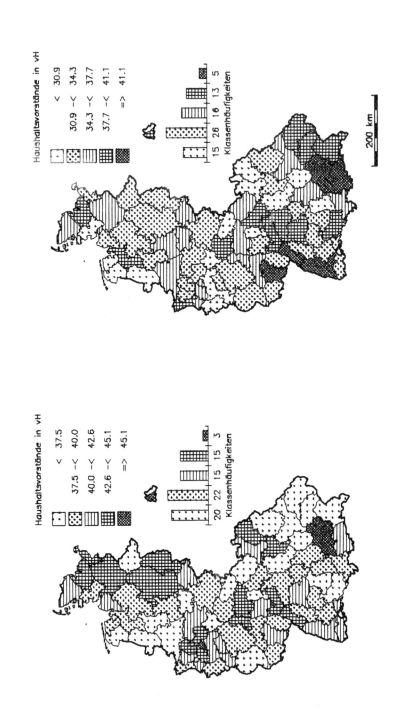

Quelle: Mikrozensus 1982, Regionalauswertung des Statistischen Bundesamtes im Auftrag der BfLR.
Grenzen: Raumordnungsregionen 1981.

Karte 2.3: Anteil der unter 25jährigen Haushaltsvorstände an allen Personen unter 25 Jahren in privaten Haushalten

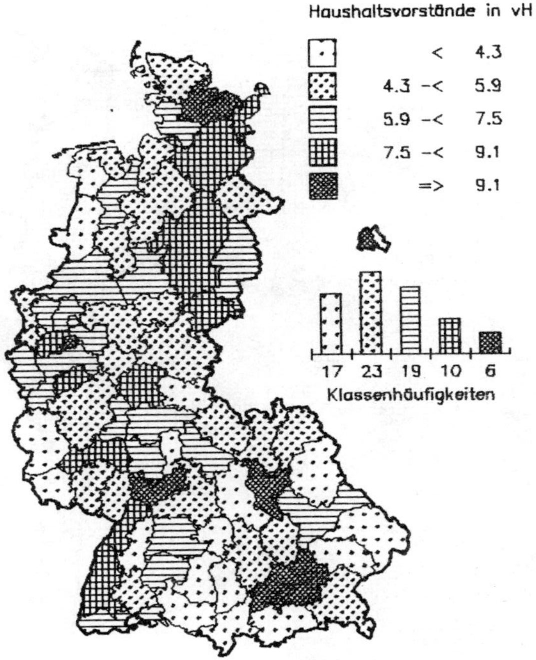

Karte 2.4: Anteil der Vorstände von Einpersonenhaushalten an allen Personen in privaten Haushalten

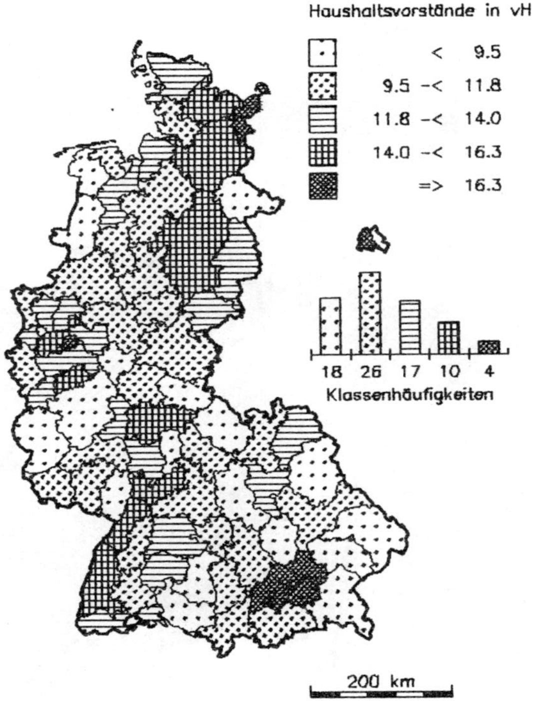

Quelle: Mikrozensus 1982, Regionalauswertung des Statistischen Bundesamtes im Auftrag der BfLR.
Grenzen: Raumordnungsregionen 1981.

Karte 3: Regionstypen des Haushaltsbildungsverhaltens 1982
Typisierung nach vier Merkmalen: 1. Haushaltsvorstandsquote insgesamt, 2. Quote der Ausländer, 3. der jungen Menschen und 4. der kleinen Haushalte

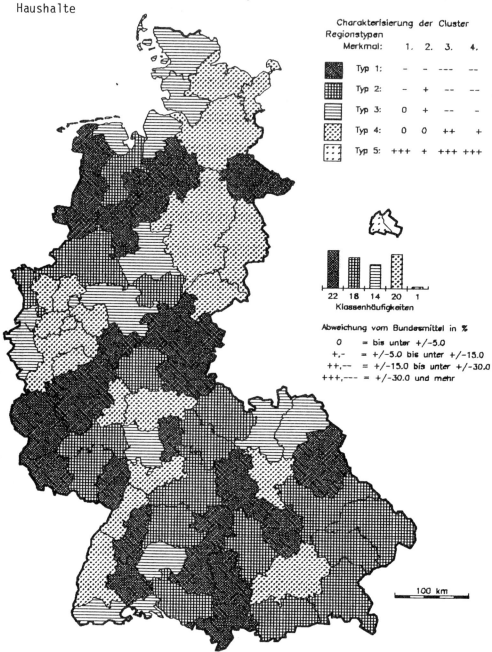

Quelle: Regionalauswertung des Statistischen Bundesamtes im Auftrag der BfLR.
Grenzen: Raumordnungsregionen, Gebietsstand 1.1.1981.

Zwischen diesen Verhaltensparametern besteht keine stochastische Unabhängigkeit. Will man eine Clusteranalyse zur Ermittlung verhaltenshomogener Regionen durchführen, dann stellt sich dadurch das statistische Problem der Multikollinearität. Deshalb wurde zunächst eine Korrelationsanalyse vorgeschaltet, um aus den sechs Verhaltensparametern diejenigen auszuwählen, die am wenigsten ausgeprägt miteinander korrelieren. Dadurch konnte eine systematische Verzerrung der Ergebnisse zwar nicht vermieden, aber doch kleinstmöglich gehalten werden.

Als Ergebnis dieser Korrelationsanalyse wurde ein Modell entwickelt, in das noch vier der sechs Verhaltensparameter eingingen. Berücksichtigt wurden die Haushalte insgesamt, die ausländischen, die jungen und die kleinen Haushalte. Die Haushaltsvorstandsquoten dieser vier Haushaltstypen wurden einer Clusteranalyse unterworfen, die die 75 Raumordnungsregionen zu fünf Regionsgruppen homogenen oder zumindest ähnlichen Verhaltens zusammenfaßt (vgl. Karten 2 und 3).

Auf der Basis dieser fünf Regionstypen wurden nunmehr - in Phase 3 der Auswertung - vom Statistischen Bundesamt Haushaltsvorstandsquoten in tiefer sachlicher Differenzierung ermittelt. Durch die Verbreitung der regionalen Basis konnte der Genauigkeitsanspruch an die Ergebnisse weitgehend erfüllt werden.

Im nächsten Rechenschritt, der noch zu leisten sein wird, werden diese Verhaltensparameter der Regionstypen mit der Bevölkerung der zugehörigen Region verknüpft. Die Basisgleichung (1) der Prognose wird somit modifiziert zu

(1') $H_{r,i,t} = \sum_{g} \sum_{a} q_{R,i,g,a,t} \cdot B_{r,g,a,t}$

wobei R Regionstyp ähnlichen Haushaltsbildungsverhaltens
       r Region, die dem Regionstyp zugehört.

Ein noch nicht gelöstes Problem stellt die Dynamisierung der Verhaltensparameter in der Zukunft dar. Die Prognose der Haushaltsvorstandsquoten (wahlweise der Haushaltsmitgliederquoten) setzt Informationen über deren Entwicklung in der Vergangenheit voraus. Die einmalige Regionalauswertung des Mikrozensus 1982 kann dies nicht leisten. Um gleichwohl den Veränderungen der Vergangenheit - die auf Bundesebene bekannt sind - Rechnung zu tragen, ist geplant, Annahmen über die zukünftige Entwicklung in den Regionen in Abhängigkeit von der Bundesentwicklung zu treffen:

Die Hypothesen über die Veränderung der Haushaltsvorstandsquoten auf Bundesebene sollen verknüpft werden mit Hypothesen über die relative Entwicklung des Regionstyps gegenüber dem Bund. Diese kann darin bestehen, daß eine Parallelentwicklung zwischen Bund und Regionstyp oder eine Annäherung (Konvergenz) oder eine stärkere Abweichung (Divergenz) zwischen den Verhaltensparametern erwartet wird. Ein Teil der auf der Individualebene ablaufenden demographischen Prozesse, durch die Zahl und Größenstruktur der Haushalte beeinflußt werden, ist in regionaler Differenzierung bekannt (z.B. Fertilität und Mortalität). Es soll versucht werden, von der Entwicklung dieser Teilkomponenten auf den Haushaltsbildungsprozeß insgesamt zu schließen.

4. Schlußbemerkungen

Regionalisierte Haushaltsprognosen wurden bisher allein mit Quotenverfahren durchgeführt. Dadurch war ein Erklärungsansatz, auf welche Komponenten in welchem Umfang die regionalen Unterschiede im Haushaltsbildungsverhalten zurückzuführen seien, nicht möglich. Um den Anspruch der Erklärbarkeit erfüllen zu können, wäre ein regionalisierter systemanalytischer Ansatz wie etwa die oben beschriebene Gruppensimulation anzustreben. Dies erfordert allerdings das Vorhandensein detaillierter Prozeßinformationen, die die amtliche Statistik nicht liefern kann. Wenn der Anspruch an die Genauigkeit der Ergebnisse etwas gelockert würde, könnte die Verwendung von Stichprobendaten hier weiterführen.

Allerdings zeigt die Beschreibung der beiden regionalisierten Prognoseverfahren, wie mühsam selbst bei der Verwendung von Quotenansätzen bereits die Ermittlung der regionalen Verhaltensparameter der Vergangenheit ist. Die Formulierung von Hypothesen über die zukünftige Entwicklung gestaltet sich doppelt schwierig, weil zum einen die Datenlage eine kontinuierliche Betrachtung nicht zuläßt und weil zum anderen das Konzept der Haushaltsvorstandsquoten als aggregierte Verhaltensparameter die ursprünglichen Determinanten der Haushaltsbildung auf der Individualebene verdeckt. Eine realistische Einschätzung der Ausbaumöglichkeiten regionaler Haushaltsprognosen, sei es in methodischer Sicht, sei es im sachlichen und regionalen Differenzierungsgrad, muß daher sehr zurückhaltend sein.

Anmerkungen

1) United States National Resources Planning Committee (ed.), 1938: The Problems of a Changing Population, Washington D.C., Government Printing Office.

2) Herberger, L./Borries, H.J., 1970: Vorausschätzung der Zahl der Privathaushalte bis 1980. In: Wirtschaft und Statistik, Heft 10, S. 504-509.

3) Borries, H.-J., 1973: Vorausschätzung der Zahl der Privathaushalte bis 1985. In: Wirtschaft und Statistik, Jg. 1973, Heft 6, S. 345-349; Putz, F., 1979: Entwicklung der Zahl der deutschen Privathaushalte 1961 bis 1990. In: Wirtschaft und Statistik, Jg. 1979, Heft 9, S. 649-651; Linke, W., 1983: Drei Verfahren zur Vorausschätzung der Privathaushalte. In: Zeitschrift für Bevölkerungswissenschaft, Jg. 9, Heft 1, S. 27-46.

4) Steger, A., 1980: Haushalte und Familien bis zum Jahre 2000. Eine mikroanalytische Untersuchung für die Bundesrepublik Deutschland (Schriftenreihe/ Sonderforschungsbereich 3 der Universitäten Frankfurt und Mannheim, Bd. 3), Frankfurt/M.

5) Möller, K.-P., 1982: Entwicklung von Bevölkerung und Haushalten in der Bundesrepublik Deutschland bis zum Jahr 2000. Anwendung von Modell und Szenario auf die Einkommens- und Verbrauchsstichprobe zur Abschätzung von Konsumstrukturen (Beitrag zur angewandten Wirtschaftsforschung, Bd. 9), Berlin.

6) United Nations (ed.), 1973: Manuals on Methods of Estimating Population, Manual VII: Methods of Projecting Households and Families, New York.

7) Steger, A., 1980: a.a.O.

8) Galler, H.P., 1986: Familien- und Haushaltsprognosen mit Mikromodellen. In: Birg, H. (Hg.), Demographische Methoden zur Prognose der Haushalts- und Familienstruktur - Synopse von Modellen und Prognoseergebnissen für die Bundesrepublik Deutschland (Schriftenreihe / Institut für Bevölkerungsforschung und Sozialpolitik, Universität Bielefeld, Bd. 10), Frankfurt/New York, S. 73-103, Zitat von S. 76f.

9) Möller, K.-P.: 1982, a.a.O.

10) Möller, K.-P., Schasse, E., 1986: Methodische Probleme der Gruppensimulation von privaten Haushalten. In: Birg, H. (Hg.): Demographische Methoden zur Prognose der Haushalts- und Familienstruktur - Synopse von Modellen und Prognoseergebnissen für die Bundesrepublik Deutschland (Schriftenreihe / Institut für Bevölkerungsforschung und Sozialpolitik, Universität Bielefeld, Bd. 10), Frankfurt/New York, S. 105-121.

11) Kaelin, A., 1952: Zur Bestimmung des Haushaltszuwachses aus der Bevölkerungsbewegung. In: Schweizerische Zeitschrift für Volkswirtschaft und Statistik, Jg. 88, S. 228-240.

12) Kuijsten, A., 1986: Advances in Family Demography (NIDI-Publication, Vol. 14), The Hague/Brussels.

13) Bucher, H., 1976: Regionalisierte Wohnungsbedarfsprognose für die Bundesrepublik Deutschland bis 1985, Beiträge zum Siedlungs- und Wohnungswesen und zur Raumplanung, Bd. 28, Münster.

14) Bucher, H., 1981: Ausreichend Wohnungen für junge Haushalte? In: Informationen zur Raumentwicklung, Heft 11/12, S. 827-846.

15) Rückert, G.-R., 1973: Regionale Bevölkerungsentwicklung 1970-1985 in den Gebietseinheiten des Bundesraumordnungsprogramms. In: structur, Heft 8, S. 174-178.

16) Klemmer, P., 1973: Die Shift-Analyse als Instrument der Regionalforschung. In: Akademie für Raumforschung und Landesplanung (Hg.), Methoden der empirischen Regionalforschung (1. Teil), Forschungs- und Sitzungsberichte, Bd. 87, S. 117-129, Hannover.

17) Bucher, H./Runge, L., 1984: Regionalisierte Prognose der privaten Haushalte in der Bundesrepublik Deutschland bis zum Jahr 2000. In: Informationen zur Raumentwicklung, Heft 12, S. 1181-1202.

REGIONALE SCHÜLERPROGNOSE

Eine Prognosemodell für Rheinland-Pfalz

von
Hans Libowitzky, Bad Ems

Gliederung

1. Einführung

2. Gesamtkonzeption der Schülerprognose für Rheinland-Pfalz

   2.1 Schülerprognose im Prognosesystem

   2.2 Prognosebereich

   2.3 Räumliche Abgrenzung

   2.4 Zeithorizont

3. Prognosemodell

   3.1 Berechnungsschema

   3.2 Grundschulen

      3.2.1 Schulanfänger
      3.2.2 Übergänge auf Sonderschulen und Wiederholer

   3.3 Übergänge auf die weiterführenden Schulen

      3.3.1 Übergänge nach Schularten
      3.3.2 Übergänge nach Schulorten
      3.3.3 Einpendler über die Landesgrenze
      3.3.4 Übergänge auf Integrierte Gesamtschulen

   3.4 Hauptschulen, Realschulen und Gymnasien

      3.4.1 Klassenstufe 10 an Hauptschulen

     3.4.2 Wechsel zwischen den Schularten
     3.4.3 Wiederholer

3.5 Schulentlassungen von Hauptschulen, Realschulen und Gymnasien

     3.5.1 Schulentlassungen von Hauptschulen
     3.5.2 Schulentlassungen von Realschulen
     3.5.3 Schulentlassungen von Gymnasien

3.6 Integrierte Gesamtschulen

3.7 Schulen für Lernbehinderte

     3.7.1 Schüler
     3.7.2 Schulentlassungen

4. Schlußbemerkungen

   4.1 Anwendung des Modells und erste Erfahrungswerte

   4.2 Methodenkritik: Fortschreibungsverfahren versus Strukturquotenverfahren

   4.3 Weiterentwicklung des Prognosemodells

Anmerkungen

1. Einführung

Schülerprognosen haben als Planungsgrundlage im Schulwesen eine lange Tradition. Komplexe Verfahren der Bildungsplanung, wie sie für globale Vorausschätzungen entwickelt wurden, sind für Regionalprognosen jedoch kaum geeignet. Die auf dieser Ebene verwendeten Modelle sind mathematisch relativ einfach aufgebaut.

Mit geringem Aufwand können schon recht zuverlässige Vorausschätzungen aus den bekannten Schülerzahlen und den Altersjahrgängen der noch nicht schulpflichtigen Kinder durch einfache Fortschreibung hergeleitet werden[1]. Entsprechend der Zeitspanne zwischen dem Jahr der Geburt und der Einschulung ist eine solche Fortrechnung allerdings auf einen Zeithorizont von sechs Jahren für den Grundschulbereich bzw. zehn Jahren für die weiterführenden Schulen beschränkt. Für einen längeren Prognosezeitraum müssen daher Daten aus einer Bevölkerungsprognose verfügbar sein.

Auch aus der regionalen Bevölkerungsprognose selbst lassen sich Anhaltspunkte für die künftige Entwicklung der Schülerzahlen gewinnen. Vom 6. bis zum 16. Lebensjahr sind fast alle Kinder und Jugendlichen schulpflichtig, so daß ein sehr enger Zusammenhang zwischen den demographischen Tendenzen und den Schülerzahlen besteht. Zwischen den Altersgruppen und einzelnen Abschnitten des Schulwesens läßt sich etwa folgende Verbindung herstellen:

- 6- bis 10jährige: Primarstufe (Grundschulen),
- 10- bis 16jährige: Sekundarstufe I (Hauptschulen, Realschulen, Gymnasien, Integrierte Gesamtschulen),
- 16- bis 19jährige: Sekundarstufe II (Gymnasien, Integrierte Gesamtschulen, berufsbildende Schulen).

Die Besetzung der für den Schulbesuch relevanten Altersgruppen liefert zwar brauchbare Richtwerte; diese reichen für detailliertere Planungen im Bildungssektor aber bei weitem nicht aus. Insbesondere fehlt die Differenzierung nach den verschiedenen Schularten im Bereich der Sekundarstufen. Hier sind aufgrund der Altersstruktur allenfalls Aussagen über die Entwicklungstendenz der demographischen Komponente möglich, während Verhaltensänderungen, wie sie sich in der Vergangenheit etwa mit dem verstärkten Übergang auf Realschulen und Gymnasien gezeigt haben, nicht erfaßt werden können.

Die regionale Schülerprognose soll also

- nicht nur Anhaltspunkte für die Entwicklung, sondern eine möglichst exakte Vorausschätzung der Schülerzahlen liefern,

- die Verteilung der Schüler auf die verschiedenen Schularten der Sekundarstufen darstellen,
- die räumliche Verteilung der Schüler auf die einzelnen Schulorte wiedergeben und
- Angaben über die Zahl der Entlaßschüler, insbesondere auch über ihre Qualifikation, bereitstellen.

Abb. 1: Bevölkerung im Schulalter in Rheinland-Pfalz 1950 - 1999

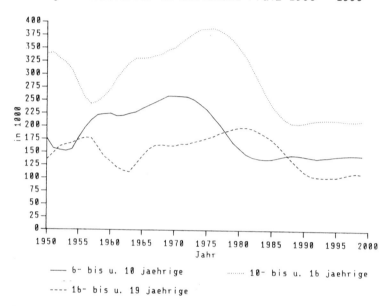

Eine folgerichtige Weiterentwicklung aus der Analyse der künftigen Altersstruktur ist das Strukturquotenverfahren. Hierbei wird in der einfachsten Version der Schülerbestand einer Schulart zu der Bevölkerung der relevanten Altersgruppe in Beziehung gesetzt. Dieser aus Beobachtungswerten der Vergangenheit ermittelte Quotient, die Strukturquote, wird auf die prognostizierte Bevölkerung im entsprechenden Alter übertragen. Sofern Daten über die Altersstruktur der Schüler vorliegen, läßt sich dieses Verfahren dahingehend verfeinern, daß Strukturquoten für die einzelnen Altersjahrgänge verwendet werden.

In der Strukturquote finden die vielfältigen Einflußgrößen der Schülerbewegung ihren pauschalen Niederschlag, so daß es kaum möglich ist, die Konsequenzen bestimmter Einzelentwicklungen sichtbar zu machen. Zwar ist es durchaus denkbar, die künftigen Strukturquoten zu variieren, wenn Konstanz nicht unterstellt werden kann; der Einfluß einer einzelnen Determinante läßt sich jedoch nur schwer quantifizieren. Hinzu kommt, daß die Variation einer Strukturquote, entsprechend dem Vorrücken der Jahrgangskohorten, eine Korrektur aller nachgelagerten Strukturquoten erfordert, wenn die Konsistenz gewahrt bleiben soll. Abgesehen von der Schwierigkeit, eine konsistente Schätzung der Strukturquoten zu finden, ist diese Vorgehensweise recht schwerfällig. In der Praxis wird das Strukturquotenverfahren daher meist nur herangezogen, wenn die Datenlage den Einsatz anderer Methoden nicht zuläßt oder wenn die Besonderheiten einer Schulart seine Anwendung nahelegen, so etwa bei bestimmten Formen der berufsbildenden Schulen. Gleichwohl wird das Strukturquotenverfahren auch für regionale Prognosen im Bereich der allgemeinbildenden Schulen verwendet[2].

Mitte der sechziger Jahre legte die Ständige Konferenz der Kultusminister der Länder erstmals eine Vorausschätzung der Schüler und Schulabgänger auf Länderebene vor[3]. Als einheitlich angewandtes Rahmenmodell für diese regelmäßig aktualisierten Prognosen hat sich seither das von K. Schmittlein[4] entwickelte Übergangsquotenverfahren durchgesetzt. In diesem Modell werden als Übergänge die verschiedenen Komponenten der Schülerbewegung bezeichnet. Aus dem Schülerbestand einer Klassenstufe in einer bestimmten Schulart rückt am Schuljahresende ein Teil der Schüler in die nächsthöhere Klassenstufe vor, ein Teil wird die Klassenstufe wiederholen, die übrigen Schüler wechseln auf andere Schularten oder verlassen den Bereich der allgemeinbildenden Schulen mit einer bestimmten Qualifikation. Bezieht man diese Übergänge auf den Ausgangsbestand, so ergeben sich die Übergangsquoten, die sich theoretisch zum Wert 1 summieren müssen. Mit Hilfe dieser als Übergangswahrscheinlichkeiten interpretierten Quoten werden, ausgehend von einem vorhandenen Schülerbestand, künftige Bestände geschätzt, die noch um die Schulanfänger zu ergänzen sind.

Dieses theoretische Konzept wird für die praktische Anwendung erheblich vereinfacht. Für die Übergänge innerhalb derselben Schulart wird unterstellt, daß alle Schüler einer Klassenstufe aus der nächstniedrigeren Klassenstufe dieser Schulart vorgerückt sind, auch wenn es sich tatsächlich um Wiederholer oder um Zugänge von anderen Schularten handelt. Diesen Quotienten aus der Zahl der Schüler einer Klassenstufe eines Schuljahres bezogen auf die Schülerzahl der nächstniedrigeren Klassenstufe des vorangegangenen Schuljahres nennt Schmittlein "als-ob-Übergangsquote". Da es sich nicht mehr um echte Übergänge aus einem gegebenen Bestand handelt und sowohl im Zähler als auch im Nenner dieses Quotienten Wiederholer und Zugänge enthalten sind, weichen die als-ob-Übergangsquoten in der Regel vom Wert 1 ab, insbesondere können sie auch größer als 1 sein. Ähnlich wird für die 1. Klassenstufe der Grundschule unterstellt, daß alle Schüler als Schulanfänger erstmals eingeschult werden. Lediglich beim Wechsel in die Eingangsstufe der Realschulen und Gymnasien wird eine dem tatsächlichen Ablauf entsprechende Differenzierung vorgenommen.

Da dieses Modell einfach zu handhaben ist und das erforderliche Datenmaterial ohne Schwierigkeiten beschafft werden kann, hat das Übergangsquotenverfahren in der Praxis breite Verwendung gefunden. Auch regionale Schülerprognosen werden nach diesem Konzept erstellt, so etwa in Nordrhein-Westfalen auf der Ebene der kreisfreien Städte und Landkreise[5].

Indessen ist nicht zu übersehen, daß die tiefere regionale Gliederung besondere Probleme aufwirft, die mit wachsender räumlicher Differenzierung zunehmen. Ähnlich der Bevölkerungsprognose ergeben sich hieraus spezifische Anforderungen an das benötigte Datenmaterial wie auch an die Gestaltung des Prognoseverfahrens. Das Gewicht der Wanderungen von Schülern über die jeweiligen Gebietsgrenzen nimmt mit steigendem Disaggregationsgrad der Raumeinheiten zu. Dies hat zur Folge, daß die als-ob-Übergangsquoten stärker verzerrt werden und auch größeren Zufallsschwankungen unterliegen. Hinzu kommt, daß die Einzugsbereiche der Schulen einer Schulart häufig sowohl von den Einzugsbereichen der Schulen anderer Schularten als auch von den Verwaltungsgrenzen abweichen, so daß sich insbesondere beim Wechsel von der Grundschule auf die weiterführenden Schulen in den Übergangsquoten auch regionale Zuordnungsprobleme niederschlagen. Diese Schwierigkeiten führten zu der Entscheidung, bei der Konzeption einer regionalen Schülerprognose für Rheinland-Pfalz zu dem theoretischen Grundgedanken des Schmittlein-Modells zurückzukehren. Während der durch die als-ob-Übergangsquoten verursachte Prognosefehler auf Landesebene wohl toleriert werden kann, erschien auf der Ebene der Kreise und insbesondere der Schulorte die getrennte Behandlung der verschiedenen Komponenten der Schülerbewegung unumgänglich. Da der Begriff des Übergangs enger definiert und nur auf den Wechsel zwischen den Schularten bezogen wird, außerdem der Terminus "Übergangsquotenverfahren" üblicherweise für das Rechnen mit den als-ob-Übergangsquoten gebraucht wird, wurde für den im folgenden beschriebenen Ansatz die Bezeichnung "Fortschreibungsverfahren" gewählt.

2. Gesamtkonzeption der Schülerprognose für Rheinland-Pfalz

2.1 Schülerprognose im Prognosesystem

Die regionale Schülerprognose ist ein Element eines integrierten Systems regionaler Prognosen für Rheinland-Pfalz. Als Fundament dieses Systems ist die regionale Bevölkerungsprognose anzusehen, deren Wanderungsansatz auch Vorausschätzungen der Erwerbspersonen und der Arbeitsplätze einschließt. Dss Fortschreibungsverfahren bedingt, daß die Ergebnisse der Schülerprognose in den ersten Jahren des Prognosezeitraums überwiegend von den im Basisjahr vorhandenen Schülerbeständen bestimmt werden. Mit dem weiteren Fortschreiten in die Zukunft hängt die prognostizierte Entwicklung in zunehmendem Maße von der Bevölkerungsvorausschätzung ab. Obwohl Schülerprognose und Bevölkerungsprognose im wesentlichen nur eine Schnittstelle aufweisen, wie noch zu zeigen sein wird, ist die Schülerprognose damit fest in das Gesamtsystem eingebunden. Zugleich wird die Bevölkerungsprognose ihrer Leit- und Koordinierungsfunktion auch für den Bereich der Bildungsplanung gerecht.

Insbesondere mit der Vorausschätzung der Entlaßschüler ist die Schülerprognose ihrerseits wieder Basis für eine Reihe von Anschlußprognosen, wie etwa der Nachfrage nach Ausbildungs- oder Studienplätzen. Daneben bestehen auch Rückkoppelungen mit der Bevölkerungsprognose. So wird die künftige Entwicklung der Schülerzahlen bei der Prognose der Erwerbspersonen im Alter von 15 bis unter 20 Jahren berücksichtigt.

2.2 Prognosebereich

Die regionale Schülerprognose deckt den Bereich der allgemeinbildenden Schulen nahezu vollständig ab und umfaßt Grundschulen, Hauptschulen, Realschulen, Gymnasien (einschließlich Aufbaugymnasien), Integrierte Gesamtschulen und die Schulen für Lernbehinderte. Die übrigen Schulformen der Sonderschule sowie die Freien Waldorfschulen sind nicht einbezogen, weil sie entweder eine überregionale Versorgungsfunktion erfüllen oder aus anderen Gründen kein Bedarf für eine Regionalprognose besteht. Schüler noch bestehender Volksschulen sind, ebenso wie die Schüler organisatorisch verbundener Grund- und Hauptschulen, entsprechend ihrer Zugehörigkeit zur Primarstufe bzw. Sekundarstufe I den Grundschulen oder den Hauptschulen zugeordnet.

Eine Sonderstellung hat die an Hauptschulen, Realschulen oder Gymnasien eingerichtete schulartübergreifende Orientierungsstufe, da hier über die angestrebte Schullaufbahn erst am Ende der 6. Klassenstufe entschieden wird. Da schulartübergreifende Orientierungsstufen zur Zeit nur an 25 Schulorten bestehen, sind besondere methodische Vorkehrungen erforderlich, um Verzerrungen des Übergangsverhaltens beim Wechsel auf die weiterführenden Schulen auszuschliessen.

Der wichtige Bereich der berufsbildenden Schulen wurde zunächst ausgeklammert, weil die regionale Zuordnung der Schüler hier besondere Probleme aufwirft. Abgesehen davon, daß Angaben über den Wohnort der Schüler im Gegensatz zum Bereich der allgemeinbildenden Schulen nicht vorliegen, fehlt bei den berufsbildenden Schulen auch der unmittelbare Bezug zum Wohnort, da für die Zuordnung der Schüler zu einem Schulort der Arbeitsort maßgebend ist. Außerdem werden in seltener gewählten Bildungsgängen die Schüler schwerpunktmäßig an einigen wenigen Schulorten zusammengezogen. Dadurch wird eine Regionalprognose für die berufsbildenden Schulen erheblich erschwert.

2.3 Räumliche Abgrenzung

Für Grundschulen und Sonderschulen sind feste Einzugsbereiche vorgeschrieben, die sich an den Verwaltungsgrenzen orientieren, so daß auf Kreisebene Schüler am Schulort und Schüler am Wohnort weitgehend identisch sind. Damit können auch die Übergänge von den Grundschulen wohnortbezogen prognostiziert werden; dies ist eine wesentliche Voraussetzung für die regionale Verteilung der Übergänge auf die Schulorte der weiterführenden Schulen. Ein wichtiges Argument für den Kreis als räumliches Gliederungsprinzip ist außerdem die Notwendigkeit, die Prognosen bei diesen beiden Schularten mit der Bevölkerungsprognose zu verknüpfen, in der ebenfalls der Kreis die kleinste regionale Einheit bildet.

Für Hauptschulen, Realschulen, Gymnasien und Integrierte Gesamtschulen ist dagegen eine tiefere regionale Gliederung nach Schulorten und ihren Einzugsbereichen vorgesehen. Bei den Hauptschulen sind zwar ebenfalls Einzugsbereiche festgelegt, die in der Regel die Kreisgrenzen nicht schneiden, jedoch besteht hier ein dringender Bedarf an Informationen über die künftige Entwicklung auf der Ebene der Schulorte. Für Realschulen, Gymnasien und Integrierte Gesamtschulen gelten dagegen keine obligatorischen Einzugsbereiche. Ihre Grenzen sind daher fließend und stimmen nur ausnahmsweise mit den Verwaltungsgrenzen überein. Für die Zwecke der Prognose müssen die Einzugsbereiche jedoch eindeutig abgegrenzt werden, weil die statistischen Angaben immer schulortbezogen vorliegen, während die Übergänge von den Grundschulen wohnortbezogen prognostiziert werden. Diese Abgrenzung wird durch eine Erhebung der Schüler nach Wohnorten (Einzugsbereichsstatistik) ermöglicht, die seit dem Schuljahr 1979/80 an allen allgemeinbildenden Schulen in Rheinland-Pfalz durchgeführt wird, so daß jährlich aktuelle Daten über die Verflechtung von Wohnorten und Schulorten vorliegen.

2.4 Zeithorizont

Als Zeithorizont der Prognose ist, in Anlehnung an die regionale Bevölkerungsprognose, eine Periode von 15 Jahren vorgesehen. Die Vorausschätzung der Schulentlassungen umfaßt faktisch sogar 16 Prognosejahre, da der für das Basisschuljahr ermittelte Wert bereits ein Prognoseergebnis darstellt. Erhebungstermin der Schulstatistiken ist der Beginn des Schuljahres, so daß jeweils nur die Entlaßschüler am Ende des dem Erhebungsjahr vorangegangenen Schuljahres erfaßt werden können. Die Schulentlassungen des Basisschuljahres sind daher zum Zeitpunkt der Prognose noch nicht bekannt.

3. Prognosemodell

3.1 Berechnungsschema

Zur Prognose des Schülerbestandes wird für die einzelnen Schularten mit Ausnahme der Sonderschulen das Fortschreibungsverfahren verwendet, dessen Grundgedanke eine möglichst realitätsgetreue Abbildung der Modalitäten ist, nach denen die Schüler das Schulsystem durchlaufen. Ausgangspunkt ist der Schülerbestand zu Beginn des Basisschuljahres, gegliedert nach Klassenstufen und Verwaltungsbezirken bzw. Schulorten. Dieser Anfangsbestand wird um die Schülerabgänge am Schuljahresende verringert. Die verbleibenden Schüler rücken, sofern sie die Klassenstufe nicht wiederholen, in die nächsthöhere Klassenstufe vor. Zusammen mit den übrigen Zugängen und den Wiederholern dieser Klassenstufe ergibt sich ein neuer Ausgangsbestand am Beginn des folgenden Schuljahres. Dieser Prozeß wiederholt sich bis zum Ende des Prognosezeitraums. Schematisch läßt sich die Fortschreibungsmethode wie folgt darstellen:

Schüler der Klassenstufe i am Beginn des Schuljahres t
./. Übergänge auf andere Schularten im Schuljahr t
./. Abgänge (Schulentlassungen) im Schuljahr t
./. Wiederholer der Klassenstufe i im Schuljahr t + 1
Schüler, die aus der Klassenstufe i am Ende des Schuljahres t vorrücken

+ Wiederholer der Klassenstufe i + 1 im Schuljahr t + 1
+ Zugänge von anderen Schularten in der Klassenstufe i + 1 am Beginn des Schuljahres t + 1
Schüler der Klassenstufe i + 1 am Beginn des Schuljahrs t + 1

Übergänge, Zugänge, Abgänge und Wiederholer werden mit Hilfe entsprechender, auf den Schülerbestand bezogener Quoten prognostiziert, die in der Regel als Durchschnitt aus den Werten der letzten drei Beobachtungsjahre ermittelt und im Prognosezeitraum konstant gehalten werden. Selbst wenn die Entwicklung in der Vergangenheit Anhaltspunkte für eine Trendextrapolation liefert, ist die weitere Wirksamkeit der zugrundeliegenden Faktoren in der Zukunft meist schwer abzuschätzen. Trendberechnungen der Quoten sind daher nur in wenigen Ausnahmefällen vorgesehen.

3.2 Grundschulen

3.2.1 Schulanfänger

Die Fortschreibung des vorhandenen Schülerbestandes muß in den Prognosejahren jeweils um die neu aufgenommenen Schüler der Eingangsstufe ergänzt werden. Bei den Grundschulen sind dies in der 1. Klassenstufe die erstmals eingeschulten Kinder in folgender Abgrenzung:

- in diesem Schuljahr erstmals schulpflichtige Kinder,
- bereits im vorangegangenen Schuljahr schulpflichtige Kinder, die damals aber vor Schulbeginn zurückgestellt wurden,
- noch nicht schulpflichtige Kinder (vorzeitig eingeschulte Kinder).

Im Verlauf des ersten Schuljahres zurückgestellte und im folgenden Jahr erneut aufgenommene Schüler werden den Wiederholern zugerechnet.

Zur Prognose der Ersteinschulungen werden altersspezifische Einschulungsquoten ermittelt, die den Anteil der Schulanfänger eines bestimmten Altersjahrgangs an der Gesamtzahl der Kinder gleichen Alters angeben. Multipliziert man für jedes Prognosejahr die Zahl der Kinder eines Altersjahrgangs aus der regionalen Bevölkerungsprognose mit den kreis- und altersspezifischen Einschulungsquoten, so erhält man die Zahl der Schulanfänger.

Im Rahmen des Fortschreibungsverfahrens stellen die Ersteinschulungen die einzige Verknüpfung zwischen Schülerprognose und Bevölkerungsprognose her. Dies ist vor allem deswegen von Bedeutung, weil damit Vorgänge der Bevölkerungsbewegung im Prognosezeitraum nur berücksichtigt werden, soweit sie vor der Einschulung liegen. Sind die Einschulungen in den Rechengang eingeschleust, so läuft die Schülerprognose unbeeinflußt von der Bevölkerungsprognose ab. Während Sterbefälle von Schülern wegen der geringen Sterblichkeit in diesen Altersjahrgängen vernachlässigt werden können, ist dies hinsichtlich der Wanderungen von Schülern nicht ohne weiteres möglich. Die Zahl der Zu- bzw. Fortzüge liegt in diesen Altersjahrgängen bei etwa 3 % der Bevölkerung (Wanderungen über die Kreisgrenzen). Trotzdem bleiben die Wanderungen in der Schülerprognose zunächst unberücksichtigt, da die Zahl der Wanderungsfälle in der notwendigen Differenzierung nach Schularten, Klassenstufen und kleinen räumlichen Einheiten jeweils sehr gering ist.

Abb. 2: Ablaufschema für die Prognose der Schüler an Grundschulen

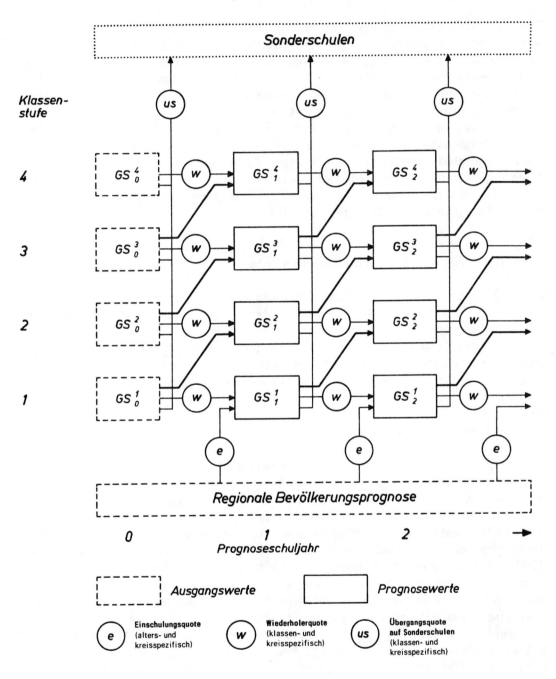

Quelle: Statistisches Landesamt Rheinland-Pfalz.

3.2.2 Übergänge auf Sonderschulen und Wiederholer

Für den Wechsel auf andere Schularten kommen im Grundschulbereich nur die Schulformen der Sonderschule in Betracht. Übergänge auf Sonderschulen treten in allen Klassenstufen auf, allerdings sind die Übergangsquoten in der 3. und 4. Klassenstufe sehr niedrig. Auch Klassenwiederholer kommen in allen Klassenstufen vor, obwohl in bestimmten Klassenstufen seit einigen Jahren keine Versetzungszeugnisse mehr ausgestellt werden. Trotzdem ist es aber möglich, diese Klassenstufen freiwillig oder im Wege der Zurückstellung zu wiederholen. Die Übergangsquoten auf Sonderschulen und die Wiederholerquoten werden, ebenso wie die Einschulungsquoten, nach Kreisen differenziert. Damit wird regionalen Besonderheiten Rechnung getragen, wie sie etwa durch einen relativ hohen Anteil ausländischer Kinder oder die unterschiedliche Ausstattung mit Sonderschulen in einzelnen Kreisen gegeben sind.

3.3 Übergänge auf die weiterführenden Schulen

Wie bei den Grundschulen muß auch bei den weiterführenden Schulen die Eingangsstufe, hier die 5. Klassenstufe, mit Zugängen ergänzt werden, die nicht bei der Fortschreibung im Bereich der weiterführenden Schulen anfallen. Dies sind hier die Zugänge aus der 4. Klassenstufe der Grundschulen, deren Verteilung auf die Schularten der Sekundarstufe I und regional auf die Schulorte eine entscheidende Schlüsselstelle des Prognosemodells bildet.

3.3.1 Übergänge nach Schularten

Die Präferenz für einen bestimmten Schulabschluß und die daraus resultierende Wahl der Schulart wird von einer Reihe von Faktoren beeinflußt, die räumlich in unterschiedlichem Maß gegeben sind. Auf der Nachfrageseite ist dabei vor allem die sozioökonomische Struktur der Bevölkerung von Bedeutung, die auch großräumig deutliche Unterschiede bewirkt, je nachdem, ob es sich um eher ländlich strukturierte oder um stärker verdichtete Gebiete handelt. Das schulische Angebot wirkt sich dagegen mehr auf der lokalen Ebene aus, wobei die räumliche Entfernung und die vorhandene Verkehrsinfrastruktur eine wesentliche Rolle spielen. Dies hat tendenziell zur Folge, daß die Neigung, ein Gymnasium oder eine Realschule zu besuchen, am Standort der Schule größer ist als in der Peripherie ihres Einzugsbereichs. Selbst innerhalb eines relativ kleinen Gebietes resultieren daraus erhebliche Abweichungen des Übergangsverhaltens, so daß zur Prognose der Schülerübergänge auf weiterführende Schulen Übergangsquoten verwendet werden, die nach Verbandsgemeinden bzw. verbandsfreien Gemeinden differenziert sind.

Da verbandsgemeindespezifische Übergangsquoten nur mit Hilfe der Einzugsbereichsstatistik zuverlässig bestimmt werden können, basiert ihre Berechnung auf dem Schülerbestand der 5. Klassenstufe. Der Schülerbestand enthält zwar nicht nur die Übergänge aus der 4. Klassenstufe, sondern auch Wiederholer und Zugänge von anderen Schularten. Die dadurch auftretenden Verzerrungen sind jedoch gering und können vernachlässigt werden. Schüler der schulartübergreifenden Orientierungsstufe werden auf Hauptschulen, Realschulen bzw. Gymnasien verteilt, wobei als Schlüssel der Anteil der jeweiligen Schulart an den Übergängen von der 6. Klassenstufe der schulartübergreifenden Orientierungsstufe dient. Durch entsprechende Umsortierung und Zusammenfassung der schulortbezogen erhobenen Daten aus der Einzugsbereichsstatistik kann festgestellt werden, welche Schulart die in einer bestimmten Verbandsgemeinde ansässigen Schüler der 5. Klassenstufe besuchen. Der Anteil der einzelnen Schularten stellt dann die verbandsgemeindespezifische Übergangsquote dar.

Die gezielte Bildungswerbung in den sechziger Jahren und die verschärfte Konkurrenzsituation am Lehrstellenmarkt seit den siebziger Jahren führten dazu, daß immer mehr Jugendliche einen qualifizierten Schulabschluß anstrebten. Während Mitte der sechziger Jahre noch etwa drei Viertel der Grundschüler auf Hauptschulen wechselten, war dieser Anteil zu Beginn der achtziger Jahre auf weniger als die Hälfte zurückgegangen. Um der steigenden Nachfrage Rechnung zu tragen, wurde vor allem das Angebot im Realschulbereich in erheblichem Umfang erweitert. Die Zahl der Realschulen hat sich seit 1965 fast verdoppelt, wobei der Schwerpunkt des Ausbaus vor 1975 lag; aber noch bis in die jüngste Zeit wurden neue Realschulen errichtet. Die Kapazitäten im gymnasialen Bereich wurden ebenfalls erhöht, wenn auch in geringerem Maße als bei den Realschulen. Neben der generellen Verbesserung des schulischen Angebots zielten diese Ausbaumaßnahmen vor allem auf eine ausgeglichenere Versorgung im Raum ab.

Da grundsätzlich damit gerechnet werden muß, daß sich das Übergangsverhalten beim Wechsel von der Grundschule in die Schularten der Sekundarstufe I auch künftig noch wandelt, sieht das Prognosemodell die Möglichkeit einer Trendvorausschätzung vor. Die Prognose der Übergangsquoten unmittelbar auf der Verbandsgemeindeebene ist allerdings aus methodischen Gründen problematisch. Eine Trendextrapolation wird daher nur für die Landesdurchschnittswerte vorgenommen, wobei die Stützperiode etwa die letzten zehn Jahre umfaßt. Mit dem Schuljahr 1974/75 setzte ein stetiger Anstieg der Übergangsquoten auf Realschulen und Gymnasien ein. Bis zum Schuljahr 1981/82 erhöhte sich die Übergangsquote der Realschulen von 16,9 % auf 20,7 % und diejenige der Gymnasien von 24,8 % auf 29,4 %. Die relativ stärkste Zunahme ergab sich für die Integrierten Gesamtschulen, bedingt durch die Errichtung der dritten Schule dieses Typs in Ludwigshafen. Entsprechend sank der Anteil der Hauptschulen an den Übergängen von 57,6 % auf 48,6 %. Diese über mehrere Jahre stetig verlaufende Entwicklung des Übergangsverhaltens wurde im Schuljahr 1982/83 zunächst unterbrochen, setzte sich aber im folgenden Schuljahr wieder fort. Ob sich hier eine Trendumkehr oder zumindest eine Stabilisierung auf dem erreichten Niveau andeutet, ist zum jetzigen Zeitpunkt außerordentlich schwer abzuschätzen. Bei den bisher durchgeführten Prognosen wurden für die künftige Entwicklung folgende Annahmen zugrunde gelegt:

- Die Übergangsquote auf Gymnasien hat mit zuletzt 30 % schon ein recht hohes Niveau erreicht. Sie liegt damit zwar unter den Werten anderer Bundesländer, jedoch ist hierbei zu berücksichtigen, daß weite Teile von Rheinland-Pfalz dem ländlichen Raum zuzurechnen sind, wo das Gymnasium strukturbedingt eine geringere Bedeutung hat. Ob aus dieser Tatsache ein künftiger Nachholbedarf abzuleiten ist, läßt sich schwer beurteilen. Daher wurde der zuletzt beobachtete Wert der Übergangsquote auf Gymnasien im Prognosezeitraum konstant gehalten.

- Das Streben nach einer besseren Schulbildung als Grundlage einer qualifizierten beruflichen Ausbildung wird voraussichtlich anhalten, so daß die Bedeutung der Realschule weiter zunimmt. Gegen einen Anstieg im bisherigen Ausmaß sprechen allerdings zwei Umstände. Zum einen ist die Entwicklung in der Stützperiode teilweise noch vom Ausbau dieser Schulart beeinflußt: In diesem Zeitraum wurden zehn neue Realschulen errichtet, die vor allem bestehende Versorgungslücken im ländlichen Raum schlossen und ein entsprechend verändertes Übergangsverhalten induzierten. Zum anderen ist es seit einigen Jahren erklärtes Ziel der Schulpolitik, die Stellung der Hauptschule im gegliederten Schulsystem zu stärken. Selbst wenn sich die damit verbundenen quantitativen Vorstellungen nicht realisieren lassen sollten, ist eine solche Zielsetzung doch geeignet, die bisher beobachtete Tendenz zuungunsten der Hauptschule zumindest zu dämpfen. Diesen Einfluß (nicht die quantitative Vorgabe!) darf und muß die Prognose als ein Element der Status-quo-Bedingung berücksichtigen. Für die Realschulen wurde daher ein abgeschwächter trendmäßiger Anstieg unterstellt, so daß sich die Übergangsquote von zuletzt 20,3 % auf 22 % im Prognoseschuljahr 1998/99 erhöht.

- Diesem Anstieg entsprechend sinkt der Anteil der Hauptschulen an den Übergängen als Residuum auf 46,4 %.

Nachdem die Aufbauphase nunmehr abgeschlossen ist und die Schülerzahlen fast überall zurückgehen, ist anzunehmen, daß Restriktionen auf der Angebotsseite das Übergangsverhalten immer weniger beeinflussen. Die regionalen Übergangsquoten werden daher zunehmend von Determinanten auf der Nachfrageseite bestimmt. Obwohl es nicht einfach ist, die beobachteten regionalen Unterschiede zu interpretieren, da sich Angebots- und Nachfrageeffekte überlagern, wird die sozioökonomische Struktur der Bevölkerung als wesentlicher Faktor erkennbar. In den stärker verdichteten Räumen der Regionen Rheinhessen-Nahe und Rheinpfalz liegt die Übergangsquote auf Gymnasien über dem Landesdurchschnitt, während die Hauptschulen eine geringere Bedeutung haben. In den Regionen Mittelrhein-Westerwald, Trier und Westpfalz, die in weiten Teilen eher ländlich geprägt sind, nehmen die Gymnasien einen unterdurchschnittlichen Anteil der Schülerübergänge auf, während die Hauptschulen, in der Region Trier auch die Realschulen, überrepräsentiert sind. In fast allen kreisfreien Städten liegt die Übergangsquote auf Gymnasien mehr oder weniger deutlich über dem Landesdurchschnitt, während Hauptschulen und auch Realschulen in der Regel geringeres Gewicht haben.

Abb. 3: Übergangsverhalten beim Wechsel von der Grundschule auf die weitergehenden Schulen in Rheinland-Pfalz 1971 - 1998

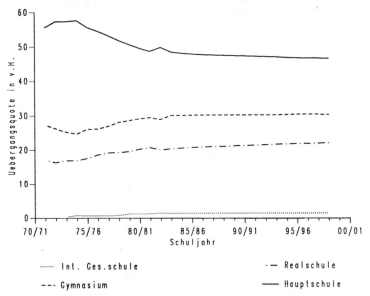

Die prognostizierten Übergangsquoten werden in der Weise regionalisiert, daß die verbandsgemeindespezifischen absoluten Abweichungen vom Landeswert, die im Durchschnitt der letzten drei Beobachtungsjahre aufgetreten sind, für den Prognosezeitraum konstant gehalten werden. Bei der angenommenen Entwicklung der Landesdurchschnittswerte bedeutet dies, daß bei den Gymnasien die regionale Struktur im Prognosezeitraum unverändert bleibt, während sich bei den Realschulen eine geringfügige Annäherung an den Landestrend ergibt. Eigenständige regionale Entwicklungen im Prognosezeitraum werden nicht angenommen. Dahinter steht die Überlegung, daß einerseits bei dem gegebenen Ausbaustand Änderungen auf der Angebotsseite nicht zu erwarten oder jedenfalls nicht absehbar sind, und andererseits die sozioökonomische Struktur der Bevölkerung als Hauptdeterminante der Nachfrage sich nur allmählich wandelt und für den Zeitraum von 15 Jahren als konstant unterstellt werden kann. Die letztere Annahme wird dann problematisch, wenn kleinräumliche soziale Entmischungspro-

Abb. 4: Ablaufschema für die Prognose der Übergänge von den Grundschulen auf die weiterführenden Schulen

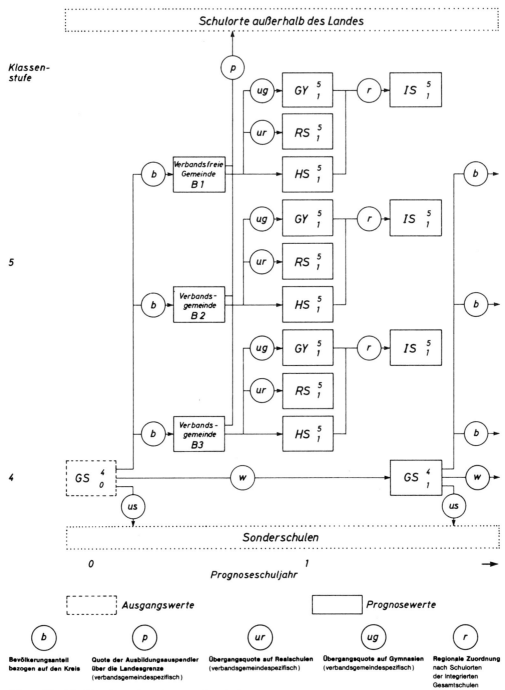

Quelle: Statistisches Landesamt Rheinland-Pfalz.

zesse beschleunigt ablaufen, etwa bedingt durch Stadt-Umland-Wanderungen. Solange diese Wanderungen im Einzugsbereich eines Schulorts stattfinden, heben sich die so entstehenden Fehler teilweise auf, da die Übergänge letztlich wieder nach Schulorten zusammengefaßt werden. Liegt das Ziel der Wanderungen in einem anderen Schuleinzugsbereich, so könnten allerdings größere Fehleinschätzungen die Folge sein.

Die prognostizierte Gesamtzahl der Schüler, die aus der 4. Klassenstufe vorrücken, liegt zunächst nur auf der für den Grundschulbereich maßgebenden Kreisebene vor. Dieser Bestand muß auf die verbandsfreien Gemeinden und Verbandsgemeinden des Kreises aufgeschlüsselt werden. Da das durchschnittliche Übergangsalter bei 10 bis 11 Jahren liegt, wird als Verteilungsschlüssel der Anteil der Verbandsgemeinde an der Gesamtzahl der Kinder dieses Alters im jeweiligen Kreisgebiet verwendet. Die hierfür benötigten Prognosedaten liefert eine Bevölkerungsvorausschätzung auf Verbandsgemeindeebene. Obwohl in dieser Prognose Wanderungen nicht berücksichtigt sind, erscheint es vertretbar, ihre Ergebnisse hier zur Bildung von Anteilswerten heranzuziehen.

Die für die einzelnen Schularten ermittelten Übergangsquoten umfassen nur Übergänge auf rheinland-pfälzische Schulen. Von der prognostizierten Gesamtzahl der Übergänge aus der 4. Klassenstufe der Grundschulen sind daher in einem zweiten Schritt die Ausbildungsauspendler über die Landesgrenze abzusetzen. Da statistische Angaben über die Auspendler nicht vorliegen, müssen die benötigten verbandsgemeindespezifischen Auspendlerquoten geschätzt werden. Hierzu werden wohnortbezogen die aus der Grundschule vorrückenden Schüler am Ende eines Schuljahres den entsprechenden Zugängen in den weiterführenden Schulen am Anfang des folgenden Schuljahres gegenübergestellt. Vorrückende Schüler, die nicht als Zugänge erscheinen, werden als Auspendler behandelt. Die Auspendlerquoten werden für ein aktuelles Beobachtungsjahr ermittelt und im Prognosezeitraum konstant gehalten.

Die Schülerübergänge in die 5. Klassenstufe der Realschulen und der Gymnasien ergeben sich durch Multiplikation der je Verbandsgemeinde prognostizierten Gesamtzahl der Übergänge (ohne Auspendler) mit den verbandsgemeindespezifischen Übergangsquoten. Die Schülerübergänge auf die Hauptschulen werden als Differenz zwischen der Gesamtzahl und der Summe der Übergänge auf Realschulen und Gymnasien ermittelt.

3.3.2 Übergänge nach Schulorten

Die wohnortbezogen prognostizierten Übergänge sind schließlich den Schulorten zuzuordnen, in deren Einzugsbereich der Wohnort des Schülers liegt. Durch Umsortierung der schulortbezogen erhobenen Daten aus der Einzugsbereichsstatistik kann festgestellt werden, welche Schulorte die in einer bestimmten Verbandsgemeinde oder verbandsfreien Gemeinde ansässigen Hauptschüler, Realschüler bzw. Gymnasiasten besuchen. Daraus läßt sich ein Verteilungsschlüssel ermitteln, nach dem beispielsweise die Gymnasiasten einer Verbandsgemeinde einem oder auch mehreren Gymnasialorten zuzuordnen sind. Grundlage dieser Berechnung ist der Schülerbestand der 7. Klassenstufe in den letzten drei Beobachtungsjahren. Dadurch werden Probleme vermieden, die sich aus der Existenz einer schulartübergreifenden Orientierungsstufe für die regionale Zuordnung ergeben können. Da die Determinanten einer zukünftigen Änderung der Schuleinzugsbereiche der Prognose nicht zugänglich sind, wird dieser Verteilungsschlüssel im Prognosezeitraum konstant gehalten.

Die auf die einzelnen Schulorte entfallenden Schülerübergänge ergeben sich durch Multiplikation der wohnortbezogen prognostizierten Übergänge auf die jeweilige Schulart mit dem Verteilungsschlüssel. Damit ist der Bezug zum Schulort hergestellt, und die Schülerübergänge können nach Schulorten zusammengefaßt werden.

3.3.3 Einpendler über die Landesgrenze

In einigen Grenzgebieten des Landes spielen Ausbildungseinpendler aus anderen Bundesländern eine größere Rolle. Da regionale Schülerprognosen für die meisten Nachbarländer nicht verfügbar sind, müssen die Zugänge von Grundschulen außerhalb des Landes autonom mit Hilfe von Einpendlerquoten vorausgeschätzt werden. Diese Quoten werden je Schulort als Anteil der Einpendler an der Schülerzahl der 7. Klassenstufe in den letzten drei Beobachtungsjahren ermittelt. Der Durchschnittswert wird über den Prognosezeitraum konstant gehalten, da eine Veränderung parallel zur Entwicklung im benachbarten rheinland-pfälzischen Raum plausibel erscheint.

3.3.4 Übergänge auf Integrierte Gesamtschulen

Das beschriebene Verfahren zur Prognose der Schülerübergänge von der 4. Klassenstufe der Grundschulen setzt voraus, daß im gesamten Gebiet des Landes für jede weiterführende Schulart ein flächendeckendes Netz von Schulorten besteht. Dies ist bei den Integrierten Gesamtschulen jedoch nicht der Fall. Andererseits ist aber auch für diese Schulen eine exakte Abgrenzung der Einzugsbe-

Abb. 5: Ablaufschema für die Prognose der Wohnort-Schulort-Verflechtung bei Übergängen von den Grundschulen auf die weiterführenden Schulen

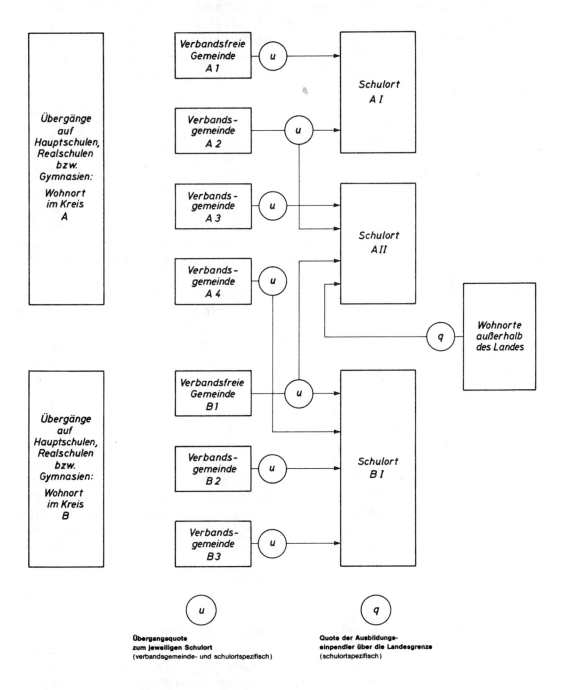

Quelle: Statistisches Landesamt Rheinland-Pfalz.

reiche erforderlich, da ihre Existenz das Übergangsverhalten örtlich stark beeinflußt. Rechnerisch wird dieses Problem gelöst, indem die Übergänge auf Integrierte Gesamtschulen in den Ausgangsdaten wie im Prognosedurchlauf den Hauptschulen (Kastellaun) bzw. den Gymnasien (Kaiserslautern, Ludwigshafen und Mainz) zugeordnet werden. Bei der Zusammenfassung nach Schuleinzugsbereichen können die Übergänge auf Integrierte Gesamtschulen mit Hilfe einer besonderen Schlüsselnummer des Schulorts identifiziert und von den Übergängen auf Hauptschulen bzw. Gymnasien getrennt werden.

3.4 Hauptschulen, Realschulen und Gymnasien

Grundlage der Prognose ist der Ausgangsbestand an Schülern nach Klassenstufen aufgrund der aktuellsten schulstatistischen Angaben, die im Unterschied zum Grundschulbereich nach den Schulorten der Hauptschulen, Realschulen bzw. Gymnasien gegliedert sind. Der Schülerbestand der schulartübergreifenden Orientierungsstufe wird je Schulort anhand der Übergangsquoten von der 6. Klassenstufe aufgeteilt. Der auf die einzelnen Schularten entfallende Anteil wird ihrem Ausgangsbestand zugeschlagen, wobei sich die regionale Zuordnung im wesentlichen nach dem Standort der an der Orientierungsstufe beteiligten Schulen richtet. Bei der Ermittlung der zur Fortschreibung benötigten Quoten wird die schulartübergreifende Orientierungsstufe in der Regel nicht in die Ausgangsdaten einbezogen; lediglich bei der Berechnung der Übergangsquoten zwischen Hauptschulen, Realschulen und Gymnasien muß ihr Schülerbestand anteilig berücksichtigt werden.

Da die räumliche Bezugsgröße der Schulort und der ihm zuzuordnende Schuleinzugsbereich ist, sind die vorauszuschätzenden Schülerzahlen zum Teil sehr klein. Infolgedessen unterliegen die Ausgangsdaten auf regionaler Ebene vielfach starken Zufallsschwankungen, so daß zur Berechnung der Bewegungskomponenten anstelle von schulortspezifischen Quoten in der Regel Kreis- oder Landesdurchschnittswerte zugrunde gelegt werden müssen. Da bei den Hauptschulen größere regionale Unterschiede zu beobachten sind, erscheint hier eine Regionalisierung wenigstens bis zur Kreisebene in den meisten Fällen angebracht. Bei den Realschulen und Gymnasien ist dagegen der Verzicht auf eine regionale Differenzierung der Quoten auch sachlich gerechtfertigt, weil der Schülerbestand an den auf klar umrissene Ausbildungsziele ausgerichteten Realschulen und Gymnasien, von temporären Ausnahmen abgesehen, homogener sein dürfte als an den Hauptschulen, wo die Schülerschaft regional recht unterschiedlich strukturiert ist (z.B. Anteil von ausländischen Kindern). Soweit aus besonderen Gründen regionalisierte Quoten vorgesehen sind und die benötigten schulortspezifischen Ausgangsdaten fehlen, werden hilfsweise die landesdurchschnittlichen Quoten verwendet. Dieser Fall kann eintreten, wenn Schulen sich noch im Aufbau befinden und somit im Basisjahr der Prognose nicht alle Klassenstufen eingerichtet sind.

3.4.1 Klassenstufe 10 an Hauptschulen

Ein besonderes Problem bei der Prognose der Hauptschüler bildet die 10. Klassenstufe, da sie nicht in allen Schulorten eingerichtet ist. Vielmehr werden Schüler aus mehreren Hauptschulen schwerpunktmäßig an einem Hauptschulort zusammengezogen. Hinzu kommt, daß die Schulorte mit einer 10. Klassenstufe im Zeitablauf wechseln können. Um die Schülerzahl vollständig zu erfassen, werden aber auch diese Klassen in die Prognose einbezogen. Entsprechend der Status-quo-Annahme liegt dabei der jeweils aktuelle organisatorische Stand zugrunde.

Als Schüler der 10. Klassenstufe der Hauptschule sind statistisch zwei verschiedene Personenkreise nachgewiesen. Einmal handelt es sich um Schüler, die den Hauptschulabschluß bis zum Ende der Schulpflicht nicht erreicht haben und besondere Abschlußklassen (sogenannte HS-Klassen) besuchen, die durch intensive Förderung den erfolgreichen Abschluß der Hauptschule ermöglichen sollen. Zahlenmäßig größere Bedeutung haben jedoch die Schüler, die nach erfolgreichem Hauptschulabschluß in einem freiwilligen 10. Schuljahr den qualifizierten Sekundarabschluß I anstreben (sogenannte SI-Klassen).

Die Übergänge in besondere Abschlußklassen werden mit Hilfe schulortspezifischer Quoten vorausgeschätzt. Zur Ermittlung dieser Quoten werden die Schüler der besonderen Abschlußklassen anhand der Einzugsbereichsstatistik dem Hauptschulort zugeordnet, den sie zuvor besucht haben, und dort zum Schülerbestand der 9. Klassenstufe am Beginn des vorangegangenen Schuljahres in Beziehung gesetzt. Die Prognose der Übergänge in besondere Abschlußklassen erfolgt entsprechend durch Multiplikation der Übergangsquoten mit dem vorausgeschätzten Schülerbestand der 9. Klassenstufe. Schüler, die in das freiwillige 10. Schuljahr vorrücken, verbleiben als Residuum, wenn vom Schülerbestand der 9. Klassenstufe am Ende des Schuljahres die Schulabgänger, die Wiederholer sowie die Übergänge auf Gymnasien und in besondere Abschlußklassen abgesetzt werden.

Die Zusammenfassung der Schüler, die in die 10. Klassenstufe vorrücken, nach den Hauptschulorten, an denen diese eingerichtet ist, erfolgt mit Hilfe eines Schemas, das getrennt für die beiden Typen auf der Grundlage der Einzugsbereichsstatistik entwickelt wurde. Da für die Hauptschulen feste Schuleinzugsbereiche gelten, kann anhand des Wohnorts der Schüler der 10. Klassenstufe festgestellt werden, welche Hauptschulen dem Hauptschulort der 10. Klassenstufe zuzuordnen sind.

Abb. 6: Ablaufschema für die Prognose der Schüler und Schulentlassungen an Hauptschulen

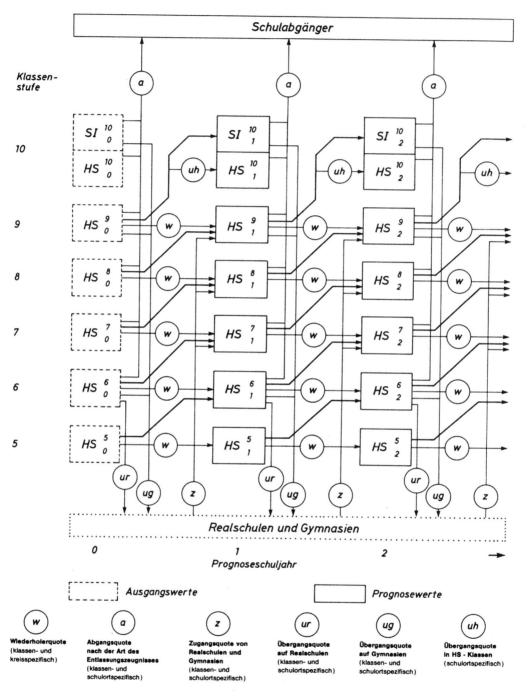

Quelle: Statistisches Landesamt Rheinland-Pfalz.

3.4.2 Wechsel zwischen den Schularten

Zur Berechnung der Schülerübergänge zwischen Hauptschulen, Realschulen und Gymnasien bieten sich grundsätzlich folgende Alternativen:

- Entwicklung eines Verflechtungsmodells, das die Schülerübergänge zwischen den verschiedenen Schularten bei der vorgegebenen regionalen Abgrenzung in einem konsistenten System integriert; die Zahl der prognostizierten Schülerübergänge von den Gymnasien eines Schulortes auf Realschulen entspricht dann beispielsweise genau der Summe, die für die dem Gymnasialort zugeordneten Realschulorte als Zugang von diesem Gymnasialort vorausgeschätzt wird;

- autonome Berechnung von schulortbezogenen Übergängen, bei der auf die Integration in einem Verflechtungsmodell verzichtet wird, was allerdings den Nachteil hat, daß sich zwischen den Übergängen einerseits und den ihnen entsprechenden Zugängen andererseits Differenzen ergeben können.

Die Berechnung der Schülerübergänge nach einem Verflechtungsmodell erfordert wegen der unterschiedlichen Gebietsraster für Hauptschulen, Realschulen bzw. Gymnasien nicht nur einen außergewöhnlichen Aufwand, sondern setzt auch die Aufschlüsselung der Schülerübergänge auf die Schuleinzugsbereiche der jeweils anderen Schularten mit Hilfe von Schätzgrößen voraus, die für die tatsächliche Verteilung nur mit Einschränkungen maßgebend sein dürften. Trotz seiner formalen Konsequenz ist es daher zweifelhaft, ob der Einsatz eines Verflechtungsmodells für die Prognose der Schülerübergänge zu einer Verbesserung der Ergebnisse beiträgt, die den Aufwand rechtfertigen könnte. Aus diesen Gründen werden die Übergänge auf andere Schularten und die Zugänge von anderen Schularten unabhängig voneinander vorausgeschätzt.

Die Klassenstufen 5 und 6 bilden als schulartabhängige bzw. schulartübergreifende Orientierungsstufe eine pädagogische Einheit. Die Schulordnung sieht daher einen Wechsel zwischen den weiterführenden Schularten in der 5. Klassenstufe nur für Ausnahmefälle vor. Am Ende der 6. Klassenstufe hat die Einrichtung der Orientierungsstufe zu einer wachsenden Zahl von Übergängen auf die jeweils anderen Schularten geführt, da nach Abschluß der Orientierungsstufe die im Regelfall endgültige Entscheidung über die Schullaufbahn getroffen wird. Abgesehen von einigen anderen regionalen Besonderheiten wird das Übergangsverhalten vor allem durch die Existenz schulartübergreifender Orientierungsstufen örtlich stark beeinflußt, weil die Schüler der schulartübergreifenden Orientierungsstufe rechnerisch der endgültig gewählten Schulart bereits beim Wechsel von der Grundschule in die 5. Klassenstufe zugeschlagen werden. Daher ist die Zahl der am Ende der 6. Klassenstufe auf eine andere Schulart wechselnden Schüler in Schulorten, denen eine schulartübergreifende Orientie-

Abb. 7: Ablaufschema für die Prognose der Schüler und Schulentlassungen an Gymnasien

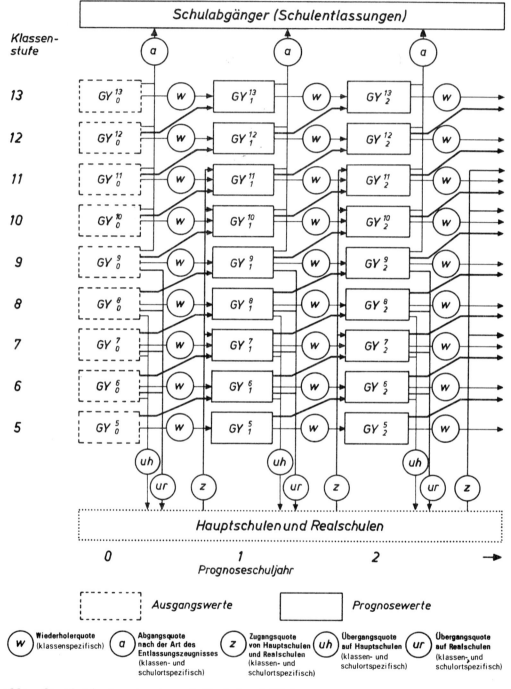

Quelle: Statistisches Landesamt Rheinland-Pfalz.

rungsstufe zugeordnet ist, tendenziell geringer als in vergleichbaren anderen Schulorten.

Die Schülerübergänge auf die jeweils anderen Schularten (ohne Übergänge von der schulartübergreifenden Orientierungsstufe) am Ende der 6. Klassenstufe werden daher mit Hilfe schulortspezifischer Übergangsquoten vorausgeschätzt. Zur Berechnung der Quoten werden die Übergänge im Verlauf und am Ende eines Schuljahres zu den Schülerzahlen am Anfang des Schuljahres in Beziehung gesetzt. Analog zur Prognoserechnung, in der die Schülerzahlen der Hauptschulen, Realschulen bzw. Gymnasien auch Schüler der schulartübergreifenden Orientierungsstufe enthalten, sind dabei dem Schülerbestand am Anfang des Schuljahres die fiktiv zugeordneten Schüler der 6. Klassenstufe der schulartübergreifenden Orientierungsstufe hinzuzurechnen. Die Zahl der Schülerübergänge am Ende eines Prognoseschuljahres resultiert schließlich aus der Multiplikation der vorausgeschätzten Schülerzahlen der 6. Klassenstufe nach Schulorten mit den jeweiligen Übergangsquoten.

Entsprechend können beträchtliche regionale Unterschiede bei den Zugängen in der 7. Klassenstufe auftreten, da Zugänge von schulartübergreifenden Orientierungsstufen in der Prognoserechnung schon vorab berücksichtigt sind. Dies macht die Regionalisierung der Zugangsquoten in der 7. Klassenstufe erforderlich. Zur Ermittlung der Zugangsquoten werden die Zugänge am Anfang des Schuljahres zu den um diese Zugänge verminderten Schülerzahlen in Beziehung gesetzt. Zugänge von schulartübergreifenden Orientierungsstufen sind in diesen Zahlen nicht enthalten. Die Zugänge am Anfang eines Prognoseschuljahres ergeben sich durch Multiplikation des zunächst vorhandenen Schülerbestandes der 7. Klassenstufe (vorrückende Schüler und Wiederholer) nach Schulorten mit den jeweiligen Zugangsquoten.

An den Hauptschulen spielen neben den Übergängen auf Realschulen bzw. Gymnasien am Ende der Orientierungsstufe (6. Klassenstufe) lediglich die Übergänge auf Gymnasien nach erfolgreichem Abschluß der Ausbildung (9. bzw. 10. Klassenstufe) eine größere Rolle. Zwar ist die Zahl dieser Übergänge insgesamt gering, örtlich sind jedoch Schwerpunkte im Einzugsbereich von Aufbaugymnasien und Gymnasien mit Aufbauzügen zu beobachten. Wegen dieser großen regionalen Unterschiede ist die Verwendung schulortspezifischer Übergangsquoten erforderlich. Zur Berechnung der Übergangsquoten auf Gymnasien am Ende der 10. Klassenstufe wird nur der Schülerbestand des freiwilligen 10. Schuljahres herangezogen, da Übergänge aus den besonderen Abschlußklassen wenig wahrscheinlich sind. Zugänge von Realschulen und Gymnasien erlangen ab der 7. Klassenstufe größere Bedeutung. Da die Zugangsquoten in den Klassenstufen 8 und 9 unter 2 % liegen und keine signifikanten regionalen Unterschiede aufweisen, können Landesdurchschnittswerte verwendet werden. In der 10. Klassenstufe treten praktisch keine Zugänge von Realschulen und Gymnasien mehr auf.

Übergänge von Realschulen auf Hauptschulen finden hauptsächlich in den Klassenstufen 6 bis 8 statt, so daß die übrigen Klassenstufen außer Betracht bleiben können. Die Übergangsquoten der Klassenstufen 7 und 8 werden als Landesdurchschnittswerte ermittelt. Schülerübergänge auf Gymnasien sind nur am Ende der 6. und der 10. Klassenstufe von Bedeutung. Für die Übergänge von der 10. Klassenstufe werden schulortspezifische Übergangsquoten errechnet, da der relativ häufige Schulartwechsel nach Abschluß der Realschulausbildung durch die örtlich in unterschiedlichem Maß gegebene Erreichbarkeit eines Gymnasiums in geringer Entfernung gefördert wird. Zugänge von Gymnasien sind an Realschulen von der 7. bis zur 10. Klassenstufe relativ häufig, während Zugänge von Hauptschulen nur in der 7. Klassenstufe eine größere Rolle spielen. Für die Klassenstufen 8 bis 10 werden landesdurchschnittliche Zugangsquoten verwendet, wobei die Zugänge von Hauptschulen und Gymnasien rechnerisch zusammengefaßt werden.

Übergänge von Gymnasien auf Hauptschulen sind vor allem am Ende der Klassenstufen 6 bis 8 zu beobachten. Für die Klassenstufen 7 und 8 werden landesdurchschnittliche Übergangsquoten errechnet, da die Zahl der Übergänge mit weniger als 2 % des Schülerbestandes relativ gering ist. Schülerübergänge auf Realschulen fallen dagegen von der 6. bis zur 9. Klassenstufe ins Gewicht. Auch hier werden lediglich die Übergangsquoten beim Abschluß der Orientierungsstufe regionalisiert, während für die Klassenstufen 7 bis 9 Landesdurchschnittswerte gebildet werden. Zugänge von Hauptschulen sind allgemein nur in der 7. Klassenstufe der Gymnasien von Bedeutung. In einzelnen Gymnasialorten können die Zugänge von Hauptschulen außerdem noch in der 10. und 11. Klassenstufe größeres Gewicht erlangen, wenn dort Aufbauzüge oder Aufbaugymnasien eingerichtet sind. Da dies nur für wenige Schulorte zutrifft, werden die Zugangsquoten regionalisiert. Zugänge von Realschulen treten hauptsächlich in der 7. und der 11. Klassenstufe auf. Analog zur Berechnung der Übergänge am Ende der 10. Klassenstufe der Realschulen werden für die 11. Klassenstufe der Gymnasien schulortspezifische Zugangsquoten ermittelt.

3.4.3 Wiederholer

Wiederholer kommen zwar in allen Klassenstufen der Hauptschule vor, die wenigen Wiederholungsfälle in der 10. Klassenstufe sind jedoch zu vernachlässigen. Die Wiederholerquoten für die Klassenstufen 5 bis 9 sind in Anbetracht regionaler Unterschiede, wie sie etwa durch den Ausbau des Sonderschulbereichs oder örtliche Konzentrationen von Ausländern verursacht werden, kreisweise zu differenzieren.

An Realschulen und Gymnasien werden Wiederholer in allen Klassenstufen berücksichtigt. Für die Prognose erscheinen landesdurchschnittliche Wiederholerquoten ausreichend.

3.5 Schulentlassungen von Hauptschulen, Realschulen und Gymnasien

Die Vorausschätzung der Schulentlassungen erfolgt nicht nur aus rechnerischen Gründen zur Ermittlung der künftigen Schülerzahlen, sie soll vor allem auch Angaben über die Qualifikation der Schulabgänger liefern. Sie bildet damit die Grundlage für die Prognose der Jugendlichen, die einen Ausbildungsplatz suchen, ein Studium anstreben oder ihre Ausbildung an einer Schule fortsetzen, die an den bisher absolvierten Bildungsweg anknüpft. Zahl und Qualifikation der Schulabgänger sind außerdem wichtige Orientierungsdaten zur Beurteilung des regionalen Arbeitsmarktes. Zur Information über künftige Schulentlassungen gehört daher insbesondere die Unterscheidung nach der Art des Entlassungszeugnisses.

Das Prognosemodell ist so konstruiert, daß im Rechengang die Schulabgänger ermittelt werden, also diejenigen Schüler, die nicht nur die jeweilige Schulart, sondern den Gesamtbereich der allgemeinbildenden Schulen endgültig verlassen. Von den Schulabgängern begrifflich zu unterscheiden sind die Schulentlassungen, die alle Schüler umfassen, die entweder den für die jeweilige Schulart typischen Abschluß erreichen oder nach Erfüllung der Schulpflicht mit einer geringeren als der ursprünglich angestrebten Qualifikation den Bereich der allgemeinbildenden Schulen verlassen. Als Schulentlassungen von Hauptschulen bzw. Realschulen gelten daher neben den Schulabgängern auch die Schüler, die nach erfolgreichem Abschluß den Schulbesuch am Gymnasium mit dem Ziel der Hochschulreife fortsetzen (Übergänge auf Gymnasien aus der 9. und 10. Klassenstufe der Hauptschulen sowie aus der 10. Klassenstufe der Realschulen). Bei den übrigen Schularten sind Schulabgänger und Entlassungen identisch.

Während die Kenntnis der Zahl der Schulabgänger vor allem für Institutionen von Bedeutung ist, die sich mit Fragen der Berufsausbildung befassen, ist die Unterrichtsverwaltung eher an der Zahl der Schulentlassungen interessiert, da diese den Schulerfolg in der jeweiligen Schulart dokumentiert. Um dem unterschiedlichen Informationsbedarf Rechnung zu tragen, werden in den Ergebnistabellen der Schülerprognose beide Größen nachgewiesen.

Veränderte Präferenzen für bestimmte Bildungsabschlüsse werden mit der Prognose des Übergangsverhaltens beim Wechsel auf die weiterführenden Schulen berücksichtigt. Weitere Verhaltensänderungen nach Antritt der gewählten Schullaufbahn werden nicht angenommen, obwohl es durchaus denkbar sein könnte, daß beispielsweise die Neigung, das Gymnasium mit dem qualifizierten Sekundarabschluß I zu verlassen, künftig zurückgeht. Derartige Tendenzen sind jedoch in der Zukunftsperspektive kaum abzuschätzen, so daß der aktuelle Zustand unverändert fortgeschrieben wird. Prognosetechnisch findet diese Hypothese konstanten Verhaltens ihren Ausdruck in der Konstanz der Abgangsquoten, die für die einzelnen Schularten, differenziert nach Klassenstufen und der Art des Entlassungszeugnisses, ermittelt und in den Prognosezeitraum übernommen werden.

Eine Ausnahme bilden die Entlassungen von der Hauptschule, da hier aus dem Übergangsverhalten keine Präferenz für eine der möglichen Abschlußarten herzuleiten ist. Gerade in dieser Hinsicht haben sich aber in der Vergangenheit erhebliche Veränderungen ergeben. Das Bestreben, die individuellen Chancen am Lehrstellenmarkt zu erhöhen, zeigt sich in dem deutlichen Trend zu einer besseren Qualifikation, der durch das Angebot spezieller Fördermaßnahmen, wie die Einrichtung des freiwilligen 10. Schuljahres und der besonderen Abschlußklassen zum nachträglichen Erwerb des Hauptschulabschlusses, verstärkt wurde. Es kann angenommen werden, daß die Motive, die hinter dieser Entwicklung stehen, auch in Zukunft wirksam bleiben.

3.5.1 Schulentlassungen von Hauptschulen

Hauptschüler, die ohne Abschluß die Schule verlassen, erhalten ein Abgangszeugnis. Abgänge dieser Art kommen bereits nach Beendigung der 5. Klassenstufe vor, sie machen im Landesdurchschnitt aber nur etwa 0,2 % der Schüler dieser Klassenstufe aus. Schulentlassungen werden daher erst ab der 6. Klassenstufe berücksichtigt, wobei nach der Art des Entlassungszeugnisses wie folgt untergliedert wird:

6. bis 8. Klassenstufe: Abgangszeugnis
      9. Klassenstufe: Abgangszeugnis
                        Hauptschulabschluß
  10. Klassenstufe: Abgangszeugnis (nur HS-Klassen)
                        Hauptschulabschluß
                        Qualifizierter Sekundarabschluß I (nur SI-Klassen)

Die Abgänge ohne Abschluß sowie die Abgänge mit Hauptschulabschluß aus dem freiwilligen 10. Schuljahr werden mit Hilfe kreisspezifischer Abgangsquoten prognostiziert. Die Schulabgänger mit qualifiziertem Sekundarabschluß I ergeben sich als Residuum, wenn vom Schülerbestand der 10. Klassenstufe (SI-Klassen) die Übergänge auf Gymnasien und die Abgänge mit Hauptschulabschluß abgesetzt werden.

Die Abgangsquoten der 9. Klassenstufe müssen nach Schulorten differenziert werden, weil die Übergänge auf Gymnasien und in besondere Abschlußklassen örtlich sehr große Unterschiede aufweisen, die entsprechend starke Abweichungen der Abgangsquoten zur Folge haben. Da ein wachsender Teil der Hauptschüler sich um eine bessere Qualifikation bemüht, wird auf Landesebene eine Trendextrapolation der Abgangsquoten der 9. Klassenstufe vorgenommen. Zur Regionalisierung werden die prognostizierten Landeswerte mit Meßziffern multipliziert, die das Verhältnis der schulortspezifischen Quoten zum Landeswert im Durchschnitt der letzten drei Beobachtungsjahre wiedergeben. Damit wird unterstellt, daß regionaltypische Besonderheiten im Prognosezeitraum unverändert weiterbestehen.

3.5.2 Schulentlassungen von Realschulen

Die Zahl der Schulentlassungen von Realschulen ist bis zur 7. Klassenstufe zu vernachlässigen. Das Prognosemodell sieht folgende Gliederung nach der Art des Entlassungszeugnisses vor:

```
 8. Klassenstufe: Abgangszeugnis
 9. Klassenstufe: Abgangszeugnis
                  Hauptschulabschluß
10. Klassenstufe: Hauptschulabschluß
                  Qualifizierter Sekundarabschluß I
```

Die Vorausschätzung basiert auf landesdurchschnittlichen Abgangsquoten. Die Schulabgänger mit qualifiziertem Sekundarabschluß I verbleiben als Residuum, nachdem vom Schülerbestand der 10. Klassenstufe die Übergänge auf Gymnasien, die Wiederholer im folgenden Schuljahr und die Abgänge mit Hauptschulabschluß abgesetzt worden sind.

3.5.3 Schulentlassungen von Gymnasien

Die Schulentlassungen von Gymnasien werden nach der Art des Entlassungszeugnisses wie folgt untergliedert:

```
    9. Klassenstufe: Abgangszeugnis
                     Hauptschulabschluß
   10. Klassenstufe: Hauptschulabschluß
                     Qualifizierter Sekundarabschluß I
11./12. Klassenstufe: Qualifizierter Sekundarabschluß I
   13. Klassenstufe: Qualifizierter Sekundarabschluß I
                     Abitur
```

Als Grundlage der Prognose werden landesdurchschnittliche Abgangsquoten verwendet. Nur für die Abgänge mit qualifiziertem Sekundarabschluß I aus der 10.

Klassenstufe werden schulortspezifische Abgangsquoten ermittelt. Erscheint nämlich die Entfernung zur nächsten Realschule zu weit, so werden Gymnasien auch von Kindern besucht, die von vornherein nur den qualifizierten Sekundarabschluß I anstreben, so daß die Abgänge nach Abschluß der 10. Klassenstufe an diesen Gymnasien überdurchschnittlich hoch sind. Schüler, die das Gymnasium in der 13. Klassenstufe ohne Abitur verlassen, werden wieder als Residuum errechnet.

3.6 Integrierte Gesamtschulen

Eine Prognose im eigentlichen Sinn ist für die Integrierten Gesamtschulen noch nicht möglich, weil der künftige Ausbau dieser Schulart auch nach Abschluß des Versuchsstadiums nicht zu überblicken ist. Zur Abrundung des Gesamtbildes und zur Ergänzung der Ergebnisse für die anderen Schularten werden die vier bestehenden Integrierten Gesamtschulen jedoch in dem Modell nach einem vereinfachten Verfahren mitgeführt. Als Schülerbewegungskomponenten sind lediglich die Wiederholungsfälle und die Abgänge in den Ansatz einbezogen. Dagegen wird der Wechsel zwischen den Integrierten Gesamtschulen einerseits und den Hauptschulen, Realschulen und Gymnasien andererseits vernachlässigt.

Die Wiederholer- bzw. Abgangsquoten werden nach Schulorten differenziert. Solange empirisches Material über die Schulabgänger und die Wiederholer für die Integrierten Gesamtschulen in Ludwigshafen und Mainz noch fehlt, müssen ersatzweise die Quoten der Schule in Kaiserslautern herangezogen werden. Da die Integrierte Gesamtschule in Kastellaun nur bis zur Klassenstufe 10 ausgebaut und insofern einer Realschule vergleichbar ist, werden Schulentlassungen schon ab der 8. Klassenstufe berücksichtigt. Im übrigen entspricht die Gliederung nach der Art des Entlassungszeugnisses derjenigen für die Gymnasien.

3.7 Schulen für Lernbehinderte

3.7.1 Schüler

Das Fortschreibungsverfahren ist bei den Schulen für Lernbehinderte nicht anwendbar, weil die Schulstatistik im Sonderschulbereich keine Angaben über Klassenwiederholer liefert. Die Sonderschüler müssen daher nach dem Strukturquotenverfahren prognostiziert werden, wobei das detaillierte statistische Material eine Gliederung nach Altersjahrgängen ermöglicht. Die Strukturquoten werden außerdem nach Kreisen und Klassenstufen differenziert, um einmal den regionalen Unterschieden im Schulangebot Rechnung zu tragen und zum anderen Prognosezahlen über die Besetzung der einzelnen Klassenstufen zu gewinnen, die für die Vorausschätzung der Entlaßschüler benötigt werden.

Zwar wird die Schülerzahl an den Schulen für Lernbehinderte überwiegend von der demographischen Entwicklung bestimmt, daneben sind jedoch weitere Faktoren zu beachten. So sind die pädagogischen Erkenntnisse über eine optimale Förderung lernschwacher Schüler im Laufe der Zeit einem gewissen Wandel unterworfen. Auch vom Zustrom ausländischer Schüler, insbesondere dem Nachzug schon älterer Kinder, kann ein fühlbarer Einfluß ausgehen. Der relative Schulbesuch, wie er sich in den Strukturquoten widerspiegelt, ist seit der zweiten Hälfte der siebziger Jahre rückläufig, und es gibt Anzeichen, die auf eine Fortsetzung dieses Rückgangs hindeuten. Die altersspezifischen Strukturquoten werden daher auf Landesebene mit Hilfe einer Trendextrapolation vorausgeschätzt. Eine weitergehende Differenzierung der Trendberechnung ist wegen der schmalen Datenbasis nicht möglich. Die von den Trendwerten für das Land vorgezeichnete Entwicklung wird auf die klassen- und kreisspezifischen Strukturquoten, die als Durchschnittswerte der letzten drei Beobachtungsjahre errechnet sind, übertragen.

Der Schülerbestand in den Prognosejahren ergibt sich für alle Klassenstufen unmittelbar aus der regionalen Bevölkerungsprognose, indem die Zahl der Kinder eines Altersjahrgangs mit den kreis- und klassenspezifischen Strukturquoten multipliziert wird. Im Basisschuljahr wird der Schülerbestand aus den Ergebnissen der Schulstatistik übernommen.

3.7.2 Schulentlassungen

Zur Vorausschätzung der Schulentlassungen von Schulen für Lernbehinderte werden klassenspezifische Abgangsquoten nach der Art des Entlassungszeugnisses gebildet. Während Schulabgänger in der 5. Klassenstufe vernachlässigt werden können, machen sie ab der 6. Klassenstufe bereits 3 % und mehr des Schülerbestandes aus. Da neun Schuljahre vorgeschrieben sind, kann diese Sonderschulform in der 9. Klassenstufe mit dem Abschlußzeugnis der Schule für Lernbehinderte erfolgreich absolviert werden. Darüber hinaus ist es möglich, in einem freiwilligen 10. Schuljahr den Hauptschulabschluß zu erreichen. Nach der Art des Entlassungszeugnisses werden die Schulentlassungen in der Prognose daher wie folgt untergliedert:

6. bis 8. Klassenstufe: Abgangzeugnis der Schule für Lernbehinderte
      9. Klassenstufe: Abgangzeugnis der Schule für Lernbehinderte
                       Abschlußzeugnis der Schule für Lernbehinderte
    10. Klassenstufe: Abgangzeugnis der Hauptschule
                       Abschlußzeugnis der Hauptschule

Die Berechnung der künftigen Schulabgänger basiert auf kreisspezifischen Abgangsquoten, so daß regionaltypische Besonderheiten auch im Prognosezeitraum berücksichtigt werden.

4. Schlußbemerkungen

4.1 Anwendung des Modells und erste Erfahrungswerte

Das beschriebene Modell einer regionalen Schülerprognose wurde in seinen Grundzügen 1978 im Statistischen Landesamt Rheinland-Pfalz entwickelt. In Verbindung mit den Programmierarbeiten wurde eine erste Vorausschätzung auf Basis des Schuljahres 1978/79 erstellt. Dabei ergaben sich Hinweise auf methodische Mängel, vor allem bei der Prognose der Übergänge von den Grundschulen auf die weiterführenden Schulen. Nach deren Beseitigung und kleineren Korrekturen im Gefolge einer weiteren Probeberechnung erschien das Verfahren so weit ausgereift, daß Kreisergebnisse der Schülerprognose auf Basis des Schuljahres 1983/84 als Statistischer Bericht veröffentlicht werden konnten. Es wird angestrebt, die regionale Schülerprognose jährlich zu aktualisieren, damit jeweils die neuen Ergebnisse der Schulstatistik und die ebenfalls jährlich aktualisierte regionale Bevölkerungsprognose Eingang in die Datengrundlage finden.

Ein systematischer Vergleich der inzwischen vorliegenden Ist-Zahlen mit den Prognoseergebnissen wurde bisher noch nicht vorgenommen. Entsprechende Beobachtungswerte sind allerdings auch erst für zwei Schuljahre verfügbar. Punktuelle Prüfungen zeigten auf Landesebene eine recht gute Übereinstimmung; dies war zu erwarten, da die Prognoseergebnisse zunächst noch weitgehend von den Schülerzahlen des Basisschuljahres determiniert werden. Regional treten naturgemäß stärkere Abweichungen auf. Dies gilt insbesondere für die Eingangsstufe der weiterführenden Schulen und entspricht der Beobachtung, daß das Übergangsverhalten der Schüler und damit die Besetzung der Eingangsstufe von Jahr zu Jahr mitunter erheblich schwankt. Die Prognose kann dagegen vom methodischen Ansatz her nur eine durchschnittliche Trendentwicklung darstellen.

Größere Abweichungen in bestimmten Klassenstufen, die schon auf Landesebene erkennbar sind, deuten möglicherweise auf Unzulänglichkeiten bei der Vorausschätzung des Wechsels zwischen den Schularten hin. Dies betrifft weniger das Verfahren der autonomen Berechnung der Übergänge und der ihnen entsprechenden Zugänge als vielmehr die Zuverlässigkeit der Datengrundlage. Während die Zugänge von der aufnehmenden Schule recht exakt ermittelt werden können, ist die Erfassung der Übergänge durch die abgebende Schule mit größeren Unsicherheiten behaftet. Die Zahl der Übergänge ist so in der Regel etwas höher als die Zahl der ihnen entsprechenden Zugänge. Eine gründliche Analyse der Daten über den Schulartwechsel erscheint daher geboten.

4.2 Methodenkritik: Fortschreibungsverfahren versus Strukturquotenverfahren

Die Tatsache, daß für regionale Schülerprognosen zwei grundlegend verschiedene Ansätze, das Fortschreibungsverfahren (auch in der vereinfachten Form des Übergangsquotenverfahrens) und das Strukturquotenverfahren, zur Verfügung stehen, führt zu der Frage, welche spezifischen Vor- und Nachteile die beiden Methoden aufzuweisen haben.

Für das Fortschreibungsverfahren spricht zunächst, daß dieser Ansatz die tatsächlichen Abläufe im Schulsystem simuliert und damit analytisch besser fundiert ist. Die einzelnen Komponenten der Schülerbewegung werden jeweils mit eigenen Koeffizienten geschätzt, die gegebenenfalls im Prognosezeitraum separat variiert werden können. Die Determinanten der Entwicklung, seien es Trends oder bereits feststehende schulpolitische Maßnahmen, können ohne Schwierigkeiten in Veränderungen der Koeffizienten umgesetzt und damit an den faktisch maßgebenden Stellen des Systems zur Geltung gebracht werden. So wurde beispielsweise mit dem Schuljahr 1983/84 die Möglichkeit aufgehoben, bereits am Ende der 12. Klassenstufe die Hochschulreife zu erwerben. Für das Fortschreibungsverfahren ergab sich daraus lediglich die Konsequenz, die entsprechende Abgangsquote auf Null zu setzen; damit wird zugleich automatisch berücksichtigt, daß nun eine größere Zahl von Schülern in die 13. Klassenstufe vorrückt.

Soweit die Koeffizienten instrumentalen Charakter haben, ist es außerdem möglich, bildungspolitische Vorgaben explizit zu erfassen. Das Fortschreibungsmodell eignet sich daher auch besonders gut zur Erstellung von Zielprojektionen.

Die Strukturquote ist dagegen ein pauschaler Ausdruck der vielfältigen Einflußgrößen. Wie bereits eingangs dargelegt wurde, impliziert dies erhebliche Schwierigkeiten, wenn die Entwicklung der Determinanten eine Variation der Strukturquoten nahelegt. Einschlägige Erfahrungen konnten gewonnen werden, als in der Prognose der Schulen für Lernbehinderte die ursprünglich getroffene Annahme konstanter Strukturquoten aufgegeben und durch eine Trendextrapolation ersetzt wurde (vgl. 3.7.1). Während die dabei auftretenden Konsistenzprobleme bei einer quantitativ weniger bedeutenden Schulart wie den Sonderschulen eher vernachlässigt werden können, müssen sie etwa bei Realschulen oder Gymnasien wenigstens näherungsweise gelöst werden, wenn die Prognosequalität nicht zu sehr beeinträchtigt werden soll. Der verstärkte Übergang in die 13. Klassenstufe im eben angeführten Beispiel hätte wegen der nun längeren Verweildauer am Gymnasium für das Strukturquotenmodell zur Folge, daß sämtliche regionalen Strukturquoten für mindestens ein Altersjahr nach oben korrigiert werden müssen. Daß dieses Verfahren trotz seiner einfachen Struktur nicht durchweg leichter und mit geringerem Aufwand zu handhaben ist, zeigt sich auch daran, daß die Berechnung regionaler Strukturquoten und die Zuordnung der Schüler zu den Schulorten bei den weiterführenden Schulen einen ähnlichen Ansatz erfordert, wie er für das Fortschreibungsverfahren unter Punkt 3.3 dargestellt wurde[2]).

Im übrigen ist die höhere Komplexität des Fortschreibungsverfahrens letztlich nur ein Spiegelbild der komplexen Verhältnisse in unserem Schulsystem. Die zahlreichen Besonderheiten, die auf höherer räumlicher Stufe oft übergangen werden können, müssen bei einer tief regionalisierten Prognose in das Modell einbezogen werden. Dahinter steht jedoch immer der einfache Grundgedanke, den Durchgang der Schüler durch das Schulsystem mit seinen differenzierten Möglichkeiten abzubilden. Diese Leitidee sollte die Ergebnisvermittlung erleichtern, falls wegen der scheinbaren Komplexität des Modells Akzeptanzprobleme auftreten. Praktische Erfahrungen in dieser Hinsicht liegen noch nicht vor.

Ein Vorzug des Strukturquotenverfahrens ist zweifellos die engere Verzahnung mit der Bevölkerungsprognose, die den Charakter der Anschlußprognose deutlicher hervortreten läßt. Dem Argument, daß die Fortschreibungsmethode die aus der Bevölkerungsprognose vorhandenen Informationen über demographische Veränderungen, insbesondere die Wanderungen, nur unzureichend nutzt, ist allerdings entgegenzuhalten, daß die für eine fachorientierte Prognose im Schulwesen mindestens ebenso wichtigen schulstatistischen Informationen optimal verwertet sind. Gleichwohl ist nicht zu übersehen, daß die mangelnde Berücksichtigung von Schülerwanderungen eine wesentliche Schwachstelle des Fortschreibungsverfahrens in dem bisherigen Ansatz darstellt.

4.3 Weiterentwicklung des Prognosemodells

Auf dieses Problem konzentrieren sich denn auch die Überlegungen zur Verbesserung des Modells. Da das Fortschreibungsverfahren beibehalten werden soll, statistische Angaben über Wanderungen von Schülern in entsprechender Abgrenzung und Differenzierung aber nicht vorliegen, sind zwei Ansatzpunkte in Betracht zu ziehen, nämlich

- die Internatsschüler und
- der Wechsel zwischen Schulen derselben Schulart.

Nach den melderechtlichen Vorschriften über den Hauptwohnsitz gilt für Schüler in Internaten der Schulort als Wohnort; diesem Grundsatz folgt auch die Einzugsbereichsstatistik. Bei der Prognose der Übergänge von den Grundschulen auf die weiterführenden Schulen werden die Internatsschüler daher so behandelt, als ob sie aus der ansässigen Bevölkerung stammen würden, obwohl sie in aller Regel über eine größere Distanz zugezogen sein dürften. Daraus resultiert neben einer an diesen Schulorten insgesamt zu geringen prognostizierten Schülerzahl eine Verzerrung der Übergangsquoten, teilweise auch der regionalen Zuordnung. Um diese Probleme zu lösen, sollen die Internatsschüler zunächst aus dem Rechengang ausgeklammert und den Übergängen in die 5. Klassenstufe, ähnlich wie die Einpendler über die Landesgrenze, erst am Ende der Berechnung anhand von Zuzugsquoten zugeschlagen werden. Implizit wird damit unterstellt, daß alle Internatsschüler über die Landesgrenze zuziehen; dieser Fehler kann jedoch in Anbetracht der geringen Gesamtzahl und der regionalen Streuung der Herkunft vernachlässigt werden. Seit dem Schuljahr 1985/86 werden die Internatsschüler in der Einzugsbereichsstatistik gesondert erfaßt, so daß inzwischen das benötigte Datenmaterial vorliegt.

Der Wechsel auf eine andere Schule derselben Schulart kann sehr unterschiedliche Motive haben. Sofern an einem Schulort mehrere Schulen einer Schulart eingerichtet sind, kommen pädagogische Gründe, bei den Gymnasien außerdem unterschiedliche Bildungsangebote in Betracht. Eine Hauptursache dürfte aber generell der Wohnortwechsel sein. Mit der vollständigen Berücksichtigung aller Übergänge auf Schulen einer anderen wie auch derselben Schulart und der entsprechenden Zugänge werden daher zugleich die Wanderungen in den Ansatz einbezogen. Eine solche Ergänzung des Modells bildet rein technisch kein besonderes Problem, da sie nach dem Muster des Wechsels zwischen den Schularten erfolgen kann. Zuvor wird jedoch eine sorgfältige Analyse des Datenmaterials, auch in Abstimmung mit den Ergebnissen der Wanderungsstatistik, klären müssen, ob hiervon eine Verbesserung der Prognosequalität zu erwarten ist, die den zusätzlichen Aufwand rechtfertigt.

Diese Beispiele mögen zeigen, daß Anstöße zur Weiterentwicklung des Prognosemodells, ebenso wie bei der Bevölkerungsprognose, ständig aufgenommen und weiterverfolgt werden, sei es, daß neue theoretische Erkenntnisse gewonnen wurden, sei es, daß sich die Datengrundlage verändert hat. In diesem Sinne ist die Arbeit am Modell der Schülerprognose nicht als abgeschlossen anzusehen.

Anmerkungen

1) Vgl. Amt für Stadtentwicklung der Stadt Ludwigshafen am Rhein (Hrsg.): Schulentwicklungsplan Ludwigshafen am Rhein, Informationen zur Stadtentwicklung 1982 Nr. 6, Ludwigshafen am Rhein 1982.

2) Vgl. Planungsgemeinschaft Region Trier (Hrsg.): Schülerprognose für die Region Trier 1985 bis 1995 - Gymnasien und Realschulen, Trier 1986.

3) Ständige Konferenz der Kultusminister der Länder der Bundesrepublik Deutschland (Hrsg.): Schulbesuch 1961 bis 1970, Dokumentation Nr. 15, Bonn 1965.

4) Schmittlein, Konrad: Berechnungsmodell für die Vorausschätzung der Zahl der Schüler und Schulabgänger, Stuttgart 1969.

5) Landesamt für Datenverarbeitung und Statistik Nordrhein-Westfalen (Hrsg.): Regionalisierte Schülerprognosen Nordrhein-Westfalen 1986, Beiträge zur Statistik des Landes Nordrhein-Westfalen, Heft 555, Düsseldorf 1986.

REGIONALE VORAUSSCHÄTZUNG DER KÜNFTIGEN WOHNFLÄCHEN UND WOHNBAULANDNACHFRAGE

von
Siegfried Losch, Bonn

Gliederung

1. Ziel und Zweck der Modellrechnungen

2. Formale Struktur und Determinanten der Wohnflächen- und der Wohnbaulandnachfrage

3. Annahmen und Ergebnisse der Modellrechnungen

   A. Bevölkerung und Haushalte
   B. Nachfrage nach Wohneigentum
   C. Einkommensentwicklung und Wohnflächenkonsum
   D. Entwicklungen im Wohnungsbestand
   E. Wohnbestand

4. Einschätzung der Ergebnisse und Folgerungen

Anmerkungen

1. Ziel und Zweck der Modellrechnungen

Zwischen der Siedlungsflächennachfrage für den Wohnungsbau und der notwendigen Beschränkung weiterer Flächeninanspruchnahmen aus ökologischen Gründen besteht schon seit Jahren ein Zielkonflikt. Gegenwärtig ist er stärker in das Bewußtsein einer breiteren Öffentlichkeit gelangt. So wird einerseits von den Gemeinden erwartet, daß sie ausreichend Bauland für die unterschiedlichsten Siedlungsnutzungen bereitstellen. Dadurch sollen örtlich bestehende Baulandengpässe beseitigt, Baulandpreise gedämpft und ausreichend Bauland für den weiteren Wohnungsbau zur Verfügung gestellt werden. Andererseits wird zum Schutz der Umwelt - insbesondere des Bodens - eine "Trendwende beim Landverbrauch" zum wichtigsten zukünftigen Handlungsansatz erklärt[1].

Zukünftig scheint sich dieser Zielkonflikt noch zu verschärfen; denn die Dynamik des Flächenverbrauches scheint bis jetzt ungebrochen. So wuchs die Siedlungsfläche bis Mitte der 80er Jahre täglich um 120 ha[2].

Abb. 1: Entwicklung der Siedlungsfläche der Wohnbevölkerung und der Anzahl der Erwerbstätigen 1965 bis 1985 - 1965 = 100 (Index)

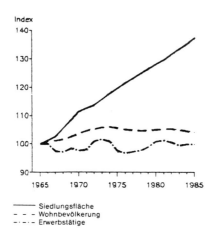

Anmerkung: die Siedlungsfläche ist ab 1979 nur annähernd mit der Siedlungsfläche vorheriger Jahre vergleichbar.

Quellen: Statistisches Bundesamt, Bodennutzung und Ernte, FS 8, Reihe 1, 1965 bis 1975; Statistisches Bundesamt, Pflanzliche Erzeugung, FS 3, Reihe 3, 1976 bis 1978; Statistisches Bundesamt, Erwerbstätigkeit, FS 1, Reihe 4.1; Statistische Jahrbücher für die Bundesrepublik Deutschland.

Wird dieser Trend zukünftig weitergehen? Mit welcher Flächennachfrage muß zukünftig gerechnet werden? Zur Annäherung an diese Fragestellung wird im Rahmen von Modellrechnungen versucht, den Entwicklungspfad zukünftiger Wohnbaulandnachfrage vorauszuschätzen. Bereits 1982/83 wurde in der BfLR ein Modell zur Vorausschätzung der Wohnbaulandnachfrage in der Bundesrepublik entwickelt. Die Ergebnisse fanden Eingang in den Baulandbericht 1983[3]. Zwischenzeitlich wurde dieses Modell sowohl für die Vorausschätzung der Wohnflächen[4] als auch für die Wohnbaulandnachfrage weiterentwickelt. Die wesentlichen Ergebnisse wurden im Baulandbericht 1986[5] veröffentlicht. In diesem Rahmen sollen mehr die methodischen Aspekte und die Annahmen des Modells vorgestellt werden.

2. Formale Struktur und Determinanten der Wohnflächen- und der Wohnbaulandnachfrage

Zur besseren Nachvollziehbarkeit der formalen Struktur des Ansatzes werden zunächst dessen Gleichungen vorgeführt und erläutert. Der Ansatz wurde in ein Computerprogramm umgesetzt, das die Berechnung von Varianten erleichtert und Hinweise auf die Reagibilität des Modells gibt.

Unter den Determinanten der Wohnflächennachfrage wird zwischen demographischen und ökonomischen Faktoren unterschieden. Bei den demographischen Faktoren ist die Prognose der Bevölkerung und der privaten Haushalte ein wesentlicher Pfeiler des Modells. Neben den Veränderungen der Bevölkerung und der Zahl der privaten Haushalte ist auch deren Größenstruktur für die künftige Wohnflächennachfrage von Bedeutung, weil kleine Haushalte im Durchschnitt einen höheren Pro-Kopf-Wohnflächenverbrauch aufweisen als große Haushalte.

Ausgangspunkt ist eine Prognose der Wohnbevölkerung bis zum Jahr 2000 in den siedlungsstrukturellen Regionstypen der Bundesrepublik Deutschland. Aus dieser Bevölkerung, die nach Geschlecht und Alter differenziert ist, wird die Zahl der privaten Haushalte nach ihrer Größe (Mitgliederzahl) abgeleitet. Abweichend von der Bevölkerung, die jahrgangsweise prognostiziert wird, werden die privaten Haushalte in Fünf-Jahresschritten ausgewiesen.

Die Zahl der privaten Haushalte (= H) - differenziert nach ihrer Personenzahl (= i) - ist für das Modell eine exogen bestimmte demographische Größe. Es handelt sich um ein Zwei-Sektoren-Modell, in dem die Haushalte entweder als Eigentümer (= H_E) oder als Hauptmieter (= H_M) auftreten können. Diese Unterscheidung ist deshalb bedeutsam, weil beide Gruppen unterschiedliche Wohnflächennachfrageverhalten zeigen.

Diesem Sachverhalt wird in der folgenden Definitionsgleichung Rechnung getragen:

(1) $\quad H_i = H_{E,i} + H_{M,i}$

Der Teil der privaten Haushalte, der die Wohnform des Eigentums wählt, ist durch die Verhaltensgleichung

(2) $\quad H_{E,i} = e_i H_i$

definiert. Der Verhaltensparameter "Eigentümerquote" (= e) wird nach der Haushaltsgröße i differenziert. Startwerte sind empirisch ermittelte Werte der Wohnungsstichprobe 1978. Die Vorausschätzung der Verhaltensparameter erfolgt exogen durch Extrapolation der Eigentümerquote aus der Vergangenheit, die sich in den letzten Jahren leicht abschwächen soll. Die Zahl der zur Miete wohnenden Haushalte ergibt sich als Restgröße bzw. als Differenz zwischen allen Haushalten und den Eigenheimbewohnern. Eine Verhaltensgleichung für diese Gruppe ist daher nicht mehr notwendig.

Je nach Größe belegen die Haushalte unterschiedlich viel Wohnfläche. Die tatsächlich beanspruchte Wohnfläche variiert erfahrungsgemäß stark sowohl zwischen den fünf Haushaltsgrößenklassen als auch zwischen den Hauptmietern und den in Eigentum lebenden Haushalten. Für beide Gruppen wird daher getrennt eine Wohnflächennachfragefunktion der folgenden Form angenommen:

$$(3) \quad F_E = \sum_{i=1}^{5} f_{E,i} \cdot H_{E,i}$$

und

$$(4) \quad F_M = \sum_{i=1}^{5} f_{M,i} \cdot H_{M,i}$$

wobei f den Wohnflächenkonsum in Quadratmetern je Wohnverhältnis (E oder M) und je Haushaltsgröße i angibt. F ist dann die insgesamt von den Haushalten je Wohnverhältnis belegte Wohnfläche. Die Startwerte der Verhaltensparameter $f_{E,i}$ und $f_{M,i}$ wurden wiederum aus der Wohnungsstichprobe 1978 gewonnen.

Der ökonomische Teil des Vorausschätzungsmodells weist noch einen geringen Konkretisierungsgrad auf. Die Prognose der ökonomischen Entwicklung reduziert sich auf Annahmen über die Wachstumsrate des Einkommens. Dabei wird vermutet, daß zwischen dem Wohnflächenkonsum und dem verfügbaren Einkommen der privaten Haushalte auch in Zukunft ein enger Zusammenhang bestehen wird:

- Steigende Einkommen ermöglichen die Finanzierung eines eigenen Haushaltes. Personen, die zunächst mit anderen in einem Haushalt gelebt haben, erhalten die finanzielle Basis, eigenständig zu wohnen und zu wirtschaften. Dadurch erhöht sich die Zahl der Wohnungsnachfrager.

- Mit steigendem Einkommen wechseln vermehrt Haushalte ins Eigentum. Da Wohneigentümer erfahrungsgemäß einen höheren Flächenverbrauch aufweisen, steigt mit der Eigentümerquote auch der Pro-Kopf-Verbrauch an Wohnfläche.

- Mit steigendem Einkommen wird mehr Wohnfläche nachgefragt. Dadurch steigt ebenfalls der Pro-Kopf-Verbrauch an Wohnfläche.

Von diesen drei Zusammenhängen zwischen Einkommensentwicklung und Verhaltensreaktionen wird nur die letztgenannte modellendogen abgebildet. Die beiden anderen sind exogen und berücksichtigen die Einkommensentwicklung nur indi-

rekt: hier gehen das Haushalts- und das Wohneigentumsbildungsverhalten in Form
von exogen prognostizierten Parametern in das Modell ein.

In der Vergangenheit wuchs die nachgefragte Wohnfläche mit steigenden Einkommen. Es wird angenommen, daß ein ähnlicher Zusammenhang auch in der näheren Zukunft bestehen wird. Daher werden zunächst globale Annahmen zur Einkommensentwicklung getroffen, von der auf den künftigen Flächenverbrauch je Haushaltstyp geschlossen wird. Gestützt werden diese Annahmen durch eine Reihe regressionsanalytischer Untersuchungen, die auf der Basis der Wirtschaftsrechnungen privater Haushalte für einen langen Zeitraum eine enge Korrelation zwischen der Wohnflächennachfrage und dem Haushaltseinkommen belegen.

Die Schätzung der Parameter wurde also mit der Einkommensentwicklung der privaten Haushalte gekoppelt. Zunächst wurde für das Wohnverhältnis Hauptmieter und den Haushaltstyp Vier-Personen-Haushalt aus Daten der Vergangenheit regressionsanalytisch der Zusammenhang zwischen der nachgefragten Fläche und dem Nominaleinkommen ermittelt:

(5) $f_{M,4} = \alpha + \beta \cdot Y_4$

wobei Y das Nominaleinkommen darstellt. Die beiden Schätzparameter sind α und β. Es wurde unterstellt, daß alle Wohnverhältnisse und Haushaltsgrößen auf Einkommenserhöhungen in ähnlicher Weise mit einer Flächenausweitung reagieren, also:

(6) $\dfrac{\Delta f_{M,4}}{\Delta Y_4} = \dfrac{\Delta f_{M,i}}{\Delta Y_i} = \dfrac{\Delta f_{E,i}}{\Delta Y_i}$

Weitere regressionsanalytische Untersuchungen hatten ergeben, daß sich die Reaktion der Wohnfläche auf Einkommensänderungen abschwächte. Diese Effekte wurden ebenfalls auf die Zukunft übertragen, jedoch soll die Elastizität bei Eigentümern wegen der bereits hohen Wohnflächenversorgung geringer sein als bei den Mietern; denn bei den Mietern wird im Vergleich zu Eigentümern ein sehr viel höheres Nachholbedürfnis unterstellt.

Die Vorausschätzung der Wohnfläche setzt die Vorausschätzung der Einkommensentwicklung voraus. Hier wurden zwei alternative Annahmen getroffen: die Einkommen aller Haushalte nehmen zukünftig mit der gleichen Wachstumsrate zu (konstante Entwicklung)

(7) $\Delta Y = \gamma_t \cdot Y_{t-1}$ für alle i

und alternativ die Einkommensraten schwächen sich von Jahrfünft zu Jahrfünft ab (degressive Entwicklung), d.h. γ_t als der Veränderungsfaktor nimmt entsprechend ab.

Die Einkommenszuwächse werden für

- die Haushaltsneugründungen bzw. -abspaltungen,
- die Schaffung von Wohneigentum,
- die Ausdehnung der Wohnfläche.

"aufgebraucht".

Nur der letzte Fall ist durch die Gleichungen (5) bis (7) explizit beschrieben. Für die beiden anderen Fälle wird unterstellt, daß die Einkommensentwicklung den vorausgeschätzten Verlauf der Verhaltensparameter, das sind die Haushaltsvorstandsquoten und die Eigentümerquoten, nicht einschränkt.

In den Gleichungen (3) und (4) wurde jeweils die Wohnfläche errechnet, die für Eigentümer und für Mieter nachgefragt werden. Die Ermittlung der Nachfrageänderung zwischen zwei Zeitpunkten setzt jedoch voraus, daß die bisher beschriebenen Rechenoperationen auch für die nachfolgenden Perioden durchgeführt werden; d.h. für insgesamt vier Zeitpunkte: die Jahresenden 1985, 1990, 1995 und 2000. Danach wird für jeweils benachbarte Zeitpunkte ein Vergleich der nachgefragten Wohnfläche durchgeführt. Als Differenz dieser Bestandsgrößen ergibt sich die Nettoveränderung der Wohnflächennachfrage: entweder die Neunachfrage (positive Differenz) oder die Freisetzungen (negative Differenz).

Für beide Teilmärkte läßt sich ein Zeitpunktvergleich folgender Art durchführen und ergibt die Nettoveränderung:

(8) $\quad \Delta F_E = F_{E,t} - F_{E,t-1}$

und

(9) $\quad \Delta F_M = F_{M,t} - F_{M,t-1}$

Der vorhandene Wohnungsbestand wird jedoch ständig durch Abrisse, Umwidmungen und Umwandlungen verändert. Diese Prozesse berühren Zahl und Struktur des Wohnungsangebotes erheblich. Laufende Umwandlungen von den Mietwohnflächen in Wohneigentum bedeuten, daß sich einerseits die gesamte Mietwohnfläche F_M um einen Faktor a erhöht und andererseits die Nachfrage nach Eigentumswohnflächen um $F_M \cdot a$ niedriger ausfällt, weil diese Nachfrage aus dem Mietwohnflächenbestand gedeckt wird. Die Nettoveränderung hat dann folgende Form:

(10a) $\Delta F_E = F_{E,t} - F_{E,t-1} - aF_{M,t}$

(11a) $\Delta F_M = F_{M,t} - F_{M,t-1} + aF_{M,t}$

Für Abrisse im Wohnflächenbestand muß bei bestehender Nachfrage Ersatz geschaffen werden, d.h., die Nachfrage nach Eigentums- oder Mietwohnfläche erhöht sich um eine Wohnflächenmenge $F_E \cdot b$ bzw. $F_M \cdot b$. Dadurch erfährt die Nettoveränderung der Wohnfläche ((8) + (9)) folgende Abwandlung:

(10b) $\Delta F_E = F_{E,t} - F_{E,t-1} - aF_{M,t} + bF_{E,t}$

(11b) $\Delta F_M = F_{M,t} - F_{M,t-1} - aF_{M,t} + bF_{M,t}$

Da bei Abrissen im Wohnungsbestand ein Teil der Abrißgrundstücke wieder für eine Wohnbebauung zur Verfügung steht, wurde der Faktor b so gewählt, daß er nicht die Gesamtnachfrage, sondern die baulandrelevante Nachfrage darstellt; d.h. nur der Anteil, für den Ersatzland benötigt wird.

Bei der Mietwohnfläche werden, wenn z.B. ΔF_M kleiner als Null wird, Mietwohnflächen freigesetzt. Diese Mietwohnflächen werden jedoch häufig wegen schlechter Ausstattung und unzureichendem Wohnumfeld nur teilweise in Eigentumswohnungen umgewandelt. Dieser umwandlungsfähige Anteil von freigesetzter Mietwohnfläche soll einen Teil der Nachfrage im Eigentumsbereich decken und reduziert dadurch ebenfalls die Nachfrage im Eigentumsbereich, so daß die Ausgangsgleichung (8) folgende Form zeigt:

(10c) $\Delta F_E = F_{E,t} - F_{E,t-1} + bF_{E,t} - aF_{M,t} - c \Delta F_M$
  für $\Delta F_M \gtreqless 0$

Damit dürfte hinreichend der formale Teil der Wohnflächennachfrage umschrieben sein.

Der Zusammenhang zwischen Wohnflächen- und Baulandnachfrage wird hergestellt, indem zunächst von der Wohnfläche auf die Geschoßfläche (GF) umgerechnet wird. Die Geschoßfläche ergibt sich aus Wohnfläche zuzüglich der jeweiligen gebäudetypischen Konstruktions- und Erschließungsflächen. Sie wird mit Hilfe eines vorwiegend bautechnisch erklärbaren Konstruktionsfaktors (K) als Vielfaches der Wohnfläche berechnet.

(12) $GF_E = \Delta F_E \cdot K_E$

und

(13) $GF_M = \Delta F_M \cdot K_M$

Eingangszahlen sind Werte aus der Baugenehmigungsstatistik von 1983, wobei unterstellt wurde, daß auch in Zukunft Eigentümer überwiegend in Ein- und Zweifamilienhäusern (K_E-Wert) und Mieter überwiegend in Mehrfamilienhäusern (K_M-Wert) wohnen werden. Der Konstruktionsfaktor zeigt eine große zeitliche und regionale Stabilität und wird daher für den Modellzeitraum und regional als konstant angenommen.

Schließlich wird im nächsten Schritt aus dem Verhältnis von Geschoßfläche und Dichte der Bebauung auf die Grundstücksfläche geschlossen. Zentrale Determinante ist hierbei die Dichte der Bebauung. Sie wird ausgedrückt durch die Geschoßflächendichte, die die Relation zwischen Geschoßfläche und Grundstücksfläche beschreibt. Die Geschoßflächendichte kann abhängen von ökonomischen Rahmenbedingungen (insbesondere den Bodenpreisen). Sie kann zudem administrativ festgesetzte Höchstwerte haben. Im Modell geht der Parameter als exogen geschätzte Größe ein.

Die Grundstücksfläche (Nettowohnbauland = NWBL) ergibt sich als Quotient von Geschoßfläche und Bebauungsdichte (GFD) in folgender Form:

$$(14) \quad NWBL_E = \frac{GF_E}{GFD_E}$$

$$(15) \quad NWBL_M = \frac{GF_M}{GFD_M}$$

Die Bebauungsdichte (GFD) variiert nicht nur regional, sondern in noch stärkerem Maß auch nach dem Gebäudetyp. Als Startwerte für die Bebauungsdichte werden empirische Werte aus der Baugenehmigungsstatistik der Jahre 1980 bis 1984 verwendet.

Mit der Grundstücksfläche ist nur ein Teil des gesamten Wohnbaulandes ermittelt. Dazu gehört auch die innere Erschließung (Verkehrsfläche) der Grundstücksfläche, deren Größe von der Bebauungsdichte abhängt. Dabei benötigen Gebiete mit geringerer Verdichtung einen höheren Anteil an Verkehrsflächen (VF) als Gebiete mit hoher Bebauungsdichte. Dieser Zusammenhang wird als Regressionskurve in folgender Form abgebildet:

$$(16) \quad VF_E = c + \frac{d}{GFD_E}$$

und

$$(17) \quad VF_M = c + \frac{d}{GFD_M}$$

Übersicht 1: Struktur eines Prognosemodells zu Wohnbaulandnachfrage

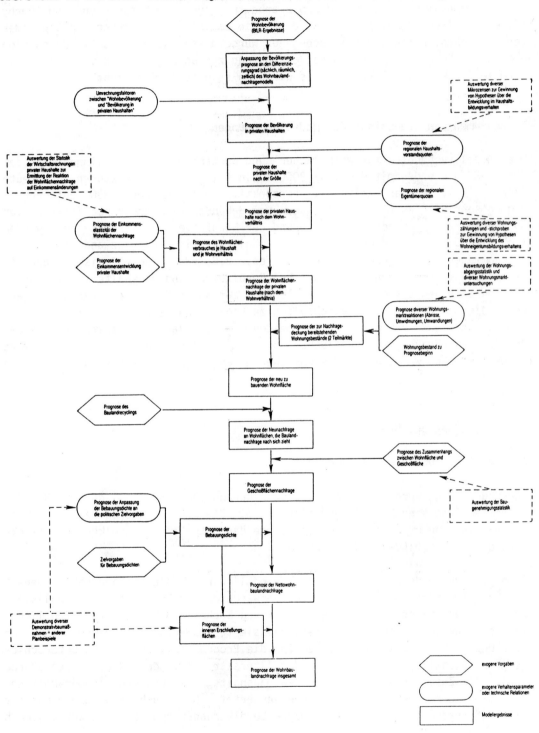

Diese Regressionskurve ist das Ergebnis einer Flächenanalyse von 70 Demonstrationsbaumaßnahmen und zehn anderen Planbeispielen, die Gassner und von Barby (6) ermittelten. Dabei sind c und d als die empirisch gewonnenen Schätzparameter anzusehen. Für die Modellrechnungen wurde diese aus empirischen Beispielen ermittelte Regressionskurve ohne Veränderung zugrunde gelegt. Damit dürfte die formale Struktur des Gesamtmodells umrissen sein (vgl. Übersicht 1).

3. Annahmen und Ergebnisse der Modellrechnungen

Die Modellrechnungen zur Wohnflächen- und Bestandsnachfrage beginnen mit dem Jahr 1985 und enden mit dem Jahr 2000 - ein für bauliche Strukturen auch heute noch relativ kurzer Zeitraum. Perspektiven bis zum Jahr 2030 entsprechen jedoch sehr viel eher der Lebensdauer von Gebäuden als der knappe Zeitraum von 15 Jahren. Wohngebäude, die aufgrund der Nachfrage heute entstehen, werden auch im Jahre 2030 noch bestehen und möglicherweise auf ganz andere als die angenommenen Nachfragebedingungen treffen, z.B. Wohnflächenfreisetzungen in Verbindung mit weiteren Rückgängen bei Bevölkerung und Haushalten. Sie könnte die bereits heute sich andeutende Tendenz zur Wohnflächenfreisetzung verstärken, die dann nicht nur städtebaulich zu bewältigen sein wird. Um heute die "Wohnungshalden" von morgen zu vermeiden, müßten daher die Zeithorizonte bei der Vorausschätzung der Wohnflächen- und Baulandnachfrage noch weiter gesteckt werden - auch wenn damit die Unsicherheiten bei der Vorausschätzung noch zunehmen werden.

A. Bevölkerung und Haushalte

Bevölkerungs- und Haushaltsmodell

Zugrunde gelegt wurde das regionale Bevölkerungsprognosemodell der BfLR, das in diesem Band eingehend dargestellt ist[7]. Die Fortschreibung bzw. Prognose der Bevölkerung erfolgt auf der Grundlage der natürlichen Bevölkerungsentwicklung unter Einschluß von Wanderungen.

Auch das verwendete Haushaltsprognosemodell wird in diesem Band näher behandelt[8]. Die für die Modellrechnungen verwendeten Ergebnisse der regionalisierten Vorausschätzung wurden bereits 1984 von Bucher und Runge[9] veröffentlicht. Voraus ging der Prognose eine regionalisierte Auswertung der Mikrozensen von 1972 und 1978. Insbesondere wurden für die Prognose die regionalen Unterschiede der Haushaltsgrößenstruktur, der Altersstruktur, der Haushaltsvorstände sowie die Zusammenhänge zwischen den Haushaltsgrößen und den demographischen Merkmalen der zugehörigen Vorstände verwertet. Die Haushaltsprognose basiert zwar auf Ergebnissen der kleinräumigen Bevölkerungsprognose; sie wurde jedoch wegen der Datenmängel auf fünf siedlungsstrukturelle Regionstypen und neun Altersgruppen verdichtet und verzichtet zudem auf jährliche Ergebnisse. Stattdessen werden Fünf-Jahres-Schritte gewählt. Ferner werden die Ergebnisse ab Jahresende 1985 vorgestellt, obgleich die Vorausschätzung mit dem Jahr 1982 begann.

Annahmen und Ergebnisse aus der Bevölkerungs- und Haushaltsprognose

Die Bevölkerungsprognose hat Status-quo-Charakter. Die Annahmen zur Fruchtbarkeit, zur Sterblichkeit und zum Wanderungsverhalten orientieren sich an der Entwicklung der jüngeren Vergangenheit und extrapolieren diese Entwicklung in die Zukunft. Die Ergebnisse deuten zwar auf einen leichten Bevölkerungsrückgang und auf leichte regionale Umverteilungen bis zum Jahr 2000 hin; gravierend werden aber die Altersstrukturverschiebungen sein.

Wichtigste Ursache für die Bevölkerungsabnahme ist, daß jedes Jahr mehr Menschen sterben als geboren werden. Dieser negative natürliche Saldo wurde in den vergangenen Jahren meist durch Wanderungsgewinne aus dem Ausland ausgegli-

Abb. 2: Vorausschätzung der Wohnbevölkerung und der privaten Haushalte in den Regionen der Bundesrepublik Deutschland bis zum Jahr 2000
1985 = 100 (Index)

Abb. 2.1: Vorausschätzung der Bevölkerung in privaten Haushalten

Abb. 2.2: Vorausschätzung der privaten Haushalte

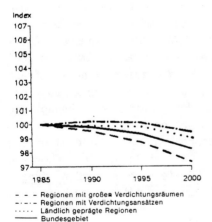
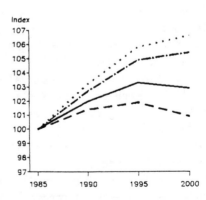

Quelle: Laufende Raumbeobachtung der BfLR: Bevölkerungs-und Haushaltsprognose 1981 - 2000

chen; damit ist in Zukunft nicht mehr zu rechnen. In den Jahren 1985 bis zum Jahr 2000 wird die Wohnbevölkerung um rd. 1 Mio. Personen oder 1,7 % der Gesamtbevölkerung abnehmen.

Die einzelnen Regionen sind von dieser Entwicklung unterschiedlich stark betroffen (vgl. Abb. 2.1):

- Regionen mit großen Verdichtungsräumen werden insgesamt rd. 2,6 % der heutigen Bevölkerung verlieren (1985: 34,3 Mio.; 2000: 33,4 Mio.). Die Bevölkerungsabnahme innerhalb dieses Regionstyps konzentriert sich dabei auf die altindustrialisierten Gebiete, während die übrigen hochverdichteten Regionen bis 1990 sogar noch eine leichte Bevölkerungszunahme aufweisen werden und erst danach um 320 000 Personen bis zum Jahr 2000 zurückgehen.

- Die Bevölkerung in Regionen mit Verdichtungsansätzen wird dagegen bis 1995 noch wachsen und erst ab 1995 wieder abnehmen, so daß diese Regionen bis zum Jahr 2000 weniger als 0,5 % ihrer Bevölkerung (1985: 17,64 Mio.; 2000: 17,57 Mio.) verlieren werden.

- In den ländlich geprägten Regionen schrumpft die Bevölkerung bis zum Jahr 2000 insgesamt um weniger als 1 % (1985: 9,64 Mio.; 2000: 9,56 Mio.). Innerhalb dieses Regionstyps jedoch wächst das Alpenvorland bis 1995 und stagniert danach. Dadurch wird der Schrumpfungsprozeß insgesamt gemildert.

Durch diese uneinheitliche Entwicklung kommt es zu Verschiebungen der regionalen Bevölkerungsanteile zugunsten der Regionen mit Verdichtungsansätzen und der ländlich geprägten Regionen.

Gravierender für den Wohnungsbereich als die zahlenmäßige Veränderung der Bevölkerung bis zum Jahr 2000 sind neben der großräumigen Verteilung die altersstrukturellen Verschiebungen. Sie zeigen sich in einer zunehmenden Alterung der Bevölkerung. Die Zahl der alten Menschen ab 60 Jahre nimmt bis 2000 um gut 0,7 Mio. zu. In dieser Altersgruppe dürfte eine zusätzliche Nachfrage nach altersgerechtem Wohnraum zu erwarten sein, auch wenn bezogen auf die Haushaltsgröße - durch den Auszug der Kinder aus der gemeinsamen Wohnung und durch das Verbleiben der Eltern am gewohnten Standort eher "zuviel" Wohnfläche zur Verfügung stehen dürfte. Diese Wohnungen entsprechen aber häufig nicht den spezifischen Anforderungen, die ältere Menschen an sie stellen. Dieser Umstand könnte dazu führen, daß die "alten" Wohnungen für die nachwachsenden jungen Haushalte bereitgestellt werden, wenn die Nachfrage nach altersgerechten Wohnungen befriedigt werden kann.

Das Potential der "Wohneigentumsbilder" kommt schwerpunktmäßig aus der Gruppe der 35- bis 55jährigen. Diese Gruppe nimmt bis zum Jahr 2000 um 1,2 Mio.

Personen zu. Ihr Anteil an der Gesamtbevölkerung steigt. Da die Eigentumsquote nicht sehr hoch ist, kann zukünftig bei gesichertem Einkommen und unverändertem Nachfrageverhalten vor allem in dieser Gruppe mit steigender Wohnflächennachfrage und damit auch mit steigender Baulandnachfrage gerechnet werden.

Alterstrukturverschiebungen in der Bevölkerung werden eine Zunahme der Haushalte (vgl. Abb. 2.2) zur Folge haben, weil Bevölkerungsgruppen, die tendenziell in kleinen Haushalten leben (z.B. alte, verwitwete Frauen) ihren relativen Anteil erhöhen werden. Diese Entwicklung zu kleineren Haushalten ist nicht nur von demographischen Faktoren, sondern auch von gesellschaftlichen und ökonomischen Entwicklungen abhängig. So ist die Höhe der Heirats- und Scheidungsraten von Bedeutung. Aber auch positive Erwartungen über die Beschäftigungs- und Einkommensentwicklung können dazu führen, daß Jugendliche früh einen eigenen Haushalt gründen. Diese Entwicklungen führen insgesamt dazu, daß trotz rückläufiger Bevölkerung die Zahl der Haushalte steigt.

Nach den Prognoseergebnissen (vgl. Abb. 3) werden sich vor allem die kleinen Haushalte mit bis zu 2 Personen erhöhen. Dagegen schrumpfen die großen Haushalte mit 5 und mehr Personen stark. Die mittleren Größenklassen halten ihren Anteil in etwa. Insgesamt erniedrigt sich dadurch die durchschnittliche Haushaltsgröße von gegenwärtig 2,4 Personen je Haushalt auf 2,3 Personen je Haushalt im Jahr 2000.

Abb. 3: Vorausschätzung der privaten Haushalte nach der Personenzahl in der Bundesrepublik Deutschland bis zum Jahr 2000 1985 = 100 (Index)

Abb. 4: Vorausschätzung der privaten Haushalte nach dem Wohnverhältnis in der Bundesrepublik Deutschland; 1985 = 100 (Index)

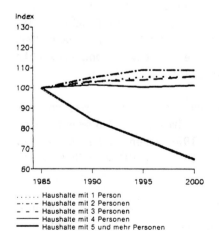
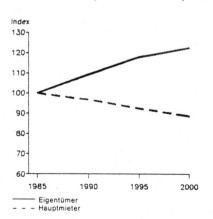

Quelle: Laufende Raumbeobachtung der BfLR; Haushaltsprognose 1981 - 2000

Nach den Haushaltsvorausschätzungen (vgl. Abb. 2.2) wird die Zahl der privaten Haushalte bis 1995 zunehmen. Der Nettozuwachs zwischen 1985 bis 1995 beträgt 827 000 Haushalte. 1995 wird die Zahl der privaten Haushalte mit knapp 26,3 Mio. ihren höchsten Stand erreichen. Der zahlenmäßige Rückgang wird erst danach langsam einsetzen. Im Jahr 2000 wird die Zahl der Haushalte noch wesentlich höher als heute sein.

Regional unterschiedlich vergrößert sich in allen Regionen - ausgenommen die altindustrialisierten Teilregionen - die Zahl der Haushalte zumindest bis zum Jahr 1995 (vgl. Abb. 2.2). In den Regionen mit großen Verdichtungsräumen, in denen gegenwärtig nahezu 60 % aller privaten Haushalte wohnen, nimmt zwar die Zahl der Haushalte zu; weil aber die Entwicklungsdynamik in den anderen Regionstypen größer ist, verringert sich ihr relativer Anteil.

B. Nachfrage nach Wohneigentum

Annahmen zur Eigentumsquote nach dem Wohnverhältnis

Die privaten Haushalte - nach ihrem Wohnverhältnis differenziert - zeigen auch gegenwärtig eine gegenläufige Entwicklung: die Zahl der Haushalte mit Eigentum nimmt zu, während die Zahl der Mieterhaushalte stetig abnimmt. Diese Entwicklung wird getragen von einem langfristigen und stabilen Trend zur Eigentumsbildung. Der Erwerb von Wohneigentum wird zudem seit langem durch zahlreiche staatliche Fördermaßnahmen unterstützt. Die Eigentumsquote mittelfristig auf über 50 % zu erhöhen, ist Ziel der gegenwärtigen staatlichen Förderpolitik.

Für die Modellrechnung wird der genannte Zielwert aufgegriffen und für das Jahr 2000 als erreicht angenommen. Bis 1995 soll in jeweils fünf Jahren die Eigentümerquote um 3 % steigen. In den letzten fünf Jahren bis zum Jahr 2000 wird wegen der leicht rückläufigen Haushaltszahlen eine etwas abgeschwächte Zunahme der Eigentümerquote von 2 %-Punkten unterstellt.

Im Modell wird das Wohnverhältnis Untervermietung ausgeschlossen, was von der bisherigen Entwicklung her durchaus vertretbar ist. Im Jahre 1956 wohnte noch etwa jeder fünfte Haushalt (21 %) zur Untermiete; 1978 waren es nur noch 3 %. Für die Zukunft ist ein weiterer Rückgang zu erwarten, so daß die Untermiete zu einer nicht mehr prognostizierbaren Größe wird.

Aus der Vorausschätzung der Wohneigentümer ergeben sich im Modell die Hauptmieter als Differenz zwischen allen privaten Haushalten und den Eigentümerhaushalten. Die Eigentümer werden ermittelt über die Verknüpfung von Eigentümerquoten und der Zahl der privaten Haushalte. Es gibt zahlreiche Definitionen von Eigentümerquoten, z.B. wohnungsbezogene, haushaltsbezogene, personenbezogene. In diesem Modell wird der Anteil der eigengenutzten Wohnungen an allen bewohnten Wohnungen (mit Küche) als Eigentümerquote verwendet. Dieser Anteil betrug bei der letzten Gebäude- und Wohnungszählung 1978 im Bundesdurchschnitt rd. 37,5 %, unter Vernachlässigung der Untermieter 39,1 %.

Startwerte sind empirisch ermittelte Werte des Jahres 1978 (Wohnungsstichprobe). Die Vorausschätzung erfolgt exogen.

Tab. 1: Prognose der Wohneigentumsquoten in den Regionen der Bundesrepublik Deutschland bis zum Jahr 2000 - in % -

Jahresende	Regionen mit großen Verdichtungsräumen		Regionen mit Verdichtungsansätzen	ländlich geprägte Regionen		Bundesrepublik Deutschland
	hochverdichtet	altindustrialisiert		ländlich	Alpenvorland	
1978	34,4	23,4	48,1	54,8	48,8	39,1
1985	36,9	25,1	51,5	58,8	52,4	42,0
1990	39,5	26,9	55,1	62,6	55,9	45,0
1995	42,4	29,4	59,0	64,0	57,0	48,0
2000	44,0	33,0	60,0	66,6	60,0	50,0

Quelle: Regionalauswertung der Gebäude- und Wohnungsstichprobe 1978 sowie Prognoseannahmen der BfLR.

Dabei wird es - wie bisher - zwischen den Regionen wie zwischen den Haushaltsgrößenklassen nach wie vor Unterschiede bei den Eigentümerquoten geben. Die regionalen Abweichungen vom Bundesdurchschnitt haben zum Ergebnis, daß Regionen mit hohen Eigentümeranteilen relativ schwächere Zuwächse aufweisen als Regionen mit niedrigerem Ausgangsniveau. An dem alten Muster, daß ländliche Regionen hohe Eigentümerquoten und hochverdichtete Regionen niedrigere Eigentümerquoten aufweisen, ändert sich tendenziell nichts.

Trotz dieser Steigerungsrate bis zum Jahr 2000 erreichen die Regionen mit großen Verdichtungsräumen dennoch nicht die Quoten, die die anderen Regionen bereits 1978 hatten. Auch machen die niedrigeren Quoten gerade in den altindustrialisierten Regionen deutlich, wie weit hier die Eigentumsquote hinter dem Ziel staatlicher Förderpolitik zurückbleibt und möglicherweise nur durch eine gezielte regionale Förderpolitik beseitigt werden kann.

Ergebnisse aus den steigenden Eigentümerquoten

Das wohnungspolitische Ziel, zum Jahresende 2000 zahlenmäßig gleichviele Eigentümer- wie Mieterhaushalte erreichen zu wollen, bewirkt drastische Verschiebungen: In den 15 Jahren wächst die Zahl der Eigentümerhaushalte um 2,4 Mio. Haushalte von 10,7 Mio. auf 13,1 Mio. Haushalte an. Dagegen geht die Zahl der Mieterhaushalte um fast 1,7 Mio. Haushalte auf ebenfalls 13,1 Mio. Haushalte zurück.

Die drastische Verschiebung der Haushalte zugunsten der Eigentümerhaushalte wird eine erhebliche Wohnflächennachfrage auslösen, weil allein der Sprung vom Mieter- zum Eigentümerhaushalt schon 1978 rd. 36 m^2 Wohnfläche betrug. Dieser Abstand dürfte sich in Zukunft eher vergrößern.

Annahmen und Ergebnisse zur Eigentümerquote nach der Haushaltsgröße

Annahmen über die Entwicklung der Eigentümerquoten müssen nicht nur in regionaler, sondern auch in sachlicher Differenzierung, also nach der Haushaltsgröße getroffen werden; denn zwischen der Haushaltsgröße und der Wohneigentümerquote besteht ein Zusammenhang: je größer die Personenzahl eines Haushaltes wird, desto höher ist die Wahrscheinlichkeit, daß der Haushalt in den eigenen vier Wänden lebt. So wohnten 1978 beispielsweise lediglich 22,7 % der Einpersonenhaushalte im Eigentum, von den Haushalten mit vier Personen dagegen 51,1 % und von den Haushalten mit 5 und mehr Personen sogar 62,8 %.

Bei der Entwicklung der Eigentümerquoten in den einzelnen Haushaltsgrößenklassen wird auch im Jahr 2000 ein solches Gefälle zwischen den Haushaltsgrößenklassen angenommen - jedoch in teilweise abgeschwächter Form. Von den damals großen Haushalten, die in den 60er und 70er Jahren Wohneigentum bildeten, wird dann nur noch das Elternpaar oder ein Elternteil verblieben sein, während die Kinder zwischenzeitlich eigene Haushalte gründeten. Wegen der großen Beharrungstendenz im Wohneigentum wird ein großer Teil dieser "Restfamilien" in ihrem Eigenheim verbleiben. Daher wird die Wohneigentümerquote bei den Ein- und Zweipersonenhaushalten relativ stärker als bei den großen Haushalten ansteigen. Im Jahr 2000 wohnen dann fast jeder dritte Einpersonenhaushalt und mehr als die Hälfte der Zweipersonenhaushalte im Eigentum. Dabei ändert sich an dem alten Muster, daß kleine Haushalte eine niedrigere Eigentumsquote aufweisen als große Haushalte, tendenziell aber nichts.

Diese Entwicklung zu kleineren und zu mehr Haushalten führt sowohl zu einer quantitativen Ausweitung als auch zu einer qualitativen Differenzierung der Wohnungsnachfrage. Denn kleine Haushalte benötigen im Durchschnitt mehr Wohnfläche als große Haushalte, weil ein Teil der Räume wie Küche, Bad, Flur und

Tab. 2: Prognose der Wohneigentumsquoten für Haushalte nach der Personenzahl in der Bundesrepublik Deutschland bis zum Jahr 2000 - in %

Jahresende	Wohneigentumsquote für Haushalte mit --- Personen					
	1	2	3	4	5 u.m.	insg.
1978	22,7	36,6	42,3	51,1	62,8	39,1
1985	26,2	42,2	47,7	56,5	66,1	42,0
1990	29,2	45,4	51,5	59,9	70,3	45,0
1995	31,6	49,1	55,0	64,6	73,1	48,0
2000	32,8	51,4	56,8	68,2	76,9	50,0
	absolute Zunahme					
1978/2000	+ 10,1	+ 14,8	+ 14,5	+ 17,1	+ 14,1	+ 10,9
	relative Zunahme (in %)					
1978/2000	+ 45,5	+ 40,4	+ 34,3	+ 33,5	+ 22,5	+ 27,9

Quelle: Gebäude- und Wohnungsstichprobe 1978 sowie Prognoseannahmen der BfLR.

Wohnzimmer bei den kleineren Haushalten nur jeweils von einer oder zwei Personen benutzt wird.

C. Einkommensentwicklung und Wohnflächenkonsum

Annahmen zur Wohnflächennachfrage in Abhängigkeit vom Einkommen

Steigender Bedarf einzelner Haushalte an Wohnfläche und an Wohnqualiät wird nur dann zur marktwirksamen Wohnflächennachfrage, wenn sie auch finanziert werden kann. Daher ist auch zukünftig die Zunahme der verfügbaren Einkommen eine wichtige Voraussetzung. Im Modell wurde das Einkommen der privaten Haushalte als exogene erklärende Variable für den Wohnflächenverbrauch herangezogen. Dabei ergab sich das Problem, daß im ökonomischen Bereich zumeist Einkommensschätzungen mit wesentlich kürzerer Laufzeit erstellt werden, als dies im demographischen Bereich üblich ist. Seinen Grund hatte dies im erheblich größeren Unsicherheitsbereich der künftigen Entwicklung ökonomischer Variablen. Will man nun ein langfristiges Wohnflächennachfragemodell sowohl mit demographischen als auch mit ökonomischen Bestimmungsfaktoren verknüpfen, so ergibt sich eine Asymmetrie der Prognosefähigkeit der beiden Bereiche. Um eine annähernde Symmetrie wieder herzustellen, werden die ökonomischen Entwicklungen auf einem sehr hohen sachlichen Aggregationsgrad als langfristige

Perspektive geschätzt. Damit ist zwar nicht die durch konjunkturelle Schwankungen beeinflußte tatsächliche Entwicklung getroffen, sondern nur die Entwicklung in langfristiger Perspektive geschätzt.

Von den hohen Wachstumsraten der Vergangenheit wird langfristig nicht ausgegangen, weil steigende soziale Lasten die verfügbaren Einkommen der erwerbstätigen Bevölkerung verringern könnten. Für die Modellrechnungen werden zwei Varianten einer konstanten und einer degressiven Entwicklung erstellt:

- das verfügbare Einkommen wächst bei der konstanten Entwicklung im Durchschnitt der Jahre 1985 bis zum Jahr 2000 jährlich um 2 % und
- das verfügbare Einkommen schwächt sich bei der degressiven Entwicklung im Verlauf der Jahre ab: von jährlich 2 % in den Jahren 1985 bis 1990 über 1,5 % in den Jahren 1990 bis 1995 auf 1 % pro Jahr im Zeitraum 1995 bis zum Jahr 2000.

Eine weitere Schwierigkeit für die Modellrechnungen bestand darin, in regionaler und sachlicher Differenzierung den vermuteten Zusammenhang zwischen Haushaltseinkommen und Wohnflächenkonsum für alle Einkommens- und Haushaltstypen abzubilden; denn die tatsächlich beanspruchte Wohnfläche variiert erfahrungsgemäß stark zwischen allen Einkommens- und Haushaltstypen. Wegen der unzureichenden Datenbasis mußte deshalb ein stark reduzierter Ansatz, der die Unterschiede auf einen generellen Durchschnitt nivelliert, gewählt werden. Auf Bundesebene wurde dieser Zusammenhang für einen 4-Personen-Hauptmieterhaushalt, für den Informationen aus der Statistik der Wirtschaftsrechnungen privater Haushalte verfügbar sind, beispielhaft ermittelt, für die Zukunft modifiziert und auf die anderen Haushalte übertragen. Die Zeitreihe von 1964 bis 1984 war die Datenbasis der Regression, wobei für jedes Jahr eine Stichprobe von ca. 300 Haushalten aus der Befragung gezogen wurde. Das ergab eine Regressionsgerade, wobei die nachgefragte Wohnfläche als endogene Größe in Abhängigkeit zum verfügbaren Einkommen eines 4-Personenhaushaltes gesetzt wurde. Bei diesen regressionsanalytischen Untersuchungen zeigte sich auch, daß sich die Reaktionen der Wohnflächen auf die Einkommensveränderungen im Laufe der Jahre abschwächte.

Für die Modellrechnungen wird nun unterstellt, daß zukünftig in ähnlicher Weise Haushaltsgrößen auf Einkommenserhöhungen reagieren. In Reaktion auf die Wohnflächennachfrage ergibt sich für Mieter langjährig, daß ein Einkommenszuwachs von 1 %-Punkt einen Wohnflächenzuwachs um 0,559 %-Punkte bewirkt. Diese langjährige Elastizität soll für den Mieter auch zukünftig angenommen werden. Bei Eigentümern dagegen wird wegen des bereits besseren Wohnflächenversorgungsgrades nur eine halb so starke Reaktion angenommen.

In Abhängigkeit von den zwei unterschiedlichen Einkommenszuwachsraten würde sich die Wohnflächenausweitung der privaten Haushalte dann folgendermaßen entwickeln:

Tab. 3: Vorausschätzung der Wohnflächenentwicklung in Abhängigkeit von unterschiedlichen Einkommensentwicklungen bei Eigentümern und Mietern bis zum Jahr 2000

Jahr	Wohnflächenausweitung bei ----- Nominaleinkommen			
	konstant		degressiv	
	Index 1978 = 100		Index 1978 = 100	
	Eigentümer	Mieter	Eigentümer	Mieter
1978	100	100	100	100
1985	107	107	107	107
1990	110	113	110	113
1995	113	120	113	118
2000	117	127	114	121

Quelle: Berechnungen der BfLR.

Ergebnisse steigender Wohnflächennachfrage bei Eigentümern und Mietern

Ausgangszahlen sind die aus der Wohnungsstichprobe 1978 ermittelten Wohnflächen nach der Personenzahl und dem Wohnverhältnis. Die Werte steigen aufgrund der Annahmen im gesamten Zeitraum bis zum Jahr 2000 auf 115/117 m^2 je Eigentümerhaushalt und auf 76/78 m^2 je Mieterhaushalt an.

Tab. 4: Vorausschätzung der nachgefragten Wohnfläche in Abhängigkeit von unterschiedlichen Einkommensentwicklungen bis zum Jahr 2000

Zeitraum	Nachgefragte Wohnfläche je Haushalt bei ---- Einkommensentwicklung			
	konstant		degressiv	
	Eigentümer in m^2	Mieter in m^2	Eigentümer in m^2	Mieter m^2
1985/1990	112,3	73,7	112,3	73,7
1990/1995	116,0	78,1	115,7	77,4
1995/2000	119,6	82,7	117,8	80,1
1985/2000	116,5	78,4	114,9	76,4

Quelle: Berechnungen der BfLR.

Der insgesamt höhere Wohnflächenkonsum der Eigentümer erklärt sich aus dem höheren Flächenspielraum für erweiterte Ansprüche. Die Mietwohnung dagegen ist im Prinzip enger auf Bedarf und Zahlungsfähigkeit des potentiellen Mieters angelegt.

D. Entwicklungen im Wohnungsbestand

Annahmen zur Veränderung des Wohnungsbestandes

Seit Jahren laufen im Wohnungsbestand eine Reihe von Prozessen ab, die Zahl und Struktur des Wohnungsangebotes ständig verändern:

- Jedes Jahr nimmt die Wohnfläche dadurch ab, daß Wohnungen abgerissen oder in andere Nutzungsart überführt werden (sog. Umwidmungen). Durch Abrisse von Bausubstanz und durch Umwidmungen wird der Wohnungsbestand verkleinert. Die Nachfrage kann deshalb in geringerem Maße aus dem bereits vorhandenen Bestand befriedigt werden. Zur Nachfragedeckung ist eine entsprechende zusätzliche Neubautätigkeit notwendig.

Über den Umfang der gesamten Wohnflächenabgänge kann nur spekuliert werden, da die Wohnungsabgangsstatistik nicht alle Abgänge erfaßt und somit zu systematischen Fehlern führt. Da die Wohnungssubstanz der Bundesrepublik relativ jung ist, liegt die Abgangsrate relativ niedrig. Es ist jedoch zu erwarten, daß mit zunehmender Alterung des Wohnungsbestandes und mit der weiteren Entspannung am Wohnungsmarkt die Abgangsrate zunehmen wird. Daher werden bis zum Jahr 2000 steigende Abgangsraten angenommen: 1985/90: 0,3 %, 1990/95: 0,5 % und 1995/2000: 0,7 % des Gesamtbestandes an Wohnfläche.

- Wohnungen wechseln von einem Teilmarkt zum anderen (sog. Umwandlungen); zumeist werden bisherige Mietwohnungen in Wohneigentum überführt. Umwandlungen können in dem Modell auf zweifache Weise auftreten. Zunächst wird angenommen, daß durch einen Nachfragesog der ins Eigentum strebenden Haushalte dem Mietwohnungsmarkt ein Teil seiner Wohnungen entzogen wird. Zahlen zum Ausmaß dieser Umwandlungen liegen nicht vor.

Ausgegangen wird von einer Umwandlungsrate von jährlich 0,5 % des gesamten Mietwohnungsbestandes.

Falls im Mietwohnungsbestand noch neue Nachfrage besteht, muß diese durch Neubau von Mietwohnungen gedeckt werden. Falls dort jedoch das Angebot die Nachfrage übersteigt und Leerbestände entstehen, dann führt dieser Angebotsdruck zu weiteren Umwandlungen, allerdings in geringerem Umfang; jedoch ist davon auszugehen, daß nicht alle leerstehenden Wohnungen wegen unzureichender Ausstattung, ungünstigem Zeitschnitt und belastetem Standort umwandelbar sind. Angenommen wird dann, daß nur 10 % der frei werdenden Mietwohnfläche in Eigentum umwandelbar werden.

Im zukünftigen Wohnungsbestand werden daher Bautätigkeit/Neunachfrage und Überangebot/Leerstände nebeneinander bestehen.

Ergebnisse zur künftigen Wohnflächennachfrage

Unter den genannten Bedingungen wird die Wohnflächennachfrage in der Bundesrepublik Deutschland bis zum Jahre 1995 noch zunehmen. Nach 1995 schwächt sie sich aufgrund der demografischen Entwicklung (Abnahme der Zahl der privaten Haushalte) und trotz steigender Wohnflächennachfrage je Haushalt deutlich ab. Im gesamten Zeitraum 1985 bis 2000 wird die Neunachfrage - je nach der Einkommensentwicklung - zwischen 330 Mio. m^2 und 410 Mio. m^2 Wohnfläche ausmachen.

Auch bei Berücksichtigung von Abrissen von Wohnraum und bei Umwandlungen von Miet- zu Eigentumswohnungen werden sich mehr als 70 % der gesamten zusätzlichen Wohnflächennachfrage auf den Wohneigentumsbereich konzentrieren.

Von der Nachfrageseite her wird je nach Variante die Wohnbautätigkeit im Eigentums- aber auch im Mietbereich erst nach 1990/95 stärker nachlassen.

Neben der Wohnflächennachfrage bis zum Jahr 2000 werden - je nach Einkommensannahme - nach 1990 zunehmend mehr Mietwohnflächen freigesetzt werden, so daß Bautätigkeit/Neunachfrage und Überangebot/Leerstände nebeneinander bestehen werden.

Zwischen und in den Regionen gibt es abweichende z.T. gegenläufige Nachfrageentwicklungen.

Diese abweichenden Nachfrageentwicklungen in den Regionen führen zu einer leichten Verschiebung zwischen den Regionen und zu Strukturveränderungen (Eigentümer - Mieter - Relation) innerhalb der Regionen. Dabei nimmt der Anteil der Wohnflächennachfrage in den Regionen mit großen Verdichtungsräumen, die mehr als die Hälfte der Gesamtnachfrage darstellen, bis zum Jahr 2000 leicht ab. Entsprechend erhöht sich in den anderen Regionstypen dieser Anteil bis zur Jahrtausendwende. Obwohl sich die Wohnflächennachfrage in den hochverdichteten Regionen stärker entwickelt als in den anderen Regionstypen, wird dort für den Eigentumsbereich absolut die höchste Mehrnachfrage auftreten. Erst danach folgen die Regionen mit Verdichtungsansätzen.

Abb. 5: Vorausschätzung der baulandrelevanten Wohnflächennachfrage[1] der Eigentümer- und Hauptmieterhaushalte in der Bundesrepublik Deutschland bis zum Jahr 2000

Abb. 5.1: Baulandrelevante Wohnflächennachfrage - Untere Variante in Mio m² Wohnfläche

Abb. 5.2: Baulandrelevante Wohnflächennachfrage - Obere Variante in Mio m² Wohnfläche

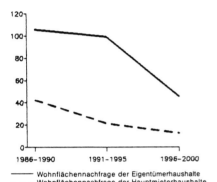
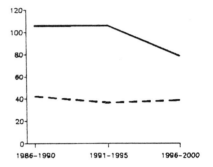

——— Wohnflächennachfrage der Eigentümerhaushalte
- - - Wohnflächennachfrage der Hauptmieterhaushalte

1) Die Nachfrage nach neuen Wohnflächen wird durch Abriß veralteter Bausubstanz, durch Umwidmungen und Umwandlungen verändert: Veränderungen dieser Art, die die Nachfrage nach neuen Wohnflächen erhöhen oder erniedrigen können, werden insoweit berücksichtigt, weil sie eine Nachfrage nach neuen Bauflächen auslösen. - Die angegebenen Werte zum Wohnbauland gelten für den jeweiligen Fünfjahreszeitraum insgesamt.

Quelle: Laufende Raumbeobachtung der BfLR: Bevölkerungs- und Haushaltsprognose 1981-2000.

E. Wohnbauland

Annahmen zur Geschoßfläche, Bebauungsdichte und zu den Nebenflächen

In den bisherigen Kapiteln wurden die Annahmen für die Ermittlung der Wohnfläche diskutiert. In dem jetzt folgenden Kapitel sollen nun die Annahmen, für die die Ermittlung der Grundstücksfläche (Nettowohnbauland) maßgebend sind, erläutert werden.

Die Grundstücksfläche ergibt sich als Quotient von Geschoßfläche und Bebauungsdichte. Dieser Zusammenhang bedeutet, daß mit abnehmender Bebauungsdichte die Grundstücksfläche wächst und umgekehrt.

Die Geschoßfläche - als eine wichtige Ausgangsgröße - ergibt sich aus Wohnfläche zuzüglich der jeweiligen gebäudetypischen Konstruktionsfläche (Grundfläche von Wänden, Stützen u.a.) und der Erschließungsfläche (Treppen, Flure u.a.). Sie wird mit Hilfe eines vorwiegend bautechnisch erklärbaren Konstruktionsfaktors als Vielfaches der Wohnfläche berechnet und vergrößert die Wohnfläche um ca. 12 bis 15 %.

Eingangszahlen sind die errechneten Werte für Wohngebäude mit ein und zwei Wohnungen einerseits und für Wohngebäude mit drei und mehr Wohnungen andererseits, wie sie sich für die Bundesrepublik (ohne Bayern) aus allen 1984 genehmigten Wohngebäuden in neu errichteten Gebäuden ergaben. Da die Bildung von Wohneigentum überwiegend in Wohngebäuden mit ein und zwei Wohnungen angenommen werden kann und Mietwohnungsbau vermutlich auch in Zukunft überwiegend in mehrgeschossigen Gebäuden erfolgen wird, werden generell die entsprechenden Werte der Gebäudetypen auch für die Wohnflächen der Eigentümer und der Hauptmieter unterstellt.

Der Konstruktionsfaktor zeigt eine große zeitliche und regionale Stabilität. Er wird daher in den Modellrechnungen als zeitlich konstant angenommen; auch seine regionale Variation wird bis zum Jahr 2000 beibehalten (vgl. Tab. 5).

Die Grundstücksfläche ergibt sich als Quotient von Geschoßfläche und Bebauungsdichte. Dieser Zusammenhang bedeutet, daß mit abnehmender Bebauungsdichte die Grundstücksfläche wächst und umgekehrt. Die Bebauungsdichte variiert nicht nur regional, sondern - in noch stärkerem Maße - nach dem Gebäudetyp. Da das Maß baulicher Nutzung sehr stark die Höhe der Wohnbaulandnachfrage bestimmt,

Tab. 5: Annahmen zum Konstruktionsfaktor bis zum Jahr 2000

Regionstyp	Konstruktionsfaktor bei Wohnflächen mit	
	Mietern	Eigentümern
Regionen mit großen Verdichtungsräumen	1,13	1,15
Regionen mit Verdichtungsansätzen	1,11	1,15
Ländlich geprägte Regionen	1,09	1,14
Bundesrepublik	1,12	1,15

Quelle: Eigene Berechnungen aufgrund von Daten aus der Baugenehmigungsstatistik des Statistischen Bundesamtes, Fachserie 5, Reihe S.2, Städtebauliche Festsetzungen und Bautätigkeit, 1984.

deren zukünftige Entwicklung jedoch nicht leicht abschätzbar ist, wurden für die Modellrechnungen zwei verschiedene Varianten betrachtet: Bei Variante a wurde die im Jahr 1984 erreichte Bebauungsdichte je Gebäudetyp bis zum Jahr 2000 in Zukunft festgeschrieben. Bei der Variante b wurde der in den Jahren 1980 bis 1984 beobachtete Trend einer zunehmenden Verdichtung in die Zukunft extrapoliert, weil Bodenknappheit, Bodenpreisniveau und planerische Einwirkungen weiterhin auf eine stärkere Ausnutzung des Grundstückes hinwirken werden. Jedoch sollen die regionalen Bebauungsdichten aus bodenschonenden Gründen ihre Grenze dort erfahren, wo Flächenersparnisse marginal werden. Das sind Geschoßflächendichten oberhalb von 0,7. Daher werden Geschoßflächendichten, die diesen Wert überschreiten (Wohngebäude mit 3 und mehr Wohnungen) langsam auf diesen Grenzwert bis zum Jahre 2000 reduziert (vgl. Tab.6).

Tab. 6: Annahmen zur Entwicklung der Bebauungsdichte in den Regionen der Bundesrepublik Deutschland bis zum Jahre 2000
   - Geschoßfläche je m^2 Grundstücksfläche

Jahr	Regionstyp					
	mit großen Ver- dichtungsräumen		mit Verdichtungsansätzen		ländlich	
	Wohngebäude mit --- Wohnungen		Wohngebäude mit --- Wohnungen		Wohngebäude mit ---Wohnungen	
	1 + 2	3 + mehr	1 + 2	3 + mehr	1 + 2	3 + mehr
			Variante a (Status-quo-Variante)			
1984/2000	0,332	0,760	0,277	0,642	0,247	0,581
			Variante b (Begrenzte Trend-Variante)			
1980	0,298	0,748	0,252	0,632	0,225	0,572
1984	0,332	0,760	0,277	0,642	0,247	0,581
1985/90	0,366	0,730	0,302	0,651	0,269	0,590
1990/95	0,4 9	0,715	0,339	0,664	0,302	0,601
1995/2000	0,479	0,708	0,382	0,677	0,339	0,614

Quelle: Eigene Berechnungen.

Zum Wohnbauland insgesamt (Bruttowohnbauland) gehören neben den Grundstücksflächen (Nettowohnbauland) auch die Flächen zur inneren Erschließung der Grundstücke (Verkehrsfläche), die Grünflächen und die Flächen für die Folgeund Versorgungseinrichtungen. Aus methodischen und datentechnischen Gründen wird auf die Schätzung der Grünflächen und der Flächen für Folge- und Versorgungseinrichtungen verzichtet. Sie muß einer späteren Verbesserung des Modells vorbehalten bleiben.

Das hier errechnete Wohnbauland umfaßt daher nur die Grundstücksfläche und die zugehörige Verkehrsfläche.

Die zusätzlich für die Berechnung der künftigen Wohnbaulandnachfrage zu berücksichtigende Erschließungsfläche ist von der Dichte der Bebauung abhängig. Danach wächst die Verkehrsfläche mit sinkender Bebauungsdichte sehr stark an und umgekehrt. Im Bereich höherer Verdichtung (Geschoßflächendichte ab 0,7 und mehr) werden jedoch die spezifischen Verkehrsflächenzuwächse immer geringer, so daß die Verkehrsfläche bei hohen Bebauungsdichten fast konstant bleibt. Dieser Zusammenhang zwischen Verkehrsfläche und Bebauungsdichte wird auch für die Modellrechnungen unterstellt.

Ergebnisse der künftigen Wohnbaulandnachfrage

Die Wohnbaulandnachfrage stellt sich als Ende einer langen Kette von Annahmen mit einer Vielzahl von demographischen, ökonomischen und technischen Determinanten dar. Um verschiedene Entwicklungsmöglichkeiten aufzuzeigen, wurden mehrere Modellvarianten gerechnet. Diese Varianten betrafen Unterschiede in der Wohnflächennachfrage in Abhängigkeit von unterschiedlichen Einkommensentwicklungen und Unterschiede in der Entwicklung der Bebauungsdichte. Von den vier Modellvarianten seien hier nur die untere und die obere Variante vorgestellt, um den Korridor künftiger Wohnbaulandnachfrage einzugrenzen.

Untere Variante

Die geringste Baulandnachfrage ergibt sich unter der Annahme einer zunehmenden Verdichtung bei sich abschwächenden Zuwachsraten in der Einkommensentwicklung. Zwischen 1985 und 2000 werden danach in der Bundesrepublik Deutschland knapp 180 000 ha Wohnbauland nachgefragt werden. Diese Nachfrage konzentriert sich zu gleichen Teilen jeweils zu knapp 38 % auf die Regionen mit großen Verdichtungsräumen und die Regionen mit Verdichtungsansätzen. Auf die ländlich geprägten Regionen entfällt ein knappes Viertel der Nachfrage.

Zeitlich konzentriert sich die Nachfrage auf die Jahre bis 1990 (ca. 26 % der Nachfrage des gesamten Zeitraumes bis 2000), auf 1991 bis 1995 entfallen noch etwa 37 % und auf die restlichen 5 Jahre von 1996 bis 2000 lediglich noch knapp 17 %.

Die Wohnbaulandnachfrage pro Tag umgerechnet ergibt: 1985/90: 44,8 ha, 1990/95: 36,4 ha und 1995/2000: 16,5 ha Bauland. Dieser Prozeß der zeitlichen Abschwächung der Wohnbaulandnachfrage tritt in den ländlich geprägten Räumen am frühesten ein, in den Regionen mit Verdichtungsansätzen am spätesten.

Abb. 6: Zwei Varianten der Wohnbaulandnachfrage in 1000 ha in den Regionen der Bundesrepublik Deutschland bis zum Jahr 2000

Abb. 6.1: Wohnbaulandnachfrage - Untere Variante in 1000 ha

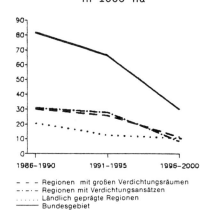

Abb. 6.2: Wohnbaulandnachfrage - Obere Variante in 1000 ha

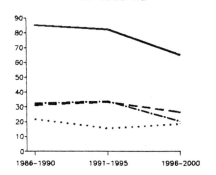

- - - Regionen mit großen Verdichtungsräumen
-·-·- Regionen mit Verdichtungsansätzen
...... Ländlich geprägte Regionen
——— Bundesgebiet

Anmerkung: Die angegebenen Werte zum Wohnbauland gelten für den jeweiligen Fünfjahreszeitraum insgesamt.

Quelle: Laufende Raumbeobachtung der BfLR: Bevölkerungs- und Haushaltsprognose 1981-2000.

Diese Bilanzierung der Wohnbaulandnachfrage auf der Ebene von nur drei Regionstypen verdeckt, daß innerhalb der Regionen z.B. die altindustrialisierten Regionen eine Wohnbaulandnachfrage vor allem im Eigentumsbereich bis zum Jahr 2000 haben werden. Auch das Alpengebiet innerhalb der ländlich geprägten Regionen unterscheidet sich von dem typischen Entwicklungsverlauf. Nach einer Phase der zeitlichen Abschwächung im Zeitraum 1990 bis 1995 steigt die Wohnbaulandnachfrage wieder an. In beiden Fällen schlägt besonders die anhaltende Wohnflächennachfrage vor allem auf dem Eigentumsmarkt durch.

Obere Variante

Die größte Wohnbaulandnachfrage ergibt sich unter der Annahme einer nicht weiter zunehmenden Verdichtung bei konstanten Wachstumsraten (+ 2 % p.a.) der Einkommen. Sowohl die konstanten Einkommenszuwächse als auch die konstanten Bebauungsdichten bewirken hier eine insgesamt höhere Wohnbaulandnachfrage. Danach werden zwischen 1985 und 2000 über 230 000 ha Bauland nachgefragt werden.

Auch sind die Sprünge zwischen den einzelnen Zeitabschnitten nicht so ausgeprägt wie bei der unteren Variante: 1985/1990: 37 %, 1991/1995: 35 % und 1996/2000: 28 % der Nachfrage des gesamten Zeitraumes 1985 bis 2000.

Bei dieser Variante beginnt ebenfalls die Nachfrage nach 1990 nachzulassen; jedoch fällt der Rückgang deutlich schwächer aus als bei der unteren Variante, wie die Wohnbaulandnachfrage je Tag zeigt: 1985/1990: 46,7 ha, 1990/1995: 45,2 ha und 1995/2000: 35,6 ha Wohnbauland.

Wie schon bei der unteren Variante erwähnt, weicht auch hier die Nachfrage bei den altindustrialisierten Regionen und bei dem Alpenvorland vom allgemeinen Trend in der dargestellten charakteristischen Weise ab. Anders als bei der unteren Variante bewirken hier jedoch die konstanten Einkommenszuwächse und die konstanten Bebauungsdichten, daß selbst auf dem Mietermarkt - ausgenommen die ländlichen Regionen - nach 1995 noch eine Baulandnachfrage besteht.

Die regionale Verteilung dieser Nachfrage weicht nur geringfügig von der unteren Variante ab. Auf die Regionen mit großen Verdichtungsräumen entfallen 39 %, auf die Regionen mit Verdichtungsansätzen 37 % und auf die ländlich geprägten 24 % der gesamten Nachfrage.

4. Einschätzung der Ergebnisse und Folgerungen

Bei der Einschätzung der Ergebnisse und den daraus zu ziehenden Konsequenzen muß bedacht werden, daß die Ergebnisse nicht als Zielvorgaben oder exakte Vorhersagen mißverstanden werden dürfen. Sie sollten eher die Konsequenzen bestimmter Vorgaben bzw. Annahmen möglichst deutlich machen. Die Ergebnisse stehen daher unter dem Vorbehalt, daß insbesondere die wirtschaftliche Entwicklung (Einkommensentwicklung) und die daraus folgende Wohnbaulandnachfrage nur mit einem großen Unsicherheitsfaktor vorauszuschätzen ist.

Wenn auch die Vielzahl der Ergebnisse in Verbindung mit deren möglichen Entwicklungen zu einem gewissen Streubereich der Ergebnisse führt, so lassen sich dennoch für einen mittelfristigen Zeitraum einige Schlußfolgerungen ziehen:

- Eine Baulandnachfrage für Wohnzwecke wird auch zukünftig trotz rückläufiger Bevölkerungszahlen zu erwarten sein. Sie erreicht im Zeitraum 1985 bis 1990 ihren Höhepunkt und wird erst nach 1995 stark zurückgehen. Sie konzentriert sich zu drei Viertel auf die ökologisch schon hochbelasteten verdichteten Regionen. Auch wenn ein Teil der Wohnbaulandnachfrage durch Umstrukturierung auf vorhandene Bauflächen realisiert werden kann, so muß hier zukünftig doch mit einer erheblichen zusätzlichen Freiflächenbeanspruchung für Siedlungszwecke gerechnet werden - mit z.T. weitreichenden Folgewirkungen auf die Umwelt.

- Die Baulandreserven werden nach Aussagen des Baulandberichtes 1986 für die nächsten zehn Jahre als ausreichend beurteilt, wenn man von einigen örtlichen Engpässen absieht. Angesichts des zu erwartenden starken Rückganges der zusätzlichen Wohnbaulandnachfrage nach 1995 bedeutet dies, daß heute Bauland für die Zeit nach 1995 zum Schutz der ökologischen Ressourcen nur sehr zurückhaltend ausgewiesen werden sollte. Auf diesen Nachfrageumbruch werden sich auch Investoren zukünftig einzustellen haben.

- Im Vergleich zur bestehenden Wohnbausubstanz darf die vorausgeschätzte Wohnflächennachfragemenge insgesamt bis zum Jahr 2000 zwar nicht unter-, aber auch nicht überschätzt werden. Denn die bestehenden Wohnflächenmengen erhöhen sich bis zum Jahr 2000 "nur" um 14-18 % gegenüber dem Jahr 1985; d.h. mehr als 80 % der baulichen Wohnungssubstanz sind heute bereits vorhanden. Sie müssen zunehmend den gewachsenen Wohnansprüchen angepaßt werden. Die Stadterneuerung dürfte daher noch an Bedeutung gewinnen.

- Auch eine Umwandlung von Miet- in Eigentumswohnflächen im Wohnungsbestand veranlaßt eine stärkere Hinwendung zur Stadterneuerung: Je stärker zukünftig bestehende, häufig preiswerte Mietwohnflächen in Eigentum umgewandelt werden, desto stärker besteht die Gefahr einer Verknappung von preiswerten Mietwohnflächen für einkommensschwache Bevölkerungsgruppen. Häufig werden nur die Wohnungen umgewandelt, die über eine gute Lage, über eine hervorragende Ausstattung und über einen ansprechenden Zuschnitt verfügen. Dadurch sinkt die verbleibende Bestandsqualität der Mietwohnungen. Zur Verbesserung der Bestandsqualität müssen daher bei wachsender Zahl an Umwandlungen die Bemühungen um eine behutsame Wohnungsmodernisierung und Wohnumfeldverbesserung noch verstärkt werden, um einerseits der Gefahr einer "Verslumung" wertvoller Bausubstanz vorzubeugen und um andererseits preiswerten Wohnraum zu erhalten.

- Da nach Angaben des Baulandberichtes 1986 die bestehenden Baulandreserven nur zu einem Drittel in den Kernstädten und zu zwei Drittel in ihrem Umland liegen, muß bei zukünftiger Neubautätigkeit mit weiterer Suburbanisierung gerechnet werden - auch bei zunehmender Empfindlichkeit für Raumüberwindungskosten und bei einer teilweisen Verlagerung der Eigentumsbildung in den Wohnungsbestand. Diese weitere Suburbanisierung bedeutet i.d.R. nicht nur eine zeitliche und finanzielle Zusatzbelastung durch weite Pendelwege zum Arbeitsplatz und zu den Einkaufsstätten, sondern auch eine noch höhere Umweltbelastung z.T. durch den zusätzlich erzeugten Verkehr in den Räumen, die ohnehin schon hochbelastet sind.

Anmerkungen

1) Bodenschutzkonzeption der Bundesregierung, Bundestagsdrucksache 10/2977 (1985).

2) Raumordnungsbericht 1986, Bundestagsdrucksache 10/1986 (1986).

3) Baulandbericht 1983, Schriftenreihe 03 "Städtebauliche Forschung des Bundesministers für Raumordnung, Bauwesen und Städtebau", Heft Nr. 03. 100, (1983) und Siegfried Losch "Modellrechnungen zum Wohnbaulandbedarf". In: Seminare, Symposien, Arbeitspapiere "Flächenansprüche, Flächennutzungskonflikte, Bodenmobilisierung", Heft 13, (1984).

4) Hansjörg Bucher, Ludwig Runge: "Der Wohnflächenkonsum der privaten Haushalte in den Regionen der Bundesrepublik Deutschland bis zum Jahr 2000", (1986), unveröffentlicht.

5) Baulandbericht 1986, Schriftenreihe 03 "Städtebauliche Forschung des Bundesministers für Raumordnung, Bauwesen und Städtebau", Heft Nr. 03.116 (1986).

6) E. Gassner, J. von Barby: "Städtebauliche Analysen und Modellrechnungen zur Aufschließung von Baugebieten", Forschungsarbeit des Bundesministers für Wohnungsbau, (1972), als Manuskript gedruckt.

7) Vgl. Beitrag in diesem Band von: Hansjörg Bucher und Hans-Peter Gatzweiler "Das regionale Bevölkerungsprognosemodell der BfLR - Ausbaustand und Ausbauabsichten", sowie: Hansjörg Bucher, Hans-Peter Gatzweiler: "Das regionale Bevölkerungsprognosemodell der BfLR, Prognose der regionalen Bevölkerungsentwicklung im Bundesgebiet bis zum Jahr 2000". In: Informationen zur Raumentwicklung, Heft 12, (1984).

8) Vgl. dazu Beitrag in diesem Band von: Hansjörg Bucher: "Regionale Prognosen der privaten Haushalte".

9) Hansjörg Bucher, Ludwig Runge: "Regionalisierte Prognose der privaten Haushalte in der Bundesrepublik Deutschland bis zum Jahr 2000". In: Informationen zur Raumentwicklung, Heft 12 (1984).

UMWELTPROGNOSEN

Anwendungsbeispiele aus der ökologischen Planung

von
Peter Knauer, Berlin

Gliederung

1. Einführung

2. Prognoseansätze in einzelnen Umweltteilsektoren

   2.1 Luftreinhaltung
   2.2 Wasserversorgung
   2.3 Abfallwirtschaft

3. Ökologische Wirkungsprognosen

   3.1 Ökosystemforschung Berchtesgaden:
   3.2 Zusammenfassende Umweltuntersuchung zum Dollarthafenprojekt Emden

4. Zusammenfassung

Anmerkungen

1. Einführung

Die Notwendigkeit von Vorhersagen für die Umweltpolitik und Umweltplanung ist heute unumstritten. Demzufolge finden sich in der Praxis sowohl isolierte Prognosen für mediale Teilbereiche der Umweltpolitik als auch erste integrative Ansätze in der Umweltforschung.

Ziel dieses Beitrags ist es, anhand solcher Beispiele aufzuzeigen, welche Methoden bislang in der Umweltprognostik angewendet worden sind und mit welchen Inhalten und mit welchen Zielsetzungen diese Prognosen durchgeführt wurden. Dabei wird auch deutlich gemacht, wo Unzulänglichkeiten und Defizite bestehen und wie diese behoben werden könnten.

Daran anknüpfend wird, ebenfalls an Beispielen aus der Umweltforschung belegt, daß diese Defizite durch integrative ökologische Wirkungsprognosen weitgehend vermieden werden können.

2. Prognoseansätze in einzelnen Umweltteilsektoren

Prognosen für einzelne Umweltbereiche haben durchaus schon Tradition und sind auch in konzeptioneller Hinsicht und methodisch von großem Interesse.

Nachfolgend werden daher für die Umweltteilsektoren Luft, Wasser und Abfall einige wichtige prognostische Ansätze und die ihnen zugrundeliegenden Konzeptionen analysiert.

2.1 Luftreinhaltung - Prognosen des Sachverständigenrats für Umweltfragen sowie Immissionsschutzberichte der Bundesregierung

Im Umweltgutachten 1974 des Sachverständigenrats wird als ein wesentlicher Schwerpunkt für Forschung und Entwicklung gefordert: "Komplexe Überwachungssysteme zur Kontrolle der Immissionssituation größerer Gebiete und ihres Trends. Studien zur Verbesserung der Kenntnisse über die Ausbreitung von Emissionen in der Atmosphäre, insbesondere auch für den Transport luftfremder Stoffe auf weite Entfernungen, Studium der Möglichkeiten der Voraussage (!) der weiteren Entwicklung (z.B. bei Veränderung der Emissions-Situation) als Instrument der vorgezogenen Planung, auch zur Voraussage kritischer Situationen (Smogalarm), z.B. mit Hilfe von mathematisch-klimatologischen Ausbreitungsmodellen"[1].

Für den Bereich der Immissionen nimmt der Sachverständigenrat in seinem zweiten Gesamtgutachten (1978) diesen Faden wieder auf und versucht, die selbstgestellte Frage "nach dem in den nächsten Jahren zu erwartenden Trend" zu beantworten[2]. Er hält dabei zwei Einflußgrößen für besonders wichtig:

- Die in der letzten Zeit geschaffenen Instrumente, also bereits beschlossene Grenzwertsenkungen und Emissionsreduzierungen sowie
- die im Gefolge der Energiekrise ergriffenen Einsparungs- und Substitutionsmaßnahmen[3].

Er erwartet aus beiden Einflüssen, daß sich in den nächsten Jahren die Immissionssituation "wieder im günstigen Sinne" bewegen wird[4]. Im einzelnen sieht er folgende Entwicklungen für die verschiedenen Schadstoffe:

- Schwefeldioxid: Nach der Energieprognose der Mineralölwirtschaft[5], die eine Trendprognose der SO_2-Emissionen für die Jahre bis 2000 mit beinhaltet, ist der bis 1980 zu erwartende Anstieg des Primärenergieverbrauchs deutlich niedriger als in der "Ersten Fortschreibung des Energieprogramms der Bundesregierung"[6]. Der Sachverständigenrat stellt hinsichtlich der Prognose des Primärenergieverbrauchs zwischen dem Geschäftsbericht der Esso AG (Juli 1976) und dem Gemeinschaftsgutachten dreier Wirtschaftsforschungsinstitute Unsicherheiten fest[7]. Er sieht vor allem zwei Gründe für diese Unsicherheiten in der Prognose des Primärenergieverbrauchs und damit der Emissionen:

- Schwierigkeiten, die weitere wirtschaftliche Entwicklung abzuschätzen und
- die Unsicherheit über den zukünftigen Einsatz der Energieträger[8].

- Feststoff (Staub): Auch hier ist mit einer Abnahme zu rechnen, wenn auch geringer als erwartet, da in den nächsten Jahren verstärkt neue Kohlenkraftwerke gebaut und in Betrieb gehen werden[9].

- Blei: Durch eine zu erwartende weitere Zunahme der Kraftfahrzeuge ist (nach der starken Reduzierung um 58 % durch das Benzin-Blei-Gesetz) wieder mit einer Zunahme der Bleiimmissionen zu rechnen.

- Schwermetalle aus dem Industriesektor: In etwa gleichbleibend.

- Fluoride: Ein günstiger Trend ist zu erwarten.

- Organische Gase und Dämpfe: Durch bereits beschlossene Maßnahmen ist mit einer Verminderung zu rechnen: "Damit könnte das gesteckte Ziel in den achtziger Jahren erreicht werden und eine zufriedenstellende Entlastung in verkehrsreichen Stadtgebieten eintreten"[10].

- CO: Durch Zunahme der Kraftfahrzeuge ist eine ungünstige Entwicklung zu erwarten.

- NO: Ungünstige Entwicklung (Zunahme) zu erwarten[11].

Insgesamt wird deutlich, daß der Sachverständigenrat erhebliche Mühe darauf verwendet hat, die Entwicklung der Immissionen zu prognostizieren bzw. abzuschätzen. Es wird aber klar, daß den prognostischen Aussagen ein entscheidendes Element fehlt: Die Verknüpfung zur Umwelt, zu den betroffenen Kompartimenten durch Wirkungsabschätzungen. Dieses Urteil fällt uns leicht, weil wir die folgende Entwicklung (nach 1978) kennen und wissen, welche Folgen eingetreten sind (Waldschäden, Schädigungen anderer Ökosysteme, Bodenversauerung etc.). Auf deren Hintergrund erscheinen einzelne immissionsbezogene prognostische Aussagen ("zufriedenstellende Entlastung") als groteske Fehlurteile.

Schon hier lassen sich zwei Gründe festmachen, warum die Prognosen des Rates, vor allem die negativen, kein größeres Gehör fanden:

- Zum einen war der Stellenwert des Umweltschutzes im öffentlichen und politischen Bewußtsein viel geringer als heute. Die Öffentlichkeit interessierte sich deutlich weniger für Umweltthemen als heute im Zeichen des Wertewandels.

- Zum anderen aber ist die sektorale Ausrichtung des Umweltschutzes verantwortlich zu machen für den geringen Widerhall der Prognosen. Das Umweltgutachten trägt im Grunde seinen Namen zu Unrecht: Es war ein Zusammendruck von Sektoralgutachten. Eine wirkungsbezogene ökologische Verknüpfung der Einzelaussagen fand nicht statt. Die Wirkungsforscher nahmen die luftbezogenen prognostischen Aussagen offensichtlich nicht zur Kenntnis, obwohl sie letztlich für sie gemacht wurden. Der Rat selbst entzog sich der Verknüpfung der Einzelaussagen.

Immissionsschutzberichte der Bundesregierung

Im ersten Immissionsschutzbericht der Bundesregierung von 1978[12] sind ohne nähere Angaben über das methodische Vorgehen Emissionsschätzungen für die wichtigsten Schadstoffgruppen für das Jahr 1980 enthalten[13]. In dem dazugehörenden, vom Umweltbundesamt erarbeiteten Materialienbericht[14] werden sehr ambitionöse Ziele und Vorstellungen für Prognosen auf dem Gebiet der Luftreinhaltung dargelegt. Der Bericht stellt zu Recht fest, daß "die Prognose von Emissionen und Immissionen ... ein unverzichtbares Element einer vorsorgenden, auf das rechtzeitige Erkennen zukünftiger Umweltprobleme ausgerichteten Luftreinhaltestrategie"[15] ist. Durch sie lassen sich "Zielkonflikte" vermeiden bzw. entschärfen, "wenn bereits in einem frühen Stadium der Entwicklung korrigierende Maßnahmen getroffen werden"[16]. Dabei komme der "Emissionsprognose" grundlegende Bedeutung zu, da sie auch die Grundlage jeder Immissionsprognose ist.

Emissionsprognosen, so wird gesagt, seien nichts Neues: Sie entstehen "aus der Verknüpfung sozioökonomischer und emissionstechnologischer Trendentwicklungen". Schwierigkeiten entstünden jedoch durch fehlende Zeitreihen und durch die Unkalkulierbarkeit von technologischen Vorhersagen und sprunghaften Veränderungen. Im Materialienbericht werden drei "eigenständige Methoden zur Erstellung von Emissionsprognosen" unterschieden:

- Verwendung vorliegender Prognosen. Diese sind selten ausreichend differenziert, da die Gesichtspunkte des Umweltschutzes nur zögernd in die Statistik Eingang finden ...
- Aufstellung und Analyse einer Zeitreihe der Basisgrößen mit Trendextrapolation (mit Anknüpfung an übergeordnete Entwicklungen durch die Korrelation mit volkswirtschaftlichen Kenngrößen wie dem Bruttosozialprodukt)
- "Befragung der Planungsträger über deren Vorhaben", was als wenig erfolgversprechend bezeichnet wird, da die betroffenen Behörden und Unternehmen ihre Planungen vertraulich behandeln[17].

Emissionsprognose 1976

Bereits im Jahre 1976 wurde vom Bundesminister des Innern und dem Umweltbundesamt eine relativ aufwendige Studie zur "Räumlichen Erfassung der Emissionen ausgewählter luftverunreinigender Stoffe aus Industrie, Haushalt und Verkehr in der Bundesrepublik Deutschland"[18] in Auftrag gegeben, die die räumliche und zeitliche Verteilung der Emission einzelner Luftverunreinigungen untersucht, und zwar für die Jahre 1960, 1965, 1970, 1975 und 1980, ohne daß der geringste Hinweis gegeben wird, mit welcher Methode die Enwicklung von 1976 bis 1980 prognostiziert wurde, so daß wohl von einer schlichten Trendextrapolation auszugehen ist.

Auch dies dokumentiert den damals noch relativ geringen Stellenwert von Vorhersagen im Sektor Luftreinhaltung.

Emissionsprognose 1980

Im Jahre 1980 wurden nur für Schwefeldioxid Szenarien zur SO_2-Emission für 1990 durchgeführt[19]. Diese beruhen auf der Annahme, daß eine "Schätzung der künftigen SO_2-Emissionen ... für die Bundesrepublik Deutschland von dem zu erwartenden SO_2-emittierenden Energieverbrauch ausgehen (kann), da mehr als 90 % der SO_2-Emissionen aus Verbrennungsanlagen zur Energiegewinnung stammen"[20], und gehen in vier Teilschritten wie folgt vor:

1. Im ersten Teil des Szenarios wird zunächst der Energieverbrauch des Jahres 1990 ohne Auswirkungen des Programms zur rationellen und sparsamen Energieverwendung abgeschätzt. Aus vorhandenen Daten werden Annahmen über die Entwicklung des Wohnungsbestandes der privaten Haushalte und der Beheizungsstruktur der Endverbraucher abgeleitet. Für Teilbereiche des Energiesektors werden andere plausibel erscheinende Vorausschätzungen übernommen. In den Bereichen, für die Bestimmungsfaktoren des Energieverbrauchs nicht quantitativ vorliegen oder abgeschätzt werden können, werden Annahmen zum

Verbrauch einzelner Energieträger auf der Basis von Zeitreihenanalysen über den Zeitraum 1973-1978 getroffen. Diese Annahmen werden in der Weise modifiziert, daß die Vorausschätzung des Verbrauchs einzelner Energieträger eher etwas zu hoch als zu niedrig ausfällt.

Aus der Vorausschätzung des Endenergieverbrauchs läßt sich der zugehörige Primärenergiebedarf und der SO_2-emittierende Energieverbrauch näherungsweise bestimmen. Für die Szenarien zur SO_2-Minderung wird unter Annahmen über die Ausnutzungsdauer von Kraftwerken aus der Vorausschätzung des Stromverbrauchs unter Berücksichtigung von Eigenverbrauch und Leitungsverlusten die zugehörige Bruttoengpaßleistung abgeschätzt. Dieses Teilszenario ist die Bezugsbasis für die Szenarien zur Energieeinsparung (Basisfall).

2. Der Basisfall wird durch Annahmen über die Auswirkungen der Rechtsverordnungen des Energieeinsparungsgesetzes sowie weiterer Maßnahmen zur Altbaumodernisierung (Wärmeschutz, Heizungsumstellung) modifiziert.

3. Der Basisfall wird durch Annahmen über die Einführung rationeller Energiesysteme, z.B. den Fernwärmeausbau, ergänzt.

4. Der Basisfall wird durch Kombination der beiden vorgenannten Szenarien abgewandelt. Die Überlagerung von Einzelmaßnahmen zeigt, daß ihre Auswirkungen nicht addiert werden dürfen.

In diese Untersuchungen einbezogen werden nur Maßnahmen, die bereits in Kraft getreten sind[21].

Immissionsausbreitungsrechnungen

Eine deutlich prognostische Dimension haben Immissionsausbreitungsrechnungen, die von jeher im Bereich der Luftreinhaltung eine wesentliche Rolle spielen. Ausbreitungsmodelle stellen das Bindeglied zwischen Emission und Immission dar. Sie liefern das Instrumentarium zur quantitativen Ermittlung von Immissionen, d.h. zur Prognose immissionsseitiger Auswirkungen von Emissionen aus stationären und mobilen Quellen.

Durch die Ausbreitungsrechnung soll im Rahmen des kausalen Zusammenhangs Emission-Transmission-Immission-Deposition-Wirkung der Verweil- und Transportvorgang von Luftverunreinigungen in der Atmosphäre in Abhängigkeit von meteorologischen Parametern sowie von physikalischen, chemischen und photochemischen Prozessen simuliert werden. Bei der Entwicklung und Anwendung von Ausbreitungsmodellen sind zu berücksichtigen:

- die räumliche Verteilung der Emissionsquellen und zeitliche Änderung der Emissionsraten
- die räumliche und zeitliche Verteilung der Schadstoffe in der Atmosphäre in Abhängigkeit von den Ausbreitungsbedingungen
- die physikalischen Prozesse und chemischen Reaktionen in der Atmosphäre
- die trockene und nasse Ablagerung von Schadstoffen aus der Atmosphäre[22].

Ausbreitungsberechnungen haben grundlegende Bedeutung für die Festlegung von Immissionsgrenzwerten und Umwelt- bzw. Luftqualitätswerten sowie von Smogalarmplänen.

Immissionsgrenzwerte, Wirkungswerte, Smogalarmpläne

Alle Immissionsgrenzwerte, Wirkungswerte, Umweltqualitätsziele, ökologische Eckwerte u.a. haben als notwendige Voraussetzung die prognostische Annahme einer bestimmten Transmission, d.h. der Quantität und der Qualität des Übergangs der Emission in eine Immission (= Zur-Verfügung-Stehen eines Schadstoffs bzw. einer Schadstoffkombination am Depositions- bzw. Wirkungsort). Die Transmission wird durch Ausbreitungsrechnung ermittelt. Immissions- und Wirkungswerte bedürfen aber schließlich noch eines entscheidenden weiteren Schrittes, nämlich einer Annahme bzw. Prognose der Deposition bzw. der Wirkung eines Stoffes auf Menschen und Tiere, Ökosysteme, Materialien u.a. Daß derartige Annahmen bzw. Wirkungsprognosen existieren müssen, wird sehr deutlich durch die Einrichtung bzw. den Betrieb von Smogalarmplänen. Diesen liegen notwendigerweise sowohl Immissions- als auch Wirkungsannahmen (bzw. -prognosen) zugrunde[23]. Eine Art dauerhafter Vorhersage wird demnächst mit einem Smogfrühwarnsystem im Umweltbundesamt installiert.

Es hat sich herausgestellt, daß Smog nicht, wie ursprünglich angenommen, immer hausgemacht in den jeweiligen Ballungsgebieten auftritt, sondern daß auch großräumiger Transport von Schadstoffwolken, sog. advehierter Smog, zu sehr hohen Belastungen führen kann. Um die Bevölkerung in diesen Fällen rechtzeitig warnen zu können und um Material zu gewinnen zur internationalen Durchsetzung von Minderungsmaßnahmen, wurde zwischen Bund und Ländern die Einrichtung eines Smog-Frühwarnsystems vereinbart. Dazu sollen mittels Datenfernübertragung bei Anzeichen für bevorstehenden advehierten Smog die Immissionsdaten des Bundes und der Länder in das Umweltbundesamt übermittelt werden. Zur Charakterisierung der bestehenden Situation wird im Umweltbundesamt mit diesen Daten eine Isoliniendarstellung konstruiert und an die Datenlieferanten zurückübermittelt. Ausgehend von diesen Daten soll dann von der Pilotstation Frankfurt des Umweltbundesamtes in Offenbach unter Zuhilfenahme der synoptischen Daten des Deutschen Wetterdienstes die weitere Entwicklung (Höhe der Konzentrationen, Weg der verschmutzten Luftmasse etc.) prognostiziert werden. Durch flankierende Flugzeugmessungen soll der Umfang grenzüberschreitender Transporte sowie Umfang und Ausdehnung der Smogwolken festgestellt werden.

Langfristige globale Auswirkungen von Luftverunreinigungen auf Atmosphäre und Klima

Im Rahmen der wissenschaftlichen Beratung der Bundesregierung, aber auch sonst, wird schon seit langem untersucht, wie sich die anthropogenen Stoffemissionen, vor allem aus der Energieerzeugung, auf den globalen Stoffhaushalt der Erde auswirken. Von besonderer Bedeutung sind dabei die Fragen der Auswirkungen von

- Schwefeldioxid, Stickoxiden
- Ozonbeeinflussenden Luftverunreinigungen (Fluorkohlenwasserstoffe) und
- Kohlendioxid.

Schwefeldioxid, Stickoxide

Auf der Grundlage einer Energieprognose wurde 1977 untersucht, welche Auswirkungen die zu erwartenden Schwefeldioxid- und Stickoxidemissionen auf die globalen Stoffkreisläufe bis zum Jahr 2020 haben[24]. Dies geschah auf der Basis eines Modells über die Reaktionsmechanismen (Schwefel- und NO_x-Kreislauf) in der Atmosphäre und in der Troposhäre, bei dessen Konstruktion es jedoch noch erhebliche Probleme hinsichtlich der Zuverlässigkeit gab, wie Modellrechnungen zeigten[25]. Bei Annahme eines jährlichen Energieverbrauchszuwachses von 3 % ergab sich folgendes Ergebnis: Die Zunahme der anthropogenen SO_2- und NO_x-Emissionen um 100 % bzw. 140 % im Jahre 2020 würde "zu einer globalen Änderung im photochemischen Gleichgewicht der Atmosphäre mit schwer voraussehbaren Konsequenzen führen, sich regional um ein Mehrfaches verstärkt auswirken können. Die Erhöhung der SO_2- und NO_x-Emission führt trendmäßig zur verstärkten Säurebildung und damit Belastung von Ökosystemen durch trockene und nasse Deposition. Veränderungen des atmosphärischen Strahlungshaushalts und Auswirkungen auf das Klima sind nicht auszuschließen"[26].

Ozonbeeinflussende Luftverunreinigungen

Zu dem vor allem durch Fluorkohlenwasserstoffemissionen hervorgerufenen Abbau der die biologisch wirksame UV-B-Strahlung filternden Ozonschicht in der Stratosphäre wurden Modellrechnungen zur Vorsorge dieser Entwicklung durchgeführt[27], mit folgendem Resultat: "Die bisherigen Modell-Ergebnisse lassen ... trotz noch bestehender Unsicherheiten den Schluß zu, daß signifikante Beeinträchtigungen der Ozonschicht durch anthropogene Emissionen zu erwarten sind"[28]. Der Materialienband zum 2. Immissionsschutzbericht macht hier detaillierte Ausführungen zu den möglichen Wirkungen und dem qualitativen Folgeumfang dieser Beeinträchtigungen:

- Es kann verstärkt zu Hautkrebs beim Menschen kommen: "Eine Prognose hinsichtlich der Zahl zusätzlicher Melanom-Erkrankungsfälle als Folge des Ozonabbaus läßt sich nur schwer abgeben, da wenig über den Einfluß sonstiger Faktoren bekannt ist."

- "Im Bereich von Pflanzen und Ökosystemen drohen möglicherweise die weitreichendsten Gefahren, gleichzeitig bestehen hier jedoch besonders große Wissenslücken"[29].

- Die Auswirkungen auf das Klima heben sich wahrscheinlich in ihren Wirkungen z.T. gegenseitig auf. Eine "fundierte Prognose ist ... derzeit nicht möglich"[30].

Gegenüber diesen doch sehr deutlichen und offenen Warnungen spielte der Sachverständigenrat 1978 das Problem eher herunter. Er zitiert andere Modellrechnungen zum Ozonabbau (Zeitachse diesmal: 1964-2064) und zieht daraus eher abwiegelnde Schlußfolgerungen: "Weiterreichende Prognosen sind nach dem augenblicklichen Stand der Wissenschaft nicht möglich. Die Frage, ob man aus den Aussagen der Wissenschaftler Konsequenzen ziehen will oder nicht, wird daher zu einer politischen Entscheidung"[31]. Der Rat betont, daß auch die Stärke der ungestörten Ozonschicht weder zeitlich noch räumlich konstant ist; es sei "zur Zeit noch unmöglich, Veränderungen der Ozonschicht durch FKW von natürlichen Schwankungen zu unterscheiden. Man schätzt, daß bei optimaler Meßtechnik ein solcher Nachweis frühestens in 10-15 Jahren möglich sein wird[32].

Es wird deutlich, wie der Materialienbericht als fachlich-wissenschaftliche Äußerung einer der Bundesregierung unterstellten Behörde auf dem Feld des Ozonabbaus prognostische Ergebnisse deutet, die wirkungsbezogen interpretiert werden, und welche Folgerungen andererseits der Sachverständigenrat als unabhängiges Beobachtungsgremium zieht. Es ist hier keine Gelegenheit, Überlegungen anzustellen, warum die Folgerungen, ja schon die Interpretation der Vorhersagen, so unterschiedlich sind. Festzuhalten bleibt in unserem Zusammenhang: Der Materialienbericht macht hier einen der wenigen bisherigen Versuche, Ergebnisse von wirkungsbezogenen Umweltprognosen, Prognosen also über den Zustand der Umwelt, als "Warnruf" zu interpretieren. Er schildert bewußt nicht nur reine Stoffzuwachsgrößen (wie die gängigen Emissionsprognosen) oder Belastungszuwachsgrößen (wie Immissionsprognosen), sondern versucht eine Wirkungsprognose. Zusätzlich interpretiert er diese, jedenfalls gemessen an der

Einstellung des Sachverständigenrats, auch noch etwas "mutiger" und weiterreichend.

Kohlendioxid

Der Materialienbericht beschäftigt sich auch mit dem Problem einer möglichen langfristigen Steigerung der Temperaturen auf der Erdoberfläche durch eine Zunahme des CO_2-Gehalts der Atmosphäre. Er will eine CO_2-Anstiegsprognose vornehmen, "um den Prozentsatz des in der Luft verbleibenden CO_2 unter verschiedenen anthropogenen Szenarien der Nutzung fossiler Brennstoffe und der land-/forstwirtschaftlichen Nutzung feststellen und auf klimatische Veränderungen schließen zu können"[33]. Er kommt dabei jedoch zu widersprüchlichen Ergebnissen: Entgegen den Modellrechnungen, nach denen aufgrund der bisherigen Emissionen schon ein Temperaturanstieg von etwa 0,5° C erkennbar sein müßte, ist die Temperatur auf der nördlichen Erdhälfte seit etwa 1940 gesunken. Diese Differenz zwischen Rechnungen und Messungen wird auf Mängel der Prognosemodelle zurückgeführt, und es wird eine Intensivierung der Klimaforschung gefordert[34].

Dem Umweltbundesamt als Verfasser der Materialien zum Immissionsbericht erschien das Problem jedoch so wichtig, daß dazu 1983 eine "Zusammenfassung des gegenwärtigen Kenntnisstandes" veröffentlicht wurde[35].

Es wird darin von einer großen Zahl von Forschungsvorhaben berichtet, die mit dem Ziel vergeben wurden, festzustellen, mit welchen Temperaturen bei unterschiedlichen natürlichen und anthropogenen Emissionsentwicklungen und entsprechender CO_2-Entwicklung in den nächsten Jahren zu rechnen sein wird. Dazu wurden modellfundierte Szenariorechnungen angestellt: "Insgesamt sind die errechneten Bandbreiten der atmosphärischen CO_2-Konzentration so groß, daß der Wert des verwendeten Modells eher im Aufzeigen sensitiver Parameter als in der genauen Berechnung zukünftiger Konzentrationen liegt ..."[36]. Die Modellierfähigkeit der zu untersuchenden komplizierten Klima- und Strahlungsprognose stieß schnell an Grenzen[37]. Aussagen über Wahrscheinlichkeit und Grad des zu erwartenden Temperaturanstiegs sind also derzeit nicht machbar. Es wurde gleichwohl für ein bestimmtes Annahmeset mit Hilfe von Klima-Impaktszenarien versucht, mögliche Auswirkungen auf die Bereiche

- Ernährungssicherung
- Wasserversorgung
- Fischfang
- Bevölkerung und Besiedlung

abzuschätzen[38].

Zusammenfassung

Insgesamt wird deutlich, daß im Luftbereich in der Vergangenheit recht viel mit Prognosen gearbeitet wurde. Diese basierten hinsichtlich der zu erwartenden Emissionen und Immissionen vor allem auf der Abschätzung der Entwicklung der Leitsektoren Wirtschaftsentwicklung, Energieverbrauch, Kfz-Verkehr etc. Die zukünftig zu erwartenden Konsequenzen von bereits beschlossenen Grenzwerten etc. wurden zunehmend berücksichtigt, wenn deren Folgen auch nicht so drastisch waren wie die der 1983 erlassenen Bestimmungen (Katalysator-Beschlüsse, Großfeuerungsanlagenverordnung; Ausnahme 1976: Benzin-Blei-Gesetz).

Nur sehr selten wurden jedoch die (möglichen) ökologischen Wirkungen prognostisch mit untersucht. Insbesondere der Sachverständigenrat verknüpft hier die einzelnen Umweltsektoren nicht. Ausnahmen stellen lediglich die Wirkungsszenarien dar, die vom Umweltbundesamt zu den Folgen der Fluorkohlenwasserstoff- und CO_2-Emission durchgeführt wurden. Nur in diesen Fällen wurde versucht, durch Umweltprognosen (Wirkungsprognosen) das Instrument der Vorhersage zur Befruchtung der öffentlichen und politischen Diskussion (Warnfunktion) zu nutzen. Ein wesentlicher Grund für den Mangel an Wirkungsprognosen ist sicher das geringer entwickelte Umweltbewußtsein in den siebziger Jahren und Anfang der achtziger Jahre.

2.2 Wasserwirtschaft

In der Wasserwirtschaft sind die Wasserbedarfsprognosen ein sehr gängiges und übliches Planungshilfsmittel. Wasserbedarfsprognosen wurden seitens der Wasserversorgung auf der Grundlage eines eher technischen Vorsorgedenkens schon lange vor dem Beginn des Umweltschutzes erstellt. Wahrscheinlich ist die Wasserbedarfsprognose die erste und "klassischste" Umweltprognose überhaupt.

Dabei ist zweierlei auffällig. Es wurden schon lange und werden noch heute regelmäßig Wasserbedarfsprognosen erstellt. Für die reinen Derivatprognosen hat diese Prognoseart geradezu Vorreiterfunktion. Energiebedarfsprognosen und Abfallmengenprognosen konnten sich methodisch an ihr orientieren. Aber, wie schon bekannt, es sind dies keine umweltbezogenen Prognosen, sondern reine technische Vorsorgeinstrumente unter dem Primat der Versorgungssicherheit: Was zukünftig an Wasser gebraucht wird, wird und muß bereitgestellt werden.

Ein klassisches Beispiel ist die im Jahre 1980 im Auftrag des Umweltbundesamtes erstellte Wasserbedarfsprognose[39], die als Planungsgrundlage im "Wasserversorgungsbericht"[40] verwendet worden ist.

Ziel des Vorhabens war die Erstellung eines Prognosemodells zur Vorhersage des

Wasserbedarfs in der Bundesrepublik Deutschland bis zum Jahre 2010.

Es sollten folgende Anforderungen erfüllt werden:

- Prognose des Wasserbedarfs nach Einzugsgebieten
- Prognose des Wasserbedarfs nach Verbrauchssektoren
- Einbeziehung der Möglichkeiten zur Deckung des Wasserbedarfs
- Flexible Gestaltung des Modells, so daß eine permanente Variablenkorrektur möglich ist.

Das Modell soll als Computermodell implementiert sein und eine interaktive Benutzung ermöglichen[41].

Als Einflußgrößen für den Wasserbedarf wurden die folgenden gewählt:

- Sektor Haushalte und Kleinverbraucher
  - Bruttosozialprodukt
  - Verfügbares Einkommen
  - Einwohnerzahl
  - Anzahl der Haushalte
  - Belegungsdichte der Wohnungen
  - Wohnungsausstattung mit Bad[42]

- Sektor Industrie
  - Nettoproduktionsindex
  - Umsatz
  - Arbeitsproduktivität
  - Beschäftigtenzahl
  - Exportvolumen
  - Wasserpreisindex[43].

Mögliche statistische Zusammenhänge zwischen Bedarf und den gewählten Einflußgrößen wurden mittels einfacher und multipler Regressionsanalysen ermittelt.

- Sektor Elektrizitätswirtschaft

  Hier wurden nicht makroökonomische Einflußgrößen angenommen, sondern spezifische Wasserverbrauchsmengen, die als abhängig gesehen werden von

  - Brutto-Energieleistung
  - Brutto-Stromerzeugung
  - den Kühlsystemen

- den Kraftwerkstypen und deren
- jeweiliger Ausnutzungsdauer[44].

Es wird deutlich, daß die Bedarfsprognose in den Sektoren Haushalte/Kleinverbraucher und Industrie ausschließlich von makroökonomischen Faktoren ausgehen wird. Weitere Steuergrößen, etwa technischer Art (Benutzte Wasserentnahmesysteme, Toilettenspülungen etc.), oder sozioökonomische bzw. soziokulturelle Größen (Entwicklung des Erholungswesens, Entwicklung der hygienischen Gebräuche etc.), die etwa von seiten der Umweltpolitik (Wertewandel) beeinflußbar sind, wurden nicht berücksichtigt.

Im Bereich der Elektrizitätswirtschaft wurde geringfügig anders verfahren. Hier sind technische Bestimmungsfaktoren in gewissem Umfang einbezogen worden, die aus umweltpolitischen Gründen änderbar sind (z.B. Kühlsysteme der Kraftwerke).

Ein Prognoseansatz aus dem Jahre 1972 war hier schon deutlich weiter gediehen, wie die Aufstellung der Verursachungs- und Einflußfaktoren für den Sektor Haushalt und Kleingewerbe zeigt[45]:

Verbrauchergruppe	Verursachungs- und Einflußfaktoren
Haushalt und Kleingewerbe	- Einwohnerzahl - Anzahl Wohnungen - Anzahl Einfamilienhäuser und Gärten - Lage und Klima - Lebensgewohnheiten und Lebensstandard der Bevölkerung (Hygiene des Städte- u. Wohnungsbaus) - wasserverbrauchende Geräte u. sanitäre Einrichtungen - Anzahl der Autos - Entwicklung der Freizeitgestaltung - Entwicklung des Erholungswesens (Schwimm- u. Hallenbäder, Fremdenverkehr, Landschafts- u. Naturschutzgebiete etc.)

Abschließend sei ein Variablenkatalog einer Studie zur Erarbeitung eines übergeordneten wasserwirtschaftlichen Konzepts für Nordrhein-Westfalen aus dem Jahre 1978 wiedergegeben, in dem insgesamt vor allem ökonomische Größen als Bestimmungsfaktoren identifiziert und technisch-naturwissenschaftliche Einflußfaktoren als deterministische, nicht veränderbare Rahmenbedingungen dargestellt werden, in geringem Umfang aber Ansatzpunkte für eine mögliche Steuerung des Wasserbedarfs erkennbar werden[46]:

Bereich	Variable (Beispiel)
Bevölkerung	- Ausländeranteil - Altersgruppen u.a.
Bildung	- Anteil der Einwohner mit Hochschulabschluß u.a.
Haushalte	- Anteil der Einpersonenhaushalte u.a.
Erwerbstätigkeit	- Erwerbsquote - Quote der Erwerbstätigen in der Landwirtschaft u.a.
Stellung im Beruf	- Angestelltengruppe
Beschäftigung/Zentralität	- Auspendleranteil - Quote der Beschäftigten im Dienstleistungsbereich u.a.
Wohlstand	- Durchschnittslohn - Steuersumme pro Einwohner u.a.
Gebäude/Wohnung	- Anteil der Wohnungen mit Bad und WC u.a.
Viehbestand	- Milchkühe u.a.
Fremdenverkehr	- Übernachtungen

Insgesamt wird deutlich, daß die Erstellung von Prognosen im Bereich der Wasserwirtschaft bzw. der Wasserversorgung (es gibt bis heute keine Prognose zur Entwicklung des Abwasserwesens oder der Grundwasserbeschaffen- und -verfügbarkeit) vor allem als volkswirtschaftlich-technisch gesteuertes Problem aufgefaßt wird. In gewissem Umfang werden zwar auch Einflußvariablen verwendet, die aus umweltpolitischer Sicht steuerbar sind und deren Veränderung ganz erhebliche Auswirkungen auf den Wasserbedarf bzw. -verbrauch haben würde. Diese Variablen werden jedoch als vorgegeben und seitens der Wasserwirtschafts- bzw. Umweltpolitik nicht veränderbar angesehen. Die Ergebnisse der Prognosen, die zukünftig zu erwartenden Bedarfe also, werden den Planern und Politikern als im wesentlichen feststehende, vorgegebene Größen vorgeführt. Es gibt zudem nicht die geringsten Ansätze zu ökologischen Wirkungsprognosen. Letztlich bleiben die Wasserbedarfsprognosen auf diese Weise technizistische Derivatprognosen.

2.3 Abfallwirtschaft

Im Bereich der Abfallwirtschaft ist die Erstellung von Prognosen z.T. gängiges Planungshilfsmittel; dies gilt allerdings in sehr unterschiedlicher regionaler Ausprägung, auch zeitlich gesehen werden Prognosen sehr diskontinuierlich erstellt.

Generell setzte eine erhebliche Intensivierung erst mit dem Umweltprogramm 1971 ein und verstärkte sich mit der Vorlage des Abfallwirtschaftsprogramms 1975. Insbesondere auf Bundesebene wurden die Arbeiten durch die Gründung des Umweltbundesamtes intensiviert. Wesentliche Rahmenbedingungen waren die sehr intensiven Bemühungen um eine theoretische Fundierung und kontinuierliche Durchführung von bundesweiten Hausmüllanalysen durch die Technische Universität Berlin im Auftrag des UBA. Erst dadurch wurden die wesentlichen Grundlagendaten und Variablen identifiziert, um auch zukünftige Abschätzungen vornehmen zu können.

Die erstellten Prognosen waren auf Landes- und Kreisebene regionalisierte Abfallmengenprognosen[47]. Dabei war jedoch im Bereich der Abfallwirtschaft schon relativ früh deutlich - man konnte hier auf lange praktische Erfahrungen der kommunalen Abfallbeseitigungsunternehmen zurückgreifen -, daß der Abfallanfall nicht nur als Funktion von Bevölkerungs- und Wirtschaftsentwicklung gesehen werden kann. Es wurden im Unterschied etwa zur Energieversorgung und zur Luftreinhaltung weitere sehr wichtige Steuergrößen identifiziert, u.a.

- Recyclingquote
- Beseitigungspreisniveau
- Gefäßangebot
- Überwachungs- und Vollzugsdefizite (insbesondere bei der Sonderabfallbeseitigung)
- Abfuhrrhythmus
- Technologischer Standard in der Produktion u.a.

Die Abfallwirtschaft unterschied sich in ihrem modelltheoretischen Standard hier wohltuend von anderen Umweltbereichen, deren prognostische Abschätzungen zu lange und zu weitgehend als reine Derivatprognosen erstellt wurden. Besonders negativ tritt, wie bereits erwähnt, die Energieversorgung hervor, die lange jede angebotsorientierte Steuerung des Energieverbrauchs leugnete.

Ein wesentlicher Schritt zur Weiterentwicklung von umweltprognostischen Instrumentarien wurde 1978/79 durch die Erstellung von "Szenarien der Abfallwirtschaft"[48] versucht. Diese Studie bemühte sich um eine langfristige Abschätzung der Entwicklung der Abfallwirtschaft und ihrer wesentlichen Einflußgrößen mit Hilfe der in der Bundesrepublik gerade neu aufkommenden qualitativ orientierten Szenario-Methode. Sie verfolgt im einzelnen folgende Ziele:

- Beseitigung von Unsicherheiten über eventuelle exponentielle Entwicklungen in den Umfeldbereichen der Abfallwirtschaft, z.B.
    - Einführung von Einwegbettbezügen in Hotels und Krankenhäusern (Folge: Veränderte Abfallzusammensetzung, größeres Abfallvolumen)
    - Starke Ausweitung von Einwegverpackungen, Folge: wie oben
    - Einführung der Videozeitung, Folge: Veränderte Abfallzusammensetzung
    - Nachhaltige Erfolge der getrennten Sammlung, Folge: Veränderte Abfallzusammensetzung, Absinken des Heizwertes der Abfälle (evtl. Probleme bei Müllverbrennungsanlagen)
    - 1985: Vervierfachung der Energiepreise
      Folge: Große Marktchancen für Sekundärrohstoffprodukte
    - Erhebliche Steigerung verschiedener Primärrohstoffpreise, Folge: Marktchancen für Sekundärrohstoffprodukte

- Hinweise und Ansätze für die Zielüberprüfung des Abfallwirtschaftsprogramms

- Hinweise und Ansätze für neue abfallwirtschaftliche Instrumente und Maßnahmen (Abgabenlösungen, Verbote nach § 14 AbfG)

- Hinweise und Ansätze für die Forschungsplanung

- Erprobung der Szenario-Technik (für langfristige, qualitative Vorhersagen bzw. Abschätzungen).

Es wurden folgende Abfallarten untersucht:

- Hausmüll und hausmüllähnliche Abfälle
- Schlämme aus der Abwasserreinigung
- Rückstände aus der Rauchgasreinigung
- Rückstände aus der metallbearbeitenden Industrie
- Säuren und Laugen aus der chemischen Industrie.

Auswahlkriterien waren dabei der Mengenanfall (z.B. Hausmüll) bzw. die besondere Gefährlichkeit von Abfällen (Rückstände aus der metallbearbeitenden Industrie.

Die untersuchten Umfeldbereiche waren:

- Wirtschaftliche und demographische Entwicklung
- Rohstoffsituation und internationale Verflechtung
- Konsumverhalten und Umweltbewußtsein.

Es wird deutlich, daß es sich bei der Szenario-Untersuchung nicht um eine Derivat-Prognose handelte, sondern deutlich mehr Variablen in das Handlungsmodell aufgenommen wurden. Die wesentlichen Ergebnisse der Studie sind wie folgt zusammenzufassen:

- Es wurden, wider Erwarten, keine überraschend neuen, für die Abfallwirtschaft ggfs. dramatischen Entwicklungssprünge identifiziert.

- Es wurden offene Felder und Theoriedefizite thematisiert (z.B. Funktion des Umweltbewußtseins für die Verwertungsquoten), die heute deutlich besser und sicherer eingeschätzt werden können als 1978.

- Einige Rahmenbedingungen für weitere Prognosen wurden sicherer identifiziert, u.a. konnten Sättigungseffekte abgeschätzt werden.

- Die wesentliche Leistungsfähigkeit der Studie war der Prozeß ihrer Durchführung. Vor allem für die Umweltverwaltung wurde die konzentrierte Befassung mit integrierenden, die Detailzuständigkeiten (Referats- und Ressortgrenzen) überspringenden Fragestellungen zu einem wichtigen Faktum. Man sollte Überlegungen vertiefen, Szenario-Studien nicht nach außen zu vergeben, sondern von Zeit zu Zeit als Prozeß (Brainstorming, Delphi-Methode u.a.) in Verwaltungen und Organisationen durchzuführen.

Aus heutiger Sicht erscheint es als bedauerlich, daß die anderen Umweltbereiche nicht in der Folge der "Szenarien zur Abfallwirtschaft" die Durchführung von Szenarios und Prognosevorhaben verstärkt in Angriff genommen haben und somit eine konzentrierte "Pflege" der Szenariomethode im Umweltbereich ausblieb. Derartige Folgestudien hätten den Theorie- und Methodenstand bei Umweltprognosen ganz erheblich gegenüber dem in diesem Kapitel geschilderten relativ schlechten Stand verbessern können.

3. Ökologische Wirkungsprognosen

Im vorangegangenen Kapitel ging es im wesentlichen um die Darlegung, wo und in welcher Weise Umweltprognosen bisher erstellt wurden. Dabei war wichtigstes Ergebnis, daß bisher in erster Linie sektoral ausgerichtete Derivatprognosen erstellt wurden, d.h. Vorhersagen der zu erwartenden Belastungen oder Emissionen als Funktion der sozio-ökonomischen Leitvariablen Bevölkerung, Wirtschaftsentwicklung, Arbeitsplatzentwicklung etc. Wirkungsprognosen wurden nur sehr vereinzelt vorgenommen. Es wurde beschrieben, daß auch integrative Ansätze bestehen und Versuche, nicht nur die Belastungen, sondern auch die Wirkungen auf die ökologischen Kompartimente vorherzusagen. Vorläufig letzter Punkt ist hier die Installierung der UVP (EG-Richtlinie) als Ansatz einer medienübergreifenden ökologischen Wirkungsprognose. Voraussetzung für diese sind die ausgeweitete und intensivierte Umweltbeobachtung.

In diesem Kapitel soll es darum gehen, die Anforderungen an die ökologische Wirkungsprognose näher zu beschreiben, und zwar anhand von Beispielen.

Die EG-Richtlinie zur UVP enthält die folgenden prognoserelevanten Bestimmungen: "Die UVP identifiziert und bewertet in geeigneter Weise nach Maßgabe eines jeden Einzelfalls ... die unmittelbaren und mittelbaren Auswirkungen eines Projekts auf folgende Faktoren:

- Mensch, Fauna und Flora
- Boden, Wasser, Luft, Klima und Landschaft
- die Wechselwirkung zwischen den unter dem ersten und dem zweiten Gedankenstrich genannten Faktoren,
- Sachgüter und das kulturelle Erbe"[49].

Weiterhin wird dem Projektträger, d.h. dem das Projekt Planenden, neben der Pflicht der ausführlichen Beschreibung des Projekts und der Beschreibung der die eventuellen nachteiligen Folgen vermeidenden Maßnahmen einschließlich Ausgleichsmaßnahmen, aufgegeben, "die notwendigen Angaben zur Feststellung und Beurteilung der Hauptwirkungen, die das Projekt voraussichtlich für die Umwelt haben wird"[50], beizubringen und vorzulegen.

Die Durchführung einer UVP umfaßt im wesentlichen die folgenden Arbeitsschritte:

Ökologische Wirkungsanalyse

1. Erfassen von Natur und Landschaft in ihrer bestehenden Nutzung

2. Bewerten der Naturgrundlagen nach Empfindlichkeit / Schutzwürdigkeit

Ökologische Wirkungsprognose

3. Erfassen der geplanten Nutzungen und Entwicklungen

4. Ermitteln der Verursacher (Wirkungsfaktoren)

5. Bestimmen der zu erwartenden Belastungen von Natur und Landschaft

6. Feststellen von ökologischen Qualitätszielen, Richtwerten und Normen (bestehenden und erwünschten)

7. Bewerten der zu erwartenden Nutzungskonflikte

Vermeidungs-, Ausgleichs- oder Ersatzmaßnahmen

8. Erarbeitung von Konfliktlösungen oder -minderungen (Alternativen)[51]

3.1 Ökosystemforschung Berchtesgaden: Olympia-Szenario

Ökosystemforschung

Die Ökosystemforschung stellt eine relativ junge Verknüpfung der Forschungsmethoden der Ökologie und der Systemwissenschaft dar. Sie ist der vorläufige Endpunkt einer mehr als hundertjährigen Entwicklung der Ökologie. Diese begann als Aut-Ökologie mit der Erforschung der Umweltbeziehungen eines einzelnen Lebewesens, führte weiter zur Synökologie, d.h. zur Ökologie von Beständen oder Gruppierungen von Organismen, die nicht mehr nur mit ihrer Umwelt, sondern auch untereinander in Verbindung stehen, und erweiterte sich schließlich zu einer raumbezogenen ökotop- und ökosystemorientierten Ökologie, die als Landschaftsökologie bezeichnet wird[52].

Auf diesem Weg wurde die klassische Methode des experimentellen Arbeitens immer unhandlicher und unbrauchbarer. An ihre Stelle treten mehr und mehr Beschreibung, langfristige Beobachtung, Hypothese, Theorie, auch Spekulation, vor allem aber Modellbildung[53]. Auf dem Weg von der Aut- zur Landschaftsökologie wurde auch mehr und mehr das menschliche Handeln in die Ökologie bzw. Ökosystemforschung einbezogen.

Ökosystemforschungsprogramm

Das Projekt "Der Einfluß des Menschen auf Hochgebirgsökosysteme - Berchtesgaden"[54] ist Teil eines umfassenden Ökosystemforschungsprogramms des Bundesministers für Umwelt, Naturschutz und Reaktorsicherheit. Dieses hat zum Ziel, die für das Territorium der Bundesrepublik repräsentativen Ökosystemtypen (Terrestrische, aquatische, marine Ökosysteme sowie technomorphe Ökosysteme wie Verdichtungsräume) in ihren wesentlichen Funktionsbeziehungen zu erforschen und zu entschlüsseln. Dabei ist der Ansatz des Programms nicht grundlagenbezogen, sondern durchaus anwendungsorientiert: Es sollen Aussagen über die Belastbarkeit bzw. Belastungsfähigkeit von Ökosystemen und damit Landschaften bzw. Landschaftstypen gemacht werden, um letztlich zu einer umweltverträglichen Raumnutzung auf ökologischer Basis gelangen zu können[55].

MAB - Forschungsprogramm

Das Projekt Berchtesgaden ist auch Teil des MAB-Programms. Das MAB-Programm wurde ab 1971 von der UNESCO aufgestellt. Erstmalig wurde hier in ein Ökosystemforschungsprogramm auch der Mensch miteinbezogen. Das MAB-Programm ist Fortsetzung und Weiterentwicklung des Internationalen Biologischen Programms. Sein Ziel ist die Untersuchung des menschlichen Nutzungseinflusses auf unterschiedlichste Ökosysteme wie tropische und subtropische Wälder, Savannen, Grasländer, Gewässer, Gebirge u.a.

Weltweit wurden und werden 85 Projekte im Bereich 6 (Hochgebirgsökosysteme) in 32 Ländern durchgeführt[56].

Der Ansatz der Ökosystemforschung Berchtesgaden

Der Ansatz des Projektes ist ressourcenorientiert. Es wird gefragt, wie sich menschliche Aktivitäten auf die natürlichen Ressourcen auswirken. Dabei sollen die Fragen der Belastbarkeit und Empfindlichkeit alpiner Ökosysteme für Nutzungsansprüche geklärt und unterschiedliche Nutzungsvarianten in ihren Auswirkungen auf Naturhaushalt und ihren Rückwirkungen auf den Menschen untersucht werden. Ein wichtiges Hilfsmittel ist dabei die Erstellung sogenannter Zeitkarten (Prognosen, Abschätzungen) und die Erarbeitung der Auswirkungen alternativer Zukünfte (Szenarios)[57].

Der Modellansatz ist der eines regionalen ökonomisch-ökologischen Systems, das im wesentlichen aus drei Komponenten besteht:

- Einem natürlichen System mit abiotischen und biotischen Ressourcen, die sich gegenseitig beeinflussen bzw. in Wechselwirkung stehen.

- Einem Landnutzungssystem, das sich durch einen Gradienten der Nutzungsintensität abbildet und das Ökosystemtypen der Kulturlandschaft abgrenzbar macht, die sich von naturnahen bis zu städtisch-industriellen Typen erstrecken. Diese beeinflussen das natürliche System unterschiedlich stark und werden ihrerseits entsprechend den Rückwirkungen beeinflußt.

- Einem sozioökonomischen System mit vier Teilsystemen: wirtschaftliches, politisch-administratives, sozio-demographisches und sozio-kulturelles Teilsystem. Das sozioökonomische System beeinflußt Art und Intensität der Landnutzung und ist von der Landnutzung und der externen ökologischen und ökonomischen Steuerung abhängig[58]. Vgl. dazu die nachfolgende Abbildung:

.pa

Abb. 1: Schema eines regionalen ökologisch-ökonomischen Systems

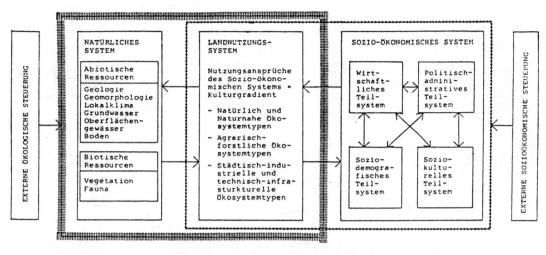

▦ Grenze der regionalen Betrachtung natürliches System und Landnutzung
▬ Grenze der regionalen Betrachtung sozioökonomisches System und Landnutzung

Alle Teilsysteme sind untereinander verknüpft und reagieren insgesamt auf die externen Steuerungen. Unter externer ökologischer Steuerung wird z.B. der Schadstoffimport in eine Region verstanden (Luftverunreinigungen etc.) und unter externer sozio-ökonomischer Steuerung politische Vorgaben und Programme[59].

Die Abbildung 2 zeigt die vier verschiedenen Betrachtungsebenen des Modellansatzes

Die unterste Ebene ist die beobachtete Realität, also das Untersuchungsgebiet mit seinen stofflichen, energetischen, informellen und materiellen Kreisläufen und Wechselwirkungen.

Auf der zweiten Ebene (dynamische Ebene) wird ein regionales Modell entwickelt. Es ist ein dynamisches Rückkopplungs-Modell mit einem höheren Aggregationsniveau. Es gibt mehrere Teilmodelle. Die dynamische Ebene wird im Augenblick durch das Regionalmodell Proto, das Waldsterbensmodell POLLAPSE und durch das Fallstudienmodell OLIMP (Olympia-Szenario) abgebildet.

Die oberste Ebene ist die strategische. Sie hat erhebliche Auswirkungen auf die unteren Betrachtungsebenen: Um mögliche Auswirkungen auf diese Ebenen abzuschätzen, werden Szenario- oder Simulationsmethoden angewendet, um Lösungsräume oder -möglichkeiten abzustecken[60].

Abb. 2: Informationsverarbeitung in mehreren Betrachtungsebenen

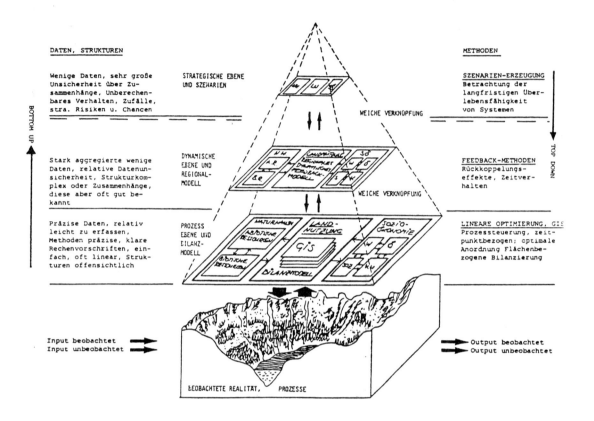

Olympia-Szenario

Die Ausgangssituation des Szenarios ist, daß Berchtesgaden auf Beschluß des Nationalen Olympischen Komitees 1983 den Zuschlag erhielt, sich um die Olympischen Winterspiele 1992 zu bewerben. Die Kernfrage lautete: Sind auch ohne Olympische Winterspiele neue Entwicklungen für eine lebens- und entfaltungsfähige Region möglich oder ist Olympia das "Vehikel", welches diese neuen Entwicklungen ermöglicht? Es wurden vier Varianten untersucht. Eine Nullvariante (die Spiele werden nicht durchgeführt) und drei Durchführungsvarianten (sanfte Variante mit nur geringen Eingriffen in den Naturhaushalt, eine harte Variante mit nur geringer Berücksichtigung von Umweltbelangen und eine mittlere Version). Die Grundstruktur des Szenario-Modells ist wie folgt:

Abb. 3: Grundstruktur des Senario-Modells

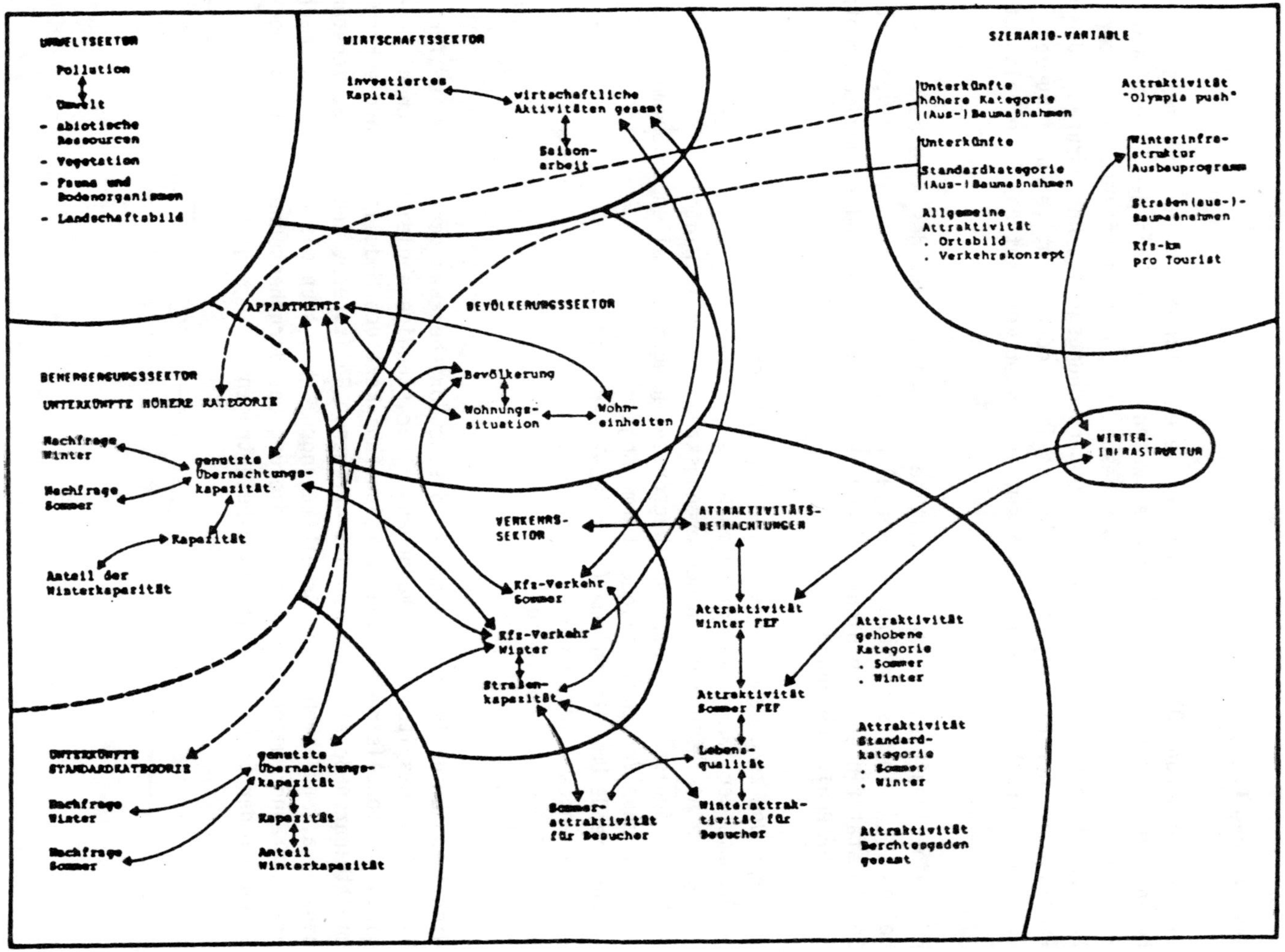

Diese Struktur wurde in mehreren Arbeitssitzungen mit orts- und problemkundigen Personen formuliert. Wesentliches Kriterium beim Aufbau des Modelles war, daß es auch für Nichtfachleute verständlich ist[61].

Wesentliche Ergebnisse

Die Durchführung Olympischer Winterspiele im Alpenpark in der damals vorgesehenen dezentralisierten Form, so das wesentliche Ergebnis der Szenario-Studie, wird weder besonders negative noch besonders positive Effekte auf Natur und Landschaft oder die Wirtschaft im Untersuchungsgebiet hervorrufen. Je nach Ausrichtung der Planung können aber positive oder negative Auswirkungen z.T. erheblich verstärkt werden. Es kommt insgesamt mehr auf das "Wie" als auf das "Ob" an[62].

Für eine langfristige und nachhaltige Revitalisierung des Alpenparks ist es notwendig, einen strukturellen Wandel einzuleiten, unabhängig davon, ob die Spiele stattfinden oder nicht. Dieser Wandel ist aufgrund folgender Hauptprobleme der Region erforderlich:

- Hoher und zunehmender Anteil von Tagesbesuchern
- Abnahme der länger verweilenden Gäste
- Geringe Auslastung der Beherbergungskapazitäten im Winter
- Massentouristische Überfrachtungserscheinungen vor allem im Sommer
- Zunehmende Verkehrsprobleme (Lärm, Abgase)
- Zunehmende Umweltprobleme (Luft, Gewässer, Boden)
- Zunehmendes Waldsterben
- Abwanderung junger Leute
  u.a.[63].

Wichtiges Ergebnis für das methodische Vorgehen war der Nachweis für die Richtigkeit des iterativen Vorgehens. Der ständige Abgleich zwischen Modellbildung, Modellstruktur und Funktionsfähigkeit des Modells durch die Form der unmittelbaren Beteiligung von Betroffenen, Politikern, lokalen Sachverständigen, u.a. auf mehreren Arbeitstagungen, hat sich als richtig und machbar erwiesen und wesentlich zur Validierung des Vorgehens und zur Erhöhung der Akzeptanz der Szenario-Ergebnisse beigetragen.

3.2 Zusammenfassende Umweltuntersuchung zum Dollarthafenprojekt Emden

Ausgangssituation

Die niedersächsische Landesregierung plant schon seit langem den Neubau des Emdener Hafens und die Ausweisung von großen Industrieansiedlungsflächen im Hafengebiet Emdens mit dem Ziel der Entwicklung dieser benachteiligten Region. Da von den Maßnahmen auch die Niederlande betroffen sein würden (Grenzgebiet), mußte die Bundesregierung mit den Niederlanden den Ems-Dollart-Kooperationsvertrag (1984) aushandeln. Zudem soll (und will) sich die Bundesregierung, da sie durch den Hafenneubau erhebliche Einsparungen an den durch den Bund durchzuführenden Fahrrinnenausbaggerungen in der Ems (Bundeswasserstraße) zu erwarten hat, mit einem wesentlichen Anteil an den Investitionskosten beteiligen. Die Bundesregierung hat jedoch erklärt, daß sie vor einer Entscheidung über ihre finanzielle Beteiligung eine neuerliche Durchführung einer 1976 bereits erstellten Kosten-Nutzen-Analyse und die Durchführung einer Umweltverträglichkeitsuntersuchung für erforderlich hält. Daher haben der Niedersächsische Minister für Wirtschaft und Verkehr sowie das Umweltbundesamt, das sich an den Kosten des Vorhabens beteiligte, eine entsprechende Umweltuntersuchung in Auftrag gegeben[64].

Der Untersuchungsauftrag erstreckte sich auf zwei umweltrelevante Komplexe:

- umfangreiche Wasserbaumaßnahmen zur Verlegung der Emsfahrrinne und zur Anlage eines seeschifftiefen neuen Hafens in der jetzigen Fahrrinne (Bauphase 1987 - 1996)
- die Ansiedlung von Industrie auf einem ca. 720 ha großen Gelände (Wybelsumer Polder) angrenzend an das neue Hafenbecken (Ansiedlungsphase ca. 1995-2030).

Untersuchungsgebiet war das deutsche Hoheitsgebiet des Vertragsgebietes des Kooperationsvertrages Ems-Dollart (1984)[65]. Alternativen zu dieser Planung wurden nicht untersucht.

Methodisches Vorgehen

Grundansatz der Untersuchung sind Projektionen der ökologischen Entwicklung in der Region Emden/Dollart

- ohne Bau des Dollarthafens und
- mit Bau des Dollarthafens

sowie eine Bewertung der hafenbaubedingten ökologischen Verbesserungen und Verschlechterungen, d.h. der Differenz zwischen beiden genannten Entwicklungen[66].

Wie für jede Entscheidung mußten auch in der vorliegenden Untersuchung zweierlei Grundlagen für die gutachterliche Endaussage geschaffen werden:

- Das Mengengerüst, d.h. informative Grundlagen, Zustandsbeschreibungen, Wirkungsanalysen und Wirkungsprognosen
- Das Wertgerüst: Normative Grundlagen, d.h. Bewertungsschemata und -skalen, auf deren Basis faktische Entwicklungen bewertet werden können.

Mengengerüste wurden für folgende Zeitpunkte erstellt:

t_0 = Ausgangslage (Ökologische Wirkungsanalyse)

t_3 ohne = Ökologische Entwicklung ohne Dollart-Maßnahme bis 2030 (Abschluß der Industrieansiedlung)

t_1 = Ökologische Entwicklung mit Dollarthafenbau für die Bauphase 1987-1996

t_2 = Ein Zeitpunkt nach Abschluß der Bauarbeiten (ca. 2000), aber ohne Industrieansiedlung

t_3 mit = Angenommener Abschluß der Industrieansiedlung (ca. 2020) auf dem Wybelsumer Polder.

Die Mengengerüste t_3 ohne bis t_3 mit stellen die verschiedenen, alternativen ökologischen Wirkungsprognosen dar.

Für jeden Zeitpunkt wurde das Mengengerüst nach folgendem Schema erstellt[67]:

Verursacher ⟶ Wirkungsketten ⟶ Akzeptoren

(Baumaßnahme, Industriemix) (Aestuar, Marsch, Wohnen und Erholung, Landwirtschaft und Fischerei)

Bewertung der ökologischen Zustandsbilder (Mengengerüste)

Eine Bewertung bei der ökologischen Wirkungsanalyse und Prognose ist aus folgenden Gründen erforderlich:

- Die Prognosen bestimmter Umweltveränderungen, die mit biologischen, chemischen oder physikalischen Indikatoren gemessen werden, sagen per se noch nichts darüber aus, wie die Veränderungen ökologisch zu bewerten sind. Dazu müssen untersuchungsspezifische Bewertungsmaßstäbe geschaffen werden.

- Gehen von einer Maßnahme verschiedene (positive und negative) ökologische Wirkungen aus, so lassen sich diese nicht ohne weiteres miteinander vergleichen und zu einer Gesamtaussage zusammenfassen, wenn sie in jeweils unterschiedlichen Dimensionen gemessen werden. Es muß für die vergleichende Interpretation deshalb eine einheitliche Werteskala geschaffen werden, in die alle ökologischen Wirkungsaussagen übersetzt werden[68].

In der Untersuchung wurde als Bewertungsschema eine Werteskala verwendet, bei der der schlechteste Wert gleich 1, der beste Wert gleich 7 ist. Für jeden Akzeptor oder Wirkungsbereich werden die prognostizierten Veränderungen auf einer 7er Skala dargestellt, die den Erfordernissen des jeweiligen Akzeptors entsprechend definiert ist.

Entscheidend ist dabei die Festlegung des Wertes 4 als sog. Normalwert. Dieser bezeichnet für jede ökologische Kategorie (Fauna, Flora, menschliche Nutzung, Wasser, Boden, Luft etc.) eine typische Situation in der Untersuchungsregion, die folgende Kriterien mit in Betracht zieht:

- Einhaltung gesellschaftlicher Zielsetzungen (z.B. umweltpolitische Grenzwerte, akzeptierte menschliche Nutzungsformen)
- Realistischerweise erreichbare ökologische Niveaus (Stand der Technik, vermeidbare anthropogene Einflüsse)
- Regionalspezifische Besonderheiten der ökologischen Situation und der menschlichen Nutzung[69].

Schließlich wurde auch eine Gewichtung der relativen regionalspezifischen Bedeutung der Akzeptoren bzw. Wirkungsbereiche vorgenommen, und zwar wie folgt:

- Aestuar   40 %
- Marsch   20 %
- Wohnen/Fremdenverkehr   30 %
- Landwirtschaft/Fischerei   10 %

(Summe   = 100 %)[70].

Die inhaltlichen, regionalspezifischen Ergebnisse der Studie werden hier nicht wiedergegeben, da es hier ja nur um das Demonstrieren des Vorgehens der ökologischen Wirkungsprognose geht.

4. Zusammenfassung

Der unterschiedliche methodische Stand der Umweltprognosen wird besonders deutlich, wenn bereits vorliegende Umweltgutachten mit Prognosecharakter betrachtet werden. Dies gilt vor allem für Prognosen in den einzelnen Umweltteilsektoren. Sektoren mit z.T. langer Prognose-Tradition (Luft, Wasser, Abfall) stehen Bereiche gegenüber, in denen praktisch kaum Prognosen erstellt wurden, deren Fehler aber wohl auch nicht als Defizit empfunden wird (Boden, Lärm, Ökosysteme[71], Artenschutz, Landschaft).

Insbesondere aber konnte deutlich gemacht werden, daß in den Teilsektoren ganz überwiegend traditionelle, auf die sozioökonomischen Leitvariablen gestützte Derivatprognosen erstellt wurden. Es gibt kaum Prognosen des Zustandes der Umwelt selbst (ökologische Wirkungsprognosen).

Daher wurden im folgenden schließlich auf dem Hintergrund der EG-UVP-Richtlinie und der Literatur zur methodischen Operationalisierung der ökologischen Wirkungsanalyse und -prognose der prinzipielle Ablauf sowie der Untersuchungsgang von zwei wichtigen regionalen Wirkungsprognosen (Olympia-Szenario Berchtesgaden und Umweltuntersuchung Ems-Dollart) dargestellt.

Diese Beispiele verdeutlichen, daß trotz mancher methodischer und inhaltlicher Unzulänglichkeiten der Ansatz der integrierten ökologischen Wirkungsprognose die einzige Möglichkeit bildet, die komplexen Probleme der Erfassung und Bewertung der Umweltwirkungen sachgerecht zu lösen.

Anmerkungen

1) Der Sachverständigenrat für Umweltfragen, Umweltgutachten 1977, Stuttgart und Mainz 1974, S. 39; im folgenden SR-U abgekürzt.

2) Der Sachverständigenrat für Umweltfragen, Umweltgutachten 1978, Bonn 1978 (Drucksache 8/1938 des Deutschen Bundestages vom 19.9.1978), S. 156.

3) Ebda.

4) Ebda.

5) H.J. Löblich, Schwefeldioxid-Immissionskataster 1972, 1980, 1985 (im Auftrag des BMWi); Löblich, H.-J., Schwefeldioxid in Stadt- und Landkreisen, Messungen und Prognosen bis 1980, o.O. und o.J. (Im Auftrag des BMWi); weiteres vgl. SR-U '78, S. 595.

6) SR-U, S. 595.

7) Ebda., S. 158.

8) Ebda.

9) Ebda., S. 160.

10) Ebda., S. 161.

11) Ebda.

12) Drucksache 8/2006 vom 24.7.1978 des Deutschen Bundestages; der Bericht ist nach § 61 des Bundesimmissionsschutzgesetzes alle 4 Jahre (jeweils im ersten Jahr des Zusammentritts des neuen Parlaments) von der Bundesregierung dem Deutschen Bundestag zu erstatten; SR-U '74, S. 39.

13) Ebda., S. 8.

14) Umweltbundesamt, Materialien zum Immissionsschutzbericht 1977 der Bundesregierung an den Deutschen Bundestag, Berlin 1977.

15) Ebda., S. 152.

16) Ebda.

17) Ebda.

18) Durchgeführt durch: Battelle-Institut e.V., Frankfurt/Main und NUKEM GmbH, Hanau; o.O., August 1976; die Emissionserfassungen bzw. -prognosen wurden, getrennt nach den Sektoren Industrie, Haushalte und Verkehr, für folgende Stoffe durchgeführt: SO_2, Stickoxide, Kohlenwasserstoffe, Kohlenmonoxid, Ruß, Blei, Staub, Fluor, Chlor.

19) Umweltbundesamt, Luftverschmutzung durch Schwefeldioxid, Ursachen-Wirkungen-Minderung, Berlin 1980 (Reihe Texte).

20) Ebda., S. 87.

21) Ebda., S. 87/8.

22) Umweltbundesamt, Luftreinhaltung '81, Entwicklung-Stand-Tendenzen, Materialien zum Zweiten Immissionsbericht der Bundesregierung an den Deutschen Bundestag nach § 61 Bundes-Immissionsschutzgesetz, Berlin 1981, S. 45/6.

23) Umweltbundesamt (Hrsg.), Medizinische, biologische und ökologische Grundlagen zur Bewertung schädlicher Luftverunreinigungen, Sachverständigenanhörung des Bundesministers des Innern, Berlin, 20. bis 24.2.1978, Berlin 1978 (UBA-Texte), Der Bundesminister des Innern, Umweltbundesamt (Hrsg.), Anhörung zu Cadmium, Protokoll der Sachverständigenanhörung Berlin, 2. bis 4.11.1981, Berlin 1982.

24) Luftreinhaltung '81, S. 76ff.

25) Ebda., S. 83/4.

26) Ebda., S. 84.

27) Ebda., S. 84ff und 89ff.

28) Ebda., S. 92.

29) Ebda., S. 93.

30) Ebda., S. 94.

31) SR-U '78, S. 175.

32) Ebda.

33) Luftreinhaltung '81, S. 97.

34) Ebda.

35) Umweltbundesamt (Hrsg.), Die Auswirkungen von Kohlendioxid auf das Klima, Zusammenfassung des gegenwärtigen Kenntnisstandes, Berlin 1983 (UBA-Texte 23/83).

36) Ebda., S. 18.

37) Ebda., S. 25.

38) Ebda., S. 28.

39) D. Winje u.a., Erstellung eines Prognosemodells zur Vorhersage des Wasserbedarfs in der Bundesrepublik Deutschland unter Berücksichtigung alternativer Entwicklungen, Ökonomische und technologische Abhängigkeiten der Wasserwirtschaft und ihre Modellierung in einem flexiblen Prognosemodell, Berlin, (Oktober) 1980 (FE-Bericht 102 02 023/02 im Rahmen des Umweltforschungsplans des Bundesministers des Innern).

40) Bundesminister des Innern (Hrsg.), Wasserversorgungsbericht, Bericht über die Wasserversorgung in der Bundesrepublik Deutschland, Mai 1982.

41) Ebda., (siehe Anmerkung 39), S. 8.

42) Ebda., S. 28.

43) Ebda., S. 53.

44) Ebda., S. 73.

45) Prognos AG, Vorstudie für eine Untersuchung über die Entwicklung der Wasserwirtschaft in der BRD bis zum Jahre 2000, Basel 1972, S. 37.

46) Battelle-Institut e.V., Planungsgrundlagen für den langfristigen Ausbau der Trinkwasserversorgung in Nordrhein-Westfalen, Stufe I: Wasserdargebot und Trinkwasserverbrauch (Band 1: Kurzfassung; Bd. 2: Textband; Bd. 3: Anlageband); Stufe II: Ermittlung möglicher räumlicher Schwerpunkte für den künftigen Ausbau des Versorgungssystems), Frankfurt/M. 1978 (Studie im Auftrag des Ministers für Ernährung, Landwirtschaft und Forsten des Landes NRW), Bd. 1, S. 143.

47) Vgl. W. Schenkel/P. Knauer, Feste Abfälle. In: K. Buchwald/W. Engelhardt, Handbuch für Planung, Gestaltung und Schutz der Umwelt, Bd. 2, München-Bern-Wien 1978, S. 122ff.

48) Battelle-Institut e.V./Institut für Systemtechnik und Innovationsforschung, Szenarien der Abfallwirtschaft (Hauptstudie), Frankfurt/M./Karlsruhe 1979 (FE-Vorhaben 78 103 0 3293/00 im Auftrag des Umweltbundesamtes im Rahmen des Umweltforschungsplans des Bundesministers des Innern).

49) Richtlinien des Rates der Europäischen Gemeinschaften vom 27.5.85 über die Umweltverträglichkeitsprüfung bei bestimmten öffentlichen und privaten Projekten, in: Amtsblatt der Europäischen Gemeinschaften Nr. L 175/40 vom 5.7.85; Art. 3.

50) Ebda., Art. 5.

51) Nach: Bundesminister für Ernährung, Landwirtschaft und Forsten (Hrsg.), Umweltverträglichkeitsprüfung für raumbezogene Planungen und Vorhaben - Verfahren, methodische Ausgestaltung und Folgerungen, Münster - Hiltrup 1985 (Stellungnahme des Beirates für Naturschutz und Landschaftspflege beim Bundesminister für Ernährung, Landwirtschaft und Forsten; Reihe A: Angewandte Wissenschaft des BML, Heft 313), S. 20.

52) W. Haber, Umsetzung ökologischer Forschungsergebnisse in politisches Handeln. In: Haber, W. (Hrsg.), Mögliche Auswirkungen der geplanten Olympischen Winterspiele 1992 auf das Regionale System Berchtesgaden, Freising - Weihenstephan 1986 (unterdessen vom Deutschen Nationalkomitee des Forschungsprogramms der UNESCO, MAB, Man and the Biosphere, als Nr. 22 seiner Veröffentlichungsreihe herausgegeben), S. 49.

53) Ebda.

54) Durchgeführt von: Nationalparkverwaltung Berchtesgaden, Lehrstuhl für Landschaftsökologie der Technischen Universität München, Freising - Weihenstephan, Bayerisches Staatsministerium für Landesentwicklung und Umweltfragen,

Umweltbundesamt (FE-Vorhaben im Rahmen des Umweltforschungsplans des Bundesministers für Umwelt, Naturschutz und Reaktorsicherheit).

55) Vgl. vor allem O. Fränzle et. al., Auswahl der Hauptforschungsräume für das Ökosystemforschungsprogramm der Bundesrepublik Deutschland, Kiel 1986 (FE-Vorhaben 101 04 043/02 des Umweltbundesamtes).

56) W.D. Großmann, J. Schaller, L. Spandau, Das MAB-6-Projekt - Ökosystemforschung Berchtesgaden. In: W. Haber (Hrsg.), (siehe Anmerkung 52).

57) Ebda, S. 22 bis 24.

58) Ebda, S. 25.

59) Ebda, S. 26.

60) Ebda, S. 28f.

61) Ebda., S. 45ff; die Darstellung der vielen Einzelverknüpfungen von Variablen sowie der weiteren benutzten (Teil-)Modelle ist hier nicht annähernd möglich. Hierzu wird auf den in Anmerkung 52 zitierten Berichtsband verwiesen.

62) Ebda., S. 16.

63) Ebda., S. 16/17.

64) Prognos AG/Arbeitsgruppe für regionale Struktur- und Umweltforschung, Zusammenfassende Umweltuntersuchung zum Dollarthafenprojekt Emden, Basel/Oldenburg 1985 (Im Auftrag des Niedersächsischen Ministers für Wirtschaft und Verkehr, gefördert als FE-Vorhaben 109 01 005 vom Umweltbundesamt im Rahmen des Umweltforschungsplans des Bundesministers des Innern).

65) Ebda., S. 1.

66) Ebda., S. 4ff.

67) Ebda., S. 5.

68) Ebda., S. 6.

69) Ebda.

70) Ebda., S. 161.

71) Vgl. hierzu jedoch (als Ausnahme wohl) BEKU-Szenarien zur Zukunft des Deutschen Waldes: Institut für Volkswirtschaftslehre der TU Berlin/Fachgebiet für Wirtschaftspolitik, insbesondere Ordnungs- und Strukturpolitik, Methodische Probleme der monetären Bewertung eines komplexen Umweltschadens - Das Beispiel des "Waldsterbens" in der Bundesrepublik Deutschland, Berlin 1984 (Unveröffentlichtes Manuskript).

Szenarien als Instrument der Vorausschau in der räumlichen Planung

von
Detlev Sträter, München

Giederung

1. Vorbemerkung
2. Zielsetzung und Entstehungsbedingungen
3. Struktur und Ablauf von Szenarien
4. Vor- und Nachteile der Szenario-Technik als Methode zur Vorausschätzung
5. Das Problem der Regionalisierung von Szenarien
6. Aspekte der Implementation in die planende Verwaltung
Literaturverzeichnis
Anmerkungen

1. Vorbemerkung

Die Szenario-Methode, auch Szenario-Technik oder Szenario-Writing genannt, hat sich in den letzten Jahren im Kreis der Instrumente der Zukunftsforschung etabliert. Auch von seiten der raumbezogenen Zukunftsforschung ist ihr wachsende Aufmerksamkeit zuteil geworden, wenngleich die Bewertung der Szenario-Methode insbesondere in der Innovationsphase in den 70er Jahren uneinheitlich war und im Grunde auch weiterhin ist. Von ihren Verfechtern wurde sie als Fortentwicklung oder gar Alternative zu den "traditionellen" mathematisierten Prognoseverfahren gepriesen; die "traditionellen" Prognostiker hielten sie hingegen für einen illegitimen Sproß der Familie, der mit wissenschaftlich nicht abgesicherten Spekulationen über die Zukunftsentwicklung die mühsam erlangte Reputation von Prognosen in Mißkredit bringt.

Die anfängliche methodisch-theoretische Frontstellung hat sich inzwischen beiderseitig zugunsten einer sachlicheren Bewertung der Aufgaben, Funktion, Nützlichkeit und Leistungsfähigkeit von Szenarien gewandelt. Es ist zu beobachten, daß sich die "harten" und "weichen" Prognosephilosophien aufeinander zu bewegen, voneinander lernen und jeweils Methodenelemente der anderen Art adaptieren. Obgleich die Akzeptanz von Szenarien als Methode der Vorausschätzung zukünftiger Entwicklungen in den letzten Jahren deutlich erhöht worden ist, haben sie sich in der Praxis von Raumordnung, Landes-und Regionalplanung nur in Ansätzen durchsetzen können. Dabei weisen Szenarien gegenüber den formalisierten Prognoseverfahren einige methodisch-konzeptionelle Vorteile auf, die sie auch für die räumliche Politik und Planung attraktiv erscheinen lassen. Offensichtlich aber macht es der planenden Verwaltung Schwierigkeiten, Szenario-Resultate in Politikvorbereitung umzusetzen. Der zögerliche Eingang in den politisch-administrativen Bereich steht in gewissem Kontrast zum öffentlichen Sprachgebrauch, in dem sich der Szenario-Begriff mittlerweile zur Kennzeichnung jedweder Zukunftsschau verbreitet hat.

2. Zielsetzung und Entstehungsbedingungen

Als Methode unterscheidet sich die Szenario-Technik von den gängigen Prognoseverfahren darin, daß sie nicht auf einer Quantifizierbarkeit beharrt und primär eher qualitativ und überdies nicht nach eindeutig festgelegten Arbeitsschritten erfolgt und auch nicht unbedingt ergebnis- bzw. zielorientiert ist: Mit der Szenario-Technik wird eine Kombination von qualitativen und quantitativen Verfahren bezeichnet, mit deren Hilfe alternative Pfade in verschiedene Zukünfte vorausgeschätzt werden, um von dort retrospektiv Hinweise auf die Notwendigkeit für ein konzeptionelles, instrumentelles und politisch-organisatorisches Eingreifen zu gewinnen. Mit ihr wird versucht, über die Darstellung von tatsächlichen oder hypothetischen Ausgangssituationen zu umfassenden Zukunftsbildern zu gelangen, indem die heute bereits erkennbaren Trends möglichst genau und möglichst umfassend fortgeschrieben werden. Es geht um eine genaue Abbildung der Komplexität der sozialen Wirklichkeit in ihrer ungleichmäßigen und ungleichzeitigen Entwicklung, von Kontinuität und Diskontinuität und in der wechselseitigen Beeinflussung ihrer Teilelemente untereinander, in die auch qualitative, in konventionellen Prognosen nicht erfaßbare Größen wie z.B. Änderungen in den Verhaltensweisen, ideologische Komponenten oder Wertvorstellungen, soziale und politisch-administrative Handlungsmuster und deren Voraussetzungen mit einbezogen werden. Über die Transformierung eines Abbildes der komplexen Wirklichkeit in die Zukunft bzw. in verschiedene Zukünfte sollen Entscheidungs- und Handlungssituationen identifiziert werden, die politisches Eingreifen erforderlich erscheinen lassen. "Das Szenario will also einen dynamischen Entwicklungsprozeß nachvollziehen, der die gegenseitige Abhängigkeit der Ausgangsfaktoren und deren politische Beeinflußbarkeit berücksichtigt. Es beschreibt gleichsam wie ein Drehbuch (...) einen komplexen Handlungszusammenhang. Zu beliebigen Zeitpunkten innerhalb eines Handlungsablaufes werden Schnittpunkte gesetzt, um in einer Querschnittsbetrachtung den jeweiligen Problemzustand der Handlungssituation in einem "Bild" festzuhalten."[1]

Diesem breiten Anspruch entspricht ein Methoden-Mix, dessen Kombinationen aus der Zielsetzung und Problemstellung des Szenarios abzuleiten sind, woraus sich unterschiedliche Arbeitsschritte und Ablaufstrukturen ergeben. Die Einsicht,

daß eine Methodenvielfalt der Behandlung einer Problemstellung häufig am adäquatesten ist, hat allmählich die anfängliche Vorstellung vom Methoden-Gegensatz zwischen Prognosen und Szenarien zurückdrängen können.
Einen festen Methodenkatalog gibt es nicht. Die Methoden können folgenden Bereichen entliehen werden:

- intuitive Methoden (z.B. Brainstorming, Delphi)
- explorative Methoden (z.B. Trendanalyse, Korrelationsrechnungen, Regressionsanalyse, Input-Output-Analyse)
- bewertende Methoden (z.B. Cross-Impact-Analyse)
- projektive Methoden (z.B. Präferenzanalyse, Relevanzbaumverfahren, Planspiele)[2].

Man sieht, daß neben den quantitativen, auf mathematischen Funktionen aufbauenden Analyse- und Prognosemethoden, sog. Systemprognosen, auch eine Vielzahl von qualitativen Methoden Anwendung finden können. Aus einer naturwissenschaftlichen, ingenieurwissenschaftlichen oder ökonometrisch geprägten Perspektive wird daher gegenüber der Szenario-Technik der Vorwurf mangelnder Wissenschaftlichkeit erhoben, womit auch zugleich ihre Anwendung als Instrument zur Vorausschätzung zu diskreditieren versucht wird. In der Tat unterliegt die Anwendung von qualitativen Methoden einer stärker subjektiven Beeinflussung seitens der Bearbeiter, als dies mit "quantifizierenden" Methoden erfolgen kann, wenngleich auch diese immer auch normative, ideologieträchtige Modellelemente aufweisen. Der Vorwurf mangelnder Wissenschaftlichkeit erfolgt vor dem Hintergrund eines Wissenschaftsbegriffs und einer Forschungspraxis, in der die Quantifizierbarkeit bei der Erfassung realer Zusammenhänge einseitig in den Vordergrund gestellt wird und andere "nicht meßbare" Phänomene weitgehend ausgeblendet werden. Dabei erfaßt die Modellierung der sozialen Wirklichkeit mit Hilfe mathematischer Funktionen, die die empirische Sozialforschung bereit hält, nicht einmal alle Erscheinungsformen an der gesellschaftlichen Oberfläche. Erst recht sind die quantifizierenden Methoden dazu ungeeignet, die hinter den Erscheinungsformen sich verbergenden gesellschaftlichen Zusammenhänge abzubilden. "Anstelle der Dignität der zu untersuchenden Gegenstände tritt vielfach als Kriterium die Objektivität der mit der Methode zu ermittelnden Befunde, und im empirischen Wissenschaftsbetrieb richten sich die Auswahl der Forschungsgegenstände und der Ansatz der Untersuchung, wenn nicht nach praktisch-administrativen Desideraten, weit mehr nach den verfügbaren und allenfalls weiterzuentwickelnden Verfahrungsweisen als nach der Wesentlichkeit des Untersuchten"[3]. Der Vorwurf mangelnder Wissenschaftlichkeit kann somit die Szenario-Methode im Kern nicht treffen; vielmehr stellt sie den Versuch dar, gegenüber den "traditionellen", quantifizierenden Analyse- und Prognosemethoden die gegenwärtige und zukünftige(n) Wirklichkeit(en) zutreffender, differenzierter und umfassender - wenn auch insgesamt spekulativer - zu beschreiben und abzubilden.

Obwohl mit Szenarien wie auch mit Prognosen zukünftige Ereignismöglichkeiten dargestellt werden sollen, stehen beide Methoden im Grunde nicht in methodischer Konkurrenz zueinander. Zwar werden im Rahmen des Szenarioschreibens Systemanalysen, Trendfortschreibungen und Prognosen herangezogen bzw. erarbeitet, das Ergebnis eines Szenarios läßt sich jedoch im strengen Sinne nicht als Prognose bezeichnen. Die Zielsetzung und Aufgabenstellung von Szenarien ist weniger ergebnisorientiert, d.h. auf die Gewinnung von möglichst exakten und wahrscheinlichen Aussagen und Resultaten über bestimmte Trends ausgerichtet, als prozeßorientiert, d.h. auf die Identifizierung von Verlaufsformen dieser Trends und ihrer Determinanten im Rahmen gesamtwirtschaftlicher und gesamtgesellschaftlicher Entwicklungen. Mit Hilfe von Szenarien will man kontrollieren, wie sich bestimmte Entwicklungstrends unter Berücksichtigung und Einbeziehung von quantitativen und qualitativen ökonomischen, sozialen, kulturellen und politischen Faktoren in der Zukunft auswirken dürften, welche Bedingungen für diese Zukunftsentwicklungen konstituierend sind und welche Maßnahmen zur Regulierung der Entwicklung erfolgversprechend erscheinen. "In diesem Sinne ist die Szenariotechnik eine systematische Methodenkombination zur zielorientierten, langfristigen Problemlösung. Sie ist als maßnahmenorientiert zu bezeichnen, da durch eine integrierte, systematische und vorausschauende Betrachtung des zeitlichen Bezugs plausibler Entwicklungen und Ereignisse das Zustandekommen und der Rahmen zukünftiger wünschenswerter Situationen aufgezeigt wird und die Maßnahmen, die der Erreichung dieses Zustandes dienen, entwickelt werden"[4].

Der Wunsch, schon in der Gegenwart mehr über die Zukunft zu erfahren, ist nicht neu. Schon im Mittelalter wurden Utopien im Sinne von Gesellschaftsentwürfen beschrieben, in denen der schlechten sozialen Wirklichkeit Gegenbilder einer vollkommenen Gesellschaft gegenübergestellt werden. Sie sind in gewisser Weise als Vorläufer der Futurologie bzw. Zukunftsforschung zu verstehen, der die Szenariotechnik als Instrument dient.

Die in die Zukunft gerichtete Beschreibung gesellschaftlicher Entwicklungstrends kann nicht ohne theoriegeleitete Vorstellungen über gesellschaftliche Strukturen und Prozesse erfolgen. Die Theorieorientierung soll gewährleisten, daß bei der Entwicklung von Alternativ-Szenarien die Hypothesen gezielt gebildet werden, sie also nicht beliebig erscheinen. Strukturell hat die Szenario-Technik eine Affinität zur Systemtheorie, weshalb die Szenario-Technik auch als "angewandte Systemtheorie"[5] bezeichnet wird. Dies liegt insofern nahe, als im Rahmen der Systemtheorie Gesellschaft als ein funktionaler Zusammenhang verstanden wird und das "System-Umwelt"-Theorem mit seinen kybernetischen Anpassungs- und Rückkopplungsmechanismen für die Modellbildung im Szenario hilfreich ist. (Andererseits ist zu fragen, ob das Rekurrieren speziell auf die Systemtheorie nicht gerade das Erkennen und Aufzeigen von Kausalitäten erschwert.) Während die systemtheoretische Modellbildung mittels ausschließlich mathematischer Funktionen als 'Simulation' bezeichnet wird, läßt sich die Szenario-Technik als 'qualitative Simulation' charakterisieren. Ein methodisches Verwandtschaftsverhältnis besteht auch zwischen der Szenario-Technik und dem Planspiel sowie dem Technology Assessment (Technologiefolgenabschätzung).

Die ersten Verwendungsbereiche der Szenario-Methode waren, soweit erkennbar, die militärische Planung und die Unternehmensplanung. In den USA entwickelten H. Kahn und Mitarbeiter am Hudson-Institut in den 50er und 60er Jahren Szenarien über den Einsatz von Atomwaffen. Kahn/Wiener popularisierten später die Szenario-Technik in ihrem Buch "Ihr werdet es erleben"[6]. Das US-Unternehmen Honeywell und verschiedene große Erdölgesellschaften übernahmen bereits sehr früh die Szenario-Technik zur Entwicklung von Unternehmensstrategien. Sie fand später Eingang in eine ganze Reihe von Weltmodellen, die in den 70er Jahren entwickelt wurden. Dazu zählen die Forrester-Modelle "world 2" und "world 3", der von Meadows et al. erarbeitete, 1972 vorgelegte Bericht des Club of Rome zur Lage der Menschheit ("Die Grenzen des Wachstums")[7], 1974 der zweite Bericht an den Club of Rome zur Weltlage (Mesarowic/Pestel: "Menschheit am Wendepunkt")[8] und - mit Einschränkungen - der "Global 2000 Report" an den amerikanischen Präsidenten im Jahre 1980[9].

Diesen Weltmodellen, deren Voraussetzungen aus der Perspektive der herrschenden Industrieländer formuliert waren, setzte eine lateinamerikanische Wissenschaftlergruppe um Herrera und Scolnik das sog. Bariloche-Modell entgegen, an dem seit 1970 gearbeitet wurde (deutsch: "Die Grenzen des Elends"). Ausgangspunkt dieses Normativ-Modells war die Grundsatzfrage: Wie können die Ressourcen der Welt so eingesetzt werden, daß sich die Lebenssituation aller Menschen verbessert? In diesem Zusammenhang ist auch das MOIRA-Modell (model of international relations in agriculture), 1978 in den Niederlanden erschienen, und der 1980 veröffentlichte Bericht der Nord-Süd-Kommission zu erwähnen[10].

Neben diesen international beachteten Groß-Szenarien wurden und werden in der Bundesrepublik eine Vielzahl von Szenarien erarbeitet, die in der Regel begrenzte sektorale Fragestellungen verfolgen, so z.B. im Bereich der Verkehrsplanung, der Freizeit- und Erholungsplanung und der Energieversorgung. Politische Bedeutung erlangte u.a. das vom Öko-Institut Freiburg 1980 vorgelegte "Energiewende"-Szenario[11] sowie das Kernenergie-Ausstiegsszenario für das vormalige Hessische Ministerium für Umwelt und Energie im Jahre 1986[12].

Auch in der räumlichen Planung fand die Szenario-Technik bereits Eingang. Vorreiter waren hier Frankreich und die Schweiz. Die DATAR (Delegation a l'amenagement du territoire et a l'action regionale) legte Anfang der 70er Jahre ein Szenario über Frankreich im Jahre 2000 vor[13]. In der Schweiz wurden zur gleichen Zeit raumordnerische Leitbilder für die Schweiz am ORL-Institut der ETH-Zürich erarbeitet[14]. In der Bundesrepublik Deutschland wurde 1973 vom

Bundesminister für Raumordnung, Bauwesen und Städtebau (BMBau) das "Mittelfristige Forschungsprogramm Raumentwicklung und Siedlungsentwicklung"(MFPRS) verabschiedet. Mit der 1. Fortschreibung des Programms 1976 (2. Fortschreibung 1979) wurde der Rahmen für die wissenschaftliche Erforschung raumbezogener langfristiger Entwicklungstendenzen geschaffen, worin die Anwendung der Szenario-Technik mit eingeschlossen war. Ein Teil der im Rahmen des MFPRS erarbeiteten Szenarien wurde in den Schriftenreihen "Raumordnung" und "Städtebauliche Forschung" des BMBau veröffentlicht[15]. Nur einem begrenzten Interessentenkreis wurden hingegen die 1977 vom BMBau an das Battelle-Institut[16], die Prognos AG[17] und die schweizerische Arbeitsgruppe LET ("Langfristige raumrelevante Entwicklungstendenzen")[18] vergebenen Langfristszenarien zur Raumentwicklung und Raumordnungspolitik des Bundes zugänglich gemacht[19]. Mit ihrer Hilfe sollte eine Überprüfung der damals gültigen Konzepte und Instrumente und ihrer tatsächlichen Raumeffekte vorgenommen werden; ihre Ergebnisse sollten in die damals noch beabsichtigte Fortschreibung des Bundesraumordnungsprogramms (BROP) eingehen. Als die Langfristszenarien 1981/82 vorgelegt wurden, war die BROP-Fortschreibung bereits gestoppt. Mit dem Ende der sozialliberalen Koalition 1982 wurden die Fortschreibungsabsichten endgültig ad acta gelegt.

Das anwachsende Interesse an Szenarien zur Mitte der 70er Jahre fällt nicht zufällig zeitlich zusammen mit der Ernüchterung, die sich gegenüber der mit hohen Erwartungen begleiteten, Anfang der 70er Jahre implementierten politischen Planung einstellte. Die Planungs- und Prognosefähigkeit des politisch-administrativen Apparates erwies sich unter krisenhaften Entwicklungen als unzureichend; die Planungs- und Prognoseeuphorie schlug überwiegend in eine sogenannte Planungs- und Prognoseverdrossenheit um. Verschiedene Aspekte trugen dazu bei: So waren die bis dahin, insbesondere in den letzten Jahren, wissenschaftlicher- und amtlicherseits vorgelegten Wirtschafts-, Bevölkerungs- und Arbeitsplatzprognosen allesamt zu optimistisch und mußten angesichts der realen Entwicklung nach unten angepaßt werden. Die in der Öffentlichkeit als sog. Trendwende bezeichnete Entwicklung, das Zusammenfallen konjunktureller und struktureller gesellschaftlicher Krisensymptome, die gesellschaftliche Veränderungen markierten, nahm den Prognostikern die Prognosesicherheit. Die bis dahin verbreiteten, vergleichsweise einfachen Trendextrapolationen von relativ stabilen Entwicklungslinien der Vergangenheit in die Zukunft erwiesen sich als völlig unzureichend; mit der Kritik an den Prognosemethoden stand gleichzeitig die Prognose als Instrument der Vorausschau selbst zur Disposition. In der Landes- und Regionalplanung stellten sich die auf überhöhten Prognosen aufbauenden bzw. von ihnen abgeleiteten Richtwerte für Bevölkerung und Arbeitsplätze ebenfalls als zu weiter Rahmen für Planungshandeln heraus (vgl. den Beitrag von Baudrexl in diesem Band). Kurzfristige Anpassungen nach unten waren politisch kaum durchsetzbar. Die überhöhten Richtwerte konnten zwar planungspolitisch gegenüber den Gemeinden besser durchgesetzt werden, verloren aber nun ihre Koordinations- und Steuerungswirkungen. Zudem hatte die

Ausweitung des gesellschaftlichen Planungssystems auf allen Ebenen dazu beigetragen, daß immer mehr Wissenschaftler, Planungspraktiker und Politiker Prognoseerfahrungen erlangten und die Unzulänglichkeiten der Prognosen erkannten, so daß die bis dahin weit verbreitete Prognosegläubigkeit einem kritischeren Prognoseverständnis wich. Nunmehr trat der Umstand immer mehr ins öffentliche Bewußtsein, daß Prognosen nicht nur wissenschaftlichen, sondern auch politischen Charakter tragen: Mit überhöhten Prognoseergebnissen wurden auch darauf aufbauende Planungen als unrealistisch gewertet; zu knappe Wachstumserwartungen konnten hingegen als Dämpfer für private und öffentliche Investitionsplanungen wirken. Die Erfahrung, daß Prognoseergebnisse auch von den Auftraggebern und Bearbeitern beeinflußt werden oder gar manipuliert werden können, ließ Zweifel an ihrer Objektivität und wissenschaftlichen Reputation aufkommen.

3. Struktur und Ablauf von Szenarien

Wenngleich oder gerade weil das Szenarioschreiben gegenüber den traditionellen Prognoseverfahren weniger kodifiziert ist, sind in Theorie und Praxis eine Vielzahl von Szenario-Varianten entstanden, deren substantielle und graduelle Unterschiede in ihren unterschiedlichen Aufgabenstellungen zu sehen sind. Die verschiedenen Szenariomethoden können jedoch auf zwei in ihrer Zielsetzung und ihren Ausgangspositionen unterscheidbare Grundformen zurückgeführt werden, nämlich in explorative oder Trendszenarien einerseits und normative oder Kontrastszenarien andererseits[20].

Die explorativen Szenarien oder Trendszenarien (auch reaktive Szenarien genannt) gehen von einem bestimmten Ausgangspunkt aus, der in der Regel in der Gegenwart liegt (aber auch in der Vergangenheit liegen kann), von dem aus die Problemsituation bis zu einem bestimmten Zeitpunkt in der Zukunft entwickelt wird. Dabei wird das Szenario-Design bis zu einem Endpunkt in der Zukunft fortgeschrieben und transformiert; es wird dabei kein Endbild vorgegeben. Ein Endbild bzw. mehrere alternative Endbilder sind hingegen Teil des Ergebnisses von Trendszenarien, wobei es weniger um die Wahrscheinlichkeit oder Eintreffgenauigkeit der Szenarien geht, als um die möglichst genaue Ermittlung und Beschreibung von Determinanten, Zusammenhängen und Wirkungsverläufen, die zu dem Szenario-Ergebnis führen. Es geht hierbei also weniger um die mehr oder minder genaue Zukunftsvorhersage für einen Zeitraum oder Zeitpunkt am Ende des Prognosehorizonts als um das Aufzeigen von möglichen Entwicklungspfaden unter der Prämisse, daß sich die in der Gegenwart erkennbaren Zusammenhänge in der Zukunft fortentwickeln werden.

Zu den explorativen Prognosen gehören auch die Alternativ-Szenarien. Diese sind Varianten des Trendszenarios, die man gewinnt, wenn man die Determinanten des Ausgangsbildes und deren Tendenzen unterschiedlich interpretiert und gewichtet und/oder andere Entwicklungsgeschwindigkeiten annimmt; der zugrunde gelegte Zeithorizont ist beim Trendszenario mit dem des Alternativszenarios identisch.

Alternativ-Szenarien werden häufig dazu benutzt, unterschiedliche Ausgangsbedingungen und Tendenzen zu entwerfen und zu "testen", bevor ein endgültiges Trendszenario differenziert beschrieben wird. In dieser Funktion werden sie auch als "Präszenarien" oder Grobszenarien bezeichnet.

In diesem Zusammenhang ist auch der Begriff des Referenzszenarios zu erwähnen, der Verwendung findet, wenn mehrere Alternativszenarien aufgestellt werden. Damit wird das Bezugsszenario bezeichnet, das man bei einem Vergleich verschiedener Szenarien jeweils zur Feststellung der Abweichungen zugrunde legt[21].

Ebenfalls zu den Trendszenarien werden sog. Tendenzszenarien gerechnet. In einem Tendenzszenario werden politische Zielvorstellungen eines Politikbereiches als eine normative, strukturbildende Determinante in die Ausgangsposition des Szenarios einbezogen.

Demgegenüber stellen Kontrastszenarien insgesamt normative Szenarien dar, normativ insofern, als man von einem angenommenen wünschbaren oder unbedingt zu vermeidenden Endzustand zu einem bestimmten zukünftigen Zeitpunkt ausgeht oder von dort die Entwicklung bis in die Gegenwart zurückverfolgt, also als Ergebnis ein Gegenwartsbild erhält, das von der tatsächlichen Gegenwartssituation in der Regel erheblich abweichen dürfte. Die Differenz ist ein Maß für notwendige politische Korrekturmaßnahmen, um zu dem angenommenen Endzustand zu gelangen oder um ihn zu vermeiden. Die Funktion eines Kontrastszenarios besteht primär darin, von ihm Hinweise auf Instrumente und Maßnahmen zu bekommen, mit denen eine politisch gewünschte Entwicklung anzusteuern versucht werden kann. Das nachfolgende Schaubild gibt den groben Ablauf der Trend-, Alternativ- und Kontrastszenarien wieder.

Abb. 1: Trendszenario, Alternativszenario, Kontrastszenario

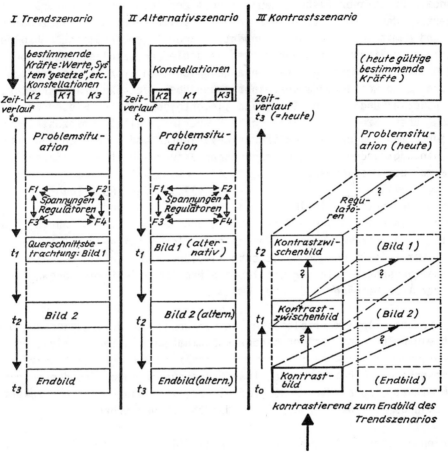

Quelle: Lienemann/Unholzer 1975, S. 243.

Diese Nomenklatur verschiedener Szenariotypen ist idealistisch. In der Praxis des Szenarioschreibens werden die verschiedenen Typen miteinander kombiniert; die Übergänge sind fließend.

Über den prozessualen Ablauf der Erarbeitung von Szenarien sind unterschiedliche Vorstellungen entwickelt worden. Grundsätzlich ist festzuhalten, daß die Struktur eines Szenarios durch seinen Gegenstandsbereich determiniert wird, was gelegentlich zu der Ansicht geführt hat, Formalisierungsgesichtspunkte beim Szenario-Schreiben völlig unberücksichtigt lassen zu können. Es erscheint hingegen aus mehreren Gründen sinnvoll, die Szenario-Technik in einzelne separate Arbeitsschritte zu zerlegen. Erstens entspricht der logischen Struktur des Szenarios eine relativ stringente Abfolge von Bearbeitungsphasen, weil jede neue Zustandsbeschreibung aus dem vorangegangenen Schritt abzuleiten ist, zweitens können im Falle einer Segmentierung in Teilschritte die einzelnen, bei jedem Schritt spezifisch einzusetzenden Methoden besser dargestellt und diskutiert werden, und drittens wird die Nachvollziehbarkeit des Szenarios für Dritte und damit seine Akzeptanz erhöht. Eine allgemeingültige Abfolge von Bearbeitungsschritten ist aufgrund der verschiedenen Zielsetzungen von Szenarien und ihres Verwendungszusammenhanges nicht von vornherein festzulegen, wenngleich eine weitgehende Übereinstimmung über die Szenario-Struktur, die Verfahrensweise und die konstitutiven Elemente sowohl in wissenschaftlichen Beiträgen über Szenarien als auch in Szenarien selbst festzustellen ist. Abstrahiert man von bestimmten Szenario-Varianten und konkreten Anwendungsbereichen, so läßt sich die Struktur der Bearbeitungsschritte von Szenarien etwa folgendermaßen kennzeichnen:

1. Vorbereitungsphase - In ihr erfolgt die Festlegung und Aufgliederung des Gegenstandsbereiches sowie die Vorbereitung der gesamten Szenario-Organisation;

2. Orientierungsphase - In ihr erfolgt die Problemdefinition und die Beschreibung der Problemfelder und ihrer Umfelder;

3. Analysephase - In ihr erfolgt die Datenerhebung und Datenauswertung und die Beschreibung und Analyse der Gegenwartssituation (Zustandsanalyse);

4. Prognosephase - In ihr werden Trendberechnungen und Trendbeschreibungen durchgeführt sowie Hypothesen formuliert, die das Spektrum zukünftiger Entwicklungsmöglichkeiten des Gegenstandsbereiches eröffnen;

5. Zielfindungsphase - In ihr erfolgt der Zielfindungsprozeß (Zielgewichtung, Zielharmonisierung), in der auch alternative, normative Zielszenarien (Kontrastszenarien) formuliert werden - einige Ablaufvorschläge enden hier - ;

6. Programmphase - In ihr werden die Instrumente und Maßnahmen zur politisch-administrativen Regulierung identifiziert und vorgeschlagen sowie mögliche damit verbundene Kosten geschätzt;

7. Anschlußphase - In ihr werden die möglichen Wirkungen der vorgeschlagenen Instrumente und Maßnahmen auf den Gegenstandsbereich überprüft resp. abgeschätzt ("Erfolgskontrolle" bzw. Rückkopplungsphase)[22].

Dieses generalisierende Ablaufschema wird auch anhand des nachfolgenden Schaubildes deutlich:

Abb. 2: Idealtypischer Ablauf der Szenario-Methode

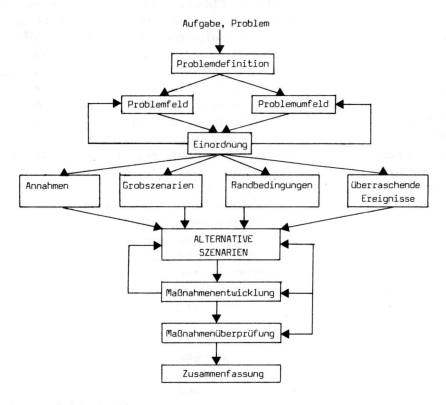

Quelle: Segner 1976, S. 31.

Als ein konkretes Beispiel für den Ablauf eines Szenarios sei hier das Kontrastszenario angeführt, das die Arbeitsgruppe LET für den BMBau erarbeitet hat. Zunächst wird die Ausgangslage beschrieben, in der sie die Raumordnungspolitik zum Zeitpunkt der Szenario-Erarbeitung sah, und es werden die Rahmenbedingungen skizziert. Darauf aufbauend wird das Szenario unter die leitende Frage gestellt, ob es raumrelevante Entwicklungsansätze gibt, die zu einer dezentralisierenden Entwicklung führen und den Konzentrationstrend in einigen Bereichen brechen könnten und, wenn es solche Ansätze gibt, wie diese durch politisch-administrative Instrumente verstärkt werden könnten. Ausgangspunkt ist die Erarbeitung eines "Trendszenarios", das als Fortschreibung der industriellen, gesellschaftlichen und räumlichen Entwicklung der letzten Jahrzehnte gedacht ist. Es wird von den Verfassern auch "Durchbruchszenario" genannt, weil zu dem Trend auch gehört, daß Engpässe und gesellschaftliche Widerstände, die die Durchsetzung des Trends verhindern könnten, durch die herrschenden Kräfte mittels massiven Einsatzes von ökonomischen, politischen und stofflichen Ressourcen "durchbrochen" werden. Diesem Trendszenario wird das Kontrastszenario gegenübergestellt. Dazu werden zunächst gesellschaftliche, wirtschaftliche und technische Entwicklungsgrößen als Grundannahmen formuliert. Als Randbedingungen werden sodann internationale Entwicklungsparameter eingeführt und politische Strategien für verschiedene Politikbereiche beschrieben (Wirtschaftsordnungspolitik, Wachstums- und Strukturpolitik, Außenwirtschaftspolitik, Forschungs- und Technologiepolitik, Bildungs- und Berufsbildungspolitik, Arbeitsmarktpolitik, Raumordnungs- und regionale Strukturpolitik, Verkehrs-, Energie- und Umweltpolitik). Darauf setzt das eigentliche Kontrastszenario auf, in dem Ansätze zur räumlichen Entballung für die Bereiche Sozialer Wandel, Technologien, Wirtschaftsstruktur, Staatsstruktur, Verkehr und Mobilität, Energie sowie Umweltbelastung und Umweltpolitik detailliert entfaltet werden. Im Anschluß an diese Darstellung werden verschiedene mögliche Politikansätze bzw. politische Maßnahmen - differenziert nach den wichtigsten politisch-administrativen Ressorts des Bundes - entwickelt und dargelegt, die die dezentralisierende Raumentwicklung im Kontrastszenario unterstützen könnten, den sog. gesellschaftspolitischen "Regulatoren". Als Kondensat dieser Szenario-Elemente werden grundsätzliche Widersprüche der Raumordnungspolitik herausgearbeitet und die Hauptprobleme der Zukunft in ihrer Relevanz für die Raumordnungspolitik benannt[23].

Unabhängig vom konkreten Gegenstand und vom prozessualen Ablauf von Szenarien sind beim Szenarioschreiben eine Reihe von Anforderungen zu erfüllen[24]. Um eine möglichst "realistische" Zukunftsbeschreibung zu erzielen, ist eine ganzheitliche Betrachtungsweise notwendig, d.h. der Gegenstand des Szenarios ist in seinem Problemzusammenhang darzustellen. Dazu sind möglichst viele Informationen über das Gesamtsystem zusammenzutragen und in eine Systembeschreibung zu integrieren, wobei die Anschaulichkeit der Abbildung hochkomplexer Wirklichkeit zu wahren und zugleich mit Hilfe von plausiblen Selektionskriterien die Komplexität zu reduzieren ist, ohne daß der Anspruch der Ganzheitlichkeit aufgegeben wird.

Szenarien müssen inhaltlich plausibel sein, d.h. alle absehbaren und wahrscheinlichen Ereignisse, aber auch die vom heutigen Standpunkt aus weniger wahrscheinlichen, die überraschenden, Diskontinuitäten markierenden Ereignisse müssen wirklichkeitsnah und unvoreingenommen dargestellt und schrittweise entwickelt werden. Selbst wenn angenommene Ereignisse aus der Gegenwarts-Perspektive als "unrealistisch" erscheinen, sollten ihre systematische Darstellung und Einbindung in die Systembezüge Plausibilitätskriterien genügen.

Damit zusammenhängend sollen sich Ereignisse nicht logisch gegenseitig ausschließen, d.h. die Konsistenz der Szenario-Elemente soll gewährleistet sein. Die Forderung nach Konsistenz schließt allerdings nicht aus, daß überraschende Ereignisse eingeführt werden können, die zunächst in einem Spannungsverhältnis zur vorherigen Situation stehen und über Anpassungsprozesse kompatibel gemacht werden können; die widersprüchliche Wirklichkeit muß gleichwohl widersprüchlich dargestellt werden können; sich objektiv einander ausschließende Ereignisse müssen allerdings vermieden werden.

Um die Nachvollziehbarkeit von Szenarien zu gewährleisten, ist in jeder Arbeitsstufe auf größtmögliche Transparenz zu achten. Das gilt sowohl für die Auswahl von Selektionskriterien und die Formulierung von hypothetischen Entwicklungspfaden als auch für die Annahme von überraschenden Ereignissen und die Darstellung von alternativen Endbildern. Eine mangelnde Transparenz setzt das Szenario dem Vorwurf der Subjektivität und der Spekulation aus und verringert oder verhindert gar die Akzeptanz der Szenario-Ergebnisse.

Ebenfalls akzeptanzfördernd ist die Forderung nach Neutralität der Darstellung, womit gemeint ist, daß die Autoren von Szenarien nicht von vornherein bestimmte Entwicklungspfade oder Ereignisse ausschließen dürfen, weil sie ihren eigenen Zielvorstellungen oder ihrem Gesellschaftsbild widersprechen. Zwar liegt es auf der Hand, daß sich im Rahmen einer qualitativen Methode der Zukunftsforschung in hohem Maße die Erfahrungen und Erwartungen der Bearbeiter widerspiegeln und angesichts der Unsicherheit über zukünftige Entwicklungen kein "objektives" Szenario-Ergebnis zu erwarten ist. Dennoch sollten in jeder Phase des Szenario-Schreibens die neu einzuführenden Elemente und die Gesamtdarstellung von Zukunftsbildern soweit wie möglich "objektiviert" werden.

Die Qualitätsanforderungen an das Szenario-Schreiben sind mit hohen Erwarten an die Bearbeiter von Szenarien verbunden. Der "ideale" Szenario-Schreiber sollte umfassende Kenntnisse über den unmittelbaren Untersuchungsgegenstand und -bereich, zugleich aber auch realistische Vorstellungen und Kenntnisse über die grundlegenden gesellschaftlichen Zusammenhänge und Prozesse haben, die szenariorelevanten quantitativen und qualitativen Methoden der empirischen Sozialforschung beherrschen und nicht zuletzt ein hohes Maß an (sozialer) Phantasie mitbringen.

Nur selten dürfte ein einzelner Bearbeiter diese Qualifikationen aufweisen, wohl aber ein interdisziplinär zusammengesetztes kooperatives Team von Bearbeitern. Dies zeigt aber auch, daß ein qualifiziertes Szenario eine personal- und damit kostenintensive Methode der Zukunftsforschung ist.

4. Vor- und Nachteile der Szenario-Technik als Methode zur Vorausschätzung

Fassen wir die Vor- und Nachteile zusammen, die die Szenario-Technik gegenüber anderen Methoden der Prognostik aufweist. Ein wesentlicher Vorteil von Szenarien liegt darin, daß in ihnen alle Formen von Informationen verarbeitet werden können, also neben "harten", empirisch gewonnenen Daten und ihren mathematischen Verarbeitungsregeln auch qualitative Erkenntnisse und Einschätzungen über Strukturen, Werthaltungen, Funktionen etc., während es ein Kennzeichen von Status-quo-Prognosen und Zielprojektionen ist, sich generell auf quantitative Daten und Informationen zu beschränken und die Wirklichkeit auf der Grundlage mathematischer Funktionen abzubilden. Ferner können auch nichtlineare Entwicklungen wesentlich besser dargestellt werden. Während in Prognosen Diskontinuitäten als externe Systembedingungen eingeführt werden müssen, um Entwicklungsbrüche zu erzeugen, sind sie in Szenarien von vornherein als Systemelemente enthalten; wenn die soziale Wirklichkeit als antagonistisch verstanden und abgebildet wird. Die Einbeziehung und Darstellung von Interessenskonflikten entspricht der Realität weit mehr als die Darstellung mehr oder minder harmonischer Trendverläufe. Damit ist das Anwendungsspektrum von Szenarien von vornherein potentiell viel breiter als das von Prognosen, weil grundsätzlich alle gesellschaftlichen Ereignisse in sie eingehen können.

Vorteilhaft ist ferner die Verbindung von Längsschnittanalysen im Zeitverlauf (diachron) mit Querschnittsanalysen zu bestimmten Zeitpunkten (synchron). Damit wird die Komplexität von Problemdarstellungen erhöht und die Szenarien insgesamt wirklichkeitsgetreuer, wenngleich dies an die Leistungsfähigkeit der Bearbeiter erhöhte Ansprüche stellt, in Szenarien diese Komplexität im Prinzip aber besser bewältigt werden kann als in Prognosen. Aus der Notwendigkeit einer kollektiven, von der Sachkompetenz mehrerer Experten getragenen Erarbeitung von Szenarien ist eine multidisziplinäre und damit breitere Problemfindung und Problemlösungsstrategie intendiert, womit zugleich auch eine größere Objektivität der Szenario-Ergebnisse erwartet werden kann.

Die verbalisierte, plastische Darstellung in Szenarien - selbst wenn eine ganze Reihe von quantifizierenden Methoden bei der Erarbeitung von Zwischenschritten angewendet werden - erhöht nicht zuletzt für die Verwender der Szenario-Ergebnisse in der Regel ihre Nachvollziehbarkeit und damit ihre Akzeptanz. Die Ergebnisse "traditioneller" Prognosetechniken in Form von einfachen Trendprognosen werden hingegen häufig als unrealistisch angesehen, während den Ergebnissen von komplexen Prognoseverfahren deshalb Mißtrauen entgegengebracht wird, weil die Rechenverfahren als "black box" erscheinen, d.h. nicht verstanden werden und sich insofern einer Nachprüfung entziehen. Allerdings sind auch Szenarien nicht davor gefeit, als "black box" zu wirken, weil sie von Dritten aufgrund ihrer Komplexität nicht nachvollzogen werden können.

Für Szenarien spricht weiterhin auch ihr didaktischer Wert. Besser als bei der Erstellung von Systemprognosen lassen sich die Anwender von Szenarien aus dem politisch-administrativen Bereich schon frühzeitig in die Erarbeitungsphase mit einbeziehen. Der häufige, wechselseitige Kontakt zwischen Szenario-Schreibern und Szenario-Verwendern, d.h. deren Teilhabe an der Entstehung des Szenarios, erhöht von vornherein die Akzeptanz der Szenario-Ergebnisse - weckt andererseits möglicherweise auch Zweifel an ihrer "Neutralität", wenn die Anwender bzw. Auftraggeber das Szenariokonzept entscheidend mitgestalten.

Ein Vorteil von Szenarien, der ihnen häufig auch als Nachteil ausgelegt wird, ist schließlich die Unterscheidung, wonach die Prognosen für Bevölkerung und Arbeitsplätze (sog. originäre Prognosen) und die davon abgeleiteten Prognosen für beispielsweise einen Flächen- oder Infrastrukturbedarf (sog. Derivatprognosen) relativ starre Aussagen liefern, die Szenarien dagegen flexibel sind, weil auch ihre eigenen Rahmenbedingungen mit prognostiziert werden.

Neben den Vorteilen sollen aber die Schwächen der Szenario-Technik nicht übersehen werden. Gegen die Szenario-Technik ließe sich einwenden, daß ihre theoretische Absicherung (noch) unzureichend ist - ein Einwand übrigens, der sich gegen einige traditionelle Prognosemethoden ebenso vorbringen ließe. Theoriegeleitet ist explizit oder implizit die Beschreibung der Ausgangssituationen von Szenarien, nicht jedoch der Ablauf von Szenarien. Dies hat - zweiter Einwand - eine nur unzureichende Formalisierung der Szenario-Technik zur Folge, was sich u.a. darin ausdrückt, daß die Regulatoren nur unvollständig formuliert sind.

Ob der Einwand, daß Szenarien den Ansprüchen der formalen Logik nur in Ansätzen entsprechen[25], gerechtfertigt ist, mag bezweifelt werden - schließlich läßt sich die politische Regulierung sozioökonomischer Prozesse, die in den Szenarien abgebildet werden soll, häufig auch nicht mit Kategorien der formalen Logik fassen.

Ernster zu nehmen sind Einwände, die die Durchführungsphase betreffen. Der personelle und damit zusammenhängend der materielle Entstehungsaufwand von Szenarien ist sehr hoch, weil eine Vielzahl von quantitativen und qualitativen Parametern berücksichtigt werden muß, was nur in interdisziplinärer Zusammenarbeit erfolgen kann. Die im Verhältnis zu Prognosen vergleichsweise hohen Aufwendungen werden auch einer der wesentlichen Gründe dafür sein, weshalb Szenarien im politisch-administrativen Bereich nicht den Stellenwert erlangt haben, den andere "traditionelle" Prognosemethoden innehaben.

Ferner darf nicht übersehen werden, daß die Verwendung von primär qualitativen Informationen die Gefahr eines übermäßigen Einflusses von subjektiven, nicht nachprüfbaren Expertenurteilen erhöht, mit denen im schlimmsten Falle bewußt die Szenario-Ergebnisse manipuliert werden, ohne daß dies unmittelbar erkennbar ist.

Schließlich stellt die Regionalisierung von Szenarien, die der Regionalisierung von Prognosen vergleichbar wäre, methodisch ein noch weitgehend ungelöstes Problem dar, auf das im folgenden kurz eingegangen werden soll.

5. Das Problem der Regionalisierung von Szenarien

Nachdem in der Mitte der 70er Jahre mit verschiedenen Veröffentlichungen über die Szenario-Methode und ihre Anwendungsmöglichkeiten in der räumlichen Planung versucht wurde, die Szenario-Technik und ihre Leistungsfähigkeit bekannt zu machen, sind in den darauffolgenden Jahren eine Reihe von Szenarien erarbeitet und veröffentlicht worden, die einen ausdrücklichen raumplanerischen resp. raumordnungspolitischen Bezug aufweisen. Sie unterscheiden sich nach Anlage, Struktur und Umfang stark voneinander. Das MFPRS-Programm des BMBau hat nicht unwesentlich dazu beigetragen, daß Szenarien für verschiedene räumliche Bezugsebenen entstanden. Dabei fällt auf, daß die meisten der raumbezogenen Szenarien auf der Ebene der Raumordnung (im Zusammenhang mit der Entwicklung der Siedlungsstruktur) angesiedelt sind und zumeist die gesamte Bundesrepublik als Gebietskulisse haben. Weitaus weniger Szenarien befassen sich mit Teilräumen (auf der Ebene der Stadt- und Regionalplanung). Nur einige wenige Szenarien versuchen eine Regionalisierung ihrer Ergebnisse in dem Sinne, daß Endbilder für mindestens zwei Teilräume erstellt und verglichen werden[26].

Die meisten der vorliegenden raumbezogenen Szenarien sind Auftragsszenarien, mit denen der Auftraggeber ein gewisses Verwertungsinteresse verband und insofern auch die Ziele und Bedingungen der Szenarien mitformulierte. Aus einer solchen Sicht ist festzustellen, daß eine kleinmaßstäbliche Kulisse für raumbezogene Szenarien die Bearbeiter vor größere Probleme stellt als großmaßstäbliche Gebietskulissen, wenn an die Szenarien die Erwartung gestellt wird, relativ "realistische" Resultate zu erbringen. Der Vorteil von großmaßstäblichen Szenarien dürfte darin zu sehen sein, daß die Stabilität von Hypothesenkombinationen und ihre schrittweise Fortentwicklung in die Zukunft durch unvorhergesehene Ereignisse und Trendsprünge weit weniger gefährdet wird als im Falle kleinräumiger Szenarien, in denen relativ geringfügige Veränderungen ganz erhebliche Strukturveränderungen des Untersuchungsbereiches bewirken können und diese damit auch die Eintreffwahrscheinlichkeit bzw. Zielgenauigkeit bestimmter Szenario-Varianten deutlich verringern würden. Großräumige Szenarien mindern das Risiko der Szenario-Bearbeiter, beim Auftraggeber schon bald mit obsoleten Szenario-Ergebnissen aufwarten zu müssen, obwohl in methodischer Sicht ursprünglich gar keine "Eintreffwahrscheinlichkeit" gefordert war. Vor einem ähnlichen Problem stehen die Bearbeiter von kleinräumigen Prognosen zwar auch, die Komplexität von Szenarien erhöht jedoch die Gefahren von Fehleinschätzungen und deren Wirkungen im Modell beträchtlich.

Die Komplexität vervielfacht sich im Falle der Regionalisierung von Szenarien in Analogie zu den Prognosen. Die Regionalisierung von Prognosen bedeutet eine Erweiterung des Datenkranzes um einige wenige Variablen pro Region (z.B. Wanderungsparameter); bei der Regionalisierung von Szenarien muß hingegen der gesamte Satz von quantitativen und qualitativen Informationen pro zusätzlicher Raumeinheit transformiert werden, d.h. es muß jeweils ein Szenario pro Raumeinheit unter Berücksichtigung der in Alternativen vorauszuschätzenden Entwicklungen in den übrigen zugrunde gelegten Raumeinheiten erstellt werden. Dies erhöht unweigerlich den intellektuellen, arbeitsökonomischen und damit Kosten-Aufwand um ein Mehrfaches. Deshalb liegt es auf der Hand, wenn Bearbeiter und Auftraggeber von Szenarien eine Regionalisierung nur in bescheidenem Umfang vorgesehen haben. Dies läßt sich anhand der vom BMBau in Auftrag gegebenen Szenarien zur Vorbereitung der damals noch vorgesehenen Fortschreibung des Bundesraumordnungsprogramms aufzeigen. Der Abschlußbericht der Arbeitsgruppe LET läßt keine systematische Regionalisierung der Szenario-Ergebnisse erkennen, wenngleich im Text Sachbezüge zu unterschiedlichen Raumtypen hier und da hergestellt werden[27]. Im Prognos-Szenario wird das Bundesgebiet in die raumordnerische Minimalgliederung der Gebietskategorien "Verdichtungsräume", "Ländliche Räume" sowie als neue Kategorie die "Entwicklungsräume" differenziert, wobei die "Verdichtungsräume" noch einmal in "Montanreviere" und "sonstige Verdichtungsräume" unterschieden werden[28]. Das Battelle-Institut differenziert das Bundesgebiet ebenfalls - und wie dem Bericht zu entnehmen ist, "in Absprache mit dem Auftraggeber" (S.7) - in ebenfalls vier Raumtypen. In einer kreuztabellarischen Verknüpfung des dichotomisierten ("konzentriert"/"dekonzentriert") raumstrukturellen Musters erhält man dort die Raumtypen

- raum- und siedlungsstrukturell konzentriert (Bsp. München),
- raumstrukturell konzentriert/siedlungsstrukturell dekonzentriert (Bsp. Ruhrgebiet),
- raumstrukturell dekonzentriert/siedlungsstrukturell konzentriert (Bsp. Mittelzentren) und
- raum- und siedlungsstrukturell dekonzentriert (Bsp. periphere Räume).

Selbst diese bescheidene Regionalisierung konnte im Verlauf der Szenario-Erarbeitung nicht immer durchgehalten werden, wie im Abschlußbericht des Battelle-Instituts hervorgehoben wird[29].

Das Szenario über Wohnungspolitik und Stadtentwicklung der Prognos AG für den BMBau bezieht sich auf die beiden Stadtregionen Dortmund und Nürnberg; diese sollen alle Städte mit mehr als 100 000 Einwohner repräsentieren[30].

Unterstellt man, daß in den genannten Untersuchungen die Bedingungen für eine qualifizierte Regionalisierung von Szenarien vergleichsweise günstig waren (erfahrene Bearbeiter, relativ geringe zeitliche und ökonomische Restriktionen, ein an Innovationen interessierter Auftraggeber), muß vermutet werden, daß der "Handlungsspielraum" für eine Regionalisierung methodisch und arbeitsökonomisch über den in den drei Studien erreichten Stand hinaus nicht wesentlich erweitert werden kann. Eine weitere "Verräumlichung"[31] von Szenarien stößt an Grenzen, wenn die mit der Erhöhung der Komplexität des Szenario-Modells erzielte Informationsvielfalt intellektuell und arbeitstechnisch resp. arbeitsökonomisch nur noch schwer zu bewältigen ist, aber kaum zusätzliche Erkenntnisse erbringt - eine Optimierungsaufgabe. Dies führt zu der Frage, ob es überhaupt Aufgabe von Szenarien sein kann und soll, regional tiefgegliederte Ergebnisse zu erbringen, wenn mit Hilfe von Prognosetechniken das Regionalisierungsproblem "einfacher" zu bewältigen ist. Kann es Aufgabe von Szenarien sein, hierin mit Prognosetechniken konkurrieren zu wollen? Sicherlich nicht. Die Qualität von Szenarien liegt in der quantitativen und qualitativen Abbildung von Problemzusammenhängen und ihrer Rahmenbedingungen sowie in der Generierung und Entfaltung von Entwicklungsalternativen, die für einen raumplanerischen Verwendungszusammenhang soweit wie möglich verräumlicht werden sollen. Hierin sind die Szenarien den Prognosetechniken überlegen. Die Qualität von Prognosetechniken liegt demgegenüber in einer relativ problemlosen Fortrechnung gegebener mathematisierter Abbildfunktionen in die Zukunft. Szenario-Techniken und Prognose-Techniken konkurrieren demnach weniger miteinander als daß sie sich ergänzen: Mit Hilfe von Szenarien werden die Untersuchungsbereiche und ihre Rahmenbedingungen identifiziert und komplex dargestellt sowie alternative Entwicklungspfade entworfen; Prognosen werden zur Vorausschätzung quantifizierbarer Subsysteme in Szenarien eingebaut, differenzieren also bestimmte Szenarioelemente aus. Die Kombination von Szenario- und Prognosetechnik erhöht somit die prognostische Kapazität insgesamt und läßt in Teilbereichen eine hinreichend tiefgegliederte Regionalisierung zu.

Die Erfahrung mit den vom BMBau in Auftrag gegebenen Szenarien dürfte dazu führen, Szenarien weniger als Instrument zur Vorausschätzung der Raumentwicklung des gesamten nationalen Territoriums und seiner Teilräume einzusetzen, sondern sie für bestimmte problemadäquate Gebiets- bzw. Regionstypen heranzuziehen.

6. Aspekte der Implementation in die planende Verwaltung

Die Szenario-Technik, als Methode zur "Vorausschätzung" inzwischen akzeptiert, hat sich in der planenden Verwaltung - insgesamt gesehen - noch nicht recht etablieren können. Daß Szenarien dort bisher kaum Verwendung finden, dürfte sowohl an der Bearbeiter- als auch an der Anwenderseite liegen. Aus der Anwenderperspektive ist die Szenario-Technik noch zu wenig formalisiert, die Bearbeitung zu wenig professionalisiert und die Ergebnisse zu wenig umsetzungsgerecht aufbereitet; dies vor allem deshalb, weil die Anwender von dieser Technik nicht gemäßen Anwendungszusammenhängen ausgingen und wohl auch noch ausgehen. Die planende Verwaltung scheint ihrer Interessenlage nach noch viel zu stark auf eindeutige Ergebnisse ausgerichtet zu sein und ihre Kompetenz, Alternativen "verarbeiten" zu können, noch zu wenig entwickelt zu haben. Die anfänglich hohen, zum Teil überzogenen Erwartungen der planenden Verwaltung, mit der die Propagierung von Szenarien als neues Planungsinstrument begleitet wurde, kehrten sich nach ersten Erfahrungen oftmals in Enttäuschungen über ihre Leistungsfähigkeit um. Eine Untersuchung über Verwaltungserfahrungen mit Szenarien erbrachte, daß sie nicht das hielten, was sie versprächen, daß sie zu akademisch, zu theoretisch, zu langweilig und zu phantasielos seien[32]. Seitens der planenden Verwaltung wurde gefordert, die innere Logik der Szenarien stärker herauszuarbeiten und ein Maß der Ent-Quantifizierung und ein Maß für die Plausibilität der Alternativen im Szenario selbst darzulegen. Ferner sei besonderes Gewicht auf die Hypothesenbildung und auf die Anzahl der Alternativen zu legen. Die Szenarien sollen also deutlicher als bisher auf die Wahrnehmungsstrukturen der planenden Verwaltung ausgerichtet werden. Damit ist die Erwartung verbunden, daß dann der planenden Verwaltung die Umsetzung von Szenarien in konkrete Planung und politisch-administratives Handeln erleichtert sei.

Derzeit entsprechen formalisierte Prognosen mit "eindeutigen" Ergebnissen strukturell eher dem Bedarf an Handlungswissen in der planenden Verwaltung als alternative Szenarien. Andererseits wächst in der öffentlichen Verwaltung objektiv der Bedarf an Näherungswissen über mittel- und langfristige Perspektiven zukünftiger Entwicklungstendenzen, während die gegenwärtigen Planungs- und Handlungsbedingungen angesichts einer konjunkturell und strukturell krisenhaften sozioökonomischen Entwicklung immer unsicherer werden. In dieser Schere können formalisierte Prognoseverfahren keine längerfristigen Orientierungen vermitteln. Szenarien sind demgegenüber von ihrer Anlage dazu geeignet, "Schneisen in die Zukunft" zu schlagen, indem Erfahrungen systematisiert und so Ungewißheiten wägbarer werden.

Es ist auch zweifelhaft, ob die planenden Verwaltungen die richtigen Adressaten für gesellschaftspolitisch hochrangige Szenarien sind. In der Vergangenheit haben sich die Planungsbehörden als nicht besonders sensibel in der

Wahrnehmung und Behandlung zukunftsweisender gesellschaftlicher und sozialer Wandlungstendenzen erwiesen, so etwa im Umweltbereich. Auch Szenarien dürften sich nicht eignen, dazu beizutragen, den Strukturkonservativismus der planenden Verwaltung unmittelbar zu überwinden.

Erfolgversprechender scheint zu sein, über Szenarien gesellschaftliche Gruppen und darüber hinaus die gesamte Öffentlichkeit für Zukunftsfragen - auch in deren räumlicher Dimension - zu sensibilisieren und durch Szenarien Argumentationshilfe in der gesellschaftspolitischen Auseinandersetzung zu leisten. Wenn sich "Zukunftswissen" in den Köpfen Vieler konkretisiert, wenn Zukunftsfragen also einen gesellschaftspolitischen Rang erhalten, dann wird dies vielfältige Einflüsse und Rückwirkungen auf die planenden Verwaltungen und die politisch-administrativen Handlungsprozesse zeitigen. Auch die planenden Verwaltungen werden dann nicht umhin können, sich mit mittel- bis langfristigen Zukunftsentwicklungen und ihren möglichen und weniger wahrscheinlichen Alternativen so zu befassen, daß sie in Planungs- und Handlungskonzepte eingehen und politische Relevanz erhalten.

Für die Raumordnung gibt es auch genügend Anlässe, sich angesichts verändernder gesellschaftlicher Entwicklungstendenzen - auch unter den Bedingungen des Wandels internationaler Kräfteverhältnisse - mit deren mittel- bis langfristigen Raumwirkungen, aber auch mit den möglichen mittel- bis langfristigen Folgen fach- und raumplanerischen Wirkens zu befassen. Zu denken ist u.a.

- an die Prüfung der Folgen bei der Aufrechterhaltung des Zentrale-Orte-Systems in peripheren Gebieten unter den Bedingungen einer ausgedünnten Infrastruktur und einer stärkeren Bevölkerungsabnahme,
- an die Überprüfung verschiedener Verkehrskonzepte in ihren raumrelevanten Langfristfolgen,
- an eine Konsequenzenanalyse des Einsatzes lokaler und regionaler Energieversorgungskonzepte,
- an die Überprüfung der Effekte von Flurbereinigungsmaßnahmen auf verschiedene Umweltbereiche und die Raumordnung,
- an die Prüfung der Entwicklung und des Einsatzes neuer Produktionskonzepte in ihren klein- und großmaßstäblichen Konsequenzen.

Die Szenario-Methode dürfte sich mehr und mehr als ein geeignetes Instrument der "Vorausschätzung" erweisen, um auf diesen und anderen Gebieten planungsrelevantes Zukunftswissen zu gewinnen.

Literaturverzeichnis

Adorno, Theodor W.: Soziologie und empirische Forschung. In: ders. et al.: Der Positivismusstreit in der deutschen Soziologie, Neuwied 1969, S. 81-101.

Arras, Hartmut E. et al. (Prognos AG): Wohnungspolitik und Stadtentwicklung, Teil 1: Klischees, Probleme, Instrumente, Wirkungen, Rahmenbedingungen, Schriftenreihe 03.084 des BMBau, Bonn 1980.

Bensch, German: Szenarien struktureller Entwicklungen in der Stadt Duisburg 1961 - 1995, Materialien zur Stadtforschung, H. 7, Duisburg 1986.

Bückmann, Walter: Die Szenariomethode in der kommunalen Entwicklungsplanung. In: analysen und prognosen (1978), H. 56, S. 22-24.

Bückmann, Walter/Dieter Kolb: Die Szenario-Methode in der integrierten Umweltplanung. In: analysen und prognosen (1978), H. 59, S. 25-27.

Council on Environmental Quality and Department of State (ed.): The Global 2000 Report to the President, Washington 1980 (deutsch: Global 2000. Der Bericht an den Präsidenten), Frankfurt/M. 1980.

Délégation à l'Aménagement du Territoire et à l'Action Regionale (DATAR)(ed.): Une image de la France en l'an 2000. Scenario de l'inacceptable. Schéma général d'aménagement de la France, Paris 1971.

Délégation à l'Aménagement du Territoire et à l'Action Régionale (DATAR)(ed.): Une image de la France en l'an 2000. Documents, methode de travail. Schéma général d'aménagement de la France, Paris 1972.

Dipper, Michael et al. (Battelle): Raumrelevante technologische Entwicklungstendenzen, Bericht des Battelle Instituts e.V. für den Bundesminister für Raumordnung, Bauwesen und Städtebau, Bonn 1983.

Fischer, Joschka (Hrsg.): Der Ausstieg aus der Atomenergie ist machbar, Reinbek 1986.

Ganser, Karl: Zukunftsforschung im Forschungsprogramm Raumentwicklung und Siedlungsentwicklung. In: analysen und prognosen (1977), H. 51, S. 18-22.

Güller, Peter et al.: Und erstens kommt es anders... Ansätze zu einem Kontrastszenario der räumlichen Entwicklung, Forschungsbericht der Arbeitsgruppe LET "Langfristige raumrelevante Entwicklungstendenzen" für den Bundesminister für Raumordnung, Bauwesen und Städtebau, Zürich 1982.

Herrera, Amilcar O./Hugo D. Solnik et al.: Grenzen des Elends. Das Bariloche-Modell: So kann die Menschheit überleben, Frankfurt/M. 1977.

Junker, Rolf/Dorothee Zickwolff: Szenariotechnik in der Stadtplanung - Theorie und Anwendung - , hrsg. vom Institut für Landes- und Stadtentwicklungsforschung des Landes Nordrhein-Westfalen (ILS), Dortmund 1985.

Kahn, Herman/Anthony J. Wiener: Ihr werdet es erleben. Voraussagen der Wissenschaft bis zum Jahre 2000, Reinbek 1971.

Kolb, Dieter: Plädoyer für energiepolitische Szenarien. In: analysen und prognosen (1977), H. 51, S. 22-23.

Krause, Florentin et al.: Energiewende. Wachstum und Wohlstand ohne Erdöl und Uran, Frankfurt/M. 1980.

Lienemann, Fritz: Zur Verwendung langfristiger Szenarios als Grundlage für regionalisierte Zielprojektionen. In: Informationen zur Raumentwicklung (1975), H. 4/5, S. 201-217.

Lienemann, Fritz/Günther Unholzer: Die Szenariomethode als Beitrag zur Fortschreibung des Bundesraumordnungsprogramms. Alternative Perspektiven gesamtgesellschaftlicher Zusammenhänge als Rahmenwerk der Raum- und Siedlungsentwicklung. In: Raumforschung und Raumordnung, 33. Jg.(1975), H. 5, S. 240-249.

Mauch, Samuel P.: Hauptprobleme der Zukunft als Herausforderung an die Raumordnungspolitik. In: Informationen zur Raumentwicklung (1982), H. 8, S. 607-616.

Meadows, Dennis et al.: Die Grenzen des Wachstums. Bericht des Club of Rome zur Lage der Menschheit, Stuttgart 1972.

Mesarowic, Mihailo/Eduard Pestel: Menschheit am Wendepunkt. 2. Bericht an den Club of Rome zur Weltlage, Reinbek 1977.

North-South: A Programme for Survival. Independent Commission on International Issues, 1980. (deutsch: Das Überleben sichern. Gemeinsame Interessen der Industrie- und Entwicklungsländer. Bericht der Unabhängigen Kommission für Internationale Entwicklungsfragen (Nord-Süd-Kommission), Köln 1980.

Pichlmayer, Helgomar: Zu den inhaltlichen Anforderungen und normativen Beschränkungen des Scenario-writing als einer Methode der Zukunftsforschung. In: analysen und prognosen (1975), H. 38, S. 25-27.

V. Rohr, Hans-Gottfried (Gewos): Intraregionale Wanderungen in ihrem Einfluß auf die Entwicklung in Verdichtungsräumen. Erklärungsansätze und Trendszenarien, Schriftenreihe 06.029 des BMBau, Bonn 1978.

Rotach, Martin/Helmut Ringli: Landesplanerische Leitbilder der Schweiz. Schlußbericht, Bd. 1: Ausgangslage und allgemeine Zielsetzung, Zürich 1971.

Schröder, Dieter/Heimfried Wolff (Prognos AG): Räumliche Entwicklungsprozesse und Raumordnungspolitik, Untersuchung der Prognos AG im Auftrag des Bundesministers für Raumordnung, Bauwesen und Städtebau, Basel 1982.

Segner, Matthias: Szenario-Technik. Methodische Darstellung und kritische Analyse, hrsg. von der TU Berlin (Forschungsreihe Systemtechnik, Bericht Nr. 8), Berlin 1976.

Stiens, Gerhard: Zur Verwendung von Szenarien in der Raumplanung. In: Raumforschung und Raumordnung, 35. Jg.(1977), H. 1/2, S. 69-73.

Stiens, Gerhard: Zur Methodik und zu den Ergebnissen raumbezogener Szenarien. Erfahrungsbericht aus der BRD, Arbeitsbericht 30 im Nationalen Forschungsprogramm "Regionalprobleme in der Schweiz", Bern 1982.

Stiens, Gerhard: Langfrist-Szenarien in raumbezogener Planung und Politik. In: structur (1983), H. 1, S. 3-8.

Wettmann, Reinhart W.: Internationale Arbeitsteilung, sektorale und regionale Wirtschaftsstruktur in der Bundesrepublik Deutschland. Zur Verwendung von Langzeit-Szenarien. In: Informationen zur Raumentwicklung (1975), H. 4/5, S. 239-245.

Wettmann, Reinhart W./André Fraki: Internationale Arbeitsteilung und Raumentwicklung in der Bundesrepublik Deutschland. Szenarien zur Regionalpolitik, Schriftenreihe 06.021 des BMBau, Bonn 1978.

Anmerkungen

1) Lienemann/Unholzer 1975, S. 241.

2) Vgl. Bückmann/Kolb 1978, S. 26.

3) Adorno 1971, S. 86.

4) Bückmann/Kolb 1978, S. 26.

5) Bückmann/Kolb 1978, S. 26.

6) Kahn/Wiener 1968.

7) Meadows et al. 1972.

8) Mesarowic/Pestel 1977.

9) Global 2000, 1980.

10) North-South: A Programme for Survival, 1980.

11) Krause et al. 1980.

12) Fischer (Hrsg.) 1986.

13) DATAR (ed.) 1971.

14) Rotach/Ringli 1971.

15) Arras et al. 1980; v. Rohr 1978; Wettmann/Farki 1978.

16) Dipper et al. 1983.

17) Schröder/Wolff 1982.

18) Güller et al. 1982.

19) Über diese Szenarien wird im Themenheft "Langfristszenarien zur Raumentwicklung" der Informationen zur Raumentwicklung (1982), H. 8, berichtet.

20) Ganser 1977, S. 18; vgl. das Themenheft "Zwischenbilanz Forschungsprogramm Raumentwicklung und Siedlungsentwicklung" der Informationen zur Raumentwicklung (1976), H. 10/11.

21) Stiens 1982, S. 573 ff.

22) Nach Brückmann 1978.

23) Güller et al. 1982; vgl. auch Mauch 1982, S. 607 ff.

24) Stiens 1982, S. 579; Lienemann/Unholzer 1975, S. 242; Lienemann 1975, S. 204.

25) Lienemann 1975, S. 204.

26) Junker/Zickwolff 1985; Bensch 1986.

27) Güller et al. 1982.

28) Schröder/Wolff 1982, S. 63 ff.

29) Dipper et al. 1983, S. 7.

30) Arras et al. 1980.

31) Stiens 1982, S. 27.

32) Pichlmayer 1979.

METHODOLOGISCHE ASPEKTE RAUMBEZOGENER PROGNOSTIK ANGESICHTS VERÄNDERTER WISSENSCHAFTSBEBEGRIFFE

Die Szenariotechnik in der raumbezogenen Zukunftsforschung als Beispiel

von
Gerhard Stiens, Bonn

Gliederung

1. Merkmale bisheriger raumbezogener Prognostik in der Bundesrepublik Deutschland

    1.1 'Prognose' versus 'Zukunftsexploration'
    1.2 Begründung versus 'Begründung'
    1.3 Die raumbezogenen 'Status-quo-Prognosen' zum Beispiel
    1.4 Zur Einführung und Verwendung der Szenariotechnik
    1.5 Trendprognosen, als Szenario verkleidet

2. Neue Rahmenbedingungen für die raumbezogene Zukunftsforschung

    2.1 Zur 'Vergesellschaftung' der Beschäftigung mit Zukunft
    2.2 Frühe Kritik an der traditionellen Futurometrie
    2.3 Veränderungen im Umfeld der Wissenschaften

        2.3.1 Gegenläufige Strukturen von Risiken und Wissenschaft
        2.3.2 Konsequenzen, auch für die Prognostik
        2.3.3 Die "neue Politisierung der Wissenschaften" und die raumbezogene Prognostik

    2.4 Ansätze zu neuen Wissenschaftsbegriffen

        2.4.1 Kuhns "normale Wissenschaft" zur Zeit
        2.4.2 Analyse und Projektion von "Muster"-Veränderungen
        2.4.3 Eignung der Szenariotechnik in diesem Zusammenhang

    2.5 Erfordernis einer "Neuen Theorie der Empirie"?

3. Aspekte künftiger Anforderungen an raumbezogene Zukunftsforschung

    3.1 Anforderungen an räumlich differenzierende Szenarien

3.2 Zusätzliche Anwendungsbereiche
3.3 Lösung des Dilemmas regionaler 'Prognosen'?
3.4 Die neuen Rahmenbedingungen und Tendenzen: Zusammenfassung
3.5 Ausblick: Szenariotechnik als notwendige Zwischenstufe

Anmerkungen

1. Merkmale bisheriger raumbezogener Prognostik in der Bundesrepublik Deutschland

Die Verwendung der Szenariotechnik wird vor allem in der raumbezogenen Prognostik hierzulande immer noch als eine zumindest 'unorthodoxe' Art und Weise der Befassung mit Zukünftigem angesehen. Diese Technik und deren 'Verwendungszusammenhänge' werden im folgenden im Vordergrund stehen. Doch soll ein kurzer Blick auf die Entwicklung der raumbezogenen Prognostik insgesamt vorausgeschickt werden. Damit wird zugleich das Umfeld bei der Einführung der Szenariotechnik in den siebziger Jahren beleuchtet.

1.1 'Prognose' versus 'Zukunftsexploration'

Wenn hierzulande 'Prognostik' gesagt wird, so ist damit, immer noch, recht Unterschiedliches gemeint, je nach spezifischer Grundauffassung, je nach Zugehörigkeit zu bestimmten 'Lagern' der Wissensproduktion. Und dies gilt in besonderem Maße auch für die raumbezogene Prognostik in der Bundesrepublik Deutschland (obwohl auch hier die diplomatischen Beziehungen zwischen den Lagern inzwischen aufgenommen zu sein scheinen).

In dem einen Lager sind Beschäftigungen mit Zukunft 'zugelassen', bei denen eine ganze Reihe unterschiedlichster Methoden und Techniken zur Anwendung gelangen dürfen, auch solche, die nicht den gehobenen, durch Zahlenausdrücke gekennzeichneten Adel im Schilde führen. Nominales bzw. 'qualitatives' Analysieren und Beschreiben gehören ganz selbstverständlich zu den gängigen Arbeitsweisen. Hier steht als Produkt wissenschaftlicher - auch zukunftswissenschaftlicher Arbeit die "Entdeckung" im Vordergrund und damit die "logic of discovery"[1]. Die Behandlung von Fragen im Bereich eines "Entdeckungszusammenhangs" wurde/wird von der konventionellen Wissenschaftstheorie allerdings als 'unwissenschaftlich' erachtet, d. h. "einer logischen Analyse weder fähig noch bedürftig"[2]. Inzwischen wurden "Entdeckungszusammenhänge" aber doch recht weitgehend entlastet, was ihre vermeintliche 'Irrationalität' anbetrifft (vgl. Kap. 2).

Im gegenüberliegenden Lager herrscht methodenbezogen eine relativ enge Grenzziehung vor, sind nur wenige - als 'wissenschaftlich' anerkannte - zukunftsbezogene Tätigkeitsarten 'zugelassen'. Doch daß Prognostik einzig etwas mit 'Voraussage' zu tun habe, also damit, daß systematisch ermittelt wird, was aller abgesicherten Wahrscheinlichkeit nach so und nicht anders eintreten wird, - auf solch radikaler Position wird aber auch dort nicht mehr bestanden. Dennoch gilt die 'Voraussage', wie viele Indizien andeuten, immer noch als interne Meisterdisziplin, auch wenn sie - ein bißchen weniger anspruchsvoll gekleidet - nun als 'Vorausschätzung' oder 'Trendszenario' bzw. "quantitatives Szenario"[3] auftritt. Als wissenschaftstheoretische Basis gilt hier die des "Überprüfungs"- oder "Begründungszusammenhangs", die "logic of justification"[4]. Für Zukunftsforschung in diesem Zusammenhang ist charakteristisch, daß sich 'Analyse' stets nur auf die Vergangenheit beziehen kann - zwecks vorauszusetzender 'Begründung' von bzw. Theorieproduzentin für Prognosen und Vorausschätzungen. Für diese orthodoxe Futurometrie, die in gewissen Disziplinen noch immer die für die Liturgie und Klausur maßgebenden Dogmen stellt, ist mithin kennzeichnend, daß in allen Fällen, in denen der Terminus 'Analyse' (im Sinne von 'Exploration') tatsächlich auf die Zukunft bezogen erscheint, die Grenze 'wissenschaftlicher' Beschäftigung mit Zukunft als bereits weit überschritten gilt. "La prospective", eine spezifisch französische Übung der Zukunftsexploration[5], wäre im Urteil deutscher Futurometriker bestimmter Disziplinen - sofern in der Bundesrepublik ausgeübt - vor kurzem noch ein Grund für sofortige Exkommunikation gewesen.

Gerade noch 'zulässig' sind Übungen in einfacher Trendextrapolation oder Status-quo-Prognose. Diesen ist zu eigen, daß sie auch als Mittel zur Zukunftsexploration einsetzbar sind. Daß z.B. die Status-quo-Prognose diese Eigenschaft im Bereich raumbezogener Anwendung bisher kaum unter Beweis stellen konnte, ist allerdings nicht primär diesem zweitgenannten Lager der Wissensproduktion anzukreiden. Dies lag vor allem an den Abnehmern der auf den Raum bezogenen zukunftswissenschaftlichen Produkte, und daran, daß diesen im Grunde weder an inhaltlicher noch an methodischer Eindeutigkeit gelegen war.

Diese Prognose-Experten des politisch-administrativen Komplexes bilden sozusagen das dritte Lager. Es ist bei weitem nicht so einheitlich strukturiert und so gut erkennbar wie die zuvor genannten.

1.2 Begründung versus "Begründung"

Hauptsächliches Unterscheidungskriterium zwischen dem letztgenannten Lager der Anwender und jenen im wissenschaftlichen Bereich ist die Intention bei der Beschäftigung mit Zukünftigem: wird für den wissenschaftlichen Bereich üblicherweise angenommen, die Intention sei das Begründen im Sinne von "Überprüfen" oder 'Erklären' (bzw. das 'Entdecken'), so liegen im politisch-administrativen Bereich die Absichten regionalisierter 'Prognose' oder 'Vorausschätzung' ganz eindeutig im Bedarf an Begründung im Sinne von 'Rechtfertigung': 'Begründung' von Um-Verteilung im Raum (siehe z.B. "Zielprognosen"), vermittelt über wissenschaftliche Beschreibung und "Erklärung" von (künftigen) Verteilungen im Raum.

Die Krux lag und liegt nun darin, daß der Weg vom Lager des wissenschaftlichen Erklärens zu dem der politischen Begründung keine Einbahnstraße ist, sondern daß gegenläufige Einflüsse die Regel sind. Durch diese Anforderungen aus dem Anwendungsbereich können Wissenschaftler, die eine langfristige Regionalprognose bearbeiten sollen, ein "mehrfaches Dilemma"[6] geraten, wie im folgenden skizziert wird.

1.3 Die raumbezogenen "Status-quo-Prognosen" zum Beispiel

Obgleich unter dem Etikett "Status-quo-Prognose" firmierend, wußte jeder Eingeweihte, daß sowohl alle bisherigen "Raumordnungsprognosen" als auch ein großer Teil entsprechender 'Prognosen' auf Länderebene alles andere waren als eine methodisch derart eindeutige Angelegenheit. Inzwischen aber scheint sich der Zwang, Umverteilung im Raum begründen bzw. rechtfertigen zu müssen, so weit reduziert zu haben, daß sowohl über das 'Kompromißhafte' als auch über den 'Dezisionismus' (bewußte Intransparenz) der 'begründenden Prognostik' raumbezogener Administrationen weniger versteckt gesprochen werden kann[7].

Zudem haben sich inzwischen (für den Wissenschaftler) zwei unterschiedliche Wege aus dem Dilemma abgezeichnet. Der eine wird bei der letzten Raumordnungsprognose[8] (Sinz berichtete in diesem Band darüber[9]) in den ersten Ansätzen sichtbar; beispielsweise: Ablösung jeweiliger 'Kompromisse' durch einen expliziten, 'rationalisierten' Kompromiß (zwischen Frühwarn-, Voraussage-, Zielverarbeitungs- und Begründungsfunktion); bessere Kennzeichnung der Wenn-Dann-Strukturen der Prognoseaussagen; Verringerung des "black-box"-Charakters der Modelle; Milderung der einst dezisionistisch bestimmten tabellarischen Ergebnisdarstellung durch Redundanz (zusätzliche textliche Darstellungen); Kompensation der Modellkomplexität durch verbesserte Didaktik bei der Vermittlung etc.). Unter bestimmten Bedingungen, d.h. unter Berücksichtigung gewisser Gesichtspunkte wissenschaftlicher Präsentation und problemorientierter Didaktik, kann sogar ein 'Kompromiß', wie ihn die letzte Raumordnungsprognose darstellt, zu einem geeigneten analytischen Mittel für zukunftsbezogene Exploration werden[10].

Wie gesagt, es sind Ansatzpunkte zu erkennen. Wie weit Transparenz sowie - nicht nur expertokratische - Diskutierbarkeit im Fall einer nächsten Raumord-

nungsprognose letztlich tatsächlich zugelassen werden, bleibt abzuwarten.
Als ein zweiter Weg aus dem Dilemma der 'amtlichen' raumbezogenen Prognostik könnte die Einführung der Szenario-Technik in den siebziger Jahren erscheinen.

1.4 Zur Einführung und Verwendung der Szenariotechnik

Verschiedene Deutungen im nachhinein sehen mit den raumbezogenen Szenarien die Absicht des Ersatzes herkömmlicher Projektionen verbunden und damit eine Konkurrenz zur herkömmlichen raumbezogenen Prognostik[11]. Doch lag dies nicht in der Absicht derjenigen, die hierzulande die Szenario-Technik für raumbezogene Verwendungszwecke aufzubereiten versuchten. Die erste Fassung des 'Mittelfristigen Forschungsprogramms Raumentwicklung und Stadtentwicklung' (MFPRS) des Bundesministers für Raumordnung, Bauwesen und Städtebau (BMBau)[12] sowie parallel dazu veröffentlichte programmbezogene Literatur[13] weisen aus, daß es sich um eine komplementäre, nicht aber konkurrierende Methodik der Beschäftigung mit der Zukunft räumlicher Strukturen handeln sollte: Die Verbesserung der Strukturen der bereits eingeführten Prognosemodelle und die Verbesserung der informationellen Grundlagen für die bestehenden raumbezogenen Prognosen sowie die Intensivierung zukunftsbezogener Arbeit mittels Modellrechnungen waren im MFPRS als gleich wichtige Programmteile ausgewiesen[14].

Parallel zur Formulierung des MFPRS, durch das der raumbezogenen Zukunftsforschung erstmals eine systematisch-programmatische Plattform eingeräumt worden war, wurden in der ersten Hälfte der siebziger Jahre vom BMBau die ersten Szenario-Projekte in Auftrag gegeben[15]. Einer der Gründe für den Versuch, die Szenariotechnik in die raumbezogene Planung zu integrieren, war sicher auch derjenige schlichter Nachahmung: die Tatsache, daß andere Länder (z.B. Frankreich und Schweden) sich zuvor bereits darauf eingelassen hatten. Doch gab es auch andere Gründe. Diese hatten nicht zuletzt mit vermeintlichen oder tatsächlichen Defiziten der begründenden Prognostik raumbezogener Administration zu tun und schließlich auch mit einer allgemeineren "Prognoseverdrossenheit", für die die spezielle raumbezogene Prognostik nicht verantwortlich zu machen war. (Doch schärfte sie auch hier den Blick für Alternativen im Methodischen).

Mit Einführung der Szenarientechnik sollten bestimmte Aspekte der Zukunft und bestimmte Erkenntnismöglichkeiten erschlossen werden, die den üblichen regionalisierten Prognosen verschlossen bleiben mußten, vor allem infolge von Restriktionen durch die starke Eingebundenheit in den politisch-administrativen Komplex.

Neben dem bis dahin maßgebenden politisch determinierten "Begründungszusammenhang" sollte nun auch die komplementäre Funktion wissenschaftlicher Produktion - der "Entdeckungszusammenhang" und die 'Exploration' (als heuristisches,

Hypothesen produzierendes Verfahren) - stärker Geltung erhalten. Szenarien, die sich nicht zur Vorausschätzung bestimmter, 'wahrscheinlichster' Entwicklungen eignen, sollten vor allem dazu dienen, verschiedenartige Problemstellungen, die auf die räumliche Planung in der Zukunft zukommen könnten, zu generieren und zu simulieren.

Die Szenario-Technik wurde zuerst im militärischen Bereich eingesetzt und früh schon auch im unternehmerischen Bereich, also bei der Entwicklung und der Produktion hochkomplexer Systeme sowie vor allem zur Exploration - d.h. Simulation - künftig möglicher Krisensituationen, die kurzfristig zu treffende Entscheidungen erforderlich machen würden.

Die Szenario-Technik war bisher in bestimmten 'Planungsmilieus' besser einsetzbar, als in anderen. Häufiger genutzt wurde sie in Bereichen, in denen noch relativ frei, also noch nicht durch extern gesetzte Prämissen (politische 'Rücksichten') eingeschränkt, gearbeitet werden konnte. Es ist kennzeichnend, daß die Szenario-Technik im Bereich von Wirtschaftsunternehmen eine größere Rolle spielte und spielt als in den Bereichen öffentlicher Planung: Unternehmen müssen mit Krisen rechnen, müssen sie frühzeitig ins Kalkül ziehen. In den meisten politischen Bereichen wird bisher in der Regel nicht mit Krisen "gerechnet" (weil nicht sein kann, was nicht sein darf - und weil die Öffentlichkeit nicht irritiert werden darf).

Angesichts der üblichen Einengung der herkömmlichen Prognostik auf die Voraussage- bzw. Vorausschätzungsfunktion, der Einengung auf einen einzelnen Entwicklungsstrang, kann die Szenariotechnik eine Ergänzungsfunktion erfüllen, und zwar dadurch, daß scenario-writing (bei richtiger Anwendung der Technik) immer die gleichzeitige Entwicklung einer Mehrzahl von 'Zukünften' bedeutet.

Mit der Einführung der Szenariotechnik im Bereich der Raumplanung ging die Auffassung einher, daß ein Denken in Alternativen problem- und planungsgerechter sein kann: daß die Vorbereitung auf mehrere Möglichkeiten künftiger Entwicklung planerisch Tätige und politisch Verantwortliche davor bewahren könnte, sich irgendwann Situationen, die von der Erwartung abweichen, gänzlich unvorbereitet gegenübergestellt zu sehen. Letztlich stand auch die Überlegung im Hintergrund, daß der 'Instrumentenkasten' bestimmter räumlicher Planung prophylaktisch ein wenig mehr gefüllt sein müßte, als unter status-quo-Aspekten für erforderlich zu halten ist.

Den dezisionistisch verschlossen gehaltenen "black-boxes" der früheren Regionalprognosen wird mit der Szenariotechnik zudem ein iteratives Vorgehen zur Seite gestellt, mit dem künftige Wirkungsverläufe und mögliche planerische Konsequenzen transparenter dargestellt werden und vom Anwender besser nachvollzogen werden können. Außerdem tritt an die Stelle der Ergebnisorientiertheit (auf seiten der begründenden Prognostik) beim Szenario eine Prozeßorientiertheit, die in der Identifizierung und Beschreibung von Wirkungsketten und Zusammenhängen zum Ausdruck kommt.

Der - unter anderem - durch die Norm durchgehender Rechenhaftigkeit bedingten relative 'Enge' des Ansatzes der Regionalprognosen wird bei Anwendung des Szenarios dadurch entgangen, daß ein anderer Begriff von 'Exaktheit' bei der Zukunftsbetrachtung angelegt werden darf. Das Kriterium 'Genauigkeit' wird nicht mehr allein mit mathematischer Beschreibbarkeit identifiziert. Künftig mögliche Situationen können im Szenario insofern 'exakter' (als mit den herkömmlichen Prognosetechniken) beschrieben werden, als auch solche Faktoren einbezogen werden 'dürfen', die sonst außerhalb des Ansatzes bleiben, weil zahlenmäßig (noch) nicht meßbar oder datenmäßig (noch) nicht erhebbar. Größtmögliche Differenziertheit der Zukunftsbeschreibung wird als "Realitätskriterium" größeres Gewicht beigemessen als Rechenbarkeit.

Es ist zur Kategorie gelenkter 'Mißverständnisse' zu zählen, daß mit der Anwendung der Szenariotechnik in jedem Fall bewußt auf Quantifizierung 'verzichtet' würde, auch dort, wo sie möglich wäre. Zwar werden Szenarien charakteristischerweise in Fällen angewendet, bei denen die Untersuchungsobjekte - noch - nicht datenmäßig exakt erfaßbar oder quantitativ behandelbar sind. Dies bedeutet aber nicht, daß Szenarien nicht so weit wie irgend möglich auch in Form quantifizierender Beschreibung präsentiert werden sollen. Für die größere Zahl der vorliegenden raumbezogenen Szenarien gilt, daß sie Modellrechnungen zur Abschätzung von Mengeneffekten enthalten. Die wissenschaftspolitisch geleitete Erfindung der Bezeichnung 'quantitatives Szenario'[16] führt nach mehreren Seiten hin ins Mißverständnis: Einerseits drückt sich darin die Befürchtung aus, die Szenariotechnik könne zur 'Konkurrenz' der etablierten Futurometrie werden. Andererseits wird damit ein mangelndes Verständnis dessen deutlich, in welchen Zusammenhängen die Anwendung der Szenariotechnik überhaupt nur Sinn macht. Der hauptsächliche Unterschied zwischen der futurometrischen Vorausschätzung und den explorativen Szenarien liegt bei der jeweiligen 'Philosophie' hinsichtlich des Zugangs zur Zukunft. Wird dies nicht gesehen oder bewußt außer acht gelassen, kommen entsprechend zwiespältige Resultate zustande.

1.5 Trendprognosen, als Szenario verkleidet

Die Szenariotechnik eignet sich für den Einsatz in vielfältigen Zusammenhängen - bis hin zur Anwendung zu Zwecken der 'Generierung' alternativer Maßnahmen oder Handlungsstrategien. Wird aber das Szenario, mißverstanden, als Ersatz für die herkömmliche 'Prognose' konzipiert, ist der Anlaß für tatsächlich berechtigte Kritik gegeben[17]. Von der 'Philosophie' der Szenariotechnik her 'zulässig' ist zwar auch ein "Trend-Szenario", doch nur

- sofern es (a) die Anführungsstriche beibehält (soll heißen: zwar wird der gegenwärtig absehbare Trend in die fernere Zukunft projiziert, doch wie die Erfahrung zeigt, weicht die tatsächliche Entwicklung stets recht schnell von projizierten Trends ab) und
- sofern (b) gleichzeitig alternative Entwicklungen in die Zukunft projiziert werden.

Mit der Anwendung der Szenariotechnik wird zugleich (das ist ein Hauptcharakteristikum) die Anmaßung ausgeschlossen, zu wissen oder erkennen zu wollen, wie die Zukunft tatsächlich aussehen wird.

Dennoch konnte es im Rahmen der vom BMBau in Auftrag gegebenen Szenario-Projekte geschehen, daß es ein Auftragnehmer schlicht ablehnte, über alternative Entwicklungen überhaupt nachzudenken aus vermeintlich sicherem Wissen heraus, wie die künftige räumliche Entwicklung vor sich gehen werde. Dabei war der projizierte Trend weniger durch Theorie determiniert als durch die Hausideologie der mit der Projektion befaßten Forschungsinstitution mit dem 'zu erwartenden' Resultat, das Baudrexl in diesem Band[18] nicht unbegründet kritisiert: optimale Raumstrukturen würden sich schon in naher Zukunft von ganz allein einstellen, und staatliche Raumordnungs- und Regionalpolitik in ihrer bisherigen Form der Steuerungsversuche seien (daher) nicht nur überflüssig, sondern sogar kontraproduktiv, da sie von "optimalen Entwicklungspfaden" abführen würden. Eine solche Projektion trägt das Etikett 'Szenario', ohne eines zu sein. Damit erscheint die Projektion zweifach kritisierbar: einerseits als 'Prognose' (zutreffend oder nicht), andererseits dahingehend, daß mit falschen Bezeichnungen zur Desavouierung der Szenariotechnik in der raumbezogenen Planung - und zur originär deutschen Erfindung des 'quantitativen Szenarios' - beigetragen wurde.

'Verkleidet' als Szenario erscheint diese Trendprognose (wie im Fall anderer derartiger Versuche auch) nicht nur dadurch, daß die Bezeichnung 'Trendszenario' gewählt wurde, sondern auch dadurch, daß diese Produkte raumbezogener Zukunftsforschung sich in der Tat auch durch einige Merkmale auszeichnen, die für die Szenario-Methode charakteristisch sind: eine tatsächlich explizite Prämissenentwicklung anhand von Präszenarien über Entwicklungen in einzelnen Rahmenbedingungen bzw. Parameterbereichen; die Auflösung der "black-box" des Modells durch eine schrittweise Ergebnisgewinnung; einen hohen Anteil an nicht durch Quantitäten belegter Argumentation; eine an den projizierten Ergebnissen anknüpfende ausführlichere Konsequenzenanalyse bis hin zu Maßnahmen- und Politikempfehlungen etc ... Dennoch ist diese Projektion nicht als Szenario zu bezeichnen, da - wie bereits angedeutet - mit der Intention der 'Philosophie' der Szenariotechnik widersprochen wurde. Hier bestand die Intention einer strikten Voraussage, womit gleichzeitig Möglichkeitsräume ('Alternativen') unterdrückt werden mußten und zugleich der grundsätzlich simulative Charakter der Szenarios. Ein anderer Aspekt widersprüchlichen Einsatzes bestand in der Eingleisigkeit, mit der nur eine und eine ganz bestimmte Weltanschauung (d.h. wirtschaftsbezogene Ideologie) 'vorausgesetzt' wurde.

2. Neue Rahmenbedingungen für die raumbezogene Zukunftsforschung

Abgesehen vom engeren Bereich der interregionalen Raumplanung auf Bundes- und Länderebene hat der raumbezogene Einsatz der Szenariotechnik in jüngerer Zeit einen Boom erlebt, vor allem auf kommunaler Ebene und hier insbesondere im Rahmen der Stadtentwicklungsplanung[19]. Dies kann auch als ein Indiz für veränderte Rahmenbedingungen für die räumliche Entwicklung und für raumbezogene Zukunftsforschung angesehen werden: Einerseits ist eine allgemeine Veränderung der Einstellung der Zukunft gegenüber vor sich gegangen, mit der die der Raumstruktur impliziten Zeitdimension größere Bedeutung zugemessen wird. Andererseits haben Veränderungen in der Einstellung zur Wissenschaft stattgefunden und veränderte Definitionen von Wissenschaft Platz gegriffen.

Die gestiegene Nachfrage nach Szenarien ist ein Indiz für die Veränderungen. Mit der Szenariotechnik kann den neuen Anforderungen bei der Berücksichtigung der Zukunft und bei der systematischen Beschäftigung mit ihr graduell besser entsprochen werden als mit der traditionellen Methodik. Dies soll im folgenden dargelegt werden.

Zugleich ist vorwegzunehmen, daß die Szenariotechnik, in der die qualitative Problembearbeitung noch dominiert, auch als eine 'Zwischenlösung' angesehen werden kann: Zwischenstufe und Voraussetzung für umfassende quantifizierende Simulationen gesellschaftlicher Zukunft, die zur Zeit noch nicht möglich sind, als künftiges Erfordernis aber offensichtlich vorausgesetzt werden müssen[20].

2.1 Zur 'Vergesellschaftung' der Beschäftigung mit Zukunft

In den vergangenen zwanzig Jahren, seit Einführung regionalisierter Prognosen in der raumbezogenen Planung, hat sich die Zeiterfahrung auch außerhalb der Wissenschaften, die Zeiterfahrung des Lebens in der Gesellschaft, grundlegend gewandelt. Dieser Umschlag begann mit der Bewußtwerdung dessen, daß - ohne daß der einzelne noch irgendeinen Einfluß auf die Auslösung derartiger Ereignisse hätte - die Erde durch einen Atomkrieg unbewohnbar werden könnte. Im Zuge der ökologischen Diskussion seit Beginn der siebziger Jahre wurde endgültig auch das Bewußtsein geweckt, daß das 'natürliche' Leben auf der Erde keine unbegrenzte Ressource ist - und vor allem, daß zukünftige Möglichkeiten, überhaupt die Möglichkeit von Zukunft, abhängig von den Entwicklungen und Maßnahmen heute sind. Dieser Vergegenwärtigung von Zukunft entsprechen neue Erfahrungsmuster von Zeit, indem zunehmend internalisiert wird, daß die Zukunft nicht in der Zukunft, sondern gestern entschieden wurde und heute entschieden wird: Die Zukunft als ein Feld unumkehrbarer Verläufe, die in der Gegenwart tagtäglich eingeleitet bzw. zugelassen werden.

Eine der hauptsächlichen Schlußfolgerungen daraus wäre, Erfahrungen (z.B. in der Planung) sowie Pläne, Zielsysteme und Strategien zu 'potentialisieren', um künftige Möglichkeiten nicht zu verschließen. Damit wäre ein Denken in Alternativen, wie es die Szenariotechnik fordert, das adäquatere. Der Gewinn von 'Sicherheit' durch monolineare Voraussagen erweist sich aus dieser Sicht nicht nur als trügerisch, sondern auch als praktisch unzeitgemäß, vor allem in der Langfristprognostik.

Mit der Allgemeinheit, in der dieser Einstellungswandel in Form der Vergegenwärtigung der Zukunft vor sich gegangen ist, erscheint die Beschäftigung mit der Zukunft 'vergesellschaftet'. Dadurch wird diese neue 'Verhaltensdisposition' gleichzeitig zu einem neuen wesentlichen Parameter für die systematische Zukunftsexploration. Zugleich aber werden - mit Blick auf die traditionelle Futurometrie - die Kriterien 'Wahrheit' und 'Überprüfbarkeit' hinsichtlich der Produkte von Zukunftsforschung ständig schwerer handhabbar; die Frage des 'Nachweises' wird ständig komplizierter. Teilweise hat die Zukunftsforschung schon recht früh darauf verwiesen, daß Zukunft - als Objekt der Forschung - nie in "reiner Form" vorkommt, daß also die Verflechtung von Objekt und Subjekt nicht eine Frage des Embryonalzustandes der Zukunftsforschung ist, sondern daß diese Verflechtung geradezu zu ihrer Eigentümlichkeit gehört[21].

2.2 Frühe Kritik an der traditionellen Futurometrie

Aufgrund derartiger Auffassungen erwuchs in der Zukunftsforschung selbst schon relativ früh Kritik an der traditionellen Futurometrie, die auch auf die früher üblichen regionalisierten Prognosen zur wirtschaftlichen Entwicklung im Raum, mit ihren 'sauber' gewonnenen Zahlenangaben über regionale Bestandsgrössen und interregionale Ströme, zutraf. Diese Kritik zielte insbesondere auf 'Teilprognosen' und 'Fachprognosen', mit deren "Addition" man Bilder "echter Zukunft" ausweisen zu können gemeint hatte: "Betrachtet man die bisherigen Arbeiten auf dem Gebiet der Zukunftsforschung, so ist man überrascht, daß mit der Kategorie Zeit und Raum wie mit einer bloßen Naturobjektivität operiert wird, beinahe geradezu im Geist der klassischen Mechanik ... Der dem Zauber der Objektivität naturwissenschaftlicher Methodik erlegene Zukunftsforscher beteuert, daß der Preis aller Objektivität der Prognose die Abstrahierung von den "subjektiven" Momenten der menschlichen Tätigkeit ist. Demnach spielt sich die Zukunft mit der Kraft von Naturgesetzen ab - mit uns oder gegen uns"[22]. Die üblichen Teilprognosen, die sich damit brüsteten, von der strengen Realität auszugehen, würden letztlich aber, so Agh, in die Absurdität führen; die Zergliederung der Wirklichkeit in isolierte Bestandsreihen und die Ausblendung qualitativer Elemente könnten - mit Blick auf die Sinnhaftigkeit der Ergebnisse - nicht ungestraft bleiben; vor allem dann nicht, wenn verdrängt würde, daß Möglichkeit ebenfalls als eine Wirklichkeitskategorie zu gelten hat[23].

2.3 Veränderungen im Umfeld der Wissenschaften

Die oben skizzierten Veränderungen des Bewußtseins, was die Risiken des Prozesses der technischen und wirtschaftlichen Modernisierung anbetrifft, haben sich - nach Beck[24] - gegen den ursprünglichen Widerstand der 'wissenschaftlichen Rationalität' und ihrer "Verharmlosungen" durchgesetzt. Die breite Spur wissenschaftlicher Irrtümer und Fehleinschätzungen war immer deutlicher wahrzunehmen gewesen; es drang immer stärker ins allgemeine Bewußtsein, daß der große Teil der Risiken durch Wissenschaft und Technologie selbst produziert wurde. Mit diesen Wahrnehmungsprozessen ging eine Demystifizierung der Wissenschaft einher.

2.3.1 Gegenläufige Strukturen von Risiken und Wissenschaft

Die Wissenschaften selbst scheinen immer weniger in der Lage, den Bedarf nach Sicherheit der unter Entscheidungsdruck stehenden Abnehmer von Erkenntnissen zu erfüllen. Grund ist die Öffnung einer Schere: auf der einen Seite ist die Ausdifferenzierung, Spezialisierung und Überkomplexität, aber auch die Reflexivität und Selbstkritik in den Wissenschaften so weit fortgeschritten, daß sie zur handlungsnotwendigen Reduktion von Unsicherheit nicht nur nicht mehr beitragen können, sondern diese auch noch zunehmend mehr auf die Anwenderseite abwälzen. Auf der anderen Seite fallen die neuen Risiken, deren Charakteristikum die übergreifenden Zusammenhänge sind, durch das Sieb der Überspezialisierung hindurch; sie sind das, was 'zwischen' den Spezialisierungen liegt; mit ihnen wird das, was inhaltlich, räumlich und zeitlich auseinanderliegt, in einen direkten Zusammenhang gebracht.

Für die Bewältigung dieser Risiken der Gegenwart und Zukunft liegen in den Wissenschaften keine abrufbaren Erfahrungen wie in früheren Zeiten vor. "Die Risiken liegen 'quer' zu der Unterscheidung von Theorie und Praxis, 'quer' zu den Fach- und Disziplingrenzen, 'quer' zu den spezialisierten Kompetenzen und institutionellen Zuständigkeiten, 'quer' zur Unterscheidung von Wert und Tatsache (und damit von Ethik und Naturwissenschaft) und 'quer' zu den scheinbar institutionell abgetrennten Bereichen von Politik, Öffentlichkeit, Wissenschaft und Wirtschaft"[25].

2.3.2 Konsequenzen, auch für die Prognostik

Sollen die Risiken bewältigt werden, besteht ein Zwang zur Schaffung von Überblick und zur Zusammenarbeit über alle etablierten und sorgfältig gepflegten Grenzen hinweg. Neben das bisherige Wachstum einer immer weniger überschaubaren Flut konditionaler und zusammenhangsloser Detailkenntnisse, das mit der Ausdifferenzierung der Wissenschaft einhergeht, müßte daher eine weit in der Historie zurückliegende, ursprüngliche Eigenheit von Wissenschaft wieder hervorgeholt werden, und zwar - wie Beck es ausdrückt - die "Spezialisierung auf den Zusammenhang"[26] (womit die isolierende, analytische Betrachtungsweise nicht ihre Berechtigung verlieren soll, sondern lediglich ihre risikoproduzierenden Anwendungen und Auswirkungen). Methodologie, Wissenschaftstheorie und -soziologie sind in Ansätzen auch schon dabei, einen Wandel des Selbstverständnisses der Wissenschaften in Richtung auf das skizzierte Erfordernis, einen wirklichen Paradigmenwandel, theoretisch vorzubereiten (vgl. dazu 2.4).

Diese Veränderungen werden selbstverständlich erhebliche Einflüsse auf die Beschäftigung mit der Zukunft haben, auch auf die raumbezogene Zukunftsforschung, mit der Tendenz einer Gewichtsverlagerung von der Sektoralprognostik, die sich auf die analytische Wissenschaftstheorie abstützt, zu in der Tendenz eher problemübergreifenden und -integrierenden Explorationstechniken. Zu diesen ist die Szenariotechnik zu zählen; zumindest stellt sie eine Vorstufe der erforderlichen Explorationsweisen dar.

Die Veränderung des Status der Wissenschaften im außerwissenschaftlichen Bereich weist auch noch andere Aspekte auf, die ebenfalls zunehmende Bedeutung für die Prognostik haben werden.

2.3.3 Die "neue Politisierung der Wissenschaften" und die raumbezogene Prognostik

Es ist noch nicht lange her, daß von einer "Verwissenschaftlichung der Politik" gesprochen wurde. Es war zu der Zeit, als der "wohlfahrtsstaatlich akzentuierte Reformkapitalismus" begann, seine Rationalitätsprinzipien auf sich selbst anzuwenden, also via Wissenschaften die eigene Zukunft zu versachlichen, d.h. zweckrational zu gestalten[27]. Das dezisionistische Politikmodell wurde abgelöst durch das planungstechnisch ausgerichtete Modell; Wissenschaft firmierte als "planende" oder als "beratende Wissenschaft"[28].

Daß heutzutage der Dezisionismus wieder so stark im politisch-administrativen Bereich auflebt, hat nicht nur mit der 'Wende' im politischen Bereich zu tun, sondern auch mit den Wissenschaften selbst: Diese sind, wie gesagt, inzwischen dazu übergegangen, die Aufgabe der Reduktion von Unsicherheit auf die Verwender abzuwälzen. Gleichzeitig scheint durch die Art des Umgangs mit Risiken seitens mancher Wissenschaften der "historische Kredit auf Rationalität" in vielen Bereichen bis auf weiteres verspielt zu sein[29].

Obwohl Wissenschaft immer notwendiger zu werden scheint, erweist sie sich als immer weniger hinreichend für die "gesellschaftliche Definition von Wahrheit"[39]. Dadurch bahnt sich mit Blick auf Erkenntnisgewinnung eine zunehmende "Entmonopolisierung" an: die Unsicherheit, die mit der 'Verwissenschaftlichung' vieler gesellschaftlicher Bereiche systematisch mit produziert wurde, hat inzwischen auch (wie oben dargestellt) auf das Außenverhältnis der Wissenschaft übergegriffen. Die Verunsicherung hat dazu geführt, daß die Adressaten und Anwender wissenschaftlicher Ergebnisse in Politik und Öffentlichkeit zwischenzeitlich zu aktiven Mitproduzenten im "Prozeß der Erkenntnisdefinition"[31] wurden. Wissenschaftliche Argumentationen haben nur noch begrenzte "Exklusivität". Sowohl die Vertretungsorganisationen größerer gesellschaftlicher Gruppen als auch z.B. politisch-administrative Instanzen verfügen längst über ihre "Hauswissenschaftler'. Diese produzieren anlaß- und interessenbezogen. Zwar erhalten wissenschaftliche Begründungsstrategien, im ganzen gesehen, auf diese Weise eine erhebliche Verallgemeinerung. Doch in demselben Maße "schwindet paradoxerweise deren Glaubwürdigkeit"[32]. Indem zu jeder Expertise (z.B. Prognose) ein Gegengutachten möglich oder zu erwarten ist, wird auch für weiter außen Stehende immer deutlicher erkennbar, daß wissenschaftliche bzw. Expertenurteile durch Wertebeziehungen bestimmt sind wie jede anderen Urteile auch.

Wissenschaft wird mithin auf eine neue Art (wieder) "politisch"; besser gesagt, sie fügt sich (wieder) ein in interessenpolitische Orientierungen. Der Objektivitätsanspruch kann - jeweils 'begründet' - in Zweifel gestellt werden. Gleichzeitig können damit die soziale (politische) Konstruiertheit und Relativität wissenschaftlicher Denkmuster immer stärker ins allgemeinere Bewußtsein treten und die objektivistischen Ideale der Wissenschaften entzaubert werden. Für wissenschaftliche Produkte tritt an die Stelle des Kriteriums 'Wahrheit' nun verstärkt das Kriterium 'Glaubwürdigkeit'. (Dies trifft nicht nur auf die sozial- und wirtschaftswissenschaftlichen Produkte zu, sondern auch auf die vieler naturwissenschaftlicher Disziplinen[33]).

Auch aus dieser Entwicklung können sich erhebliche Auswirkungen auf bzw. Konsequenzen für die raumbezogene Prognostik ergeben. Dabei sind konträre Auswirkungen denkbar: Durch das "Zusammenrücken" von wissenschaftlichen Experten und den Experten auf seiten der Abnehmer des produzierten Wissens (indem letztere zu aktiven Mitproduzenten im "Prozeß der Erkenntnisdefinition" werden) ist vorstellbar, daß intern - sozusagen 'hausintern' - noch stärker eine iterative Weise der Produktion zukunftsbezogener Projektionen Platz greift. Die jeweils endgültige Form der außenorientierten Ergebnispräsentation würde aber die herkömmlichen Formen aufweisen. Wenn das Kriterium 'Glaubwürdigkeit' zunehmend bedeutsam wird, werden interne Strategien der 'Immunisierung' der zukunftswissenschaftlichen Erzeugnisse noch nötiger als bisher. Dies bezieht sich auf mögliche 'Angriffspunkte' oder auf zu erwartende Gegengutachten. Die Übernahme 'fertiger' Produkte von externen zukunftswissenschaftlich arbeitenden Instituten wäre noch 'riskanter' als bisher schon, und zwar nicht nur deshalb, weil ggf. nur schwer revidierbare Komponenten (die den Auftraggeberinteressen zuwiderlaufen) enthalten sein könnten, sondern vor allem deshalb, weil diese 'Produkte' vom Abnehmer selbst (nicht vom wissenschaftlichen Produzenten) 'gehandelt' werden müssen. Daher ist auf der Seite der Abnehmer - mit Bezug auf alle Komponenten der Projektionen und auf alle Einzelbegründungen - 'Argumentationsfähigkeit' vorauszusetzen, die durch vorhergehende interne 'didaktische Disaggregationen' hergestellt werden kann. Hiermit wären die Kennzeichen eines fortgeschrittenen 'konkurrierenden Dezisionismus' in der (Begründung) raumbezogener Planung und Politik skizziert.

Im Rahmen derartiger Politikbegründungen würde sich das Szenario - als Präsentationsform - sicher als ungeeignet erweisen, wie bisher schon. 'Kunstschreinerei' zur Erzielung möglichst elegant und überzeugend erscheinender Modelle wäre das am stärksten Nachgefragte. (Einsatzmöglichkeiten für das Szenario würden lediglich mit Blick auf die interne 'Vorab-Simulation' einzelner Teilbegründungen bestehen.) Szenarien eignen sich in der Regel nicht für eine direkte 'Umsetzung' und 'Anwendung' im Rahmen von Berichten und Programmen der politischen Administration. Dieser Technik entspricht eher eine 'indirekte Umsetzung', ein indirekter Praxisbezug.

Angesichts der oben beschriebenen 'Vergesellschaftung' der Beschäftigung mit der Zukunft (jeder wird zum 'Experten' in Fragen der Zukunft) bei gleichzeitiger Reduzierung des Wahrheitsanspruchs wissenschaftlicher Produkte besteht eine zweite Möglichkeit der Entwicklung darin, daß diskursive Begründung von Planung (wieder) stärker zur Ausprägung kommt, also fallbezogene Überzeugungsarbeit vermittels 'stichhaltiger' Argumente. Im Rahmen solch einer 'Begründungs-Praxis' wäre zukunftsbezogene 'Argumentationsfähigkeit' die Möglichkeit, mit alternativen Ansätzen und Sichtweisen zu 'jonglieren', stärker gefordert als in neo-dezisionistischen Zusammenhängen. Hier wäre die Szenariotechnik mit ihren heuristischen Ansätzen als das geeignetste Vorbereitungs- und Arbeitsmittel einzustufen.

2.4 Ansätze zu neuen Wissenschaftsbegriffen

2.4.1 Kuhn's 'normale Wissenschaft' zur Zeit

In vielen Disziplinen ist die Entwicklung zur Relativierung wissenschaftlicher Denk- und Urteilsmuster (wie unter 2.3.3 skizziert) noch kaum zur Kenntnis genommen worden, vor allem nicht an den Universitäten. In weiten Bereichen der Wirtschaftswissenschaften und in den Sozialwissenschaften wird an der noch relativ frischen Errungenschaft, daß man mit aus den Naturwissenschaften herrührenden Denk-, Untersuchungs- und Beschreibungsansätzen zu arbeiten gelernt hat, eisern festgehalten; zuweilen so intensiv, daß die Berührungsängste deutlich sichtbar werden: die nun spezifisch 'eigenen' Instrumente, die zur Erfassung der die Disziplinen bestimmenden Aspekte der "Wirklichkeit" entwickelt wurden, werden noch stärker akzentuiert[34]. Für derartige Tendenzen bieten gerade die Wirtschaftswissenschaften ein charakteristisches Beispiel. Doch auch im übrigen sozialwissenschaftlichen Bereich kann offensichtlich als Trend beobachtet werden, daß Methoden als objektive Instrumente verstanden werden, die 'prognosefähige' Ergebnisse über die Struktur "der Wirklichkeit" liefern können: Methoden als "verselbständigte Objektivitätsinstanzen"[35]. Hier besteht ein Gegensatz zu den Naturwissenschaften, in denen längst wieder die Methodenrelativität akzeptiert wird.

2.4.2 Analyse und Projektion von "Muster"-Veränderungen

Es gibt aber auch Beispiele, daß früher als Erzrepräsentanten der analytischen Wissenschaftsphilosophie weithin bekannte Vertreter der Sozialwissenschaften zwischenzeitlich zu veränderten Sichtweisen gelangt sind, zu der Erkenntnis, daß den neuen Problemstellungen (wie unter 2.3.1 skizziert) mittels der Normen, deren Beachtung analytische und prognostische Tätigkeit bisher als 'wissenschaftlich' auswies, nicht mehr beigekommen werden kann. (Diese methodischen Regeln der analytischen Wissenschaftstheorie schränken Erkenntnisgewinnung bekanntlich auf die Prüfung von Hypothesen über singuläre kausale Beziehungen ein.) So sah sich beispielsweise Renate Mayntz in ihrer eigenen Forschungsarbeit mit Fragestellungen konfrontiert, bei denen aus den Normen der analytischen Wissenschaftstheorie "wenig praktischer Nutzen zu ziehen ist", bei denen diese Regeln als "sowohl deskriptiv als auch präskriptiv unzulänglich" anzusehen seien[36]. Mayntz erachtet es inzwischen als ein "völliges Mißverständnis" dessen, "wo die Probleme (der Sozialforschung) liegen und was ihre intellektuell anspruchsvollsten Aufgaben sind", wenn gemeint werde, daß "definitorische und explorative Forschungsaufgaben weder besonders schwierig seien noch besondere Aufmerksamkeit verdienten"[37].

Aufgrund dieser Erfahrung wird der "quantitativen Forschung" inzwischen die gleiche Wertigkeit wie den nomologischen Zugängen eingeräumt, vor allem auf der Ebene von "Aggregatphänomenen" bzw. "komplexen Makro-Phänomenen". Hier sei der Komplexität der Untersuchungsobjekte und der Art der Fragen, die typischerweise gestellt werden, nur über die Formulierung universellerer Wenn-Dann-Aussagen über menschliches Verhalten beizukommen[38].

Als typische Objekte für derartige Ansätze werden z.B. politische Maßnahmen oder Programme angeführt, bei denen die Effektivität der Lösung von Problemen "von einer spezifischen Kombination der Problemstrukturen (oder -eigenschaften)" abhängen, die einzeln jeweils sehr komplexe analytische Dimensionen darstellen, "d.h. jede einzelne nur in Form eines vieldimensionalen Eigenschaftsraumes dargestellt werden (kann)"[39].

Für die Kennzeichnung derartiger Betrachtungsobjekte - bei denen nicht primär die Beziehungen zwischen Ereignissen, sondern Aussagen über komplexe Mechanismen gesucht werden - wird die Bezeichnung "Muster" übernommen[40]. Zwar können derartige Mechanismen auch in kausale Beziehung zwischen isolierten Variablen zerlegt werden. Wesentlicher Punkt ist aber, daß die tatsächliche Art und Weise des Funktionierens der Beziehungen nur dann sichtbar werden, wenn das ganze Muster untereinander verknüpfter Beziehungen als Einheit gesehen wird.

2.4.3 Eignung der Szenariotechnik in diesem Zusammenhang

Bei der Simulation der Entwicklung von "Mustern" bietet sich die Szenario-Technik insofern an, als sie einerseits vom Ansatz her auf die Beschäftigung mit komplexen Objekten/Phänomenen ausgerichtet ist (vgl. oben 1.4). Die besondere Eignung der Szenariotechnik, Entwicklungen zu simulieren, liegt andererseits in dem 'Trick' begründet, daß von vornherein von alternativen 'Umwelten' ausgegangen wird: Szenarien - von denen immer zugleich mehrere auf ein und dasselbe 'Muster' bezogen werden - unterscheiden sich von 'Prognose-Varianten' dadurch, daß nicht nur jeweils die Entwicklungsrichtung eines einzelnen Bereichs (Maßnahmen- oder Politikbereichs) verändert wird, sondern daß tatsächlich alternative Entwicklungen projiziert werden. Diese Alternativen stellen jeweilige separate, in sich plausible 'Cluster' (einzelner Rahmenbedingungen) dar, die sich deutlich - also in fast allen Parameterwerten - voneinander unterscheiden. Damit sind Szenarien ein Mittel, mit dem der (z.B. in Fällen der Musterentwicklung) ungenügende 'ceteris paribus' überwunden wird. Zur analytischen Behandlung von 'Beziehungsmustern' ex-ante scheint sich die Szenariotechnik auch aus dem Grunde zu eignen, daß sie gerade für solche Zwecke entwickelt worden war, nämlich zur Aufdeckung möglicher Krisensituationen, die sich infolge möglicher 'Überschneidung' ("Knoten") verschiedener Entwicklungsstränge ergeben könnten.

2.5 Erfordernis einer "Neuen Theorie der Empirie"?

Was sich im oben Dargestellten andeutet, erscheint noch recht unbestimmt, wenig eindeutig in Richtung und Nachdrücklichkeit. Angesichts der neuartigen Problemstellungen fordert Beck dazu auf, den Begriff der Empirie neu zu durchdenken und neu zu bestimmen: die spekulative Kraft des Denkens durch eine "Neue Theorie der Empirie" neu auf "Wirklichkeit" zu beziehen[41]. Den Apologeten des herkömmlichen Wissenschaftsbegriffs muß dies als subversiv erscheinen. Den 'Bedenkenträgern' gibt Beck zu bedenken: "Ebensowenig wie die Widerlegung der Newtonschen Mechanik das Ende der Physik bedeutet hat, bedeutet der Nachweis der Irrationalität der herrschenden Wissenschaftspraxis das Ende der Wissenschaft"[42].

3. Aspekte künftiger Anforderungen an raumbezogene Zukunftsforschung

Die bestehenden Defizite in der raumbezogenen Zukunftsforschung hierzulande können auch als 'künftige' angesehen werden, da sie erst auf mittlere Sicht behoben werden können. Im folgenden können nur einige der Defizite und möglichen Lösungen angesprochen werden.

3.1 Anforderungen an räumlich differenzierende Szenarien

Die räumliche Differenzierung von Szenarioaussagen, also die räumliche Spezifizierung bei der Wirkungskettenanalyse, scheint - nach allen bisherigen Erfahrungen - offensichtlich zum intellektuell besonders Aufwendigen zu gehören. Vielfach hat man sich über eine plakative Unterscheidung - wie "Verdichtungsräume" einerseits und "Ländlicher Raum" andererseits - nicht hinausgetraut. Teilweise wurde von jeweiligen Szenario-Bearbeitern eine 'nur' vierteilige raum- oder regionskategoriale Gliederung des Bundesgebietes (die der Auftraggeber der Szenario-Projekte als Mindestanforderung ansah) erst unter gewissem Druck des Auftraggebers überhaupt akzeptiert. (Eine andere Frage ist, ob die Szenariotechnik für die räumlich differenzierende Projektion künftiger Entwicklungen in so großen Räumen wie Staatsgebieten insgesamt tatsächlich besonders geeignet ist. Es gibt gute Argumente dafür, die Anwendung dieser zukunftswissenschaftlichen Technik auf die Exploration der Entwicklungen in kleinen Räumen (großstädtische Kommunen oder Landkreise) zu beschränken.)

Insgesamt, nicht nur mit Blick auf das Kriterium räumlicher Differenzierung, bleibt festzuhalten: Sollen mit der Anwendung raumbezogener Szenarien raumentwicklungspolitisch wirklich verwertbare Aussagen zustandekommen, sind Bearbeiter nötig, die sowohl der politischen Praxis nahestehen als auch gleichzeitig mit großem empirischen Erfahrungswissen ausgestattet sind. Außerdem, und das ist noch seltener, müßten sie mit einer besonderen Befähigung zur Phantasie aufwarten können, und zwar in dem Sinne, daß über gegebene Konstellationen und Sachzwänge, über eingefahrene Werthaltungen hinausgedacht werden kann. Mängel der vorliegenden Szenarien sind m.E. nicht auf Mängel in der Empirie, der Modellbaukunst und der Quantifizierung zurückzuführen, sondern allein auf Mangel an besagter Phantasie, auf Mangel an Erfahrungswissen oder auf Mängel in der räumlichen Differenzierung. Was den Faktor Phantasie betrifft, haben die großen Forschungsinstitute verschiedentlich versucht, individuelle Phantasie ersetzende Techniken einzusetzen, wie das Brainstorming, das Delphiverfahren, die Technik der Relevance-Trees, die morphologische Analyse usw. Man konnte aber den Eindruck gewinnen, daß auch damit der einzelne phantasiebegabte Kopf nicht zu ersetzen ist.

Mit der Szenario-Methode - mit ihrem iterativen Vorgehen, ihren verbalen Beschreibungen und der ihr eigenen Ermittlung von Mengeneffekten durch überschaubare Teilrechnungen - wird zudem die Hoffnung verbunden, daß künftige Wirkungsverläufe samt ihrer Konsequenzen damit erheblich plastischer dargestellt werden können und somit vom Anwender oder Leser wesentlich besser verstanden und beurteilt werden können. Daher wäre beim Bearbeiter (bei den Bearbeitern) schließlich insbesondere auch die Fähigkeit vorauszusetzen, komplizierte Sachverhalte in unterschiedlichsten Formen verständlich zu machen und in der Diskussion vermitteln zu können. Dies ist - auch - ein methodisches Problem, da es zu den Charakteristika des Szenarios gehören soll, daß die Umsetzung der Ergebnisse in die Praxis schon mit Beginn des Projektes anfängt (was im Fall der vorliegenden Projekte leider zu wenig berücksichtigt werden konnte).

3.2 Zusätzliche Anwendungsbereiche

In vielen Fällen erscheint es sinnvoll, verschiedene Techniken der Zukunftsforschung kombiniert zu verwenden. (Ein wenig sinnvoller Einsatz des Szenario, nämlich 'als' Voraussagetechnik, wurde schon behandelt.)

Auf der einen Seite bietet sich an, bei der Erarbeitung alternativer raumbezogener Szenarien 'Status-quo-Prognosen' zugrundezulegen, eingesetzt als quantitative 'Orientierungslinien' oder als 'Gerüst' für die Berechnung der quantitativen 'Abweichungen' der Alternativen davon (insgesamt oder in Teilbereichen). Im Fall 'normativer' - also auf 'Überprüfung' von Strategien und Zielbündeln bezogener - Szenarien beispielsweise kann damit der Gefahr entgangen werden, daß sich die Simulationen zu weit von jeder künftig möglichen Realität entfernt verlaufen.

Andererseits bietet sich an, bestimmte Elemente der Szenario-Methode bei der Bearbeitung von 'Vorausschätzungen' vor-, nach- oder parallel zu 'schalten'.

Hier ist beispielsweise an die explizite Entwicklung von Prämissen durch Präszenarien (= vorangestellte Szenarien) zu denken oder an die szenariospezifische 'Umsetzung' quantitativer Ergebnisse von Vorausschätzungen in Form der systematischen Beschreibung der Konsequenzen, die sich aus diesen Ergebnissen für anderweitige Fach- bzw. Planungs- und Politikbereiche ergeben.

Im zweitgenannten Fall hieße 'Szenario': Konkretisierung von Zahlenwerten in Bildhaftigkeit. Erst eigentlich so kann die Bedeutung von Zahlenwerten aus Vorausschätzungen wirklich verständlich gemacht werden. Hier kommt also die besondere didaktische Funktion der Szenario-Technik zum Tragen. (Hier liegt auch der Anwendungsbereich von 'Zwischen-Szenarien', um die Quantifizierungen von Rückkoppelungen zu begründen.)

'Raumbezogenes Szenario' kann schlicht auch 'zukunftsbezogene regionale Landeskunde' bedeuten: 'angewandte' Geographie künftiger räumlicher Prozesse und Strukturen in bestimmten räumlichen Teileinheiten.

Schließlich lassen sich sinnvolle Kombinationen mit nicht primär zukunftswissenschaftlichen Techniken denken. Als geeignet erwiesen hat sich offensichtlich der kombinierte Einsatz von Szenariotechnik und Nutzwertanalyse in der Regionalplanung[43].

3.3 Lösung des Dilemmas regionalisierter 'Prognosen'?

Über Verbesserungen bei der Erarbeitung von raumbezogenen 'Vorausschätzungen' für den politisch-administrativen Komplex wird in diesem Band viel gesagt, so daß sich hier nicht weiter damit befaßt wird, außer mit einem Aspekt, der auch künftig ein besonderes Dilemma sein wird. Es liegt bei der Frage der 'Endogenisierung' bisher exogener Bestimmungsfaktoren, mit der die Modellqualität verbessert werden soll[44]. Wie Bruckmann an Beispielen darstellt[45], lassen sich gute Gründe finden, endogene Größen sogar wieder zu exogenisieren, auch wenn Endogenisierung als wissenschaftlich eleganter angesehen wird. Es sollte dann exogenisiert werden, wenn Gesamtzusammenhänge durch Endogenisierungen gravierend undurchsichtiger gemacht werden.

Sinz weist in diesem Band[46] ebenfalls auf das Dilemma zwischen Transparenz und Modellkomplexität hin, und er tendiert dazu, statt auf anspruchsvollere Modellierungsansätze zu verzichten, eher den Einsatz bei den Bemühungen um bessere planungs- und prognosedidaktische Vermittlung zu erhöhen.

Diese Auffassung würde der Verfasser in der Tendenz nur mit Blick auf Modelle für Simulationszwecke teilen, also auf Modelle für Zwecke zukunftsbezogener Exploration, die auf den 'Entdeckungszusammenhang' orientiert sind (vgl. 3.2). Im Fall besagter neodezisionistischer 'Kompromißmodelle' des politisch-administrativen Komplexes dagegen würde mit noch anspruchsvolleren Modellierungsansätzen Gefahr gelaufen, daß der "black-box"-Charakter der Modelle (bewußt) erhöht wird, z.B. zu Zwecken der Immunisierung dieses Instruments politischer Begründung. (Dies gälte um so mehr, wenn dieses Instrument darüber hinaus noch mit einem machtbedingten Geltungsanspruch versehen sein sollte.)

Der Wissenschaftler, der eine Regionalprognose für den politisch-administrativen Komplex erarbeitet, kann sich - als Wissenschaftler - mithin in ein 'Verantwortungsdilemma' gestellt sehen, wie weiter oben schon angesprochen wurde. Eine Möglichkeit, sich diesem zumindest teilweise entziehen zu können, läge in einer Erhöhung der potentiellen Leistungs- oder Verwendungsvielfalt der Projekte/Modelle. Das würde heißen, daß jene 'Kompromiß-Prognose' für den politisch-administrativen Komplex lediglich eine Leistung bzw. ein Produkt unter einer größeren Zahl anderer ist, die im Rahmen eines jeweiligen größeren und flexibel angelegten Projekts raumbezogener Zukunftsexploration erstellt werden können. Das heißt, daß gleichzeitig andere Abnehmer bzw. andere Zielgruppen mit anders gearteten, auf diese zugeschnittenen zukunftswissenschaftlichen Produkten versorgt werden könnten, z.B. mit echten Status-quo-Prognosen, mit der Ermöglichung der Durchführung von Simulationen, mit teilbereichsbezogenen Modellrechnungen für Szenarien, die im Bereich anderer Projekte erarbeitet werden. Im Rahmen des Projekts, in dem die 'Raumordnungsprognose 1995' erarbeitet worden war, wurde in Ansätzen mit derartigen Möglichkeiten begonnen, indem die zur Verfügung stehende 'technische' Infrastruktur des Modells dazu genutzt wurde, die zukunftsbezogenen Daten so aufzubereiten und zu präsentieren, daß sie für tatsächlich zukunftsanalytische Zwecke einsetzbar wurden[47]. Ähnlich multiple Verwendungen sind auch mit dem geplant, was vom Projekt "Bevölkerungsprognose der BfLR" zur Verfügung gestellt werden kann.

Derartige 'Multifunktionalität' zukunftsbezogener Projekte ist aber nicht aus dem Stand heraus zu erreichen. Sie setzt eine viele Jahre umfassende Aufbauarbeit sowie eine abgestimmte und flexible technische/informationstechnische Infrastruktur voraus und vor allem eine spezialisierte 'personelle Infrastruktur'. Dies alles können sich aber nur wenige wissenschaftliche Institutionen leisten.

3.4 Die neuen Rahmenbedingungen und Tendenzen: Zusammenfassung

Die Tendenzen hinsichtlich der Veränderung der Definition von Wissenschaft werden auch die raumbezogene wissenschaftliche Beschäftigung mit der Zukunft nicht unberührt lassen. Mit der Veränderung sowohl im Bereich der Normen wissenschaftlicher Arbeit als auch im Bereich der Objekte, auf die sich diese Arbeit richtet, wird der 'Entdeckungszusammenhang' und die Muster- und Systemzusammenhänge analysierender Arbeiten stärker in den Vordergrund rücken - 'auf Kosten' traditioneller, 'einfacher' Kausalanalysen und Projektionen sowie des traditionellen Konsenses über die Normen wissenschaftlichen Arbeitens.

Diese Normen oder Regeln beruhen (man mag das aus den Augen verloren haben) auf 'Konventionen', und diese sind keine situations- bzw. zeitunabhängigen Festsetzungen, sondern als soziale, gesellschaftliche zu begreifen. Der 'Entdeckungszusammenhang' und die "Spezialisierung auf den Zusammenhang" wird (wieder) in das als 'wissenschaftlich' gekennzeichnete Feld integriert. Gleichzeitig besteht die Tendenz, daß die bisherigen Kriterien für 'Wissenschaftlichkeit' wissenschaftlicher Arbeit - 'wahr'/'zuverlässig' - um die Kriterien 'glaubwürdig' und 'gültig' ergänzt werden.

Keinem der oben skizzierten Befürworter einer Veränderung des Begriffs von Wissenschaft ist an einem "fröhlichen Anarchismus" a' la Feyerabend gelegen. Gefordert ist ein - neuer - Konsens über - neue - Normen zur Definition von dem, was künftig Wissenschaft heißen soll, um mit neuartigen Problemstellungen besser fertig werden zu können.

Für die raumbezogene Zukunftsforschung (vor allem in Form der 'Langfrist-Prognostik') bedeutet dies in größer werdenden Teilen vor allem 'Verzicht' auf die traditionell dominante Orientierung auf 'Eintreffwahrscheinlichkeit' (also auf die 'Vorausschätzung' bestimmter Ergebnisse und Verteilungen zu bestimmten Zeitpunkten). Gefordert ist eine stärkere Orientierung auf das Aufzeigen von möglichen Wirkungen komplexer Zusammenhänge bzw. von möglichen Engpaßentwicklungen und von daraus zu ziehenden Konsequenzen bzw. von hypothetischen Möglichkeiten planerischer/politischer Reaktionen darauf. Letzteres ergibt sich aus folgender Einsicht: "Zukunftsforschung dient nicht der 'Vermessung' einer ohne unser Zutun ablaufenden Zukunft, sondern der Beherrschung einer ... ausgestaltbaren Zukunft"[48].

Der graduelle 'Verzicht' auf traditionelle Aufgabenstellungen wird auf keinen Fall Trivialisierung oder Simplifizierung bedeuten; im Gegenteil. Wenn die alten naturwissenschaftlichen Denkmuster, die heute in den Raumwissenschaften (siehe z.B. Gravitationsmodell) immer noch die Forschungsansätze und -prozesse bestimmen, durch die neueren naturwissenschaftlichen Denkweisen ersetzt werden (von den jüngsten ganz zu schweigen), wird auch die Norm 'Prognosefähigkeit' eine ganz andere Bedeutung besitzen.

Mit den neuen Problemen, Objekten und Aufgabenstellungen verliert auch nicht das Erfordernis von Quantifizierung und Operationalisierung an Gewicht. Lediglich die 'Philosophie', der Sinn und die Ergebnisorientierung der modellgeleiteten Beschäftigung mit der Zukunft wird sich verändern.

3.5 Ausblick: Szenariotechnik als notwendige Zwischenstufe

Mit Blick auf ex-ante-Lösungen der künftigen Probleme der Gesellschaft sehen sowohl Sozialwissenschaftler als auch Naturwissenschaftler längerfristig die bedeutendste Alternative (zu den bisherigen zukunftswissenschaftlichen Bemühungen) in komplexen Simulationsmodellen[49]. Phänomene, denen man mit sowohl klassischen quantitativen als auch diskursiven Methoden nicht beikommen könnte, seien nur so noch zu entdecken und ex-ante in Griff zu bekommen. Nur derartige Makro-Modelle werden auf längere Sicht noch als problemgemäß erachtet, wenn eine sehr große Zahl von Subprozessen oder Beziehungen (die gemeinsam - und nur gemeinsam - spezifische Wirkungen hervorrufen) erfaßt und unmittelbar wiedergegeben werden sollen.

Simulation dient hier dem Zweck der Selektion gesellschaftlicher Entwicklungsalternativen (intellektuelle "Selektion ex-ante") und soll an die Stelle der üblichen Selektion nach biologischem Muster (verschwenderische Vernichtung des schwächer Strukturierten) treten.

Neben den Phänomenen des gleichzeitigen Zusammenwirkens vieler unterschiedlicher Elemente wäre ein hauptsächliches Studienobjekt derartiger komplexer Simulationsmodelle die Nichtlinearität des Zusammenwirkens von Einzelelementen - und die Nichtlinearität des daraus resultierenden Verhaltens. Die universelle qualitative Bedeutung von Nichtlinearität ist offensichtlich erst im letzten Jahrzehnt richtig erkannt worden, insbesondere bezüglich ihrer Eigenschaft, selbst neue Gesetzmäßigkeiten und Strukturen hervorzubringen[50].

Doch für den Bereich raumbezogener Zukunftsforschung sind derartige Simulationen in der ferneren Zukunft anzusiedeln. Die Menge der Daten und Operationen, die zur Erfassung und angemessenen Darstellung komplexer nichtlinearer räumlicher Prozesse und Systeme nötig wären, werden nur mittels sehr großer Rechenanlagen zu erzeugen, zu verarbeiten und zu verwalten sein.

Angesichts solcher Aufgabenstellungen und Anforderungen an künftige raumbezogene Zukunftsforschung kann die Szenariotechnik - identisch mit Simulationsmodellen, was die 'Philosophie' der Zukunftsexploration anbetrifft - nur als quantitativ unzulängliche Vor- oder Zwischenstufe erscheinen. Dies kann aber nicht bedeuten, sie in entsprechenden Explorationszusammenhängen zwischenzeitlich nicht anzuwenden.

Anmerkungen

1) Vgl. Reichenbach, H., Experience and Prediction, Chicago 1938.

2) Vgl. Popper, K., Logik der Forschung, (1934), 6. Überarb. Aufl., Tübingen 1968, S. 6.

3) Zum Terminus, der eine originär deutsche und im übrigen singuläre Auffassung von den Einsatzgebieten und -möglichkeiten der Szenariotechnik signalisiert, vgl.: Symposium 'Quantitative Szenarien der räumlichen Bevölkerungsentwicklung in der Bundesrepublik Deutschland' am 3./4. Dez. 1983 in Bielefeld.

4) Vgl. Reichenbach, a.a.O., sowie Popper, a.a.O.

5) Vgl. u.a. Jouvenel, H. de, Prospective for a new citizenship, in: Futures, 1986, H. 2, S. 125-133; Godet, M., Introduction to 'La Prospective'. Seven key ideas and one scenario method, in: Futures, 1986, H. 2, S. 134-157.

6) Sinz, M., Die Raumordnungsprognose 1995. Anmerkungen zu Konzept, Methoden und Annahmen (i.d. Band).

7) Beispiel dafür in diesem Band (Dietrichs, Baudrexl, Sinz).

8) Veröffentlichte Kurzfassung: Bundesminister für Raumordnung, Bauwesen und Städtebau (Hrsg.), Projektion der Bevölkerungs- und Arbeitsplatzentwicklung in den Raumordnungsregionen 1978 - 1995 (Raumordnungsprognose 1995) - Kurzfassung, Bonn 1985 = Schriftenreihe Raumordnung des BMBau, Heft Nr. 06.055.

9) Sinz, a.a.O.

10) Vgl. Sinz, M., Auswertungsbericht zur Raumordnungsprognose 1995, Bonn 1983 (maschinenschriftl. vervielf.).

11) Vgl. z.B. Veranstaltungen, wie unter Fußn. 3 aufgeführt, oder z.B. auch Baudrexl, L., Prognosen für die Raumordnung, Landes- und Regionalplanung (i.d. Band).

12) Bundesminister für Raumordnung, Bauwesen und Städtebau (Hrsg.), Mittelfristiges Forschungsprogramm Raumentwicklung und Siedlungsentwicklung, Bonn 1974.

13) Vgl. z.B. Ganser, K., Zukunftsforschung im Forschungsprogramm Raumentwicklung, in: analysen und prognosen, 1977, H. 5, S. 18-22.

14) Vgl. auch Stiens, G., Langfristszenarien zur Raumentwicklung. Raumbezogene Zukunftsforschung im Rahmen des MFPRS, in: Informationen zur Raumentwicklung, 1982, H. 8, S. 573-585.

15) Die veröffentlichten (teils auch die nicht veröffentlichten) Ergebnisse dieser und späterer Aufträge des BMBau z.B. dokumentiert in: Juncker, R. und Zwickwolff, D., Szenariotechnik in der Stadtplanung: Theorie und Anwendung, Dortmund 1985 = Schriftenreihe "Kurzberichte zur Landes- und Stadtentwicklungsforschung" des ILS; inhaltliche Dokumentation z.T. in: BfLR (Hrsg.), Langfristszenarien zur Raumentwicklung, Bonn 1982 = Themenheft der Informationen zur Raumentwicklung, H. 8; Stiens, G., Zur Methodik und zu den Ergebnissen raumbezogener Szenarien. Erfahrungsbericht aus der Bundesrepublik Deutschland, Bern 1982 = Schriftenreihe "Arbeitsberichte" der Programmleitung des 'Nationalen Forschungsprogramms "Regionalprobleme"', Band 30.

16) Vgl. Fußnote 3.

17) Als ein Beispiel dieser Art anzusehen ist das Trendszenario und dessen Verwendung im Rahmen eines Auftrags des BMBau, bearbeitet von der PROGNOS AG; in Teilen veröffentlicht dokumentiert: Schröder, D. und Wolff, H, Räumliche Entwicklungsprozesse und Raumordnungspolitik - Abschlußbericht, Bonn 1983 = Reihe "Wissen für die Zukunft" des BMBau; Wolff, H. und Hogeforster, J., Langfristige räumliche Entwicklungsprozesse, in: Informationen zur Raumentwicklung, 1982, H. 8, S. 587-605.

18) Baudrexl, a.a.O.

19) Davon nur ein kleiner Teil der inzwischen weit umfangreicheren Literatur dokumentiert in: Juncker/Zwickwolff, a.a.O.

20) Vgl. dazu u.a. Mayntz, R., Über den begrenzten Nutzen methodologischer Regeln, in: Bonß, W. und Hartmann, H. (Hrsg.), Entzauberte Wissenschaft. Zur Relativität und Geltung soziologischer Forschung, Göttingen 1985 = Soziale Welt, Sonderband 3, S. 86; oder Eilenberger, G., Die Erforschung komplexer Systeme, in: AFZ, 1986, H. 22, S. 537-542.

21) Repräsentativ z.B.: Agh, A., Die historischen Dimensionen von Raum und Zeit, in: analysen und prognosen, 1974, H. 3, S. 15-17.

22) Ebenda, S. 17.

23) Ebenda.

24) Vgl. Beck, U., Risikogesellschaft. Auf dem Weg in eine andere Moderne, Frankfurt a. M. 1986.

25) Beck, a.a.O., S. 93.

26) Ebenda, S. 298.

27) Bonß/Hartmann, a.a.O., S. 13.

28) Über die verschiedenen Phasen und Ausprägungen der "Verwissenschaftlichung" von raumbezogener Politik vgl. Stiens, G., Landesforschung im Raumpla-

nungsprozeß, Bonn 1977 = Schriftenreihe "Forschungen zur Raumentwicklung" der BfLR, Bd. 5.

29) Beck, a.a.O., S. 93.

30) Ebenda, S. 256.

31) Ebenda, S. 257.
32) Zu diesen Phänomenen z.B.: Bonß/Hartmann, a.a.O.

33) Vgl. hierzu z.B.: Knorr-Cetina, K., Die Fabrikation von Erkenntnis, Frankfurt a.M. 1984; Knorr, K.D., Zur Produktion und Reproduktion von Wissen: Ein deskriptiver oder ein konstruktiver Vorgang? Überlegungen zu einem Modell wissenschaftlicher Ergebniserzeugung, in: Bonß/Hartmann, a.a.O., insb. S. 152 f; ebenfalls Bonß/Hartmann, a.a.O., S. 41 f.

34) Kriz, J., Die Wirklichkeit empirischer Sozialforschung. Aspekte einer Theorie sozialwissenschaftlicher Forschungsartefakte, in: Bonß/Hartmann, a.a.O., S. 84.

35) Ebenda, S. 81.

36) Mayntz, a.a.O., S. 65.

37) Ebenda, S. 70.

38) Ebenda, S. 72.

39) Ebenda, S. 75.

40) Ebenda.

41) Beck, a.a.O., S. 298.

42) Ebenda, S. 299.

43) Vgl. Zangemeister, Ch., Bunse, H. und Osenberg, H., Regionalplanung im ländlichen Raum unter Einsatz der Szenariotechnik und Nutzwertanalyse, in: Der Landkreis, 1984, H. 6, S. 274-278.

44) Wie z.B. beim Bevölkerungsmodell der BfLR vorgesehen, vgl. Bucher, H. und Gatzweiler, H.-P., Das regionale Bevölkerungsprognosemodell der BfLR - Ausbaustand und Ausbauabsichten (in diesem Band).

45) Bruckmann, G., Aufgaben, Möglichkeiten und Grenzen der Langfristprognostik, in: Bruckmann, G. (Hrsg.): Langfristige Prognosen, Möglichkeiten und Methoden der Langfristprognostik komplexer Systeme, Würzburg 1977.

46) Sinz, (i. d. Band).

47) Sinz, (1983), a.a.O.

48) Agh, a.a.O., S. 17.

49) Einerseits z.B. Mayntz, a.a.O., Beck, a.a.O., Bruckmann, a.a.O., andererseits z.B. Eilenberger, a.a.O. oder auch Bresch, C., Zwischenstufe Leben. Evolution ohne Ziele?, Frankfurt a.M. 1979.

50) Vgl. hierzu Eilenberger, a.a.O.